om Denken

nführung in die Philosophie

n Konrad Liessmann und Gerhard Zenaty,
rbeitet von Bernd Weber

bildungen: Bildarchiv der österreichischen Nationalbibliothek, Wien;
Archiv C. C. Buchners Verlag, Bamberg

Auflage 1^{432} 2000 1999

letzte Zahl bedeutet das Jahr dieses Druckes.

e Drucke dieser Auflage sind, weil untereinander unverändert,
eneinander benutzbar.

ses Werk folgt der reformierten Rechtschreibung und Zeichensetzung. Ausnahmen bilden Texte, denen künstlerische, philologische oder lizenzrechtliche Gründe einer Änderung entgegenhen.

N 3-7661-**6100-8**

enzausgabe:
nrad Liessmann/Gerhard Zenaty, Vom Denken. Einführung in die Philosophie

bandmotiv: Rudolf Belling, Kopf (Portrait Toni Freeden), 1925,
Wilhelm Lehmbruck Museum, Duisburg (Foto: Bernd Kirtz)
bandgestaltung: Georg Lehmacher, Friedberg
isdesign für Innengestaltung: Grieder Graphik, A-2083 Pleissing
ick: Ferdinand Berger & Söhne Ges. m. b. H., A-3580 Horn

Konrad Liessmann / Gerhard Zenaty

Vom Denken

Einführung in die Philosophie

C. C. Buchner · Bamberg

An die Hand gegeben

Die Konzeption dieses Buches und sein Gebrauch

Der Titel dieses Buches – „Vom Denken“ – deutet bereits an, worum es den Autoren ging: Philosophie als Anstrengung eines offenen Denkens sollte im Mittelpunkt stehen, allerdings ohne jeden Anspruch auf Vollständigkeit oder Endgültigkeit. Die Freiheit desjenigen, der das Buch zur Hand nimmt, zu bestärken, nicht ihn zu bevormunden, war die grundlegende Intention, aus der sich die methodische Konzeption dieser Einführung entwickelte. Sie will sowohl Motivationshilfen als auch Darstellungen bieten, Anregungen zum Weiterdenken geben und Gelegenheiten einer ersten Begegnung mit philosophischer Primärliteratur schaffen.

Der Aufbau der Kapitel folgt deshalb einer einheitlichen Struktur. Jedes Kapitel wird eingeleitet durch einen fiktiven *Dialog*, der das Problem in seiner alltagssprachlichen Dimension anreißt. Nach einer ersten *Annäherung*, die zum Thema hinführt, konzentriert sich dann die *Darstellung* des Problems darauf, anhand exemplarisch gewordener Fragestellungen das Thema zu beschreiben und systematische und historische Hinweise zu geben. Jedem Teilabschnitt sind *Denkanstöße* angefügt, die ein selbständiges oder gemeinschaftliches Weiterdenken anregen sollen. Im *Textteil* findet sich dann zu jedem Hauptkapitel eine kleine Auswahl von Primärtexten, die aber so gehalten ist, dass es prinzipiell möglich ist, eine Thematik auch nur anhand dieser Texte zu behandeln. Zur besseren Orientierung sind die Texte je nach Schwierigkeitsgrad mit * (leicht, einführend), ** (mittelschwer) oder *** (anspruchsvoll) gekennzeichnet. Der Anhang enthält schließlich ein *Glossar*, das aus einem kleinen *Begriffslexikon*, einem knappen *Philosophenlexikon* und einem gerafften Überblick über die *Geschichte der Philosophie* besteht – es soll als nützliches Nachschlagewerk den Lesern des Buches die Lektüre erleichtern und vielleicht zusätzliche Anregungen liefern.

Eine Überlegung dieser Konzeption war auch, dass alle Teile des Buches – Dialog, Darstellung, Texte, Glossar – für sich verwendet, aber auch in beliebiger Form kombiniert werden können. Damit ist von der didaktischen Konzeption des Buches die Einbindung desselben in die verschiedensten Unterrichtsformen gewährleistet.

Die Autoren danken Herrn Mag. Gottfried Wiater für konzeptionelle Ideen und Anregungen.

Dr. Konrad Paul Liessmann
Dr. Gerhard Zenaty

Kopf des Sokrates, um 335 v. Chr., Rom, Nationalmuseum

Inhaltsverzeichnis

Logik

Sprachphilosophie

Wissenschaftstheorie

Ethik

Ästhetik

Geschichtsphilosophie

Naturphilosophie

Religionsphilosophie

Rechts-, Sozial- und politische Philosophie

Anthropologie

Geschichte der Philosophie

„Die Apotheose der Vernunft." Titelbild der „Encyclopédie" (1751 – 1780), dem Hauptwerk der französischen Aufklärung. Die gekrönte Vernunft entschleiert die Wahrheit, ihr zur Seite rechts von oben nach unten die – von der höchsten Stelle herabgestoßene – Theologie (mit der Bibel), die Philosophie (mit der Geistesflamme), Geschichtskunde, Physik und Geometrie, Astrologie (mit Sternenkranz), Optik, Botanik und Chemie, links die allegorischen Gestalten aller schönen Künste, unten die praktischen Berufe als Nutznießer des aufgeklärten Wissens.

Wozu Philosophie ?

Cafe Philosophopolis, *später Nachmittag, das Café ist stark frequentiert.*

Ein älterer Herr, Prof. Daniel, *findet nur noch an einem Tisch Platz, an dem drei junge Leute in eine Diskussion verstrickt sind:* Alfred, Brigitte *und* Christoph.

Daniel: „Sie gestatten?"

Brigitte, *freundlich:* „Aber ja!"

Daniel: „Ich wollte Ihr intensives Gespräch nicht stören, aber Sie sehen ja ..."

Christoph: „Na, so intensiv war's auch nicht. Und außerdem, ein ödes Thema: Berufsaussichten!"

Daniel: „Ich verstehe nicht..."

Brigitte: „Ganz einfach. Christoph macht dieses Jahr sein Abitur und weiß nicht, was er dann machen soll."

Daniel, *zu* Brigitte: „Und Sie, haben Sie sich schon entschieden?"

Brigitte: „Nicht ganz. Ich studiere. Germanistik und Romanistik. Sprachen haben mich immer schon interessiert – aber ob ich dann damit auch was anfangen kann – man wird sehen."

Daniel, *fragender Blick zu* Alfred: „??"

Alfred, *mürrisch*: „Ich arbeite."

Daniel, *amüsiert:* „Pardon, ich wollte nicht neugierig sein..."

Brigitte: „Kein Problem. Was machen Sie denn so ... beruflich, meine ich?"

Daniel: „Ich bin seit kurzem pensioniert und beschäftige mich jetzt ein wenig mit Philosophie."

Brigitte: „Philosophie? Ach, das hätte mich auch interessiert, aber das ist mir dann doch zu kompliziert und abstrakt."

Christoph, *schelmisch*: „Naja, im Alter hat man für eine Menge Beschäftigungen Zeit. Mir zumindest reicht das bisschen Philosophie in der Schule. Fade genug."

Alfred: „Sie sind also sozusagen ein moderner Sokrates. – Nichts für ungut, aber ich halte mich lieber ans Beweisbare. Wozu haben wir denn die Wissenschaft? Die liefert handfeste Ergebnisse, die Wahrheit darüber, wie die Welt wirklich funktioniert."

Brigitte: „Das ist wieder typisch Mann – nur kleinkarierte Berechnung, kein Gefühl für die tieferen Zusammenhänge!"

Alfred: „Liebling, lass doch den Männern die Wissenschaft! Wissenschaft ist Männersache. Aber abgesehen davon: Ich bin zwar kein Philosoph, aber ich weiß doch sehr gut, worauf es im Leben ankommt: Du musst einfach schauen, dass du ganz vorne mit dabei bist."

Brigitte, *die mit wachsendem Ärger zugehört hat*: „Nein, nein, nein, so geht das nicht. Es gibt Wichtigeres, als nur vorne dabei zu sein. Ideen, Werte, einen Glauben. Es zählt nicht nur das Äußerliche."

Alfred *lächelt mitleidig*, Christoph *schaut ein wenig ratlos*, Daniel, *der bis jetzt nur zugehört hat, scheint in Gedanken.*

ALFRED, *zu* DANIEL *gewandt:* „Na, jetzt hat es Ihnen wohl die Sprache verschlagen?"

DANIEL: „Keineswegs, unser Gespräch hat mir eine Menge Anregungen geliefert."

ALFRED, *spöttisch:* „Interessant! – Würden Sie uns vielleicht an Ihren Gedanken teilhaben lassen?"

DANIEL: „Ich habe mich gefragt, woher Sie so sicher wissen, dass die Wissenschaft die Wahrheit ans Licht bringt und sonst nichts wirklich sein soll; und dass vorne dabei sein, wie Sie sagen, alles ist."

ALFRED *will etwas sagen, überlegt es sich dann aber anders.*

DANIEL, *fährt fort:* „Dann habe ich mich erinnert, dass ich schon öfter erstaunt war darüber, dass in anderen Kulturen vielfach ganz andere Dinge wichtig sind als bei uns, dass es dort ganz andere Lebensvorstellungen, Lebensziele gibt."

ALFRED, *heftig:* „Wie darf ich das verstehen? Soll ich etwa leben wie, wie, na … wie ein Eskimo oder ein Neandertaler?"

DANIEL: „Nicht unbedingt, aber woher wissen Sie eigentlich, was richtig und was falsch ist?"

BRIGITTE: „Jetzt bin ich gespannt, ob Sie auch noch eine Attacke gegen Kirche und Religion reiten wollen?"

Kurze Pause.

DANIEL: „Haben *Sie* noch nie an Gott gezweifelt?"

Kurze Pause.

CHRISTOPH, *verlegen:* „Wie sind wir denn eigentlich auf dies Thema gekommen?"

ALFRED: „Unsere liebe Brigitte wollte wissen, was der Herr so macht."

BRIGITTE *murmelt:* „Philosophie … *(laut)* Und was ist das – Philosophie?"

DANIEL, *kopfschüttelnd:* „Auch wenn ich es wüsste, ich könnt es doch nicht sagen."
Er steht auf und verabschiedet sich.

ALFRED, CHRISTOPH *und* BRIGITTE, *durcheinander:* „So ein komischer Kerl … der und Philosophie … Wichtigtuer … aber wissen würde ich doch gern … vielleicht ist er doch nicht so dumm … Unsinn …"

Denkanstöße

1 Was meinen Sie – ist Daniel nun Philosoph oder nicht? Was unterscheidet ihn in seinen Überlegungen von den anderen?

2 Wenn Alfred, Brigitte und Christoph keine Philosophen sind – worauf stützen sie eigentlich ihre Behauptungen?

Annäherung:

VOR–URTEILE

Hinz: Bist auch für die Philosophei?
Kunz: Was ist die denn? so sag's dabei.
Hinz: Sie ist die Lehr', dass Hinz nicht Kunz, und Kunz nicht Hinze sei.
Kunz: Bin nicht für die Philosophei.

Matthias Claudius

Für eine zeitgemäße berufliche Qualifikation ist heute viel Spezialwissen nötig. Will man zudem auch noch als „Gebildeter" gelten, so braucht man, neben den großen Dichtern im Kopf und der Opernkarte in der Tasche, wohl auch eine kleine Prise philosophischen Wissens dazu – oder was man dafür hält. So imponieren philosophische Snobs nicht ungern mit unverständlichen Fachausdrücken, subtilen sophistischen Argumenten und rhetorischen Kniffen. Die Umwelt ist begeistert oder verärgert – je nachdem. Allein: Ist das schon Philosophie? Oder nur pseudointellektuelle Schaumschlägerei?

Würde man eine Umfrage machen und dabei Fragen stellen wie: „Was bedeutet für Sie Philosophie?" oder „Was halten Sie von Philosophie?", so würden unter anderen wohl etwa folgende Reaktionen kommen: „Philosophie – das ist mir zu hoch, zu kompliziert; das ist etwas für Intellektuelle, für Bücherwürmer, für Besserwisser; für solche, die sonst nichts Besseres zu tun haben, für Müßiggänger, Sorgenlose; für Weltfremde, denen das praktische Leben zu schwierig ist, die sich davor in den Elfenbeinturm der Philosophie flüchten." Oder auch: „Philosophen reden völlig unverständlich, abstrakt; sie sind Wortverdreher, ihren Jargon versteht kein gewöhnlicher Sterblicher; sie begeben sich in unkontrollierbare Spekulationen fernab von den harten Tatsachen des Lebens; und überhaupt: Dieses ständige Philosophieren und Herumzweifeln macht den Menschen ja wirr, unsicher, letztlich handlungsunfähig."

Andererseits wird es Stellungnahmen geben, die das „Philosophieren" als eine ganz alltägliche, jedermann zugängliche Form des Überlegens, Entscheidens, des Vertretens von persönlichen Standpunkten, der subjektiven Weltanschauung erscheinen lassen. „Meine, deine, seine Philosophie ist es, so zu denken, so zu handeln, und überhaupt…". Demnach braucht jeder Mensch unweigerlich „seine Philosophie" wie das tägliche Brot: Wie man halt die Welt so sieht. Als eine solche Weltsicht ist Philosophie dann natürlich subjektiv, willkürlich, unverbindlich, relativ. Sie ist in der Regel kein systematisches „Lehrgebäude", über das der Betreffende lückenlos Rechenschaft geben könnte. Sie beruht auf sogenannten „persönlichen Erfahrungen", die nicht weiter hinterfragbar sind, aber sie kann auch jederzeit durch andere, neuartige „Erfahrungen" verändert werden.

Riskieren wir einen Blick in die Geschichte der Philosophie selbst, so finden wir auch dort erstaunlich verbreitet „Vorurteile". Schon bei den alten Griechen galt die Beschäftigung mit Philosophie als Luxus für eine kleine Elite, die Zeitvertreib und Spaß an Haarspalterei und Sophisterei, der Kunst des Wortverdrehens, fand. Der Philosoph Arthur SCHOPENHAUER schreckte nicht davor zurück, den zu seiner Zeit wohl berühmtesten Philosophen Deutschlands, Georg Wilhelm Friedrich HEGEL, einen „Unsinnschmierer, Windbeutel" zu heißen, dessen Philosophie als „Kathederhanswurstiade" und „Wischiwaschi" zu denunzieren. Manche Kritiker gingen sogar so weit, die ganze Geschichte der Philosophie als „Geschichte von Irrtümern" zu bezeichnen; philosophische Sätze würden sich demnach dadurch auszeichnen, dass ihren Begriffen kein Inhalt, keine Bedeutung zukomme, anstatt erhoffter Klarheit finde man bloße „Begriffsdichtung". Philosophie habe, so eine gar nicht so selten vertretene Auffassung, vor allem in unserer modernen wissenschaftlichen und technischen Zivilisation keine Funktion mehr. Sie sei für kein Gebiet des Lebens mehr wirklich zuständig und kompetent. Ihre einzige Kompetenz, so der deutsche Philosoph Odo MARQUARD, liege in ihrer „Inkompetenzkompensationskompetenz": Philosophie verstehe es meisterhaft, damit fertig zu werden, dass sie zu nichts nütze sei.

Käme solche Kritik nur von außen, könnten sich die Philosophen leicht wehren: Das sei eben der Neid derer, die zu „höheren Dingen" keinen Zugang hätten; das Unverständnis der Laien, die noch nicht die höheren Weihen der Philosophie empfangen hätten. Mit einem Wort: Diese Kritik müsste nicht ernst genommen werden. Sie wäre, psychologisch gesprochen, Abwehr, ihrerseits Kompensation der Minderwertigkeit der Nichtphilosophen.

Wie verhält sich dies aber, wenn die Kritik aus der eigenen Zunft kommt? Die nähere Beschäftigung mit den zahllosen Kontroversen und Querelen zwischen den streitbaren Philosophen zeigt bald, dass diese Auseinandersetzungen neben den sicherlich auch öfter vorhandenen persönlichen Ressentiments auch eine sachliche Bedeutung haben. In diesen „Vor-urteilen" sind nämlich häufig ansatzhaft sehr wesentliche und richtige „Urteile" enthalten, zumindest verbergen sich dahinter oft tatsächlich relevante Fragen an die Philosophie. Diese „Vor-urteile" mögen zwar subjektiv, willkürlich und unreflektiert sein, sie könnten aber auch wichtige *Vor-verständnisse* enthalten.

Das älteste uns überlieferte „Vor-urteil" gegen die Philosophie hat PLATON aufgezeichnet. Es ist gegen THALES VON MILET gerichtet, der als erster abendländischer Philosoph bezeichnet wird. Eine thrakische Magd, so wird berichtet, habe THALES dabei beobachtet, wie er, den Himmel und die Sterne beobachtend, in einen Brunnen gefallen sei. Und kräftig hat die Magd den tolpatschigen Weisen ausgelacht. Ein „Vor-urteil", das in vielen Varianten auch heute noch verbreitet ist: Der Philosoph als der weltfremde, versponnene Denker, der das Naheliegende, Konkrete, Praktische übersieht, also in gewissem Sinne ein *Träumer* ist, der dem praktischen, mit beiden Beinen im Leben stehenden Menschen lächerlich vorkommt.

PLATON dreht dann allerdings den Spieß gewaltig um: Wohl gäben Philosophen bei alltäglichen Gegebenheiten den Menschen manchmal Grund, über sie zu lachen, aber bei wirklich „wesentlichen Dingen" sei dies anders. Sobald es um grundsätzlichere Fragen gehe, etwa, was das Wesen der Gerechtigkeit, der Tugenden *an sich*, beziehungsweise was *eigentlich* der Mensch sei, der *Sinn*, die Aufgabe seines Lebens, dann offenbare sich etwas ganz Anderes. Die Selbstsicherheit der Menschen verflüchtige sich, ihre Meinungen erwiesen sich als hohl, als nur vermeintliches, scheinbares Wissen, als Illusion. THALES ging es also nicht um die möglichst gute Bewältigung alltäglicher Probleme, sondern darum, zu erkennen, was hinter diesen Problemen steckt. „Was ist das Wesen von alledem?" fragt THALES. „Woher kommt alles, woraus entspringt es?". Er suchte also nach einem *Ur-sprünglichen*, einem *Prinzip*, aus dem er die Vielfalt der unserer Wahrnehmung zugänglichen Wirklichkeit zu *erklären* und zu *verstehen* suchte.

PLATON wendet also die beiden Seiten: Der Philosoph ist nur scheinbar der Naive; in Wirklichkeit ist für ihn die Philosophie die wahrhafte Befreierin von den Vorurteilen und Illusionen des alltäglichen Bewusstseins. So schildert er auch seinen Lehrer SOKRATES als Helden, obwohl und gerade weil dieser das Eingeständnis macht: „Ich weiß, dass ich nichts weiß." – Dem Alltagsverstand erscheint es paradox, dass „Nicht-Wissen" die Eigenschaft eines Menschen sein soll, den die Antike als einen der großen weisen Männer verehrt hat. Die Erläuterung PLATONS will uns bewusst machen, dass es die wahre Leistung des SOKRATES war, dass er sich von den Vorurteilen, den hartnäckigen Überzeugungen und Gewissheiten des Alltagsverstandes befreite.

Denkanstöße

1 Welche Auffassung von Philosophie steckt in dieser Werbung für einen „Philosophenclub Méditerranée"?:

„Der Club ist der Club, in dem jeder die Freiheit findet, die er meint.
Zum Beispiel die Muße zur Muse. Bei der hinreißenden Theateraufführung am Abend.
Oder dem klassischen Konzert bei Kerzenlicht. Beim Bestseller aus der Bibliothek.
Oder dem Schachspiel zu zweit. Beim einsamen Spaziergang in die lautlose Stille der Schneefelder. Oder der Selbstbesinnung bei Yoga oder Meditation. Beim Ausschlafen, In sich Hineinhorchen oder Gar nichts Tun. Bei philosophischen Betrachtungen über den Schnee im Allgemeinen und den Schneemann im Besonderen. Oder der Suche nach der Wahrheit im Wein. Eben all jene besinnlichen Momente, die den Müßiggang im Club so stillvergnüglich machen. Wann haben Sie den Mut zur Muße?
Fragen Sie Ihr Reisebüro.
CLUB MÉDITERRANÉE
Urlaub wie im Paradies – nur nicht so einsam."

Würden Sie gerne dorthin gehen? Warum? Warum nicht?

2 Der Existenzphilosoph Karl JASPERS sieht das Motiv für die vielen Vorurteile gegen die Philosophie in der Abwehr, in der Sorge: Würde ich mich näher auf die Philosophie einlassen, müsste ich mein Leben verändern, meine Urteile korrigieren usw. – Was halten Sie von dieser Einschätzung?

3 Wie sehen Sie die Zusammenhänge zwischen Vorurteil und Urteil, zwischen Meinung und Wissen, Naivität und Reflexion? Besteht Weisheit Ihrer Meinung nach notwendig in einer Bescheidenheit bezüglich Urteilen und Wissen?

Alltagsbewusstsein und Philosophie

In unserem „naiven" Alltagsbewusstsein fühlen wir uns relativ sicher und geborgen in unseren Gewissheiten, Überzeugungen und Vorstellungen. Dass dies ein Tisch, jenes ein Fenster ist, dort draußen die Straße, auf der die Leute ihren täglichen Verrichtungen nacheilen; wie spät es gerade ist; was hinter mir liegt, und was ich heute noch tun werde. Dies alles scheint mir mehr oder weniger unbezweifelbar. Neue Ereignisse und Situationen ordne ich bekannten und ähnlichen Erfahrungen zu. Derart orientiere ich mich. Behalte den Überblick. Das Leben nimmt seinen gewöhnlichen Lauf.

Manchmal mag es jedoch geschehen, dass der Faden *der Alltäglichkeit* zerreißt, die „Banalität" des konventionellen Wahrnehmens gesprengt wird. Die Zeit scheint dann stillzustehen, die gewohnheitsmäßige Sicherheit verloren. Das eben noch Selbstverständliche hört auf, selbstverständlich zu sein: Es wird mir zur *Frage*. Dieser neue Zustand des *Staunens*, Sich-Wunderns, wo das Vertraute fremd, das Altbekannte neu, das Fertige wieder offen, das *Sichere bezweifelbar* wird, wird allgemein als Beginn des Philosophierens betrachtet.

Der Verlust der Naivität eröffnet einen neuen Blick auf die Welt, der in seiner Neugierde, seinem Fragecharakter im Stande ist, Täuschungen und Selbsttäuschungen, Spannungen und Widersprüche im alltäglichen Wahrnehmen und Handeln aufzudecken. Wird dieses geschärfte Bewusstsein zur Haltung, zu einer Tätigkeit, die darauf abzielt, die vorhandenen Überzeugungen kritisch zu reflektieren, durch inhaltliche und begriffliche Präzision zu *Klärung, Kritik* und *Begründung* vorzustoßen, dann sprechen wir von *Philosophieren*.

Philosophie ist also wesentlich auch ein Prozess, eine *Tätigkeit*. Sie nimmt die Anlässe für ihr Nachdenken und Reflektieren aus dem Alltagsbewusstsein und dessen Vorverständnis, sucht dieses zu prüfen, aufzuklären, zu begründen und zu systematisieren.

Vermessung der Sphinx, Skizze von Vivant Denon, 1799 mit den napoleonischen Truppen unterwegs in Ägypten.

Philosophen sind deshalb auch als „Grenzgänger“ bezeichnet worden. Sie befinden sich gewissermaßen an den Grenzen des Alltagsbewusstseins, suchen diese zu erweitern, neue Erkenntnisräume und Sichtweisen zu erschließen. So kann die Geschichte der Philosophie auch als Fortschritt, als Emanzipation des kritischen Denkens von gewohnheitsmäßigen und traditionsbestimmten Überzeugungen gesehen werden.

Diese Funktion der *Desillusionierung* ist allerdings nicht ungefährlich. So manche Philosophen bezahlten dafür mit ihrem Leben, mit Verbannung oder Gefängnis, dass sie die Grundsätze und Glaubensüberzeugungen ihrer Zeitgenossen zu bezweifeln wagten. Das berühmteste Beispiel aus der Antike ist wohl SOKRATES, der der Gottlosigkeit angeklagt und dafür zum Tode verurteilt wurde. – Die Philosophie bereitete und bereitet also dem Alltagsbewusstsein massive Kränkungen. Gerade dieser kritische Charakter der Philosophie ist es wohl, der sie für viele Menschen, obwohl sie ja als bloß subjektiv, willkürlich und wenig seriös abgewertet wird, doch so gefährlich macht.

Wenn Philosophie etwas derart Bedrohliches ist, dann würden viele davon wohl lieber die Hände lassen wollen. Allein: so einfach ist das gar nicht. Es muss nämlich bedacht werden, dass die Entscheidung, ob ich philosophiere oder nicht, gar nicht in meinem Belieben liegt. Warum? Als Kinder lernen wir alles zum Überleben Notwendige im Wesentlichen über Identifikationen. Wir orientieren unser Denken und Handeln an Vorbildern, mit denen wir uns identifizieren können. Das geht gut bis zu einem bestimmten Punkt, an dem diese Vorbilder für uns aus vielen Gründen problematisch werden müssen. Die gewohnte Orientierung, der Glaube an Autoritäten, das Festhalten an Traditionen wird uns fragwürdig. Die Kriterien und Normen, die unser Handeln lenken sollen, stehen plötzlich zur Diskussion. Damit sind aber die fundamentalen Fragen nach der Richtigkeit unseres Weltbildes, der Legitimation, der Begründung desselben aufgeworfen.

Denkanstöße

1 Sind Ihnen andere Beispiele aus der Geschichte der Philosophie und Wissenschaft bekannt, wo Männer wie SOKRATES wegen ihrer Kritik bestehender Überzeugungen in Konflikt mit ihrer Umgebung kamen?

2 Versuchen Sie Situationen in Ihrem eigenen Leben zu finden, wo der „Faden der Alltäglichkeit" zerriss, Sie zum „Staunen", „Zweifeln" kamen. Sind das spezifische Situationen, die sich dazu eignen? Oder liegt das ganz beim Einzelnen, an seiner inneren Einstellung, ob und wann jemand zum „Philosophieren" kommt?

3 Ist die Aussage „Philosophie ist überflüssig" eine philosophische Aussage? Wenn ja, welche Konsequenzen hätte das?

4 Versuchen Sie aus dem bisher Besprochenen eine vorläufige Definition für „Philosophieren" zu geben.

Philosophie: Begriffsklärung und Abgrenzungen

Im letzten Abschnitt ist die Behauptung erörtert worden, dass Philosophieren für jeden Menschen eigentlich zwingend wäre. Aber: Diese Argumentation könnte auch bestritten werden. So könnte man einwenden, jeder Mensch könne, anstatt sich der mühseligen Arbeit zu stellen, eigene Kriterien und Begründungen für die Grundsätze seines Handelns zu entwickeln, genauso gut ein fertiges Dogma annehmen, sich auch als Erwachsener einer Autorität unreflektiert unterwerfen, sei es eine Religion, eine Ideologie oder eine auf wissenschaftliche Erklärung gestützte Weltanschauung. Es stellt sich also die Frage, wie sich Philosophie zu anderen Weltdeutungen und Weltanschauungen, zu anderen Formen der Erkenntnis und der Lebensbewältigung verhält.

Das griechische Wort „philósophos", eigentlich: Liebhaber der Weisheit, wurde gebildet in Abgrenzung zu „sophós", dem Wissenden. Im Unterschied zum „Sophisten", der sich im Besitz eines praktischen Wissens wähnt, versteht man unter einem „Philosophen" denjenigen, der die Erkenntnis, die Weisheit liebt, aber erst sucht.

Bei den Griechen und bis in die Neuzeit bildeten **Philosophie** und **Naturwissenschaft** (bzw. die sog. exakten Wissenschaften) allerdings eine Einheit. Beiden ging und geht es um Wahrheit. Viele Naturwissenschaftler waren zugleich Philosophen und umgekehrt. So waren PYTHAGORAS und René DESCARTES zugleich bedeutende Mathematiker. Erst in den letzten Jahrhunderten kam es zu einer Trennung zwischen Philosophie und Naturwissenschaft. Die fortschreitende Spezialisierung der Einzelwissenschaften führte zu ihrer thematischen und methodischen Einschränkung. Die Naturwissenschaften arbeiten heute mit hoch entwickelten, vorzugsweise experimentellen Methoden und versuchen ganz bestimmte *Ausschnitte der Realität* möglichst genau zu erfassen. Sie verzichten dabei ganz bewusst auf den Anspruch, die *Ganzheit der Wirklichkeit* zu erklären, was ein fundamentales Anliegen der Philosophen war und ist.

Philosophie und **Religion** haben ebenfalls viele gleiche Inhalte und Themen: Gott, die Unsterblichkeit, den Sinn des Lebens. Philosophie kann allerdings keine fertigen oder dogmatischen Antworten auf diese Fragen geben. Sie liefert keine Wegweiser, etwa durch die Autorität eines erleuchteten Lehrers. Während JESUS, MOHAMMED oder BUDDHA Lehren gründeten, religiöse Traditionen stifteten, die Jahrtausende überdauerten, sagte etwa SOKRATES niemandem, was er tun solle. Er verwickelte zwar die Leute in Diskussionen über ihre moralischen Vorstellungen, es ging ihm aber weder um ein bloß wissenschaftliches, unbeteiligtes Registrieren vorhandener Meinungen noch um das Aufstellen einer eigenen ewigen Wahrheit. Vielmehr war er als Teilnehmer dieses Erkenntnisprozesses der Überzeugung, dass eine Wahrheit zu finden wäre, die nicht nur gut im Sinne von zweckhaft, sondern „an sich gut" wäre. – Während für die Religion immer ein *Göttliches Voraussetzung* ist, von dem her dann das menschliche Leben interpretiert und gedeutet wird, darf die Philosophie von *keiner dogmatischen Festsetzung* ausgehen. Ihr einziges Fundament bleibt die *menschliche Vernunft.*

Auch eine **Ideologie** stellt meistens eine Verallgemeinerung und Verabsolutierung bestimmter Erfahrungen und Erkenntnisse dar. Sie ist oft *dogmatisch*, gibt dem Menschen fertige Antworten. Insofern befriedigt sie wohl die starken menschlichen Bedürfnisse nach geistiger Orientierung, Sicherheit, Zugehörigkeit und Halt. Im Gegensatz dazu ist die **Philosophie** primär ein Fragen, ein kritisches Suchen, sie liefert keine endgültigen Wahrheiten. Gegenüber dem Anspruch von Ideologien und Weltanschauungen, absolute Gewissheiten verschaffen zu können, verbleibt sie in skeptischer oder kritischer Distanz. Durch Aufweisen logisch oder sachlich unbegründeter Urteile und Einstellungen beziehungsweise durch Nachweis der wahren, etwa in materiellen Interessen liegenden Gründe bestimmter Werthaltungen kann Philosophie auch zur *Ideologiekritik* werden.

Auch zur **Kunst** steht die Philosophie in einem Nahe- und Spannungsverhältnis. Nicht nur, dass wichtige Philosophen, wie etwa PLATON oder Friedrich NIETZSCHE, zugleich auch Dichter waren. Philosophie und Kunst haben viele gemeinsame Inhalte und Ziele. Beiden geht es um die Darstellung der Wirklichkeit, um Erkenntnis und oft um Kritik. Kunst stellt sich allerdings vorrangig im *Medium der Sinnlichkeit* dar, ihr letztes Kriterium ist neben der *Wahrheit* die *Schönheit.* Das Darstellungsmedium der **Philosophie** dagegen ist die vernünftige, begrifflich klare Sprache, ihr alleiniges Kriterium die *Wahrheit.*

Der Versuch, Philosophie ein für alle Mal genau definitorisch festzulegen, ist allerdings problematisch. Die Geschichte der Philosophie zeigt eine Vielzahl von Strömungen, von unterschiedlichen Verhältnissen, engen Beziehungen und scharfen Abgrenzungen zu Religion, Kunst, Ideologie und Wissenschaft. Bei THOMAS VON AQUIN etwa sind Philosophie und Theologie untrennbar, die Philosophie von Karl MARX geriet als Marxismus-Leninismus in den Bann einer staatlich verankerten Ideologie.

Die Vielschichtigkeit, eine nun schon seit 2500 Jahren offenkundige *Unabschließbarkeit* und *Offenheit* sind zentrale Eigenschaften abendländischen Philosophierens. Dass Philosophieren primär Suche nach Wahrheit, der angestrengte und fortgesetzte Versuch des Infragestellens, der Kritik, der Enttabuisierung ist, und dies alles im Dialog, in einer grundsätzlichen Offenheit ohne dogmatische Vorbehalte geschieht, ist vielleicht das Gemeinsame aller Bestrebungen unter dem Namen „Philosophie". So sagte auch Immanuel KANT, einer der großen Philosophen der Neuzeit: „Es gibt keine Philosophie, die man lernen kann, man kann nur lernen zu philosophieren."

Denkanstöße

1 Über 2500 Jahre ist es her, dass der weise KUAN TSE sagte: „Siehe, wie glücklich sind die Fische im Wasser:" – Sein Begleiter aber meinte: „Woher weißt du, dass sie glücklich sind, du bist nicht ein Fisch?", und KUAN TSE antwortete: „Woher weißt du, dass ich es nicht weiß, du bist nicht ich?".

Wie würden Sie diese Unterhaltung im Spannungsfeld von Weisheit, Religion und Philosophie einordnen?

2 Versuchen Sie eine Auflistung von typisch wissenschaftlichen beziehungsweise philosophischen Fragen.

P. Gauguin, Soyez amoureuses, vous serez heureuses. Holzschnitt (nach 1895)

PHILOSOPHISCHE FRAGEN UND RICHTUNGEN

Im Laufe ihrer langen Geschichte hat die Philosophie eine Fülle von Fragen und Problemen aufgeworfen, dazu Antwortversuche und Klärungen geliefert.

Immanuel KANT hat alle philosophischen Probleme auf *drei fundamentale Fragen* zurückgeführt.

Die erste lautete: **„Was kann ich wissen?"** Als Antwort auf diese Frage genügt nicht ein Verweis auf die Wissenschaften oder auf ein allgemein anerkanntes Wissen. Vielmehr können die Wissenschaft und diese allgemeinen Überzeugungen selbst in Frage gestellt werden. Letztlich mündet diese Frage nach der Erkenntnis in die Frage nach der *Möglichkeit von Wissen* überhaupt. Umfang, Qualität, Zuverlässigkeit, der Gewissheitsgrad von Erkenntnis und Erkenntnismethoden stehen zur Debatte. Fragen, die in den Umkreis dieses Grundproblems gehören, wären etwa: Ist sichere Erkenntnis überhaupt möglich? Welche Erkenntnismethoden gibt es überhaupt? Sind sie verbesserungsfähig? Gibt es *prinzipielle Grenzen für das menschliche Erkenntnisvermögen*? Worin könnten solche liegen? Gibt es Regeln, nach denen wir bestimmte Schlüsse oder Verallgemeinerungen verbindlich machen können? Sind solche Regeln, etwa als Logik, allgemein gültig formulierbar? Wie müsste ein korrekter und eindeutiger Gebrauch der Sprache aussehen? Welchen Kriterien muss eine wissenschaftliche Sprache genügen? Ist Verständigung überhaupt möglich? Was sind streng wissenschaftliche Methoden? Wo liegen deren Möglichkeiten, Grenzen? – KANT bezeichnete das Teilgebiet der Philosophie, das sich mit diesen Fragen beschäftigt, als *Metaphysik*, als jene Wissenschaft also, die über die reine „Physik" hinausgeht. Heute würde man von *Erkenntnistheorie*, beziehungsweise von *Logik, Sprachphilosophie* und *Wissenschaftstheorie,* sprechen.

Die zweite Frage KANTS lautete: **„Was soll ich tun?"** Damit ist nicht bloß ein Verweis auf jeweils geltende moralische Vorschriften, Konventionen oder Gesetze gemeint, sondern das Fragen nach dem Sinn, der *Verbindlichkeit* solcher Vorschriften und deren *Begründung*. KANT ordnete diese Fragen der *Moralphilosophie* (Ethik) unter. Ethische Fragestellungen wären: Was ist Glück? Was sind die wichtigsten Tugenden für den Einzelnen, für die Gemeinschaft? Nach welchen Kriterien sollen wir unser Handeln ausrichten? *Was ist gut, was böse*? Gibt es überhaupt völlig verbindliche Normen? Und wie wären solche begründbar?

Ist der Mensch überhaupt verantwortlich für sein Handeln? Oder liegt alles in göttlicher Hand? Oder sind wir von der Natur determiniert? Gibt es also eine *Freiheit* des Menschen? Philosophisches Nachdenken über unser Handeln geht dabei stets von den alltäglichen und tradierten Vorstellungen und Überzeugungen aus. Es erweitert diese allerdings, indem es etwa verschiedene, oft in Widerspruch zueinander stehende sittliche Gefühle, Urteile und Erfahrungen in widerspruchsfreien Zusammenhang miteinander zu bringen sucht. Ferner strebt die philosophische Ethik einen Vergleich der sittlichen Vorstellungen verschiedener Menschen, Epochen, Kulturen an und fragt dabei nach einem gemeinsamen Grund, sucht diesen zu benennen, zu präzisieren.

Die dritte Frage KANTS war: **„Was darf ich hoffen?“** Es geht hier letztlich um die *Sinnfrage*, um die Frage, warum und wozu ich auf der Welt bin. Zweck und Ziel der menschlichen Existenz stehen hier zur Debatte, auch in der Form des radikalen Zweifels, ob es überhaupt einen solchen Sinn gibt. Diese Fragen werden zu religiösen Fragen, wenn dieser Sinn in der Autorität und dem Wirken Gottes seine letzte Begründung findet. Religion, Gott, Unsterblichkeit sind seit den Anfängen ein wichtiges Thema der Philosophie. Ob bestimmte Religionen im Stande sind, auf diese Fragen angemessen zu antworten, wird besonders von der *Religionsphilosophie* untersucht.

Für KANT mündeten diese drei Grundfragen aber in eine vierte, die zugleich die fundamentalste und universellste philosophische Frage ist: **„Was ist der Mensch?“** Alles wissenschaftliche Wissen, etwa über die biologische und psychologische Beschaffenheit des Menschen, reicht nicht aus, die Frage nach der Identität, nach dem Wesen des Menschen zu beantworten. Gerade die *Frage nach dem Wesen des Menschen* genießt heute besondere Aktualität. Die moderne Welt wirkt in vielerlei Hinsicht identitätsbedrohend. Die Philosophie soll hier Orientierung und neue Sicherheiten liefern. Ob sie diesen Anspruch einzulösen vermag?

Denkanstöße

1 Neben den genannten Richtungen gibt es in der Philosophie noch eine Reihe anderer, zum Beispiel Ästhetik, Naturphilosophie, Geschichtsphilosophie, Rechtsphilosophie, Sozialphilosophie, Staatsphilosophie. – Versuchen Sie die folgenden Fragen den entsprechenden Richtungen zuzuordnen:

- Hat die Welt einen einheitlichen Plan oder Zweck, oder besteht sie aus dem zufälligen Zusammenspiel der Atome?
- Gibt es einen Fortschritt in der Geschichte?
- Was ist Gerechtigkeit?
- Welche Form der Strafe ist gerecht?
- Gibt es einen idealen Staat?
- Was ist Materie?
- Was ist Schönheit?
- Was sind die treibenden Kräfte im Geschichtsablauf?
- Ist Gewalt, wenn sie im Namen des Staates vollzogen wird, immer legitim?
- Welche Kriterien gibt es für Kunst?
- Ist Bewusstsein ein autonomer Teil der Welt oder bloß eine bestimmte Erscheinungsform der Materie?

2 Der zeitgenössische Philosoph Hermann LÜBBE bezeichnete Philosophie als gesellschaftliche Rechtfertigungsstrategie. Sie sei immer ein Krisenzeichen für eine Kultur, man brauche sie stets, wenn in den Orientierungen des gesellschaftlichen Handelns etwas nicht mehr stimme. –
Wie beurteilen Sie unter diesem Gesichtspunkt den Bedarf der gegenwärtigen Gesellschaft nach Philosophie?

Das Wahre und das Falsche

Grundzüge der Erkenntnis- und Wissenschaftstheorie

Cafe Philosophopolis, *Hinterzimmer, früher Abend*

Alfred, *gut gekleidet, mit Aktenkoffer, lehnt an der Theke und spricht mit* Christoph; *im Hintergrund ein älterer Herr, Prof.* Daniel; *später kommt* Brigitte, *auf die* Alfred *gewartet hat.*

Christoph: „Da – *(er zeigt auf das Titelbild einer Zeitschrift, die er in Händen hält)* – was sagst du dazu: geklonte Schafe. Alle aus einer Zelle, alle gleich, eins wie das andere. Die Gentechnik macht Fortschritte."

Alfred: „Na und; Zeit wird's – vielleicht hat's dann ein Ende mit den Missgeburten."

Christoph: „Das ist alles, was dir dazu einfällt? Also mir graut bei dem Gedanken."

Alfred: „Herr Ober, ein Glas Rotwein. Im Übrigen – der technische Fortschritt ist nicht aufzuhalten."

Christoph: „Auch dann nicht, wenn es gefährlich wird, unkontrollierbar? Denk an die Atombombe oder andere ‚Errungenschaften' der Technik."

Alfred *trinkt:* „Erstens: das Leben ist lebensgefährlich. Und zweitens: du kannst auf Dauer die Wissenschaft nicht bremsen."

Christoph: „Müssen wir alles wissen? Und alles machen, was wir machen *können*?"

Brigitte *kommt zur Tür herein, auf die beiden zu, küsst* Alfred: „Hallo, wie geht's? Ach, schon wieder diese ernsten Mienen. Worüber quatscht ihr denn?"

Alfred, *pathetisch:* „Über die Grenzen des Wissens."

Brigitte, *schnippisch:* „Ach, wieder einmal tiefsinnig, die Herren. Nun, da kann ich mithalten." *zitiert:*
„Allwissend bin ich nicht, doch viel ist mir bewusst".
Na, da schaut ihr, was. Goethe, Faust, Mephisto. Komme grad aus dem Seminar über die Weltanschauung Goethes. Wusstet ihr, dass Goethe, als er 1774 …"

Alfred: „Komm, verschon uns mit deinem Halbwissen. Kaum betritt eine Frau …"

Brigitte: „Depp!"

Christoph: „Streitet nicht schon wieder. Wo waren wir? – Ach ja: muss man alles wissen."

Brigitte: „Nein. Im Ernst. Es gibt Grenzen der Vernunft. Das ist klar."

Alfred: „Klar ist gar nichts. Wieso gibt's die? Man kann doch immer weiterforschen. Prinzipiell. Was man heute noch nicht weiß, werden die Wissenschaften eben morgen entdecken."

Brigitte, *triumphierend:* „Aber die Wahrheit wirst du so nie erfahren."

Christoph: „Das versteh ich jetzt nicht. Was meinst du mit Wahrheit?"

Brigitte: „Es gibt, … ich glaube, Wahrheit, das ist mehr als das, was die Wissenschaften liefern. Da geht es um Zusammenhänge, um Sinn …"

Alfred: „Unsinn, wolltest du wohl sagen. Wahr ist nur, was sich beweisen lässt. Alles andere interessiert mich nicht."

Daniel, *von der Theke aus:* „Und was ist ein Beweis?"

ALFRED: „Das, was ich mit eigenen Augen sehe, mit meinen Händen greifen kann. Basta."

DANIEL: „Nach Ihren eigenen Augen geht am Morgen die Sonne auf – oder sehen Sie, wie sich die Erde dreht?"

ALFRED, *irritiert:* „Was geht Sie das an. Nun ja, wahr ist, … was man wissenschaftlich überprüfen kann. Genügt das?"

DANIEL, *nähert sich:* „Eigentlich nicht, nein ganz und gar nicht. Wann ist etwas wissenschaftlich überprüft? Die Geschichte der Wissenschaften – ist das nicht auch die Geschichte ihrer Irrtümer?"

ALFRED: „Lasst mich in Ruhe mit dem Zeug; (*verärgert zu* CHRISTOPH) du mit deiner Angst vor geklonten Schafen. Da arbeitet man den ganzen Tag, um sich so was anzuhören. (*Aggressiv zu* DANIEL) Wahr ist etwas, wenn man damit Erfolg hat."

DANIEL, *nachdenklich:* „Und was ist, wenn der Erfolg einmal ausbleibt?"

Denkanstöße

1 Muss man wirklich alles wissen – und darf man alles tun, was durch das Wissen der Wissenschaften möglich erscheint? Wie stehen Sie zur Frage nach den Grenzen der Vernunft?

2 „Was ist Wahrheit?" – Eine berühmte Frage. Was würden Sie auf Anhieb darauf antworten?

3 Für Alfred ist das wahr, was sich als erfolgreich erweist. Könnten Sie das als eine ernst zu nehmende philosophische Position akzeptieren? Wie verstehen Sie Daniels letzte Bemerkung?

WIRKLICHKEIT UND WAHRHEIT

Annäherung:

DER MENSCH KANN SICH TÄUSCHEN

Normalerweise, so könnte man denken, hat man mit der Frage nach der Wirklichkeit keine Probleme. Man wacht auf, sieht, hört, schmeckt und fühlt, was sich so tut, weiß, auf welche Signale, Worte und Zeichen man zu reagieren hat, und akzeptiert die Welt so, wie sie eben ist. Denkt man sich den Menschen als einen, der seinen Sinnen vertraut, nur das akzeptiert, was er erfahren kann, mit beiden Beinen also in der Welt steht, so ist es eigentlich kaum verständlich, warum die *Wirklichkeit* den Menschen, vielleicht müsste man sagen: den Philosophen, je überhaupt zum Problem werden konnte. Aber schon frühzeitig hatten die Menschen offenbar Erfahrungen gemacht, die ihr Vertrauen in ihre gewohnten Wirklichkeitsbilder erschüttern mussten. Eine fundamentale Irritation wurde wohl durch die Entdeckung ausgelöst, dass es *Sinnestäuschungen* gibt. Das Auge, das Ohr kann getäuscht werden. Was man zu sehen glaubt – ein gebrochener Stab im Wasser etwa –, stimmt mit der Wirklichkeit nicht überein: Der Stab ist noch ganz. Oder die Erfahrung, dass das, was ich zu sehen glaube, von einem anderen Menschen ganz anders gesehen und gedeutet werden kann. Die simple Alltagserfahrung, dass meine Wahrnehmungen von anderen Menschen nicht immer geteilt werden oder dass umgekehrt meine Wahrnehmungen von den Mitteilungen anderer beeinflusst werden können, muss zum Zweifel darüber führen, ob die Welt wirklich so ist, wie ich sie mit meinen Sinnen wahrnehme; eine, wahrscheinlich ebenfalls radikale, ursprünglich gemachte Erfahrung ist die, dass ein Mensch mich täuschen kann: Was er sagt, erweist sich als unrichtig, wie er sich mir gegenüber verhält, als Verstellung. Wer ist er aber dann in Wirklichkeit? Was stimmt, wenn das, was er sagt, auch gelogen sein kann?

Neben diesen verunsichernden Alltagserfahrungen, die unter dem Stichwort *soziale Wahrnehmung* von der Psychologie zum Teil schon gut erforscht sind, muss aber die Menschen – versucht man sich einmal in die Lage eines frühen Homo sapiens hineinzuversetzen – eine Erfahrung ganz vehement verstört haben: Die Welt ist ja nichts Statisches, ein ruhiges Gegenüber, das ich betrachten kann, sondern sie verändert sich, agiert und reagiert, lebt. Aber warum so und nicht anders? Warum vernichtet ein Gewitter heute meine Ernte und verschont die des Nachbarn? Welche Kräfte und Mächte stehen hinter den Bedrohungen der Wildnis, den Unbilden der Natur, den Unausweichlichkeiten von Landschaft und Klima? Gibt es irgendwelche Absichten dahinter, Dämonen, Geister oder Götter? Oder waltet der blinde Zufall? Oder vollziehen sich die Ereignisse in der Natur nach Gesetzmäßigkeiten, die der Mensch durchschauen, letztlich beherrschen könnte? Alle diese Fragen, die zu verschiedenen Zeiten in unterschiedlicher Weise gestellt worden sein müssen, haben eine zentrale Erfahrung im Hintergrund: dass die Welt, so wie sie mir erscheint, dunkel, unerklärlich, zwielichtig, letztlich unberechenbar und bedrohlich ist. Die Frage nach der Wirklichkeit ist die Frage danach, ob sich hinter dieser Welt aus Schein, Täuschung und Bedrohung eine Welt finden lässt, die wahr, erklärbar und beherrschbar ist. Das Streben nach Erkenntnis scheint untrennbar verbunden zu sein mit dem Streben nach Sicherheit und Herrschaft.

Denkanstöße

1 Goethes Faust wollte bekanntlich wissen, was „die Welt im Innersten zusammenhält". – Geht es Ihnen ähnlich? Wollen Sie „erkennen"? Oder genügt Ihnen das, was man so allgemein als „Schulwissen" bezeichnen könnte?

2 „Wissen ist Macht": ein alter Satz – noch immer ein wahrer Satz? Muss man wissen, um erfolgreich zu sein, und wenn ja, was? Hat solches „Wissen" mit „Erkenntnis" zu tun?

Zugänge zur Wirklichkeit

Will man den Prozess der Erkenntnis grob systematisieren, sind zumindest drei an diesem Prozess beteiligte Komponenten auseinander zu halten: das erkennende *Subjekt;* das zu erkennende *Objekt* und: die zur Erkenntnis führende *Methode.*

Erkenntnissubjekt ist der Mensch. Er sieht, nimmt wahr, interpretiert, verstrickt sich in Widersprüche, fragt. Worauf immer er sein *Erkenntnisinteresse* richtet, wird ihm zum Objekt der Erkenntnis – letztlich reduzieren sich die möglichen Objekte auf zwei große Objektfelder: das den Menschen „Umgebende" und – den Menschen selbst. Vielleicht könnte man überhaupt sagen, dass die Philosophie oszilliert zwischen dem Wunsch, die Wirklichkeit außerhalb des Menschen, also die Natur im weitesten Sinne, zu erkennen und dem Anspruch, sich selbst zu erkennen: was es bedeutet, Mensch zu sein.

Aber welchen Erkenntnisgegenstand der Mensch auch immer sich erwählt, es wird nützlich sein, darüber nachzudenken, welchen Weg, welche Methode der Erkenntnis er einschlagen will. Er wird sich vielleicht erst einmal zu fragen haben, welche *Mittel zur Erkenntnis* ihm überhaupt zur Verfügung stehen und wie zuverlässig diese sind. Die kritische Untersuchung möglicher Erkenntnismittel und Methoden, das Ausloten des Spannungsverhältnisses zwischen Subjekt und Objekt, die Frage nach den Grenzen und Möglichkeiten von Erkennen und die Frage nach dem Charakter menschlichen Wissens sind einige der zentralen Aufgaben einer philosophischen *Erkenntnistheorie.*

Allerdings: bevor der Mensch sich systematisch solche Fragen stellte, musste er immer schon *praktisch* auf die Herausforderung der Wirklichkeit reagieren. Auch der Mensch der

Frühzeit war gezwungen, sich die ihn umgebende, bedrohliche Wirklichkeit in irgendeiner Form *erklärbar* zu machen; vorerst noch gar nicht, um die Natur zu beherrschen, sondern um darin überleben zu können.

Von Mythen und Sagen

Zu den ersten vorphilosophischen, vorwissenschaftlichen Zugangsweisen zur Wirklichkeit gehört zweifellos die Bildung von *Mythen.* Die ursprüngliche Bedeutung von Mythos ist: Rede, Erzählung. Mythen sind also Erzählungen, Geschichten, die ganz bestimmte Merkmale aufweisen. Der französische Mythenforscher und Ethnologe Claude LEVI-STRAUSS etwa unterstreicht, dass das Entscheidende am Mythos nicht die Form ist, in der erzählt wird, sondern das, *was* erzählt wird – der „narrative Kern". In Details können Mythen deshalb auch immer variieren, weiter bearbeitet werden. Der deutsche Philosoph Hans BLUMENBERG spricht förmlich von einer „Arbeit am Mythos", die sich während der Geschichte der Menschheit vollzieht und auch heute noch nicht zu einem Ende gekommen ist: Zumindest in der Kunst kommt es immer wieder zu Bearbeitungen mythologischer Stoffe und Motive – man denke nur an die berühmten antiken Mythen wie Ödipus, Antigone, Medea, Prometheus. Mythen, schreibt BLUMENBERG, sind Geschichten, die erzählt werden, „um etwas zu vertreiben. Im harmlosesten, aber nicht unwichtigsten Falle: die Zeit. Sonst, und schwerwiegender: die Furcht." Letzteres scheint für den Mythos das Entscheidende zu sein: Es sind Geschichten, die erklären, warum etwas ist, die Auskunft geben über Welt, Natur und Mensch, die Antworten geben auf zahlreiche *Warum–Fragen.* Auf die Frage etwa, warum überhaupt Kosmos, Welt und Mensch existieren, geben die zahlreichen *Schöpfungsmythen* erste Antworten: Sie erzählen vom Beginn der Welt, wie es allmählich zu dem gekommen ist, wie der Mensch die Welt erfährt, in welche Tücken, Flüche, aber auch Freuden und Hoffnungen er verstrickt ist.

Neben dem narrativen Kern ist für den Mythos noch Folgendes charakteristisch: Er ist nicht Produkt eines Einzelnen, sondern Ergebnis kollektiver Erfahrungen und Arbeit; der Mythos kennt nicht einen Autor, er entsteht immer in einer Gemeinschaft – hierin ist er dem Volksmärchen verwandt. Aber der Mythos hat für diese Gemeinschaft große soziale Bedeutung: Er erklärt die Welt, gibt Sinn, regelt in gewisser Weise das Gemeinschaftsleben. Zahlreiche religiöse Rituale und Kulte, die solche Regelungen sozialer Prozesse darstellen, gehen auf Mythen zurück, sind nur durch sie verstehbar – von antiken Opfergebräuchen bis hin zu den großen christlichen Festen wie Weihnachten und Ostern. BLUMENBERG hat auch darauf aufmerksam gemacht, dass Mythen selbst *nicht dogmatisch* sind – als Erzählung stellen sie *keinen absoluten* Wahrheitsanspruch. Keinem Griechen wäre es eingefallen, die schlüpfrigen Geschichten, die man sich von Zeus erzählte, zur absoluten Wahrheit zu erklären.

Im Prinzip wollen Mythen also nicht wahr sein, wohl aber plausibel. Über sie lernt der Mensch, sein Verhältnis zur Natur und zu sich selbst zu gestalten. Deshalb sind in den Mythen Erkenntnisse verborgen, vor allem über den Menschen selbst, die auch für ein wissenschaftliches Zeitalter noch von Bedeutung sein können. Nicht von ungefähr etwa nahm Sigmund FREUD an, dass der alte Mythos von Ödipus seine Erkenntnisse über die Triebregungen des Unbewussten in nuce schon enthalten hatte. Die Auseinandersetzung mit Mythen, die Interpretation derselben gewinnt nicht zuletzt deshalb auch heute wieder zunehmend an Bedeutung: Vieles, was einem rationalen, wissenschaftlichen Zugang nur schwer erschließbar erscheint an Wünschen, Sehnsüchten und Ängsten der Menschen, lässt sich in den alten mythischen Geschichten schon greifen – vielleicht vermögen deshalb diese Geschichten noch immer zu faszinieren.

Lange Zeit war man der Ansicht gewesen, dass der *Mythos,* also die erzählende, fabulierende Rede, vom *Logos,* der vernünftigen Rede, etwa im 6. vorchristlichen Jahrhundert abgelöst worden sei. Die *ionischen Naturphilosophen* suchten nach anderen als mythologischen Begründungen für die Ereignisse in der Welt. Sie nahmen als erste Prinzipien aus denen die Welt entstanden sein, nach denen sie sich vollziehen sollte, Prinzipien an, die keiner Personifikation durch Götter und Geschichten mehr bedurften.

THALES von Milet etwa soll das Wasser als den Urstoff angegeben haben, aus dem alles entstanden sei; ANAXIMENES die Luft und ANAXIMANDROS war dann der Erste, der ein rein abstraktes Prinzip als Urgrund dachte, *ápeiron*, ein Unbestimmtes und Grenzenloses, aus dem sich Warmes und Kaltes, Feuchtes und Trockenes absondern sollten.

Die Kritik an den alten mythischen Vorstellungen, an den Götterbildern und Göttergeschichten, setzte nahezu gleichzeitig mit diesen ersten Entwürfen eines *rationalen Weltbildes* ein. XENOPHANES kritisierte die Vorstellungen, die sich die Menschen von den Göttern machten, weil sich die Menschen die Götter immer nach ihrem eigenen Bilde dächten: Hätten die Pferde Götter, sähen sie aus wie Pferde. Xenophanes kritisierte aber auch die Vielheit der Götter, den *Polytheismus.* So heißt es in einem seiner überlieferten Fragmente: „Es herrscht doch nur ein einziger Gott … weder an Aussehen ähnlich den Sterblichen noch an Gedanken.“

Dass es einen linearen, eindeutig als Fortschritt zu interpretierenden Fortgang vom *mythischen* zum *logischen,* von einem *polytheistischen* zu einem *monotheistischen,* letztlich naturwissenschaftlichen Denken gegeben habe, wird heute zunehmend bezweifelt. Die Ablösung mythischer durch rationale Weltbilder dürfte sich nicht so einfach vollzogen haben, wie lange angenommen wurde: Mythisches Denken lebt länger fort und die eindeutige Überlegenheit des rationalen Denkens wird immer wieder bezweifelt. Unser Alltag, meinte der französische Philosoph Roland BARTHES, sei von Mythen geradezu durchsetzt: Geschichten, die in immer neuen Varianten erzählt werden, die Trost und Hoffnung spenden sollen – wie die von jenem zum Beispiel, der als Tellerwäscher nach Amerika ging und dort zum Millionär wurde.

Der in Kalifornien und Zürich lehrende Wissenschaftstheoretiker Paul FEYERABEND etwa meint, dass gerade der Monotheismus und die Aufgeklärtheit des Xenophanes einen starren Dogmatismus mit sich gebracht hätten, der das vielfältige und deshalb humane Denken des Mythos zugunsten eines Prinzipiendenkens, wie es auch die Moderne kennzeichnet, bedingungslos verfolgt und ausgerottet habe. Ähnlich argumentiert der deutsche Philosoph Odo MARQUARD in einer Aufsatzsammlung, die den provokanten Titel „Lob des Polytheismus“ trägt. Die tolerante, bilder- und variantenreiche Denkweise des Polytheismus wird hier positiv betont gegenüber einem Denken, das sich nur auf einen Gott oder ein Welterklärungsprinzip, etwa die Vernunft, die Rationalität berufen will. Aber, so könnte man jetzt fragen, was ist das überhaupt für ein Zugang zur Wirklichkeit, der durch die Vernunft, die Ratio, den Logos eröffnet wird?

Der Geist aus der Höhle

Es ist vielleicht eine der großen Entdeckungen der griechischen Philosophie, dass die Unzuverlässigkeit der Sinne kompensiert werden muss durch andere Fähigkeiten des Menschen, vorrangig durch die Kräfte seines Verstandes. Der Prozess der Erkenntnis soll wegführen von dem sinnlich Wahrnehmbaren zu einer Einsicht in das Wesen der Dinge. Dies ist nur möglich durch die Anstrengung des Geistes. Die erste umfassende, außerordentlich folgenreiche Erkenntnistheorie auf dieser Basis stammt von PLATON, einem Schüler des SOKRATES.

In seinem berühmten „Höhlengleichnis", das sich in einem der Hauptwerke PLATONs, der „Politeia" („Staat") findet, versucht der Philosoph zu veranschaulichen, was Erkenntnis bedeutet und wie Erkenntnis sich vollziehen sollte. Die Menschen gleichen nach PLATON Gefangenen, die in einer Höhle gefesselt sind und an den Wänden nur die durch ein Feuer geworfenen Schattenbilder von Gegenständen sehen. Gelänge es jemandem, sich von den Fesseln zu befreien und an das Tageslicht zu gelangen, sähe er die Welt, wie sie *wirklich* ist, beschienen von der Sonne. Die Dinge, wie sie *wirklich* sind, ihrem Wesen nach, das sind für PLATON die „Ideen". Was wir mit unseren Sinnen von der Welt wahrnehmen, sind nur die Abbilder dieser Ideen; die Abbilder sind vergänglich und veränderlich in Form und Aussehen, die Ideen selbst aber ewig und unveränderlich. Wer erkennen will, muss nach Erkenntnis dieser Ideen, ewigen Wahrheiten, ewigen Wesenheiten also, streben. Dieser Prozess der Erkenntnis ist nach PLATON allerdings beschwerlich und mühsam, man löst sich nicht leicht von seinen gewohnten Ansichten und Vorurteilen. Käme jemand in die Höhle zurück und berichtete, was er draußen gesehen habe, so würde er von seinen ehemaligen Mitgefangenen erschlagen werden. Der Wahrheit will niemand gerne ins Auge sehen. Gewöhnt an die Täuschungen der Sinne, hat die Wahrheit keinen Reiz.

Was PLATON nun tatsächlich unter „Idee" verstand, ist gar nicht so leicht zu erklären. Jeder Mensch macht zweifellos die Erfahrung, dass Dinge, Gegenstände, Lebewesen sich zwar verändern können, immer anders aussehen, je nachdem, aus welcher Perspektive man sie betrachtet. Sie können in verschiedensten Varianten vorkommen: zum Beispiel große, kleine, braune, schwarze, alte, junge, kranke und gesunde Pferde. Aber dennoch können sie immer als einer Gattung zugehörig erkannt werden – es bleiben allemal Pferde. Dies musste zu dem Gedanken führen, dass das Entscheidende an einer Sache nicht ihre *Erscheinungsform* ist, sondern das, was ihr *Wesen* ausmacht. Dass ich im Stande bin, ein neugeborenes Fohlen genauso als Pferd zu identifizieren wie eine alte klapprige Mähre, die äußerlich fast nichts mit dem Fohlen gemein hat, setzt voraus, dass ich einen *Begriff* von Pferd in mir habe, der alle wesentlichen Merkmale des *Pferdseins,* der *Pferdheit* umfasst, und nach dem ich beurteilen kann, ob ein „Etwas" Pferd ist oder nicht.

Das Wesen einer Sache, das, was einer Gruppe von Gegenständen *wesentlich* gemein ist, entspricht etwa PLATONs Idee. Die Kenntnis dieser Ideen ist nach PLATON nicht durch die Sinne zu erlangen, aber auch nicht durch Verstandestätigkeit. Die Ideen müssen immer schon in uns sein – die Seele, so PLATONs komplizierte Theorie, hat die Ideen vor unserem Erdenleben schon einmal geschaut, ich muss mich ihrer nur erinnern. Erkenntnis ist für PLATON „Anámnesis" – Wiedererinnerung. Schon PLATONs Lehrer SOKRATES war der Überzeugung gewesen, dass diese *Wiedererinnerung* einmal geschauter Wahrheiten durch eine bestimmte Form der *Befragung* begonnen und gefördert werden könnte. Der Philosoph habe so keine andere Aufgabe, als durch seine Fragen die inneren Wahrheiten seiner Gesprächspartner ans Licht des Bewusstseins zu holen. Deshalb bezeichnet man diese sokratische Kunst des Dialogs als *Maieutik,* was eigentlich „Hebammenkunst" bedeutet.

Auch wenn PLATONs Lehre von der Wiedererinnerung sich nicht durchsetzen konnte, bestimmte die Frage nach dem Wesen der Dinge, nach dem Wesen des Seienden und nach den Möglichkeiten seiner Erkenntnis die Auseinandersetzung in der europäischen Philosophie bis in die Gegenwart. In der Neuzeit verlagerte sich aber die Problemstellung: Ins Zentrum rückte die Frage nach den Quellen der Erkenntnis und ihrer Zuverlässigkeit.

Obskure Realisten

Für den mittelalterlichen Menschen war Erkenntnis noch klar definiert gewesen als Resultat der Offenbarung Gottes. Zwar, so die Lehrmeinung der *Scholastik,* der mittelalterlichen

Philosophie, musste die göttliche Offenbarung durch die menschliche Vernunft begreifbar und nachvollziehbar sein – dieser Gedanke war Resultat einer intensiven Auseinandersetzung mit den Schriften des ARISTOTELES, aber als alleinige Erkenntnisquelle konnten weder Vernunft noch sinnliche Erfahrung akzeptiert werden. Die Frage aber, ob den *Allgemeinbegriffen*, die vom Verstand gebildet werden können, ähnlich den platonischen Ideen eine Realität zukomme, oder ob es sich dabei um bloße Bezeichnungen, Namen handle, mit denen Gruppen von Gegenständen benannt werden, hielt die Philosophen des Mittelalters in Atem. Im sogenannten *Universalienstreit* (von Universalien: Allgemeinbegriffe) hatten sich zwei Parteien gebildet, die *Nominalisten,* für die Begriffe nur Namen waren und die *Realisten,* für die Begriffe Realität waren, die also z. B. der „Pferdheit", dem „idealen Pferd" Existenz zusprachen. Im Mittelalter galt also nicht jener als „Realist", der die Welt nimmt, wie er sie sieht, sondern jener, der „Ideen" und „Begriffe" als letzte Wirklichkeit ansah. Auch wenn es verwunderlich sein mag: In bestimmter Weise dauert, wie noch zu zeigen sein wird, dieser Streit – wenn auch nicht mehr unter der alten Bezeichnung – bis heute.

Gewissheit im Denken: Der Rationalismus

Die entscheidende Wende in der abendländischen Philosophie vollzog sich durch den französischen Denker René DESCARTES. Für DESCARTES waren die mittelalterlichen Glaubensgewissheiten brüchig geworden, seine Suche galt einem sicheren Fundament, auf dem sich alle weitere Erkenntnis aufbauen sollte. Die Methode, die DESCARTES für die Untersuchung verwendete, unterschied sich radikal von den bisher geübten Praktiken: Weder berief er sich auf die Offenbarung, noch – wie es im Mittelalter üblich gewesen war – auf philosophische Autoritäten der Vergangenheit wie ARISTOTELES, sondern er begann damit, an allem radikal zu *zweifeln.* In seinen philosophischen „Meditationen" stellt er zuerst alle überkommenen Meinungen und die Sinneserkenntnis in Frage. In keinem kann er wirkliche Gewissheit finden: Den Meinungen mangelt es an Beweiskraft und den Sinnen ist ohnehin nicht zu trauen. DESCARTES stellt sich sogar vor, es könnte einen bösen Gott geben, der uns alle Sinneseindrücke, alles, was wir sehen, hören, fühlen, nur vorgaukelt. Wenn man aber an allem zweifeln kann, dann bleibt, so DESCARTES, als einzige unbezweifelbare Gewissheit der *Akt des Zweifelns* selbst. Alle Inhalte meines Wissens, alles, was ich über die Welt und mich denke und für wahr halte, kann falsch sein. Aber dass hier ein Ich ist, das denken kann, dass es sich irrt – dies ist unbezweifelbar: *Ich denke* und deshalb weiß ich, *dass ich bin.* Was immer ich sonst weiß, kann auch Traum, Halluzination, Sinnestäuschung sein – nur im Akt des zweifelnden Denkens bin ich mir sicher.

Auf diesem „cogito ergo sum" versuchte DESCARTES dann seine Philosophie aufzubauen. Für ihn war damit klargestellt, dass Gewissheit, sicheres Wissen sich nur aus der Arbeit des Denkens ableiten lässt – zu ungewiss sind Sinnesorgane und Gefühle. Wahr und gewiss ist, was *klar* und *logisch korrekt* gedacht werden kann. Darauf zielten die Regeln, die nach DESCARTES sichere Erkenntnis gewährleisten sollten:

- Nur das sei als wahr anzuerkennen, was klar und unbezweifelbar ist.
- Alle Schwierigkeiten seien in überschaubare Teilprobleme zu zerlegen, um sie nacheinander zu lösen.
- Immer habe man beim Einfachsten zu beginnen und zum Schwierigeren fortzuschreiten.
- Von allem seien vollständige Übersichten und Aufzählungen anzufertigen.

Mit diesen Überlegungen zur Methode der Erkenntnis wurde DESCARTES zum Begründer des modernen wissenschaftlichen, *analytischen* Denkens, zum Vater des neuzeit-

René Descartes (rechts) und seine berühmte Schülerin, Königin Christine von Schweden, Gemälde von Dumesnil

lichen „Rationalismus“: Quelle der Erkenntnis ist die Vernunft, die Vernunft ist die Fähigkeit des Menschen, in Allgemeinbegriffen und logischen Zusammenhängen zu denken. Nichts kann als gewiss und gültig angenommen werden, bis es nicht von der Vernunft geprüft worden ist; Gefühle und Erfahrungen gelten als unsichere, mindere Erkenntnisformen. Damit ist allerdings auch festgelegt, dass alle Erkenntnis vom *Subjekt* ausgehen muss, dass die Tätigkeit der Vernunft des Subjekts, sein Bewusstsein, das Entscheidende ist, auch wenn angenommen wird, dass diese Vernunft für jeden Menschen, sofern er ein vernunftbegabtes Wesen ist, dieselbe sein muss. Man kann so auch, seit dem Rationalismus des DESCARTES, von einer neuzeitlichen *Subjekt- und Bewusstseinsphilosophie* sprechen: Nicht wie die Welt, die erkannt wird, *ist*, wird zum Problem, sondern wie das Subjekt zur Erkenntnis der Welt kommt.

Das Gewicht der Erfahrung: Der Empirismus

DESCARTES’ rationalistisches Konzept blieb nicht unwidersprochen. Vor allem die englischen Philosophen John LOCKE und David HUME vertraten einen gegen den Rationalismus gewandten *empirischen Sensualismus,* der als Quelle der Erkenntnis nur die Sinneswahrnehmung gelten lasse wollte. In seinem Essay „Über den menschlichen Verstand“ hatte John LOCKE zwei Arten von Ideen, Wissensinhalten, unterschieden: einfache und zusammengesetzte. Die einfachen Ideen sind Resultat der Sinneswahrnehmung und Grundlage unserer Erkenntnis. Zusammengesetzte Ideen sind vom Verstand kombinierte Sinneswahrnehmungen. Aus sich heraus ist der Verstand, die Vernunft zu keiner Erkenntnis fähig. Es ist nichts im Verstand, formulierte LOCKE, was nicht zuvor in den Sinnen gewesen ist. Demgegenüber hatte der deutsche Rationalist Gottfried Wilhelm LEIBNIZ in einem Kommentar zu LOCKE festgehalten, dass es zwar stimme, dass im Verstand nichts sei, was nicht vorher in den Sinnen gewesen wäre – mit Ausnahme des Verstandes selbst. Und dieser enthalte nun etliche Prinzipien des Denkens, die nicht Resultat von Erfahrung und Wahrnehmung sein könnten: abstrahieren, Ordnungen herstellen, vergleichen, Kausalitäten finden und Ähnliches.

Radikaler noch als LOCKE hatten dann George BERKELEY und David HUME das Prinzip der Wahrnehmung als Erkenntnisquelle behauptet. Nach BERKELEY können wir überhaupt nur solchen Dingen Existenz zuschreiben, die wir wahrzunehmen im Stande sind: „Esse est percipi“ – Sein bedeutet wahrgenommen werden. Ähnlich will HUME nur solche Gedanken und Begriffe gelten lassen, die auf eine Wahrnehmung zurückzuführen sind oder einer solchen entsprechen. Begriffe, denen keine sinnlichen Wahrnehmungen, keine empirischen Erfahrungen zugeordnet werden können, sind für ihn sinnlos – ein, wie sich noch zeigen sollte, außerordentlich folgenreicher Gedanke. So sind für HUME etwa alle Allgemeinbegriffe, aber auch abstrakte Prinzipien sinnlos, da sich für das Allgemeine

– PLATONs Idee des Pferdes etwa – keine Wahrnehmungsform findet: Sehen kann ich immer nur ein *einzelnes Pferd,* nie die *Pferdheit* schlechthin.

Die Erkenntnistheorie der Neuzeit kennt also zwei konkurrierende Positionen: Für den *Rationalismus* ist die *Vernunft* alleiniger Garant für sicheres Wissen, für den *Empirismus* ausschließlich die *Erfahrung.* Beiden Richtungen ist aber gemeinsam, dass sie nur mehr von jedem Menschen objektiv Überprüfbares gelten lassen wollen.

Aus Zwei mach Eins: Transzendentale Erkenntnistheorie

Ein entscheidender Schritt in der Auseinandersetzung zwischen Empirismus und Rationalismus gelang der Philosophie durch Immanuel KANT. In einer umfangreichen Arbeit, die er 1781 unter dem Titel „Kritik der reinen Vernunft" veröffentlichte, hatte es sich KANT zur Aufgabe gemacht, noch einmal radikal das Erkenntnisproblem zu durchdenken und prinzipiell zu untersuchen, unter welchen Bedingungen die *Möglichkeit von Erkenntnis* überhaupt gedacht werden kann. Diese Art der Fragestellung – nicht: Was ist? sondern: Unter welcher Bedingung ist die *Möglichkeit* einer Sache denkbar? – nannte KANT „transzendental". Möglich – so die Antwort, die KANT letztlich geben konnte – ist Erkenntnis, weil zwei Faktoren zusammenspielen und zusammenspielen müssen: die sinnliche Anschauung (Erfahrung) und der Verstand. *Begriffe* – reines Denken ohne Anschauung – bleiben, so KANT, leer; aber die Anschauung allein ist *blind.* Die reine sinnliche Wahrnehmung schafft noch keine Erkenntnis. Dazu bedarf es der ordnenden, gliedernden Kraft des Verstandes, der auch im Stande sein muss, die kausalen Zusammenhänge zu erklären: warum das, was ich sehe, so ist, wie ich es sehe. Die an sich diffusen Sinneseindrücke werden nach KANT also durch den Verstand geordnet. Voraussetzung aller Erfahrung überhaupt sind aber nach KANT erst einmal die *Anschauungsformen* „Raum" und „Zeit". Diese Anschauungsformen gelten *a priori,* vor jeder Erfahrung, denn jede mögliche Erfahrung setzt räumliches Nebeneinander und zeitliches Nacheinander immer schon voraus: was immer wir wahrnehmen – es hat sich irgendwann irgendwo ereignet. Dann beginnt der Verstand mit seiner Ordnung der Wahrnehmungen nach ganz bestimmten *Kategorien,* die für KANT ebenfalls *a priori* vorausgesetzt sein müssen, nicht Resultat von Erfahrung selbst sein können. Diese *Kategorien* sind nach KANT die *Qualität* (was ich von der Beschaffenheit einer Sache aussagen kann: seine Realität, seine Negation, seine Limitation); dann die *Quantität* (was ich von ihrer Anzahl sagen kann: Einheit, Vielheit, Allheit); dann die *Relation* (ihre möglichen Beziehungen zu anderen: Kausalität, Wechselwirkung) und die *Modalität* (wie etwas ist: möglich, zufällig, notwendig oder überhaupt nicht).

Die entscheidende Frage, der KANT nachging, war also die nach jenen Fähigkeiten des Verstandes, die aller Erfahrung vorausgehen müssen, weil durch sie die Erfahrung geordnet wird. Diese Voraussetzungen des Verstandes, die Kategorien und Anschauungsformen, die aller Erfahrung vorausgehen müssen, nannte er also *a priori* – vor jeder Erfahrung. Was aber erst aus der Erfahrung gewonnen werden kann, nannte er *a posteriori* – nach der Erfahrung. Sätze, Urteile wiederum, die sich aus der Erfahrung ergeben, zusammensetzen, nannte er *synthetisch;* solche jedoch, die ohne alle Erfahrung Gültigkeit beanspruchen können, *analytisch.* Warum, ist klar: Analytische Sätze sind meist solche, die nicht mehr aussagen, als im Subjekt des Satzes schon enthalten ist: Junggesellen sind unverheiratete Männer – es genügt eine *Analyse* des Begriffes „Junggeselle", um zu diesem Satz zu kommen. Er enthält sonst nichts Neues. Aber es bedarf, steht einmal diese Definition von Junggeselle fest, auch keiner Erfahrung mehr. Der Satz stimmte auch dann noch, wenn alle Männer verheiratet wären.

Ein Satz jedoch wie „Heute ist schönes Wetter“ lässt sich ohne Erfahrung nicht denken. Aus dem Begriff des „schönen Wetters“ folgt noch lange nicht, dass dieses für „heute“ zutrifft.

Analytische Sätze a priori haben also den Vorteil, dass sie *allgemein gültig* sind und *notwendig* gelten. Unmöglich ist es zu sagen: Auch Junggesellen sind verheiratet. Analytische Sätze haben aber den Nachteil, keine eigentlichen Erkenntnisse zu liefern: Sie sind *tautologisch.* Synthetische Sätze bringen tatsächlich neue Erfahrungen ins Spiel. Sie haben nur den Nachteil, dass sie weder allgemein gültig noch notwendig sind. Für jemanden, der aufwacht und zum Fenster hinausblickt, ist die aus der Beobachtung des Himmels, der Temperatur etc. gewonnene empirische Erkenntnis „heute ist schönes Wetter“ eine angenehme Neuigkeit – aber weder ist *notwendig* schönes Wetter, noch immer und überall.

Wirklich wissenschaftliche Erkenntnis muss aber, so KANT, notwendig und allgemein sein – ansonsten ist sie zufällig, beliebig, unwissenschaftlich. Die entscheidende Frage muss also lauten: „Sind synthetische Sätze a priori möglich?“

KANT selbst war der Meinung, eine ganze Reihe solcher Sätze gefunden zu haben: Sätze der Mathematik etwa oder das Kausalitätsprinzip. Andere Philosophen haben ihm widersprochen und letztlich ist bis heute die Frage, ob es synthetische Urteile a priori und damit Wissenschaft im strengen Sinne gibt, umstritten.

Denkanstöße

1 Allenthalben heißt es, der Mythos habe wieder Konjunktur: neues Denken, New Age, Intuition statt Ratio, Gefühl statt Intellekt, Bilder statt Worten: Was ist von solchen „Remythisierungen“ zu halten?

2 Platons Idee der „Idee“ – überlegen Sie einmal, wie oft es Ihnen passiert, dass Sie eine Sache, ein Ding, einen Gedanken an einer „idealen“ Norm, einer „Idee“ messen. Vom „idealen Füllhalter“ bis zur „idealen Schule“. Wie ist bei solchen „Idealen“ das Verhältnis zur Wirklichkeit zu bestimmen? Wie entstehen diese Ideale überhaupt?

3 Auch die Denkpsychologie bietet eine Erklärung für die Entstehung und den Charakter von Begriffen – erinnern Sie sich? Ist damit der Universalienstreit gelöst?

4 Ob Vernunft oder Erfahrung Quelle der Erkenntnis sei – möglich, dass das heute niemanden mehr interessiert. Aber wie sieht es im Alltag damit aus? Was halten Sie von einem Menschen, der aus einer einmal gemachten Erfahrung – „Entsetzlich, war der Schüler dumm“ – auf eine allgemeine Erkenntnis schließt: „Die heutige Jugend – von Intelligenz keine Spur“? Warum könnte hier ein Fehlschluss vorliegen? Und wie ließe er sich beheben? Durch mehr Erfahrung?

Was ist Wahrheit

Egal, wie man es dreht und wendet: Wer erkennen will, will natürlich die Wahrheit erkennen. Und die Frage „Was ist Wahrheit?“ hat nicht nur im Neuen Testament Furore gemacht. Auch die Philosophie bemühte sich durch zwei Jahrtausende um die Klärung dieses Begriffs und hat dabei durchaus einige Fortschritte zu verzeichnen. Um gleich eines vorweg zu klären: *Die* Wahrheit zu finden wird kaum möglich sein. Es ist nicht sehr sinnig, sich die Wahrheit als ein abstraktes Etwas zu denken, das irgendwo versteckt ist und das man nun suchen und finden kann. Die Welt als solche ist weder wahr noch falsch. Sie ist, wie sie ist. Fragen kann man hier höchstens danach, ob sie so sein *soll,* wie sie ist. Aber das ist nicht die Frage nach ihrer Wahrheit, sondern eine nach ihrer Qualität, Wünschbarkeit, moralischen Dignität. *Wahr* oder *falsch* können im strengen Sinn nur *Sätze* über die Welt sein.

Adäquations- und Korrespondenztheorien der Wahrheit

Unter diesen Voraussetzungen wäre nun natürlich die einfachste Wahrheitsdefinition etwa folgende: Wahr ist eine Aussage dann, wenn sie mit dem behaupteten Sachverhalt übereinstimmt. Ähnliches hatte wohl schon THOMAS VON AQUIN im Sinne gehabt, als er in dem Buch „Summa contra Gentiles" die Wahrheit als eine Angleichung von *Verstand* und *Sache* („adaequatio intellectus et rei") definierte. THOMAS VON AQUIN hatte dabei aber immer den Gedanken im Hinterkopf, dass die göttliche Weisheit den Verstand des Menschen so geschaffen habe, dass er den übrigen Schöpfungen Gottes entspreche. Die Übereinstimmung von menschlicher Vernunft und Welt liegt so gleichsam im Prinzip der Schöpfung. Schwierig wird es mit dieser Definition, wenn dieser theologische Hintergrund wegfällt. Immanuel KANT hatte später dann auch umformuliert: Wahrheit ist die „Übereinstimmung der Erkenntnis mit ihrem Gegenstand". Man fasst diese Überlegungen, ausgehend von THOMAS VON AQUIN, auch unter dem Titel „Adäquations-" oder „Korrespondenztheorien" zusammen. Der Grundgedanke dabei ist, dass unser Erkenntnisvermögen – Verstand, Vernunft, Intellekt – Übereinstimmung, Angleichung mit den behaupteten Sachverhalten anstreben muss. So einleuchtend dies vielleicht klingen mag, verbergen sich hinter diesen Wahrheitstheorien dennoch gravierende Schwierigkeiten.

Um feststellen zu können, ob eine Übereinstimmung zwischen einer Aussage und dem behaupteten Gegenstand besteht, muss ich nämlich die Wahrheit immer schon wissen: Ich kann einen Lügner nicht der Lüge überführen, wenn ich die Wahrheit nicht kenne. Diese Form der Wahrheitsdefinition setzt also das, was sie zu definieren vorgibt – die Wahrheit – immer schon voraus.

An dieser Schwierigkeit haben auch die Versuche des polnischen Philosophen und Logikers Alfred TARSKI nicht viel geändert, der versucht hat, der Adäquationstheorie eine schärfere Fassung zu geben. Das Prädikat „ist wahr", das einer Behauptung, einer Aussage p angehängt werden kann, bezieht sich nach TARSKI nun nicht auf die Sache, sondern auf den Satz, der über eine Sache ausgesagt wird. Ein Satz der Art: „X ist wahr", ist für TARSKI genau dann wahr, „wenn X". Das heißt: die Behauptung „es regnet" müsste umformuliert werden in: „Der Satz ‚es regnet' ist wahr genau dann, wenn es regnet". Man hat gegen TARSKI eingewandt, dass damit eigentlich wenig gewonnen ist, und seine Theorie „redundant" (überflüssig) genannt: Eigentlich könne man auf das Prädikat „ist wahr" auch verzichten. Da ja ohnehin jede Behauptung den Anspruch erhebt, wahr zu sein, genügt es zu überprüfen, ob sie zutrifft oder nicht. Es bleibt dann aber das entscheidende Problem: Wie kann ich überprüfen, ob es regnet?

Kohärenztheorien

Die Schwierigkeiten mit der Korrespondenztheorie führten zu anderen Versuchen, die Wahrheit von Aussagen zu bestimmen. Die sogenannte „Kohärenztheorie" verzichtet völlig darauf, Wahrheit als Übereinstimmung einer Aussage mit ihrem Gegenstand zu beschreiben, sondern begnügt sich damit, zu fordern, dass *Aussagen* mit anderen *Aussagen* nicht in Widerspruch treten dürfen – vorausgesetzt natürlich, sie beziehen sich auf dieselben Inhalte. Treten also innerhalb einer wissenschaftlichen Theorie logische Widersprüche auf, muss etwas falsch an der Theorie sein: Sie ist dann „inkohärent". Was auf den ersten Blick seltsam erscheinen mag, hat aber durchaus seinen Sinn. Denken wir an das vorhin erwähnte Beispiel vom Lügner: Auch wenn ich die Wahrheit nicht kenne, vermute ich eine Lüge, wenn der Lügner sich in einen logischen Widerspruch verwickelt – auch wenn ich keine Ahnung habe, was Person X am Abend gemacht hat. Behauptet sie einmal, am Abend im Kino, kurz darauf, im Theater gewesen zu sein, werde ich stutzig werden und genauer nachfragen. Natürlich kann Kohärenz – auch in der Wissenschaft – kein endgültiger Garant für Wahrheit sein, aber doch so etwas wie ein Zuverlässigkeitskriterium.

Konsenstheorien

Man kann die Kohärenztheorie allerdings noch weiter treiben und nicht nur Übereinstimmung zwischen theoretischen Aussagen als Wahrheitskriterium festlegen, sondern überhaupt zur Voraussetzung machen, dass die Menschen, die über eine Sache verhandeln, dann der Wahrheit zumindest nahe sind, wenn sie eine *Übereinstimmung,* einen *Konsens* erreicht haben. Voraussetzung für diese, in Deutschland vor allem von Jürgen HABERMAS und Karl Otto APEL vertretene Theorie ist allerdings, dass ich allen Menschen eine verhandlungsfähige Vernunft und Kommunikationsfähigkeit zuschreibe und es ausschließe, dass es zu einseitigen Beeinflussungen, Drohungen etc. kommt. HABERMAS und APEL forderten daher auch den „herrschaftsfreien Diskurs" als jene Form, in der über Wahrheitsfragen entschieden werden sollte. Argumente seien so lange auszutauschen, bis man Übereinstimmung erreicht hat – also nicht etwa dürfe darüber „abgestimmt" werden.

Ein Gedanke, der hier mitspielt, ist wohl der, dass es, wenn es schon nicht gelingt, Wahrheit theoretisch eindeutig zu definieren, wenigstens denjenigen, die von einer Sache betroffen sind, überlassen bleiben muss, durch einen intensiven Diskurs die „Wahrheit", das, was für alle nach ihrer eigenen Vernünftigkeit akzeptabel erscheint, zu finden. Verwandt ist diese Konzeption mit der sogenannten *pragmatischen Wahrheitstheorie,* die um die Jahrhundertwende von den amerikanischen Philosophen William JAMES und Charles PIERCE entwickelt wurde. Wahr sind danach alle Aussagen und Theorien, die sich als *nützlich* und *brauchbar* erwiesen und bewährt haben. Offen bleiben muss dabei allerdings, wie überhaupt festgestellt werden kann, was wem – vor allem in einer größeren Gemeinschaft – nützt.

Denkanstöße

1 Wenn die Übereinstimmung zwischen Aussage und Sachverhalt nicht feststellbar ist, ich den Lügner nicht überführen kann, wenn ich nicht die Wahrheit weiß, hilft vielleicht ein Gedanke aus der Kriminalistik weiter: Wenn ein Täter nicht gesteht und ihm keiner die Tat beweisen kann (die Wahrheit), kann er dennoch überführt werden: durch Indizien. Wie müsste eine Wahrheitstheorie aussehen, die aus „Indizien" auf die Wahrheit schließen will?

2 Die Kohärenz- und Konsenstheorien der Wahrheit mögen zwar theoretisch unbefriedigend sein – aber fällt Ihnen für die Praxis des Zusammenlebens auf Anhieb etwas Besseres ein? Trotzdem stellt sich die Frage: Ist ein kollektiver Irrtum schon Wahrheit, nur weil er kollektiv ist? Suchen Sie nach historischen Beispielen, wo sich dies verhängnisvoll ausgewirkt hat.

3 Die „Logik", von der gleich die Rede sein wird, kennt den Unterschied zwischen „wahr" und „richtig". Können Sie mit diesen Begriffen etwas anfangen? Der Satz „Zwei mal zwei ist vier" – ist er wahr oder richtig? Und was bedeutet das nun für die „Wahrheit" der Mathematik?

Das Logische und die Logik

Annäherung:

Die Forderung nach der logischen Rede

Solange der Mensch in seinem alltäglichen Lebensvollzug im Einklang mit seiner Umwelt lebt, lebt er auch mit den allgemeinen und gängigen Meinungen und Überzeugungen, die er meist unbewusst gelernt und übernommen hat. Kommt er jedoch mit seiner privaten Meinung in Widerspruch zur öffentlichen Meinung, so entsteht für ihn das Problem der *Argumentation.* Gefühlsmäßig erscheint ihm dann wohl die öffentliche Meinung als falsch, als Vorurteil, das *kritischer Überprüfung* nicht standhält. Er wird versuchen, seine eigene Meinung als *begründetes Wissen* von der gängigen Auffassung abzugrenzen und abzuheben. Seine Behauptung, die eigene Meinung sei doch „logisch", soll dabei der betreffenden Aussage besonderen Wert und Rang verleihen.

„Logisch" ist ein Prestigewort in unserer Kultur, was wohl mit unserer vermeintlich besonderen Wertschätzung der Vernunft und des Intellekts zusammenhängt. Was logisch ist, ist klar, versteht sich von selbst für jeden Denkenden. Wir meinen damit: Folgerichtigkeit, Stimmigkeit, Unbezweifelbarkeit, Richtigkeit. Unklar bleibt aber zunächst, was das *Logische* selbst ist. Was verschafft unserem Reden und Argumentieren die Eigenschaft des Folgerichtigen, Vernünftig–Zwingenden, Unbezweifelbaren?

Einsichtig ist zunächst vielleicht so viel: Die Aussage „es schneit" ist wahr oder falsch, aber nicht logisch. „Es schneit und es schneit nicht" ist hingegen unlogisch. Logik gibt also anscheinend *elementare Bedingungen* für Wahrheit an. Im obigen Beispiel die der *Widerspruchsfreiheit.* Logik grenzt also aus, was unter allen Umständen falsch sein muss, unabhängig von der Wirklichkeit.

Schon die frühen griechischen Philosophen setzten den *Logos* gegen den *Mythos.* Philosophie und Wissenschaft als Form des Logos sollten wahr und unerschütterlich sein. Dieses Wahrheitspathos erhebt sie über das bloße Meinen und Glauben.

Das Wort „logos" kommt also aus dem Griechischen und hat dort eine Vielzahl von Bedeutungen: Wort, Sinn, Bedeutung, aber auch Gesetz, Rechnung, Überlegung, Ergebnis und allgemein: Wissenschaft.

Der Anspruch auf Logik ist zu einem bestimmenden Kennzeichen von Philosophie geworden. So fordert etwa David HUME, alle bisher geschriebenen Philosophien zu vernichten, sofern sie nicht auf *Logik* oder auf *Erfahrung* gestützt sind. In unserem Jahrhundert hat die Richtung des *Wiener Kreises* diesen Anspruch noch verschärft: Alle Philosophie, die nicht logischen Ansprüchen genügt, sollte als „sinnloses Gerede" bezeichnet werden – was damit eigentlich gemeint war, wird noch gezeigt werden.

Die Logik entspringt also dem Bemühen um ein festes und begründetes Wissen. Sie ist die Wissenschaft vom Denken, allerdings nicht im Sinne der Denkpsychologie, die den psychologischen Vorgang des Denkens erforscht, sondern sie formuliert Regeln, wie richtig gedacht werden soll. Sie ist also die Lehre von den *Normen*, näher: von der *Folgerichtigkeit* des Denkens. Gegenüber der Erkenntnistheorie, die nach den möglichen *Inhalten* und Grenzen unseres Erkenntnisvermögens fragt, geht es der Logik um die *Form* des Denkens, den Argumentationsgang.

Die Logik liefert also den Wissenschaften und der Philosophie die Regeln des Denkens. Die Philosophie stellt aber auch die Logik in Frage und untersucht kritisch ihre Grenzen und Möglichkeiten. Geht es um die *Begründung* und *Rechtfertigung* der logischen Regeln selbst, spricht man auch von *Meta-Logik* – einer Logik, die *über* sich selbst reflektiert.

Denkanstöße

1 Suchen Sie weitere Redewendungen, in denen die Begriffe „Logik" oder „logisch" vorkommen; welche Bedeutungsfelder decken diese Begriffe dabei ab?

2 Welche Kriterien von „Logik" (wie z. B. Widerspruchsfreiheit) sind Ihnen aus der umgangssprachlichen und wissenschaftlichen Argumentation bekannt?

3 Diskutieren Sie die Behauptung von Rudolf CARNAP in „Die Überwindung der Metaphysik durch logische Analyse der Sprache", Heideggers Satz „Das Nichts nichtet" sei sinnlos, da man ihn nicht in der Sprache der formalen Logik ausdrücken könne.

Historischer Überblick: Von der Logik zur Logistik

Antike

Bereits in der altchinesischen und altindischen Philosophie finden sich erste Ansätze zu einer Logik, die aber ohne Folgen für die spätere Entwicklung bleiben. Die alten Ägypter entwickelten zwar eine Mathematik, aber keine Logik.

Die abendländische Logik entstand in Athen zur Zeit der klassischen griechischen Philosophie. Redner vor Volksversammlungen oder Gerichten ließen sich bei den *Sophisten* in der *Rhetorik,* der Redekunst, schulen. Damals wurden bereits einige logische Kunstgriffe entdeckt. In der platonischen Akademie gehörte die Vermittlung logischer Methoden neben der Geometrie und der philosophischen Analyse von Problemen bereits zum festen Unterrichtskanon.

PLATONs Schüler ARISTOTELES gilt im engeren Sinn als *Begründer der Logik.* Er machte die Entdeckung, dass es Gedankenverbindungen gibt, die richtig sein müssen, unabhängig von der Wirklichkeit. So gilt zum Beispiel der Satz „Junggesellen sind unverheiratete Männer" oder die Schlussfolgerung: „Alle Menschen sind sterblich – Sokrates ist ein Mensch – also ist Sokrates sterblich" immer. ARISTOTELES hat nun als Erster solche Begriffe und Begriffsverbindungen unabhängig von ihrer jeweiligen Bedeutung *systematisiert* und *formalisiert.* Der wesentliche Teil in seinem Werk „Organon" (von griech.: órganon = Werkzeug, d. h. des Denkens) ist die *Syllogistik*, die Lehre von den Urteilen und ihren Verknüpfungen. Sie ist bereits *axiomatisch* aufgebaut, d. h. ARISTOTELES zeigt, dass alle Schlussformen auf wenige keines Beweises bedürfende Grundsätze (=Axiome) zurückführbar sind.

Während die *aristotelische Logik* weitgehend *Begriffslogik* ist, entstand in der Schule der STOA die Aussagenlogik, in der die Verknüpfungsmöglichkeiten von Aussagen systematisch erforscht wurden.

Mittelalter

Die mittelalterliche Logik steht über weite Strecken im Banne der aristotelischen und stoischen Logik. Viele mittelalterliche Werke zur Logik sind Kommentare und Interpretationen der antiken Logik. In gewissem Sinne bereits ein Vorläufer der modernen Kybernetik und Computertechnik war im 13. Jahrhundert Raimundus LULLUS. Er wollte eine Universalsprache schaffen, Logik sozusagen mechanisieren: Grundbegriffe aus den wichtigsten Wissensbereichen wurden auf Kreisen und Dreiecken angeordnet, die um eine konzentrische

Achse drehbar waren und so eine Fülle von Kombinationen ergaben. – Erst 400 Jahre später griff Gottfried Wilhelm LEIBNIZ diesen Plan wieder auf.

Die überragende Bedeutung der mittelalterlichen Logik lag darin, dass jedes universitäre Studium, ob Theologie, Philosophie oder Medizin, mit dem *Trivium* Logik, Grammatik und Rhetorik begann. So gingen auch alle wissenschaftlichen Disputationen nach den Regeln der aristotelischen Syllogistik vor sich.

Neuzeit

Durch die Philosophie von René DESCARTES schwand das Interesse für scholastische Philosophie und damit auch für Logik. Erkenntnistheoretische Fragestellungen und methodische Probleme traten in den Vordergrund. Erst mit LEIBNIZ erhielt die Logik wieder einen führenden Stellenwert als allgemeine wissenschaftliche Methode. Seine *mathesis universalis* sollte eine Synthese logischer und mathematischer Verfahren erreichen, womit er zentrale Ziele der modernen Logistik vorwegnahm.

Durch den Siegeszug der Philosophie Immanuel KANTs und in der Folge des deutschen *Idealismus,* insbesondere bei Georg Wilhelm Friedrich HEGEL, geriet die formale Logik weitgehend in Vergessenheit. KANTs *transzendentale Logik* und HEGELs *dialektische Logik* stellten wieder erkenntnistheoretische Fragen ins Zentrum ihrer philosophischen Interessen.

Moderne Logik

Die rasante Entwicklung der Erfahrungswissenschaften im ausgehenden 19. und 20. Jahrhundert beeinflusste auch die innerphilosophische Diskussion. Die verbreitete Ablehnung jeder *metaphysischen* Philosophie ließ das Interesse an Logik wieder zunehmen. Aufbauend auf den Arbeiten von Bernhard BOLZANO und Gottlieb FREGE schrieben Alfred N. WHITEHEAD und Bertrand RUSSELL am Beginn unseres Jahrhunderts gemeinsam die „Principia Mathematica". Diese folgenreiche Arbeit war der Versuch, die Mathematik durch die Rückführung auf einfache logische Prinzipien philosophisch zu begründen.

Für diese neue mathematische Logik setzt sich zunehmend der Name *Logistik* durch. Die Philosophen des *Wiener Kreises,* Rudolf CARNAP, Moritz SCHLICK, Viktor KRAFT und andere, sahen die Logistik als Basis einer gegen jede traditionelle Philosophie und Religion gerichteten antimetaphysischen wissenschaftlichen Weltanschauung. Allerdings konnte der österreichische Mathematiker Kurt GÖDEL schon 1931 nachweisen, dass der Anspruch der „Principia Mathematica" prinzipiell nicht eingelöst werden kann.

Ludwig WITTGENSTEIN, dem *Wiener Kreis* nahe stehend, führte dann die „Wahrheitstafel" ein, die seither zu jeder Standarddarstellung der Aussagenlogik gehört. Er ist ferner Begründer der *analytischen Sprachphilosophie,* die Logik als Mittel der Sprachanalyse einsetzt.

In den letzten 50 Jahren wurde die Logik vor allem in ihren Anwendungsmöglichkeiten für Naturwissenschaften, Human- und Sozialwissenschaften sowie für programmierbare Rechenautomaten weiterentwickelt. Neu entwickelte Wissenschaften, wie *Informationstheorie* und *Kybernetik,* die Wissenschaft von den Steuerungsvorgängen in komplexen Systemen, basieren in hohem Maße auf den Errungenschaften der modernen Logik.

Denkanstöße

1 Worin sehen Sie den Unterschied zwischen Rhetorik und Logik?

2 Worin könnte der enge Zusammenhang zwischen Logik und Mathematik bestehen, der sich auch darin zeigt, dass bedeutende Logiker zugleich Mathematiker waren?

3 Welche allgemeinen gesellschaftlichen, politischen, sozialen oder kulturellen Faktoren sind Ihrer Meinung nach für den unterschiedlichen Stellenwert der Logik in verschiedenen Epochen verantwortlich?

4 Sind Ihnen logische Regeln bekannt, nach denen moderne Computersprachen aufgebaut sind?

Grundbegriffe und einfache logische Operationen

Traditionell handelt die Logik von den logischen Grundsätzen, den logischen Formen und den logischen Methoden.

Die *logischen Grundsätze* stellen die Prinzipien des logischen Denkens dar und sind bereits bei ARISTOTELES formuliert. Die *logische Formenlehre* umfasst *Begriff, Urteil* und *Schluss*. Die Methodenlehre behandelt die verschiedenen Arten, wie die logischen Schlussverfahren zur Gewinnung von Erkenntnis angewandt werden können. *Deduktion, Induktion* und *Reduktion* gelten dabei als klassische Methoden. Aus der Methodenlehre hat sich dann im letzten Jahrhundert eine eigene Disziplin, die *Wissenschaftstheorie* entwickelt.

Die logischen Grundsätze

Als *logische Grundsätze* bezeichnet man in der traditionellen Logik, die in ihren Grundzügen auf ARISTOTELES zurückgeht, jene Sätze, auf denen die Logik selbst aufbaut. Diese Sätze sind selbst weiter nicht begründbar, sie sollen nach ARISTOTELES *evident*, das heißt, unmittelbar einleuchtend sein.

Der Satz der Identität
Er gilt als fundamentaler logischer Grundsatz. In formalisierter Sprache lautet er: A = A. Er sagt also die Selbstidentität von A aus. Das heißt, etwas, das nicht mit sich selbst identisch ist, kann begrifflich nicht erfasst werden. Der Satz der Identität ist also das *Prinzip des Begriffs*. Identität ist nicht Gleichheit. Denn Gleichheit ist im Vergleich zweier Ähnlichkeiten ein Grenzfall der Ähnlichkeit. *Identisch* ist etwas nur mit sich selbst.

Der Satz vom Widerspruch
Demselben kann nicht zugleich Identität und Nicht-Identität zukommen. A kann nicht zugleich Nicht-A sein. Der Satz vom Widerspruch setzt also den Satz der Identität voraus, da sowohl für A als auch für Nicht-A die Selbstidentität gelten muss. Der Satz vom Widerspruch ist das *Prinzip des Urteils*. Einander widersprechende Aussagen, die sich auf dasselbe beziehen, müssen vermieden werden. Widerspruchsfreiheit wird so zu einer notwendigen, wenn auch nicht hinreichenden Bedingung von Aussagen mit Wahrheitsanspruch.

Der Satz vom ausgeschlossenen Dritten
Alles, was ist, ist entweder A oder Nicht-A. *Tertium non datur* – ein Drittes gibt es nicht. Im Alphabet zum Beispiel ist Nicht-A alle anderen Buchstaben außer A, also alle von B bis Z. Das bedeutet, dass das Nicht-A alle Buchstaben einschließt außer A.

Neben diesen drei Grundsätzen der aristotelischen Logik wurde von LEIBNIZ ein weiteres Prinzip des Denkens formuliert und von seinem Schüler Christian WOLFF in das System der traditionellen Logik integriert:

Der Satz vom zureichenden Grund
Alles muss seinen zureichenden, ihn völlig begründenden Grund haben. „Keine Aussage kann wahr sein, ohne dass ein zureichender Grund dafür vorhanden wäre, warum es gerade so und nicht anders ist“, schrieb LEIBNIZ in seiner „Monadologie“. Der Satz vom Grund

stellt so aber eigentlich keinen strengen *logischen* Grundsatz dar, sondern eher eine Interpretation der Wirklichkeit: Nichts geschieht unbegründet. Bei ARISTOTELES hatte die Idee der allgemeinen Begründbarkeit diese *ontologische* Bedeutung: Er sah in ihr einen sprachlichen Ausdruck für eine universelle Kausalität in allem *Sein:* Alles, was ist, muss eine Ursache haben. Arthur SCHOPENHAUER hatte in seiner Dissertation „Die vierfache Wurzel des Satzes vom zureichenden Grund" dann vier verschiedene Formen dieses Satzes unterschieden, und zwar:

- den Satz vom zureichenden Grund des *Seins* = Seinsgrund
- den Satz vom zureichenden Grund des *Werdens* = Ursache
- den Satz vom zureichenden Grund der *Erkenntnis* = Erkenntnisgrund
- den Satz vom zureichenden Grund des *Handelns* = Motiv

Schon diese Differenzierung zeigt, dass der Satz vom Grund kein *logisches,* sondern ein *ontologisches* (Seinsgrund, Ursache), *metaphysisches* (Erkenntnisgrund) und *psychologisches* (Motiv) Prinzip darstellt. Der Satz vom Grund kann aber auch als die Forderung aufgefasst werden, dass für Behauptungen nach Möglichkeit Begründungen gegeben werden sollen. Dies geschieht normalerweise in der Art, dass ein Satz auf andere, bereits bekannte und definierte, sogenannte Grundsätze (Axiome), logisch zurückgeführt wird.

Die logischen Grundsätze als erste Sätze sollen, da sie ja selbst nicht wieder ableitbar sind, unmittelbar evident sein. Ansonsten entstünde ein unendlicher Prozess, den die Philosophie als *regressus in infinitum* bezeichnet. Ob es solche unmittelbar evidenten Sätze aber tatsächlich gibt, die logischen Grundsätze also die selbst nicht weiter begründbaren Voraussetzungen des logischen Denkens darstellen, ist jedoch umstritten.

Die logischen Formen

Der Begriff

Immer, wenn wir uns mit anderen unterhalten, sprechen wir über „etwas". Das wollen wir den Inhalt des Gesprächs nennen. Die Sprache, die wir hierbei gebrauchen, bringt durch Worte und Sätze diese Inhalte zum Ausdruck; sie wird als *Zeichensystem* verwendet.

In diesem Zeichensystem begegnet uns das, was die Logik *Begriff* nennt, zunächst als Name. Namen können Substantiva sein (Anna, Haus), Pronomina (ich, du, er) oder substantivisch gebrauchte Adjektiva (der Gerechte). Der Begriff stellt immer einen in uns vorgestellten Inhalt dar. Er versucht das *Wesen* einer Sache auszudrücken. Begriffe reduzieren Komplexität und geben an, was und wie etwas ist.

Die Forderung der Logik an den Begriff ist, dass er *klar* und *deutlich* sein soll. Dies ist erreicht, wenn er ausreichend bestimmt ist, von anderen Begriffen abgegrenzt wird. Der Name „Grund" etwa fordert logische Klärung. Er muss erst als Begriff definiert werden, seine *Bedeutung* muss festgelegt werden, sonst wissen wir nicht, ob damit im betreffenden Fall ein „Grundstück" oder eine „Ursache" gemeint ist. Der Name „Grund" ist also wie viele Worte unserer Umgangssprache mehrdeutig. Der logische Begriff muss aber *eindeutig* sein. Wir haben als seine logische Struktur ja die Identität mit sich selbst bestimmt.

Die Logik unterscheidet verschiedene Typen von Begriffen:

- Individualbegriffe, z. B. Eigennamen: Peter
- Allgemeinbegriffe, z. B. Gattungsnamen: Haus
- mathematische oder formalisierte Begriffe, z. B. Ebene, Punkt, Kreis: Sie symbolisieren Vorstellungen vollkommener Formen; in dieser Idealität kommen sie real nicht vor; solche von empirischer Erfahrung unabhängige Begriffe nennt die Logik auch apriorische Begriffe.

– Konstrukte, d.h. Begriffe, die als Erklärungsgrundlage dienen, z. B. Ursache
– logische Partikel, Junktoren, d.h. Verbindungswörter, z. B. und, oder.

Begriffsverhältnisse
Zwischen Begriffen können nach den Grundsätzen der Identität und Nichtidentität logische Beziehungen formuliert werden. So ist z. B. der Individualbegriff „Sokrates" dem Artbegriff „Mensch" untergeordnet, dieser wieder dem Gattungsbegriff „Körper". – Es können fünf logische Verhältnisse festgehalten und unterschieden werden:

– *Unterordnung* (Subordination), z. B. Menschen sind Lebewesen.
– *Überordnung* (Superordination), z. B. Lebewesen sind Menschen.
– *Nebenordnung* (Koordination), z. B. Menschen sind keine Tiere.
– *Gleichheit* (Äquivalenz), z. B. Menschen sind vernunftbegabte Lebewesen.
– *Überschneidung,* z. B. Einige Schüler sind Protestanten.

Die verschiedenen Verhältnisse, die Begriffe zueinander eingehen können, lassen sich auch in graphischer Form veranschaulichen. Die folgende Darstellung geht auf John VENN zurück, der diese *Diagrammatic representation,* auch VENN-Diagramme genannt, schon 1881 entwickelt hatte. Zwei Begriffe werden als Kreise S und P dargestellt. **S** und **P** bezeichnen also Allgemeinbegriffe aus der Gesamtmenge (**G**) der Begriffe.

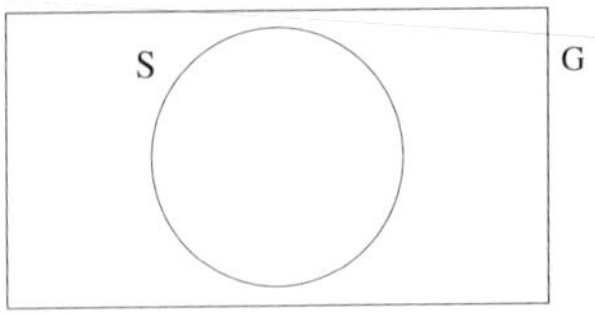

Im ersten Diagramm bezeichnet der Kreis S *eine* Klasse von Gegenständen (z.B. Lehrer), die sich von allen anderen unterscheidet (Nichtlehrer).

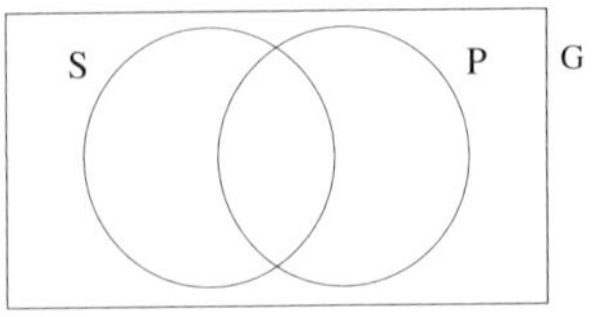

Zwei überschneidende Begriffe teilen die Summe der Begriffe in vier Gruppen: Begriffe, die nur die S umfassen (Lehrer), Begriffe, die nur die P umfassen (Philosophen), Begriffe, die sowohl S als auch P enthalten (Lehrer, die Philosophen sind) und Begriffe, die weder P noch S enthalten (alles, was weder Lehrer noch Philosoph ist).

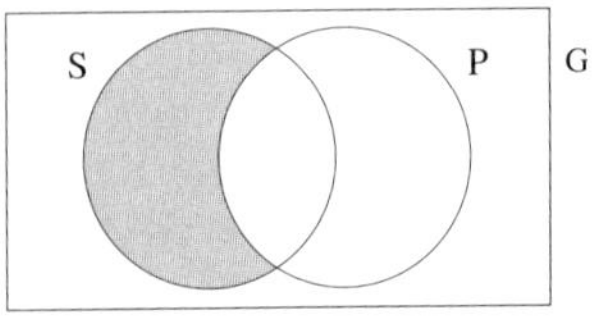

Leere Begriffsfelder, die kein Element enthalten, werden schraffiert. Das Diagramm zeigt also nur solche S, die gleichzeitig auch P sind. S ist also vollständig in P enthalten, da der Bereich von S, der außerhalb von P läge, leer (schraffiert) ist, z. B. Alle Menschen (S) sind Lebewesen (P). Das Diagramm zeigt deutlich, dass deshalb noch lange nicht alle Lebewesen Menschen sind, sehr wohl aber, dass es keinen Menschen gibt, der nicht auch Lebewesen sein muss. Dieses Verhältnis entspricht der oben erwähnten *Subordination.*

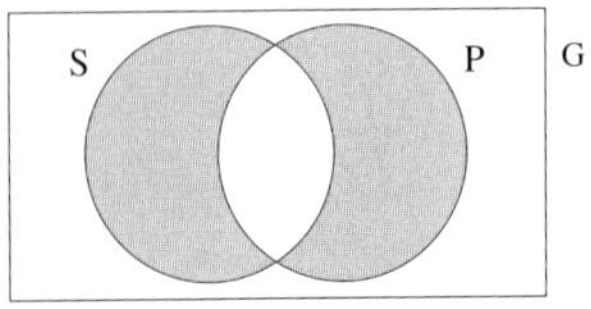

Ist nur die Schnittfläche zweier Kreise frei, sonst alles schraffiert, so bedeutet dies, dass S und P sich vollständig decken. Es gibt kein S, das nicht auch P, und kein P, das nicht auch S ist – z. B. Alle Menschen (S) sind vernunftbegabte Lebewesen (P). Dies entspricht der *Äquivalenz.*

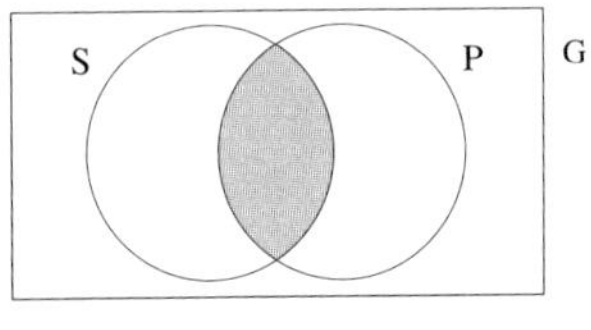

Ist hingegen die Schnittfläche schraffiert, d.h. leer, so bedeutet dies den vollständigen gegenseitigen Ausschluss: Kein S ist P und kein P ist S: Kein Lehrer ist ein Vogel (und kein Vogel ist ein Lehrer). Dies entspricht in etwa der oben erwähnten *Koordination.*

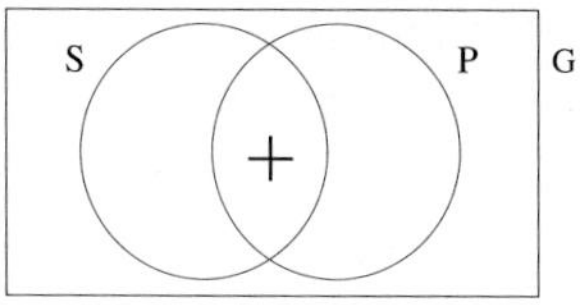

Enthält ein Kreisteil mindestens ein Element, wird dies durch ein + gekennzeichnet. In diesem Diagramm gibt es also einige S, die auch P, bzw. einige P, die auch S sind – die Begriffe überschneiden sich. Also: einige Lehrer (S) sind Philosophen (P) und umgekehrt, aber nicht alle Lehrer sind Philosophen, und nicht alle Philosophen sind Lehrer. Dem entspricht die *Begriffsüberschneidung*.

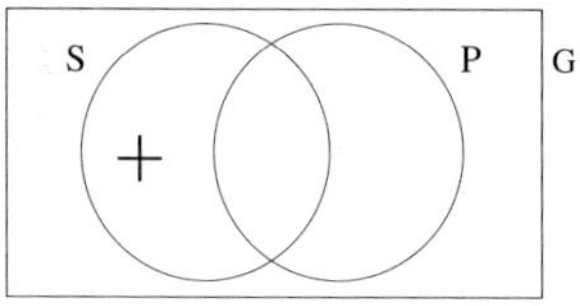

Dieses Diagramm zeigt demgemäß einen teilweisen einseitigen Ausschluss von S aus P: es gibt einige S (+), die nicht unter P fallen: Einige Lehrer sind nicht Hauptschullehrer.

Umgangssprachlich sind viele Begriffe, die wir verwenden, unscharf. Wir haben schon darauf hingewiesen, dass die Logik Eindeutigkeit der Begriffe fordert. Dies geschieht durch die *Definition* des Begriffs. Im Alltag tun wir dies häufig durch die Angaben von Beispielen: „Der Nadelbaum – das ist z. B. eine Tanne, Fichte, Kiefer". Logisch gesehen, geben wir also Unterklassen an. Schon ARISTOTELES formulierte für die Definition von Begriffen die Regel, dass der zu umgrenzende Begriff mit dem ihn definierenden gleichgesetzt werden müsse. Der Satz „Der Mensch ist ein vernunftbegabtes Sinnenwesen" gilt als hinreichende Definition von „Mensch", wenn erwiesen ist, dass jedes „vernunftbegabte Sinnenwesen" zugleich ein „Mensch" ist. Alle verwendeten Begriffe müssen dabei klar, einsichtig, erläutert, eindeutig gemacht sein. Z. B. „Sinnenwesen = Wesen mit Sinnesorganen".

Die *Realdefinition* gibt also die Zuordnung zum *nächsthöheren Ordnungsbegriff,* dem *genus proximum* (Sinnenwesen) und das *spezifische Merkmal,* die *differentia specifica,* an (z. B. vernunftbegabt, sprachfähig).

Bereits die antiken Logiker versuchten diese *Ordnungsbegriffe* in ein hierarchisches System zu bringen, das in seiner klaren Ordnung der Begriffe die reale Ordnung des Seins demonstrieren sollte. Im sogenannten *porphyrischen Baum,* nach dem Philosophen PORPHYRIOS, der im dritten nachchristlichen Jahrhundert lebte, kann dies graphisch veranschaulicht werden.

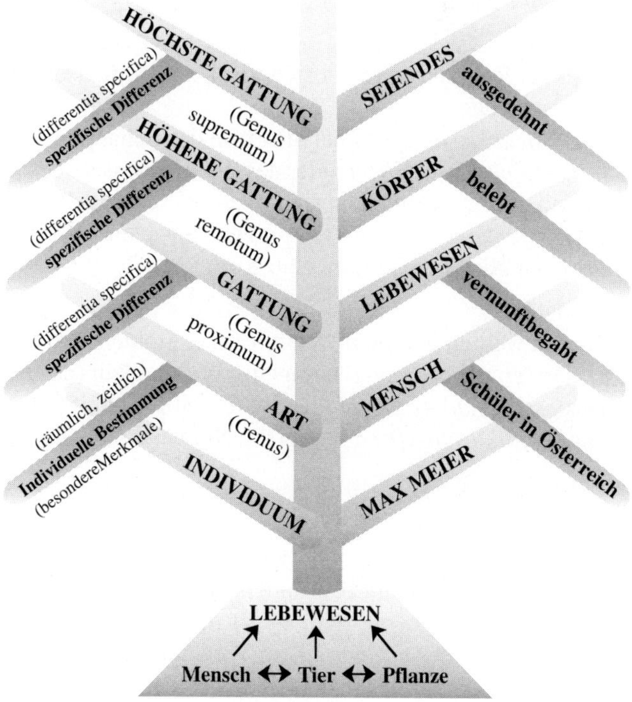

Die Nominaldefinition hingegen legt fest, in welcher Weise ein Wort, ein Name, verwendet wird, welche Bedeutung er hat, welche etymologische Wurzel. Die Nominaldefinition von „Aristokratie"

etwa wäre „Herrschaft der Besten“ – die ursprüngliche wörtliche Bedeutung dieses Wortes. Dass es sich um eine Herrschaftsform (genus proximum), nämlich die des Erbadels (differentia specifica) handelt, ist darin noch nicht enthalten.

Das Urteil

Begriffe sind als Sinnträger bestimmter Inhalte die Bausteine für *Aussagen.* Eine Aussage entsteht, sobald gesagt wird, was etwas ist, sobald über einen Begriffsinhalt geurteilt wird, z. B. „Dieses Haus ist rechteckig“. Sprachlich formulieren wir also *Urteile* in der Form des *Satzes.* Urteil und Aussage werden in der Logik gleichbedeutend (synonym) verwendet.

Sobald wir einen Begriff definieren, führt das zur Aussage. Die einfache oder *Elementaraussage* „Dieses Haus ist rechteckig“ ist dabei aufgliederbar: Sie besteht aus dem *Subjektsbegriff* (dieses Haus), dem *Prädikatsbegriff* (rechteckig) und der *Kopula* (ist).

Schon die antike Logik ging den Schritt zur *Formalisierung* von Begriffen und Aussagen. Wichtig ist dabei nicht nur, dass bestimmte Ausdrücke wie „Mensch“ oder auch ganze Aussagen durch Buchstaben ersetzt werden, sondern dass Folgerungen und Beziehungen zwischen Aussagen untersucht werden, unabhängig von der Bedeutung der einzelnen Begriffe und Wörter. In der formalen Logik geben die Zeichen A, B ... Leerstellen für beliebige Begriffe an. Man nennt sie Variable im Unterschied zu Symbolen für ganz bestimmte Begriffe, den *Konstanten* .

Immanuel KANT unterschied Urteile nach der Qualität, Quantität, Relation und Modalität:

- Qualität:
  danach gibt es *bejahende* (affirmative, positive) und *verneinende* (negative) Urteile.
- Quantität:
  es kann von „allen“, „einigen“ oder „diesem“ die Rede sein, d. h. es gibt *universelle, partikuläre* und *individuelle* Urteile.
- Relation:
  nach der Relation werden kategorische, hypothetische und disjunktive Urteile unterschieden.
  Das *kategorische Urteil* hat die Form der Behauptung (die Erde ist rund).
  Das *hypothetische Urteil* oder der Bedingungssatz besteht aus zwei Sätzen, die durch ein „wenn – dann“ verbunden sind (wenn es schneit, dann werde ich Ski fahren gehen).
  Das *disjunktive Urteil* verknüpft zwei Sätze durch „entweder – oder“ (entweder ich gehe ins Kino oder ich bleibe zu Hause).
- Modalität:
  danach werden Urteile in assertorische, problematische und apodiktische unterteilt:
  Das *assertorische Urteil* besagt die Wirklichkeit (das ist Peter).
  Das *problematische Urteil* besagt die Möglichkeit (das kann Peter sein).
  Das *apodiktische Urteil* besagt die Notwendigkeit (das kann nur Peter sein).

Der Schluss

Im logischen Schluss wird ein Urteil aus einem oder zwei Urteilen (sogenannten *Prämissen*) gefolgert und damit begründet. Im Schluss wird also ein *Begründungszusammenhang* zwischen Urteilen hergestellt. Er ist die Anwendungsform des Satzes vom zureichenden Grund. Ein Schluss mit nur einem Vordersatz (Prämisse) ist ein *unmittelbarer Schluss.* Ein Schluss aus zwei Vordersätzen (Ober-, Untersatz) gilt als *mittelbarer* Schluss.

In der aristotelischen Logik steht die Lehre vom richtigen Schließen im Zentrum der Erörterung: die *Syllogistik.* Ein *Syllogismus* ist bei ARISTOTELES ein Schluss, der aus zwei kategorischen Urteilen als Prämissen und dem Schlusssatz, der *Konklusion* besteht. Es werden nur drei Begriffe verwendet: *Subjektsbegriff* (S), *Mittelbegriff* (M), *Prädikatsbegriff* (P). Der Mittelbegriff muss beiden Prämissen gemeinsam sein. Ein berühmtes Beispiel des ARISTOTELES lautet:

Alle Menschen sind sterblich.	M . P
Alle Griechen sind Menschen.	S . M
Alle Griechen sind sterblich.	S . P

Entscheidend ist die Entdeckung des ARISTOTELES, dass ein Schluss auch dann *formal* korrekt ist, wenn der *Inhalt* der beiden Prämissen falsch ist. Es wird ja nicht behauptet, dass sie stimmen, sondern nur, dass, wenn sie wahr sind, auch der Schlusssatz wahr sein muss. Aus: „Alle Menschen sind unsterblich“ und „Die Österreicher sind Menschen“ folgt korrekt: „Die Österreicher sind unsterblich“.

Der im Schlusssatz ausgeschiedene Mittelbegriff kann in den Prämissen vier verschiedene Positionen haben, nach denen vier *Schlussfiguren* unterschieden werden:

Figur 1	Figur 2	Figur 3	Figur 4
M . P	P . M	M . P	P . M
S . M	S . M	M . S	M . S
S . P	S . P	S . P	S . P

Nach der Art, wie die Begriffe durch eine *Kopula* verbunden sind, unterschied ARISTOTELES vier mögliche *Urteilsformen:*

– *Universal positive* Urteile, abgekürzt a-Urteile, von lat. affirmo (ich bejahe).
  Zum Beispiel: Alle Pflanzen sind Lebewesen. Die allgemeine Form wäre also: S a P.
– *Universal negative* Urteile, abgekürzt e-Urteile, von lat. nego (ich verneine).
  Zum Beispiel: *Kein* Lehrer ist vollkommen. Die allgemeine Form wäre also: S e P.
– *Partikulär positive* Urteile, abgekürzt i-Urteile (affirmo).
  Zum Beispiel: Einige Schüler sind fleißig. Die allgemeine Form wäre also: S i P .
– *Partikulär negative* Urteile, abgekürzt o-Urteile (nego).
  Zum Beispiel: Einige Vögel sind keine Bodenbrüter. Die allgemeine Form wäre also: S o P .

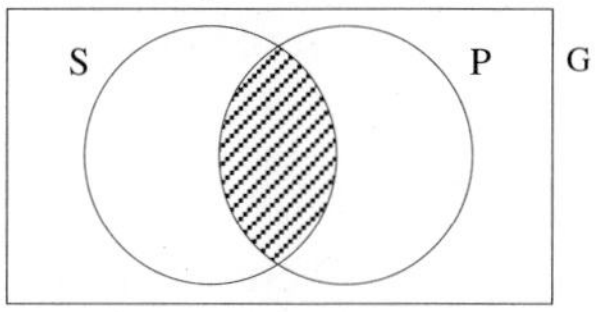

Die *Venn-Diagramme* lassen sich nun als einfache Veranschaulichung dieser Urteilsformen deuten. Das auf S. 38 schon einmal erläuterte Diagramm etwa entspricht einem Urteil der Form S e P.

Diese vier Urteilsformen (a – e – i – o) lassen sich nun mit den vier Schlussformen kombinieren. Das ergibt 256 mögliche Verbindungen, von denen allerdings nur 24 logisch gültig sind. Um sich die gültigen Schlussformen zu merken, wurden diese von den Scholastikern mit Namen belegt. So definiert der Name „Barbara“ einen Schluss der ersten Figur: M a P / S a M : S a P, der Name „Celarent“ einen Schluss der Form: M e P / S a M : S e P.

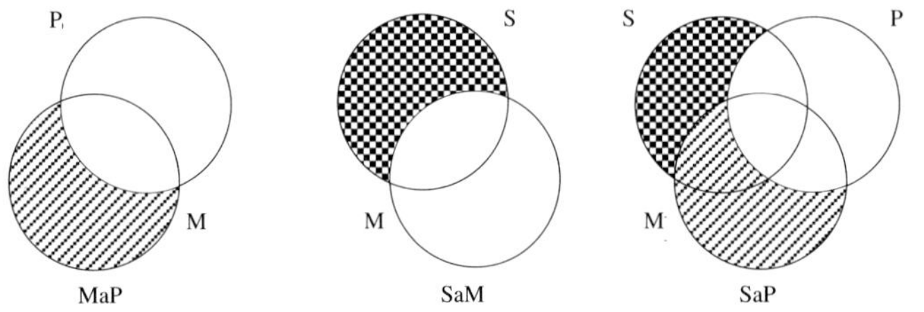

Auch diese Schlussformen – z. B. der Modus Barbara, können als *Venn–Diagramme* graphisch dargestellt werden.

Es stellt sich nun die Frage, in welchen Verhältnissen diese Urteilsformen zueinander stehen können. Relativ einfach ist die Sache bei den universell und partikular positiven Urteilen: Ein Urteil der Form S i P ist offensichtlich im allgemeinen Urteil S a P immer schon enthalten, diesem *untergeordnet (subordiniert).* Das Urteil „Einige Menschen sind sterblich" gilt natürlich, wenn das Urteil „Alle Menschen sind sterblich" richtig ist. Umkehren lässt sich die Subordination allerdings nicht. Wenn gilt: „Einige Schüler sind fleißig", folgt daraus noch lange nicht, dass „alle Schüler sind fleißig" auch richtig ist.

Schwieriger sind andere Verhältnisse. Ein Urteil S a P steht zwar ersichtlich *gegensätzlich (konträr)* zu einem Urteil der Form S e P. Aber was heißt das? Wenn stimmt, dass „Alle Menschen sterblich sind", dann ist das Urteil „Alle Menschen sind nicht sterblich" notwendig falsch. S a P und S e P können nicht beide zugleich wahr sein, aber beide könnten zugleich *falsch* sein: „Alle Philosophielehrer sind langweilig" und „Kein Philosophielehrer ist langweilig" – die Erfahrung nämlich lehrt: *Einige* sind langweilig! Ähnlich verhält es sich beim Verhältnis der untergeordneten Urteilsformen S i P zu S o P. Sie stehen *subkonträr* zueinander. Alles ist möglich, nur eines nicht: dass beide zugleich falsch sind.

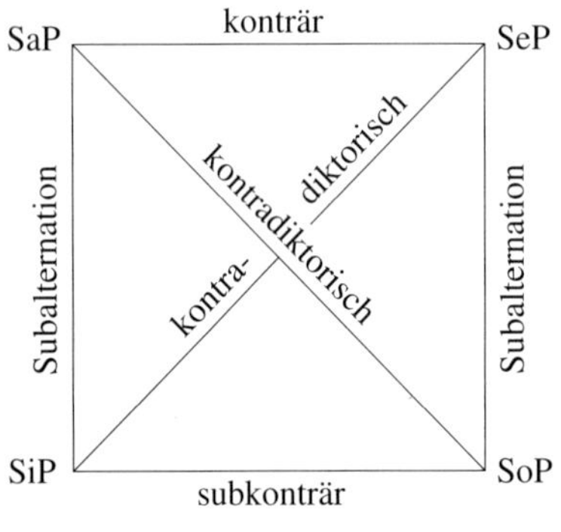

Anders ist es beim Verhältnis von S a P zu S o P beziehungsweise von S i P zu S e P. Hier gilt immer: Wenn eines der beiden Urteile wahr ist, muss das andere falsch sein. Das Verhältnis ist *kontradiktorisch.* Wenn gilt: „Einige Lehrer sind klug", dann muss der Satz „Alle Lehrer sind dumm" notwendig falsch sein – und vice versa.

Das Verhältnis der *Urteilsformen* zueinander lässt sich in dem sogenannten *Logischen Quadrat* schematisch darstellen.

Die Methodenlehre

Die traditionelle Methodenlehre untersucht die Frage, wie man mit Hilfe der logischen Schlussverfahren Erkenntnis gewinnen kann. Als klassische Methoden gelten die Deduktion, die Induktion und die Reduktion.

Die Deduktion

Der deduktive Schluss erfolgt vom *Allgemeinen* aufs *Besondere,* Einzelne. Wenn etwas für eine ganze Gattung gilt, dann gilt es auch für jedes Individuum der Gattung. Ein streng deduktiver Schluss wäre also: „Alle Menschen sind sterblich. Sokrates ist ein Mensch. Also ist Sokrates sterblich."

Die Deduktion genügt als einzige Schlussmethode strengen logischen Maßstäben – aber sie liefert keine neuen Erkenntnisse, die nicht in den Prämissen schon enthalten wären. Sie ist also *tautologisch,* die Wiederholung eines schon Gesagten.

Die Induktion
Das induktive Schließen folgert vom *Einzelnen* aufs *Allgemeine.* Das ist aber logisch nicht zulässig, denn der Schlusssatz darf keinen größeren Umfang haben als die Prämissen. Die einzige Ausnahme bildet die *vollständige Induktion.* Sie ist gegeben, wenn alles Besondere in den Prämissen enthalten ist, von denen auch das Allgemeine aussagt; mit anderen Worten: wenn in den Prämissen alle Elemente aufgezählt sind, aus denen eine Menge oder Klasse besteht, von der der Schlusssatz eine allgemeine Aussage macht. Ein Beispiel für eine vollständige Induktion wäre etwa die mathematische vollständige Induktion im Bereich der natürlichen Zahlen. Man beweist z.B. die Gültigkeit von A(n) für n=1 oder n_1 und dann die Korrektheit des Schlusses von n auf n+1. Dann gilt die Aussage für alle n, beziehungsweise ab $n=n_1$. Im Alltag und in den Realwissenschaften wird aber meist mit der unvollständigen Induktion gearbeitet.

Die Reduktion
Auch die Reduktion stellt eine in der alltäglichen Problembewältigung und in den Wissenschaften gewohnte Art des Schließens dar, die aber ebenfalls nicht streng logisch ist. Es wird dabei von einer *Folge* auf eine *Ursache* zurückgeschlossen.

Die Reduktion hat die logische Form: Wenn A, dann B; nun gilt B. Also gilt auch A. Zum Beispiel: Missgelaunte Lehrer geben schlechte Noten. Ich habe eine schlechte Note. Also war der Lehrer missgelaunt.

Denkanstöße

1 Wie lassen sich Ihrer Meinung nach die psychologischen Phänomene der Ambivalenz (z. B. von Liebe und Hass) mit den logischen Sätzen der Identität bzw. des Widerspruchs vereinbaren?

2 Nach der Meinung mancher Philosophen haben die für das abendländische Denken maßgeblichen logischen Grundsätze die Entstehung sogenannter dualistischer Sichtweisen gefördert, z. B. Leib – Seele, Materie – Geist. Diese Dualismen sind dann Ausgangspunkte vieler ungelöster Fragen, wie die Zusammenhänge zwischen diesen Bereichen verstanden werden können (z. B. der Problemkreis der Psychosomatik).
Suchen Sie weitere solche Dualismen. Welche Probleme sind Ihnen im Zusammenhang damit bekannt?

3 Diskutieren Sie die Forderung der Logik an den Begriff, klar und deutlich zu sein. Wie würden Sie dieses Ziel einlösen?

4 Versuchen Sie nach den im Text gegebenen Kriterien den Begriff der Aggression zu definieren. Erscheint Ihnen diese Form der Definition als ausreichend?

5 Diskutieren Sie die Auffassung, dass das logisch-abstrakte Denken typisch männlich, das weibliche Denken hingegen anschaulich-kreativ sei.

6 Suchen Sie Beispiele für Syllogismen für alle vier im Text angegebenen Schlussfiguren.

7 Ein klassischer Schlussfehler ist der, dass der Mittelbegriff der beiden Prämissen nicht genau denselben Umfang oder Inhalt hat, z. B. in: „Gelb ist eine Farbe. Schwefel ist gelb. Also ist Schwefel eine Farbe“. Formulieren Sie weitere Beispiele für fehlerhafte Schlüsse und ergründen Sie den jeweiligen Missbrauch.

8 Suchen Sie Beispiele für vollständige Induktionen.

9 Versuchen Sie die vier Schlussfiguren durch Venn-Diagramme darzustellen.

10 Sehen Sie Zusammenhänge zwischen der alltäglichen Anwendung von Induktionsschlüssen und der Entstehung von Vorurteilen?

Aspekte der modernen Logik

Die klassische Logik des Aristoteles, wie wir sie skizziert haben, wurde zwar im Mittelalter in vielen Punkten, vor allem in der Begriffslehre und Syllogistik erweitert, galt aber in ihren Grundzügen bis ins 18. Jahrhundert. Noch KANT war der Ansicht gewesen, dass die *Logik* eigentlich eine abgeschlossene Wissenschaft sei. Das 19. und 20. Jahrhundert brachten aber eine fast explosive Weiterentwicklung der *Logik,* die einerseits dazu führte, dass die *Logik* in einer stark formalisierten Form, der *Logistik,* zu einer formalen Basiswissenschaft ähnlich der Mathematik avancieren konnte, andererseits aber dadurch ganz neue philosophische Probleme aufgeworfen wurden.

Wahrheitswerte und Junktoren

Ein Ungenügen der aristotelischen Logik war vor allem deren Beschränkung auf einfache Urteile gewesen. Nun sprechen wir in unserem Alltag aber nicht in einfachen Sätzen, sondern in zusammengesetzten, *komplexen Sätzen.* Eine wichtige Frage war also, welche logischen Beziehungen zwischen mehreren Sätzen oder Aussagen möglich sind.

In der sogenannten *Aussagenlogik* werden nun ganze Sätze, Aussagen durch *Zeichen* formalisiert. Buchstaben wie p, q, r stehen also für ganze Sätze der Art „Heute ist schönes Wetter“, „Peter ist ein kluges Kind“ und ähnliche. Geprüft werden sollen die möglichen *Verbindungen* zwischen den einzelnen Aussagen und der Bedeutung für die dadurch entstehende *Aussagenverknüpfung.* Die Partikel, durch die Aussagen verknüpft werden, entsprechen ungefähr den aus der Alltagssprache bekannten Wörtern: *und, oder, wenn – dann, entweder – oder, dann und nur dann, wenn.* Diese „Aussagenverknüpfer“ werden auch als *Junktoren* bezeichnet, die durch sie bestimmte Aussagenlogik auch als *Junktorenlogik.*

Eine Grundvoraussetzung der Aussagenlogik, die wir machen wollen, ist die, dass ich von einer Aussage, einem Satz, einer Behauptung feststellen kann, ob sie zutrifft oder nicht zutrifft, also *wahr* oder *falsch* ist. Wahr oder falsch, abgekürzt W und F, sind die sogenannten *Wahrheitswerte* einer Aussage. Eine falsche Aussage wie etwa „Napoleon hat nie eine Schlacht gewonnen“ ist nicht schlicht falsch, sondern hat den Wahrheitswert F. Man kann umgekehrt *Aussagen* geradezu dadurch definieren, dass es sich um Sätze handelt, denen ein Wahrheitswert zugeordnet werden kann, von denen ich also angeben können muss, unter welchen Bedingungen ich prinzipiell ihre Wahrheit oder Falschheit überprüfen kann. Andere Satzarten, wie etwa Befehle, Glaubensäußerungen, prinzipiell unüberprüfbare Meinungen fallen aus dem Bereich der Aussagenlogik also heraus.

Eine Logik, die mit den zwei Wahrheitswerten W und F auskommt, bezeichnet man als *zweiwertige Logik;* natürlich kann man auch mehrere *Wahrheitswerte* annehmen – nicht immer lässt sich ja klar entscheiden, ob etwas wahr oder falsch ist. Sogenannte *dreiwertige Logiken* arbeiten dann auch mit den Wahrheitswerten *wahr, falsch* und *unbestimmt.* Die Sache wird dann allerdings ziemlich kompliziert. Wir wollen uns vorerst mit der Zweiwertigkeit begnügen.

p	¬p
W	F
F	W

Eine zweite Voraussetzung, die wir machen wollen, ist folgende: wenn einer Aussage p der Wahrheitswert W zukommt, dann der Negation von p (¬ p) der Wahrheitswert F – und umgekehrt. Der *Negator* (¬) wandelt also den Wahrheitswert einer Aussage in sein Gegenteil um.

p	q
W	W
W	F
F	W
F	F

Wenn wir mit zwei Aussagen, p und q arbeiten, von denen jede den Wahrheitswert W oder F annehmen kann, ergeben sich vier mögliche Wahrheitswertkombinationen.

Es war Ludwig WITTGENSTEIN, der in seinem epochalen „Tractatus logico-philosophicus“ erkannt hatte, dass mit der Festlegung von *Wahrheitswerten* die Möglichkeit gegeben war, Aussagenverbindungen auf ihre logische Struktur hin zu überprüfen und dies in einer *Wahrheitstafel* darzustellen.

Die wichtigsten Möglichkeiten, Aussagen miteinander zu verknüpfen, wollen wir jetzt betrachten. Setzen wir einmal fest, die *Verbindung* zweier Aussagen soll nur dann wahr sein, wenn beide für sich auch wahr sind. Das Zeichen für eine solche Verbindung sei (∧). Es ergibt sich nebenstehendes Schema.
Was vorliegt, nennt man in der Logik eine **Konjunktion,** der *Konjunktor* (∧) entspricht etwa dem Wörtchen „und“. Eine Aussage der Art „Es schneit *und* es scheint der Mond“ ist also nur wahr, wenn beide Teilaussagen auch wahr sind.

p	q	p∧q
W	W	W
W	F	F
F	W	F
F	F	F

Wir können aber auch festsetzen, dass die Gesamtaussage dann wahr ist, wenn wenigstens eine der beiden Teilaussagen wahr ist. Das Zeichen für einen derartigen Junktor ist (∨). Es ergibt sich die hier abgebildete *Wahrheitstafel.*
Diese Verbindung heißt **Disjunktion,** der *Disjunktor* (∨) entspricht dem Wort „oder“, im Sinne allerdings von „oder auch“ – denn beide Sätze müssen gleichzeitig wahr sein können: „Hans lernt gern Englisch *oder* Mathematik“.

p	q	p∨q
W	W	W
W	F	W
F	W	W
F	F	F

Natürlich lässt sich der Wahrheitswert einer Aussagenverknüpfung auch so festsetzen, dass sie immer wahr ist, außer wenn beide Teilsätze wahr sind. Das Zeichen dafür soll (/) sein.
Was vorliegt, nennt man **Exklusion,** der *Exklusor* (/) schließt aus, dass beide Teilsätze zugleich wahr sein können, sie können aber beide falsch sein. In der Sprache wird für diese Funktion auch das Wort „oder“ verwendet: „Herr Meier ist Protestant *oder* Katholik.“ Meier *kann* eines von beiden sein, er kann auch einer ganz anderen oder keiner Konfession angehören, aber er kann nicht beides gleichzeitig sein. Die Exklusion entspricht übrigens dem klassischen *konträren* Gegensatz.

p	q	p/q
W	W	F
W	F	W
F	W	W
F	F	W

Wir können die Verknüpfung aber auch so ansetzen, dass die Gesamtaussage nur wahr ist, wenn eine Teilaussage wahr und die andere falsch ist. Verwenden wir dafür folgendes Zeichen: (>–<)
Es handelt sich um eine **Kontrajunktion,** der *Kontrajunktor* (>–<) entspricht wieder einem sprachlichen „oder“, diesmal allerdings im Sinne von „entweder – oder“: „Maria lebt *oder* sie ist tot.“ Sie kann nur eines von beiden sein, nicht beides zugleich. Es ist also bei der Verwendung von „oder“ darauf zu achten, in welchem Sinne es gemeint ist. Die Kontrajunktion entspricht deshalb auch dem klassischen *kontradiktorischen* Gegensatz.

p	q	p>–<q
W	W	F
W	F	W
F	W	W
F	F	F

Auf Grund der Kombinationsmöglichkeiten sind prinzipiell sechzehn derartige Aussagenverbindungen möglich. Nicht alle haben eine Entsprechung in der Logik der Alltagssprache. Die bei weitem interessanteste Aussagenverbindung ergibt sich aber, wenn man – das Zeichen dafür sei (→) – nebenstehende Wahrheitstafel annimmt.

p	q	p→q
W	W	W
W	F	F
F	W	W
F	F	W

Diese Verknüpfung wird als **Implikation** bezeichnet, der *Implikator,* auch als *Subjunktor* bezeichnet, entspricht dem sprachlichen „wenn – so“ oder „wenn – dann“. Die Implikation stellt die formale Struktur der *hinreichenden Bedingung* dar, als der gängigsten Form des Schließens und Begründens und entspricht etwa der klassischen *Subalternation.*

Das Problem der Implikation besteht nun darin, dass sie an sich nur festlegt, dass die Gesamtwahrheit einer Aussagenverknüpfung F ist, wenn die *erste* Aussage wahr und die *zweite* Aussage falsch ist: „Wenn Wien die Hauptstadt von Österreich ist, dann ist 4 eine Primzahl“ ist eine *falsche* Implikation, „Wenn 4 eine Primzahl ist, dann ist Wien die Hauptstadt von Österreich“ aber eine *richtige.* Bei der *formallogischen Implikation* besteht *kein* inhaltlicher Zusammenhang zwischen den Sätzen. Wenn ich aber Sätze mit einem inhaltlichen Zusammenhang verwende, dann gelten durchaus die Gesetze der Implikation: Ich kann also von einem *falschen* Vordersatz auf etwas *Richtiges* („Wenn alle Schüler dumm sind, dann ist der Schüler xy auch dumm“), ich kann aber nie aus einem *wahren* Vordersatz korrekt auf etwas *Falsches* schließen („Wenn alle Menschen sterblich sind, dann ist der Mensch Sokrates unsterblich“). Die Scholastiker des Mittelalters hatten diesen Sachverhalt schon durchschaut und so formuliert: „Ex falso sequitur quodlibet, verum sequitur ex quolibet“ – Aus einer falschen Aussage kann alles Beliebige gefolgert werden, und eine wahre Aussage kann aus einer beliebigen Voraussetzung folgen.

Natürlich lassen sich nun mit diesen und anderen Junktoren auch komplexere Aussagenverknüpfungen auf ihren Wahrheitswert prüfen, wobei wie in der Mathematik gilt, dass Ausdrücke in einer Klammer zuerst behandelt werden müssen.

Der höchst sinnige Satz „Wenn gilt, Wien liegt an der Donau (p) und die Donau ist blau (q), so folgt, wenn Wien an der Donau liegt, dass die Donau blau ist“ lässt sich so formalisieren.

p	q	(p	∧	q)	→	(p	→	q)
W	W	W	W	W	**W**	W	W	W
W	F	W	F	F	**W**	W	F	F
F	W	F	F	W	**W**	F	W	W
F	F	F	F	F	**W**	F	W	F

Ergeben solche Operationen, dass Verknüpfungen, wie im obigen Beispiel, in allen Fällen den Wahrheitswert **W** aufweisen, spricht man von einem *aussagenlogischen Gesetz* oder einer *Tautologie.* Weisen sie in allen Fällen den Wahrheitswert **F** auf, nennt man sie eine *aussagenlogische Kontradiktion* oder eine *Antilogie.* Ergeben sich am Ende einer durchgeführten Wahrheitstafel sowohl **W** als auch **F**, dann spricht man von einer *kontingenten Aussage:* sie ist in mindestens einem Fall widerlegbar.

Berühmte aussagenlogische Gesetze, Tautologien also, die schon den Scholastikern des Mittelalters bekannt gewesen waren, sind zum Beispiel der sogenannte *modus ponens* $[(p \rightarrow q) \wedge p] \rightarrow q$ und der *modus tollens* $[(p \rightarrow q) \wedge \neg q] \rightarrow \neg p$.

Quantoren und Prädikate

In der Aussagenlogik werden Sätze als Ganzes formalisiert. Es gibt keine Möglichkeit, *innerhalb* der Sätze zu differenzieren. Wenn man das tun will, ist es notwendig, eine Aussage erst einmal in ihre Bestandteile zu zerlegen. Der Satz etwa „Das Buch ist langweilig“ lässt sich in die Teile „Das Buch“ und „ist langweilig“ zerlegen. „Buch“ ist offensichtlich der Name für einen Gegenstand, allgemein also irgendetwas, eine Variable, von der eine Eigenschaft ausgesagt oder die in Beziehung zu etwas gesetzt werden kann. Das Zeichen für so eine Variable sei (x), formalisiere ich aber den konkreten Satz, wird die Variable (x) durch

eine Konstante (a = Buch) ersetzt. Was vom Buch ausgesagt wird, in unserem Fall offensichtlich eine Eigenschaft des Buches, nennt man den Prädikator, oder auch, um eine Verwechslung mit dem grammatischen Prädikat zu vermeiden, den *Relationsausdruck*. *Einstellige Prädikate* bezeichnen also eine Eigenschaft (ist langweilig), *mehrstellige Prädikate* bezeichnen eine *Beziehung* zwischen mehreren Konstanten: „(Das Buch) liegt auf (der Bank)." Setzt man das Prädikat in geschwungene Klammern, so ergibt sich folgende Struktur: {ist langweilig} (das Buch) bzw. {liegt auf} (das Buch, der Bank). Formalisiert setzen wir *f* für den Prädikator und erhalten:
{f} (a) bzw. {f} (a, b), in der allgemeinsten Form also {f} (x).

Was wir erhalten, ist eine Aussage*form* – nicht zu verwechseln mit der *Aussage*. Die freien *Variablen* einer Aussage (x) können jetzt allerdings gebunden, das heißt genauer bestimmt werden hinsichtlich ihrer *Quantität* – für wie viele x die Prädikation eigentlich gilt. Die *Prädikatenlogik* kennt zwei Möglichkeiten der Quantifizierung, die durch die sogenannten *Quantifikatoren* durchgeführt werden: Die Möglichkeit, dass eine Aussage für alle x gilt, wird durch den *Generalisator* oder *All-Operator* (∀) realisiert, die Möglichkeit, dass sie für *einige* bzw. mindestens *ein* x gilt, durch den *Partikularisator* oder *Existenz-Quantor* (∧). Die Form ∀x {f} (x) meint also: für alle x gilt f von x, die Form ∧x {f} (x) meint: für mindestens ein x gilt f von x.

Mit Hilfe dieser prädikatenlogischen Formalisierung lassen sich dann im Weiteren sowohl die klassischen Urteilsformen als auch andere Beziehungen zwischen Aussagen in einer differenzierten Weise in einem sogenannten *Prädikatenkalkül* darstellen. Vorausgesetzt werden dabei zwei *Axiome:* Das erste lautet: Wenn eine Aussageform für alle Einsetzungen wahre Aussagen ergibt, dann auch für eine bestimmte Einsetzung (a) – „Wenn alle Menschen sterblich sind, so ist auch dieser Mensch sterblich". Und das zweite: Wenn ein Prädikat auf eine Konstante a zutrifft, dann gibt es also eine Einsetzung, die eine entsprechende allgemeine Aussageform zu einer wahren Aussage macht – aus dem Satz „Dieser Mensch ist klug" lässt sich also folgern „Es gibt kluge Wesen". Daraus ergibt sich letztlich das Gesetz, dass von einer zutreffenden *Generalisierung* einer Aussageform immer auch deren *Partikularisierung* stimmt, aber nicht von jeder *Partikularisierung* gilt die *Generalisierung*. Ein Prädikat, das allen x zukommt, muss immer auch dem einzelnen x zukommen – nicht umgekehrt.

In vielen Fällen demonstriert die Formalisierung also nur, was der logisch geschärfte Hausverstand, wenn auch nicht exakt, so doch gewusst hat. Bei komplexeren Satzstrukturen kann die Formalisierung allerdings zu einer Klärung führen, die sonst kaum mehr möglich wäre. Man muss sich dabei allerdings bewusst sein, dass die Klärung der *logischen Beziehung* von Aussagen und Aussagenteilen über deren *Wahrheit* noch nichts sagt. Die Logik stellt generell nur fest, unter welchen logischen Voraussetzungen wahre Aussagen zu Stande kommen können – sie selbst formuliert keinerlei Erkenntnisse über die Welt. „Alle Sätze der Logik", heißt es bei Ludwig WITTGENSTEIN, „sagen aber dasselbe. Nämlich nichts."

Denkanstöße

1 Zeigen Sie durch Erstellung einer Wahrheitstafel, dass es sich beim *modus ponens* und beim *modus tollens* tatsächlich um Tautologien handelt.

2 Überlegen Sie, welche Folgerung aus dem Satz „Wenn es regnet, so ist die Straße nass" logisch korrekt ist: „Wenn es nicht regnet, so ist die Straße nicht nass." – „Wenn die Straße nass ist, so regnet es." – „Wenn die Straße nicht nass ist, so regnet es nicht." Und jetzt überprüfen Sie bitte Ihr Ergebnis durch Erstellung einer Wahrheitstafel.

3 Versuchen Sie das „Logische Quadrat" in eine aussagenlogische Form zu bringen.

Problematisches: Möglichkeiten und Grenzen der Formalisierung des Denkens

Wir haben gesehen, dass am Anfang der abendländischen Entwicklung der Logik die philosophischen Absichten von PLATON und ARISTOTELES standen, in den Auseinandersetzungen mit den Sophisten und deren Redekunst im Unterschied zu deren bloßer Überredung Kriterien für Wahrheit und begründetes Wissen zu formulieren. Dabei galt zunächst noch selbstverständlich eine ontologische Auffassung von Logik, d. h. man nahm an, dass die aufgefundenen Denkstrukturen zugleich auch Strukturen der Wirklichkeit seien.

Die weitere Entwicklung der Logik war durch eine zunehmende Formalisierung und damit eine Herabsetzung des Anspruchs auf Erklärung von Wirklichkeit gekennzeichnet. Die moderne *Logistik* versteht sich als Lehre von einem *Logikkalkül.* Unter einem Kalkül versteht man dabei ein System von Zeichen mit den dazugehörigen Operationsregeln. Jedes einfache Brettspiel ist seiner Grundstruktur nach ein Kalkül. Ein idealer formaler Kalkül sollte zwei Bedingungen erfüllen: Widerspruchsfreiheit und Vollständigkeit. Jeder Satz solch eines Kalküls sollte mit den Regeln des Kalküls eindeutig beweisbar oder widerlegbar sein. Der österreichische Mathematiker Kurt GÖDEL (1906 – 1978) konnte allerdings zeigen, dass es solche idealen Kalküle nicht geben kann: Es gibt immer unentscheidbare Sätze. Damit ist der Formalisierbarkeit eine definitive Grenze gesetzt.

Entstand also das Zeichensystem der Logik ursprünglich aus einem Bemühen um die Präzisierung der Umgangssprache, so hat die weitere Entwicklung dazu geführt, dass Logik ähnlich wie Mathematik als reine Formalwissenschaft willkürlich Zeichen, Regeln und Strukturen annahm. Der Gewinn an Präzision wurde also mit der zunehmenden Abstraktion von der erfahrbaren Wirklichkeit und der natürlichen Sprache als unserem Zugang zu dieser erkauft.

Die Frage der Stellung der Logik zur Wirklichkeit spiegelt sich im seit der Antike dauernden Streit um die Stellung der Logik zur Philosophie wider. ARISTOTELES sah die Logik als Organon, d. h. als Werkzeug. Die Schulung im strengen Denken sollte den Philosophen das nötige Rüstzeug zur Lösung ihrer Probleme geben. Die Schule der STOA sah die Logik hingegen als integralen Bestandteil der Philosophie, ihre ontologische Auffassung ließ sie an einen direkten Zugriff auf Wirklichkeit über den Weg der logischen Analyse glauben.

Es stellt sich also grundsätzlich die Frage nach dem Beitrag der Logik zur Philosophie. Eine entscheidende Differenz zwischen logischen und philosophischen Aussagen liegt wohl darin, dass formale Logik nur *analytische Argumente* liefert, während philosophische Argumentation weitgehend *substantielle Aussagen* zu machen versucht. Im Unterschied zum Rückzug der Logik auf das Formale insistiert Philosophie also auf ihrem *inhaltlichen Anspruch,* Aussagen über Wirklichkeit zu machen.

Im Folgenden wollen wir an einigen Beispielen zeigen, inwiefern Logik für philosophisches Argumentieren fruchtbar gemacht wird. Neben den schlichten logischen Fehlern, wie etwa der Verwendung nicht-schlüssiger Sätze, unzulässiger Umkehrschlüsse, Verwechslung gültiger mit ungültigen Schlussformen ist der sogenannte *Trivialitätsnachweis* unter Philosophen sehr gefürchtet. Er bedeutet, dass gezeigt wird, dass das, was jemand sagt, zwar wahr, aber trivial ist. Trivial bedeutet dabei: zwar wahr bezüglich der logischen Form, aber inhaltlich-substantiell leer. Der angelsächsische Logiker John PASSMORE bringt dafür folgendes Beispiel: Wenn in der Erkenntnistheorie behauptet wird, „ich kann mir nur meiner eigenen Wahrnehmungen bewusst sein", so heißt dieser Satz entweder „ich nehme nur das wahr, was ich wahrnehme", was tautologisch ist, oder „was ich wahrnehme, ist immer ein Bewusstseinsakt", und das ist offenkundig falsch.

Unter Philosophen verbreitet ist ferner der *Nachweis von Widersprüchen.* Es geht dabei nicht nur um logische Widersprüche, sondern etwa auch um die Tatsache, dass ein verwendetes Argument aus inneren, d. h. nichtempirischen Gründen nicht stimmen kann. Die einfachste Form ist der *pragmatische Widerspruch*: Wenn gezeigt werden kann, dass Absicht und Resultat, Anspruch und Effekt nicht übereinstimmen.

Eine logisch stärkere Form des Widerspruchsnachweises ist die *reductio ad absurdum,* der *Absurditätsnachweis.* Schon der platonische SOKRATES hat im Dialog „Theätet" eine solche geführt. SOKRATES zeigt, dass die Behauptung des PROTAGORAS, der (einzelne) Mensch sei das Maß aller Dinge, nicht stimmen kann, weil seine Wahrheit bedeute, dass jeder Mensch das Maß aller Dinge und damit auch das Maß von Wahrheit oder Unwahrheit dieses Satzes sei, was dem allgemeinen Wahrheitsanspruch dieses Satzes aber widerspreche.

Alle diese Argumentationstypen werden in der Philosophie nicht nur benutzt, um Gegner zu Fall zu bringen, sondern auch zur positiven Abstützung eigener Thesen. Hierbei ist die Figur des *indirekten* Beweises die Regel, bei der man die Falschheit des Gegenteils nachweist. Der indirekte Beweis kann allerdings nur zeigen, dass der eigene Schluss wahr sein *kann,* wenn das Gegenteil falsch ist. Aus der Tatsache, dass der politische Gegner in eine Korruptionsaffäre verwickelt ist, schließt man gerne auf die eigene Integrität. Das ist allerdings alles andere als logisch notwendig. Schlüssig wäre die Argumentation nur, wenn gezeigt werden könnte, dass es nur die vorgelegte Anzahl von Alternativen gibt und dass mindestens eine der Möglichkeiten wahr sein muss. Es müsste also gelten: Von zwei politischen Gegnern ist immer einer korrupt und einer nicht. A ist korrupt, also ist B es nicht. Der strenge indirekte Schluss funktioniert also nur in einem *zweiwertigen* System: Wenn ich das Gegenteil einer bestimmten Aussage widerlege, so ist diese unter diesen Bedingungen selbst bestätigt.

Auch SOKRATES hat im „Theätet" die Offenlegung des Selbstwiderspruchs im Relativismus des PROTAGORAS dazu benutzt, daraus auf die Notwendigkeit von etwas Absolutem zu schließen. SOKRATES leitete damit also die Notwendigkeit eines Absoluten daraus ab, dass der Relativismus sich nicht argumentieren lässt. Diese Ableitung ist aber logisch nicht zulässig. Das Eigentliche der Philosophie besteht vielleicht nun gerade darin, über das, was logisch nicht mehr eindeutig abgeleitet werden kann – im obigen Fall etwa das Absolute – trotzdem genau nachzudenken, ohne in einen Irrationalismus zu verfallen.

Denkanstöße

1 Welche Stellung beziehen Sie in der Diskussion zwischen einer ontologischen und einer formalistischen Interpretation der Logik?

2 Suchen Sie weitere Beispiele von Argumentationsmustern, auf die sich der Trivialitätsnachweis anwenden lässt.

3 Wo sehen Sie Grenzen für eine sinnvolle Anwendung logischer Kriterien? Ist der Nachweis von Widersprüchen für Sie zum Beispiel bei der Beurteilung von künstlerischen Arbeiten ein entscheidendes Kriterium?

Zeichen und Bedeutung

Sprache und Sprachtheorien

Annäherung:

Von Tier- und Engelszungen

Erkenntnis, ob auf empirischem Wege oder auf logischem gewonnen, ob abgesichert oder nur vermutet, lässt sich nur auf eine Weise darstellen und mitteilen: durch die Sprache. Kein Wunder, dass das Interesse für die Sprache bei Philosophen immer vorhanden war, mussten sich doch die Eigenschaften der Sprache auf die Möglichkeit von Erkenntnis selbst gravierend auswirken.

Was Sprache allerdings ist, lässt sich gar nicht so leicht „sagen". Dass es schwierig sein kann, etwas, von dem man eine relativ klare *Vorstellung* hat, auch in *Worte* zu fassen, gehört schon zu interessanten Eigentümlichkeiten unserer Sprache. Sie ist alles andere als präzise – und doch hat sich jeder Versuch, sie zu präzisieren, als eine Verarmung herausgestellt. Mehrdeutigkeit, so könnte man gleich zu Beginn feststellen, gehört zum Wesen der Sprache – mehrdeutig ist der Begriff der Sprache selbst schon.

Keine Frage: wir verwenden den Begriff *Sprache* in den unterschiedlichsten Zusammenhängen. Primär sind damit natürlich alle von Menschen gesprochenen *Sprachen* gemeint: Deutsch, Englisch, Chinesisch …; dann spezifische *Fachsprachen:* die Terminologien der Mathematiker, Chemiker, Philosophen – „Fachchinesisch" also; dann die *nicht mehr gesprochenen Sprachen:* Altgriechisch, Latein …; dann gibt es *die Sprachen ohne Worte:* die „Sprache des Herzens" etwa; auch Gott, so sagt man, *spricht;* es gibt aber auch *Tiersprachen:* die der Bienen zum Beispiel; und, immer wichtiger: *künstliche Sprachen* – Maschinen – bzw. Computersprachen: Basic, Logo etc. Zwischen dem Schwänzeltanz einer Biene und der Programmiersprache eines Computers: gibt es hier überhaupt noch Gemeinsamkeiten, die den Begriff „Sprache" für beide Phänomene rechtfertigen? Vielleicht ist man geneigt, solchen Differenzierungen nicht allzu große Bedeutung beizumessen. Aber die Frage, was Sprache ist und wer der Sprache mächtig ist, wurde immer schon als außerordentlich brisant und wichtig empfunden: ist eine differenzierte Sprache nach allgemeiner Ansicht doch Ausdruck von dem, was uns als Menschen auszeichnet: *Bewusstsein, Vernunft.*

Die Sprache entscheidet über Zugehörigkeiten, Identitätsgefühle. Als verrückt gilt der, dessen Sprache man nicht mehr versteht. *Barbaren* – das waren für die Griechen alle, die sie nicht verstanden, weil sie die griechische Sprache nicht beherrschten: Stammler (so die Grundbedeutung des Wortes *bárbaros*). Und die Frage nach den Grenzen zwischen Mensch und Tier, zwischen Mensch und Gott und zwischen Mensch und Maschine ist wohl nur beantwortbar, wenn klar ist: wer kann hier mit wem sprechen?

Denkanstöße

1 Unternehmen Sie einmal den Versuch, etwas zu denken, was nicht „sprachlich" ist – geht das überhaupt?

2 Wie würden Sie die menschlichen Sprachen von Tiersprachen und Maschinensprachen abgrenzen?

3 „Er redete mit Engelszungen" – Was mag diese Wendung wohl bedeuten? Und warum?

Zeichen und Zeichensysteme

Versucht man das Gemeinsame dieser sehr unterschiedlichen Sprachen herauszuarbeiten, so könnte man vielleicht sagen, Sprachen sind *Zeichensysteme.* Unter *Zeichen* wollen wir – der Wissenschaft vom Zeichen, der *Semiotik,* entsprechend – ein Symbol verstehen, dem eine Bedeutung zugeordnet werden kann. Zeichen sind also Symbole (Gesten, Bilder, Laute), die eine spezifische Bedeutung repräsentieren – sie *sind* nicht diese Bedeutung, sie stellen sie nur dar. Ein Verkehrs*zeichen* etwa signalisiert einen bestimmten Sachverhalt: Achtung! Vorfahrtstraße. Das Zeichen selbst ist aber keine Vorfahrtstraße, es verweist nur auf diese. Spricht man von der Bedeutung der Zeichen, bewegt man sich auf der Ebene der *Semantik.* Das Zeichen selbst, seine materielle Gestalt, also der Laut, die Buchstaben, das Bild, wird auch der *Signifikant* genannt, seine Bedeutung, das Bezeichnete also, das *Signifikat.*

Zeichen allein sind aber noch keine Sprache. Auch die Summe aller Verkehrszeichen ergibt kein sinnvolles System, das „Sprache" genannt werden könnte. Zu einem funktionierenden Sprachsystem werden Zeichen erst, wenn genaue Regeln und Vorschriften existieren, die angeben, wie einzelne Zeichen miteinander *verknüpft* werden können; erst durch die Verknüpfung mehrerer Zeichen zu einer Kette von Zeichen ergibt sich jene zusätzliche Bedeutungsvielfalt, die charakteristisch für eine Sprache ist. Ist von solch einer Verknüpfung von Zeichen die Rede, bewegt man sich auf der Ebene der *Syntax.* Die Summe aller Zeichenbildungs- und Verknüpfungsregeln wird *Grammatik* genannt.

Sprache hat allerdings immer eine Funktion: im einfachsten Fall die der Mitteilung. Eine Botschaft, eine *Information* soll von einem *Sender* an einen *Empfänger* weitergegeben werden. Man will jemanden damit erreichen, mit ihm kommunizieren, etwas damit in Bewegung setzen: man bewegt sich damit auf der Ebene des Handelns mit Sprache, der *Pragmatik.* Sprache regelt das Zusammenleben, den Informationsfluss, die Kommunikation.

In der Sprachwissenschaft – der *Linguistik* – spricht man auch von drei Dimensionen der Sprache: der *semantischen,* der *syntaktischen* und der *pragmatischen.* Eine Unterscheidung, die auf den Semiotiker (Zeichentheoretiker) Charles W. MORRIS zurückgeht.

Der Sprachforscher Karl BÜHLER hatte hingegen drei *Funktionen* der Sprache unterschieden, die die Leistungsfähigkeit der Sprache beschreiben sollen:

- Die Funktion des *Ausdrucks:* Mit Hilfe der Sprache können emotionale Zustände und Befindlichkeiten ausgedrückt werden – der Schmerzensschrei etwa oder freudiger Jubel;
- Die Funktion des *Appells:* Durch Sprache kann ich an jemanden „appellieren", etwas zu tun oder zu unterlassen – ich gebe ihm ein Zeichen, das er als Handlungsanweisung interpretieren sollte, einen Befehl etwa, eine Warnung, einen Hilferuf;
- Die Funktion der *Darstellung:* Durch Sprache kann ich einen Sachverhalt, eine Begebenheit, einen Gedanken, einen psychischen Zustand zur Darstellung bringen, ihn repräsentieren, man könnte fast sagen „abbilden".

Beachtet man diese drei Funktionsebenen im Zusammenhang mit den oben genannten Dimensionen von Sprache, dann lässt sich zum Beispiel die gern gestellte Frage, worin denn der Unterschied zwischen Tier- und Menschensprachen besteht, relativ leicht beantworten. Es stimmt: auch Tiersprachen bestehen aus „Zeichen" (Lauten, Bewegungen), die eine semantische und pragmatische Dimension aufweisen und sowohl Ausdrucks- als auch Appellfunktion haben können; was ihnen mangelt – und das dürften die Vorzüge der menschlichen Sprachen sein –, sind eine differenzierte syntaktische Dimension, eine Grammatik und die Funktion der *Darstellung,* die weder Ausdruck noch Handlungsanweisung, sondern Beschreibung ist. Ein entscheidendes Moment bei der Darstellung ist ja dabei, dass komplexere Zusammenhänge nicht in der Sprache direkt *abgebildet,* sondern zu Begriffen zusammengefasst, verkürzt, *abstrahiert* werden. Gewissermaßen stellt jedes Wort dem Gegenstand gegenüber, den es bezeichnet, eine *„Abstraktion"* dar.

Denkanstöße

1 Untersuchen Sie an einigen gängigen Symbolen – Totenkopf, Notenschlüssel, Kruzifix, Nationalflagge, Stoppschild, u. Ä. – den Zusammenhang zwischen Signifikant und Signifikat. Was fällt dabei auf?

2 Die sprachliche „Darstellung" eines Sachverhalts ohne Appell- und Ausdrucksfunktion – ist diese überhaupt möglich? Suchen Sie nach Beispielen!

3 Vergleichen Sie einmal das Wort „Philosophiebuch" mit dem Gegenstand „Philosophiebuch", den sie in Händen halten. Worin besteht hier die „Abstraktion der Darstellung"?

Sprache und Metasprache

Sprachen sind also Zeichensysteme, die Bedeutungen transportieren können. Damit hätte man zumindest eine griffige Definition. Zeichen bezeichnen etwas: im einfachsten Fall einen Gegenstand, ein Objekt – das Wort *Rhein* etwa den bekannten Fluss. Was aber geschieht mit dem Rhein in dem Satz „Der ‚Rhein' ist ein Hauptwort"? Offensichtlich kann hier nicht mehr der Fluss gemeint sein, sondern es wird eine Aussage getroffen über das Zeichen selbst.

Es gibt also Zeichen, die sich auf Zeichen beziehen – ebenfalls eine Möglichkeit, die nur die Menschensprache bereitstellt. Zeichen und Zeichensysteme, die sich tatsächlich auf Objekte, Gegenstände, Gedanken und Handlungen beziehen, werden deshalb auch *Objektsprachen* genannt, jene Zeichen und Zeichensysteme jedoch, die von Zeichen selbst handeln, also eine Stufe darüber sind, nennt man *Metasprachen.* Der einfachste Fall einer Metasprache wären etwa grammatikalische Sätze, in denen etwas über Wörter und Sätze ausgesagt wird: Wortbestimmungen zum Beispiel, Satzanalysen. Natürlich kann man nun auch eine Theorie der Grammatik selbst bilden, ausgehend etwa von der Frage: Was sind eigentlich Hauptsätze? Man bewegte sich dann in einer *Metametasprache,* über die ja wiederum geredet werden könnte – theoretisch bis in alle Unendlichkeit: Metametametametametametasprachen. In der Sprachphilosophie hat man die Wichtigkeit dieser Unterscheidung zwischen Objekt- und Metasprache bald erkannt. Vergisst man nämlich darauf zu achten und verwendet metasprachliche Zeichen so, als ob sie objektsprachliche wären, verstrickt man sich bald in die seltsamsten Widersprüche, auch *Antinomien* genannt. Berühmt für eine solche Antinomie war schon in der Antike der schöne Satz „Ein Kreter sagt, alle Kreter sind Lügner".

Denkanstöße

1 Der letzte Hinweis ist auch schon der erste Denkanstoß: Worin besteht die Antinomie beim Kreter, der lügt? Warum lässt sich diese Antinomie durch die Unterscheidung von Objekt- und Metasprache lösen?

2 Die Unterscheidung von Objekt- und Metasprache lässt sich auch auf andere Bereiche übertragen – man spricht etwa oft von Theorien und Metatheorien. Was ist darunter zu verstehen? Worüber könnte zum Beispiel eine Theorie handeln, die sich „Metaethik" nennt?

SPRECHAKTE, SPRACHSPIELE UND LEBENSFORMEN

Sprache als Zeichensystem, das sich auf eine Objekt- oder Metaebene beziehen kann – ist das alles? Erschöpft sich Sprache wirklich in dieser nüchternen Informationsfunktion als ein System zum Transport von Daten? Sprache: ein starres System, das man sich aneignet, um kommunikationsfähig zu werden – sonst nichts?

Der deutsche Gelehrte Wilhelm von HUMBOLDT, Ahnherr des humanistischen Gymnasiums, machte darauf aufmerksam, dass Sprache nicht nur *ergon,* also Werk, etwas Gemachtes, Fertiges sei, sondern auch und vor allem *energeia,* also aktive Tätigkeit. Jeder sprechende Mensch fügt sich nicht nur passiv in eine fertige Sprache ein, sondern schafft durch sein Sprechen aktiv an dieser Sprache weiter – der eine mehr, der andere weniger. Und der französische Sprachwissenschaftler Ferdinand de SAUSSURE, Begründer der modernen Linguistik, unterschied zwischen „langage", dem Sprachvermögen überhaupt, „langue", der konkreten Einzelsprache als vorliegendem System, und „parole", dem aktuellen Sprechakt eines Sprechers in einer Sprache.

Die Sprechakte – man könnte sie auch *Sprachhandlungen* nennen – sind in letzter Zeit gegenüber der Untersuchung der semantischen und syntaktischen Struktur von Sprachen in den Vordergrund gerückt. Es war der englische Philosoph John L. AUSTIN, der die an sich nahe liegende, aber nie ausgesprochene Entdeckung machte, dass wir mit Hilfe sprachlicher Äußerungen eigentlich nicht nur Informationen austauschen, sondern tatsächlich auch die verschiedensten Arten von *Handlungen* damit vollziehen: *Sprechakte.* Bedacht werden muss dabei, dass sich das gerade *nicht* auf den Akt des Sprechens bezieht, sondern darauf, dass ich, indem ich spreche, damit ganz bestimmte Handlungen setze. Ist nur vom Akt des Sprechens die Rede, dass und unter welchen Umständen ich den Mund aufmache, so nennt AUSTIN dies einen *lokutionären Akt.* Ist aber davon die Rede, was durch so ein Sprechen alles in Bewegung gesetzt wird, was durch ein Wort, einen Satz bei einem anderen oder einem selber alles ausgelöst werden kann an Emotionen und Reaktionen, dann spricht AUSTIN von einem *illokutionären* Akt. Beispiel: Ein Lehrer, erzürnt über nicht gebrachte Hausaufgaben, pflanzt sich vor der Klasse auf und spricht: „Ihr werdet mich noch kennen lernen!" Was meint er eigentlich damit? Will er die Schüler zu sich nach Hause einladen? Will er von seinen Vorlieben und Hobbies erzählen? Nein, ganz im Gegenteil. Was im Handlungsfeld zwischen Schüler und Lehrer mit diesem Satz gemeint ist, geht weit über seine rein semantische Bedeutung hinaus – und man wird sich auch vorsehen, je nachdem, wie gut man den Lehrer kennt.

Sprache vollzieht sich also immer auch als Handlung in einem ganz bestimmten sozialen Umfeld, von dem die Deutung der Sprechakte dann auch abhängt. Man kann natürlich die Mehrdeutigkeit der illokutionären Akte verringern, wenn man, wie AUSTIN es nennt, zu *explizit performativen* Äußerungen greift: „Das nächste Mal bekommt ihr dafür die doppelte Hausaufgabe!" Performativ sind übrigens dann auch alle Wendungen, die eine eindeutige Handlung implizieren: ich „schwöre", ich „verspreche", ich „warne dich", ich „gelobe", „Entschuldigen Sie bitte", „Danke schön" – alle diese Äußerungen beschreiben nichts, sondern sind eine reine Handlung: die des Versprechens, des Dankens, des Entschuldigens etc. Interessant und für das soziale Leben von größter Wichtigkeit ist aber, dass auch bei an sich eindeutigen performativen Äußerungen eine Differenz auftreten kann zwischen dem Gesagten und dem Gemeinten: „Ich verspreche dir, morgen zu kommen", sagt jemand, denkt aber schon im Augenblick des Sagens, dass er das Versprechen gar nicht einhalten will. Trotzdem wird man in diesem Fall nicht die innere Einstellung des Sprechers zur Beurteilung des Sachverhalts heranziehen, sondern das, was er gesagt hat. Die gängige Floskel, dass etwas „nur so gesagt" worden, aber gar nicht so „gemeint" gewesen sei, zieht also nicht. Ist man sich einmal bewusst, wie sehr Sprachäußerungen immer auch Sprachhandlungen sind, wird man vielleicht überhaupt etwas besonnener mit verschiedenen Formulierungen umgehen. Denn eines ist wohl auch klar: Ich muss mich bei performativen Äußerungen an die Formulierung halten können – jede Kommunikation würde zusammenbrechen, wenn ich bei jedem Versprechen, bei jedem Hinweis, bei jedem Lob, das mir gegeben wird, annehmen müsste, dass etwas ganz anderes damit gemeint ist.

Sprache und soziales Leben sind enger miteinander verquickt, als man vielleicht annehmen würde. Man ist sich im Alltag ja kaum bewusst, wie sehr alle unsere Handlungen und Beziehungen fast ausschließlich über Sprache ablaufen. Natürlich: es gibt nonverbale Kommunikation, Zeichen, Gesten, Mimik; aber alles bedeutungsvolle Zuzwinkern kann das ausgesprochene „Ich liebe dich" nicht ersetzen. Etwas gewinnt erst Realität, wenn es ausgesprochen ist, und das Ausgesprochene schafft Realitäten. Denken und Bewusstsein sind untrennbar an Sprache gebunden, manche Philosophen sind sogar der Ansicht, dass auch ein differenziertes Gefühlsleben nur möglich ist, wenn dafür eine differenzierte Sprache zur Verfügung steht. Für den deutschen Philosophen Martin HEIDEGGER ist die Sprache der „Grund des Menschseins", das „Haus des Seins". Man gewinnt seine Identität, sein Selbstbewusstsein, seine Zugehörigkeitsgefühle durch die Sprache, in die man hineinwächst, die man spricht – wobei unter Sprache nicht nur die jeweilige Sprache im Sinne von Deutsch, Englisch etc. gemeint ist, sondern auch die Form, in der man eine Sprache beherrscht; die Einstellung, die man zur Sprache hat.

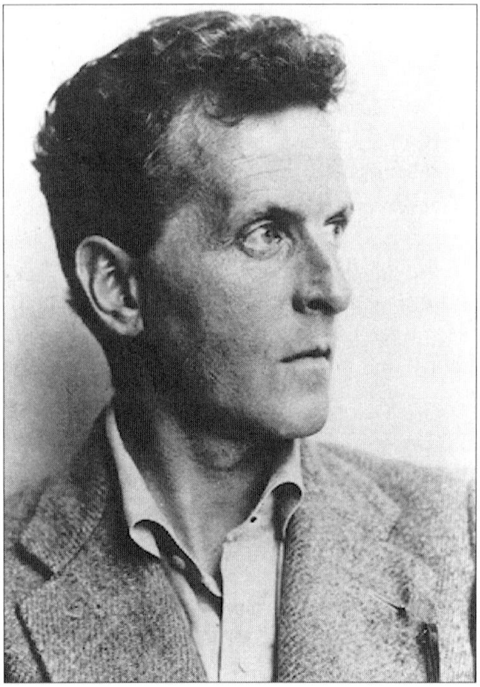
Ludwig Wittgenstein

Der österreichische Philosoph Ludwig WITTGENSTEIN formulierte so auch einmal: „Die Grenzen meiner Sprache sind die Grenzen meiner Welt." Die Sprache ist nicht nur der Rahmen, in dem sich unser soziales Handeln abspielt, sondern ist auch maßgeblich für unsere Erkenntnisfähigkeit. Was sich nicht sagen lässt, entzieht sich unserem Horizont. Die Einsicht, dass es ganz verschiedene Sprachformen gibt, gänzlich unterschiedlich strukturierte Sprachen, hat WITTGENSTEIN später auch dazu geführt, von „Sprachspielen" zu sprechen – die Elemente (Zeichen) und Regeln (Grammatik) dieser Spiele können sich gravierend unterscheiden. Das Chinesische ist ganz anders strukturiert als das Indoeuropäische, aber auch die Sprache der Fußballfans weist im Allgemeinen eine andere Struktur auf als die von Soziologiestudenten. Die Sprache, die ich spreche, das Sprachspiel, das ich spiele, ist verantwortlich dafür, welches *Weltbild* ich habe.

Der amerikanische Sprachforscher Benjamin L. WHORF hat diese These – das *linguistische Relativitätsprinzip* – durch die Untersuchung von Indianersprachen zum Teil zumindest bestätigen können. „Menschen," schrieb WHORF, „die Sprachen mit voneinander verschiedenen Grammatiken sprechen, werden durch diese Grammatiken zu verschiedenen

Bewertungen äußerlich ähnlicher Beobachtungen geführt." Und WHORF zog daraus den Schluss: „Sie sind als Beobachter nicht äquivalent, sondern gelangen zu verschiedenen Ansichten von der Welt." Wahrheit, so eine entscheidende Konsequenz aus diesem Ansatz, ist keine sprachunabhängige Größe, sie ist in jedem Sprachspiel eine andere – das sollte uns anderen Sprechern gegenüber, die auch anders denken, vorsichtig machen. *Unser* Sprechen, *unser* Denken ist nicht das Maß aller Dinge.

Denkanstöße

1 Sprache als Norm – Sprache als Tätigkeit: Welche Bedeutung hat Ihrer Ansicht nach das Verhältnis zwischen diesen beiden Aspekten für den „kreativen" Umgang mit Sprache? Worin unterscheidet sich „Sprachkunst" vom alltäglichen oder wissenschaftlichen Sprechen?

2 Sprache und Weltbild: Untersuchen Sie am Sprachmaterial einer Ideologie oder Partei das Weltbild, das sich in der gewählten Sprache ausdrückt. Lassen sich die Einseitigkeiten gerade im politischen Denken mit einer vorgegebenen Sprachform erklären, die ein Weiterdenken verhindert? Suchen Sie nach Beispielen.

Analyse und Struktur

Die Skepsis der Sprache gegenüber, die Einsicht in ihre komplexe Struktur und Vielfältigkeit hat die Philosophie des 20. Jahrhunderts nachhaltig beeinflusst. Ausgehend von WITTGENSTEIN und den Forderungen des WIENER KREISES nach einer „eindeutigen Sprache", die ausschließlich einem logisch-empirischen Sinnkriterium genügt, wurde vor allem in den angelsächsischen Ländern Philosophie zur *sprachanalytischen Philosophie.* Zunächst stand, etwa bei Rudolf CARNAP, die Kritik der Sprache, ihrer Mehrdeutigkeiten und undefinierbaren „metaphysischen" Begriffe im Vordergrund. Das Ziel dieser Bestrebungen war allerdings die Konstruktion einer eindeutigen „Idealsprache", die, gereinigt von Mehrdeutigkeiten der Alltagssprache, ähnlich den präzisen Symbolsprachen der Mathematik und Logik, für alle Wissenschaften ein sicheres und einvernehmliches Verständigungs- und Arbeitsinstrument sein sollte. Es zeigte sich jedoch, dass vor allem in den Geisteswissenschaften ohne die herkömmlichen Sprachen nicht auszukommen war. So verlagerte sich das Interesse bald auf die Analyse der „normalen" Alltagssprache. Unter dem Titel einer *Ordinary Language Philosophy* versuchten und versuchen verschiedene Autoren wie AUSTIN und andere zu zeigen, wie sehr die ganz normale Sprache unser Denken und Handeln, unsere Einstellungen und Beziehungen bestimmen kann. Das Ideal einer Sprache, die durch Eindeutigkeit und unbedingte logische Folgerichtigkeit gekennzeichnet ist, kehrt aber in anderer Form bei den Bemühungen um leistungsfähige *Programmiersprachen* für Computer wieder. Hier zeigt sich allerdings – etwa bei den Bemühungen um eine *künstliche Intelligenz* (Artificial Intelligence – AI) –, dass die Reduktion von Sprache auf logische Eindeutigkeit zu einer beschränkten Ausdrucks- und Leistungsfähigkeit führt.

Ebenfalls an Überlegungen aus der Sprachphilosophie und Linguistik anknüpfend, bildete sich im 20. Jahrhundert, vor allem in Frankreich, aber noch eine ganz andere, äußerst einflussreiche philosophische Strömung: der *Strukturalismus.* Ausgehend von Ferdinand de SAUSSURE, der sich vor allem für die *Struktur* der Sprache interessiert hatte, untersuchte der *Strukturalismus* ähnliche strukturelle Beziehungen, wie sie in einer Sprache zwischen den verschiedenen Zeichen vorherrschen, auch in ganz anderen Bereichen: etwa in der Gesellschaft. Der Strukturalismus wurde zu einer philosophischen Wissenschaft, die den Vorrang der *Struktur,* also der Beziehung von Elementen zueinander, gegenüber den einzelnen Elementen auf allen Gebieten unterstrich: Sprache, Kultur, Gesellschaft, Musik, Literatur,

Giorgio de Chirico, Das Denkmal, um 1914

Religion – überall ließ sich zeigen, dass hinter den einzelnen Erscheinungsformen der entsprechenden Gebiete und Lebensformen allgemeine Strukturen sichtbar wurden. Die alte Einsicht, dass das *Ganze* mehr sei als die Summe seiner Teile, gewann in diesem Zusammenhang neue und ungeahnte Bedeutung. So fand der Ethnologe Claude LEVI-STRAUSS heraus, dass sich die Mythen zahlreicher Völker in ihren Grundstrukturen glichen; der Philosoph Michel FOUCAULT untersuchte die Strukturen der Macht vor allem in der europäischen Gesellschaft seit der Neuzeit; sein Kollege Jacques DERRIDA wurde bekannt durch strukturalistisch angelegte Untersuchungen von Sprache und Schrift; und der Psychoanalytiker Jaques LACAN übertrug die Idee der Sprachstruktur auf das Unbewusste. Nach LACAN ist das Unbewusste kein kunterbuntes Durcheinander von geheimen Wünschen, Trieben und verdrängten Erinnerungen, sondern es ist „strukturiert" wie eine Sprache – nur muss man die Gesetzmäßigkeiten dieser Sprache erst erkennen, um sie dann auch „lesen" zu können.

Denkanstöße

1 Wittgenstein hatte die „Befreiung des Verstandes von den Verhexungen der Sprache" gefordert. Welche Verhexungen könnten damit gemeint sein? Finden Sie, dass in unserer Gesellschaft – in den Medien, in den Schulen – genug „Sprachkritik" betrieben wird, um solchen „Verhexungen" zu entgehen? Suchen Sie nach Beispielen - Sie finden sie in jeder Tageszeitung und in jedem Lehrbuch – außer in diesem; oder?

2 Der Strukturalismus lehrt den Vorrang der „Struktur" vor dem einzelnen Element. Versuchen Sie z. B. „strukturelle" Gemeinsamkeiten zwischen unterschiedlichen Religionen – Christentum / Islam / Buddhismus / Griechische Mythologie – zu finden, jenseits aller individuellen Ausprägung einzelner Elemente (Gottheiten, Propheten, Halbgötter etc.).

3 „Können Computer denken?" – Eine Frage, die seit der Konstruktion der ersten „Elektronengehirne" die Menschen fasziniert. Wie würden Sie auf Grund Ihrer Erfahrungen aus dem Informatikunterricht diese Frage beantworten?

Was ist Wissenschaft?

Grundzüge der Wissenschaftstheorie

Annäherung:

Das Ideal der Wissenschaftlichkeit

Der deutsche Schriftsteller Ludwig MARCUSE bezeichnete einmal die Wissenschaft als die jüngste Weltreligion. Politische Debatten etwa enden häufig dort, wo die eigene Position als „wissenschaftlich", die Haltung des Gegners als „unwissenschaftlich", daher unhaltbar und irrational erwiesen gilt. *Wissenschaftlichkeit* ist ein Argument von hoher Suggestivkraft in unserer Kultur. Wissenschaft ist das vielleicht entscheidende Charakteristikum unserer modernen Zivilisation. Die rasante Entwicklung von Naturbeherrschung und Technik in den letzten Jahrhunderten ist nur auf der Basis einer wissenschaftlichen Kultur vorstellbar und möglich.

Dass das so ist und wie Wissenschaft zur Durchsetzung öffentlicher und auch privater Interessen genutzt wird, ist uns einigermaßen einsichtig. Warum das so ist, wie es dazu gekommen ist, was wir genauer mit Bemerkungen wie „Das ist doch wissenschaftlich erwiesen" meinen und vor allem: wie dieses Ideal der Wissenschaftlichkeit sich eigentlich begründen lässt, davon handelt jenes Teilgebiet der Philosophie, das heute allgemein als *Wissenschaftstheorie* bezeichnet wird.

Die ionische Naturphilosophie steht am Beginn der abendländischen Wissenschaftsentwicklung. Statt mythischer Welterfahrung wurden empirische Theorien über Entstehung und Aufbau des Kosmos entwickelt. Wesentlich dabei ist, dass wissenschaftliches Erklären nicht nur ein Beschreiben von Erfahrungstatsachen bedeutete, sondern immer schon Forschung nach *Ursachen.* Dabei ging es nicht nur um isolierte Phänomene und deren Ursachen, sondern die Fülle beobachtbarer Tatsachen und ihre Ursachen sollten auf letzte allgemeine Gründe, Beziehungen und Strukturen zurückgeführt werden.

So suchten die ionischen Naturphilosophen nach einer *ersten Ursache,* aus der alles Weitere ableitbar wäre: Dieser Urstoff wurde als „Wasser", „Feuer" oder schon abstrakt als das „Unendliche" definiert. Eigentlicher Gegenstand wissenschaftlicher Erkenntnis wurden also immer mehr die *nicht-materiellen* Strukturen und Beziehungen zwischen den Gegenständen.

Die für die Geschichte der Wissenschaft und der Wissenschaftstheorie maßgebliche philosophische Tradition, die des Platonismus und Aristotelismus, sah die Mathematik als Vorbild jeglicher wissenschaftlicher Erkenntnis. Wissenschaftliche Theorien sollten nach dem Modell des mathematischen Beweises aus Prämissen, die als wahr angenommen werden, logisch abgeleitet werden. Wissenschaft bestand also in der Erforschung der *Prinzipien* und der *logischen Herleitung* von Sätzen über wahrnehmbare Tatsachen aus Sätzen über Prinzipien. Die moderne Wissenschaftstheorie nennt solche Prinzipien *Axiome,* die aus ihnen logisch abgeleiteten Sätze *Theoreme.*

Im antiken Wissenschaftsmodell sind die Ideen, also die Urbilder und nicht-materiellen Strukturen von Wirklichkeit, der eigentliche Erkenntnisgegenstand. In der wahrnehmbaren Natur sind diese aber nie rein realisiert. Es gibt den idealen Kreis in der physikalischen Realität nicht. Für die Antike gab es also eine klare Trennung zwischen der idealen Strukturwelt und der regellosen wahrnehmbaren Welt. Antike Wissenschaft war damit also nicht Naturwissenschaft im heutigen Sinn, sondern *Strukturwissenschaft.*

Entscheidend ist die praktische Konsequenz dieses Begriffes von Wissenschaft: Ihre Ergebnisse sind nicht auf die wahrnehmbare Welt übertragbar; ein gezielter Eingriff in die Natur etwa in Form des Experiments ist fruchtlos. Denn für die Griechen haben ihre wissenschaftlichen Erkenntnisse nur Gültigkeit für die Welt der Gestirne, dort, wo die Götter wohnen. Auf die Erde und ihre Lufthülle sind sie nicht übertragbar.

Hier setzt die neuzeitliche Kritik an: Das Fernrohr zeige, dass auch die Bewegungen der Himmelskörper nicht rein den Idealen der mathematischen Berechnungen entsprächen. Andererseits wurde immer deutlicher, dass Mathematik dennoch für die Astronomie brauchbar sei. Die Auffassung von Galileo GALILEI, das Buch der Natur sei in der Sprache der Mathematik verfasst, zeigt die neue Absicht, auch und gerade die wahrnehmbare Natur auf unveränderliche, mathematisch beschreibbare Qualitäten wie Form, Anzahl, Ort und Geschwindigkeit zurückzuführen. Das Faktisch-Vorfindbare wird zwar häufig durch Störfaktoren beeinflusst, diese gilt es durch gezielte experimentelle Forschung auszuschalten. Nicht mehr die immateriellen Strukturen, sondern die *Naturmechanismen* selbst sollen wissenschaftlich beschreibbar gemacht werden.

Die neuzeitliche Wende ist also eine doppelte: einmal Abkehr, ja Verzicht auf Erklärung der idealen metaphysischen Welt, zum anderen eben Besinnung auf die *sinnliche* und *experimentelle* Erfahrung.

Der Erfahrungsbegriff wird dabei neu definiert, radikal auf Quantifizierbares eingegrenzt. „Was messbar ist, messen, was noch nicht messbar ist, messbar machen“ – forderte GALILEI. Der konsequente Schritt dieses Rückzugs aus der immateriellen Natur ist der Zugriff auf den quantifizierbaren Teil: Naturwissenschaft als Naturbeherrschung, Technik als angewandte Naturwissenschaft.

Gegenstand der Wissenschaft gemäß diesem neuzeitlichen Rechtfertigungsmodell sind die mathematisch zu beschreibenden Strukturen von und die Beziehungen zwischen den Elementen einer einheitlichen Natur, die durch experimentelle Forschung aufgedeckt, messbar gemacht und in nützliche Technik umgesetzt werden. Das entsprechende Vorgehen wird als *analytisch-synthetische Methode* bezeichnet. Unter Analyse versteht man dabei den schrittweisen Abstraktionsprozess von den Experimenten und Beobachtungen hin zu mathematisch formulierbaren Gesetzen, unter Synthese die ständige Anwendung dieser Gesetze auf die Wirklichkeit und ihre Überprüfung an der Erfahrung.

Denkanstöße

1 Suchen Sie weitere Phänomene für die außerordentliche Stellung von Wissenschaft in unserer Kultur.

2 In welchen Zusammenhängen erscheint Ihnen die Berufung auf Wissenschaft sinnvoll, wo nicht?

3 In verschiedenen Redewendungen ist eine Art Gleichsetzung von wissenschaftlich und fortschrittlich zu beobachten. Wie interpretieren Sie diesen Zusammenhang?

4 Welche Kriterien würden Sie für Wissenschaftlichkeit unentbehrlich finden?

5 Suchen Sie Redewendungen, in denen der Begriff der Erfahrung entscheidende klassifikatorische Bedeutung hat, ähnlich wie in solchen Sätzen: „Du wirst schon noch deine Erfahrungen machen.“ Oder: „Du mit deiner Lebenserfahrung bist da natürlich im Vorteil.“ Analysieren Sie ferner Bedeutungsgehalt und Handlungskonsequenz solcher Aussagen.

6 Welche Arten von Erfahrung lassen sich durch einen strikt quantifizierenden Erfahrungsbegriff nicht erfassen?

Das Werkzeug der Wissenschaftstheorie: Von Axiomen, Hypothesen und Methoden

Die Wissenschaftstheorie ging historisch aus der Methodenlehre hervor. Griechisch „méthodos“ hieß ursprünglich „der Weg, etwas zu erreichen“, in übertragener Bedeutung also „Gang einer Untersuchung“. Entscheidend ist also der Zusammenhang zwischen Weg und Ziel. Die Wahl der Methoden stellt die Weichen für eine bestimmte Richtung und bezüglich der Wahl eines bestimmten Instrumentariums.

Die Wissenschaftstheorie im ursprünglichen Sinne als Methodenlehre, die *Methodologie,* war die Lehre von der Anwendung logischer Regeln und Verfahren auf die verschiedenen Wissenschaften. Methodenforschung hieß dabei, dass die Forschungsinhalte weitgehend unberücksichtigt blieben. Es ging primär um die sachlogische Verknüpfung der einzelnen Aussagen im Fortgang eines Forschungsablaufs.

Francis BACON und René DESCARTES sind wichtige Vertreter der neuzeitlichen Wissenschaftslehre. Sie formulierten den Plan einer allgemeinen Methodologie, d. h. eines systematischen und abgeschlossenen Lehrsystems wissenschaftlichen Arbeitens – ein Plan, der bis heute nicht eingelöst werden konnte. Die Forschungspraxis selbst hat sich bislang in ihrer Komplexität, Heterogenität, Spontaneität und steten Innovation nur in Ansätzen theoretisch erfassen lassen. Die Erfolge der Naturwissenschaften im 19. Jahrhundert haben aber ihre Spuren in der modernen Wissenschaftstheorie hinterlassen. Die effizienten Methoden vor allem der Physik wurden auch für viele Philosophen zum Maßstab dafür, was als *wissenschaftlich* gelten dürfe. Zu Beginn des 20. Jahrhunderts forderten die schon mehrfach erwähnten Philosophen des sogenannten Wiener Kreises – zu dem Denker wie Rudolf CARNAP, Moritz SCHLICK, Otto NEURATH und Viktor KRAFT gezählt werden –, dass es Aufgabe der Philosophie sein müsse, eine *wissenschaftliche Weltanschauung,* die sich gegen jede Form des Obskurantismus und Mystizismus, aber auch gegen Religion und Metaphysik wenden müsse, zu entwerfen.

Die Mitglieder des Wiener Kreises unterschieden deshalb streng zwischen *sinnvollen* und *sinnlosen* Sätzen. *Sinnvoll* waren für sie nur Sätze, die sich auf prinzipiell empirisch erfahrbare und deshalb überprüfbare Gegenstände bezogen. Nur solche Sätze können wahr oder falsch sein, das heißt mit ihrem Gegenstand übereinstimmen oder nicht. Wissenschaft besteht dann vor allem im empirischen Nachweis der Wahrheit solcher Aussagen, in ihrer *Verifikation.* Alle anderen Sätze mögen zwar das Gemüt befriedigen, sind aber vom wissenschaftlichen Standpunkt aus *sinn-los,* das heißt: ohne empirischen Gehalt. Nach diesem *Sinnkriterium des Wiener Kreises* ist ein Satz der Art „Auf der Rückseite des Mondes leben grüne Äffchen“ durchaus sinnvoll, weil ich jederzeit die Bedingungen angeben kann, wie ich ihn überprüfen könnte (Fahrt zum Mond, Beobachtung); er ist nach unserem derzeitigen Wissen zwar falsch, aber nicht sinnlos. Ein Satz der Art aber „Mit flammendem Schwert bewacht der Engel das Paradies“ mag zwar eine religiöse Bedeutung haben, ist aber dieser Theorie zufolge sinnlos, weil ich nicht angeben kann, wie ich den Satz *empirisch* überprüfen könnte (wo ist das Paradies, was macht einen Engel aus etc.).

In den Wissenschaften sollten also nur Sätze vorkommen, die empirischen Gehalt haben und deren Beziehung untereinander streng logisch ist. Die Philosophie des Wiener Kreises wird deshalb auch als *logischer Positivismus* oder *Neopositivismus* (in Abgrenzung zum älteren Positivismus des Auguste COMTE) bezeichnet. Gültig sind nur das logisch Überprüfbare und das positiv Erfahrbare. Maßgebliche Denker, wie Ludwig WITTGENSTEIN und Karl POPPER entwickelten ihre Theorien in kritischer Nähe zum *Wiener Kreis.* Obwohl diese Philosophie viele Schwierigkeiten in sich birgt, wie vor allem POPPER gezeigt hat, stellt sie doch den Beginn der modernen Wissenschaftstheorie dar.

Im Folgenden wollen wir nun einige Grundbegriffe dieser Wissenschaftstheorie klären, indem wir die übliche Vorgangsweise erfahrungswissenschaftlichen Arbeitens näher betrachten:

Am Anfang steht die *Beobachtung empirischer Phänomene.* Dabei ist das Beobachtungsinteresse im Unterschied zur alltäglichen Wahrnehmung durch spezielle Fragestellungen auf ganz bestimmte Phänomene eingegrenzt. Neben der sinnlichen Wahrnehmung können auch durch Instrumente und Messtechniken (Mikroskop, etc.) erweiterte und verfeinerte Beobachtungen gemacht werden.

Als nächster Schritt wird allgemein die Formulierung von Aussagen über die beobachteten Phänomene gesehen. Diese Beschreibung führt zu sogenannten *Protokollsätzen.* Die verwendete Sprache soll dabei eine möglichst erfahrungsnahe sein – sie wird als *Beobachtungssprache* bezeichnet. Die Verwendung *metrischer* Begriffe, also solcher, die qualitative Phänomene quantifizierbar, messbar machen, ist dabei methodisches Ideal. So stellt etwa der *Intelligenzquotient* den Versuch dar, ein so komplexes Phänomen wie menschliche Intelligenz in einen metrischen Begriff zu fassen.

Die Zusammenfassung von Protokollaussagen zu allgemeinen Aussagen wird als *Hypothesenbildung* bezeichnet. Sie soll erklären, d. h. ein verallgemeinertes Prinzip formulieren, das den Vergleich der Protokollaussagen möglich macht. Hypothesen stellen normalerweise eine *Kausalität,* einen Ursache-Wirkungszusammenhang in der Form auf: Immer wenn A, dann B.

Als Gesetz gilt eine Hypothese dann, wenn sie sich bewährt – wenn sie über einen längeren Zeitraum zu anderen Hypothesen, Experimenten und Beobachtungen nicht in Widerspruch gerät.

Unter einer *Theorie* versteht man dann die Zusammenfassung mehrerer Gesetze unter logischen Gesichtspunkten: Die Gesetze werden in einer Theorie in eine Beziehung zueinander gebracht. Mehrere *spezielle* Theorien können im Weiteren zu einer *allgemeinen* Theorie zusammengestellt sein. Als Ideal gilt die Formulierung möglichst *universeller* Theorien, die spezielle Theorien in einen systematischen Zusammenhang bringen.

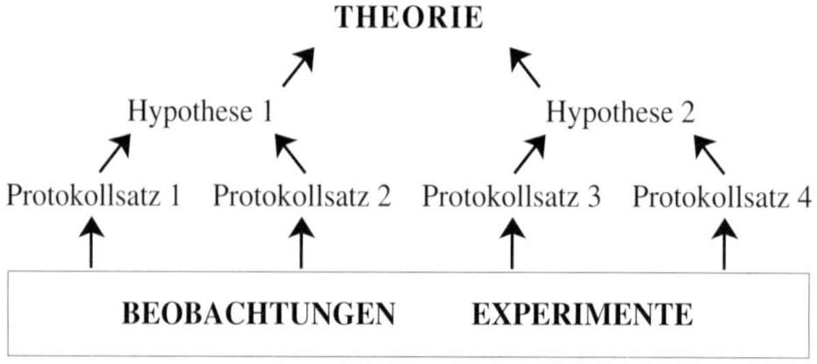

Im Folgenden sollen einige wichtige Methoden näher betrachtet werden, wie sie im wissenschaftlichen Alltag zur Anwendung kommen. Die Wissenschaftstheorie versucht deren Geltungsbereich und Wirkungsgrad zu überprüfen.

Als eine gebräuchliche wissenschaftliche Methode gilt die *Induktion.* Sie beruht in hohem Maße auf der Erfahrung. Erfahren meint dabei mehr als ein bloßes Wahrnehmen. Es ist immer auch ein erstes Bewusstwerden.

Verdeutlichen wir uns das an folgendem Beispiel: Wenn ich auf meinem täglichen Schulweg an einer bestimmten Stelle zur gleichen Tageszeit immer wieder die gleiche Person treffe, dann geht durch diese *Erfahrung* eine Tendenz zur *Verallgemeinerung* in der Form einer *Vorhersage* in mir vor sich, die besagt, dass es bei gleichen Bedingungen wohl auch morgen so sein wird.

Zwei Momente sind dabei festzuhalten: einmal die Vermutung, die Hypothese; zum anderen der *Bestätigungsgrad,* die *Wahrscheinlichkeit,* mit der wir das Wiedereintreten des Ereignisses erwarten.

Formalisieren wir diesen Vorgang, so erhalten wir folgendes Grundschema: Wir schließen, meist sogar völlig unbewusst, vom konkreten Fall auf ein abstraktes Gesetz: *Einige* Erfahrungen haben konstant etwas Bestimmtes gezeigt; also folgt für uns, dass *alle* Erfahrungen in der Zukunft von der gleichen Art sein werden. – Die Einzelerfahrung hat dabei eine doppelte Rolle: als Ausgangspunkt der Verallgemeinerung und als Basis weiterer Prüfung.

Bereits David HUME hat aus dieser Analyse den Schluss gezogen, dass die *Induktion* zwar *psychologisch* verständlich und nahe liegend ist, aber einer genaueren *logischen* Überprüfung *nicht* standhält: Nur weil bisher die Sonne jeden Tag aufgegangen ist, gibt es keinen *logisch* zwingenden Grund anzunehmen, dass sie auch weiterhin jeden Tag aufgehen wird.

Eine aussagenlogische Überprüfung der Induktion bestätigt HUMEs Skepsis.

Die Induktion ist also kein aussagenlogisches Gesetz. Es ist immer ein Fall möglich, in dem sie *nicht* zutrifft.

[(p → q)	∧	q]	→	p
W	W	W	**W**	W
F	F	F	**W**	W
W	W	W	**F**	F
W	F	F	**W**	F

Demgegenüber ist die *Deduktion* logisch das Schließen von einem allgemein gültigen und damit nicht weiter prüfbaren Satz auf einen speziellen Satz. Solche allgemeinen Sätze werden auch als *ALL-Sätze* bezeichnet. Sie gelten für *alle* nur denkbaren Fälle, zum Beispiel: *Alle* Menschen sind sterblich. Ein Beispiel für eine Deduktion wäre:

1. Alle Körper fallen unter bestimmten Bedingungen mit bestimmter Geschwindigkeit.
2. Hier ist ein Körper.
3. Also folgt, dass auch er unter den entsprechenden Bedingungen mit bestimmter Geschwindigkeit fallen muss.

Diese ersten Sätze in wissenschaftlichen Ordnungsgefügen werden als *Axiome* bezeichnet. Sie sollen idealerweise apriorische Gültigkeit haben, d. h. nicht hinterfragbar sein. Die Formalwissenschaften der Mathematik und Logik basieren auf solchen axiomatischen Systemen, in denen alle speziellen Sätze aus einmal festgesetzten Axiomen nach logischen Regeln deduziert werden. Heute wird die Auffassung vertreten, dass auch die Axiome der Mathematik und Logik letztlich nur willkürliche *Annahmen* sind, die sich allerdings bewährt haben. In den Realwissenschaften werden Axiome zunächst ebenfalls entweder willkürlich gesetzt, oder man erhebt einen induktiv gewonnenen Satz in den Rang eines Axioms. Es sollen dann die Ableitungen bzw. die damit gemachten empirischen Daten offenbaren, wieweit sich das zu Grunde gelegte Axiom bewährt hat.

Die aussagenlogische Form der Deduktion wäre folgende:

Die Überprüfung zeigt, dass die Deduktion ein logisches Gesetz, eine Tautologie ist; das heißt aber, dass wirklich neue Erkenntnisse auf diesem Weg nicht zu gewinnen sind.

[(p → q)	∧	p]	→	q
W	W	W	**W**	W
F	F	W	**W**	F
W	F	F	**W**	W
W	F			

Die Naturwissenschaften arbeiten vorwiegend mit den am Kausalitätsprinzip orientierten Methoden des *Erklärens.* Erklären meint ein Aufsuchen von Gesetzen, das Formulieren von Zusammenhängen, die Rückführung der Vielfalt der Erscheinungen auf eine sie ermöglichende Einheit. Handlungsform und Betätigungsfeld ist dabei vorzugsweise das *Experiment,* für das idealerweise die Kriterien der *Wiederholbarkeit, Überprüfbarkeit* und *Intersubjektivität* gelten sollen. Das erkennende Subjekt soll dabei eliminiert werden. Gerade die Subjektunabhängigkeit der Forschungsresultate soll Beweis für deren Gültigkeit sein.

Anders verhält sich der Fall bei den Human- und Geisteswissenschaften. Bei ihnen geht es vor allem um das *Verstehen* menschlichen Handelns, Denkens und Schaffens. Ihre bevorzugte Methode ist deshalb die *Hermeneutik,* die Kunst des Auslegens, Interpretierens und Verstehens.

Die hermeneutische Methode hat ihren Namen vom griechischen Götterboten Hermes, der die Botschaft der Götter an die Menschen weitergab, sie also ins Menschliche übertragen, für die Menschen verständlich machen musste. Später war die Hermeneutik vor allem theologische Hilfswissenschaft, die Regeln für das Verständnis biblischer Texte entwickelte. Friedrich SCHLEIERMACHER hat die Hermeneutik im 19. Jahrhundert zu einer allgemeinen Lehre des Verstehens und der zwischenmenschlichen Kommunikation erweitert, die den historisch orientierten Geisteswissenschaften als methodisches Fundament dienen sollte. Wilhelm DILTHEY, von dem die Unterscheidung in *erklärende Naturwissenschaft* und *verstehende Geisteswissenschaft* stammt, erweiterte die Hermeneutik zur Methode des Verstehens für alle Sinngebilde und Sinnzusammenhänge. Neben Texten werden dadurch vor allem die Geschichte des Menschen und die Künste bevorzugte Gegenstände hermeneutischer Arbeit.

Die Hermeneutik sieht den Anfang naturwissenschaftlicher Theoriebildung, bei der ein angeblich leeres Erkenntnissubjekt objektive Daten empfängt, als unzulässige Abstraktion. Das fragende Subjekt, sei es der Wissenschaftler oder der im alltäglichen Lebenszusammenhang Probleme lösende Mensch, ist niemals leer. Er bringt immer schon etwas mit, was die Hermeneutik als *Vorverständnis* bezeichnet. Es ist dies eine Art vorrationaler Erfahrungsgewissheit, das elementare Lebensverständnis, das bisherige Lebenserfahrung und herrschende Meinungen ausdrückt.

Hans Georg GADAMER, der prominenteste Vertreter einer hermeneutischen Philosophie in der Gegenwart, behauptet, dass jeder Erkenntnisvorgang prinzipiell von einem *Vor-Urteil* ausgehen muss. Das Vorverständnis leitet so jede fragende oder forschende Begegnung mit dem Erkenntnisgegenstand. Solche *Vor-Urteile,* die sich in der alltäglichen Lebenserfahrung durchaus oft bewährt haben können, sind allerdings meist unbewusst; die Hermeneutik sieht ihre Aufgabe auch darin, sie bewusst zu machen und kritisch zu befragen.

Die Methode des Verstehens betrachtet also den Erkenntnisvorgang als primär *subjektzentriert.* Im Nachweis der Vorverständnisse werden die kulturellen und historischen Bedingtheiten unseres Fragens, auch unserer erkenntnisleitenden Interessen sichtbar gemacht. Damit ist aber eine gegenüber dem objektzentrierten Erklären qualitativ neue Methode gegeben, die den dynamischen Zusammenhang von Subjekt und Objekt, von Mensch und Welt, von Vorverständnis und eigentlichem Verstehensprozess begreifen will.

Denkanstöße

1 Worin sehen Sie Unterschiede zwischen einem wissenschaftlich-methodischen Vorgehen und der Art, wie alltägliche Problemlösungen gesucht werden?

2 Wo liegen Ihrer Meinung nach die Schwierigkeiten erfahrungswissenschaftlicher Theoriebildung?

3 Ordnen Sie die folgenden Fragestellungen der methodischen Alternative von Erklären und Verstehen entsprechend zu; begründen Sie Ihre Zuordnung:
- Wie spät ist es?
- Wieviel Zähne hat der Eisbär?
- Welche Motive sind für die Verführungsszene in Goethes Faust maßgeblich?
- Welche Absichten standen hinter Hitlers Angriff auf die Sowjetunion?

4 Versuchen Sie an einem Ihnen geläufigen Beispiel aus der Wissenschaftsgeschichte das spezifische Vorverständnis des Forschers zu konkretisieren. So galt dem 19. Jahrhundert die „Rassenkunde" als respektable Wissenschaft. Warum wohl und was hat sich seitdem am „Vorverständnis" geändert? Denken Sie dabei daran, wie durch historische und gesellschaftliche Entwicklungen neue Fragen und Probleme entstehen.

Probleme und ungelöste Fragen

Aus der Fülle aktueller wissenschaftstheoretischer Problemstellungen sollen einige zentrale Fragen näher erörtert werden.

Das Induktionsproblem

Wir haben die Induktion als ein Verfahren kennen gelernt, das allgemeine Behauptungen mittels endlich vieler singulärer synthetischer Sätze zu rechtfertigen sucht. In den Erfahrungswissenschaften sind dabei drei Induktionsarten gebräuchlich:

Das Schließen von *einer Tatsache* auf ein *allgemeines Gesetz,* der Schluss von *gleichen Wirkungen* auf *gleiche Ursachen* und das Schließen von *einer Wirkung* auf *mehrere Ursachen.*

Das *Induktionsproblem* ist nun ein doppeltes: Die Induktion ist kein streng logisches Schließen, denn selbst wenn alle Prämissen (d. h. alle einzelnen Protokollsätze) wahr sind, kann die Konklusion trotzdem falsch sein. Denn: die Konklusion besagt als verallgemeinerter Satz *mehr* als alle Prämissen zusammen. Logisch gesehen bestünde der Ausweg einzig darin, auf die vollständige Induktion überzugehen. Das würde für die Erfahrungswissenschaften bedeuten, dass sie den Vorgang der *Verifikation,* die „Bewahrheitung", d. h. die Bestätigung einer induktiv gewonnenen Aussage, ins Unendliche fortsetzen müssten. Da dies unmöglich ist, muss der Anspruch auf *Allgemeingültigkeit* aufgegeben werden. Bezüglich der Wahrheit von Aussagen kann man nur mehr von *Wahrscheinlichkeit* sprechen. Der Wahrheitswert einer Aussage wächst dabei mit der Summe der geprüften Erfahrungen, er wird aber nie absolut, muss immer relativ bleiben.

Das zweite Grundproblem der Induktion wiegt noch schwerer. Es geht um die Beziehung von Erfahrung und Theorie; genauer um die Frage, inwiefern tatsächlich, wie es der Empirismus beansprucht, alle Theorie aus Erfahrung abgeleitet werden kann. Als empirische Erkenntnisbasis haben wir ja die Protokollsätze kennen gelernt. In diesen müssen sich alle theoretischen Termini durch *Beobachtungsbegriffe* definieren lassen. Eine genauere Analyse ergibt jedoch, dass neben den echten Beobachtungsbegriffen auch sogenannte *Dispositionsbegriffe* verwendet werden müssen, die Eigenschaften von Gegenständen ausdrücken, wie zum Beispiel Wasserlöslichkeit, Masse, Temperatur, Intelligenz. Wer etwa *beobachten* will, ob ein Mensch sich *intelligent* verhält, benötigt immer schon einen *Begriff,* ja sogar eine *Theorie* der Intelligenz, die ihm sagt, was er eigentlich beobachten soll. Diese Dispositionsbegriffe sind also nicht durch Beobachtungsbegriffe vollständig definierbar. Jede Beobachtung hat schon Begriffe und Theorien zur Voraussetzung.

Sir Karl Raimund Popper

Damit sind aber die beiden wesentlichen Grundüberzeugungen des neuzeitlichen Wissenschaftsbegriffs: durch Induktion könne man zu allgemeinen Gesetzen kommen, und jede Theorie sei aus ursprünglicher Erfahrung ableitbar, fragwürdig geworden.

Die Debatte um Verifikation und Falsifikation

Auf die Krise, die durch das Induktionsproblem für die Begründung der Erfahrungswissenschaften entstanden war, versuchte der *Kritische Rationalismus* zu reagieren. Sein bekanntester Vertreter ist der in Österreich geborene Philosoph Karl R. POPPER. Entscheidend für ihn ist die Idee der Kritik. Auch nach POPPER können zwar Theorien nur dann als wissenschaftlich gelten, wenn sie empirischen Gehalt haben. Damit ist nämlich die Möglichkeit empirischer Überprüfung garantiert. Aber die *Verifikation* ist durch *Falsifikation* zu ersetzen. Für POPPER sind Theorien gerade und nur dann wissenschaftlich, wenn sie falsifizierbar, widerlegbar sind. POPPER meint damit, dass man nicht danach trachten soll, die *Bestätigung* einer Theorie in der Wirklichkeit zu finden, sondern dass man versuchen soll, sie zu *widerlegen,* das heißt, einen konkreten Fall zu finden, der der Theorie widerspricht. Je schwieriger dies ist und je länger diese Falsifikation nicht gelingt, desto größer wird die Wahrscheinlichkeit, dass die Theorie brauchbar ist. Die Bewährung einer wissenschaftlichen Theorie ist also stets nur *vorläufig* und *relativ.* Im strengen Sinn wären danach alle naturwissenschaftlichen Gesetze und Theorien nur bislang noch nicht falsifizierte Hypothesen. Eine letzte Wahrheit gibt es nicht, nur eine Annäherung an die Wahrheit durch das fortwährende Eliminieren der falsifizierten Theorien. Wissenschaft wird dadurch zum prinzipiell unabschließbaren Prozess. Sie ist also ein negativer Ausleseprozess; unbrauchbare Lösungsmodelle werden nicht weiter verfolgt, ähnlich wie in der Natur schlecht angepasste Arten aussterben. Man spricht deshalb auch von einer *Evolution der Wissenschaft.*

Das „Münchhausen-Trilemma“

Der Diskussionsgang des *Kritischen Rationalismus* hatte gezeigt, dass sich eine allgemeine Aussage niemals streng beweisen lässt. Der traditionelle Anspruch von Wissenschaft, objektive, und das hieß absolut gültige, Aussagen über Wirklichkeit machen zu können, wurde radikal relativiert. Wissenschaftliche Aussagen sind nach Ansicht der kritischen Rationalisten nicht länger begründbar im Sinne von: auf eine letzte, unbezweifelbare Tatsache oder Aussage rückführbar. Wissenschaftliche Aussagen können immer nur *gerechtfertigt* werden, das heißt, man kann mit dem Hinweis an ihnen festhalten, dass sie bislang noch nicht falsifiziert werden konnten.

Nach Hans ALBERT, einem Schüler Karl POPPERs führt nämlich jeder Versuch einer *Letztbegründung* – welcher Aussage auch immer – in drei unauflösbare Widersprüche. Er spricht vom „Münchhausen-Trilemma“ des Begründungsproblems und benutzt das Bild des sich an den eigenen Haaren aus dem Sumpf ziehen wollenden Münchhausen, um die Unmöglichkeit einer eindeutigen Lösung dieser Frage zu illustrieren. An einem einfachen Beispiel wollen wir dies erläutern. Angenommen, jemand fragt nach den Gründen für die oft beklagte mangelnde Ausbildung deutscher Abiturienten. Folgende Begründungsstrategien sind dann prinzipiell möglich:

Erstens: ich gebe einen Grund an – z. B. das mangelhafte Schulsystem. Sofort stellt sich die Frage: Warum hat es Mängel? Eine Antwort wäre: Das niedrige Bildungsbudget bedingt dies. Sofort muss gefragt werden: Warum so wenig Geld für Bildung? Weil, so könnte man antworten, die Politiker so uneinsichtig sind … und so weiter, und so weiter. Dieses Spiel lässt sich bis in die Unendlichkeit fortsetzen, man kommt auf keinen letzten Grund. Hans ALBERT nennt dieses unbefriedigende Verfahren den „regressus in infinitum“ – das Zurückgehen ohne Ende.

Wenn es so nicht geht, dann vielleicht anders: Die Abiturienten sind schlecht wegen des Schulsystems; dieses ist schlecht wegen Geldmangels; dieser existiert, weil Politiker uneinsichtig sind; und die sind uneinsichtig, weil sie in der Schule zu wenig gelernt haben … und da schließt sich der Kreis. Hans ALBERT würde sagen, ein klassischer „circulus vitiosus“ – ein Zirkelschluss: eine Begründung, in der das zu Begründende plötzlich als Grund seiner selbst auftaucht.

Versuchen wir es ein drittes Mal. So weit sind wir schon: Die Politiker sind uneinsichtig. Warum: der Mensch ist eben so. Aus. Punktum. Hier wird also das Begründungsverfahren an einem bestimmten Punkt willkürlich abgebrochen, ein erster Grund wird einfach gesetzt und darf nicht weiter hinterfragt werden. Hans ALBERT nennt dies einen „dogmatischen Abbruch“ des Begründungsverfahrens.

ALBERTs Konsequenz ist ein grundsätzlicher *Fallibilismus,* also das Eingeständnis grundsätzlicher Irrtumsmöglichkeit bei jeglicher, eben auch wissenschaftlicher Erkenntnis. Das gilt unabhängig davon, ob sich die Erkenntnismethode dabei auf Vernunft oder Erfahrung, Autorität oder Tradition stützt. Es gibt nach ALBERT keinen anderen Ausweg aus diesem Trilemma als die ständige kritische Überprüfung aller Theorien, Positionen und Meinungen.

Der „hermeneutische Zirkel“

Aber nicht nur dort, wo es um Begründungen und Erklärungen geht, kann man sich in Widersprüche verstricken. Auch die Wissenschaften, denen es um das Verstehen geht, also die Human- und Geisteswissenschaften, leiden an einem *Zirkel.* Wann immer ich etwas oder jemanden „verstehen“ will, gehe ich schon mit einem bestimmten „Vorverständnis“, einem „Vor-Urteil“ an die Sache oder den Menschen heran. Wie immer der weitere Prozess des Verstehens auch aussehen mag – das Ergebnis wird immer vom ersten Vorverständnis mitbestimmt und beeinflusst sein. So reagieren Schüler, denen die Lektüre von Goethes „Faust“ angekündigt wird, vielleicht mit Ablehnung und Widerwillen. Keine Frage, dass der Prozess des Lesens selbst und die dabei entstehenden Wertungen und Urteile von diesem ersten Vor-Urteil mitgetragen werden. Als *hermeneutischer Zirkel* wird also der Umstand bezeichnet, dass das, was erst verstanden werden soll, immer auch schon in gewisser Weise als verstanden vorausgesetzt wird. Hat jemand von einer Sache überhaupt kein Vorverständnis, keine Ahnung, kann man ihm diese Sache auch nicht nahe bringen.

Der *hermeneutische* Zirkel ist nicht zu beseitigen. Aber man kann versuchen, sich ihn bewusst zu machen und dadurch zu entschärfen. Dies geschieht derart, dass die Spannung zwischen Vorverständnis und eigentlichem Verstehen aktiviert werden soll. Dabei wird einmal die Rückbesinnung auf die grundlegenden Vorerfahrungen und Überzeugungen, also auf die Tradition, der der Verstehensprozess entspringt, andererseits die unauflösliche Einheit von Erkenntnis und Interesse durch die Fähigkeit zu permanenter Kritik der eigenen Voraussetzungen aufgedeckt. Wichtig dabei ist, vor allem wenn es um Texte, Dokumente und Handlungen vergangener Zeiten geht, sich den ursprünglichen Verständnishorizont, so gut es eben möglich ist, zu vergegenwärtigen, das historische Umfeld zu rekonstruieren. Wer den „Faust" *verstehen* will, wird also seine eigenen Voraussetzungen überprüfen, er wird versuchen zu erfahren, unter welchen Bedingungen und für wen der Autor das Stück eigentlich geschrieben hatte, und er wird sich kritisch mit allen Bewertungen und Interpretationen dieses Dramas auseinander setzen müssen. Man könnte – mit einem Begriff von Hans Georg GADAMER – diesen Prozess so beschreiben: Es geht darum, den *Horizont* seines Verstehens, also die Voraussetzungen meiner Zeit und meines Wissens, mit dem Horizont, aus dem die Sache stammt, die ich verstehen will, zur Überschneidung zu bringen. Wo dies geschieht, spricht GADAMER von „Horizontverschmelzung".

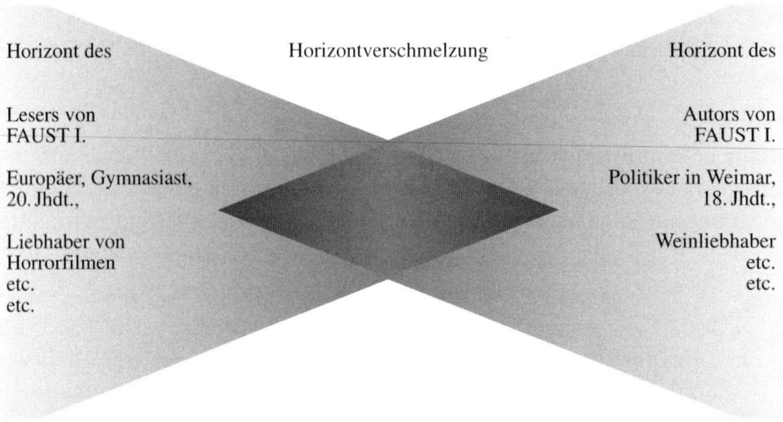

Denkanstöße

1 Für Wittgenstein ist die Annahme von Kausalgesetzen ein Aberglaube, die sogenannten Naturgesetze sind nur Hypothesen. Wo würden Sie die Trennlinie zwischen Wissen und Aberglaube ziehen?

2 „Das Eichhörnchen schließt nicht durch Induktion, dass es auch im nächsten Winter Vorräte brauchen wird. Und ebenso wenig brauchen wir ein Gesetz der Induktion, um unsere Handlungen und Vorhersagen zu rechtfertigen."
Wittgenstein sieht die Induktion also nicht logisch, wohl aber psychologisch gerechtfertigt. Wie stehen Sie dazu?

3 Inwiefern hat Ihrer Meinung nach die Begründungsproblematik von Wissenschaft bzw. die Folgerungen bezüglich einer entscheidenden Relativierung des Wahrheitscharakters wissenschaftlicher Aussagen in die populäre Sicht von Wissenschaft Eingang gefunden?

4 Überprüfen Sie einmal kritisch Ihre Verstehensvoraussetzungen für ihr Verständnis dieses Kapitels Ihres Philosophielehrbuches. Versuchen Sie auch, den Verstehenshorizont der Autoren zu rekonstruieren.

Wissenschaftstheorie als Wissenschaftskritik

In den letzten Jahrzehnten ging die Wissenschaftstheorie zunehmend dazu über – nicht zuletzt unter dem Druck der gesellschaftlichen und ökologischen Folgen von Wissenschaft und Technik –, das „Unternehmen Wissenschaft“ einer kritischen Analyse zu unterziehen. Die alte Überzeugung, dass *wissenschaftlicher* Fortschritt gleichbedeutend sei mit gesellschaftlichem und zivilisatorischem Fortschritt, wird immer mehr bezweifelt.

Die traditionelle Wissenschaftstheorie hatte noch die Überzeugung vertreten, dass das Unterfangen der neuzeitlichen Wissenschaft im Ganzen gesehen bisher ein Erfolg gewesen sei. Unter dieser Voraussetzung versuchte sie auch, aus der *Beschreibung* der historisch tatsächlich verwendeten Regeln und Methoden direkt *normative* Vorschläge für wissenschaftliches Arbeiten abzuleiten, Regeln, die den weiteren Fortschritt garantieren sollten.

Der allgemeine Befund dieses Unterfangens mündete in die These, dass Fortschritt vor allem durch Veränderung, Verbesserung erreicht werde, wobei Veränderung sowohl als Erfindung neuer Theorien als auch als Entdecken neuer Tatsachen gesehen wurde.

Eine genauere Betrachtung der Geschichte der Wissenschaften zeigte allerdings ganz andere, zum Teil überraschende Ergebnisse.

Die *Kumulationstheorie,* die in ihrer modernen Gestalt noch von POPPER vertreten wurde, sah den *Erkenntnisfortschritt* als gleichsam erfahrungsbezogene Akkumulation von Theorien, wobei durch ständige Falsifikation weniger bewährte durch bewährtere Theorien ersetzt werden und dadurch eine Vermehrung des Wissens und eine Annäherung an die Wahrheit erreicht werden sollte.

Der amerikanische Wissenschaftshistoriker Thomas S. KUHN zeigte allerdings, dass POPPERs Ideal des Falsifikationismus in der *Praxis* der wissenschaftlichen Forschung nie eingehalten worden war. Nach KUHN vollzieht sich die Entwicklung der Wissenschaften nach ganz anderen Gesichtspunkten und Gesetzmäßigkeiten. Verschiedene Schulen, Gruppen, Theorien liegen ursprünglich miteinander im Wettstreit, ohne dass es eine eindeutige Priorität gibt. Gelingt es einer Theorie sich durchzusetzen, wird sie zum *Paradigma,* zum maßstabsetzenden Beispiel. Einmal in Lehrbüchern festgehalten, dient sie als *Vorbild* für alle weitere Forschung auf dem betreffenden Gebiet und versammelt die Wissenschaftler um sich. „Ein Paradigma“, schreibt KUHN, „ist das, was den Mitgliedern einer wissenschaftlichen Gemeinschaft gemeinsam ist, und umgekehrt besteht eine wissenschaftliche Gemeinschaft aus Menschen, die ein Paradigma teilen.“ Entscheidend ist also, dass ein Paradigma neben der Theorie im engeren Sinne noch eine Reihe weiterer Elemente enthält, die dem einzelnen Forscher meist unbewusst, daher gegen Kritik weitgehend immunisiert bleiben: bestimmte metaphysische Thesen, methodologische Festsetzungen und Forschungsstrategien, Vorurteile und Meinungen, die sich bis zu einer Weltanschauung ausdehnen können. Ein Paradigma ist auch nie eine isolierte Theorie, sondern ein theoretischer Rahmen, der Grundlage eines wissenschaftlichen Weltbildes ist – das ptolemäische Weltbild wäre ein Paradigma, das kopernikanische ein anderes. Die normale Wissenschaft versucht in der Regel, dem Paradigma möglichst viele Phänomene einzuverleiben, alles durch dieses Paradigma zu erklären, auch wenn vieles schon unstimmig, ja falsifiziert erscheint. Entgegen der Behauptung des kritischen Rationalismus führt der wissenschaftliche Alltag also nicht zu Kritik, sondern zu Fixierung, Einschränkung, Ausgrenzung des Neuen, des von der Norm Abweichenden, des Ungewohnten.

Gerade diese Ausgrenzung führt aber nach KUHN zur Krise des Paradigmas und zum Übergang zu einer *revolutionären Wissenschaft.* Diese formuliert ein neues Paradigma, das gegen das alte durchgesetzt werden soll. Für die Durchsetzung eines neuen Paradigmas sind wissenschaftsexterne Faktoren wie Propaganda, Überredung, allgemeine politische Verhältnisse und Machtfragen mindestens genauso entscheidend wie das wissenschaftliche Argument. Dem wissenschaftlichen Wandel liegt also eine gravierende nicht-wissenschaftliche, nicht-rationale Dynamik zu Grunde.

Diesen Ansatz hat Paul FEYERABEND weiter radikalisiert. Er sieht den Zustand der offenen Konkurrenz zwischen verschiedenen Paradigmen nicht als vorübergehende krisenhafte Episode, sondern als Normalzustand an. Wissenschaftliche und allgemeine Erkenntnisentwicklungen erfolgen nicht kumulativ-evolutionär, sondern *pluralistisch-revolutionär.*

Die Sichtweise von FEYERABEND enthält allerdings noch weiteren Zündstoff. Wenn nämlich der Einfluss nicht-rationaler Faktoren, für FEYERABEND pure „Irrationalität", Dauerzustand und damit konstitutiver Bestandteil von Wissenschaft ist, kann diese nicht mehr, wie traditionell verlangt, als alleinige Hüterin von Rationalität gelten und einen Führungsanspruch wissenschaftlicher gegenüber anderen Methoden verlangen. FEYERABEND vertritt einen „erkenntnistheoretischen Anarchismus". Dieser enthält neben der Forderung nach maximalem Pluralismus innerhalb der wissenschaftlichen Zunft, die er in der These „anything goes" ausgedrückt hat, die noch folgenreichere nach einer prinzipiellen Öffnung gegenüber allen Formen von wissenschaftlichen, halbwissenschaftlichen, ideologischen, religiösen, mythischen, magischen und anderen Überzeugungen, Methoden, Anschauungen und Traditionen. In seinem Buch „Erkenntnis für freie Menschen" polemisiert FEYERABEND heftig gegen das Monopol der Wissenschaft etwa im Bildungsbereich und schlägt vor, dass es jedem mündigen Bürger überlassen bleiben muss, ob er in der Evolutionstheorie oder in der biblischen Schöpfungslehre unterrichtet werden möchte, ob er der Meteorologie oder den Regentänzen, der wissenschaftlichen Medizin oder der Heilkunst der Schamanen vertrauen will. Denn: Stichhaltige Argumente für die Wahrheit einer dieser Methoden und Anschauungen gibt es nach FEYERABEND nicht.

Denkanstöße

1 Sind Ihnen Beispiele für Paradigmenwechsel aus der Wissenschaftsgeschichte bekannt? Welche Kriterien waren dort für die Etablierung der neuen Theorie maßgeblich?

2 Wie sehen Sie die Forderung nach der Wertfreiheit der Wissenschaft begründet, die sich ja aus ihrem traditionellen Anspruch der Objektivität herleitet?

3 Welche Konsequenzen hat Ihrer Meinung nach die Kritik an der Wissenschaft, wie sie von KUHN und FEYERABEND vorgetragen wurde, für das Verhältnis von Wissenschaft und Alltag? Traditionell galt ja das Urteil des Wissenschaftlers als Experte in fast allen gesellschaftlichen und politischen Fragen nahezu uneingeschränkt.

DAS GUTE UND DAS BÖSE

Grundfragen der Moralphilosophie

DENK-BAR, *sehr später Abend*

BRIGITTE *und* CHRISTOPH *sitzen an einem Tisch, Prof.* DANIEL *lehnt versonnen an der Theke;* ALFRED, *braun gebrannt, Anzug, Krawatte, Aktenkoffer, betritt dynamisch den Raum.*

ALFRED: „Hallo allerseits! *(küsst* BRIGITTE*)* Wie geht's euch? Mir geht's blendend. Was wollt ihr trinken? Ich gebe einen aus!"

BRIGITTE *und* CHRISTOPH, *erstaunt:* „Wieso, was ist denn mit dir los? Hast du das große Los gezogen?"

ALFRED: „Viel besser! Ich habe – aufgepasst *(mit großer Gebärde)* – den Abschluss meines Lebens getätigt. Und das heißt, mal abgesehen von der fetten Provision: Dem Aufstieg ins Top-Management steht nichts mehr im Wege. – Prost!" *Er leert sein Glas in einem Zug.*

BRIGITTE *und* CHRISTOPH: „Prost! Gratulation! Unser kleiner Aufsteiger. Na, so was! Na dann!"

BRIGITTE *küsst* ALFRED.

CHRISTOPH: „Und, falls dies kein Staatsgeheimnis ist: Was hast du denn für ein Geschäft gemacht?"

ALFRED, *grinst leicht verlegen:* „Äh, hm … Munition. *(*BRIGITTE *und* CHRISTOPH *erstaunt, ungläubig)* Schaut nicht so dämlich. Ihr wisst doch, dass unsere Firma auch Waffen herstellt; nur, die waren kaum loszukriegen in letzter Zeit – zu wenig Verbrauch *(grinst)*. Bis *ich* die Sache in die Hand gekriegt hab. Das war Schwerstarbeit, die ganzen letzten Wochen, bis ich den Typen von da unten klargemacht hab, dass sie gar nicht genug Patronen haben können – in Zeiten wie diesen *(lacht)*. Irgendeinen kleinen Krieg gibt's ja immer!"

BRIGITTE, *entsetzt:* „Unglaublich! – Davon hast du mir ja gar nichts erzählt …"

ALFRED, *krault sie beruhigend unterm Kinn:* „Weißt du, mein Schatz, Frauen müssen wirklich nicht immer alles wissen. Außerdem wollte ich dich doch ein wenig überraschen."

BRIGITTE: „Schöne Überraschung!"

ALFRED, *leicht frustriert:* „Du hast wirklich ein Talent, einem jede Freude zu verderben. Dass das ein Riesenerfolg für mich ist, ist dir wohl egal."

BRIGITTE, *schweigt.*

ALFRED: „So ein Mist. Willst du mir vielleicht vorschreiben, was ich zu tun hab? Du tust ja geradezu, als hätte ich weiß Gott was für ein Verbrechen begangen …"

OBER: „Entschuldigen Sie, nicht so laut, wenn ich bitten darf!"

CHRISTOPH: „Entschuldige, dass ich mich da einmische, eigentlich geht es mich ja nichts an, und ich freu mich auch über deinen Erfolg; aber ein wenig kann ich Brigitte schon verstehen. Stört es dich wirklich nicht, dass mit diesen dämlichen Dingern andere Menschen … Denkst du wirklich nur ans Geschäft, an deine Karriere …??"

ALFRED, *lehnt sich zurück, wird ernst:* „Jetzt hört mal gut zu, ihr beiden. Erstens: mein Job ist es zu verkaufen. Was, ist mir eigentlich schnurzegal. Und mein Abschluss war ein Meisterstück; das hat zumindest der Chef gesagt. Und das allein zählt. Zweitens:

wenn die die Dinger nicht von uns bekommen, dann macht eben ein anderer das Geschäft. Kapiert?“

CHRISTOPH: „Ob das moralisch vertretbar ist, lässt dich offensichtlich kalt. Was dann passiert, wer daran zu Grunde geht, ist dir wohl egal.“

ALFRED, *achselzuckend:* „Ich kann und werde die Welt nicht ändern – that's life.“

BRIGITTE: „Und so etwas wie ein Gewissen, eine Ahnung, dass… dass auch dir einmal die Rechnung präsentiert werden könnte, regt sich nicht in dir?“

ALFRED, *mitleidig:* „Gewissen – das ist ein Luxus, den ich mir nicht leisten kann. Moral und Gewissen: das sind sowieso Dinge nur für Superreiche oder Hungerleider. Wer erst am Anfang steht und weiterkommen will, muss sehen, was ihm nützt. Alles andere ist Traumtänzerei.“

BRIGITTE, *traurig:* „Ich hätte gar nicht gedacht, dass du dich in den wenigen Jahren, seit du bei der Firma bist, so geändert hast.“ *Sie wendet sich ab.*

DANIEL, *nähert sich, mit dem Weinglas in der Hand:* „Entschuldigen Sie, wenn ich mich einmische, aber ich musste ja notgedrungen Ihrer lautstarken Unterhaltung folgen, und dabei habe ich einiges nicht verstanden. *(Zu* ALFRED*)* Sie glauben, gut ist, was Ihnen nützt. Und *(zu* CHRISTOPH*)* Sie glauben, das wäre, zumal in diesem Fall, unmoralisch; und *(zu* BRIGITTE*)* Sie, es wäre gewissenlos. Jetzt frage ich mich allerdings, woher Sie wissen, was Ihnen nützt; und Sie, wann etwas unmoralisch ist; und Sie, was das ist: ein Gewissen?“

ALFRED, BRIGITTE *und* CHRISTOPH, *durcheinander:* „Was soll denn das … nützt, nützt … Geld nützt immer … moralisch … Moral … wenn man das Richtige, nein Gute, nein… Gewissen, ist eine … nun … innere Stimme oder “

BRIGITTE: „Sie haben Recht: Wie schnell wir alle mit Begriffen und Definitionen bei der Hand sind, die wir eigentlich gar nicht verstehen.“

Denkanstöße

1 Sind Ihrer Meinung nach Brigitte und Christoph tatsächlich berechtigt, Alfred Vorwürfe zu machen?

2 Finden Sie Alfreds Verhaltens- und Argumentationsweise richtig, zynisch, abstoßend, sympathisch, imponierend? Warum?

3 Brigitte scheint auch in ihrer Freundschaft zu Alfred getroffen zu sein.
Finden Sie das übertrieben oder sollte man bei solchen Verschiedenheiten persönliche Konsequenzen ziehen?

4 Wie würden Sie Nutzen, Moral und Gewissen bestimmen oder definieren wollen?

WAS SOLLEN WIR TUN?

Annäherung:

VON DER NOTWENDIGKEIT DER ENTSCHEIDUNG

Die „negative Beichte“

Osiris fragte den Verstorbenen über seine Taten im Diesseits aus. Die um ihr Seelenheil bangenden Ägypter kauften von den Priestern sogenannte Totenbücher, die Gebete, Formeln und Zaubersprüche enthielten, deren Zweck es war, Osiris zu besänftigen oder über den wahren Sachverhalt zu täuschen. Aus einem dieser Totenbücher stammt die negative Beichte, bei der der Verhörte alles bekennt, was er nicht getan hat.

„Ich habe nicht unrecht gegenüber den Menschen gehandelt, habe mich nicht versündigt am Ort der Wahrheit, ich weiß nicht um nichts Nichtswürdiges. Ich habe nichts Übles verschwiegen, habe nicht gelauscht, bin gegen ein wahres Wort nicht taub gewesen, habe nicht geschmäht, habe nicht gezankt, habe nicht gelogen, keinen Diener bei seinem Vorgesetzten angeschwärzt ..., ich habe niemanden weinen gemacht. Ich habe keine betrügerischen Geschäfte abgeschlossen, habe mir nichts vom Tempelbesitz angeeignet ..., die Gewichte der Handwaage nicht vergrößert ... Ich habe nicht gestohlen ..., habe nicht hungern lassen ... Ich habe die Milch nicht vom Munde des Säuglings weggenommen.“

Das Totengericht, bei dem das Herz des Toten (auf der linken Waagschale) abgewogen wird. Der Verstorbene, geführt von Anubis, spricht die „negative Beichte“. Toth schreibt das Ergebnis auf. Je nach Ausgang stürzt sich die Verschlingerin auf den Toten oder er wird ins Jenseits der seligen Verklärten geschickt. Aus dem Totenbuch des Hu-nofer, Regierungszeit Sethos I., um 1300 v. Chr.

Soweit wir die menschliche Geschichte zurückverfolgen können, ist diese von einer intensiven Sehnsucht nach einem Zustand geprägt, der im abendländischen Kulturkreis als *Paradies* oder *Goldenes Zeitalter* bezeichnet wird. Dieses Bild wird in den betreffenden Geschichten und Mythen häufig in eine Frühzeit der Menschheit verlegt. Die biblische Tradition spricht vom Ereignis des *Sündenfalls,* das den Austritt aus dem Paradies markiert. Seitdem ist das menschliche Leben durch die *Dualität von Gut und Böse* geprägt.

Das Bild vom Urzustand des Menschen steht also in einem auffälligen Kontrast zu seiner tatsächlichen Lage, die in vielfacher Weise als problematisch gesehen wird. Wie Bild und Text aus dem Ägyptischen Totenbuch zeigen, ist die reale Situation des Menschen, wie sie uns historisch-psychologisch fassbar wird, durch ein prinzipielles Dilemma gekennzeichnet: Der

Marc Anton Raimondi, + 1534, Kupferstich nach Albrecht Dürer, Vertreibung aus dem Paradies

Mensch ist Natur, und er ist es doch nicht ausschließlich. Seine relative Unabhängigkeit gegenüber der Natur bringt es mit sich, dass menschliches Handeln grundsätzlich fraglich und befragbar wird. Der Mensch ist nicht mehr wie das Tier nur durch Instinkte, durch angeborene Verhaltensmechanismen gesteuert. Zwischen Reiz und Reaktion, zwischen Triebimpuls und Handeln gibt es eine Leerstelle, der Automatismus genetisch fixierter Verhaltensabläufe scheint durchbrochen.

Der Mensch muss *wählen;* er muss *Entscheidungen* treffen; er braucht *Kriterien,* nach denen er sich richten kann, nach denen er sein Handeln bewerten und beurteilen kann.

Immanuel KANT hat das menschliche Problem in Bezug auf sein Handeln in einer seiner drei Grundfragen formuliert: „Was soll ich tun?" Diese Frage stellt sich für uns, wenn schon nicht jeden Augenblick, dann doch ziemlich häufig. Jede ungewohnte Situation, jedes unvorhersehbare Ereignis, jedes ungeklärte, noch so alltägliche Lebensproblem konfrontiert uns mit der Notwendigkeit, uns zu entscheiden. Der Philosoph Nicolai HARTMANN schrieb dazu: „Vor der Frage *Was sollen wir tun?* stehen wir in jedem Augenblick. Jede neue Situation gibt sie uns neu auf, von Schritt zu Schritt im Leben müssen wir sie neu beantworten, unausweichlich und ohne dass eine Macht uns dabei entlasten, über die Notwendigkeiten hinwegheben könnte."

Diese Unausweichlichkeit veranschaulicht auch das ägyptische Totengericht. Der Tod macht hierbei nur deutlicher, was die menschliche Existenz in jedem Augenblick definiert – eine prinzipielle *Ausgesetztheit* und *Freiheit.* Dieser Problematik gegenüber erscheint die Sehnsucht nach dem Paradies und dem goldenen Zeitalter als eine Produktion des menschlichen Geistes, der nach Entlastung, Kompensation strebt.

Denkanstöße

1 Lassen Sie den gestrigen Tag vor Ihrem geistigen Auge Revue passieren. Wie oft standen Sie vor einer Situation, in der Sie das Gefühl hatten, eine Entscheidung treffen zu müssen? Haben Sie diese Situationen als angenehm empfunden?

2 Wo liegen Ihrer Meinung nach die kritischen Bereiche in der gegenwärtigen Gesellschaft bzw. für den Einzelnen, wo grundsätzliche Entscheidungen zu treffen sind?

Sitten und Unsitten

Ursprünglich war das Verhalten des Menschen gelenkt durch die Tradition, durch die *Sitten:* Vorgeprägte Handlungs-, Verhaltens- und Beurteilungsmuster machten das Gemeinschaftsleben reibungsloser bzw. überhaupt erst möglich. Sie entlasteten die Menschen von ständig neuer Entscheidungs- und Konsensfindung.

Der Einzelne ordnete sich der Sitte, die als natürlich erschien, fraglos unter. In den sogenannten Primitivkulturen wurden bestimmte Handlungsweisen, aber auch Gegenstände und Örtlichkeiten wie heilige Stätten mit *Tabus* belegt. Das polynesische Wort „Tabu" steht für ein *Meidungsgebot.* Durch ein Tabu belegte Handlungen müssen also vermieden, tabuisierte Gegenstände und Orte dürfen nicht durch eine falsche Form der Berührung entweiht werden. Die Missachtung eines Tabus wurde von der Gemeinschaft sanktioniert, manchmal aber führte allein die Tatsache, dass jemand ein Tabu gebrochen hatte, bei ihm zu einer derartigen psychischen Spannung, dass er ohne Fremdeinwirkung daran sterben konnte.

Bereits die frühen Hochkulturen ersetzten die Tabuordnung, die ja ausschließlich auf mündlicher Tradition und der direkten Kontrolle der Gemeinschaft beruhte, durch eine

Reihe schon schriftlich fixierter *Regeln* und *Gesetze* – berühmte Beispiele dafür sind der Codex Hammurabi der Babylonier und die Zehn Gebote der Israeliten. Bei all diesen frühen Rechtsordnungen lag der Schwerpunkt in der äußeren Handlung und weniger im Motiv, in der Gesinnung. Rechtsübertretungen, gleich aus welchen Motiven sie geschehen sein mochten, wurden mit drastischen Strafen belegt.

So berichtet das Buch Samuel des Alten Testaments davon, dass jeder, der die Bundeslade berührt, mit dem Tod bestraft wird, unabhängig von seinen Motiven. Als David die Bundeslade nach Jerusalem holen ließ, wurde diese mit einem Wagen transportiert. Rinder drohten unterwegs den Wagen umzuwerfen. Da griff Usa, der den Wagen leitete, schützend nach der Lade. „Da entbrannte der Zorn Jahwes gegen Usa, und Gott schlug ihn dort wegen seines Vergehens, so dass er dort neben der Lade Gottes starb." Nicht die subjektive Einstellung, sondern die tatsächliche Handlung wird also nach dem alttestamentarischen Rechtsbegriff geahndet, und noch nach mittelalterlichem Recht wird die Tat, nicht das Tatmotiv bestraft.

Obwohl diese alten Tabu- und Rechtssysteme von relativ hoher Stabilität waren, kam es immer wieder zu Umwälzungen und Wandlungen gesellschaftlicher Ordnungen und der damit verbundenen Änderung sittlicher Anschauungen. Zumindest drei Momente können als entscheidend dafür angesehen werden, warum innerhalb einer Kultur als *natürlich* anerkannte Sitten fraglich werden: Von der Norm abweichendes Verhalten Einzelner oder ganzer sozialer Gruppen kann so stark werden, dass es durch Sanktionen nicht mehr kontrolliert werden kann. Des Weiteren kann das Aufeinanderprallen verschiedener Sitten, etwa durch intensiven und ständigen Kulturkontakt, zu einer Aufweichung der eigenen Tradition führen. Und schließlich kann sich – und dies war in der griechischen Antike der Fall – ein kritisches Bewusstsein bilden, das die eigene Tradition einer strengen Prüfung durch die Vernunft unterzieht. Durch dieses Denken wird eine Distanz zum eigenen Handeln hergestellt – jetzt wird das Handeln im eigentlichen Sinne *fragwürdig*.

Zum besseren Verständnis des Folgenden zunächst einige Begriffsklärungen: Unter **Moral** oder **Sittlichkeit** seien alle in einer Gemeinschaft als gültig akzeptierten Regeln, Gebote, Werte und Normen verstanden, die von einer bestimmten Gemeinschaft erwünschtes, in ihrem Sinne „gutes" Handeln nach sich ziehen sollen. Unter **Werten** versteht man in diesem Zusammenhang erwünschte und angestrebte Ziele von Handlungen bzw. die Gründe, die zur Wertschätzung von Gegenständen, Handlungen oder Anschauungen führen. Verhaltensregeln, die sich aus dem Wert des **Guten** ableiten lassen – wie immer das Gute inhaltlich definiert sein mag –, werden auch als *moralische* **Normen** bezeichnet. Da solche Normen und Normensysteme zwischen Gemeinschaften differieren, kann man auch von verschiedenen *Moralen* sprechen.

Von der Moral müssen *Konventionen* und *Gesetze* unterschieden werden. **Konventionen** können als Vereinbarungen bezeichnet werden, die bestimmte Verhaltensweisen regeln, die nicht an sich gut sein müssen, aber bestimmte praktische Funktionen oder Nützlichkeitswerte haben, Grußformen, Bekleidungsvorschriften, Tischsitten, Verkehrsregeln und Ähnliches mehr. Weisen solche Konventionen eine lange Tradition auf, kann man sie als **Sitten** oder **Gebräuche** bezeichnen. Der Übergang zu – religiös verankerten – Ritualen und Normen ist dabei oft fließend.

Gesetze sind schriftlich fixierte Bestimmungen, deren Verletzung Sanktionen der Gemeinschaft nach sich zieht: Buße und Strafe. Sie müssen nicht immer mit moralischen Normen übereinstimmen. Es kann also zu einem Widerpruch zwischen *Moralität* und *Legalität* kommen.

Hieronymus Bosch, Der Garten der Lüste, um 1510, Museo del Prado, Madrid

Unter **Ethik** ist dann die *Moralphilosophie* zu verstehen, also die kritische Reflexion auf bestehende Moralen. Die Ethik fragt nach den Bedingungen und Möglichkeiten des sittlichen Handelns; ferner fragt sie nach der Begründbarkeit sittlicher Normen und versucht selbst solche zu formulieren. Beschäftigt sie sich ausdrücklich mit der Frage nach *an sich* gültigen *Werten,* wie etwa Freiheit, Gerechtigkeit, Frieden, Wahrhaftigkeit, so kann man auch von einer philosophischen *Werttheorie* oder *Axiologie* sprechen.

Jede Moralphilosophie oder Ethik beruht zumindest auf zwei Voraussetzungen: auf der Annahme, dass für den Menschen freies, bewusstes, absichtsvolles, also *intentionales* und damit auch *verantwortungsvolles* Handeln möglich ist, und auf der Annahme, dass moralische Gebote und Normen *vernünftig begründbar* und *rechtfertigbar* sind und sein müssen.

Werden diese Voraussetzungen der Ethik selbst noch einmal zum Gegenstand philosophischer Überlegungen, so spricht man heute von *Meta-Ethik.* Ihr geht es um Fragen wie: Was sind eigentlich moralische Normen? Wie unterscheiden sie sich von anderen Sätzen? Wie sind solche Sätze begründbar? Welche Logik gilt für moralische Sätze? So unterscheidet man heute zwischen *deskripitiven* und *präskriptiven* oder auch normativen Sätzen. Deskripitive Sätze sind beschreibend, sie können zutreffen oder nicht zutreffen, wahr oder falsch sein; präskriptive Sätze sind wertend, auffordernd, gebietend oder befehlend; sie können gelten oder nicht gelten. *Moralische Sätz*e sind immer und notwendig *präskripitive Sätze.*

Historisch gesehen führt der Verlust des Anscheins der natürlichen Gültigkeit moralischer Normen zu einem *Wertrelativismus.* Verschiedene Werthaltungen, etwa Vorstellungen darüber, wie der Mensch glücklich wird, stehen gleichrangig nebeneinander.

In der abendländischen Geschichte wird uns dieser Prozess einer Relativierung sittlicher Normen fassbar im antiken Griechenland des 5. vorchristlichen Jahrhunderts. Die sogenannten SOPHISTEN stellten den Menschen, sein Handeln und die Motive seines Handelns ins Zentrum ihrer Überlegungen, die manchmal auch als zynisch kritisiert worden sind, weil sie überhaupt keine dem Menschen übergeordneten Werte anerkennen wollten. Damit war der Übergang von einer Form der Sittlichkeit, die noch durch die Tradition des Mythos begründet war, zu einer philosophischen Ethik vollzogen.

Philosophische Ethik beginnt dort, wo der Einzelne seine subjektive Entscheidung nicht nur auf Grund bestimmter vorgegebener Werte trifft, sondern wo auch die Frage nach Gültigkeit und Begründbarkeit von Werten überhaupt auftaucht.

In unserer heutigen sogenannten *pluralistischen* Gesellschaft scheint es uns geradezu selbstverständlich, dass jeder Mensch seine eigenen Vorstellungen etwa davon hat, wie man zu *seiner* Glückseligkeit kommt. Pluralismus im Zusammenhang der Auseinandersetzung um Werte und Normen bedeutet ja, dass mehrere Vorstellungen etwa von Glück (als Anhäufung von Reichtum; als innerer, geistiger Wert; etc.) vorhanden sind und dass keine allgemein gültige Hierarchie der verschiedenen Werte existiert. Wir können also von einer *Subjektivierung* und *Individualisierung* von Werten und der Rangordnung von Werten sprechen.

Denkanstöße

1 Welche praktischen Konsequenzen könnte es haben, wenn die Werte und Normen eines Individuums, einer Gruppe, einer Generation oder einer Gesellschaft ihre bisherige Selbstverständlichkeit und natürliche Gültigkeit verlieren?

2 Die ganz private Glücks-Check-Liste: Überlegen sie zunächst was Sie zum Glücklichsein brauchen; versuchen Sie dann, eine Reihung dieser Werte nach ihrer Wichtigkeit vorzunehmen und diese subjektive Auswahl und Reihung zu begründen; diskutieren Sie die unterschiedlichen

und diese subjektive Auswahl und Reihung zu begründen; diskutieren Sie die unterschiedlichen Ergebnisse in der Klasse:

- lieben können
- Glauben
- riskante Spiele
- Kampf
- Krieg
- Freundschaft
- Familie
- ein Zuhause
- Anregung
- Zärtlichkeit
- Einsamkeit
- Gesundheit
- Schönheit
- Sport
- schöpferische Tätigkeit
- Bücher
- Essen und Trinken
- geliebt werden
- schöne Frauen/Männer
- Macht
- Anerkennung
- Sex
- Erfolg
- Muße
- Gott
- Frieden
- Geld
- sicherer Arbeitsplatz
- Freiheit
- geregeltes Einkommen
- Reisen
- Kunst

3 Fast so schön wie Ostereiersuchen: Wo sind die moralischen Sätze?
Aufgabe: Aus den folgenden Sätzen sollen die sogenannten moralischen Sätze herausgefunden werden. Dazu eine Anmerkung zu unseren (Sprach-)Spielregeln: Erinnern Sie sich an unsere Unterscheidung zwischen präskriptiven und deskriptiven Sätzen. Los geht's!

- Es ist falsch, andere Menschen zu belügen.
- Der Mond ist ein Fixstern.
- Man darf im Schach den Läufer nur diagonal ziehen.
- Du sollst nicht so viel rauchen.
- Rauchen ist gesundheitsschädlich.
- Du darfst der Dame des Hauses keine roten Rosen mitbringen.
- Karajan dirigiert Mahler viel zu langsam.
- Die Strafbarkeit der Abtreibung soll wieder eingeführt werden.
- Beuys ist schrecklich.
- Der Mercedes erreicht eine Spitzengeschwindigkeit von 220 km/h.
- Der Mercedes ist ein gutes Auto.
- Autofahren schadet der Umwelt.
- Gegen diese Mannschaft muss man mit Flügelstürmern spielen.
- Zu einem guten Leben gehört viel Muße und hin und wieder ein(e) Frau/Mann.

Alles gefunden? Und was unterscheidet nun moralische Sätze von anderen?

4 Sitte und Sittlichkeit, Unsitten und Sittenlose – versuchen Sie bei diesen Begriffen die Unterschiede und Gemeinsamkeiten festzuhalten, suchen Sie nach Beispielen.

Religiöse und philosophische Ethik

„Du sollst nicht stehlen“ (7. Gebot)

„Eigentum ist Diebstahl“ (Pierre Joseph Proudhon)

Die *religiöse Ethik* gibt dem Menschen zweifellos konkrete, praktische Orientierungshilfen für sein Handeln. Ihre Autorität liegt aber nicht wie bei der Sitte in der Tradition, sondern in der Berufung auf eine göttliche Offenbarung. Diese *transzendente Begründung* hebt die Grundsätze religiöser Moral prinzipiell über die Relativität menschlichen Erkennens, Wertens und Entscheidens.

Schon im Mythos finden wir erste Formen einer praktischen Moral auf der Basis eines mythisch-religiösen Weltbildes. In den ältesten griechischen Schriften, bei HOMER und HESIOD, finden wir Hinweise darauf, wie der Mensch leben soll. Diese Ausführungen sind konkrete Anleitungen, sie sind aber unsystematisch und beziehen ihre Autorität aus der Tradition.

Das Grundproblem einer spezifisch *religiösen Ethik* ist jedoch die Beziehung des Menschen zu Gott. Für die *christliche Ethik* zum Beispiel formulierte AUGUSTINUS die grundlegende Sichtweise. Der Hauptsatz seiner Ethik lautet: „Liebe! Und tue, was du willst." Die Kriterien für das eigene Handeln erfährt der Mensch aus seiner Beziehung zu Gott. Denn diese fundamentale Beziehung sieht AUGUSTINUS als Schöpfungsverhältnis: Der Mensch ist Geschöpf Gottes, insofern beschränkt in seiner Autonomie. Alles, was der Mensch besitzt, hat er von Gott. Insbesondere hat er von Gott die Liebe in ihren verschiedenen Formen: als Liebe zur Welt, zu den anderen Menschen, zu sich selbst und vor allem: als Gottesliebe.

Die *Liebesethik* des AUGUSTINUS ist also *theozentrisch,* d.h. letztlich aus Gott begründet und auf Gott gerichtet. Danach hat der Mensch grundsätzlich zwei Möglichkeiten, sein Dasein auszurichten: Er kann sich entweder Gott zuwenden, ihn lieben oder sich von Gott abwenden, sich einzig auf sich selbst beziehen. Der Christ, der um seine eigene Natur und den göttlichen *ordo* weiß, wird sich von den vergänglichen, verlierbaren Dingen abwenden und stattdessen die von Gott gegebene Liebe in ihren vielfältigen Daseinsweisen zu leben suchen. Nach AUGUSTINUS ist dies die ethische Herausforderung an den Christen, wenn er sagt: „Der dich geschaffen hat, fordert dich ganz."

Historisch vollzog sich allerdings der Übergang von einer *mythisch-religiösen* Moral zu einer *philosophischen Ethik* schon lange vor AUGUSTINUS: im perikleischen Zeitalter. Die Zeit der griechischen Kolonisation brachte seit dem 8. vorchristlichen Jahrhundert einen intensiven Kulturkontakt. Die SOPHISTIK leitete darauf zunächst einen ethischen Relativismus ein. Neu gegenüber der Eindeutigkeit der Sittlichkeit des Mythos war dabei aber auch das Bemühen, eine *allgemeine* und *rationale Begründung* für diese Position zu geben. Wie immer in der Folge der ganzen Geschichte der Ethik die Ergebnisse der einzelnen Systeme auch lauteten, ob sich die Reflexion mehr um die Frage des individuellen Handelns oder um die Aufgaben der Gesellschaft und des Zeitgeistes drehte, – diese Intention einer *objektivierbaren, allgemein gültigen* und *rationalen Begründung* war und ist bis heute das Grundlegende philosophischer Ethik. Sie setzt das *autonome*, nicht fremdbestimmte, sondern sich selbst bestimmende Individuum voraus.

Es geht also seit der griechischen Philosophie nicht mehr um fertige *Urteile,* sondern um den Akt des *Urteilens.* Nicht die Satzungen der Gemeinschaft und ihrer religiösen Traditionen sollen die Normen menschlichen Handelns begründen, sondern das Individuum selbst ist im Sinne des Sophisten PROTAGORAS „das Maß aller Dinge; der Seienden, dass sie sind, und der Nicht-Seienden, dass sie nicht sind."

Die ethischen Überlegungen des SOKRATES gingen ebenfalls schon von einem gegenüber der Tradition autonomen Individuum aus, das aus Einsicht zu begründetem moralischem Wissen gelangen sollte. Der sokratische Weg zum ethischen Handeln führte also über die vernunftgestützte Selbsterkenntnis. Für SOKRATES war Ethik schon *Gesinnungssethik:* Die innere Haltung, nicht die ausgeführte Tat war für ihn das entscheidende moralische Kriterium. Während für die SOPHISTEN *Tugend* im Sinne von Tüchtigkeit noch die Fähigkeit war, sich gegenüber anderen durchzusetzen, wird Tugend für SOKRATES zu einem *inneren* Wert: Tugendhaft ist nicht der nach außen hin Erfolgreiche, sondern ein Mensch mit einer edlen *Gesinnung.* SOKRATES' Schüler PLATON führte die damals geforderten zahlreichen Tugenden wie Tüchtigkeit, Schnelligkeit, Mut, Klugheit, Kraft, Schönheit und ähnliche auf vier Haupttugenden, die *Kardinaltugenden,* zurück: Weisheit, Tapferkeit, Besonnenheit und Gerechtigkeit. Für PLATON konnte der Mensch nur durch eine *geistige* Auseinandersetzung zu diesen Tugenden gelangen, nicht durch praktisches Einüben oder

Gewöhnen. Etwas nüchterner dachte PLATONs Schüler ARISTOTELES über diese Sache. Er definierte die Tugend allgemein als ein „Mittleres" zwischen zwei Extremen. So ist zum Beispiel „Freigiebigkeit" die Tugend zwischen „Kleinlichkeit" und „Vergeudungssucht", die „Tapferkeit" die Tugend zwischen „Feigheit" und „Tollkühnheit".

Denkanstöße

1 Die Kirche gilt noch immer in vielen Hinsichten als moralische Autorität. Finden Sie deren Ansprüche, Normen vorgeben zu können, gerechtfertigt? Welche Argumente könnten dafür vorgebracht werden, welche dagegen?

2 Aus der Rede des Indianerhäuptlings Smohalla an Major Mac Murray, 1892:
„Du forderst mich auf, den Boden zu pflügen. Soll ich ein Messer nehmen und die Brust meiner Mutter zerfleischen? Wenn ich sterbe, wird sie sich weigern, mich an ihrer Brust ausruhen zu lassen. Du forderst mich auf, nach Steinen zu graben. Soll ich unter ihrer Haut nach ihren Knochen wühlen? Wenn ich sterbe, kann ich nicht in ihren Leib zurückgehen, um wieder geboren zu werden. Du forderst mich auf, Gras zu mähen, Heu zu machen und es zu verkaufen, um reich zu werden wie die Weißen. Doch wie kann ich es wagen, meiner Mutter Haare abzuschneiden?"

Wie würden Sie diese Aussage im Spannungsfeld religiöser, mythischer und philosophischer Ethik zuordnen?

3 Kaum jemand will heute noch „tugendhaft" sein – warum eigentlich nicht?

Fragen, Fragen, Fragen

Ethische Frage stellen sich auf verschiedenem Abstraktionsniveau. So führt zum Beispiel die zunächst vielleicht oberflächliche Frage „Soll ich heute in die Schule gehen?" sehr rasch zu einer ganzen Serie weiterer Fragen, wie: „Was folgt daraus, wenn ich gehe/nicht gehe? Warum überhaupt in die Schule gehen? Was sind eigentlich meine Ziele? Gibt es solche? Wie komme ich zu allgemeinen Prinzipien für mein Handeln? Sind solche erkennbar? Sind sie umsetzbar?"

Philosophische Ethik stellt den Philosophierenden also vor das Problem, dass aus der voraussetzungslosen, ernsthaften und offenen Konfrontation mit einer praktischen Frage eine ganze Folge weiterer Fragen resultiert, wobei ein Prozess der *Fundamentalisierung* zu beobachten ist.

Untersucht man solche Fragen, die um unser Handeln, unsere Motive und Ziele kreisen, näher, so lässt sich eine grundsätzliche Unterscheidung vornehmen zwischen *zeitbezogenen* und *prinzipiellen* Fragen. Treiben wir den Prozess des sokratischen Fragens ins Grundsätzliche, so wird sehr bald diese Ebene der prinzipiellen Fragen erreicht. Insofern spricht man auch neben der Philosophie, die sich mit aktuellen Fragen ihrer Zeit befasst und sich historisch stets entwickelt und verändert, von einer *philosophia perennis:* einer „immer währenden Philosophie".

Beispiele für *zeitbezogene ethische* **Fragen** wären etwa:
- Soll Umweltschutz gegenüber wirtschaftlichem Wachstum einen prinzipiellen Vorrang haben?
- Ist das Retortenbaby moralisch zu rechtfertigen?
- Ist die Diskrepanz zwischen dem Reichtum der Industrieländer und dem Tatbestand des Welthungers ethisch vertretbar?

Im Folgenden sollen die wichtigsten *Fragen und Problemkreise* genannt werden, die die gesamte Tradition ethischen Philosophierens beschäftigt haben:

- Was ist Glück? (Freude, Zufriedenheit, Vergnügen?)
- Ist Glück erreichbar? Und wenn, dann wie?
- Was ist Freiheit? Gibt es eine absolute Freiheit des Menschen? Wodurch ist die Freiheit des Menschen einschränkbar, also relativ?
- Was ist Gerechtigkeit? Ist Gerechtigkeit eine angeborene Vorstellung oder ein erlernter, kulturell geprägter Wert? Ist Gerechtigkeit zu verwirklichen – individuell und gesellschaftlich? Wie würde ein absolut gerechter Staat aussehen? Sind Gewalt und Gerechtigkeit grundsätzlich unvereinbar? Lässt sich ein Recht des Stärkeren moralisch rechtfertigen?
- Was ist Gewissen? Gibt es ein natürliches Gewissen, das allen Menschen zukommt? Ist das individuelle Gewissen geeignet als Instanz der Letztbegründung moralischer Normen?
- Welche Werte und Normen sind für eine individuelle/gesellschaftliche Ethik unabdingbar? Wie können diese Werte in eine Hierarchie gebracht werden?
- Wie können ethische Normen begründet werden? Was ist der Sinn des Lebens?

Denkanstöße

1 Versuchen Sie, ausgehend von einer Frage des alltäglichen Lebens, eine Folge von Fragen zu formulieren, die die Problematik moralischen Entscheidens und Begründens zeigen.

2 Erstellen Sie eine Liste von Werten, die Ihrer Meinung nach allgemeine Verbindlichkeit haben sollten; vergleichen Sie diese Liste mit Ihrer subjektiven Glücks-Checkliste; vergleichen Sie ferner diese Ergebnisse mit dem psychologischen Modell einer Bedürfnispyramide nach A. Maslow; diskutieren Sie die sich dabei ergebenden Differenzen. Inwiefern scheint Ihnen die auf empirischem Wege gewonnene Bedürfnispyramide geeignet zu sein, moralische Entscheidungen zu begründen?

3 Beschreiben Sie die Leitwerte von faschistischen, kommunistischen und demokratischen Staaten.

„Bedürfnis-Pyramide" nach A. Maslow

ETHIK IM TECHNOLOGISCHEN ZEITALTER

Im 20. Jahrhundert verschärft sich die Notwendigkeit einer philosophischen Auseinandersetzung mit ethischen Fragen. Die Intensivierung des Kulturkontaktes, der tendenzielle Übergang zur Weltgesellschaft, der weltweite Informationstransfer durch die Medien, die rasante gesellschaftliche Entwicklung im Gefolge des technologischen Fortschritts und die Beschleunigung des Kulturwandels bewirken einen gegenüber vergangenen Jahrhunderten vertieften und rascheren Traditionsverlust. Der französische Ethnologe Claude LEVI-STRAUSS bezeichnet deshalb auch die moderne Industriegesellschaft als *heiße Kultur* im Gegensatz zu *kalten Kulturen,* die kaum einem historischen Wandel unterworfen sind.

Die Willkürlichkeit bzw. der Konventionscharakter tradierter Werte wird uns zunehmend bewusst. Dies führt vor allem zu einer von vielen Beobachtern und Theoretikern der Moderne konstatierten *moralischen Überforderung* des Individuums in der Gegenwart. Ein weltumspannendes Informationsnetz konfrontiert das Individuum mit moralischen Fragen von brisanter Aktualität und historisch bisher kaum gekannter Grundsätzlichkeit. Nach der Meinung der vergleichenden Verhaltensforscher, wie etwa Konrad LORENZ, ist aber das *natürliche* moralische Empfinden des Menschen nur für den *Nahbereich* entwickelt. Was weiter entfernt ist, betrifft uns wenig. Der arme, kranke, leidende Mensch neben mir macht mich unmittelbar betroffen; die Meldung des Fernsehens, dass irgendwo in der Dritten Welt tausende Menschen verhungern oder einer Katastrophe zum Opfer gefallen sind, rührt mich moralisch kaum.

Das bedeutet aber, dass wir in der menschlichen Geschichte an den Punkt einer Diskrepanz im Verhältnis des rational-technologischen zum moralisch-ethischen Bereich gekommen sind.

Die Entwicklung der Technik hat dazu geführt, dass unsere Möglichkeiten, in die Natur, sowohl unserer Umwelt als auch des Menschen selbst, einzugreifen, derart zugenommen haben, dass die traditionelle Ethik, die hauptsächlich eine Ethik des individuellen Handelns war, nicht mehr ausreicht. Was wir zusätzlich zu brauchen scheinen, ist eine *globale Ehtik des kollektiven Handelns.*

Fehler in unserem gesellschaftlichen Handeln sind nicht mehr wie in der bisherigen Menschheitsgeschichte korrigierbar, nicht mehr *reversibel.* Wir können nicht mehr prinzipiell darauf bauen, dass wir aus Erfahrung lernen können – man denke an die möglichen Auswirkungen einer atomaren Katastrophe, des Ozonlochs u. Ä. mehr. Abstraktes Wissen und eine Voraussicht möglicher Folgen müssen bis zu einem gewissen Grad Erfahrung ersetzen. Angesichts möglicher kommender Katastrophen fordert der Philosoph Günther ANDERS eine Schärfung unserer Phantasie: Nur wenn wir uns das Unglaubliche, etwa eine globale Selbstvernichtung, *vorstellen* können, haben wir eine Chance, ihm zu entgehen. Unsere gesellschaftliche Zukunft verlangt also nach längerfristiger Planung. Der Ethiker Hans JONAS verlangt deshalb auch die Einbeziehung der weiteren Zukunft und der gesamten Natur in die moralischen Übelegungen des Menschen. Er nennt dies das *Prinzip Verantwortung.*

Die Entwicklung einer den planetarischen Problemen und der Vielfältigkeit kultureller und individueller Daseinsweisen entsprechenden *Fernethik* kann daher als eine der großen Herausforderungen an die Philosophie der Gegenwart bezeichnet werden.

Zusätzlich zu den klassischen Problemen der Ethik kommt in der moralischen Diskussion der letzten Jahrzehnte zum Bereich der *anthropozentrischen Ethik* die Frage *einer Ethik der Natur* ins Blickfeld.

Der selbstverständliche Grundsatz jeder traditionellen philosophischen Ethik war es, das Zusammenleben der Menschen zu sichern. Heute müssen die *Zukunft* von *Mensch* und *Natur* in die ethischen Überlegungen mit einbezogen werden. Der Mensch beherrscht nicht nur die Umwelt, sondern auch die eigene Natur in einer Weise, die das bisher gesichert erscheinende Gleichgewicht zwischen Mensch und Natur bedroht.

Zu bedenken wären in diesem Zusammenhang etwa die Möglichkeiten der Gentechnologie in der nahen Zukunft. Die durch die Gentechnologie der letzten Jahre realisierbar gewordenen technischen Utopien rufen tief gehende emotionale Abwehrreaktionen hervor. Die aktuellen Probleme der künstlichen Befruchtung, der Geburtenplanung, der Befruchtung post mortem, der Leihmutterschaft, der genetischen Manipulationen am Embryo und des Klonens lösen bei vielen Menschen ein großes Unbehagen aus – ein Unbehagen, das in diesem Fall eine fundamentale moralische Dimension hat. Damit ist aber noch nicht geklärt, ob und inwieweit solche „moralischen Gefühle“ auch durch eine rationale Ethik gestützt werden können. Dies scheint allerdings notwendig zu sein, wenn diese Probleme in Übereinstimmung mit allen Betroffenen gelöst werden sollen. Die Moralphilosophen werden hier, in Zusammenarbeit mit Juristen, Medizinern, Genetikern und Politikern, noch gewaltige Anstrengungen zu leisten haben, sollen wir nicht von diesen Entwicklungen völlig überrollt werden.

Denkanstöße

1 Versuchen Sie Beispiele aus Ihrer Umgebung zu finden für das, was Ethiker der Gegenwart als moralische Überforderung des Individuums bezeichnen. Welche Möglichkeiten sehen Sie, mit diesen Problemen fertig zu werden?

2 Versuchen Sie einige Prinzipien einer Fernethik zu formulieren.

3 Diskutieren Sie die Frage: Worin besteht die Verantwortung des Menschen für die Natur?

4 Überlegen Sie einmal: Ihre Mutter ist eine Leihmutter; Ihr Vater eine Samenbank; Ihre Gene sind manipuliert – könnten Sie sich vorstellen, unter diesen Umständen glücklich zu sein?

Freiheit und Moral

Annäherung:

Wie frei ist der Mensch?

Das Wort „Freiheit“ hat im täglichen Leben mannigfache Inhalte. Wenn man verschiedene Leute fragt, was ihnen dabei in den Sinn kommt, so hört man etwas von politischer Freiheit, von der Lösung psychischer Zwangszustände, von der Freiheit zu moralisch oder religiös motiviertem Handeln oder von der Unabhängigkeit des Menschen von den Naturgesetzen reden – je nachdem, ob der Befragte Zeitungsleser, psychoanalytisch beeinflusst, konfessionell gebunden oder philosophisch oder politisch interessiert ist.

Denken wir nur daran, welche Forderungen allein im Zusammenhang mit „politischer Freiheit“ in den vergangenen Jahrhunderten formuliert worden sind: Freiheit von feudalen Abgaben bei den Bauern; Freiheit von den Zunftzwängen bei Handwerksgesellen und Manufakturisten; Freiheit von Binnenzöllen, die den Markt einschränken; Freiheit der Meinungsäußerung; Freiheit von staatlicher Willkür; Freiheit der politischen Betätigung und Organisation; Freiheit für die Wissenschaften; Freiheit zur individuellen Selbstbestimmung – und was es an Freiheiten sonst noch geben mag. So könnte man etwa auch die Geschichte der Durchsetzung der parlamentarischen Demokratie als Versuch der politischen Realisierung des aufklärerischen Freiheitsgedankens sehen.

Auch der heute so häufig strapazierte Begriff der „Emanzipation“ gehört ins Bedeutungsfeld von Freiheit: Im römischen Recht verstand man unter *emancipatio* ursprünglich die Entlassung eines Familienmitgliedes aus der väterlichen Gewalt, also das Unabhängigwerden, das Auflösen eines Abhängigkeitsverhältnisses. Emanzipation unterdrückter Völker und sozialer Schichten, Emanzipation der Kinder von ihren Eltern und Erziehungsautoritäten – kaum eine andere Idee vermag menschliches Handeln derart stark zu motivieren. – Im Namen der „Freiheit“ wurden und werden Kriege geführt, starben Millionen von Menschen. Der Ausdruck „Freiheit“ enthält dabei – wie man am Beispiel der sogenannten „Freiheitskriege“ sehen kann – immer auch schon eine moralische Komponente: Für die „Freiheit“ zu kämpfen gilt als moralisch gut und gerechtfertigt, Freiheitsbestrebungen zu unterdrücken als böse.

Die ganze Weltgeschichte könnte, wie Georg Wilhelm Friedrich HEGEL es tat, als Fortschritt in Richtung „Freiheit“ gesehen werden. – Gilt der, der sich für diesen „Fortschritt“ einsetzt, auch dann als moralisch gerechtfertigt, wenn er zur Durchsetzung seiner Ziele zu Mitteln der Unfreiheit wie Gewalt und Mord greift?

Ein Blick zurück in die abendländische Geschichte der Auseinandersetzung um Freiheit führt zwangsläufig zu den Griechen. Ihr militärischer Kampf gegen die Perser wurde schon von den zeitgenössischen Historikern als Freiheitskrieg gefeiert; die Poliswelt der Griechen gilt bis heute als das Grundmodell politischer Freiheit. Ob die Athener und Spartaner unter Freiheit etwas Ähnliches verstanden wie wir heute, muss allerdings bezweifelt werden. Wenngleich es richtig ist, dass den Griechen ihre Freiheit sehr wichtig war, so sahen sie sich doch andererseits eingefügt in eine schicksalhafte Welt, die von den Göttern gelenkt wurde. Die archaische griechische Gesellschaft sah ihr Leben als Los, Geschick, Schicksal, das mit mehr oder weniger Würde zu tragen sei. Darüber könne man zwar klagen wie die Dichter, selbst formen und bestimmen könne man das Leben aber kaum.

Der griechische Mythos vertrat also einen Fatalismus: Das Leben ist bestimmt von fremden Mächten; Krankheiten, Kriege, Unglück, Naturkatastrophen liegen letztlich in der Hand der Götter. Trotzdem gibt es menschliche Schuld und Verantwortung. D. h. der Mensch ist zugleich Opfer äußerer Mächte und aktives Subjekt, das zur Rechenschaft gezogen werden kann. Logisch gesehen ist der Fatalismus also eine widersprüchliche Haltung.

Im Laufe des 6. und 5. Jahrhunderts beginnen Fatum und Eigenverantwortung auseinander zu treten. Es wird möglich, dass das Individuum mit seinem Handeln in Widerspruch zur gesellschaftlichen Konvention tritt. Als gedankliche Alternative zum Fatalismus tritt die *Willkür* auf – subjektives Handeln erscheint völlig frei. So vertreten die SOPHISTEN auch einen *ethischen Relativismus*. Der Mensch als freier könne sich die Kriterien für sein Handeln selbst festlegen.

PLATON sucht einen Ausweg aus dem Dilemma zwischen Fatum und Willkür. Er erzählt eine mythische Geschichte: Jede menschliche Seele wähle, bevor sie ins Leben trete, selbst eine bestimmte Lebensform aus, einen „Daimon“, z.B. ein Leben als Tyrann, als schöne Frau, als Reicher etc. Nach der Wahl werde die betreffende Lebensform an der „Spindel der Notwendigkeit“ befestigt, unveränderlich gemacht. Im eigentlichen Leben sei der Mensch dann also *determiniert,* festgelegt, allerdings durch seine eigene ursprüngliche Wahl: *„Die Schuld liegt bei dem, der gewählt hat. Gott ist unschuldig.“*

Mit der Debatte um *Fatum* und *Freiheit* sind wir allerdings schon mitten in die philosophische Auseinandersetzung geraten. Bevor die verschiedenen philosophischen Lösungsversuche der Freiheitsproblematik vorgestellt werden, ist allerdings eine Klärung des philosophischen Begriffs der Freiheit sinnvoll. Der Philosophie geht es hierbei zunächst darum, die in den verschiedenen Freiheitsbegriffen enthaltenen Bedeutungen, seien sie nun politischer, rechtlicher, moralischer, religiöser oder psychologischer Art, festzuhalten und zu systematisieren. Dabei muss immer unterschieden werden, ob bei „Freiheit“ von einem *subjektiven* Erleben gesprochen wird oder ob damit eine *objektiv* feststellbare Form der Loslösung von Zwängen, zum Beispiel von politischen oder von naturgesetzlichen, gemeint ist.

Der dem Alltagsbewusstsein am nächsten liegende Freiheitsbegriff ist der der *Wahlfreiheit:* Darunter versteht man die Fähigkeit, sich für verschiedene Handlungsalternativen entscheiden zu können. – Eng verwandt damit ist der Begriff der *Handlungsfreiheit:* ARISTOTELES verstand darunter das Vermögen, für ein vorgegebenes Ziel die richtigen Mittel der Durchsetzung zu finden. Es geht also um die Fähigkeit der Realisierung der eigenen Pläne, *frei von* äußeren oder inneren Zwängen. Handlungsfreiheit hätte ein Mensch dann, wenn er weder durch äußere, also politische, ökonomische, soziale, physische, noch durch innere, also psychische, etwa neurotische Zwänge, in seinem Handeln eingeschränkt wäre.

Für viele Philosophen ist der eigentliche Kern der Freiheitsfrage die Problematik der *Willensfreiheit:* Inwiefern hat der Mensch die Fähigkeit, über Nachdenken und Reflexion sich selbst eigene Werte und Ziele erarbeiten zu können? Inwiefern ist er *frei zu* individueller Sinngebung? Immanuel KANT etwa definierte Willensfreiheit als absolute Freiheit gegenüber den Naturursachen. Jean Paul SARTRE, der vielleicht vehementeste Vertreter einer Willensfreiheit im 20. Jahrhundert, behauptete, der Mensch sei prinzipiell frei, „sein Los zu wählen". Ein Arbeitsloser sei zwar nicht in dem Sinne frei, dass er sich jederzeit eine neue Anstellung finden könne, aber er sei insofern frei, als er sein Los in Resignation hinnehmen oder sich dagegen auflehnen könne. Mitten in seinem Elend habe er die Freiheit, gegen dieses anzukämpfen. Er könne „sich wählen" als den Menschen, der es nicht hinnehme, dass Elend das Los der Menschen sei.

Denkanstöße

1 Suchen Sie weitere Aspekte im Bedeutungsfeld von „Freiheit", z.B. „Stadtluft macht frei"; „Die Gedanken sind frei"; „Auf Freiersfüßen wandeln"...

2 Gibt es Ihrer Meinung nach auch in unserer Zeit Anhänger eines Fatalismus, etwa unter Horoskopgläubigen, Handlesern, Mohammedanern, Naturwissenschaftlern etc. ?

3 Welchen der drei Freiheitsbegriffe würden Sie persönlich für sich beanspruchen? – Sehen Sie eine logische Ordnung zwischen Wahl-, Handlungs- und Willensfreiheit?

Freiheit und Notwendigkeit

Deterministen

So selbstverständlich unserem Alltagsbewusstsein die Vorstellung der Freiheit ist, so schwierig hat es sich erwiesen, dieselbe logisch argumentierend zu beweisen. So haben verschiedene Philosophen auf den Unterschied hingewiesen zwischen dem subjektiven Bewusstsein von Freiheit und einer objektiven Gegebenheit derselben. Thomas HOBBES etwa hielt das subjektive Freiheitsbewusstsein schlicht für eine Illusion. Willensfreiheit sah er als „Absurdität", die auch „unter die Arten der Verrücktheit zu zählen" sei. Was dem Einzelnen als eigene Entscheidung erscheine, sei doch mechanistisch erklärbar. Der Mensch sei ein *Automat,* dem das Ziel der Erhaltung und Förderung seines Lebens einprogrammiert sei.

So vehement HOBBES als *rationalistischer Determinist* eine Willensfreiheit bestreitet, so gesteht er dem Menschen doch Handlungsfreiheit zu. Sein Machtstreben, seine Selbsterhaltungs- und Geltungswünsche befähigten ihn dazu, äußere Hindernisse bei der Durchsetzung der allerdings festgelegten Ziele zu überwinden.

Auch David HUME vertrat einen *Determinismus,* argumentierte allerdings sensualistisch, berief sich dabei auf die naturwissenschaftlichen Erkenntnisse von Isaac NEWTON. Der Mensch ist nach seiner Auffassung nichts als ein „Haufen verschiedener Sinneseindrücke", die ununterbrochen ergänzt werden. Verantwortlich sei der Mensch nur insofern, als er durch Lob bzw. Strafe beeinflusst werden könne. Seine Verantwortung ist also vergleichbar der eines gut dressierten Hundes.

Diese deterministische Sicht verbreitete sich seit dem 17. Jahrhundert besonders im Zusammenhang mit dem Aufschwung der Naturwissenschaften. Der mechanistische Wissenschaftsbegriff erklärte ja alles Geschehen als durch unveränderliche Naturgesetze kausal bestimmt. Man suchte alle natürlichen Phänomene auf zwei Momente zurückzuführen: Masse und Bewegung. In einer solcherart determinierten Welt blieb für eine Willensfreiheit kein Platz.

Wie erklärt nun aber der Determinismus das von jedem erlebte *Bewusstsein von Freiheit?* Dieses Bewusstsein entspringe einem mangelnden Verständnis der Wirklichkeit. Überall, wo der momentane Wissensstand nicht ausreiche, um eine lückenlose Erklärung im Sinne einer Ursache-Wirkung-Kette zu erstellen, übertrage der Mensch seine eigene Unvollständigkeit auf den Gegenstand seiner Erkenntnis. Aus dem Nichtwissen werde die Behauptung des Nichtvorhandenseins von Ursachen. Ins Positive gewendet, heiße dies dann „Freiheit".

Auch im 19. und 20. Jahrhundert vertraten Philosophen und Naturwissenschaftler, die der Strömung des *Positivismus* zuzurechnen sind, einen mehr oder minder strikten Determinismus. Als *materialistischer Determinismus* wird die These vertreten, es gebe keine Willensfreiheit, wie es keine selbständige Psyche oder geistige Person gebe. Der *psychologische Behaviorismus* sieht den Menschen als reines *Reflexwesen,* auf festgelegte Verhaltensweisen hin beliebig konditionierbar. Auch die vergleichende Verhaltensforschung vertritt die Ansicht, dass menschliches Sozialverhalten, auch das ethische Verhalten, vorprogrammiert sei. Was der Mensch als Akt seiner Freiheit interpretiere, entspringe artspezifisch festgelegten Verhaltensweisen.

Indeterministen

Die entscheidenden Verfechter eines philosophischen *Indeterminismus* waren PLATON, Immanuel KANT, Johann Gottlieb FICHTE, Friedrich Wilhelm Joseph SCHELLING und Jean Paul SARTRE.

KANT nahm die Argumente der Rationalisten des 17. Jahrhunderts gegen die Annahme einer Willensfreiheit durchaus ernst. Er interpretierte den Menschen als Zeitwesen in einer doppelten Perspektive: Als Wesen in der Zeit habe der Mensch immer nur sein Jetzt unter Kontrolle, nicht seine Vergangenheit, von der er auch determiniert sei. Im „Wollen" hole sich der Mensch aber aus dem Zeitablauf heraus. Indem er ein Ziel, einen Wert, ein „Sollen" anstrebe, sei er den zeit- und naturbedingten Abhängigkeiten enthoben. Der Imperativ des Gewissens laute: „Was du sollst, kannst du."

Insofern, so überlegte KANT weiter, der Mensch in Freiheit selbst bestimmen könne, stehe er über Natur und Kausalität. Andererseits sei jedoch jede menschliche Handlung, aus empirischer Perspektive gesehen, eine Handlung in der Zeit, aus vorhergehenden Bestimmungsgründen notwendig ableitbar, daher unfrei. Zwischen dem *empirischen Sein* des Menschen, in welchem er Naturwesen und daher determiniert sei, und seinem geistigen, dem *intellegiblen Sein,* das ihn kraft seiner Vernunft *autonom,* zur *Selbstbestimmung aus Freiheit* fähig mache, besteht in der kantischen Auffassung eine zerreißende Spannung. Diese Seite des „Intellegiblen" verabsolutierte dann FICHTE, er schrieb dem Menschen als wesentliche Eigenschaft die „absolute Spontaneität der Freiheit" zu.

Unentschlossene

Neben den Vertretern eines Determinismus bzw. Indeterminismus gibt es Philosophen, die eine *Zwischenposition* vertreten, die „Freiheit“ und „Notwendigkeit“ gedanklich zu vermitteln suchen. So bedeutet etwa für Georg Friedrich HEGEL Freiheit „Einsicht in die Notwendigkeit“. Genau die Tatsache, dass der Mensch in der Lage ist, diejenigen Kräfte und Faktoren, die ihn bestimmen, zu *erkennen* und zu *begreifen,* unterscheide ihn nach HEGEL vom Tier und mache die Wurzel seiner Freiheit aus. Unter *Notwendigkeit* versteht HEGEL allerdings nicht nur die Naturnotwendigkeit, sondern vor allem eine geschichtliche und gesellschaftliche Dynamik, der sich der Mensch nicht entziehen könne.

Gegen die Materialisten, die im Zeitalter der aufstrebenden Naturwissenschaft an eine universale Übermacht der Naturnotwendigkeit glaubten, versuchte das philosophische Denken am Beginn des Maschinenzeitalters auch „Sein“, „Geschichte“, „Gesellschaft“ als eine Art Maschine zu verstehen. Der metaphysische Begriff eines „notwendigen Seins“ ist hier wohl als die säkularisierte der ursprünglichen Gottesidee anzusehen. Die im Horizont der christlichen Vorstellungen stehenden Philosophen verwendeten den Begriff „Gott“ schon lange gleichbedeutend mit „notwendig“.

In der *christlichen Philosophie* war schon früher die Problematik des Zusammenspiels von Freiheit und Notwendigkeit erkannt worden. Versteht man nämlich den Menschen als Teil der göttlichen Schöpfung und fällt deshalb auch das Handeln des Menschen unter die göttliche Vorsehung, dann geht das Böse in der Welt zu Lasten des Schöpfers. Gesteht man andererseits dem Menschen einen freien Willen zu und damit die Fähigkeit, gegen die Absicht Gottes zu handeln, dann stellt man die Kreatur gegen den Schöpfer, und dieser büßt seine Allmachtsstellung ein. Also konnte es keinen freien Willen geben, alles musste doch von Gott geplant und daher notwendig sein.

Von PAULUS, Aurelius AUGUSTINUS, Thomas von AQUIN über Gottfried Wilhelm LEIBNIZ bis zu Sören KIERKEGAARD ist dieses Problem erörtert worden. Grundlegend wurde dabei die Auffassung von PAULUS. „Christus hat euch frei gemacht von dem Gesetz der Sünde und des Todes.“ Diese Deutung, wonach der Mensch ursprünglich in der Erbsünde, dem Bösen verfallen, unfrei, erst durch die christliche Gnade frei werde, übernahm die katholische Kirche und auch Martin LUTHER. Die christliche Freiheit ist demnach keine, die sich der Mensch einfach nehmen kann, sondern eine, die er empfängt. Dieses Freiheitsgeschenk könne der Mensch allerdings auch ausschlagen. So wird er für seine Sünden doch wieder frei und verantwortlich.

Auch für Baruch de SPINOZA galt, dass Freiheit und Notwendigkeit keine wirklichen Gegensätze seien. SPINOZA unterschied zwei Aspekte der „Substanz“, wobei für ihn, da er dem Pantheismus nahe stand, die Substanz mit Gott und Natur zusammenfiel: Einmal die *natura naturans,* die schaffende Natur, die ihren Grund in sich selbst hat, also notwendig ist; und zum anderen die *natura naturata,* die geschaffene Natur: Sie ist das, was aus der Notwendigkeit der Substanz fließt.

Nach SPINOZA ist daher alles in der Schöpfung notwendig. Die im menschlichen Bewusstsein auseinander fallenden Phänomene von möglich und notwendig, gut und böse, entstammen unserer eingeschränkten Sicht. Die menschliche Freiheit ist darin zu sehen, dass der Mensch sich zwar seines Wollens bewusst ist, nicht aber der Ursachen desselben. Freiheit ist also Selbsttäuschung. Die wirkliche Freiheit liegt in der Entdeckung der Ursache, der Freiheit von der Selbsttäuschung. Frei sind wir erst, wenn wir uns frei machen von der Illusion der Freiheit. In dieser neuen Freiheit erkennen wir jene erhabene Notwendigkeit, die das Wesen der göttlichen Vollkommenheit ist.

Arthur Schopenhauer

Ein Skeptiker

Arthur SCHOPENHAUER hat 1841 auf die von der Königlichen Norwegischen Gesellschaft der Wissenschaft zu Drontheim gestellte Preisfrage „Lässt sich die Freiheit des menschlichen Willens aus dem Selbstbewusstsein beweisen?" mit seiner berühmten „Preisschrift über die Freiheit des Willens" geantwortet, in der er den Indeterminismus einer radikalen Kritik unterzieht. Seine Antwort lautet lapidar: Im Selbstbewusstsein lässt sich keine Freiheit, nur die Illusion der Freiheit finden.

Zunächst gibt SCHOPENHAUER allerdings eine Erklärung, was für ihn „Selbstbewusstsein" bedeutet: Es ist dasjenige Bewusstsein, das übrig bleibt, wenn man absieht vom „Bewusstsein von den Dingen". Wie wird nun der Mensch sich seines eigenen Selbstbewusstseins bewusst? „Durchaus als eines Wollenden". Was im Menschen „will", umfasse nicht nur den Entschluss, sondern das ganze Feld der Affekte und Leidenschaften, Begierden, Hoffnungen, Liebe und Freude. Diese Willenserregungen, obwohl für unser Selbstbewusstsein innerlich, seien doch von äußerlichen Faktoren bestimmt. Das Selbstbewusstsein erlebe zwar seine Freiheit als „ich kann tun, was ich will, und will ich links gehen, so gehe ich links". – Für SCHOPENHAUER bleibt dies eine Selbsttäuschung. Er fragt: Ist der Mensch denn auch frei zu wollen? Für das unmittelbare Selbstbewusstsein ja, da für es der Wille etwas Ursprüngliches ist. Die richtige Antwort ergebe allerdings erst eine Betrachtungsweise, welche das Selbstbewusstsein als „Ding unter Dingen", von außen also, analysiere. Dann zeigt sich eine ganze Welt von Dingen und anderen Menschen, die auf meinen Willen einwirken, ihm Anregung, Motive liefern.

Das Verhältnis zwischen Umwelt und Wille sieht SCHOPENHAUER als streng deterministisches. So wie der Stein fällt, handelt der Mensch notwendig entsprechend dem jeweils stärksten Motiv. Der Mensch könne sich allerdings durch sein Denkvermögen die Motive, deren Einfluss auf sein Wollen er spürt, vergegenwärtigen, überlegen. Er hat also eine *relative* Freiheit der Wahl. Im Vergleich zum Tier, das unter dem Zwang des unmittelbar einwirkenden Motivs steht, hat der Mensch die Fähigkeit des „Überlegen-Könnens". Dies ändere aber nichts daran, dass der Wille sich letztlich mit dem stärksten Motiv verbünde, dass zwischen diesem Motiv und dem Handeln eine strenge Kausalität herrsche. Auch der Mensch ist Teil eines Universums von gnadenloser Notwendigkeit, in dem alles seinen Ursachen und zu Grunde liegenden Kräften gehorcht.

Nachdem die Freiheit derart fundamental entkräftet worden ist, behauptet SCHOPENHAUER dann doch wieder eine „wahre moralische Freiheit". *Das Bewusstsein der Verantwortlichkeit* erweise sich als hartnäckig gegen alle Versuche der Entlastung, des Schuld-Abschiebens auf Motive oder vorgeschobene Gründe. Die Freiheit, die im Handeln nicht zu finden sei, liege im „Sein". Es bleibt nach SCHOPENHAUER ein Faktum menschlicher

Existenz, dass alle unsere Taten, trotz ihrer Abhängigkeit von Motiven verschiedener Art, von dem Bewusstsein, dass „dies meine Tat ist", begleitet werden. Dieses Bewusstsein ist für ihn ursprünglich, kein Mensch kann sich ihm entziehen. Daraus resultiert eine unbedingte Verantwortlichkeit. Ohne etwas dafür zu können, ist der Mensch schuld daran, dass er der ist, der er ist.

Am Grunde dieses paradoxen Schuldgefühls liegt für SCHOPENHAUER also die Schuld der Individuation, die Schuld, derjenige zu sein, der man ist. Das unmittelbare Selbstbewusstsein weiß im Bewusstsein der Freiheit, der Verantwortung, der Reue von dieser Schuld. SCHOPENHAUER kehrt also zur Evidenz des unmittelbaren Selbstbewusstseins zurück, das er zuerst kritisiert hat. Diese Evidenz, die er vorher *kausal erklärt* hat, sucht er dann zu *verstehen,* indem er danach fragt, was sie eigentlich bedeute. Die *Erklärung* zeigt mir, warum ich etwas tue, aus welchen *Gründen* ich etwas getan habe. Das *Verstehen* fragt, *was* und *wer* ich eigentlich bin, dass ich solches tue.

Auch für SCHOPENHAUER bleibt die Freiheit also ein Mysterium, das verschiedene Betrachtungsweisen zulässt: Ob der Mensch als *Naturwesen,* psychologisch vielfältig bedingt durch seine Bedürfnis- und Motivationsstruktur, gesehen wird oder als *selbstbewusstes Wesen,* das sein Erleben als eines von Freiheit, Verantwortung und Schuld auffasst, bleibt offen. Die ethische Konzeption der Freiheit verweist also auf ein zu Grunde gelegtes *Menschenbild,* auf die jeweilige *Anthropologie.*

Denkanstöße

1 Wie stehen Sie zu der Behauptung: „Wenn es keine Freiheit gibt, brauchen wir auch keine Moral und keine Ethik"?

2 Wie interpretieren Sie einen politisch motivierten Hungerstreik oder den Opfertod Pater Maximilian Kolbes in einem deutschen KZ im Kontext der Debatte um die Willensfreiheit des Menschen?

3 Informieren Sie sich über das Menschenbild des Behaviorismus. Wie stehen Sie persönlich zu den ethischen Konsequenzen eines Menschenbildes, das den Menschen als Reiz-Reaktions-Maschine interpretiert? Welche Sichtweisen des Freiheitsproblems implizieren Ihrer Meinung nach andere psychologische Theorien wie etwa die Tiefenpsychologie oder die humanistische Psychologie?

4 Nehmen Sie Stellung zur Aussage von Jean Paul Sartre: „Wenn Gott existierte, kann das freie Subjekt nicht existieren".

Freiheit und Verantwortung

Die jahrhundertealte Debatte um Freiheit und Notwendigkeit ist in ihrem Kern eine ethische. Je freier, je autonomer der Mensch gesehen wird, desto verantwortlicher wird er für sein Tun. – Die abendländische Geschichte ist auch eine der fortschreitenden Ausweitung der Autonomie des Menschen. Im *antiken* und *mittelalterlichen Weltbild* wurde der Mensch noch als Teil einer *göttlichen Seinsordnung* betrachtet, seine Freiheit war also die, sich einer schon vorgegebenen Ordnung mehr oder weniger gut einzufügen. Die philosophische Problematik war dabei primär die der *Handlungsfreiheit.* Wenn der Mensch erst erkannt habe, was die wahrhafte Ordnung des Seins sei, dann gelte es nur mehr, diese im Handeln zu realisieren.

Die *neuzeitlichen Emanzipationsbewegungen* entfernten den Mensch schrittweise von dieser als notwendig gedachten metaphysischen Seinsordnung. Friedrich NIETZSCHEs Aus-

Friedrich Nietzsche, 1882

spruch „Gott ist tot" ist die letzte Konsequenz dieser „Verlustgeschichte", die den Menschen am Ende einzig sich selbst, seiner *absoluten Freiheit* überlässt. Die Forderung der Ethik kann nicht mehr länger die der Antike oder des Mittelalters sein, nämlich die nach Anerkennung einer immer schon vorgegebenen außermenschlichen Ordnung, die auch schon moralische Maßstäbe für „gutes menschliches Handeln" bereitstellt. Der „zur Freiheit verdammte" Mensch muss sich selbst seine Werte und Normen, eine Sinngebung schaffen, die der prinzipiellen Relativität menschlichen Daseins unterworfen bleibt.

NIETZSCHE verlegt den Maßstab für Gut und Böse ganz in den Willen des einzelnen Subjekts. Als „gut" gilt, was die Selbstüberwindung, das „Über-sich-hinaus-Schaffen" fördert. In seinem Werk „Also sprach Zarathustra" beschreibt NIETZSCHE den mühsamen Weg, den das Individuum zur ethisch höchsten Stufe der Selbstwerdung zurücklegen muss. Zunächst findet sich der Mensch als „Kamel" vor. So wie das Kamel die Lasten zu tragen hat, die andere ihm aufladen, so übernimmt der Mensch zunächst als Kind und Jugendlicher zwangsläufig den Moralkodex seiner Umgebung als gültiges Normensystem. Er unterwirft sich der Autorität der Tradition, die für ihn festlegt, was gut und böse ist.

NIETZSCHE lässt das Kamel dann in die Wüste gehen, wo es die Verwandlung zum „Löwen" durchmacht. Dieser ist die pure Verweigerung, die Negation. Er wirft alle Lasten ab. Er hat keine Moral, einzig die Destruktion aller alten Werte ist sein Ziel. Dem „Du sollst" stellt er das „Ich will" entgegen. Freiheit ist hier eine *Freiheit von,* noch nicht eine *Freiheit zu.*

Die zweite Wandlung ist die zum „Kind". In der „Unschuld" des Kindes sieht NIETZSCHE die Fähigkeit zum Neubeginn. Wie im kindlichen Spiel wird der Mensch nun frei, aus sich heraus, als Schaffender seine eigenen Normen und Werte zu bestimmen – wie das Kind, das im Spiel seine Spielregeln mitschafft. Nur der Mensch, der so seines eigenen Willens mächtig wird, dass er sein eigenes Gut und Böse bestimmen kann, ist wirklich frei. Gut und Böse sind dabei keine ewigen Werte mehr: Die Selbstüberwindung ist stets aufs Neue notwendig, die schöpferische Kraft muss immer wieder hervorbringen, was Geltung und Sinn haben soll.

NIETZSCHEs Aufruf zur Selbstverwirklichung des *Einzelnen* jenseits der gesellschaftlich etablierten moralischen Werte ist dabei kein Aufruf zu einem morallosen Zustand regelloser Willkür. Vielmehr hätten die „alten Tafeln", die „heteronome Moral" auf den Einzelnen die Wirkung der Unmoral. Die „Umwertung aller Werte" fordert neue Werte. Der neue *Moralkodex* ist allerdings ein *individueller.* Die traditionellen philosophischen Ziele der Allgemeingültigkeit und Allgemeinverbindlichkeit werden von NIETZSCHE aufgegeben. Für ihn bleibt als einziger Sollenssatz: „Werde, der du bist."

In der Philosophie des 20. Jahrhunderts ist es insbesondere der *Existentialismus,* der seine Sichtweise des Menschen an der Freiheitsthematik entfaltet hat. Jean Paul SARTRE, der große Gegner jeglichen Determinismus, entwickelte in seinem Hauptwerk „Das Sein und das Nichts" seine Argumentation für die bedingungslose Freiheit. Er geht dabei vom Begriff der „menschlichen Handlung" aus. Er unterscheidet scharf zwischen *Handlung* und bloßer Reaktion oder *Verhalten.* Die *menschliche* Tätigkeit entfaltet Freiheit, sie ist nicht Verhalten, sondern Handlung. Sie ist *intentional,* auf ein Ziel gerichtet, will immer einen Mangel beseitigen.

Der „Handlungsentwurf", die *Erwartung, Vorstellung,* der Zustand des *Fragens* zeigt die Fähigkeit des Menschen, sich vom rein Faktischen, Gegebenen zurückzuziehen. Die Welt der Vorstellung ist eine Zwischenwelt zwischen Sein und Nichts. Frage, Erwartung, der Handlungsentwurf offenbaren die menschliche Fähigkeit, sich aus der Kausalität herauszulösen. Vorhergehendes kann ihn zwar motivieren, ob er es allerdings als Motiv auffasst oder nicht, liegt einzig in seiner Freiheit.

Am Beispiel der „Angst" illustriert SARTRE die Einmaligkeit des menschlichen Selbstbewusstseins als eines der radikalen Freiheit und Verantwortung. Ein auftretendes Schwindelgefühl versetzt den Menschen zunächst in Furcht: Er wird sich der Möglichkeit bewusst, dass auch er, soweit er ein Ding in der Welt ist, der Anziehungskraft unterworfen ist, abstürzen könnte. Seine Reaktion ist die: aufzupassen, sich zu sorgen, zu überlegen, welche Möglichkeiten er hat. Aus der Furcht entspringt die Reflexion. Diese aber offenbart die *radikale Freiheit* des Menschen: Nichts hindert mich, mich jetzt hinunterzustürzen.

Die Angst bestimmt SARTRE als dasjenige Bewusstsein, das erkennt, dass es nicht vollständig durch seine Motive, etwa den Selbsterhaltungswunsch, determiniert ist. Die Reflexion liefert mich also einer undeterminierten Zukunft aus, indem sie mir radikal meine Möglichkeiten vor Augen führt. *Angst* ist also ihrem Wesen nach *Freiheitsbewusstsein* – sie liefert mich den Möglichkeiten aus, die ich wählen kann, aber nicht wählen muss.

In dieser Freiheit wird nach SARTRE die fortwährende Verpflichtung offenbar, das *Ich* immer wieder hervorzubringen. Dies ist der Sinn des berühmten Satzes: „Die Existenz geht der Essenz voraus." *Ich bin meine freie Wahl;* der Mensch ist das, was er aus sich macht. Angst ist dabei das Bewusstsein des fortwährenden Entrissenseins, Herausgehobenseins aus dem, was ist. Daher ist Angst auch stets eine *Angst vor der Freiheit.* Der Mensch entwickelt unzählige Wege der Flucht. Wir verstecken uns in Unternehmungen, erklären uns aus den Bedingungen der Umgebung, flüchten uns in den Determinismus, dass wir nicht anders könnten, als so zu reagieren, wie wir es gerade tun. Diese Flucht ist für SARTRE Selbstbetrug, eine Flucht vor der Verantwortung, die der Mensch als Einzelner zu tragen hat.

Die Radikalisierung des Bewusstseins der menschlichen Freiheit, die Emanzipation von vorgegebenen Wertordnungen hat die ethische Frage nach dem „Was sollen wir tun?" entscheidend verschärft. Das moderne Bewusstsein fordert die Autonomie des Subjekts. Wie lassen sich aber daraus noch allgemein gültige ethische Normen rechtfertigen? Dieser Frage gilt das folgende Kapitel.

Denkanstöße

1 Suchen Sie Erlebnisse, Beobachtungen in Ihrer Umgebung, die den drei Stufen zur Autonomie bei NIETZSCHE entsprechen.

2 Von PLATON bis zum zeitgenössischen Konservativismus gibt es die Sorge, dass die Staatsform der Demokratie dem Menschen zu viel Freiheit einräume, was zu Missbrauch, Chaos und Anarchie führe. Sehen Sie das auch so?

3 Lassen sich Ihrer Meinung nach aus der „Autonomie des Einzelnen" trotzdem *allgemein gültige* ethische Normen ableiten. Diskutieren Sie die Ergebnisse Ihrer Überlegungen.

Warum sollen wir gut sein wollen?

Moralische Normen und ihre Rechtfertigung

Annäherung:

Mittel und Zwecke

Fragt man, warum Menschen in bestimmten Situationen sich so und nicht anders verhalten, erscheinen mögliche Antworten, wie sie etwa die Motivationspsychologie versucht, relativ einfach.

Betrachten wir kurz eine Alltagssituation. Ein Schüler lümmelt in der Bank, folgt nicht dem Unterricht, widmet sich seinem Kaugummi und dem Comicheft unter dem Lateinbuch. Eine genaue Beobachtung und Befragung würde bald einige *Gründe* für dieses Verhalten finden: Der Schüler langweilt sich, weil er dem Stoff nichts abgewinnen kann oder weil er diesen nicht (mehr) versteht; vielleicht möchte er auch den Lehrer provozieren, um in dieser Auseinandersetzung sein Selbstwertgefühl zu steigern; oder er möchte einer Mitschülerin imponieren. Dem Schüler selbst mögen immerhin einige seiner Motive verborgen bleiben, aber in Alltagssituationen bereitet es kaum Schwierigkeiten, auf Grund spürbarer *Bedürfnisse, Motive, Zielvorstellungen* zu handeln und diese dann als *Gründe* geltend zu machen. Ein großes Problem ergibt sich allerdings sofort, wenn man fragt: Hat der Schüler *recht* getan, sich so zu verhalten? Hätte er in der Tat nicht etwas anderes tun *sollen,* als er getan hat?

Der Grabstein von Immanuel Kant in Königsberg

Die berühmte, von Immanuel KANT formulierte Frage: „Was soll ich tun?" – für ihn eine Grundfrage der Philosophie – hat also zwei Aspekte. Einmal kann gemeint sein: Was soll ich tun, um ein auftauchendes Bedürfnis zu befriedigen, ein bestimmtes Ziel zu erreichen. Es kann aber auch heißen: Was soll ich tun, um mich in einem „moralischen" Sinne *richtig* in einer Situation zu verhalten. Aber dann stellt sich die Frage: An welche *Maßstäbe* halte ich mich da? Vertraue ich dem Gewissen, den Gesetzen, verschiedensten Geboten oder Sprichwörtern, wie dem bekannten „Was du nicht willst, dass man dir tu, das füg auch keinem anderen zu"? Im ersten Fall geht es also um die Frage, welche *Mittel* ich zur Erreichung vorgegebener *Zwecke,* die selbst nicht mehr in Frage stehen, einsetzen soll. Im zweiten Fall geht es aber darum, welchen Wert ich bestimmten *Zielen* und *Handlungsweisen* zuschreiben soll, welche *Zwecke* ich also überhaupt anstreben soll.

Letztlich geht es also darum, ob es Handlungsweisen gibt, die nicht nur *für etwas* gut sind – *Wenn* du dies oder das erreichen willst, *dann* wird es gut sein, dies oder das dafür zu tun –, sondern die *an sich,* ohne auf einen bestimmten Zweck bezogen zu sein, gut sind – Es ist *stets gut,* die Wahrheit zu sagen, dem Nächsten zu helfen, nicht zu töten ...

In hohem Maße ging es einer *philosophischen Ethik* immer nur darum zu *begründen* oder zu *rechtfertigen,* warum bestimmte Handlungen oder Handlungsziele an sich gut, das heißt immer wünschenswert oder gar erforderlich sein sollen. Für solch eine Rechtfertigung bieten sich mehrere Möglichkeiten und Ansätze an. Der deutsche Soziologe Max WEBER hat etwa prinzipiell zwei Ansätze unterschieden, die er mit den mittlerweile gebräuchlich gewordenen Begriffen *Verantwortungsethik* und *Gesinnungsethik* bezeichnet hat. Wenngleich etwas missverständlich, zeigen diese Begriffe doch, um welche grundlegenden Unterschiede in der Bewertung moralischer Handlungsweisen es hier geht: Bei der *Verantwortungsethik* wird die moralische Qualität einer Handlung nach dem *tatsächlichen Effekt,* nach den *Folgen* beurteilt. Es sind diese Folgen, die bei der Planung einer Handlung in Betracht gezogen und letztlich verantwortet werden müssen. Die Frage nach dem Guten konzentriert sich also auf die Frage, ob der tatsächlich erreichte Effekt einer Handlung gut sein kann, wobei immer erst *nach* einer Handlung, wenn die Folgen absehbar sind, ihre moralische Qualität beurteilt werden kann.

Bei der *Gesinnungsethik* geht es hingegen darum, die moralische Qualität einer Handlung danach zu beurteilen, in welcher Gesinnung, in welcher *Absicht,* aus welchen *Motiven* sie erfolgt ist. Für die Beurteilung ist es dabei dann unerheblich, ob die Handlung auch so realisiert werden konnte, wie sie intendiert, beabsichtigt worden war. Nicht die Folgen einer Handlung werden beurteilt, sondern die *Bewusstseinslage* des Handlungsträgers, das, was er letztlich *gewollt* hat.

Denkanstöße

1 Ein Lehrer verfolgt und peinigt einen aufmüpfigen und zugegebenermaßen faulen und schlechten Schüler. Ständig tadelt er ihn, macht über Person und Leistung des Schülers zynische Bemerkungen. Durch diesen ständigen Tadel verärgert, beschließt der Schüler, es dem Lehrer „zu zeigen“: Er informiert sich, lernt, stellt unangenehme, aber kluge Fragen, schreibt in diesem Fach glänzende Arbeiten. – Wie ist die Handlungsweise des Lehrers nach verantwortungs- bzw. gesinnungsethischen Gesichtspunkten zu bewerten? Was zählt – das Verhalten des Lehrers oder sein „Erfolg“?

2 Ein Sprichwort lautet: „Der Zweck heiligt die Mittel“. Können Sie sich dieser Maxime anschließen?

Von kategorischen und anderen Imperativen

Im Folgenden soll es darum gehen, wie verantwortungs- bzw. gesinnungsethische Ansätze *argumentiert,* also begründet werden können. In der Moralphilosophie haben sich dabei im Laufe der Zeit zwei Ansätze herauskristallisiert: die *teleologischen* und *deontologischen* Theorien.

Teleologische Begründungsversuche – oder: Heiligt der Zweck die Mittel?

Der Begriff *teleologisch* ist abgeleitet vom griechischen Wort „télos“, das *Ziel* oder *Zweck* bedeutet. Geht man von diesem *telos* aus, ist der Wert einer Handlung dann gut, wenn das angestrebte und erreichte Ziel, der beabsichtigte und realisierte Zweck gut sind. Die Argumentation muss sich dann auf die Frage konzentrieren, ob es *allgemein akzeptierbare* Ziele menschlichen Handelns gibt, die gut sind und angestrebt werden sollen.

Sehr früh wurde schon versucht, diese Frage mit dem Hinweis auf die *menschliche Natur* zu beantworten. Was dem Menschen seiner Natur nach gemäß sei, müsse auch gut sein. So versuchten schon die frühgriechischen SOPHISTEN als den wesentlichen „natürlichen" Zweck menschlichen Handelns den *Lustgewinn,* die „hēdonḗ", zu gewinnen: Alles menschliche Handeln ist auf Lustmaximierung hin orientiert, und alles, was dieser Luststeigerung dienlich ist, ist gut. *Hedonismus* wurde diese Auffassung dann auch genannt.

Einen ähnlichen, wenn auch anders akzentuierten Versuch, die Ethik auf die menschliche Natur zurückzuführen, stellt der Versuch des Renaissancephilosophen Niccolò MACHIAVELLI dar, die Gewinnung und Aufrechterhaltung von Macht als Ziel menschlichen Handelns anzusehen, dem alle anderen Tätigkeiten untergeordnet werden. Diese Rechtfertigung, vor allem des politischen Handelns, bezeichnet man deshalb auch als *Machiavellismus.*

Alle Versuche, aus der *Natur* des Menschen abzuleiten, wie der Mensch sein *soll,* sind aber problematisch. Es zeigt sich, dass es kaum möglich ist, zu bestimmen, was die Natur des Menschen eigentlich ist. Streben wirklich alle Menschen nach Lust oder nach Macht? Denkt man diese Auffassung konsequent weiter, bliebe letztlich nichts anderes übrig als *alles,* was Menschen machen, als ihrer Natur gemäß zu deuten; damit wäre aber jedes *Kriterium* für das Bewerten von Handlungen verloren gegangen. (Wenn es in der Natur des Mörders liegt zu morden, wäre dies für ihn eben gut.)

Dazu kommt noch, dass der englische Philosoph David HUME nachgewiesen hat, dass sich aus rein *beschreibenden* Sätzen und Tatsachenbehauptungen, aus den *deskriptiven Sätzen* also, logisch keine Forderungen und Befehle, Sollenssätze oder normative Sätze, also keine *präskriptiven Sätze,* ableiten lassen. Aus der Tatsache, dass etwas so ist, wie es ist, lässt sich logisch nicht folgern, dass etwas auch so sein soll, wie es ist. Die Tatsache zum Beispiel, dass es unvorbereitete Lehrer gibt, kann nicht zu der Aufforderung führen, dass Lehrer unvorbereitet sein sollen. Man bezeichnet diese Form einer unzulässigen Folgerung auch also einen *naturalistischen Fehlschluss.* Es ist demnach also unmöglich, aus einem beobachtbaren, als „natürlich" aufgefassten Verhalten des Menschen darauf zu schließen, wie er sich verhalten soll.

Einer der ersten großen teleologisch orientierten systematischen Ethikentwürfe stammt von ARISTOTELES. ARISTOTELES ging von einer Hierarchie von Handlungszielen aus, die sich gegenseitig bedingen, also etwa: Man geht in die Schule, um zu lernen; man lernt, um ein Abiturzeugnis zu bekommen; man will das Abitur, um zu studieren; man will studieren, um einen interessanten und/oder gut bezahlten Beruf zu ergreifen; man will so einen Beruf ... warum wohl? – An der Spitze dieser Zielpyramide steht nach ARISTOTELES notwendigerweise *ein* Ziel, dem alle anderen Ziele untergeordnet sind, und das ich *um seiner selbst willen* anstrebe, also nicht mehr, um damit etwas anderes zu erreichen: das *Glück.* Das Glück, die *Eudaimonie,* ist das *höchste Gut,* auf das alles Handeln hinstrebt. Man nennt solch eine Konzeption deshalb auch eine eudämonistische Ethik. Was aber macht nun den Menschen glücklich? Auch darauf versuchte ARISTOTELES eine Antwort: Es ist das beschauliche Leben in einer Gemeinschaft, bei dem alle körperlichen und geistigen Fähigkeiten entwickelt werden können; noch besser aber ist ein Leben, das der *Theoria,* der reinen philosophischen Betrachtung und Anschauung der Welt, gewidmet ist.

In der Neuzeit wurde eine ähnliche Theorie des Guten formuliert, die unter dem Begriff *Utilitarismus* bekannt und folgenreich geworden ist. Abgeleitet wurde dieser Begriff von dem lateinischen Wort *utilis*, das so viel wie „nützlich" bedeutet. Diese Konzeption geht im Wesentlichen auf die angelsächsischen Denker Jeremias BENTHAM und John Stuart MILL zurück. BENTHAM war es, der den viel zitierten Satz prägte, nach dem das höchste Ziel menschlichen Handelns „das größtmögliche Glück der größtmöglichen Anzahl" sei. Das, was den Menschen am meisten „nützt", und zwar, wenn möglich, allen Menschen, soll also das Gute sein. Erstrebenswert sind Handlungen, die den *individuellen* und *allgemeinen Nutzen* befördern oder zumindest nicht verhindern. Nützlich wiederum ist das, was zum lustbetonten, befriedigten und glücklichen Leben eines Menschen beiträgt. Dabei allerdings schätzt etwa MILL geistige Bedürfnisse durchaus höher ein als physische, ja es kann auch nützlich sein und glücklich machen, auf die Befriedigung bestimmter Bedürfnisse überhaupt zu verzichten. So schrieb MILL: „Es ist besser, ein unzufriedener Mensch zu sein als ein zufrieden gestelltes Schwein; besser ein unzufriedener Sokrates als ein zufriedener Narr."

Auch MILL war sich bewusst, dass zum Glück des Menschen ein Wissen um Möglichkeiten gehört, auch dann, wenn diese Möglichkeiten nicht oder noch nicht realisierbar erscheinen. Der Mensch, für den die reine Befriedigung physiologischer Triebe ihre fraglose Gültigkeit eingebüßt hat, ist „unzufrieden". Er muss fragen, suchen, entscheiden. SOKRATES steht als Beispiel für diese Problematik des Menschen. Er hat die „Unschuld" des Tieres, des Narren und des Kindes verloren.

Der *Utilitarismus* darf also nicht mit einer *hedonistischen Ethik* verwechselt werden, der es ausschließlich um die subjektive Sinneslust als Ziel und Maßstab des Handelns geht. Die Schwierigkeiten einer utilitaristischen Konzeption liegen allerdings darin, dass es schwer ist, immer genau zu bestimmen, was den Menschen nun nützt, vor allem dann, wenn ein kurzfristiger Nutzen langfristigen, vielleicht sogar irreparablen Schaden anrichten kann, ein Problem, das gerade im Bereich der Ökologie eine immer größere Rolle spielt. Ein weiteres Problem liegt in der Frage, inwieweit das Glück einer Mehrheit dem Unglück einer Minderheit vorgeordnet werden kann, anders formuliert: inwieweit das Allgemeinwohl die Interessen von Einzelnen missachten kann oder soll. Schließlich stellt sich auch die brisante Frage, ob zur Erreichung des angestrebten Nutzens alle denkbaren und möglichen Mittel eingesetzt werden dürfen oder gar müssen: Wenn die Energieproduktion der Bevölkerung nützt, andererseits aber die Umwelt belastet – wie ist hier zu entscheiden? Der Utilitarismus selbst bietet kaum Möglichkeiten, Mittel zur Erreichung bestimmter Zwecke moralisch zu verurteilen, solange die Zwecke dem allgemeinen Nutzen entsprechen und die Mittel zielführend, zweckmäßig sind. Zu fragen bleibt auch, ob das als nützlich Erkannte auch demjenigen aufgezwungen werden darf, der es nicht akzeptieren will – das Problem der „Zwangsbeglückung": Der Einzelne muss den Autostraßenbau hinnehmen, den eine Gesellschaft für nützlich erachtet, auch dann, wenn er selbst auf ein Auto verzichten und lieber zu Fuß gehen würde.

Eine ganze Reihe von Problemen, die sich in einem modernen, am Leitbild des Sozial- und Wohlfahrtsstaates orientierten Staatswesens ergeben, resultieren aus den, oft unausgesprochenen, utilitaristischen Prinzipien, die dem politischen und ökonomischen Handeln zu Grunde gelegt werden.

Nimmt man es allerdings genau, muss man zwischen zwei Formen des Utilitarismus unterscheiden: zwischen dem radikalen *Handlungsutilitarismus* und dem sogenannten *Regelutilitarismus*. Für den *Handlungsutilitaristen* ist eine Handlung sittlich gut, wenn die tatsächlichen Folgen *dieser* Handlung zum allgemeinen und individuellen Wohl beitragen. Ein Beispiel: Wenn *ich* hin und wieder in meiner privaten Müllentsorgung nachlässig bin, nützt das meiner Bequemlichkeit sehr und belastet die Allgemeinheit kaum – ich kann es mir also erlauben, auch Chemikalien in den Normalcontainer zu werfen. Für den *Regel-*

utilitaristen hingegen ist eine Handlung dann sittlich gut, wenn die *allgemeine Regel,* nach der der Einzelne handelt, im Allgemeinen nützlich ist (wenn niemand auf Müllsortierung achtet, kann das zu einer beträchtlichen Belastung aller führen). Der Handlungsutilitarist müsste sich also immer fragen: Wem und wie vielen nützt oder schadet *meine* Handlungsweise, der Regelutilitarist: Was wäre, wenn *alle* so handelten, wie ich jetzt handeln will?

Deontologische Begründungsversuche oder: Nach bestem Wissen und Gewissen

Die Schwierigkeiten, die sich bei dem Versuch ergeben, Begriffe wie „Glück" oder „Nutzen" allgemein und einigermaßen objektiv zu bestimmen, haben allerdings schon früh zu anderen Versuchen geführt, den moralischen Wert von Handlungen zu beurteilen und moralische Normen zu begründen. Am Anfang steht dabei wohl die Tugendethik des SOKRATES, der glaubte, dass das Gute an sich erkennbar sei, und aus diesem Wissen heraus es dem Menschen möglich sein müsste, moralisch zu handeln. Das Gute ist erkennbar und an sich geboten, gleich welche Folgen dies nach sich zieht.

Theorien, die davon ausgehen, dass das moralisch Gute nicht um eines Zieles willen, wie Glück oder Allgemeinwohl, getan werden soll, sondern *an sich,* um seiner selbst willen gefordert ist, ungeachtet der Konsequenzen, die so eine Handlungsweise nach sich ziehen kann, werden auch als *deontologische Begründungen* von Moral zusammengefasst. Griechisch „to déon" bedeutet so viel wie „das Erforderliche" oder „die Pflicht". Die herausragendste Konzeption einer *deontologischen Ethik* hat Immanuel KANT geliefert. Ihre Folgen, die sich nicht nur auf die Philosophie erstreckten, waren außerordentlich. Eine etwas ausführlichere Darstellung der Grundgedanken der Moralphilosophie KANTs scheint deshalb geboten zu sein.

Immanuel Kant

Die Bedeutung einer moralischen Handlung liegt für KANT allein in dem ihr zu Grunde liegenden *guten Willen.* Nicht, was eine Handlung bewirkt, muss beurteilt werden, sondern, *wie* der *Wille* beschaffen ist, aus dem sie erfolgt. Vordergründig scheint diese Auffassung ziemlich abstrus zu sein: Könnten nicht alle möglichen Taten und Untaten damit entschuldigt werden, dass sie ohnehin in bester Absicht, aus einem „guten Willen" erfolgt wären? Was ein „guter Wille" ist, bleibt nach KANT allerdings nicht der Willkür des Einzelnen überlassen. Aber was ist das überhaupt, ein *Wille?*

Der Mensch ist nach KANT – und nicht nur nach ihm – einer Vielzahl möglicher Handlungsantriebe ausgesetzt: Trieben, Neigungen, Interessen, Gefühlen, äußeren Einflüssen, verschiedenen Autoritäten wie dem Staat, den Kirchen, den Eltern, Lehrern oder Vorgesetzten. Wann immer der Mensch solchen Einflüssen nachgibt, handelt er eigentlich unfrei, das heißt fremdbestimmt: er wird „getrieben", von Gefühlen „übermannt", „überlässt" sich einer Stimmung, „gehorcht" einem anderen, wird zu etwas „gezwungen". Frei bin ich nur, wenn ich machen kann, was ich will. Nur: Wer ist dieses *Ich?* Wann *will* es etwas? Keinesfalls wohl dann, wenn es sich einer *Fremdbestimmung* oder auch einer *Willkür,* etwa dem Zufall, überlässt. Dieses *Ich,* so KANT, *will* dann etwas, wenn es sich *Rechenschaft* geben kann über die möglichen *Beweggründe* seines Handelns, also aus *vernünftiger Überlegung* zu einer Handlungsweise kommt. Es ist diese Fähigkeit zur Vernunft, die gleichzeitig erlaubt, alle anderen Zwänge in Frage zu stellen, also etwa den Vater zu fragen: „Warum befiehlst du mir das? Gib Gründe dafür an." Die *Vernunft* ist also für KANT die Wurzel der Freiheit, und sie drückt sich im *Willen* aus. Aus einem guten Willen handeln hieße demnach aus *Freiheit vernünftig* handeln oder *aus Vernunft frei* handeln.

Zu bedenken ist aber nun, dass die Vernunft ihrerseits für KANT das ist, was allen Menschen *gemeinsam* ist, dasjenige, was ihnen ihre Autonomie verleiht und sie vom Tierreich unterscheidet. Aus Vernunft handeln bedeutet dann: selbständig, aber in Übereinstimmung mit der Vernunft der anderen Menschen handeln. Aus diesen Überlegungen ergibt sich, welchen *Imperativen,* also Handlungsgeboten das menschliche Handeln zu folgen hat.

Geht es nur darum, zu vorgegebenen *Zwecken* mit Hilfe der Vernunft die angemessensten *Mittel* zu finden, spricht KANT von *hypothetischen Imperativen:* Wenn du x willst, ist es vernünftig, y zu tun. Mit Max WEBER könnte diese Form von Vernünftigkeit auch *Zweckrationalität* genannt werden, Max HORKHEIMER und Theodor W. ADORNO sprechen von einer *instrumentellen Vernunft,* einer Vernunft also, die nur als Instrument eingesetzt wird, um vorgegebene Ziele zu erreichen.

Geht es aber darum, diese Ziele und Zwecke selbst zu bewerten, und darum, *an sich* moralisch, d. h. gut zu handeln, dann gilt für KANT der *kategorische Imperativ:* „Handle nur nach derjenigen Maxime, durch die du zugleich wollen kannst, dass sie ein allgemeines Gesetz werde".

Das heißt nun nicht, wie oft fälschlich gemeint wird, dass alle anderen so handeln sollen, wie ich handle. Das heißt nur, dass die Maxime, der Leitfaden meines Handelns, die Gründe meines Handelns so beschaffen sein sollen, dass sie für alle anderen einsehbar, verstehbar und deshalb zumutbar sind. Der kategorische Imperativ fordert so immer auf, nachzudenken, ob die Richtlinien meines Handelns auch für andere vernünftige Wesen gelten und von ihnen akzeptiert werden können. In einer anderen Formulierung lautet er deshalb auch: „Handle so, dass du die Menschheit, sowohl in deiner Person, als in der Person eines jeden anderen, jederzeit zugleich als Zweck, niemals bloß als Mittel brauchest." KANT geht es also darum, dass Richtlinien und Normen des Handelns nur dann allgemein verbindlich sein können, wenn sie vernünftig argumentierbar sind, und dass es keine Richtlinien geben kann, die den Menschen zum bloßen Mittel degradieren. Denn indem es im Wesen des Menschen liegt, dass er sich *aus Vernunft* frei und selbst bestimmt, kann es nie in seinem *vernünftigen Interesse* liegen, sich dieser Fähigkeit berauben zu lassen.

Vielleicht könnte der kategorische Imperativ auch zusammengefasst werden in dem einen Satz: *Wenn du moralisch handeln willst, handle vernünftig.* Die Einsichten der Vernunft sind nach KANT verpflichtend. Ich kann mich ihnen nicht mehr mit guten Gründen entziehen, ich kann nur noch irrational ihnen zuwiderhandeln. *Aus Pflicht handeln* heißt so für KANT immer, den Ergebnissen der Vernunft, und zwar der eigenen Vernunft, auch tatsächlich Folge leisten, auch dann und gerade dann, wenn dies den Neigungen, Gefühlen und Vorlieben zuwiderlaufen mag. KANT weist auch immer darauf hin, dass eine Verletzung des kategorischen Imperativs deshalb zu einem *logischen Widerspruch* führen muss. Berühmt ist etwa folgendes Beispiel:

Einer, der sich aus Not gezwungen sieht, Geld zu borgen, und weiß, dass er es *nicht* wird zurückzahlen können, fragt sich, ob es pflichtwidrig und unerlaubt ist, sich durch ein falsches Versprechen aus der Not zu helfen, und muss zu dem Schluss kommen: Wäre es eine allgemeine Maxime, dass jeder, der in Not ist, versprechen kann, was er will, so würde er damit allgemein Versprechungen selbst unmöglich machen: Denn Versprechungen werden nur akzeptiert, wenn man ihre Einhaltung voraussetzen kann. Ist dies nicht mehr der Fall, könnte sich auch der Einzelne durch ein falsches Versprechen nicht aus der Not helfen, da ihm niemand glauben würde. Dass er sich durch ein falsches Versprechen aus der Not helfen kann, hat zur Voraussetzung, dass allgemein der Imperativ akzeptiert ist: Versprechen sollen gehalten werden – und zwar unter allen Umständen.

KANT hat auch darauf hingewiesen, dass der kategorische Imperativ nicht mit dem beliebten Sprichwort „Was du nicht willst, dass man dir tu, das füg auch keinem andern zu" verwechselt werden darf. Nicht nur, dass jemand Dinge mögen kann, die für andere unzumutbar sein können, kann es auch aus Vernunftgründen geboten sein, anderen gegenüber etwas zu tun, das mir selbst außerordentlich unangenehm wäre. KANT führt etwa einen Richter an, der nach dem Sprichwort niemanden mehr bestrafen dürfte – denn wer wird schon selbst gern bestraft?

KANT gibt also letztlich keine *konkreten* Gebote und Normen für das Handeln an, sondern er beschreibt *rein formal* die Bedingungen moralischen Handelns. Hier setzte auch bald die Kritik an KANT an: Seine Ethik sei eben nur formal und gebe keine Anweisungen für bestimmte Situationen, lasse den Handelnden in diesen wieder allein.

Eine andere Schwierigkeit besteht bei KANT wohl darin, dass der kategorische Imperativ nur funktionieren kann, wenn tatsächlich eine *allgemeine Vernunft,* an der jeder Mensch teilhaben kann, vorausgesetzt ist. Nun ist es aber gar nicht so einfach zu bestimmen, was das Vernünftige ist, und gar darauf zu vertrauen, dass jeder für sich zu vernünftigen Überlegungen kommen kann, die mit den vernünftigen Überlegungen der anderen von vornherein übereinstimmen, scheint sehr gewagt zu sein.

In der Gegenwart knüpfen deshalb viele Moralphilosophen zwar an KANT an, bestimmen den *Vernunftbegriff* aber wesentlich vorsichtiger. Vernunft wird als die Fähigkeit des Menschen begriffen zu *argumentieren,* also ein *Gespräch* mit einem anderen zu führen, in dem nicht Zwänge oder Gewalt den Ausgang bestimmen, sondern das *gemeinsame Abwägen der Gründe und Argumente,* die auch dann akzeptiert werden sollen, wenn deren vorläufiger Charakter eingesehen wird. Vernunft ist so gesehen ein prinzipiell offener *kommunikativer Prozess.* Vernünftig sein hieße, sich auf Argumentationen einlassen zu können und auch zu wollen. Solche Ansätze werden dann auch als *Diskurstheorien,* als *Theorien des kommunikativen Handelns* bezeichnet. Ihre wichtigsten Vertreter zur Zeit sind die deutschen Philosophen Karl Otto APEL und Jürgen HABERMAS. Voraussetzung solch kommunikativen Handelns muss allerdings sein, dass die Gesprächspartner bereit sind, ihre Ansichten zu argumentieren und zu begründen, und sich nicht darauf beschränken, Meinungen oder doktrinäre Behauptungen kundzutun. Diese prinzipielle Bereitschaft zur Argumentation, die bei jedem vernünftigen Gespräch einfach vorausgesetzt werden muss, nennt APEL das *Apriori der Kommunikationsgemeinschaft.* Da es keine absolut gültigen, letzten Argumente zu geben scheint, müssen solche Dialoge letztlich offen, unabschließbar gedacht werden. Als Ziel wird allerdings der *Konsens* angestrebt, die Einigung aller am Gespräch Beteiligten auf Ergebnisse, die weder Kompromissformeln noch Abstimmungsergebnisse sein dürfen, sondern von allen aus *Einsicht* und *Überzeugung* getragen werden sollten. Der *kategorische Imperativ* KANTs kann also unter diesen Aspekten auch verstanden werden als Aufforderung, die Maximen seines Handelns jederzeit öffentlich zur Diskussion zu stellen, jederzeit bereit zu sein, seine individuellen Handlungsrichtlinien zu begründen und, wenn diese Begründungen nicht überzeugen können, diese Richtlinien zu revidieren.

Denkanstöße

1 Diskutieren Sie den Satz von Epikur: „Bei jeder Begierde sollte man die Frage stellen: Was wird nun, wenn sie befriedigt wird, und was, wenn sie nicht befriedigt wird?“
Warum kann dieser Satz als Kritik am Hedonismus aufgefasst werden?

2 Diskutieren Sie die moralischen und politischen Folgen der Auffassung von Machiavelli, wie er sie in seinem Werk „Il Principe“ darlegt: „Er (der Fürst) soll also nach dem Winde segeln, aber nicht ganz vom Wege des Guten ablenken, solange dies immer möglich ist; erst dann muss er ohne Bedenken Verbrechen begehen ... Jeder sieht, was der Fürst scheint, aber fast niemand weiß, wie er in Wirklichkeit ist, und diese Minderheit wagt nicht, der Meinung der Vielen entgegenzutreten ...“

3 Sätze etwa wie: „Weil es in der Natur des Menschen liegt, dass er monogam ist, sollte Polygamie verboten sein“ gelten als naturalistischer Fehlschluss, sind also logisch unzulässig. Suchen Sie noch andere ethische Argumentationsweisen die solch einen naturalistischen Fehlschluss beinhalten könnten.

4 Erinnern Sie sich an die Argumentation von Alfred aus dem Dialog in der Denk-Bar? Ist seine Argumentationsweise handlungs-, regelutilitaristisch oder kantianisch?
Wie argumentieren Brigitte und Christoph? Ist Daniel ein Ethiker oder ein Metaethiker?

5 Vor ihnen geht die landesweit bekannte bildhübsche Tochter eines Multimillionärs (es kann auch der Sohn sein). Sie verliert ihre Börse. Niemand sieht Sie. Was machen Sie, wenn Sie
– ein Handlungsutilitarist
– ein Regelutilitarist
– ein Kantianer
– ein Christ
– ein Marxist
– ein Diskursethiker
– ein Hedonist
sind? Begründen Sie Ihr Verhalten.

6 Wie verhalten sich Ihrer Ansicht nach die Begriffe „Gewissen“ – „Über-Ich“ – „Pflichtbewusstsein“ zueinander?

7 Erinnern Sie sich an Situationen, in denen Sie den Widerspruch zwischen „Pflicht“ und „Neigung“, Vernunft und Gefühl gespürt haben? Wie haben Sie damals entschieden?
Aus welchen Gründen?

8 Für Kant ist eine gute Handlung, die aus Neigung (etwa aus Liebe) getan wird, sittlich nicht sehr wertvoll. Sittlich wertvoll sind für ihn nur Handlungen, die vernünftiger Überlegung und einem Pflichtbewusstsein entspringen. Teilen Sie diese Haltung? Zur Anregung ein paar Verse:

„Gern dien ich den Freunden, doch tu ich es leider mit Neigung
Und so wurmt es mir oft, dass ich nicht tugendhaft bin.
Da ist kein anderer Rat, du musst suchen, sie zu verachten,
Und mit Abscheu alsdann tun, wie die Pflicht dir gebeut.“

Friedrich Schiller

Ist die polemische Spitze, die Schiller mit diesen Distichen gegen Kant richtet, gerechtfertigt, oder unterlag Schiller, der an sich Kant bewunderte, einem Missverständnis?

Thomas Hobbes

René Descartes

Gottfried Wilhelm Leibniz

David Hume

Das Hässliche und das Schöne

Einführung in die Philosophie der Kunst

Cafe Philosophopolis, *früher Abend.*

Alfred, Brigitte *und* Christoph *an einem Tisch. An den Wänden ringsum hängen neue Bilder.*

Alfred: „Hübsch, die Bilder, nicht wahr? Von einer jungen Künstlerin, scheint sehr begabt zu sein. Ziemlich extrem, aber irgendwie ..."

Brigitte *sieht sich um:* „Also ich finde die Bilder völlig geschmacklos. Abstoßend. Das sind ja keine Akte mehr, das ist nur noch obszön."

Alfred: „Hab dich doch nicht so. Was heißt hier obszön? Ein wenig direkt, ja, manche Körperteile sind ein bisschen überzeichnet, aber es ist technisch einwandfrei; die Malerin hat ihren Stil gefunden."

Christoph: „Willst du behaupten, in der Kunst sei alles erlaubt, wenn es nur gut gemacht ist? Brisante These!"

Alfred: „Ausgerechnet du willst dich zum Sittenrichter aufspielen? Wem die nackten Frauen und Männer hier nicht gefallen, der braucht ja nicht hinzusehen."

Brigitte: „Aber ein Café ist doch ein öffentlicher Ort. Also kann nur das ausgestellt werden, was in der Öffentlichkeit tolerierbar ist."

Alfred: „Du bist heute aber komisch. Ansonsten bist du es doch, die Toleranz predigt. Dann musst du auch Kunstwerken gegenüber tolerant sein."

Brigitte: „Dass ich nicht lache. Also ich finde es für einen Menschen einfach entwürdigend, wenn er so reduziert auf seinen Körper, so hässlich dargestellt wird. Kunst soll doch auch schön sein, oder nicht? Hässlich ist die Welt ohnehin."

Christoph: „Aber den Leuten scheint es zu gefallen."

Brigitte: „Aber nicht, weil es ihnen um Kunst geht. Für die ist das doch bloße Pornographie."

Alfred: „Na und, wenn es ihnen was gibt?"

Brigitte: „Trotzdem, für mich ist das menschenverachtend."

Christoph: „Aber, vielleicht sind die Menschen in ihrem Innersten so, vielleicht zeigt die Kunst uns so, wie wir sind, es aber nicht zugeben wollen."

Brigitte: „Du bist vielleicht so ... Ich sicher nicht."

Alfred: „Das hört sich ziemlich selbstgerecht an. Ah, seht mal, da kommt Herr Daniel ... in weiblicher Begleitung!"

Daniel: „Guten Abend allerseits. Darf ich vorstellen – das sind meine neuen Bekannten, von denen ich dir erzählt habe: Brigitte, Christoph und Alfred und das ist Nina, eine Malerin und sehr gute Freundin von mir."

Alfred, Brigitte, Christoph „Nina, Sie sind das, Sie haben diese Bilder gemalt?"

Nina: „Ja, sie sind von mir. Gefallen sie Ihnen?"

Alfred, Brigitte, Christoph: „Äh äh hm hm ..."

Brigitte: „Darf ich Sie etwas fragen? Verstehen Sie mich nicht falsch, aber mich würde interessieren, warum Sie diese Menschen so entstellt, so obszön darstellen."

NINA: „Ich denke, dass die Frage falsch gestellt ist. Als Künstler *entscheidet* man sich ja nicht, etwas so oder so darzustellen. Ich stelle die Dinge so dar, wie ich sie sehe oder empfinde."

Denkanstoß

Die Freiheit der Kunst ist ein viel diskutiertes Thema. – Darf ein Künstler wirklich alles machen, was er im Dienste der Kunst glaubt machen zu müssen?

Annäherung:

WAS HEISST „ÄSTHETISCH"?

Der ungarische Philosoph und Kunsttheoretiker Georg LUKÁCS begann eine in jungen Jahren konzipierte, nie vollendete Philosophie der Kunst mit der Frage: „Es gibt Kunstwerke – wie sind sie möglich?" Und in der Tat: dass es so etwas wie Kunstwerke gibt, darüber herrscht kaum Zweifel. Was aber genau Kunst sei, wie sie sich definieren lasse, wie sie entstanden sei, seit wann es Kunst gebe, wer sich denn mit Fug und Recht Künstler nennen dürfe, und vor allem: ob über den Wert, die Qualität von Kunst objektiv geurteilt werden könne – darüber gehen die Meinungen weit auseinander.

Kunst wird, im allgemeinen Verständnis, oft mit der Frage nach dem Schönen assoziiert; das Hässliche, Anstößige, Ekelerregende, sofern es in einem Werk dominiert, wird dann auch immer wieder als Beweis dafür angeführt, dass es sich bei diesem Werk kaum um ein Kunstwerk handeln könne. Umgekehrt gilt als ein ästhetischer Mensch jemand, der besonderen Wert auf eine gefällige, geschmackvoll gestaltete Lebensumgebung legt und deutlich Freude an „schönen Dingen" an den Tag legt. Das Adjektiv „ästhetisch" wird so auch oft gleichbedeutend mit „schön", „ansprechend" oder „geschmackvoll", auch „ausgesucht" verwendet. *Ästhetik* als Wissenschaft gilt als die Lehre vom Schönen. Die ursprüngliche Bedeutung des Wortes ist allerdings eine andere gewesen.

In der griechischen Philosophie verstand man unter *aisthesis* die Sinneswahrnehmung und Sinnesempfindung überhaupt, die Fähigkeit des Menschen, mit seinen Sinnesorganen die Welt aufzunehmen – im Gegensatz zu seiner Fähigkeit, mit Hilfe seines Verstandes die Welt zu durchdenken, begrifflich zu erfassen, das Wahrgenommene zu ordnen, um so zu einer vernünftigen, nicht auf die Sinne beschränkten Erkenntnis zu gelangen. Die *aisthesis* erlaubt – so ARISTOTELES – nur eine Wahrnehmung von einzelnen Gegenständen, ihrer Form, Farbe, Gestalt, Beschaffenheit, ihres Geruches; sie erlaubt aber kein allgemeines Wissen, kein Wissen von Ursachen, Prinzipien, Zusammenhängen, Systemen – solches Wissen kann erst durch Vernunfttätigkeit entstehen.

An diese antike Bestimmung von Aisthesis knüpfte dann im 18. Jahrhundert der deutsche Aufklärungsphilosoph Alexander Gottlieb BAUMGARTEN wieder an. Er führte das von Aisthesis abgeleitete Wort „Ästhetik" in den deutschen Sprachraum ein. Auch für BAUMGARTEN handelt die Ästhetik noch vom Sinnlichen überhaupt im Gegensatz zum Geistigen, Vernünftigen, Logischen. Ästhetik als philosophische Disziplin ist nach BAUMGARTEN die „Wissenschaft von der sinnlichen Erkenntnis". Sie gilt ihm als die *niedere* Form der Erkenntnis, als „gnoseologica inferior". Die *Vernunfterkenntnis* (Logik) gilt als höherwertige Erkenntnisform, welche die sinnliche Erkenntnis anleiten soll, aber BAUMGARTEN gesteht der ästhetischen Empfindung und Erfahrung durchaus ein – wenn auch begrenztes – eigenständiges Recht zu. Ihr erschließen sich Bereiche, die dem Verstand verwehrt bleiben.

Wenig später schon, vor allem bei Johann Joachim WINCKELMANN, dem großen Altertumsforscher und Kunstphilosophen, wird Ästhetik zur Lehre vom Wesen der Kunst. Für WINCKELMANN ist das Kunstwerk nicht nur das Objekt, das am vollkommensten den Sinnen und Empfindungen des Menschen entspricht und diese auch am eindringlichsten anspricht, sondern bei ihm wird auch als Endzweck und Mittelpunkt der Kunst die *Schönheit* gesetzt. Dabei sah WINCKELMANN vor allem in den Skulpturen der griechischen Antike – etwa in der berühmten Laokoon-Gruppe – ein unerreichbares Ideal von Schönheit bereits vorgegeben. Das Denken WINCKELMANNs prägte nicht nur die deutsche Literatur des späten 18. und frühen 19. Jahrhunderts – die *Klassik* –, sondern beeinflusste auch die Entwicklung der Kunstgeschichte und Kunstphilosophie nachhaltig. Seit dem 18. Jahrhundert ist Ästhetik so zu einer Theorie der schönen Künste geworden – im Gegensatz zu den wissenschaftlichen und handwerklichen „Künsten", eine Theorie, die nicht zu trennen ist von der Geschichte der Kunst selber.

Denkanstöße

1 Erinnern Sie sich an die Wahrnehmungspsychologie? –
Welche Faktoren der Wahrnehmung könnten für die „Aisthesis" maßgeblich sein?

2 Was bedeutet der Begriff „schön" für Sie?
Versuchen Sie eine Liste von Zusammensetzungen zu erstellen, in denen Sie gerne den Begriff „schön" verwenden (z.B. schöner Tag, schönes Wetter, schönes Gedicht ...).

3 Sinnliche Erkenntnis – hat es überhaupt einen Sinn, diesen Begriff zu gebrauchen?
Ist „Wahrnehmen" schon „Erkennen"?

4 Was ist für Sie Kunst? Versuchen Sie eine Definition. –
Überlegen Sie einmal, welche Rolle Kunst in Ihrem Leben spielt: Wie viel Zeit widmen Sie ihr, wie viel Geld geben Sie dafür aus?

Ästhetische Erfahrung oder Vom Umgang mit den Sinnen

In jüngster Zeit versucht man, die seit WINCKELMANN immer wieder angenommene enge Verknüpfung von *Ästhetik* und *Kunst* etwas aufzubrechen und zu einem Begriff der *ästhetischen Erfahrung* zurückzukehren, der nicht vergisst, dass neben Kunstwerken auch Natur und Umwelt, Städte und Wohnungen, Gebrauchsgegenstände und Lebensformen unter ästhetischen Gesichtspunkten wahrgenommen werden können.

Was aber heißt nun *ästhetische Erfahrung?* Und wie lässt sie sich von anderen Weisen der Erfahrung abgrenzen? – Man kann Gegenstände, Objekte, Naturgegebenheiten, Pflanzen, Tiere und Menschen unter verschiedenen Gesichtspunkten betrachten, etwa unter dem Aspekt eines wechselseitigen Kontakts – was will ich von ihm, was will er von mir? – oder auch unter dem Aspekt der Nützlichkeit – was kann ich damit anfangen, wozu kann ich es (einen Gegenstand) oder ihn (einen Menschen) gebrauchen? Man kann dieselben Gegebenheiten aber auch unter dem Aspekt betrachten: Wie wirkt die *Erscheinung* eines Gegenstandes oder Wesens auf mich? Was löst seine Erscheinungsweise, ohne dass ich bestimmte Absichten hätte, in mir an Gefühlen, Emotionen, Gedanken und Reaktionen aus?

In einer ersten Annäherung könnte so ästhetisches Empfinden beschrieben werden als eine emotionale Reaktion, die durch die bloße Erscheinungsweise eines Gegenstandes oder Lebewesens, durch die äußere Gestalt, die reine *Form* in uns ausgelöst wird. Sind diese Empfindungen angenehm, bewirken sie ein Wohlgefallen, schreiben wir dem betrachteten

Objekt gerne Schönheit als Eigenschaft zu; sind diese Empfindungen jedoch unangenehm, lösen sie gar Abscheu oder Ekel aus, nennen wir das entsprechende Objekt hässlich oder ekelhaft. *Schön* und *hässlich* könnte man auch als entgegengesetzte Pole auf einer Wert- und Urteilsskala auffassen, mit der wir nicht die Bedeutung einer Sache, ihre Funktion, messen und bewerten, auch nicht, ob etwas wahr oder falsch, gut oder schlecht ist, sondern nur, wie es uns seiner äußeren Form nach erscheint.

Immanuel KANT hatte in seiner Ästhetik, der „Kritik der Urteilskraft", die Ansicht vertreten, dass jemand nur im Stande sei, etwas unter ästhetischen Gesichtspunkten zu betrachten, wenn er überhaupt kein anderes – praktisches, politisches, soziales, religiöses, erotisches oder sonstwie geartetes – Interesse daran habe. „Schön" kann nach KANT nur etwas genannt werden, das ohne jedes Interesse gefällt, einfach durch sein pures Da-sein Wohlgefallen auslöst. „Interesseloses Wohlgefallen" ist so für KANT die Voraussetzung ästhetischer Erfahrung. Bedingung dafür ist allerdings eine gewisse Distanz zum Objekt, eine rein betrachtende, „kontemplative" Haltung, das Fehlen jeglichen Engagements für dieses Objekt, das Außerachtlassen all seiner anderen Funktionen, Bedeutungen und Gebrauchsmöglichkeiten. Dass solches denkbar ist, sollten vielleicht auf drastische Art und Weise die als ungeheuer provokativ empfundenen *ready-mades* von Marcel DUCHAMP illustrieren: Gebrauchsgegenstände, wie etwa ein Pissoir, oder einfach ein Flaschentrockner als Kunstwerk deklariert und ins Museum gestellt. Natürlich war das eine beabsichtigte Provokation des herkömmlichen Kunstverständnisses; aber es sollte damit vielleicht auch darauf verwiesen werden, dass solche Gegenstände, ihrer Funktion entkleidet, als *ästhetische Objekte* rein unter den Gesichtspunkten von Farbe, Form und Gestalt betrachtet und genossen werden können.

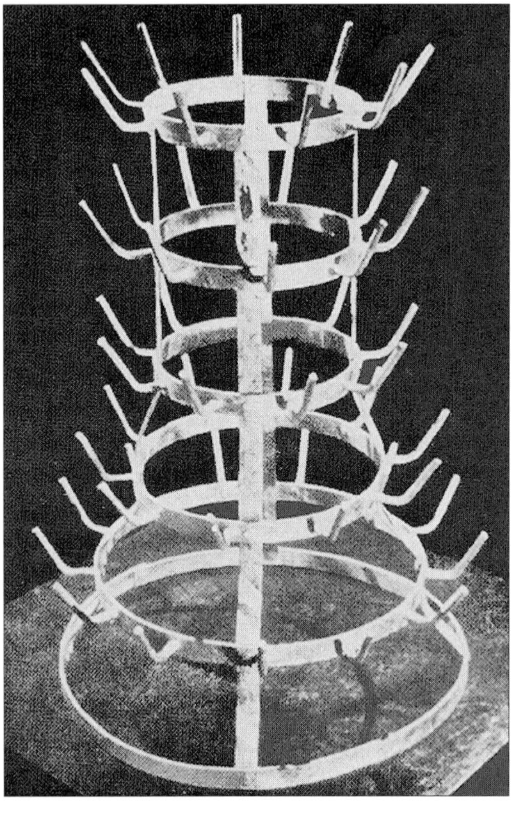

Denkanstöße

1 Duchamp stellte ein Pissoir, eine Nähmaschine ins Museum, Andy Warhol malte Suppendosen – was haben solche Aktionen noch mit Kunst zu tun?

2 Kant fordert als Vorbedingung für den Genuss des Schönen „interesseloses Wohlgefallen" – können Sie sich damit identifizieren? Kann man nur das als schön empfinden, an dem man kein sonstiges Interesse hat?

3 Überlegen Sie einmal, wie wichtig Ihnen eine ästhetische Gestaltung ihrer Umwelt und ihrer Person ist.

Marcel Duchamp, Flaschentrockner, „Ready-made", 1915

Kunst und Wahrheit

Aus Immanuel KANTs radikaler Bestimmung der ästhetischen Erfahrung ergeben sich eine Reihe von Problemen. So ist zum Beispiel zu fragen, ob die Wurzel des *interesselosen Wohlgefallens,* also des ästhetischen Empfindens, im Subjekt, im betrachtenden Menschen, allgemeiner: im Rezipienten, zu suchen ist, oder im Objekt, dem Gegenstand der Betrachtung, liegt. Will man Ersteres annehmen, könnte man von einem *ästhetischen Subjektivismus* sprechen: Für jeden bedeutet dann „schön" etwas anderes, jeder hat seinen eigenen Geschmack, über den sich bekanntlich nicht streiten lässt, jeder kann nach seinem individuellen Gefühl die Brille ästhetischer Wahrnehmung aufsetzen, wann immer es ihm gefällt. Es ist allerdings erstaunlich, dass, obwohl sehr viele Menschen der Ansicht sind, Kunst und Schönheit seien Sache des subjektiven Geschmacks, immer wieder über Kunst und die Frage, was denn schön sei, heftig gestritten wird. Vielleicht liegt das nicht nur an der mangelnden Toleranz. Schon KANT hatte zwar das *ästhetische Empfinden* ins Subjekt verlegt, dennoch aber gefordert, dass das *ästhetische Urteil* ein allgemeines, das heißt eines mit einem allgemein verbindlichen Gültigkeitsanspruch sein müsse. Das *interesselose Wohlgefallen* müsse allgemein sein, jedermann müsse es vor einem Objekt, das den Anspruch habe, schön zu sein, empfinden; erst dann könne der Gegenstand, löse er dieses *allgemeine* Urteil aus, tatsächlich als schön bezeichnet werden. Vielleicht ist die oft geforderte Toleranz in Kunstfragen deshalb so schwer aufzubringen, kann man mit seinen besten Freunden, wenn man unterschiedlicher Meinung über ein Buch, einen Film, eine Musik ist, deshalb so streiten, weil es bei der Kunst womöglich doch um mehr geht als nur um Fragen des subjektiven Geschmacks.

Kritiker von KANT, vor allem Georg Wilhelm Friedrich HEGEL, haben auch eingewandt, dass es nicht das subjektive Empfinden des Rezipienten sein könne, das über Schönheit und den Wert eines Kunstwerks entscheide, sondern dass Schönheit selbst, und damit die Kunst, Erscheinungsform einer *objektiven* Wahrheit sei. Wahrheit, Vernunft, Geist – letztlich das *Absolute* – entfalten sich nach HEGEL im Bewusstsein der Menschen in drei historisch aufeinander folgenden Stufen: in der Religion – das Absolute wird bildlich als Gottheit vorgestellt; in der Kunst – der Geist erscheint auf unterschiedlichste Weise in der sinnlich wahrnehmbaren Form der Kunstwerke; und in der Philosophie – die Wahrheit wird gedanklich, abstrakt, unsinnlich, dafür aber vernünftig begründbar begriffen. HEGEL, der sich für den Vollender der Philosophie hielt – das letzte Kapitel seiner „Phänomenologie des Geistes" trug die Überschrift „Das absolute Wissen" – dachte dann auch, das Ende der Kunst sei gekommen: Wenn die Wahrheit gedanklich begriffen werden kann, erübrigt es sich, sie den Sinnen oder der Phantasie erscheinen zu lassen.

Abgesehen davon: Für HEGEL ist Kunst eine Erscheinungsform des menschlichen Geistes. Er unterscheidet deshalb streng zwischen einem *Kunstschönen* und einem *Naturschönen.* Die Kunst als Ausdrucksform des Menschen gilt ihm deshalb auch viel mehr als die Schönheit der Natur. Die Frage nach dem *Naturschönen* war aber in der Ästhetik immer schon ein großes Problem gewesen. Einerseits galt die Natur seit der Antike als große Lehrmeisterin der Kunst, war das Ideal die vollendete Nachahmung, die *Mímesis* der Natur, war „naturgetreues" Malen Inbegriff gelungener Kunst – man denke etwa an holländische Stillleben oder Blumenbilder –, andererseits schien man sich mit dem bloßen Betrachten der Natur an sich, mit dem reinen Naturerlebnis, selten zufrieden zu geben. Erst die Verdoppelung der Natur in der Kunst, ihre Nachahmung und Veredelung durch den Menschen, die Verwandlung von Naturschönem ins Kunstschöne schien den ästhetischen Ansprüchen mancher Epochen zu genügen. So leitet der deutsche Dichter Friedrich Gottlieb KLOPSTOCK, ein Zeitgenosse KANTs, seine Ode an den Zürichersee mit der

Strophe ein: „Schön ist, Mutter Natur, deiner Erfindung Pracht / Auf den Fluren verstreut, schöner ein froh Gesicht, / Das den großen Gedanken / Deiner Schöpfung *noch einmal* denkt.“

Im Zeitalter fortschreitender Naturzerstörung allerdings scheint sich unser Verhältnis zum Problem des *Naturschönen* zu wandeln. Die brutalen Eingriffe in die Natur erscheinen oft auch als Eingriffe in die Schönheit der Natur, als Zerstörung von Landschaft. Naturschutz hat auch die Bedeutung, Natur als Ensemble von ästhetischer Qualität zu erhalten, auch dann, wenn Natur an sich ja kaum mehr vorkommt. Was heute an Natur als schön empfunden wird, ist ja in hohem Maße immer schon die vom Menschen gestaltete Natur gewesen, Natur aus zweiter Hand. Diese Naturgestaltung – vom Garten bis zum Nationalpark – folgt allerdings nicht nur biologischen, sondern eben auch ästhetischen Gesichtspunkten. Ob dabei allerdings die Natur selbst Quelle eines angemessenen natürlichen Schönheitsempfindens ist, oder ob der Mensch seine Vorstellung in die Natur projiziert, ob also Natur ein Maßstab des Schönen oder ihre Schönheit ein Produkt des Menschen ist, darüber gehen die Meinungen weit auseinander.

HEGELs enge Koppelung des Schönen an den Menschen hat allerdings, auch wenn man seine These vom Ende der Kunst nicht teilen mag, über die Geringschätzung des Naturschönen hinaus noch ganz andere Konsequenzen: Indem für HEGEL die Geschichte des Menschen die Geschichte der Entfaltung einer *allgemeinen* Vernunft ist, die sich auch in der Kunst spiegelt, kann Kunst für ihn nicht allein dem subjektiven Geschmack verpflichtet sein. Noch in der griechischen Antike war ja der Begriff des *Schönen* eng mit den Begriffen des *Wahren* und vor allem des *Guten* verknüpft. Wer sittliche Qualitäten aufwies, gut, integer, stark, ehrlich und tapfer war, galt deshalb auch als schön. *Kalokagathía,* die Einheit des Guten und Schönen, galt noch für PLATON als das Ideal auch der Kunst. Dass PLATON die Dichter aus seinem utopischen Idealstaat verbannen will, begründet er dann auch damit, dass die Dichter, indem sie Geschichten *erfinden,* eigentlich Lügner und als solche moralisch indiskutabel und gefährlich seien.

Diese Verpflichtung der Kunst nicht nur auf das Schöne, sondern auch auf das Wahre und Gute hat die abendländische Tradition dann auch von Anfang an begleitet. Auch ARISTOTELES fordert in seiner „Poetik“, dass die Tragödie die Nachahmung, die *Mimesis* nicht der vorfindbaren Natur, sondern einer ideal gedachten Wirklichkeit zum Ziele haben müsse, nicht wirkliche Menschenschicksale nachempfinden solle, sondern idealtypisch zugespitzte und geschärfte – denn erst dann könne den Zuschauer jener Jammer und Schauder erfassen, der eine Reinigung, eine *Kátharsis* seiner Gefühle bewirke. Und das ist nach ARISTOTELES auch Aufgabe des tragischen Schauspiels.

In einem derartigen Spannungsfeld steht Kunst eigentlich bis heute. Durch eine spezifische Darstellung der Wirklichkeit sollen bestimmte Effekte – aufrüttelnde, reinigende – beim Empfänger der vom Kunstwerk übermittelten Botschaften erzielt werden.

Man wird vielleicht nicht mehr wie HEGEL Kunst als eine Erscheinungsform der *Wahrheit* oder gar des *Absoluten* betrachten. Aber auch eine moderne Ästhetik, die sogenannte *informationstheoretische Ästhetik,* wie sie vom deutschen Philosophen Max BENSE vorgelegt wird, geht davon aus, dass Kunstwerke nicht nur beliebige emotionale Effekte auslösen, sondern dass ein Kommunikationsfeld zwischen Künstler, Kunstwerk und Rezipient entsteht, in dem Mitteilungen, Informationen durch die spezifischen Möglichkeiten der ästhetischen Gestaltung transportiert werden. Nicht das eindeutige, vordergründig verstehbare Signal macht dabei den entscheidenden Informationswert des Kunstwerks aus, sondern die durch die Verwendung ästhetischer Zeichen sich zusätzlich eröffnende Palette von

Deutungs-, Assoziations- und Interpretationsmöglichkeiten. Nicht der *denotative Gehalt* eines Wortes – also das, was es allgemein bedeutet – ist das Entscheidende an diesem Wort, in einem Gedicht etwa, sondern das, was durch die spezifisch lyrische Verwendung dieses Wortes unterschwellig an Bedeutungen noch mitschwingen kann – die *Konnotationen* also. Das Wort „Rose" als Bezeichnung für eine Blume kann in einem Gedicht eine Fülle weiterer Bedeutungen annehmen. Aus solchen zusätzlichen, konnotativen Bedeutungen setzt sich, so könnte man sagen, die spezifische Wahrheit der Kunst, ihr Informationsgehalt, zusammen. Genau deshalb sind Kunstwerke, welcher Art auch immer, nie auf einfache Aussagen reduzierbar.

Kunstwerke sind, so könnte man etwas abstrakter formulieren, gerade keine Medien für einfache Mitteilungen, sondern Darstellungen, die komplexe Deutungen, Vielfältigkeit, Offenheit prinzipiell erzeugen – so lautet zumindest eine These des italienischen Kunsttheoretikers und Romanciers Umberto ECO.

Denkanstöße

1 Wenn Kunstwerke wahr sind, dann muss ihre Wahrheit für alle gelten – finden Sie diesen Satz richtig?

2 Kunst und Moral – ein heikles Thema: Darf Kunst Ihrer Ansicht nach gegen den guten Geschmack, die guten Sitten, die moralischen Überzeugungen einer Gesellschaft verstoßen? Suchen Sie nach Beispielen, versuchen Sie, Ihre Ansicht zu begründen.

3 Platon wollte die Dichter, weil sie Erfundenes vorlügen und dadurch die Sitten verderben, aus dem Staat verbannen; sind heute die „Lügen" der Fernsehserien, die vorgegaukelten Traumwelten, die geisttötenden Talk- und Gameshows nicht noch viel gefährlicher? Sollten solche Produkte nicht auch „verbannt" werden?

4 Versuchen Sie anhand eines beliebigen Gedichts, den denotativen und konnotativen Gehalt der darin verwendeten zentralen Begriffe zu analysieren. Würden Sie der These zustimmen, dass der eigentliche Gehalt eines Kunstwerks in seiner „Form" liegt (also in der Art, wie es gemacht ist)?

Kunst und Gesellschaft

An die oben genannte Doppelstruktur der Kunst – Kunst als (kritische) Darstellung von Wirklichkeit und Kunst als Appell an ihre Rezipienten – hat vor allem die *marxistische Philosophie* des 19. und 20. Jahrhunderts bewusst angeknüpft. Die Beschränkung der Kunst auf das rein Ästhetische – *l'art pour l'art* – wird dabei als *Ästhetizismus* kritisiert und die Parteinahme der Kunst, ihr *Engagement* für sozialpolitische Ziele gefordert. Kunst habe – so heißt es etwa bei Georg LUKÁCS – die Realität „widerzuspiegeln".

Ähnlich wie schon bei ARISTOTELES fordert LUKÁCS allerdings damit kein einfaches, gleichsam *naturalistisches* Abbild der Wirklichkeit. Aufgabe des Künstlers sei es vielmehr, die relevanten Strukturen und Entwicklungen der Gesellschaft durch typische Figuren oder Schicksale zu veranschaulichen. *Widerspiegeln* meint also weniger einfaches Abbilden als vielmehr ästhetisches Reflektieren. Kunst soll helfen, gesellschaftliche Wirklichkeiten zu erkennen, und sie soll für die „fortschrittlichen" Aspekte der gesellschaftlichen Entwicklung – in der marxistischen Anschauung: für die revolutionäre Arbeiterklasse – Partei ergreifen. Dem allerdings hält etwa Theodor W. ADORNO, ebenfalls dem Marxismus nahe stehend, entgegen, dass es sehr wohl so etwas wie eine *ästhetische Autonomie* der Kunst gebe, eine Eigengesetzlichkeit der künstlerischen Entwicklungen, die nicht immer zurückgebunden werden könne an die aktuellen politischen und sozialökonomischen Konflikte und Veränderungen. Es ist deshalb, so ADORNO, nicht einfach, der Kunst eine eindeutige gesellschaftliche Funktion aufzuzwingen. Künstler reagieren mitunter eher auf Probleme der Form, der Gestaltung, die sich während der Arbeit an einem Werk ergeben können, als auf die äußere gesellschaftliche Realität. Allerdings, so vermutet ADORNO, formuliert der Künstler auf sehr sublime Weise auch seine Kritik am Bestehenden: in der radikalen Auseinandersetzung mit formalen, ästhetischen, kunstimmanenten Fragen – wie es etwa im Avantgardismus der Moderne zu Beginn unseres Jahrhunderts beim Kampf um die Abstraktion in der Malerei, um die Atonalität in der Musik der Fall gewesen ist. *Ästhetischer Avantgardismus,* so ADORNO weiter, ist nur vordergründig unpolitisch, kann nicht als dekadenter Ästhetizismus verurteilt werden. Allerdings, räumt ADORNO ein, muss auf direkte, unmittelbare Einflussnahme auf die Gesellschaft, auf die oft geforderte *Veränderung* der Verhältnisse *durch* Kunst verzichtet werden. Das kritische Potential der Kunst reicht nicht aus für praktische Veränderungen. Kunst lässt, so ADORNO, in der Distanz, die Gesellschaft, die sie angreift, vor der ihr schaudert, dennoch auch unbehelligt. Trotzdem engagieren sich immer wieder Künstler in politischen Bewegungen verschiedener Richtungen; sie dürften dabei aber eher ihre Autorität und ihr Image in die Waagschale werfen, als dass ihre Werke tatsächlich zum politischen Faktor würden – wenngleich, vor allem in Staaten mit einer restriktiven Zensurpolitik, die Veröffentlichung eines Kunstwerkes selbst schon zu einem politischen Akt werden kann.

Denkanstöße

1 Überlegen Sie, welche Künstler oder Kunstwerke Sie als ausgesprochen „politisch" bezeichnen würden. Inwiefern unterscheiden sich politisch engagierte Werke von unpolitischen?

2 Diskutieren Sie die unterschiedlichen Positionen von LUKÁCS und ADORNO: Kunst als Hilfe zur Erkenntnis und Verbesserung der Gesellschaft oder Kunst als ästhetisch radikale, aber weitgehend ohnmächtige Kritik an der Gesellschaft.

3 „Politisch Lied – ein garstig Lied." So heißt es bei Goethe. Sollte sich die schöne Kunst „rein" halten von der oft „schmutzigen" Realität der Politik?

Ursprung und Wurzeln der Kunst

Die Frage, ob Kunst eine aufklärerische, sozialkritische oder politisch-moralische Funktion haben kann oder gar soll oder ob sie nicht mehr ist als bloß ein wohlgefälliges und raffiniertes Spiel mit Formen, Farben, Klängen und Bedeutungen, wird sich in unterschiedlicher Weise wohl immer wieder stellen. Einige der damit zusammenhängenden Debatten können klarer strukturiert werden, wenn man sich ein wenig mit der Entstehung, dem Ursprung und der Entwicklung von Kunst überhaupt auseinander setzt.

Die Anfänge der Kunst liegen im Dunkel der Frühgeschichte. Wir neigen dazu, schon die prähistorischen Höhlenmalereien als Frühformen von Kunst zu interpretieren, wenngleich deren ursprüngliche Bedeutung wohl in erster Linie ritueller Natur gewesen sein mag. Welchen menschlichen Fähigkeiten und Anlagen dabei die Kunst zu verdanken ist, das ist mitunter Gegenstand heftiger Diskussionen. Geht es doch um die Frage, ob der Mensch von Natur aus ein *ästhetisches Wesen* ist, ob es so etwas wie angeborene ästhetische Bedürfnisse gibt oder ob Kunst eine relativ späte zivilisatorische Errungenschaft darstellt. Einige Verhaltensforscher nehmen einen *Spieltrieb* an und wollen im spielerischen Simulieren von Handlungssituationen eine Wurzel – etwa der dramatischen Kunst – sehen.

In seinem großen Werk „Die Eigenart des Ästhetischen" hatte Georg LUKÁCS drei Faktoren als anthropologische Voraussetzungen für die Kunst genannt: Die Fähigkeiten des Menschen, *Rhythmen, Symmetrien* und *Proportionen* zu erkennen. Schon der regelmäßige Wechsel von Wachen und Schlafen, von Tag und Nacht, regelmäßige Bewegungen bei

Arbeitsprozessen (Feldarbeit etwa), die Unterscheidung von rechts und links, das Beobachten und Abschätzen von Größenverhältnissen, die Faktoren der Gestaltwahrnehmung können als ursprüngliche Erfahrungen von Rhythmen, Symmetrien und Proportionen gewertet werden, aus denen sich dann erste *ästhetische Lebens- und Wahrnehmungsformen* entwickelt haben könnten: Tanz, Gesang, Lied; Skulpturen, Gestalten, Abbilder.

Eine weitere Wurzel der Kunst dürfte die *Magie* darstellen, der Versuch des Menschen, durch eine – oft ritualisierte – Folge von Handlungskomplexen (Tanz, Opfer- und Beschwörungsrituale) bestimmte Naturvorgänge zu beeinflussen. Auch die *mythischen Erzählungen* gehören zu ursprünglichen Formen des ästhetischen Ausdrucks. Sie erklären das Entstehen der Welt und deren Beschaffenheit und sollten so den frühen Menschen von der Angst vor der undurchschaubaren, fremden und bedrohlichen Wirklichkeit befreien. Solche Geschichten konnten dann ausgesponnen werden zu jenen Formen, die für uns heute als Urbilder literarischer Kunstwerke gelten – man denke etwa an das Gilgamesch-Epos oder an Homers „Ilias“ und „Odyssee“.

Alle diese erwähnten Formen der Wahrnehmung und Auseinandersetzung mit der Wirklichkeit haben allerdings – das muss betont werden – primär eine soziale und religiöse Funktion gehabt. Es ist also äußerst fraglich, ob in ihren ursprünglichen Bedeutungen kultische Tänze, Götterstatuen, Schöpfungsgeschichten als Kunst im engeren Sinn zu betrachten sind. *Religiöse Kunst* oder die Kunst sogenannter „Naturvölker“ ist vielleicht weniger Kunst, immer jedoch Bestandteil eines praktischen sozialen und religiösen Lebensvollzugs. Erst der aufgeklärte Blick des Europäers entreißt solche Objekte ihrem Zusammenhang, stellt sie ins Museum, betrachtet sie rein als Kunstwerk und vergisst völlig ihre eigentliche Funktion.

Noch dem gläubigen Menschen des Mittelalters wäre es nie eingefallen, einen Altar aus einer Kirche zu nehmen, in ein Museum zu stellen und dort rein ästhetisch zu genießen. Der Prozess der Ästhetisierung – das heißt, dass immer mehr Gegenstände nicht mehr gebraucht, sondern zum Zwecke der genießenden Anschauung in ein Museum gestellt werden – ist ein typischer Zug der *Moderne.* Als Kunst scheint etwas erst dann möglich zu sein, wenn es keinen anderen Zweck mehr erfüllen kann. Manche Forscher schlagen deshalb auch vor, von Kunst erst dann zu sprechen, wenn Objekte nur zum Zweck ihres ästhetischen Genusses, ohne religiöse, politische oder praktische Funktion, hergestellt werden.

Frühestens seit der *Renaissance* könnte in diesem Sinn von Kunst gesprochen werden. Parallel zu diesem Prozess vollzog sich die Emanzipation des Künstlers von seinen weltlichen und kirchlichen Auftraggebern und Mäzenen. Der Künstler will nur noch seine eigenen Konzepte verwirklichen, keinen fremden Interessen mehr dienen. Er wird unabhängig, die Kunst *autonom,* das heißt frei von außerkünstlerischen Instanzen. Der Preis, den der Künstler dafür zu zahlen hat, liegt im Zwang, sich nun auf einem anonymen Kunstmarkt behaupten zu müssen. Im bürgerlichen Zeitalter wird Kunst zu einer Ware unter anderen.

Denkanstöße

1 Erinnern Sie sich an Kunstwerke orientalischer und außereuropäischer Frühkulturen – was wissen Sie über deren ursprüngliche religiöse oder soziale Funktion? Ist die Kenntnis dieser Funktion für das Verstehen dieser Objekte unerlässlich? Was heißt Ihrer Ansicht nach überhaupt: Kunst verstehen?

2 Wenn Sie ein Museum besuchen, überlegen Sie einmal, welche der Bilder und Skulpturen ursprünglich einen religiösen oder politischen Sinn gehabt haben; vergleichen Sie diese mit Kunstwerken aus dem 20. Jahrhundert.

3 Kunst als Ware – bedeutet dies die Freiheit der Kunst oder die Auslieferung der Kunst an den Markt und damit an den Massengeschmack eines unberechenbaren Publikums?

4 Der Mensch ist nur dort frei, wo er spielt – meinte Schiller und nannte dieses spielerische Umgehen mit der Wirklichkeit „ästhetisch". Können Sie dieser Ansicht zustimmen? Wenn Spiel Freiheit bedeutet, was bedeutet dann Ernst? Wie stellt sich für Sie der Zusammenhang zwischen Spiel und Kunst dar?

Kleine Stilistik

Die Geschichte der Kunst, unter Einschluss früherer, religiös und politisch motivierter Kunst, erscheint oft als eine Abfolge von Kunststilen. Die zentralen Stilmerkmale und Stilbegriffe der europäischen Kultur seit der Antike sind uns geläufig: *Romanik, Gotik, Renaissance, Barock* bis hin zu *Impressionismus, Surrealismus, Jugendstil.*

Der Begriff des Stils ist dabei allgemein wohl gar nicht so leicht bestimmbar. Das Wort „Stil" selbst kommt aus dem Lateinischen (*stilus*) und meinte ursprünglich den Schreibgriffel, mit dem man Zeichen in eine Fläche ritzte. Stil als die sichtbare und deutbare Spur eines individuellen Ausdrucks erinnert noch an diese Herkunft: Man spricht vom persönlichen Stil eines Menschen, Malers, Musikers, Dichters. Aber Stil ist mehr als die Summe der Spuren, die ein Individuum hinterlässt und die es charakterisieren. Stil ist auch der an markanten Merkmalen erkennbare Ausdruck einer Gesellschaftsschicht, einer sozialen Gruppe oder einer Epoche – vom Lebensstil bis zu den entsprechenden Stilen in den Künsten. Im Stil offenbart sich nicht nur der ästhetische Geschmack einer Epoche oder einer Schicht, sondern auch einiges vom Denken und Fühlen und von der Bewusstseinslage einer Zeit. Bauwerke einer Stilepoche können so immer auch gedeutet werden als Stein gewordene Dokumente jener Auffassungen, Anschauungen und Probleme, mit denen die Schicht oder Generation der Erbauer sich konfrontiert sah.

Es hat immer wieder Versuche von Philosophen, Kunsthistorikern und Literaturwissenschaftlern gegeben, fundamentale, meist gegensätzliche Stilprinzipien, die in unterschiedlicher Weise in allen Epochen wirksam sind, herauszuarbeiten. Für Friedrich NIETZSCHE etwa ist jede Kunst eingespannt zwischen den Polen eines *apollinischen* – klar strukturierten, hellen, aufgeklärten, intellektuellen – und eines *dionysischen* – dunklen, rauschhaften, emotional-ekstatischen – Stils. Zu Beginn des 20. Jahrhunderts hat der bedeutende Kunsthistoriker Heinrich WÖLFFLIN, ausgehend von seinen Untersuchungen über den Wechsel vom Renaissance– zum Barockstil, für die bildenden Künste versucht, solche allgemeinen Stilmerkmale zu finden, wiederum zweipolige Begriffspaare, zwischen denen die Malereien der Epochen schwanken können: Dominanz der Linie oder des Farbflecks; eher flächig oder in die Tiefe komponiert; geschlossene oder offene Form; Vorrang des Ganzen oder Betonung des Teils; Streben nach Vollständigkeit oder Bevorzugung des Unvollständigen. WÖLFFLINs Kategorien wurden auch in andere Bereiche, etwa in die Literatur, übertragen, wo lange Zeit die Begriffe des *Klassischen* (Geschlossenheit, Harmonie, Tiefe, Ausgewogenheit, Ganzheit) und des *Romantischen* (fragmentarisch, offene Form, uneinheitlich, zerfallend) als entscheidende Stilmerkmale galten, die man an den verschiedenen Werken aufzuspüren trachtete.

So schwer es sein mag, allgemeine stilbildende Merkmale zu finden, die uneingeschränkt gelten könnten, so wenig lässt es sich leugnen, dass es immer Stile, Richtungen, Trends, oft auch nur Moden in der Kunst gibt, in denen ganz bestimmte Einstellungen, Bewusstseinsformen, Problemstellungen mit dem Einsatz ganz bestimmter formaler Mittel in

Zusammenhang stehen. Die kompositorische Strenge klassizistischer Malerei etwa – man denke an Jaques-Louis DAVID – lässt ebenso viel von der ihr zu Grunde liegenden Geisteshaltung spüren wie die ornamentale Verspieltheit des Jugenstils.

Denkanstöße

1 Welche Eigenschaften und Verhaltensweisen muss jemand haben, damit Sie ihm „Lebensstil" zuschreiben würden?

2 Versuchen Sie einmal von Ihnen bekannten Stilen auf die diesen zu Grunde liegenden geistigen Einstellungen und sozialpolitischen Verhältnisse zu schließen.

3 Inwiefern halten Sie es für möglich, das „Dionysische" und das „Apollinische" auch an der zeitgenössischen Kunst zu erkennen?

Das Genie

Spricht man vom Stil einer Epoche, lässt sich die interessante Frage aufwerfen, wie der einzelne Künstler zu diesem Stil steht. Verbreitet ist die Auffassung, dass sich der große Künstler, das Genie, nicht einem Stil unterordnet, sondern durch sein Werk selbst *stilbildend* wirkt. Immanuel KANT hat die *schöne Kunst* überhaupt als *Kunst des Genie*s definiert und das Genie dabei als jenes Talent bezeichnet, das auf Grund einer *angeborenen Gemütslage* im Stande sei, der Kunst *ihre Regeln* zu geben und vorzuschreiben. Immerhin vertrat KANT damit die Ansicht, dass es keine Kunst ohne Regeln geben könne, dass das Genie aber jene Regeln aus seiner Natur heraus schaffe. Das gelungene Kunstwerk ist nach KANT überhaupt dadurch ausgezeichnet, dass es zwar nach allen Regeln der Kunst gemacht sein, aber der Betrachter es als nahezu natürlich, spielerisch entstanden, nicht krampfhaft gewollt und gewaltsam strukturiert auffassen können muss. Wo die Absicht allzu deutlich zu merken ist, wird die Kunst schlecht.

Heute ist man dem Geniebegriff gegenüber skeptischer eingestellt. Der Künstler als ein von einem göttlichen Funken inspirierter Genius scheint mit unserem nüchternen Weltverständnis nicht vereinbar zu sein. Maler nennen sich wieder Handwerker, Dichter bezeichnen sich gerne als Textproduzenten, und Bert BRECHT nannte sich bescheiden einen „Stückeschreiber". Dennoch gilt Kreativität als eine hoch geschätzte Begabung, wenngleich sie im Prinzip jedem Menschen zugeschrieben wird, auch wenn sie oft erst entdeckt und gefördert werden muss. Ob tatsächlich jeder schon ein Künstler ist, der sich und seine Gemütslage „kreativ" auszudrücken versucht, oder ob jene von KANT zitierten Regeln dem einen Riegel vorschieben, bliebe zu diskutieren.

Tiefenpsychologische Interpretationen von Kunst zumindest sehen in den Kunstwerken auch Dokumente einer Nichtanpassung, die Möglichkeiten des Künstlers, seine psychischen Probleme nach außen zu wenden. Für Sigmund FREUD war jede kulturelle Arbeit, also auch Kunst, eine Form von *Sublimierung,* die Umformung ursprünglich sexueller Triebenergie in gesellschaftlich nützliche Arbeit. Dennoch bleibt eine faszinierende Nähe bestehen zwischen dem Künstler und jenen geistig-seelisch Ver-rückten, die jenseits der Normalität unserer Denk- und Lebensformen stehen. Diese Fähigkeit des Künstlers, etwas aus völlig ungewohnter, a-normaler Perspektive zu sehen und zu gestalten – man muss diese Fähigkeit ja nicht „Genie" nennen –, macht wahrscheinlich das Irritierende, Verunsichernde, aber auch Aufregende von Kunst aus: Sie eröffnet Perspektiven, Möglichkeiten, Sehweisen, die ansonsten verborgen blieben, nicht zuletzt deshalb, weil sie immer unangenehme, verstörende Erkenntnisse enthalten können.

Denkanstöße

1 Genie – Wunderkind – Talent: Versuchen Sie einmal eine eigene Definition dieser Begriffe.

2 Kunst und Wahnsinn: Überlegen Sie, an welchen Künstlern Ihnen dieses Problem begegnet ist? Wie schätzen Sie ein Kunstwerk ein, wenn Sie erfahren, dass sein Schöpfer (angeblich) wahnsinnig gewesen ist oder geworden sein soll?

3 Leonardo da Vinci meinte, dass ein Künstler die Möglichkeit habe, sich wie ein Gott jene Welten zu erschaffen, nach denen ihn gerade gelüstet – wie stehen Sie zu dieser Umschreibung der künstlerischen Potenz?

4 Man unterscheidet heute zwischen produktiven und reproduktiven (schaffenden, z. B. Komponisten und nachschaffenden, z. B. Dirigenten) Künstlern. Was ist Ihrer Ansicht nach der Grund dafür, dass im Bereich der Musik etwa die produktiven Künstler weit von jenem Renommee entfernt sind, das die reproduzierenden (Dirigenten, Sänger, Solisten) – zumindest beim breiten Publikum – genießen?

Philosophie der Gegenwartskunst

Das 20. Jahrhundert steht – mehr als andere Epochen – vor dem Problem, dass es keine allgemein verbindlichen stilistischen Regeln, an denen sich ein Künstler – auch kritisch – orientieren könnte, mehr gibt. Die historische Logik der Kunstentwicklung, die einigermaßen kontinuierlich eine Weiterentwicklung allgemeiner Stile erlaubte – was viele als den Fortschritt der Kunst ansahen –, ist in der *Moderne* anscheinend nicht mehr wirksam. Der Aufbruch der *modernen Kunst* zu Beginn dieses Jahrhunderts, die Avantgardebewegungen in Malerei *(Abstraktion),* Musik *(Atonalität)* und Literatur *(Dadaismus)* sprengten alle herkömmlichen und tradierten Formen.

Der moderne Künstler steht vor dem Problem – so beschreibt es zumindest der Literaturwissenschaftler Peter BÜRGER in seiner „Theorie der Avantgarde" –, einerseits alle Formen und Stile der Vergangenheit verwenden zu können, andererseits aber an nichts Verbindlichem mehr sich orientieren zu können. Manche zeitgenössischen Philosophen, wie der Franzose Jean-Francois LYOTARD, bezeichnen diese Situation als typisch für die Zeit der sogenannten *Postmoderne* – eine Zeit, in der die provokanten Radikalismen der Moderne verpufft sind und ein allgemeiner *Stilpluralismus* in Architektur, Kunst und Literatur möglich geworden ist. Ein Kennzeichen dieses Pluralismus, das man an sogenannter

Friedensreich Hundertwasser, Modell eines Wohnhauses in Wien, 1984

postmoderner Architektur leicht erkennen kann, ist die beliebige Verwendung und Kombination stilistischer Errungenschaften und Elemente der Vergangenheit: gotische Fensterbögen neben griechischen Säulen. Es werden Elemente, Formen, Vorbilder aus verschiedenen Epochen gleichsam „zitiert" und neu arrangiert; die Vergangenheit erscheint darin einerseits aufbewahrt, andererseits wird sie durch das beliebige Nebeneinander auch zum Teil ironisiert.

Ähnliches findet sich auch in der Literatur. Umberto ECOs erfolgreicher Roman „Der Name der Rose" etwa stellt solch ein Arrangement von Zitaten und Anspielungen dar, eine Collage aus mittelalterlichen Texten, in mittelalterliche Terminologie übertragenen Gedanken moderner Philosophen versteckten Bibelzitaten, Anspielungen auf Kriminalromane von Conan Doyle, Einbezug aktueller politischer Ereignisse u. a. m. Ob solche stilistische Freiheit als bloße spielerische Beliebigkeit oder als Chance zu einer neuen ästhetischen Vielfalt zu werten ist, wird nicht immer leicht zu entscheiden sein.

Doch abgesehen davon: Die Aura, die die schönen Künste in vergangenen Jahrhunderten umgeben haben mag, ist im 20. Jahrhundert abgebröckelt. Kunst ist in der Gesellschaft zu einem eigenen Sektor geworden, der in gewisser Hinsicht ein bedeutender Wirtschaftsfaktor sein kann – man denke nur an Großinstitutionen wie Staatstheater, den Kunst- und Antiquitätenmarkt, die Buch- und Schallplattenindustrie. Durch neue Technologien und Medien (Fotografie, Film, Rundfunk, Fernsehen) haben sich auch für die Kunst ungeheure Reproduktionsmöglichkeiten ergeben. Der Philosoph Walter BENJAMIN hat als Erster auf die Konsequenzen, die diese Medien haben können, hingewiesen. Das *originale Kunstwerk,* so BENJAMIN, verliert seine *Aura der Einzigartigkeit.* Ein neuer Typ, die massenhaft hergestellte *Reproduktion,* tritt an seine Stelle. Jedermann kann sich als Poster die Bildnisse der großen Meister in die Stube hängen, über Schallplatten ist eine Opern- oder Konzertaufführung immer verfügbar, über Medien können Millionen an einem Theaterereignis teilhaben. Die Künste, lange Zeit Privileg gebildeter und wohlhabender Schichten, sind „demokratisiert" worden, und für BENJAMIN ist daher auch jene Kunst die modernste, die von Anfang an als Massenmedium konzipiert war: der *Film.*

Andy Warhol, Marilyn, Siebdruck, 1964

Ob diese Demokratisierung der Kunst tatsächlich zu einem steigenden Kunstverständnis geführt hat oder ob durch die massenhafte Verbreitung nicht einem Qualitätsverlust der Künste selbst und einem passiven Konsumverhalten bei den Rezipienten Vorschub geleistet wird, darüber ließe sich freilich streiten. Nicht wenige Kulturphilosophen – so etwa Theodor W. ADORNO – sahen und sehen in dieser medialen Vervielfältigung eine Dynamik, die die Kunst zwingt, sich den Wünschen des Massenpublikums anzupassen, um auf dem Markt präsent bleiben zu können, was eine zunehmende *Trivialisierung* bedeuten kann. Die Frage nach dem ästhetischen und moralischen Wert oder Unwert massenhaft hergestellter Trivialkunst, vom Comic bis zum Videoclip, bedarf aber natürlich einer eingehenden, am konkreten Fall orientierten Analyse.

Günther ANDERS, der in seinem Hauptwerk „Die Antiquiertheit des Menschen" schon in den 50er Jahren eine kritische Analyse des Fernsehens vorgelegt hat, vertritt in diesem Zusammenhang die Ansicht, dass das elektronische Medium dazu tendiert, eine *Surrogatwirklichkeit* ins Wohnzimmer zu liefern, die weniger die Auseinandersetzung mit dieser als vielmehr die völlige *Unterwerfung unter diese* fördert. Während Kunst und Literatur, zumindest in ihren besten Formen, das Bewusstsein ihrer Rezipienten schärfen, führen, so ANDERS, TV und Video prinzipiell zu einer passiven, bewusstseinstrübenden, die Bilder der Fernsehwelt blind imitierenden Haltung. Das Fernsehen, das angeblich nur *Phantombilder* einer Wirklichkeit liefere, die kaum mehr durch Erfahrung überprüfbar seien, nehme aber gleichzeitig auch eine Vorbildfunktion ein; es präge unser Verhalten.

Festzustehen scheint jedenfalls, dass ein bestimmter Typus von Kunst, der nicht dem Massengeschmack entspricht, nur fortleben kann, wenn er von der Öffentlichkeit oder von privaten Institutionen *subventioniert* und *gefördert* wird. Die Frage nach dem Nutzen der Kunst für die Gesellschaft stellt sich, wenn solche Kunst als eine Ware betrachtet werden muss, die nicht kostendeckend produziert werden kann, dann allerdings mit aller Schärfe: Wer entscheidet nach welchen Kriterien über subventionswürdige Kunst?

Wird Kunst nicht nur als ein Sektor aufgefasst, in dem die Konsumenten von Kunst ihre subjektiven ästhetischen Bedürfnisse befriedigen, sondern gesteht man Kunst auch eine moralische oder aufklärerische Funktion zu, dann ist die Frage nach den *Richtlinien der Kunstförderung* von hohem kulturpolitischem Interesse. Ob sich eine lebendige, kritische, innovative und originelle Kunst entwickeln kann, hängt nicht nur von den Fähigkeiten des Künstlers und dem Geschmack des Publikums ab, sondern in zunehmendem Maße auch davon, ob ein Kunstmarkt mit Mut zum Risiko existiert, ob aufgeschlossene staatliche Subventionsgeber agieren und ob private Sponsoren, die sich von ihrem *Kunst-Sponsoring* eine Werbewirkung erwarten, nicht bloß ein Interesse an einer Imagepflege ihres Unternehmens durch Ankauf und Förderung von publikumswirksamer, aber „harmloser" Kunst haben.

Die Gefahr, dass nur leicht gängige, unproblematische Tendenzen in der Kunst gefördert werden, besteht zweifellos. Andererseits scheint es vielen verständlich zu sein, dass die Öffentlichkeit davor zurückschreckt, eine Kunst zu fördern, von der sie glauben muss, sie sei zu kritisch, zu radikal und überschreite die Grenzen des guten Geschmacks und des sittlich noch Vertretbaren. Die ständige Debatte über die Grenze zwischen Kunst und Pornographie mag hierfür ein Beispiel sein, die Situation von Künstlern unter autoritären Regimen ein anderes. Was immer man davon auch halten mag: solange über Kunst diskutiert, Kunst nicht völlig ignoriert, nicht völlig zum Konsummittel degradiert wird, kann sie ihren Anspruch, mehr zu sein als nur ein sinnliches Vergnügen, immer wieder einlösen.

Denkanstöße

1 Können Sie den Begriff „Postmoderne" auf Architekturen in Ihrer Umgebung anwenden? Wie stehen Sie dazu? Wodurch unterscheiden sich solche Gebäude von moderner „funktionaler" Architektur?

2 In Zeiten schlechter Wirtschaftslage taucht immer wieder die Forderung auf, die Subventionen für Kunst drastisch einzuschränken oder ganz zu streichen. Was spricht für solche Forderungen, was dagegen? Kann eine Gemeinschaft ohne Kunst leben?

3 Eine wachsende Zahl von Firmen pflegt ihr Image durch kulturelles Sponsorship. Für wie sinnvoll erachten Sie die millionenschwere Unterstützung etablierter und bereits erfolgreicher Kunst? Sollten nicht unbekannte, aber experimentierfreudige Künstler verstärkt gefördert werden?

Herren und Knechte

Vom Sinn der Geschichte

Cafe Philosophopolis, *Weihnachten 1991, früher Nachmittag.*

Brigitte *und* Christoph, Alfred *tritt, geschäftig wie immer, herein.*

Alfred: „Hallo, habt ihr's schon gehört? Endlich auch die Sowjetunion. Die KPdSU ist verboten worden, die UdSSR von der Bildfläche verschwunden. Leningrad heißt wieder St. Petersburg. So ändern sich die Zeiten. Aus ist es mit dem Kommunismus, endgültig aus. Das nenn' ich in großen Zeiten leben. Irgendwann begreift eben jeder, dass ohne Marktwirtschaft nichts geht. Ein *historisches* Ereignis."

Christoph: „Bist du sicher, dass das wirklich ein Grund zu solchem Enthusiasmus ist? Weiß man, wohin diese Umwälzungen führen werden? Und wird jetzt wirklich alles besser? Womöglich fangen die Probleme für diese Länder erst an. Die glauben, der Kapitalismus, das ist das Paradies. Und was erwartet sie? Arbeitslosigkeit, Inflation, Ausverkauf an den Westen, neue Formen der Kriminalität. Und die Reichen werden reicher werden; die Privilegien der alten Stalinisten werden dagegen ein Klacks gewesen sein. So historisch …"

Alfred: „Na hör mal! Nach 40 Jahren verschwinden die Kommunisten von heute auf morgen. Alles ist nun anders in Europa. Freie Bahn für frische Kräfte, jetzt geht's richtig los mit den Geschäften im Osten. Ein welthistorischer Sieg des freien Westens! Natürlich, von heut' auf morgen wird nichts besser. Man muss schon ein bisschen weiträumiger denken, wenn man sich auf geschichtliche Dimensionen einlässt. Aber dazu fehlt euch wohl der Weitblick …"

Christoph: „Frische Kräfte! Das Einzige, was für dich zählt, sind doch Exportchancen. Das ist dein Weitblick. Schöne Geschichte! Und was den welthistorischen Sieg betrifft – die haben sich ihre Revolutionen doch wohl selbst gemacht, ohne uns."

Brigitte: „Das schon. Aber ohne uns als Vorbild hätten sie das sicher nicht geschafft. Aber als Sieg des Westens? … Ich weiß nicht. Dass die Kommunisten weg sind, find ich auch toll, aber – wer hat da eigentlich Revolution gemacht?"

Alfred: „Ist doch egal. Hauptsache, sie haben endlich begriffen, dass unser Wirtschaftssystem besser ist. Weil es effizienter ist. Und das Bessere setzt sich eben immer durch. Langfristig."

Christoph: „Weißt du eigentlich, dass du wie ein Marxist redest?"

Alfred *protestiert heftig:* „Was? Blödsinn!"

Brigitte: „Kein Blödsinn. Es zählt doch nur die Wirtschaft für dich. Primat der Ökonomie, sagt Marx. Und sonst gibt es wohl nichts? Ideale von Freiheit, von Demokratie, von einem menschenwürdigeren Leben? Vielleicht ist deshalb der Kommunismus zusammengebrochen."

Alfred: „Schnickschnack. Die Zeit der Ideen und hehren Ideale ist vorbei. Cash only."

Brigitte: „Und Politiker, Erfindungen, die Medien, die Religionen, die Sehnsüchte der Menschen? Nicht zu vergessen, das Nationalgefühl.
Schau doch in die ehemalige Sowjetunion, auf den Balkan, in den Nahen Osten! Spielt das keine Rolle in der Geschichte?"

Alfred: „Das alles spielt nur so lange eine Rolle, wie sich der Kapitalismus noch nicht durchgesetzt hat."

CHRISTOPH: „Unsinn. Natürlich hat Brigitte Recht. Menschen machen aus ganz anderen Motiven Geschichte, nicht nur des Geldes wegen …"

BRIGITTE: „Und überhaupt: wonach bemisst du, was rückständig und was fortschrittlich ist? Vielleicht waren Völker ohne Geld viel fortschrittlicher – und glücklicher als wir."

ALFRED *scharf:* „Erstens: Menschen machen überhaupt keine Geschichte, sie werden von ihr gemacht. Wenn die Zeit für etwas nicht reif ist, können sie machen, was sie wollen, nichts geschieht! Und zweitens …"

BRIGITTE: „Entschuldige, aber was heißt denn das schon wieder? Wann ist denn eine Zeit reif für etwas? War die Zeit für die Demokratie im Osten vor Jahren noch nicht reif?" *(Sie sieht* DANIEL *in der Tür)*

BRIGITTE: „Eine Frage an Sie: Was ist für Sie Fortschritt? Und was die Geschichte?"

DANIEL: *(Denkt längere Zeit nach)* „Das kann ich so auf die Schnelle auch nicht sagen. Aber was halten Sie von folgender Definition: Fortschritt, das ist der Schritt nicht nach vorn, sondern: fort von etwas. Und Geschichte? Geschichte ist vielleicht immer nur das, was die Nachwelt dazu macht. Gegenwart ist (im eigentlichen Wortsinne) nie historisch."

Denkanstöße

1 Mit welcher Ansicht würden Sie in diese Debatte einsteigen? Hatten Sie schon einmal das Gefühl, Zeuge eines „historischen Ereignisses" oder „historischen Prozesses" zu sein?

2 Was sind Ihrer Auffassung nach die eigentlichen „Triebkräfte" der Geschichte? Geld, Ideologien, Religionen, Nationalgefühl, Machtgier …?

3 Nach dem Zusammenbruch der kommunistischen Diktaturen in Osteuropa schien damit auch der Marxismus am Ende zu sein. Wie beurteilen Sie das Verhältnis zwischen der Philosophie von Marx und den gescheiterten Versuchen, diese zu verwirklichen?

„Es war vor einiger Zeit in Mode, und ist es vielleicht noch, auf die Titel der Romane zu setzen: ‚Eine wahre Geschichte'. Das ist nun eine kleine, unschuldige Betrügerei; aber dass man auf manchen neueren Geschichtsbüchern die Worte ‚Ein Roman' weglässt, das ist keine so unschuldige."

Georg Christoph Lichtenberg

Annäherung:

GESCHICHTE UND GESCHICHTEN

Das Wort „Geschichte" kann uns in unterschiedlichster Weise begegnen. Geschichte: das kann eine Erzählung sein, etwas, das jemandem „geschehen" ist; Geschichte, das ist ein Schulgegenstand, als solcher ergänzt durch „Sozialkunde"; Geschichte das kann als Geschichte der Menschheit oder „Weltgeschichte" alles sein, was sich seit je ereignet hat; und: Geschichte kann in den vielfältigsten Zusammenhängen auftauchen: als Kunstgeschichte, Wirtschaftsgeschichte, Religionsgeschichte, Zeitgeschichte, Literaturgeschichte, Alltagsgeschichte, Musikgeschichte, Militärgeschichte und vieles mehr. Man spricht davon, dass ein Mensch, ein Staat, ein Volk, ja ein Begriff seine „Geschichte" hat. Eine philosophische Zeitschrift nennt sich „Archiv für Begriffsgeschichte"; man versucht die „Geschichte" der Frauen, der Arbeiter, der antiken Sklaven zu schreiben; neuere Forschungen befassen sich mit der Geschichte der Eisenbahnen ebenso wie mit einer Geschichte der Genussmittel oder einer Geschichte des künstlichen Lichts. Vor kurzem erschien eine

Geschichte der Hose. Allenthalben spricht man aber auch noch von einer Geschichte der Natur oder einer Geschichte des Weltalls, auch wenn sich heute, zumindest für diese Bereiche, der Begriff der Evolution durchgesetzt hat.

All diesen Geschichten gemeinsam ist, dass es sich – in welcher Weise auch immer – um Vergangenes handelt. Wann immer eine Geschichte erzählt wird, wird erzählt, wann sich etwas *wie* ereignet hat; vielleicht versucht man auch zu zeigen, *warum* etwas so und nicht anders geschehen ist, und manchmal werden Geschichten erzählt, um zu erklären, warum etwas so ist, wie es ist: Die Vergangenheit soll die Gegenwart verständlich und verstehbar machen.

Mit den letzten Bemerkungen sind wir eigentlich schon mitten in der Geschichtsphilosophie. Sie ist, im weitesten Sinn, *Nachdenken über die Bedeutung der Vergangenheit.*

Denkanstöße

1 Suchen Sie noch weitere Gegenstände, Errungenschaften, Verhaltensweisen, Menschen und Menschengruppen, deren „Geschichte" Sie interessieren würde. Was fasziniert Sie an solchen „Geschichten"?

2 Diskutieren Sie den eingangs zitierten Aphorismus von G. Ch. Lichtenberg. Warum werden Romane gerne „wahre Geschichten" genannt (Vielleicht könnte man dem Begriff „wahr" in diesem Zusammenhang auch einen konnotativen Charakter beimessen. Vgl. dazu eine Äußerung von Erich Kästner: „Ob wirklich passiert oder nicht, das ist egal. Hauptsache, dass die Geschichte wahr ist!") und warum sollten nach Lichtenberg Geschichtswerke mitunter „Romane" genannt werden?

3 Lässt sich, nach Ihrer Erfahrung, etwas, das geschehen ist, tatsächlich so erzählen, wie es geschehen ist? Welche Schwierigkeiten können dabei auftreten? Was heißt eigentlich „Geschichtsbewusstsein"?

Was ist Geschichte?

Diese Frage scheint nahezu müßig. Zu selbstverständlich ist uns die Verwendung dieses Wortes, zu klar glauben wir über seine Bedeutung verfügen zu können. Aber schon die oben aufgezählten vielfältigen Verwendungsweisen lassen erkennen, dass unter „Geschichte" zumindest zweierlei verstanden werden kann: einmal das *Geschehen selbst,* das, was sich ereignet hat – die *res gestae;* Geschichte ist aber auch die *Kunde* von diesen Ereignissen, der Bericht, die *Darstellung,* ihre Erforschung – die *historia rerum gestarum.*

Geschichtsphilosophie kann sich also zum einen grundsätzlich mit der Frage befassen, unter welchen Bedingungen das tatsächliche Geschehen erfassbar ist, und zum anderen kann sie sich mit der Deutung dieses Geschehens, mit dem „Sinn" der Geschichte auseinander setzen, sich um einen solchen bemühen. Im ersten Fall kann Geschichtsphilosophie verstanden werden als *Wissenschaftstheorie der Geschichtswissenschaften.* Sie stellt sich die Frage, wie eine wissenschaftlich abgesicherte, historische Erkenntnis überhaupt zu denken und in die wissenschaftliche Praxis umzusetzen ist. Die Frage nach den Möglichkeiten und Grenzen eines gesicherten historischen Wissens hängt dabei natürlich eng zusammen mit der Frage nach der Deutung dieses Wissens.

Bedenkenswert ist aber auch, dass die Vorstellungen, die sich Menschen von Geschichte machen, ihrerseits wieder selbst geschichtsmächtig werden können, zu Motiven für Handlungen von Einzelpersonen oder ganzen Gruppen. Man denke nur daran, wie oft politische, militärische und kulturelle Aktivitäten eingeleitet oder legitimiert worden sind mit dem Hinweis auf eine historische Mission, auf eine geschichtliche Notwendigkeit, auf eine historische Gesetzmäßigkeit. Wenn in diesen Zusammenhängen Geschichte die Bedeutung von einem Ereignisablauf gewinnt, den der Mensch kaum zu beeinflussen vermag, dem er sich nur anpassen kann, dann steckt hinter dieser Ansicht schon eine ganz bestimmte Auffassung von der Geschichte und den in ihr waltenden Gesetzmäßigkeiten, eine bestimmte Geschichtsphilosophie also.

Denkanstöße

1 Interpretieren Sie die folgende Definition von Geschichte:
„Geschichte ist die Abfolge von Veränderungen menschlicher Lebensverhältnisse, sofern sie für uns durch Interpretationen von Zeugnissen rekonstruierbar wird." (R. Schaeffler)

2 Welche Bedeutung hat Ihrer Meinung nach der viel zitierte Satz: „Die Weltgeschichte ist das Weltgericht"? (G.W.F. Hegel)

3 Ist Ihrer Auffassung nach die Ausbreitung der Mikroelektronik auf fast alle Lebensbereiche eine „historische Notwendigkeit"? Wie erklären Sie sich das Zustandekommen solcher „Notwendigkeiten"?

GESCHICHTSMÄCHTIGKEITEN

Geschichte ist nie die Summe aller Ereignisse in ihrer zeitlichen Abfolge. Jeder Versuch, Geschichte darzustellen oder zu deuten, steht von allem Anfang vor dem Problem, die zur Verfügung stehenden Fakten nicht nur quellenkritisch, durch Dokumente oder übereinstimmende Berichte abzusichern, sondern sie auszuwählen und zu gewichten. Jede noch so neutrale „Chronik der laufenden Ereignisse" – so der Titel einer russischen Untergrundzeitung und eines Buches von Peter HANDKE – konstruiert durch Art und Anzahl der notierten Vorkommnisse ein ganz bestimmtes Bild von Geschichte. Hinter jeder Auswahl steht selbstredend die Annahme, dass es *wichtige* und *unwichtige* Ereignisse gibt.

Was heißt aber nun in diesem Zusammenhang wichtig? Dass Caesar den Rubikon überschritten hat, war offensichtlich wichtig; dass am selben Tag irgendein römischer Landherr

Hans Holbein der Jüngere, Schlachtszene, Feder- und Pinselzeichnung, um 1530

seinen Sklaven geprügelt haben mag, nicht. Ein *Kriterium* für diese Wichtigkeit dürfte der angenommene *Folgenreichtum* von Handlungen sein. Wir gehen immer davon aus, dass bestimmte Handlungen oder Handlungskomplexe für den Fortgang der Ereignisse von größerer Bedeutung sind als andere.

Welche Art von Handlungen das Leben der Menschen nun in solchem Maße bestimmen, dass sie „historisch" genannt werden können, ist selbst wiederum eine geschichtsphilosophische Frage, die unterschiedlich beantwortet worden ist. Galt bis ins 19. Jahrhundert, dass es vor allem militärische und politische Ereignisse sind, die den Geschichtsprozess ausmachen, so wurde seitdem das Augenmerk auch auf andere Bereiche gelenkt, vor allem auf die ökonomischen und sozialen Strukturen des Zusammenlebens. Je nachdem, welchen dieser Gesichtspunkte eine bestimmte Geschichtswissenschaft stärker berücksichtigt, wird das Ergebnis die Darstellung einer *Ereignis-* oder eben *Strukturgeschichte* sein. *Persönlichkeiten* werden die eine Form der Darstellung bestimmen, *kollektive Prozesse,* wie die Formen des Wirtschaftens, soziale Revolutionen, Massenbewegungen, die andere. Gegenwärtig tendieren viele Historiker zu einer Strukturgeschichte, die allerdings auch das Alltagsleben der Menschen in den verschiedenen Epochen miteinbezieht. Dahinter steht zweifellos die Einsicht, dass diese Strukturen langfristig gesehen das Leben der Menschen mehr bestimmen und es auch stärker verändern als kurzfristige politische Aktionen Einzelner.

Wie allerdings das politische und kulturelle Handeln von einzelnen Menschen im Verhältnis zu den großen sozialen, ökonomischen und politischen Strukturen einer Gesellschaft zu denken ist, bleibt nicht nur eine Aufgabe der Geschichtsschreibung, sondern auch der Geschichtsphilosophie. Es geht dabei um die Rolle und die Möglichkeiten des Einzelnen und um die Frage, inwiefern die Menschen von den gesellschaftlichen Strukturen, in denen sie leben, geprägt, vielleicht sogar determiniert sind. Umgekehrt bleibt es auch immer ein Problem der Forschung, welche Faktoren zu Umwälzungen eben dieser gesellschaftlichen Strukturen führen, was also zum Beispiel die industriellen Revolutionen des 18. und 19. Jahrhunderts ausgelöst und durchgesetzt hat.

Aber nicht nur die Frage nach dem Verhältnis des *Individuums* zu allgemeinen *gesellschaftlichen Strukturen* interessiert die Geschichtsphilosophie, auch das Verhältnis der verschiedensten Lebensbereiche zueinander, mögliche gegenseitige Abhängigkeiten und Beeinflussungen sind ihr ein zentrales Thema. Wie Ökonomie, Politik, Recht, Kunst, Religion und Wissenschaft zusammenhängen, welche Auswirkungen sie auf das Leben der Menschen haben können, wird immer wieder diskutiert. Die säuberliche Trennung in politische Geschichte, Kunstgeschichte, Wirtschaftsgeschichte, Alltagsgeschichte und Ähnliches mehr, kann aus methodischen Gründen notwendig sein, letztlich wird es aber einer philosophischen Geschichtsbetrachtung immer um Wechselwirkungen und Zusammenhänge zwischen allen Bereichen menschlichen Lebens gehen.

Denkanstöße

1 Überlegen Sie, welches Geschichtsbild Ihren Geschichtsunterricht bestimmt hat: War eher von Ereignis- oder von Strukturgeschichte die Rede? Welche Rolle spielten „große Persönlichkeiten"? Welche Bereiche dominierten: Militär, Politik, Wirtschaft, soziale Fragen, Kultur, Religion? Welche sozialen Schichten wurden in ihren Lebensweisen dargestellt: Adel, Bürgertum, Bauern, Arbeiter, Soldaten, Priester, Frauen, Kinder?

2 Welche Schwierigkeiten treten auf, wenn man versucht, etwa aus den Ereignissen einer Woche, wie sie z. B. in Tageszeitungen festgehalten sind, die „historisch bedeutsamen" herauszufiltern? Versuchen Sie dies einmal; begründen Sie Ihre Auswahl, und denken Sie darüber nach, nach welchen Gesichtspunkten Sie solche Gründe für historische Bedeutsamkeit akzeptieren.

3 Lohnt es sich Ihrer Ansicht nach, die historische Forschung auch auf solche Gegenstände zu richten, die nicht „geschichtsmächtig" geworden sind – untergegangene Kulturen, an den Rand gedrängte Minderheiten, verschwundene Sprachen, überhaupt: Alltag, Privates …?
Was könnte diese Forschung rechtfertigen?

Vom Sinn der Geschichte

Dass Geschichte, als Abfolge der Veränderungen menschlicher Lebensverhältnisse, einen *Sinn* habe, etwas bedeute, auf ein Ziel zulaufe, ist keineswegs selbstverständlich. Der deutsche Philosoph Theodor LESSING definierte Geschichte geradezu als „Sinngebung des Sinnlosen", als Versuch des Menschen, das, was geschehen ist, zu ordnen, zu werten, mit Sinn zu versehen, auch wenn es an sich ohne tiefere Bedeutung ist. Viel von dieser „Sinngebung" mag allerdings auch eine Form der Rechtfertigung sein, denn, so stellte LESSING fest:

„Geschichte wird bekanntlich nur von Überlebenden geschrieben. Die Toten sind stumm. Und für den, der zuletzt übrig bleibt, ist eben alles, was vor ihm da gewesen ist, immer sinnvoll gewesen, insofern er es auf seine Existenzform bezieht und beziehen muss, d.h. sich selbst und sein Sinnsystem eben nur aus der gesamten Vorgeschichte seiner Art begreifen kann. Immer schreiben Sieger die Geschichte der Besiegten, Lebengebliebene von Toten."

Ähnlich, wenn auch nicht so radikal, bezweifelt Karl POPPER, ob die Weltgeschichte einen Sinn habe. Wie wir heute wissen, gab und gibt es auch eine ganze Reihe von Kulturen, im alten Europa, in Afrika, Australien und Südamerika, die, weil sie einen *zyklischen Zeitbegriff* haben, Geschichte als permanente Veränderung gar nicht kennen. Für sie gilt das *Gesetz einer ewigen Wiederkehr des Gleichen.* Der Rhythmus der Himmelskörper, der Jahreszeiten bestimmt das Leben, die Lebensbedingungen und Tätigkeiten verändern sich kaum, jede Generation erlebt sich als Inkarnation der vorangegangen. Kulturen, die sich nach diesem Zeitbegriff richten, sind dann oft auch weniger dynamisch, weniger expansiv, traditionsgebundener als die abendländische. Der französische Ethnologe Claude LÉVI-STRAUSS nannte diese Kulturen „kalt", im Gegensatz zu „heißen" Kulturen, solchen, die einer starken inneren Dynamik, einer ständigen Veränderung der Lebensformen und der dazugehörigen Vorstellungen unterliegen.

In sich *stabile Kulturen,* die über Jahrhunderte, manchmal sogar Jahrtausende ihre Lebensformen, Traditionen, sozialen und politischen Ordnungen, ihre religiösen Vorstellungen beibehalten, wie etwa einige indianische und afrikanische Kulturen, stehen damit *dynamischen Kulturen* wie der europäischen gegenüber, die durch ein Höchstmaß an sozialen, politischen, wissenschaftlichen und weltanschaulichen Wandlungen gekennzeichnet sind und diese Dynamik in Form politischer und militärischer Expansion auch nach außen tragen. Die moderne westliche Industriegesellschaft ist wahrscheinlich die Lebensform mit dem höchsten Grad an *Mobilität.* Um sich diesen Sachverhalt einmal klar vor Augen zu führen, genügt vielleicht erst einmal der Hinweis, dass auch in Europa Lebensformen, Werkzeuge, Produktionsweisen über Jahrhunderte stabil waren – die Sichel des mittelalterlichen Bauern unterschied sich kaum von der des antiken Landsklaven, während die Geräte des alltäglichen Lebens heute schon nach wenigen Jahren und Jahrzehnten sich vollständig ändern und erneuern können. Es ist wohl keine Frage, dass ein rasanter Wandel der Lebensverhältnisse mit dem *Verlust von Traditionen* einhergehen muss.

Letztlich war aber auch die Wurzel der europäischen Kultur, die griechische Antike, bestimmt vom Gedanken an eine ständige Wiederkehr des Gleichen: Es gibt nichts Neues unter der Sonne – eine Vorstellung, an die im 19. Jahrhundert übrigens Friedrich NIETZSCHE angeknüpft hat. Das mag auch der Grund dafür sein, dass die Griechen, die sonst so viele Disziplinen der Philosophie begründet haben, nur Ansätze zu einer Geschichtsphilosophie entwickelten.

Erst das christliche Mittelalter, namentlich AUGUSTINUS, gelangte zu einem spezifisch geschichtlichen Denken. In seiner Schrift vom Gottesstaat – „De civitate Dei" – deutet AUGUSTINUS die Geschichte als Ausdruck eines unsichtbaren Kampfes zwischen der *civitas Dei* und der *civitas terrena*, ein Kampf, der sich also zwischen Irdischem und Himmlischem, zwischen Gut und Böse in den Seelen der Menschen zuträgt und an dessen Ende das „Eschaton" steht, die Endzeit mit dem Jüngsten Gericht, der Sieg der Mächte des Lichts über die der Finsternis.

Bei AUGUSTINUS finden sich schon Elemente vorgeformt, die auch weiterhin charakteristisch für einige geschichtsphilosophische Ansätze sein werden: der Gedanke, dass hinter dem Handeln der Menschen ein *übergeordnetes Prinzip* waltet; die Interpretation der Geschichte als *Auseinandersetzung antagonistischer Kräfte;* die Annahme, dass es ein Ziel *(télos)* der Geschichte gäbe und eine Endzeit *(éschaton)* und nicht zuletzt die Idee, dass Geschichte, bedingt durch den Missionsauftrag des Christentums, letztlich als *Welt-* und *Menschheitsgeschichte* zu denken ist. Alle sind in diesen Prozess einbezogen. Die Grundstruktur christlichen Geschichtsdenkens lässt sich vielleicht kurz durch die Kategorien Paradies – Sündenfall – Erlösung skizzieren, wobei das historische Geschehen Folge des Sündenfalls ist und sich durch den Opfertod Christi, als dem Wendepunkt der Geschichte, auf die endgültige Erlösung zubewegt.

Die Neuzeit hat strukturelle Elemente des christlichen Geschichtsdenkens übernommen, es aber immer mehr seiner theologischen Komponenten entkleidet. Das Heilsgeschehen wurde – so eine bekannte These des deutschen Philosophen Karl LÖWITH – zur Weltgeschichte umgedeutet. Es ist der Aufklärer VOLTAIRE, der erstmalig den Begriff „Geschichtsphilosophie" (philosophie de l'histoire) prägt, und es ist die Aufklärung, die die göttliche Offenbarung durch die menschliche Vernunft ersetzen will, *Geschichte als das Vernünftigwerden des Menschen,* als zunehmende Realisation der Vernunft interpretiert hat. Für Immanuel KANT („Idee zu einer allgemeinen Geschichte in weltbürgerlicher Absicht", 1784) führt die Entfaltung der Vernunft, die nach ihm die Natur des Menschen ausmacht, nicht nur zum Zusammenschluss von Individuen zu einem Staat, sondern letztlich auch zum notwendigen, weil vernünftigen Zusammenschluss von souveränen Staaten zu einer Weltrepublik, die den „ewigen Frieden" garantieren und die höchste Entfaltung von Freiheit und Moralität ermöglichen sollte.

Die widersprüchlichen Erfahrungen dieser Epoche – die Französische Revolution und die damit verbundenen politischen und gesellschaftlichen Krisen – machten es allerdings notwendig, Geschichte nicht nur als Entfaltung der Vernunft zu denken, sondern die damit verbundenen Ereignisse und Krisen – Revolutionen, Kriege, Hungersnöte, Gräueltaten – zu deuten. Georg Wilhelm Friedrich HEGEL versucht in einem groß angelegten und folgenreichen geschichtsphilosophischen Entwurf, alle Elemente und Widersprüche der historischen Prozesse zu einem System zu vereinen. Geschichte ist auch für HEGEL *Entfaltung von Vernunft.* Die Vernunft – das ist für HEGEL der *Weltgeist,* der im Laufe der Geschichte zu sich kommt, zum Bewusstsein seiner selbst gelangt. Er *verwirklicht* sich in der und durch die Geschichte der Menschheit. Er spaltet sich gleichsam auf, in verschiedene „Volksgeister" und bestimmt deren Schicksal. Alle Handlungen der Menschen, kollektive wie individuelle, sittlich hoch stehende wie niederträchtige, sind nach HEGEL Ausdruck dieser Vernunft. Die Verwirklichung des Vernünftigen – darauf sind alle Handlungen und Ereignisse bezogen, auch dann, wenn dies den Menschen nicht bewusst ist: dass auch die widerwärtigsten Taten im Dienste des Weltgeistes geschehen können, nannte HEGEL „die List der Vernunft". Die Vernunft bedient sich gleichsam der egoistischen und kurzsichtigen, oft verwerflichen Begierden der Menschen, um sich, hinter deren Rücken sozusagen, dennoch durchzusetzen.

Geschichte ist also für HEGEL Fortschritt der Vernunft, und das heißt für ihn auch „Fortschritt im Bewusstsein der Freiheit". Das Maß der erreichten Freiheit wird so für HEGEL auch zum Maßstab, nach dem sich die wesentlichen Epochen der Geschichte bestimmen lassen: im Alten Orient war nur einer frei – der Despot; der Rest im Zustand der Sklaverei. In der Klassischen Antike waren einige frei – die Bürger der Städte, später des römischen Reiches. Und die christlich-bürgerliche Neuzeit gewährt, so HEGEL, allen die Freiheit – ausgedrückt in der für ihn idealen Staatsform einer konstitutionellen Monarchie. HEGEL war so auch der Überzeugung, dass die Verwirklichung der Vernunft in seiner Epoche zu einem Ende, Geschichte zum Stillstand gekommen sei.

Denkanstöße

1 Die Geschichte ist immer die Geschichte der Sieger – Stimmt diese These Ihrer Ansicht nach? Gibt es dann überhaupt so etwas wie eine „historische Wahrheit"?

2 Ein Ziel der Geschichte – Utopie, Wunschvorstellung oder notwendige Annahme? Soll man sich Gedanken darüber machen, wohin die Menschheit steuert?
Was wären überhaupt erstrebenswerte Ziele der Geschichte?

3 Endzeit: Eschaton oder Apokalypse – wie gerechtfertigt sind Überlegungen, die Geschichte als permanenten Verfall der Menschheit, von einem paradiesischen Naturzustand hin zu einer atomaren oder ökologischen Katastrophe, interpretieren?

Karl Marx, Karikatur von Roland Beier, 1990

Historischer Materialismus

Die bislang politisch folgenreichste Geschichtsphilosophie wurde von Karl MARX entworfen. MARX, der sich selbst als Schüler HEGELs bezeichnete – auch wenn er diesen persönlich nicht mehr gekannt hatte –, war der Ansicht, dass man HEGELs Philosophie nur vom Kopf auf die Füße stellen müsste, um ihre Richtigkeit unter Beweis zu stellen: Nicht die Vernunft, der Weltgeist, das Bewusstsein bestimmen, so MARX, das Leben der Menschen und ihre Geschichte, sondern das *gesellschaftliche Leben,* insbesondere die *ökonomischen, sozialen und politischen Bedingungen,* unter denen die Menschen aufwachsen und leben, bestimmen ihr *Bewusstsein,* ihr Denken. Geschichte ist nicht Tätigkeit des Geistes, Entfaltung der Vernunft, sondern Geschichte ist nach MARX die Auseinandersetzung der Menschen mit der Natur und der Kampf der sozialen Schichten gegeneinander: „Geschichte ist die Geschichte von Klassenkämpfen".

Jede Gesellschaft, so MARX, ist bestimmt durch ihre „materielle Basis“: die Art und Weise, wie die Gesellschaft sich ernährt, wie die Produktionsmittel verteilt sind; in welchen rechtlichen und politischen Verhältnissen die Güter produziert werden – also welche *Produktionsverhältnisse* vorherrschen; welche Arbeitskräfte, Werkzeuge, Maschinen vorhanden sind – wie also der Stand der *Produktivkräfte* ist; wie die Reichtümer verteilt werden; wer das *Eigentum* und die *Verfügungsgewalt* vor allem über die Produktionsmittel besitzt. Über diese *materielle Basis* einer Gesellschaft erhebt sich dann nach MARX ein *geistiger Überbau*: Religion, Wissenschaft, Kunst, auch die politischen und Rechtsverhältnisse. Der geistige Überbau ist dabei von der Basis abhängig. Im Überbau kehren die grundlegenden Fragen des ökonomischen und sozialen Lebens in verschlüsselter Form wieder. Philosophische Ideen, wissenschaftliche und kulturelle Leistungen sind nicht Ausdruck genialer Einzelmenschen, sondern eine Form geistiger Reflexe der sozialen und wirtschaftlichen Verhältnisse. Die revolutionäre Lyrik des *Sturm und Drang* zum Beispiel würde, so gesehen, nichts anderes als ein Ausdruck für den beginnenden Kampf des Bürgertums gegen die feudale Wirtschafts- und Gesellschaftsordnung sein. Auch Philosophien und wissenschaftlich-technische Errungenschaften lassen sich nach diesem Modell immer auf die materielle Basis zurückführen, auch wenn gerade Wissenschaft und Technik von MARX und seinem Freund Friedrich ENGELS ein gewisser Einfluss auf die ökonomischen Verhältnisse selbst zugebilligt werden. Widersprüche in der ökonomischen Basis der Gesellschaft, vor allem zwischen starren *Produktionsverhältnissen* und dynamischen *Produktivkräften* führen so einerseits zu sozialen Konflikten, die MARX als *Klassenkämpfe* bezeichnete, und werden andererseits in Kultur, Wissenschaft, Politik, dem geistigen Überbau widergespiegelt. So führten etwa im 18. Jahrhundert der mittelalterliche Zunftzwang auf der einen Seite und die beginnende industrielle Produktion mit freiem Arbeitsmarkt auf der anderen Seite zu jenen Spannungen, die in den bürgerlichen Revolutionen kulminierten. Der Geschichtsprozess in seiner Gesamtheit lässt sich nach MARX also im Wesentlichen aus den *Widersprüchen der ökonomischen Struktur* einer Gesellschaft und den daraus resultierenden sozialen und politischen Konflikten begreifen.

Nach der Eigenart dieser ökonomischen Basis kann MARX dann auch grob fünf große **Geschichtsepochen** unterscheiden: eine *kommunistische Urgesellschaft*, die antike *Sklavenhaltergesellschaft,* die mittelalterliche *Feudalgesellschaft,* die *bürgerliche Gesellschaft* und die zukünftige *sozialistisch-kommunistische Gesellschaft.*

Die bürgerliche Gesellschaft sah MARX gekennzeichnet vom Widerspruch zwischen *Kapital* und *Lohnarbeit.* Das Privateigentum an Produktionsmitteln führte nach MARX nicht nur zur rücksichtslosen Ausbeutung der Arbeiter, sondern auch zur Fesselung der Produktivkräfte: Produziert wird nach den Gesetzen des Profits und nicht nach den Bedürfnissen der Menschen und den technischen und sozialen Möglichkeiten. Das Proletariat sah MARX vor die Aufgabe gestellt, durch eine soziale Revolution nicht nur die ökonomischen und technischen Fähigkeiten der Menschen so weit zu treiben, dass alle Bedürfnisse befriedigt werden können, sondern auch die Herrschaft von Menschen über Menschen ein für alle Mal zu brechen und das „Reich der Freiheit“, das HEGEL schon verwirklicht gesehen hatte, tatsächlich zu realisieren.

MARX vertrat also, wenngleich nicht uneingeschränkt, letztlich auch eine Geschichtsauffassung, die von einem Fortschrittsoptimismus getragen war, der im Wesentlichen durchdrungen war von einem Vertrauen in die technischen Entwicklungsfähigkeiten des Menschen.

Denkanstöße

1 Materielle Basis – geistiger Überbau: wie sehr bestimmen die ökonomischen Verhältnisse das Denken? Suchen Sie nach Beispielen, auch aus dem Alltagsleben.

2 Assoziieren Sie frei zum Begriff „Revolution" – welche Bedeutungen kann dieser Begriff für Sie annehmen? Wie verhalten diese sich zur Ansicht von Marx, nach der Revolutionen notwendige politische und soziale Umwälzungen darstellen?

Ende der Geschichte?

Das 20. Jahrhundert ist dem Fortschrittsbegriff des bürgerlichen Zeitalters gegenüber skeptisch geworden. Die Versuche, die marx'schen Ideen in die Wirklichkeit umzusetzen, sind ebenso gescheitert, wie sich auch die Hoffnungen vieler Wirtschaftstheoretiker, der freie Markt würde alle Probleme gleichsam von selbst lösen, nicht erfüllt haben. Dazu kommt noch, dass dieses Jahrhundert sich mit Ereignissen und Krisen konfrontiert sieht, die eine optimistische Geschichtsauffassung, den Glauben an die Vernunft in der Geschichte, immer problematischer erscheinen lassen: Auschwitz, Hiroshima, die ökologische Krise, eine immer schwerer zu kontrollierende technische Entwicklung.

So gesehen, erscheint es nicht verwunderlich, dass im 20. Jahrhundert *zyklische Geschichtstheorien,* die keinen linearen Fortschrittsbegriff kennen, immer wieder auf Interesse stoßen, so etwa die *Kulturkreistheorien* von Oswald SPENGLER. Sein berühmtes und umstrittenes Werk „Der Untergang des Abendlandes" ist 1922 erschienen. Ähnlich wie er argumentiert auch Arnold TOYNBEE in dem 1961 veröffentlichten Buch „A study of History". Auf den Begriff einer einheitlichen Weltgeschichte wird dabei verzichtet; es werden mehrere, unabhängige *Kulturkreise* angenommen, die aber alle nach denselben Gesetzen *aufsteigen, blühen* und *vergehen.*

Auch die an MARX anknüpfenden Philosophen der Frankfurter Schule, besonders Max HORKHEIMER und Theodor W. ADORNO, melden in ihrer „Dialektik der Aufklärung", im Jahre 1947 veröffentlicht, Zweifel am *Fortschrittsbegriff* an. Die Aufklärung, so HORKHEIMER/ADORNO, die die Vernunft verwirklichen wollte, beginnt in ihr Gegenteil umzuschlagen: Die menschliche Vernunft wird auf ihren bloß instrumentellen Gebrauch reduziert, dient nur mehr zur rationellen, dem Zwecke des Profits untergeordneten Ausbeutung von Natur und Mensch – bis hin an den Rand von Katastrophen. *Technischer Fortschritt um jeden Preis* wird verlangt, wobei oft dieser Fortschritt nur in der Zunahme eines technisch immer perfekteren Vernichtungspotentials, nicht in der Zunahme an Gerechtigkeit, Wohlstand, Menschlichkeit sichtbar erscheint. „Keine Universalgeschichte", schreibt ADORNO später, „führt vom Wilden zur Humanität, sehr wohl eine von der Steinschleuder zur Megabombe".

Die Gegenwart scheint so der Frage nach dem *Wesen* und dem *Ziel* der Geschichte gegenüber überhaupt *skeptisch* geworden zu sein. Der deutsche Philosoph Odo MARQUARD meldete grundsätzliche „Schwierigkeiten mit der Geschichtsphilosophie" an, er will weder positive noch negative Geschichtsziele postulieren, denn beides kann sich verhängnisvoll auswirken. MARQUARD, der sich als Skeptiker bezeichnet, plädiert dafür, ohne gleich das Heil oder die Erlösung und das Ende zu prophezeien, aus dem Gegebenen das Beste zu machen. Und der Amerikaner Arthur C. DANTO will in seiner „Analytischen Philosophie der Geschichte" Geschichte nur mehr als *Erzählung* verstehen, als „narrative" Sätze der Historiker, die sich zum Ziel gesetzt haben, die *Vergangenheit zu organisieren.* Nach DANTO kann die Vergangenheit nie „reproduziert" werden, es kann also nie das erzählt werden, was tatsächlich geschehen ist, sondern die Dokumente der Vergangenheit können nur organisiert, im Lichte der Gegenwart zusammengefügt werden. Die Organisation der Vergangenheit steht im Dienste der Gegenwart. Es gibt also immer nur die Sichtweise *einer Zeit* auf *ihre* Vergangenheit. Der *Zeitgenosse* kann *seine* Zeit nie als Geschichte erfahren. Kein Teilnehmer der „Schlacht am Weißen Berge", so DANTO, wusste, dass damit der 30-jährige Krieg begonnen hatte. Der „30-jährige Krieg" ist eine Organisation einiger Ereignisse des 17. Jahrhunderts, genauer: der darauf verweisenden Erzählungen und Dokumente, aus der Sicht der späteren Generationen. Geschichte als solche, als Faktizität, als tatsächliche Ereignisreihe, die auf ein Ziel zuläuft, die einen Sinn hat, gibt es demnach nicht. Die Zukunft, die Hoffnung auf etwas Besseres, kann deshalb kein Gegenstand der Geschichtsphilosophie sein.

Ähnlich argumentiert auch der französische Philosoph Jean-François LYOTARD, ein wichtiger Denker der sogenannten *postmodernen Philosophie.* In dem 1979 erschienen Buch „Das postmoderne Wissen" hatte LYOTARD das Ende der *großen Erzählungen* der Moderne diagnostiziert: die Erzählungen vom Sinn der Geschichte, vom Fortschritt, vom Kommunismus, von der Befreiung der Menschen, von Glück und Wohlstand für alle – all das sind für LYOTARD zu Ende gegangene Fiktionen und Phantasmen der Aufklärung, des 19. Jahrhunderts, der Moderne. Der zeitgenössische Mensch ist nüchtern geworden. Er träumt nicht mehr von den Utopien, er empfindet sich als *nachmodern.* Die Vergangenheit gibt ihm keinen Sinn, keine Legitimation; nur mehr spielerisch bedient er sich ihrer – er *zitiert* sie, in Ausstellungen, in Büchern, in Filmen, in Architekturen. Der postmoderne Mensch lebt in einem Pluralismus und Relativismus der Kulturen und Anschauungen, in denen er keine *historische* Linie mehr erkennen kann – also auch keine Zukunft: *post histoire* – auch die Geschichte ist an ihr Ende gekommen.

Etwas von dem alten, jetzt kritisierten Optimismus, für den die Philosophie der Geschichte eng mit dem Nachdenken über *konkrete Ziele* der Geschichte zusammenfällt, war aber noch bei dem Philosophen Ernst BLOCH zu spüren gewesen. BLOCH war sowohl von MARX als auch von dem messianischen Denken des Judentums stark beeinflusst. In seinem umfangreichen Werk „Das Prinzip Hoffnung" zeichnet er die *Utopien* und Träume der Menschen von einem *besseren* und *gerechteren* Leben nach. BLOCH will also die jüdisch-christliche Hoffnung auf den *Messias* nicht aufgeben, auch wenn er nicht an eine religiös motivierte Erlösung glauben kann. Das „Prinzip Hoffnung" wurzelt für ihn im ewigen Traum des Menschen nach einem besseren Leben, es ist gleichsam ein *faustisches Prinzip,* das den Menschen weitertreibt, das ihn nicht zufrieden sein lässt mit dem Erreichten, das ihn immer neue Utopien spinnen lässt. Jenen dynamischen Kräften der Gesellschaft, die für ADORNO einen Zug zur Katastrophe haben – Wissenschaft, Technik, Rationalität – schreibt BLOCH trotz allem das Vermögen zu, der entscheidende Motor für die Verbesserung der Verhältnisse zu sein. Gefordert ist nach BLOCH allerdings nicht die ferne, die abstrakte Utopie, das „kommende Reich", das irgendwann einmal die Versöhnung bringen sollte, sondern die Hoffnung habe sich auf die Veränderbarkeit des Nächstliegenden zu richten: *konkrete Utopie.* Es geht BLOCH darum, gerade in wenig ermutigenden politischen Situationen den „Mut zum aufrechten Gang" zu bewahren, sich nicht widerstandslos anzupassen, sich nicht freiwillig entmündigen zu lassen und nicht sofort die Hoffnung auf ein anderes, besseres Leben resignativ fahren zu lassen.

Gegen Ernst BLOCH hat allerdings schon früh der Philosoph Günther ANDERS eingewandt, dass eine Menschheit, die im Besitz der Atombombe ist, sich also vollständig ausrotten kann, nicht mehr hoffen *kann.* Das Damoklesschwert der atomaren Vernichtung hängt unwiderruflich über der Menschheit, sie lebt nach ANDERS in einer permanenten

Alfred Kubin, Das Schlachtfest, Tusche-Zeichnung, um 1900

„Endzeit". Das Einzige, so ANDERS, was wir tun können und tun müssen, ist, dafür zu sorgen, dass diese „Endzeit" „endlos" werde.

Während BLOCH also davon ausgeht, dass der Mensch sich im Zustand eines „noch nicht Seins" befinde – er muss erst wahrhaft human werden –, behauptet ANDERS, dass wir uns im Zustand eines „gerade noch nicht Nichtseins" befinden. In seinem philosophischen Hauptwerk „Die Antiquiertheit des Menschen" spricht ANDERS davon, dass wir in einem „apokalyptischen Zeitalter" leben, das allerdings „apokalypseblind" geworden ist. Er knüpft damit ebenfalls an eine biblische Vorstellung an – an die der Apokalypse, wie sie die Offenbarung des Johannes schildert: eine Endzeitkatastrophe, die aber im biblischen Verständnis Voraussetzung für ein kommendes *Tausendjähriges Reich* der Herrschaft Jesu Christi ist. Die *atomare oder ökologische Apokalypse,* die uns droht, ist nach ANDERS allerdings von anderer Natur: Sie kommt nicht von Gott, sondern ist vom Menschen selbst gemacht; und sie bereitet kein Reich vor, sondern ist das Ende der Menschheit, damit auch das Ende von Geschichte überhaupt. Sie ist das negative Ziel von Menschengeschichte schlechthin. Denn in der Entwicklung der Kernwaffen hat der Mensch ein altes Geschichtsziel tatsächlich erreicht: Er ist allmächtig geworden – aber nur „modo negativo": in der *Möglichkeit der Zerstörung.* Doch genau dieses Faktum will der Mensch nicht wahrnehmen und sucht es mit allen Mitteln zu vergessen und zu verdrängen. Wir sind „apokalypseblind", schreibt ANDERS, das heißt: wir leben und handeln so, also hätte die Menschheit wie bislang eine nahezu unendliche „Geschichte" vor sich. Ganz anders als bei LYOTARD ist so auch bei ANDERS die Geschichte an ein Ende gekommen. Wie lange es immer dauern wird – unser Zeitalter ist das letzte.

Denkanstöße

1 Aus der Geschichte lernen – ist das möglich? Welche Auffassung von Geschichte muss man haben, damit man aus ihr lernen kann?

2 Wie beurteilen Sie die Kontroverse zwischen Bloch und Anders, zwischen einem „Prinzip Hoffnung" und einer unwiderruflichen „Endzeit"?

3 Haben auch Sie das Gefühl, *nach* der Geschichte, *nach* der Moderne zu leben?

ZUFALL UND NOTWENDIGKEIT

Einführung in die Naturphilosophie

CAFE PHILOSOPHOPOLIS, *früher Abend.*

BRIGITTE *sitzt an einem Tisch, ein Buch in der Hand, aus dem sie* ALFRED *vorliest.*

BRIGITTE: *Es möcht kein Hund so länger leben!*
Drum hab ich mich der Magie ergeben,
Ob mir durch Geistes Kraft und Mund
Nicht manch Geheimnis würde kund;
Dass ich nicht mehr mit saurem Schweiß
Zu sagen brauche, was ich nicht weiß;
Dass ich erkenne, was die Welt
Im Innersten zusammenhält. – Wie findest du das?“

ALFRED *blickt aus der Zeitung nicht auf:* „Hm!“

BRIGITTE: „Ignorant. Natürlich lässt dich Goethes Faust kalt. Möchtest du nicht auch wissen, was die Welt im Innersten zusammenhält? Das Geheimnis des Universums? Der Anfang des Alls? Und was ist der Mensch – Krone der Schöpfung oder – vielleicht ein Irrläufer der Evolution? Interessiert dich das nicht??“

ALFRED, *schaut auf, seufzt:* „Nein, das interessiert mich nicht. Mich interessieren im Moment nur die Aktienkurse, nicht die Planetenbahnen … . *(Nach einer Pause, verächtlich)* Und für solchen Unsinn zahlt der Staat euch noch das Studium.“

BRIGITTE *erbost:* „Nur weil es für dich nichts anderes gibt als die Börse, nur weil in dein kleines Hirn nichts anderes hineinpasst als ein paar kümmerliche Zahlenkolonnen, glaubst du, es gibt sonst nichts auf der Welt. Irrtum, mein Lieber, Irrtum!“

DANIEL, *ist plötzlich aufgetaucht:* „Irrtum, genau das ist es. *Es irrt der Mensch, solang er strebt.* Und weiter: *Wer immer strebend sich bemüht, den können wir erlösen.* Nun ja, das mit der Erlösung wollen wir so genau nicht nehmen. Aber immerhin: Die Geschichte der Erforschung der Natur ist wohl eine Geschichte von Irrtümern. Nur – ohne Irrtum keine Wahrheit. Und ohne Wahrheit – keine Börsenkurse. Stellen Sie sich doch einmal vor, die amerikanische Weltraumbehörde würde von heute auf morgen alle Forschungen einstellen – das gäbe einen schönen Trubel an der Börse.“

ALFRED: „Na und? Wissenschaft ist eben auch Geschäft – wie alles.“

DANIEL: „Stimmt, stimmt. Doch gestatten Sie noch einen Einwand: Dass Wissenschaft Geschäft sein kann, verdankt sie doch der Neugier des Menschen eben nach der faustischen Naturerkenntnis. Was niemanden interessiert, damit lassen sich auch keine Geschäfte machen. Und ein guter Geschäftsmann möchte doch zumindest über die Motive seiner Geschäftspartner Bescheid wissen; um keine bösen Überraschungen zu erleben.“

Alfred: „Trotzdem – der Urknall interessiert mich nicht. Und die Evolution auch nicht. Ich bin, wie ich bin, und will daran auch nichts ändern.“

BRIGITTE: „Bist du dessen so sicher? Es ist doch ein gravierender Unterschied für das eigene Selbstverständnis, ob man sich für ein Geschöpf Gottes oder für ein Nebenprodukt der Evolution halten muss. Also mich beunruhigt das schon.“

ALFRED: „Meinst du nicht, dass das bloß Fragen für Träumer sind, die keine echten Probleme haben?“

DANIEL: „Ich wäre lieber ein irritierter Träumer als ein handfester Realist, der das, was er nicht begreift, zerstört.“

Denkanstöße

1 Wie soll man Daniels letzte Bemerkungen verstehen?

2 „Natur“ – was bedeutet dieses Wort für unsere Dialogpartner?

René Magritte, Die schöne Gefangene, Gouache, 1966

Annäherung:

DIE FRAGE NACH DER NATUR

Das Staffeleibild irritiert. Magritte konfrontiert uns mit der Frage, ob die Malerei die Natur draußen abbildet, wie es zunächst scheint, oder ob wir die Landschaft selbst wahrnehmen. Wozu das Bild, wenn der Blick in die Natur dasselbe zeigt? Der Vorhang wird uns hier als Nahtstelle von innen und außen in einer Weise vorgestellt, die uns bewusst macht, dass unser Wahrnehmungsbild der äußeren Natur zugleich Projektionsfläche der imaginierten Natur ist. Das Kunstwerk von Magritte zeigt zugleich unser Getrenntsein von der Natur draußen wie unsere Sehnsucht nach der verlorenen Einheit mit einer alles umfassenden Natur. Dass „Natur“ da ist, weiß erst die einsetzende Reflexion. Erst ein Bewusstsein von der Entzweiung von Natur und Mensch, von Natur und Vernunft realisiert Natur als das Andere, das Fremde, Bedrohliche.

Der Beginn wissenschaftlichen und philosophischen Denkens entsprang in Griechenland derselben Wurzel: Die ersten rationalen Fragen der *vorsokratischen Naturphilosophen* galten der Beschaffenheit und dem Ursprung der Außenwelt, der *Natur als dem Inbegriff alles Irdischen,* das unseren Sinnesorganen und dem Verstand zugänglich ist.

Diese frühe Naturphilosophie vollzog eine Trennung von der älteren *mythischen Naturbetrachtung,* die den Menschen schicksalhaft in eine Natur eingebunden sah, die von Göttern und Dämonen beherrscht war. Seit THALES von Milet löst sich das Denken aus der mythischen Einheit von Mensch und Natur, befreit sich das Bewusstsein allmählich von der Angst, vor dem Ausgeliefertsein an fremde Gewalten. Die Welt ist nicht mehr Tummelplatz undurchschaubarer Mächte. Man müsse die Natur nur genau beobachten. Dann zeige sich, dass sie ein komplizierter Mechanismus sei, der nach *unveränderlichen Gesetzen* abläuft.

Noch ein zweiter Gedanke steht am Anfang der abendländischen Naturphilosophie: die Idee nämlich, dass die Vielfalt der Erscheinungen in der beobachtbaren Natur zurückführbar sei auf Einfaches und Grundlegendes. Bei den *ionischen Naturphilosophen* zeigte sich diese Überzeugung in ihrer Suche nach dem „Urstoff".

Gesucht wird also der Grund hinter aller Verschiedenheit: Das Befremdlich-Bedrohliche soll nicht länger durch religiöse Beschwörung, durch Gebet und Kult, sondern dadurch verfügbar gemacht werden, dass man es über *genaue Beobachtung* und *abstraktes Denken* zu begreifen lernt. Im Begreifen liegt die versuchte Distanz, die Abwehr der bedrohlichen Nähe purer Naturhaftigkeit. Im Denken emanzipiert sich der Mensch von der Natur als dem Anderen. *Theogonie* soll durch *Kosmologie* ersetzt, der Glaube, dass der Ursprung der Welt bei den Göttern liegt, durch logische Welterklärung abgelöst werden. Die Beschreibung bei HESIOD, wo mythische Wesen wie Uranos und Gaia für die Entwicklung des Eros und des gestalteten Kosmos aus dem Chaos verantwortlich sind, wird bei ANAXIMANDER rationalisiert: Einzig mechanische Kräfte seien für die Entstehung der Welt ausschlaggebend. War im Mythos die Natur dem Willen der Götter ausgeliefert und erschien daher der Naturablauf dem Menschen als unbegreiflich und zufällig, so stellt bereits die Lehre des THALES, dass alles aus dem Wasser entstanden sei, den Versuch dar, alle Naturphänomene aus einem einheitlichen Prinzip zu erklären.

Naturvorgänge werden damit der Willkür der Götter entzogen, erhalten allmählich eine unerschütterliche Notwendigkeit. Die Welt ist intellegibel, d. h. sie kann mit der menschlichen Vernunft erfasst werden, weil sie geordnet ist, nach festen Gesetzmäßigkeiten abläuft.

Bis in die frühe Neuzeit waren wissenschaftliche Naturbetrachtung und Naturphilosophie eins. Erst ab dem 17. Jahrhundert trennte sich die Naturwissenschaft von der Naturphilosophie. Während die *Naturwissenschaft* sich auf die *Erklärung der Naturvorgänge* ausschließlich über experimentelle Methoden festlegte, wurde *Naturphilosophie* zunehmend zur *Reflexion* dieses Geschehens. Je mehr die einzelwissenschaftlichen Erkenntnisse im Laufe der Jahrhunderte zunahmen, desto mehr befasste sich die Naturphilosophie auch mit den praktischen Folgen der durch die gewachsene Naturerkenntnis möglich gewordenen Naturbeherrschung. Der Zusammenhang von Naturwissenschaft und Technik, die gesellschaftlichen und ökologischen Folgen dieser Entwicklung sind besonders in den letzten Jahrzehnten immer stärker ins Zentrum naturphilosophischer Reflexion gerückt.

Denkanstöße

1 Was hat sich Ihrer Meinung nach im Verhältnis des Menschen zur Natur seit der Antike verändert? Sehen Sie diese Veränderungen durchweg positiv? Diskutieren Sie die Resultate Ihrer Überlegungen.

2 Ein Anspruch rationaler Naturerklärung war es, den Menschen die Furcht zu nehmen. Francis BACON, ein Naturphilosoph des 17. Jahrhunderts, formulierte den programmatischen Satz:

„Wissen ist Macht". Wie stehen Sie zu diesem Anspruch aus gegenwärtiger Sicht? Hat die fortschreitende Naturbeherrschung uns tatsächlich von Furcht und Angst befreit?

3 Manche Kulturkritiker meinen, viele der gegenwärtigen Probleme unseres Naturverhältnisses seien auf die verhängnisvolle Spaltung von Religion und rationaler und naturwissenschaftlicher Welterklärung zurückzuführen. Was meinen Sie dazu?

4 Inwiefern geben Ihnen naturwissenschaftliche Theorien wie die vom Urknall oder vom genetischen Code befriedigende Antwort auf Ihre Fragen nach dem Ursprung und Sinn des Lebens?

5 Manche Philosophen der Gegenwart sind der Meinung, die ökologische Krise sei der eigentliche Grund für die momentane Aktualität der Naturphilosophie. Sehen Sie das auch so? Und wenn ja, worin sehen Sie die Möglichkeiten einer Naturphilosophie, zur Lösung dieser Krise etwas beizutragen?

Natur im Wandel

Im Folgenden soll gezeigt werden, dass sich das, was sich die Menschen zu verschiedenen Zeiten unter „Natur" vorgestellt haben, wesentlich verändert hat. Und weiter, dass diese jeweiligen Vorstellungen und Bilder zugleich Handlungsanleitungen enthalten, die das praktische Verhältnis des Menschen zur Natur entscheidend lenken.

Wir haben den Übergang vom mythisch-religiösen Naturverständnis zur rationalen Naturbetrachtung bei den Griechen beschrieben. Der vom mythischen Naturverständnis bestimmte Mensch erfuhr Natur als etwas Göttliches, Übermenschliches und damit auch Heiliges. Wir wissen, dass alle menschlichen Frühkulturen Naturphänomene als heilig verehrten, sich selbst als kleinen Teil dieses größeren Ganzen verstanden, demgegenüber sie sich verantwortlich wussten.

Auch die christliche Naturauffassung sieht Natur als heilig, als göttliche Schöpfung an. Entsprechend gelten Naturvorgänge als vom göttlichen Willen geplant und als Ausdruck der wunderbaren Größe Gottes. Ein menschlicher Eingriff in diese Natur, die als direkter Ausdruck des göttlichen Willens per definitionem gut und vollkommen sein muss, galt dem christlichen Mittelalter gar als Sünde und Frevel. Alle Naturerscheinungen wie Geburt und Tod, Krankheit und Leiden genauso wie die immer wiederkehrenden Abläufe von Tag und Nacht und die Bewegungen der Himmelskörper sind Ausdruck des göttlichen Schöpfungs- und Heilsplans.

Neben diesem religiösen Naturverständnis gab es immer schon ein an alltäglicher Beobachtung und Erfahrung wachsendes Wissen um das die menschliche Lebenswelt bestimmende Naturgeschehen: ein Wissen über die heilsame Wirkung von Pflanzen, von der Möglichkeit der Veredelung von Natur- zu Kulturpflanzen, über sich wiederholende Abläufe am Himmel u.a.m. Aus diesem an Alltagsbeobachtung und einfachem Verstand geprüften Wissen entwickelte sich allmählich unter Verzicht auf mythisch-religiöse Deutungen ein *rationalistischer Naturbegriff.*

Die ionischen Naturphilosophen haben die ersten Schritte in diese Richtung getan. Erst in der frühen Neuzeit knüpfte die sich von der Kirche und ihrem biblischen Schöpfungsbegriff emanzipierende Naturphilosophie an diesem rationalistischen Bemühen wieder an. Im Zuge einer Entwicklung, die besonders mit den Namen von Johannes KEPLER, Nikolaus KOPERNIKUS, Galileo GALILEI und Isaac NEWTON verknüpft ist, entstand die an Rationalismus und Empirismus orientierte *Naturphilosophie des 17. Jahrhunderts.*

Die weitere Entwicklung brachte schließlich auch die *Trennung von Naturwissenschaft und Naturphilosophie.* Während die Erstere unter bewusstem Verzicht auf das Stellen sogenannter spekulativer Fragen jene Naturforschung fortsetzte, die mit experimentellen und quantitativen Methoden möglich schien, verblieb der modernen Naturphilosophie die Reflexion dieses Prozesses selbst: einerseits als Klärung der methodischen Prinzipien der Naturwissenschaften, was heute als Wissenschaftstheorie der Naturwissenschaften bezeichnet wird; andererseits als Reflexion der praktischen, insbesondere der ethischen Konsequenzen naturwissenschaftlichen und des damit einhergehenden technischen Handelns, das uns heute als fortschreitende Naturbeherrschung zugleich optimistisch und ängstlich stimmt.

Als Beispiele moderner Naturphilosophie sollen jetzt die *mechanistische* und die *romantische Naturphilosophie* vorgestellt werden. Der Mechanismus, entwickelt im 17. Jahrhundert, prägte das wissenschaftliche Denken und damit die gesamte Entwicklung der technisch-industriellen Welt bis ins 20. Jahrhundert. Die romantische Naturphilosophie sieht sich als Gegenbewegung dazu. Ihre Kritik ist allerdings bislang weitgehend ungehört und wenig geschichtswirksam geblieben. Ihre Aktualität zeigt sich allerdings darin, dass wichtige Argumente des gegenwärtigen ökologischen Denkens aus dem Horizont ihres Naturverständnisses stammen.

Die *Philosophen der Renaissance* wandten sich von der in letzter Konsequenz immer theozentrischen Weltsicht des Mittelalters ab: Der Mensch darf und soll sich für das Diesseits *an sich* interessieren, das vom Makel des Nur-Endlichen befreit wird. Das göttliche Licht scheint auch in der Welt, Mensch und Natur besitzen an sich selbst Maß, Form und Schönheit. Das Buch der Natur soll *gesehen* werden, forderte LEONARDO DA VINCI; es sei in der *Sprache der Mathematik* geschrieben – war die Überzeugung von Johannes KEPLER und Galileo GALILEI. Gott bleibe zwar der Walter einer großartigen Natur, aber er habe sich nach dem Schöpfungsakt zurückgezogen. Die Naturvorgänge laufen nach unveränderlichen Gesetzen ab, die Welt ist eine *großartige Mechanik.* KEPLER ersetzt den Seelenbegriff durch den der Kraft. Aber erst bei Robert BOYLE siegt ein *kosmischer Mechanismus* über eine lebendige und auch geistige Natur: Alles geschieht durch Druck und Stoß von Materieteilchen; unwandelbare Naturgesetze herrschen im geschichtslosen Raum der Natur. Galileo GALILEI feiert das *Instrument* als Mittel, die unendliche Welt zu erfassen, Distanz zwischen Mensch und Welt zu bringen. Natur ist nicht länger die endliche, bedürftige, die der Gnade und göttlichen Erlösung bedarf. Eine Natur, die keinem Gott mehr unmittelbar untersteht, ist interessant und *frei für die Verfügung des Menschen.*

So entwirft Francis BACON in seiner „Nova Atlantis“ eine Welt, in der der Mensch alles Natürliche zum Mittel seines Wohlergehens macht. Natur ist nicht länger nur eine, die der Veranschaulichung der göttlichen Größe dient, sie kann beliebig menschlichen Zwecken unterworfen werden. Drastisch forderte BACON, man solle die Natur mit „Hunden hetzen“, bis sie ihre Geheimnisse preisgebe. Die enge *Verflechtung von Naturwissenschaft und Technik* seit dem 17. Jahrhundert zeigt die Wende zu einem Anwendungs- und Herrschaftswissen.

Pierre Simon de LAPLACE vollendet die mechanistische Naturphilosophie: Nicht nur im beobachtbaren Raum gelten die NEWTONschen Gravitationsgesetze; sie sind im ganzen *Universum* gültig. Das Universum wird als *riesige Maschine* gedacht, die in ihrem *deterministischen Lauf* ehernen Gesetzen folgt, die seit dem Augenblick ihrer Entstehung durch unveränderliche Anfangsbedingungen feststehen.

Zusammenfassend sollen nun die wesentlichsten Züge der mechanistischen Naturphilosophie genannt werden:

– *Ausdehnung* gilt als die wesentliche Eigenschaft der Körper.
– *Bewegung* ist die fundamentale Erscheinung der materiellen Welt.

- Die *Geometrie* als die Wissenschaft von den räumlichen Beziehungen ist die Grundlage jeder Naturwissenschaft.
- Theoretisches *Wissen* und technische *Effizienz* sind eng miteinander verbunden.

Obwohl im 19. Jahrhundert, im Zeitalter der klassischen Physik, die meisten Physiker es abgelehnt hätten, wenn man ihnen eine Naturphilosophie zugesprochen hätte, hatten sie doch eine, und zwar eine mechanistische Naturphilosophie. Denn: ihre Annahmen und Ablehnungen bezüglich dessen, was sie als Natur bezeichneten, gingen weit über ihr wissenschaftlich überprüftes Wissen hinaus.

Die *Leidenschaft zur Einheit mit der Natur* ist hingegen der innerste Beweggrund der **Romantiker.** Sie kritisieren Aufklärung, Vernunft und Naturwissenschaft: diese hätten den Menschen immer mehr von der lebendigen Welt entfernt. Der Mensch sei zugleich mächtig geworden und verloren. Er habe keinen Ort mehr. Am Grunde aller Trennungen aber, die der zivilisierte Mensch erleide, liege die *Trennung des Menschen von der Natur.* Mit der Kraft des Denkens habe sich der Mensch aus ihr gelöst, mit derselben Kraft solle er zu ihr zurückfinden.

Die Romantiker – und zu ihnen gehört auch Johann Wolfgang von GOETHE – sind erklärte Gegner von Isaac NEWTON. Dieser habe an die Stelle des Lebens den „Mechanismus" gesetzt. Dem Bild des Universums als seelenloser Maschine stellen sie das *Argument des Lebens* entgegen. Es mag hilflos erscheinen, gegen logischen Beweis, experimentelle Bestätigung und praktischen Erfolg, der Verfügungsgewalt über Natur, nur ein Wort zu setzen, das sich so schwer definieren lässt wie das „Leben".

Die Romantiker bleiben aber nicht bei dieser bloßen Antithese. Sie wollen nicht den Rückzug von jeder Wissenschaft, sondern *eine andere Naturwissenschaft,* die den Blick auf das Ganze, *die Einheit der Dinge* richten soll. Das philosophische Programm dazu formulierte Friedrich Wilhelm SCHELLING.

In seiner Einleitung zum „System des transzendentalen Idealismus" von 1800 spricht SCHELLING von einer Naturphilosophie, die entgegen bisheriger Naturwissenschaft, die nur die Oberfläche der Natur erfasse, das „innere Triebwerk" der Natur beschreiben solle. Das Wissen um die Einheit der Natur habe den wissenschaftlichen Blick zu lenken. SCHELLING greift dabei auf den *Substanzbegriff* von Baruch de SPINOZA zurück. Denn schon für SPINOZA war die ganze Fülle der Welt bloße „Accidenz", äußere Erscheinung der einen Substanz, die allein „Wirklichkeit" bedeute. Der Gegensatz von Ich und Natur sei nur scheinbar; auch Ich, Vernunft und Geist seien letztlich nur Natur, die zu sich selbst gekommen, Selbstbewusstsein geworden sei. Verstünde der Mensch sich selbst, verstünde er auch die Natur. Am Anfang allen Lebens stehe *die Einheit und zugleich die Entzweiung der Natur.*

SCHELLINGs Methode ist die der *Polarisierung.* Es ist eine dynamische Theorie der Materie, die die jeweilige Naturerscheinung als Produkt des Kampfes zwischen polaren Gegensätzen begreift. Der Magnet z. B. ist die Einheit eines Kraftfeldes, welches die Identität der einander entgegengesetzten magnetischen Pole darstellt. Auf höherer Ebene, etwa dem „geistigen Naturreiche", nehmen die Polaritäten die Gestalten von „Liebe und Hass, Gut und Böse, Individuum und Staat" an.

SCHELLINGs Naturphilosophie überschreitet den Rahmen traditioneller Naturphilosophie, da bei ihm Natur die Rolle des Seins im Ganzen bekommt, mit dem sich das Subjekt bewusst identisch zu setzen hat. Hier ist *Naturphilosophie* zugleich *Philosophie des Geistes,* weil Geist und Natur als letztlich identisch behauptet werden. Die Besinnung auf diese letzte Einheit der Natur verheißt in einer Zeit, wo die menschliche Welt immer weniger Orientierung zu bieten vermag, eine „ewige Ordnung", die auch einen festen Platz für den Menschen verspricht.

Der Optimismus romantischer Naturphilosophie galt dabei einer Vernunft, die eine solche universelle Natur als das polar Andere des Menschen handelnd bestimme und erhöhe. Natur sollte nicht nur der puren Zweckhaftigkeit menschlicher Überlebenstechnik dienen, sondern auch wertbestimmend das ästhetische und moralische Handeln des Menschen leiten.

Denkanstöße

1 Voltaire, ein Anhänger des mechanistischen Materialismus schrieb: „Alles ist Mittel und Zweck in meinem Körper; alles ist Feder und Zug, Winde, bewegende Kraft, hydraulische Maschine, Gleichgewicht von Säften, chemisches Laboratorium." Wie stehen Sie zu diesem Maschinenmodell des menschlichen Körpers? Beruht die heutige Medizin Ihrer Meinung nach auf demselben mechanistischen Verständnis?

2 Die entscheidende Konsequenz des Mechanismus ist die grenzenlose Instrumentalisierung der Natur. Der romantische Naturbegriff fordert den Menschen auf, in der Natur sich selbst zu erkennen. Welche veränderten Handlungskonsequenzen würden Sie aus dieser Sichtweise ableiten?

3 J. J. Rousseau wird in manchen Auffassungen als Vorläufer der romantischen Naturvorstellung gesehen. So stellte er dem Zivilisationsmenschen als Ideal den Wilden, der noch im Einklang mit der Natur lebe, gegenüber: „Der Wilde lebt in sich selbst, der zivilisierte Mensch ist immer sich selbst fern und kann nur im Spiegel der Meinung der anderen leben." Voltaire verdächtigte Rousseau, dem Menschen Lust machen zu wollen, wieder auf allen vieren zu gehen. Wie stehen Sie zu dieser Auseinandersetzung?

4 Eine Konsequenz romantischer Naturphilosophie war und ist eine mystifizierende Naturverehrung. Sind Ihnen aus Ihrer Umgebung solche Haltungen bekannt? Diskutieren Sie Ihre Beobachtungen.

NATURPHILOSOPHIE HEUTE

Kosmologische Fragen

Seit den Babyloniern, die ein ausgeprägtes Interesse an der Beobachtung von Mond– und Sonnenfinsternissen hatten, stellt die Naturphilosophie die Grundfrage nach Alter, Entstehung, Ausdehnung und Gestalt des Universums. Der erste rationale Entwurf eines Kosmos bei ANAXIMANDER überwindet die ältere griechische Vorstellung der Erde als einer Scheibe, die vom Okéanos umflossen, von der Himmelskugel überwölbt wird, und gelangt zu einer Zylinderwelt, die ruhend im Mittelpunkt des Universums schwebt. Damit löste sich bereits damals die Vorstellung vom Kosmos von der unmittelbaren Anschauung.

Auf rein denkerischem Wege gelangte so auch ARISTARCH von Samos schon im 3. Jahrhundert vor Christi zur Vorstellung des *Heliozentrismus:* Fixsterne und Sonne seien in Ruhe, die Erde drehe sich um die Sonne. ARISTARCH setzte sich mit dieser Auffassung religiöser Kritik aus. So war in der späteren Antike und das ganze christliche Mittelalter hindurch das Modell von PTOLEMAIOS, wonach die Erde der Mittelpunkt des Kosmos sei, bestimmend: der *Geozentrismus.* Erst Nikolaus KOPERNIKUS nahm die heliozentrischen Überlegungen fast 2000 Jahre später wieder auf, konnte sie allerdings empirisch-astronomisch besser belegen. Aber noch Giordano BRUNO wurde zu einem Märtyrer der

Wissenschaftsgeschichte. Er wurde i. J. 1600 hingerichtet, weil seine Behauptung, dass das Universum unendlich und darin die Möglichkeit zahlloser Welten enthalten sei, dem herrschenden Geozentrismus und dem kirchlichen Schöpfungsdogma zuwiderlief.

Ein anderer alter Streitpunkt der Naturphilosophie war die Frage, ob die Welt endlich oder unendlich (sowohl zeitlich wie räumlich gesehen) sei. Nach Auffassung der modernen physikalischen Kosmologie ist eine Schöpfung von Materie aus dem Nichts empirisch nicht zu bestätigen, im Gegenteil, alle bisherigen Beobachtungen zeigen die Gültigkeit des Satzes von der Materie-Energie-Erhaltung.

Immanuel KANT bewies auf rein logischem Wege, dass die Aussage „Die Welt hat einen Anfang in der Zeit" genauso sinnvoll ist wie ihr Gegenteil. Die Annahme, dass es eine Zeit gegeben habe, in der die Welt nicht existierte, impliziere eine „leere Zeit". In einer solchen könne aber nichts entstehen, da es darin keine unterscheidenden Merkmale gebe, welche einer Existenz vor einer Nichtexistenz den Vorzug gäben.

Der zeitgenössische Naturphilosoph Wolfgang STEGMÜLLER vertritt eine eng an den Naturwissenschaften orientierte Naturphilosophie. Für ihn gestatten die gewaltigen Fortschritte der Kern- und Astrophysik, der Molekularbiologie und anderer naturwissenschaftlicher Zweige in den letzten zwanzig Jahren die Formulierung eines *einheitlichen wissenschaftlichen Bildes vom Weltganzen.*

Dieses Bild ist im Gegensatz zu früheren Vorstellungen ein sehr *dynamisches* und zeigt uns einen *unruhigen Kosmos:* Sterngeburten, pulsierende Neutronensterne, explodierende Galaxien haben die traditionellen Vorstellungen von einer unveränderlichen ewigen Natur revolutioniert. Auch die Idee eines unendlichen Kosmos ist durch die empirische Bestätigung der Theorie vom „explodierenden Weltall" unwahrscheinlich geworden. Allerdings lässt auch die Theorie vom „Urknall" die Frage offen, ob dieser Anfang unseres jetzigen Universums ein absoluter ist.

Kaum ein anderes Phänomen des alltäglichen Lebensvollzugs erscheint ähnlich paradox wie das der Zeit. Einerseits ist es uns ganz selbstverständlich; nichts scheint gewisser als das nicht umkehrbare, nicht wiederholbare Nacheinander von Ereignissen in Natur und Geschichte. Andererseits zeigt die Geschichte der Philosophie, wie schwierig nicht nur die Lösung der Zeitparadoxien ZENONs oder des Uhrenparadoxons der speziellen Relativitätstheorie ist, sondern dass die Frage nach der Zeit so universelle Fragen wie die nach der Wirklichkeit von Geschichte, nach Vergänglichkeit, Leben und Tod einschließt.

Zudem: Die Frage nach der Zeit gehört selbst zur Zeit, findet in der Zeit statt, d. h. an dieser Frage entdeckt der Mensch sich selbst als immer schon durch *Zeitlichkeit* bestimmt.

Wohl können wir verschiedene Zeitbegriffe unterscheiden. So leben verschiedene Kulturen entweder nach einer *mythisch-zyklischen Zeit* oder nach einer *Kalenderzeit.* Neben dem *klassisch-physikalischen Zeitbegriff,* der Zeit als linear verlaufendes Kontinuum fasst, gibt es das biologische Geschehen, das uns etwa als Lebenszeit greifbar wird; ferner die *psychologischen Zeitbegriffe,* die das subjektive Zeiterleben mit Ausdrücken wie *psychische Präsenzzeit* (damit bezeichnet William STERN das subjektive Erleben des „Jetzt", ca. 4 – 12 Sekunden) oder *psychisches Moment* (die subjektiv kürzeste erlebbare Zeiteinheit, ca. 1/16 Sekunde) zu erfassen suchen.

Während die klassische Physik Zeit als absolut, wahr, gleichförmig, linear, nicht umkehrbar und ohne Beziehung zu irgendwelchen Gegenständen verfließend behauptete, ist Zeit nach der *allgemeinen Relativitätstheorie* wohl eine an sich unbeeinflussbare, aber vom Bewegungszustand eines zeitmessenden Beobachters abhängige Größe. Wohl gilt die Geschwindigkeit der Lichtausbreitung als absolute Zeiteinheit, indem nur innerhalb des Lichtkegels liegende Ereignisse kausal verknüpft und zeitartig genannt werden können. Ferner wird Zeit als *vierte Dimension* einer grundsätzlich vierdimensional angenommenen Raum-Zeit-Welt verstanden.

Auch der klassische physikalische Raumbegriff, der durch grundlegende Eigenschaften wie Ausdehnung und Nebeneinander materieller Dinge, die mit Maßstäben, Lichtstrahlen etc. messbar wären, definiert wird, wurde durch die allgemeine Relativitätstheorie entscheidend modifiziert. Orientierte sich der klassische Raumbegriff noch an unserem *dreidimensionalen Anschauungsraum,* in dem die Bewegung materieller Körper oder Teilchen durch die sich manifestierende Zeit als ordnender Parameter messbar wird, so vereinigt die Relativitätstheorie Raum und Zeit zum *vierdimensionalen Raum-Zeit-Kontinuum.* Damit hat auch die Physik die von der Mathematik schon länger vollzogene Trennung vom gewöhnlichen Anschauungsraum, dessen mathematische Formulierung der dreidimensionale euklidische Raum war, realisiert. Die Mathematik fasst Räume abstrakt als „Punktmengen", neben n-dimensionalen euklidischen Raumbegriffen sind auch n-dimensionale Vektorräume und andere Raumbegriffe mathematisch formulierbar.

KANT verstand Raum und Zeit als *transzendentale Kategorien,* d. h. jegliche alltägliche und auch physikalische Raum- oder Zeiterfahrung beruhe auf dieser apriorischen *Anschauungsform.* Raum und Zeit seien überhaupt keine empirisch gewonnenen Begriffe. Auch die messende Physik verwende bereits im Stadium der Herstellung ihrer Messgeräte protophysikalische Normen und Vorstellungen wie etwa die von geometrischen Formen (z. B. Gerade, Punkt, Ebene), d. h. sie setze bereits eine apriorische Definition des für Messzwecke angenommenen Körpers voraus.

Was ist Materie?

Wolfgang STEGMÜLLER hält es für den Treppenwitz des 20. Jahrhunderts, dass einerseits der Materialismus die Naturphilosophie unseres Jahrhunderts ist, andererseits der ihr zu Grunde liegende Begriff der Materie unbewältigter und rätselhafter erscheint, als das im 19. Jahrhundert denkbar war.

Die gängige Auffassung der Physiker lässt sich bis auf den Begründer des Atomismus, DEMOKRIT, zurückverfolgen. Demnach lässt sich die ganze Vielfalt der Erscheinungswelt durch fortgesetzten Teilungsprozess auf unsichtbar kleine, hinsichtlich ihrer Substanz aber gleiche, nur nach Größe und Gestalt verschiedene Teilchen zurückführen. Diese Atome sind in ständiger Bewegung. So galten Ausdehnung, Größe, Bewegung und zeitliche Kontinuität als Charakteristika einer unvergänglichen, aber unbegrenzt wandlungsfähigen Materie.

Albert EINSTEIN entdeckte 1905 die *Äquivalenz von Masse und Energie.* Damit war die traditionelle Unterscheidung von Materie, Bewegung und Kraft vernichtet. Die Quantenphysik bewies experimentell die sogenannte *Doppelnatur der Elementarteilchen:* Ein und dasselbe mikrophysikalische Objekt muss je nach Versuchsanordnung einmal als räumlich streng lokalisierbar, diskret abzählbar, insofern als „Teilchen", oder als räumlich diffus, von gleichartigen Gebilden nicht abgegrenzt, damit als „Welle", aufgefasst werden.

Werner HEISENBERG sah damit die gesamte traditionelle Wirklichkeitsvorstellung der Physik, wonach es objektive Vorgänge gibt, die in Raum und Zeit ablaufen, unabhängig davon ob sie beobachtet werden oder nicht, preisgegeben. Elektronen sind nach HEISEN-

BERG weder Welle noch Teilchen, sie verhalten sich vielmehr unter bestimmten Beobachtungsbedingungen entweder wie Teilchen oder wie Welle.

Niels BOHR suchte durch seine *Komplementaritätsphilosophie* dieses Problem auf einer grundlegenderen Ebene zu lösen. Sein *erkenntnistheoretischer* Ausweg basiert auf zwei Annahmen: Sowohl Wellen- als auch Teilchentheorie sind zur Erklärung des Lichts unverzichtbar; und: Ob Welle oder Teilchen hängt vom konkreten Experiment und den entsprechenden Zielsetzungen ab.

Die strikte Trennung von Subjekt und Objekt wäre danach also grundsätzlich überholt, die methodische Reflexion dieser Erkenntnis müsste auch für andere Wissenszweige wie Biologie, Psychologie und Ethik fruchtbar gemacht werden.

Die Evolution des Lebendigen

Die Entdeckung des *genetischen Codes* im Jahre 1953 lieferte einen der entscheidenden Schlüssel zum „Geheimnis des Lebens". Zum ersten Mal war damit ein prinzipielles Verständnis des Bauplans aller Lebewesen möglich geworden. Der Evolutionsbegriff erfuhr damit eine Ausweitung in den Bereich der mikrobiologischen Welt. Der genetische Code ist universell, d. h. es gilt als erwiesen, dass jedes heute auf der Erde existierende Leben auf gleichen „Übersetzungsregeln" beruht, demnach alles Leben aus einem Ursprung stammt.

Die moderne Evolutionstheorie stellt eine Erweiterung, Modifikation und Präzision der von DARWIN formulierten These dar, wonach der „Kampf ums Dasein" als Überlebensprinzip die entscheidende Wurzel der Entwicklung der Arten sei. Trotzdem gibt es in der Evolutionstheorie noch eine Reihe ungeklärter Fragen. Die mangelnde Sicherheit bzw. Präzision evolutionstheoretischer Aussagen ergibt sich aus dem anderen Status der Biologie im Vergleich zur Physik: Während die Physiker Naturgesetze untersuchen, bemühen sich die Biologen um individuelle Randbedingungen des Naturablaufs. Das Individuelle, Besondere, Einmalige, die unübersehbare Vielfalt und Komplexität der Organismen und die konstitutive Rolle des Zufalls sind Besonderheiten biologischer Systeme, die den vergleichsweise hypothetischen Charakter der Evolutionstheorie rechtfertigen.

Die größte Bestürzung löste DARWIN wohl durch die *Ausschaltung der Planmäßigkeit* aus der Natur aus. Die Vollkommenheit der Anpassung der Lebewesen wird als das Produkt zufälliger genetischer Variation und Selektion rein mechanistisch erklärt und nicht mehr als Beweis für die höhere Absicht eines Schöpfers angeführt. Paradox erscheint dabei der Widerspruch zwischen der *offensichtlichen Zweckmäßigkeit der Natur* und der behaupteten *Zufälligkeit ihrer Evolution.*

Zu dieser zentralen naturphilosophischen Frage gibt es derzeit drei denkbare Antworten:
- Das Leben ist ein reines Zufallsprodukt, entstanden aus dem Spiel der Moleküle.
- Das heutige Leben ist die Konsequenz lebensspezifischer Naturgesetze.
- Leben ist das Ergebnis eines Evolutionsprinzips, das schon im anorganischen Bereich wirkt.

Die erste These wurde vom Molekularbiologen und Nobelpreisträger Jaques MONOD in seinem Buch „Zufall und Notwendigkeit" vertreten. Darin behauptet er, dass die Entwicklung des Lebens ein einmaliger und unwiederholbarer Zufall sei. Dabei ist allerdings zu bedenken, dass die apriorische Wahrscheinlichkeit für eine erfolgreiche Zufallssynthese der genetischen Bausteine im Erbmolekül der einfachen Lebewesen praktisch null ist. Ferner können zufällige Ereignisse im Nachhinein beliebig unwahrscheinlich gemacht wer-

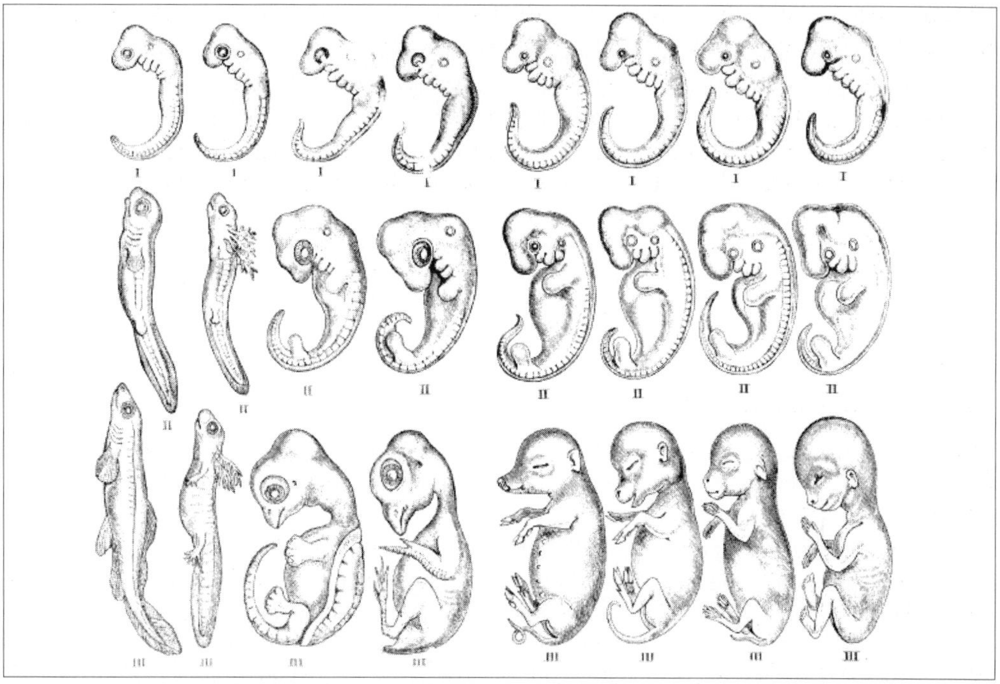

Ernst Haeckel, 1866, Illustration aus „Biogenetisches Grundgesetz“

den, wenn man nur eine beliebig lange Reihe annimmt. Tatsächlich ist es unwahrscheinlich, dass auf einem zweiten Ort außerhalb der Erde genau dieselbe Entwicklung stattgefunden hat. Würde aber die Entwicklung des Lebens auf der Erde sich wiederholen, so würden nach heutigem Wissen zumindest ähnliche Lebensformen entstehen.

Die *zweite Überlegung* geht davon aus, dass aus physikalisch-chemischen Gesetzen Ursprung und heutige Form lebender Organismen nicht vollständig erklärbar sind, also Zusatzhypothesen notwendig sind, z. B. die Annahme einer *Lebenskraft* oder eines allgemeinen *teleologischen Prinzips* (griech. *télos* bedeutet Ziel, Zweck). So wie die Quantenphysik das Wirkquantum als irreduzible Grundtatsache akzeptiert, so hat die Biologie das Vorhandensein von Leben eben anzuerkennen. Diesen Ansatz einer *vitalistischen Theorie* vertrat unter anderem Niels BOHR.

Manfred EIGEN hat dann den Versuch unternommen, das von DARWIN behauptete Selektionsverhalten bereits auf molekularer Ebene zu beweisen. Er konnte zeigen, dass die Nukleinsäuren so ein „Gedächtnis“ sind, das über *Versuch-Irrtumslernen* tatsächlich Informationsentstehung entwickeln kann. Der „Versuch“ wird dabei durch das Zufallsereignis Mutation ausgelöst und bildet auf der Basis der genetischen Variabilität die Quelle für den evolutiven Fortschritt. Dieser ist nur möglich, weil jeder „Irrtum“ von der Selektion mit Notwendigkeit eliminiert wird. In einer Vielzahl von Einzelschritten wird so der Zufall durch die natürliche Auslese in einen großartigen Plan verwandelt, dessen Vollkommenheit uns dann so unglaublich paradox erscheint.

EIGENs Theorie ist quantifiziert und experimentell nachgeprüft und beschreibt so den *Prozess der Evolution* als einen teilweise *indeterministischen Vorgang.* EIGEN formuliert dies in der paradox klingenden These, wonach die Entwicklung von Leben in gewissem Sinne *notwendig,* aber *unvorhersehbar* gewesen ist.

Denkanstöße

1 Gibt es Ihres Wissens auch im 20. Jahrhundert Wissenschaftler, die auf Grund von Ansichten und Theorien, die den gegenwärtig herrschenden Auffassungen widersprechen, ähnlichen Verfolgungen ausgesetzt waren oder sind wie G. BRUNO im Jahre 1600?

2 Stellt Ihrer Meinung nach die physikalische Theorie vom „Urknall" eine Lösung der Frage nach dem Anfang des Universums und eine Entscheidung gegen religiöse Schöpfungslehren dar?

3 Was bedeutet die Frage, ob Leben zufällig und einmalig oder notwendig und vielleicht mehrmals entstanden ist, für das Selbstverständnis des Menschen?

Natur und Mensch

Historisch gesehen, setzte die Abkehr von einem teleologischen Naturbegriff, wie ihn das christliche Mittelalter hatte, den *Impuls zur Naturbeherrschung* frei. Die in der Neuzeit entstehende technische Kultur gibt dem Naturbegriff eine neue Qualität: die neue Natur ist die *technisch angeeignete.* Naturwissenschaften liefern *Verfügungswissen,* kein *Orientierungswissen.* Sie sagen uns zwar, was wir mit der Natur tun können, nicht aber, was wir tun sollen. Natur erscheint als Rohstoffquelle, als Boden für den Anbau, als Platz, um Abfälle zu lagern, ein Freizeitszenarium zu errichten. Natur wird damit zunehmend die bearbeitete Welt der Landwirtschaft, der Industrie, der Landschafts- und Städteplanung. Eingebaut in diese Kulturwelt wird auch die „unberührte Natur"; sie gerät zum Fremden, Exotischen: der australische Busch, der Regenwald des Amazonas. Die Tierwelt unserer verfügten Natur ist dagegen eine von Legebatterien, Mastanstalten und Zoos. Natur ist ein Teil der technischen Kultur geworden, damit aber der menschlichen Verantwortung übergeben.

Die gesellschaftspolitischen und praktischen Reaktionen auf die Folgen dieser unbegrenzten Aneignung der Natur, denen wir heute unter dem Schlagwort des „ökologischen Krisenmanagements" begegnen, bewegen sich bislang noch weitgehend im Bereich von Reparaturmaßnahmen und Katastrophenverzögerungspolitik. Unter diesen politischen Bedingungen ist die in den letzten Jahren verstärkte Hinwendung der Philosophen zu einer praktischen Naturphilosophie zu sehen. Deren Ziel ist es, grundlegende Konzepte zu erarbeiten, die *das menschliche Handeln in und mit der Natur* bestimmen können. Welche Prinzipien könnten diesem Handeln die Aussicht geben, „gut" zu sein?

Während die neuzeitliche Naturwissenschaft Subjekt und Objekt, Wissen und Person trennt, ist Philosophie immer noch Philosophieren einer Person, d. h. die philosophische Frage nach der Natur ist grundsätzlich eine nach der *Beziehung des Menschen zur Natur.*

Die Antwortversuche auf die ökologische Krise bewegen sich entlang zweier Pole: Die *Berufung auf die Natur* selbst: Um der Natur willen hätten wir ihr gegenüber verantwortlich zu handeln. Oder: Es liegt einzig und allein in der *Freiheit und Autonomie des Menschen,* wie er sein Verhältnis zur Natur bestimmen will.

Die entsprechenden Entwürfe vom zukünftigen Leben der Menschen reichen vom Pol des „einfachen und natürlichen Lebens" bis hin zur „Autoevolution", zur Erzeugung künstlicher Welten und genetisch verbesserter Menschen. Entsprechend differiert auch die Einschätzung der Rolle und Leistungsfähigkeit der Naturwissenschaften: von Befürwortungen eines Primitivismus, weil die Folgeschäden bestimmter technischer Entwicklungen irreversibel seien, bis zur Überzeugung, Technikfolgeschäden könnten noch immer durch mehr Technik abgefangen werden.

Der *Mythos des Natürlichen* lebt also von der Vorstellung, dass die Natur, ließe man sie nur in Ruhe, alles in Ordnung, ins Gleichgewicht brächte. Der *Mensch* solle sich wieder als *Teil der Natur* begreifen, dem mechanistischen Naturbild abschwören, das die Natur zum vermeintlichen Objekt unseres Willens zur Macht degradiert habe. Rettung verspricht nur, sich wieder als Teil dem Ganzen der Natur anzuvertrauen. Aus psychologischer Sicht bemerkenswert ist dabei, dass die Sehnsucht nach der intakten Natur erst dann beginnt, wenn diese verloren zu gehen droht. Lieben kann der Mensch die Natur, so scheint es, erst, seit er sie – als Grundphänomen – nicht mehr fürchten muss, sondern sie zu beherrschen meint. Sehnsucht ist erst da, wo Trennung ist.

Im Gegensatz zum Naturalismus, der die Natur selbst zum Maßstab menschlichen Handelns machen will, berufen sich verschiedene zeitgenössische Naturphilosophen in ihrem Versuch einer Begründung einer neuen Verantwortlichkeit des Menschen für die Natur auf den Gedanken der **Autonomie.** Die äußerste Konsequenz der Idee des *homo faber,* des Menschen als Handwerkers, ist ja nicht bloß die Beherrschung der äußeren Natur, sondern die *Aneignung der inneren Natur* selbst. Die Beherrschung der äußeren Natur schlägt um in die Herrschaft des Menschen über den Menschen, schreiben Theodor W. ADORNO und Max HORKHEIMER in der „Dialektik der Aufklärung".

Für den deutschen Philosophen Jürgen MITTELSTRASS geht es heute darum, dass der Mensch erst wieder begreifen muss, dass er selbst, insofern er auch eine leibhafte Existenz hat, Teil der Natur ist. Das Paradigma Herrschaft über die Natur müsse vom Paradigma *Leben mit der Natur* abgelöst werden.

Ein neues Verhältnis zur Natur ist natürlich, so der Philosoph und Anthropologe Gernot BÖHME, nur durch eine gleichzeitige umfassende *Revision des Menschenbildes und Rationalitätsbegriffs* der europäischen Tradition der Aufklärung möglich. Denn das Selbstverständnis des Menschen als Vernunftwesen, als autonomes Subjekt, die Trennung von *res cogitans* und *res extensa* habe eben zu jener Distanz des Menschen zur Natur geführt, von der her die Reduktion der Natur zum Objekt und die schrankenlose Unterwerfung derselben unter menschliche Zwecke legitim geworden ist.

Die Vorstellung eines autonomen Subjekts stellt so nach BÖHME den Gipfel der *Verleugnung der menschlichen Abhängigkeit von der Natur* dar. Auf die Natur als „das Andere der Vernunft" hat das aufklärerische Denken nur durch Ausgrenzung – die Berufung auf die Natur sei irrational – oder durch Vereinnahmung reagieren können. Die Einsicht in die Naturbestimmtheit des Menschen, wie sie etwa Evolutionstheorie oder Psychoanalyse zeigten, ließe diese Dimension der eigenen Naturgebundenheit klarer werden. Im Verhältnis des Menschen zu seinem Körper werde die Naturbeziehung des Menschen als *Selbstbeziehung* deutlich. Die Verleugnung der Abhängigkeit der Vernunft von Naturbezügen sei die eigentliche Gefahr für die menschliche Zukunft.

Denkanstöße

1 Was bedeutet Ihrer Meinung nach die verbreitete Ersetzung des Ausdrucks „Natur" durch „Umwelt" in unserer Alltagssprache?

2 Erkennen Sie den Mythos des Natürlichen in bestimmten Argumenten der Grün- und Alternativbewegungen wieder? Suchen Sie Beispiele dafür.

3 Der Gesichtspunkt, dass die Sonderstellung des Menschen in der Natur darin bestehe, dass er diese erkennen könne und damit dieses Wissen auch technisch umsetzen könne, wird von vielen Naturphilosophen als „Beweis" für die besondere Verantwortung des Menschen für die Natur genommen. Wie stehen Sie zu dieser Argumentation?

Aristoteles

Augustinus

Thomas von Aquin

Ludwig Feuerbach

Das Profane und das Heilige

Philosophisches über Gott und die Welt

Cafe Philosophopolis, *Sonntag Vormittag.*

Alfred, *sitzt an einem Tisch, die Morgenzeitung lesend;* Christoph *kommt, später auch* Brigitte. *An einem anderen Tisch Prof.* Daniel

Christoph: „Hallo, guten Morgen, auch schon da? Am Tag des Herrn im Café, die Zeitung lesen. Wie profan!"

Alfred: „Grüß dich! *(Er blickt auf die Uhr.)* Brigitte müsste auch gleich kommen – aus der Kirche."

Christoph: „Oh, oh, ich wittere Zündstoff …"

Alfred: „Hör bloß auf … Basisgemeinde, engagiertes Christentum, und ... ach, da ist sie ja. Hallo!"

Brigitte: „Grüß euch, ihr beiden. Na, was schaut ihr denn so verdutzt?"

Alfred, *räuspert sich:* „Äh, ich habe Christoph gerade über deine Aktivitäten am Sonntagmorgen informieren wollen."

Brigitte: „Na und? Gibt es dagegen was zu sagen? (*süffisant zu* Alfred) Dass du ein Atheist bist, ist ja hinlänglich bekannt. *(Zu* Christoph *gewandt)* Und du?"

Christoph, *verlegen:* „Hm, also ich würde ..., nun ja, ich kann mit den Kirchen, so wie sie heute sind, nicht viel anfangen. Diese Hierarchien, das Getue, die alten Dogmen, die Taufscheinchristen ... nein danke! Aber dass man irgendetwas glaubt, glauben muss, das ..."

Alfred: „Glauben – was heißt denn glauben? Und warum muss man glauben? Ich lebe doch so auch ganz gut."

Brigitte, *heftig:* „Ja, aber was für ein Leben! Erfolg, Geld, Macht und ein paar oberflächliche Vergnügungen – von mir red' ich ja gar nicht. Und wozu das alles, was gibt das für einen Sinn?"

Christoph: „So ganz versteh ich dich da auch nicht, Alfred. Ich meine, wenn es nicht irgendein höheres Prinzip, es muss doch nicht der liebe Gott mit dem Bart sein, gibt, wird ja wirklich alles beliebig, bedeutungslos, eigentlich hoffnungslos."

Alfred: „Also ich fühle mich keineswegs hoffnungslos. Aber abgesehen davon: Hätte das Leben mehr Sinn, wenn es nach dem Tod weitergeht? Was hat denn dann das ewige Leben für einen Sinn?"

Brigitte: „Und Krankheiten, Einsamkeit, der Tod – wie wirst du damit fertig, wenn du nicht irgendetwas, einen Glauben eben, hast, auf den du dich beziehen kannst, eine Gemeinschaft, auf die du dich verlassen kannst?"

Alfred: „Verschone mich mit deiner Gemeinschaft. Das Leben ist ein Kampf, dabei hilft dir letztendlich niemand. Und wenn es aus ist, ist es aus. Schluss. Aber es gibt ein Leben vor dem Tod! Und das will ich gut leben. Mit dem Wunsch stehe ich ja wohl nicht alleine da."

Christoph: „Also mir kommt der Gedanke, wenn wir und alles nur zufällig irgendwie sind, ohne Sinn, ohne Ziel, nur für dieses eine Leben, also das kommt mir auch ziemlich schrecklich, trostlos vor – auch wenn ich nicht genau weiß, wie man das

Problem lösen kann. Vielleicht, also irgendwie imponieren mir die indischen Weisheiten schon sehr. Diese Abgeklärtheit, dieses Unberührtsein von dem täglichen Kleinkram – ah, Herr Daniel nähert sich wieder einmal. Herr Daniel, setzen Sie sich doch zu uns. Wir diskutieren gerade eine heikle Frage: Existiert Gott?"

DANIEL: „Existiert Gott? – Was für eine Frage. Nur Menschen können so fragen. Das Tröstliche an der Frage ist wohl, dass man im Innersten immer schon weiß, dass es keine letztgültige Antwort geben kann. Glaube im wirklichen Sinne bedeutet sicher nicht, die Antworten auf alle Fragen parat zu haben. Es scheint mir eher eine Art von ernsthaftem Bemühen zu sein, ein dynamischer Prozess, in dem Frage und Zweifel einen größeren Raum einnehmen, als man vielleicht annehmen sollte."

Denkanstöße

1 Wie würden Sie die Positionen von ALFRED, CHRISTOPH, BRIGITTE und DANIEL charakterisieren? Könnten Sie sich mit einer dieser Positionen identifizieren?

2 Was bedeutet die Frage nach dem „Sinn des Lebens" für Sie?

3 In welchem Verhältnis steht Ihrer Ansicht nach die Philosophie zur Religion?

Annäherung:

RELIGION – NUR EIN WORT?

(Gott) „Ja ... es ist das beladenste aller Menschenworte. Keines ist so besudelt, so zerfetzt worden. Die Geschlechter der Menschen haben die Last ihres geängstigten Lebens auf dieses Wort gewälzt und es zu Boden gedrückt; es liegt im Staub und trägt ihrer aller Last ..."

M. Buber

„Das Wort ‚Gott' gehört zu denen, die am frühesten gelernt werden ... Was immer der Glaube an Gott sein mag, es kann kein Glaube an etwas sein, das wir nachprüfen oder durch Nachschauen herausfinden können."

L. Wittgenstein

Die menschliche Sprache weist neben den Namen und Begriffen, die für Tatsachen und alltägliche Erfahrungen stehen, die wir überprüfen können, auch spezifische Begriffe auf, die wie „Gott", das „Absolute", das „Transzendente" empirische oder anders wissenschaftlich nachweisbare Bestätigung im strengen Sinne nicht finden können. Mit dem für alle menschlichen Kulturen ab einer bestimmten Entwicklungsstufe charakteristischen Phänomen der *Religion* ist ebensolche *Erfahrung* gemeint, die durch die *ratio* nicht voll begreifbar gemacht werden kann. – Gerade diesen auf den ersten Blick paradoxen Anspruch aber erhebt Religionsphilosophie: Sie will etwas verstehen, in ein vernünftiges Konzept einordnen, das von seinem Wesen her, eben weil es Religiöses ist, durch die Begrenztheit des menschlichen Verstandes nicht gänzlich aufschließbar ist.

Zunächst aber zu einer näheren Bestimmung dessen, was mit Religion überhaupt gemeint ist.

Wie in Antike und Mittelalter ist auch in der modernen Religionsphilosophie die **etymologische Herleitung** umstritten. THOMAS VON AQUIN führte drei Bedeutungen an, ohne sich für eine zu entscheiden.

Einmal lässt sich „religio“ von „relegere“, das heißt soviel wie „durchgehen“, herleiten. Der „religiosus“ ist demnach, wie THOMAS ausführt, der Mensch, „welcher immer wieder vornimmt und gleichsam immer wieder durchgeht, was zu der Verehrung des Göttlichen gehört“.

Nach einer zweiten Definition von Religion kommt „religio“ von „re-eligere“: Der Sinn liege darin, dass wir Gott, den wir vernachlässigt und verloren haben, wiederwählen müssen. Diese Auffassung entspricht der christlichen Vorstellung vom Sündenfall, durch den der Mensch Gott verloren hat. Religion ist also *Wiederherstellung eines ursprünglichen Gottesverhältnisses.*

Schließlich gibt es bei THOMAS eine dritte Deutung, die heute die am häufigsten gebrauchte ist: „religio“ soll demnach von „religare“ im Sinne von „rückbinden“ – nämlich an Gott – kommen.

Welche dieser drei Bedeutungen nun etymologisch auch zutreffen mag – die das Bemühen um die Verehrung des Göttlichen; die erneute Wahl des Verlorenen; oder die Rückbindung an Gott –: gemeinsam ist ihnen, dass der Begriff der Religion *vom Menschen* her gedacht ist.

Denkanstoß

Check-Liste: Was ist Gott? –
Treffen Sie Ihre persönliche Wahl und versuchen Sie diese argumentativ zu begründen.

- eine Illusion
- die letzte Wahrheit
- „Ein feste Burg… ein gute Wehr und Waffen“ (M. Luther)
- allliebender Vater
- „Grausamster Jäger“ (Nietzsche)
- „Fröhlichkeitspille“ (G. Benn)
- Opium
- das Gute im Menschen
- Grenzbegriff für alles Unbegreifliche
- Spielbegriff theologischer Sophisterei
- der „Allumfasser“ (Goethe)
- ein anderes Wort für Mitmenschlichkeit
- der, der in Jesus Christus Fleisch geworden ist
- der „dunkle Unbewusste“ (Rilke)
- „Etwas, über dem nichts Größeres gedacht werden kann“ (Anselm von Canterbury)
- ein Geist
- der Kosmos
- ein Mann oder eine Frau
- „der Geheimste und der Offenbarste“ (Augustin)

PHILOSOPHIE UND RELIGION

Philosophische Religionsbestimmungen

Arthur SCHOPENHAUER sah in den menschlichen Grundgefühlen wie *Furcht* und *Hoffnung* die entscheidenden Antriebe, die den Menschen dazu führen, für das Drohende und Unbekannte in Natur und Gesellschaft Orientierungsvorstellungen auszubilden. Diese sollen den Ursprung der Gottesvorstellungen darstellen. Die Religion gibt somit Richtung und Anleitung für menschliches Handeln, Beruhigung, Sicherheit und Trost.

Ernst Barlach, Rebellion (Der Prophet Elias), Zeichnung, 1922

Einer der bedeutendsten Vertreter der modernen vergleichenden Religionswissenschaft, Rudolf OTTO, hat in seiner Abhandlung über „Das Heilige", erschienen im Jahre 1907, die spezifische religiöse Erfahrung als eine „irrationale" charakterisiert. Der Kernpunkt religiösen Erlebens sei eben dieses Ergriffenwerden vom Heiligen, das OTTO als „numinos" beschreibt (*numen* – lat.: Gott(heit), göttlicher Wille, Walten der Gottheit). Das Numinöse sei nicht streng definierbar, es werde nur im „Kreaturgefühl" – Ich bin Erde und Asche vor Dir, sagt Abraham –, das die absolute Differenz zu diesem unsagbaren Wesen des Göttlichen bezeichnet, indirekt erlebbar. Das Numinöse ist in Begriffen nicht angebbar, nur seine Wirkung auf die gefühlsmäßige Erfahrung des Menschen beschreibbar. Diese Erfahrung charakterisiert Otto als eine ambivalente, zweideutige: einerseits als *„mysterium tremendum"*, als Scheu vor dem Unheimlichen, Unnahbaren und Übermächtigen; andererseits als *„mysterium fascinosum"*, als das Anziehende und Faszinierende am Unheimlichen.

Der rumänische Religionswissenschaftler Mircea ELIADE hat diese Ambivalenz religiöser Erfahrung näher erläutert: Der Mensch erhält Kenntnis vom Heiligen, weil es sich vom Profanen, dem alltäglichen Leben, deutlich unterscheidet. In den primitiven Religionen werden diverse Naturerscheinungen als *heilig* verehrt; Orte, an denen das Unbegreifliche, das Göttliche sich offenbart hat, werden als heilige Bezirke verehrt: Quellen, Bäume, Orakelstätten. Der religiöse Mensch kennt nach ELIADE zwei Lebensformen: das *Profane* und das *Heilige.* Er lebt in einem geheiligten Kosmos. Sowohl Raum als auch Zeit sind gebrochen, heilige Räume und heilige Zeit bilden die Achse, den festen Punkt, von dem jede Orientierung ausgeht. Das Leben des Menschen in einer von Religion durchdrungenen Gesellschaft ist bestimmt von heiligen Orten (z. B. Kirchen, Wegkreuzen, Tempeln, Friedhöfen) und heiligen Zeiten (z. B. Allerheiligen, Weihnachten, Ostern, Pfingsten: dem Kirchenjahr). Durch die *Hierophanie,* das Erscheinen des Heiligen im Alltäglichen, wird eine sinnerfüllte Welt begründet: Aus dem Chaos entsteht der geordnete Kosmos.

Aus einer vergleichenden religionswissenschaftlichen Betrachtung lassen sich zusammenfassend folgende *Wesenszüge* von Religion ableiten:

- Religion hat Weltbezug – sie umfasst, erklärt und deutet die ganze Welt, den Kosmos als Horizont unseres Daseins.
- In der Religion setzt sich der Mensch mit jener geheimnisvollen Macht in Verbindung, die er hinter der sichtbaren Welt vermutet. Diese Macht, das Numinöse, zieht ihn an und flößt ihm zugleich Furcht ein.

– Jede Religion ist Sinngefüge; in ihr hat alles Zusammenhang, tieferen Sinn.
– Religion befriedigt das Urbedürfnis nach Geborgenheit. Sie gibt Antwort, Trost, Gewissheit, indem sie Wege zur Erlösung anbietet.
– Jede Religion hat eine *Anthropologie:* Im Bild Gottes spiegelt sich ein Bild vom Menschen.
– Jede Religion hat eine spezifische Praxis (kultisch-rituell) und eine Ethik.

Religionsphilosophie

Gegenstand der Religionsphilospie ist nun die Untersuchung von Ursprung, Wesen, Bedeutung, theoretischem Gehalt und Erkenntniswert der Religion, darüber hinaus die Beziehung der Religion zu anderen Geistesgebieten, wie der Ethik und der Metaphysik. KANT beispielsweise fordert von der Philosophie, den sittlichen Gehalt der Religion herauszuarbeiten. Dieser der Religion als „Vernunftreligion" immanente Teil – neben dem bloßen Kultus – ist die „Erkenntnis aller Pflichten als göttlicher Gebote, nicht als Sanktionen, d. i. willkürlicher, für sich selbst zufälliger Verordnungen eines fremden Willens, sondern als wesentlicher Gesetze eines jeden freien Willens für sich selbst, die aber dennoch als Gebote des höchsten Wesens angesehen werden müssen, weil wir nur von einem moralisch vollkommenen (heiligen und gütigen), zugleich auch allgewaltigen Willen das höchste Gut, welches zum Gegenstande unserer Bestrebung zu setzen uns das moralische Gesetz zur Pflicht macht, und also durch Übereinstimmung mit diesem Willen dazu zu gelangen hoffen können". Diese philosophische Durchdringung des Religionsbegriffs setzt er dem Aberglauben entgegen, der Superstition, „welche letztere nicht Ehrfurcht für das Erhabene, sondern Furcht und Angst vor dem übermächtigen Wesen, dessen Wille der erschreckte Mensch sich unterworfen sieht, ohne ihn hoch zu schätzen, im Gemüte gründet; woraus denn freilich nichts als Gunstbewerbung und Einschmeichelei, statt einer Religion des guten Lebenswandels entspringen kann."

Ein Verhältnis im Wandel

Das **Verhältnis von Religion und Philosophie** ist oft ein widersprüchliches und über weite Strecken von gegenseitiger Skepsis getragenes gewesen. Diese Widersprüchlichkeit liegt, wie bereits angedeutet, im Wesen der Religion selbst begründet: Einerseits ist ihr Gegenstand das *Irrationale, das sich dem Zugriff der Philosophie entzieht*; andererseits enthält jede Religion auch *rationale* Elemente, und diese drängen nach Darstellung, Lehre, Theorie.

In der antiken Philosophie, insbesondere in der *ionischen Naturphilosophie,* ist die Frage nach dem Ursprung, dem Anfang der Welt und des Kosmos eine der Grundfragen. Mythische Vorstellungen werden aufgelöst, durch religionsphilosophische Theorien ersetzt. So finden sich bereits die ersten Ansätze einer Religionskritik bei XENOPHANES, wenn dieser den anthropomorphen Charakter der Gottesvorstellungen bekämpft: Menschen können sich Götter immer nur menschenähnlich vorstellen. „Die Äthioper behaupten, ihre Götter seien stumpfnasig und schwarz, die Thraker, blauäugig und rothaarig." Aus diesen anthropomorphen Projektionen schließt XENOPHANES ironisch, dass, wenn die Rinder, Pferde oder Löwen sich Götter schaffen könnten, sie Rindern, Pferden oder Löwen ähnlich sähen. Er kritisiert – wie auch PLATON und der griechische Dichter PINDAR – die Tatsache, dass die Volksreligion sogar menschliche Schwächen auf die Götter projiziert, sie stehlen, rauben und ehebrechen lässt. XENOPHANES setzt dagegen einen einzigen Gott, den Größten und Vollkommensten, „weder an Gestalt den Sterblichen ähnlich noch an Gedanken."

Die mittelalterliche Philosophie ist im Wesentlichen *christliche Philosophie*. Das Bemühen der Philosophen von AUGUSTINUS bis THOMAS von AQUIN zielt dabei auf eine philosophische Ausdeutung und Erklärung der christlichen Lehre. Dies geschieht mit Hilfe der metaphysischen Denkweise und der von der antiken Philosophie entwickelten Begriffe. THOMAS von AQUIN rezipiert vor allem das metaphysische Denken des ARISTOTELES aus den ins Lateinische übersetzten Schriften arabischer Gelehrter. Die Grundfragen seiner „Summa theologiae" sind: das Problem der Schöpfung aus dem Nichts, der Unterschied zwischen Schöpfer und Geschöpf und das bleibende Verhältnis des Schöpfers zum Geschöpf.

War bis an die Schwelle zur Neuzeit die Philosophie im Wesentlichen „Ancilla theologiae", die Magd der Theologie, so emanzipierte sich in der Folgezeit die philosophische Vernunft von den Grundvorgaben der Theologie. René DESCARTES, ein radikaler Zweifler, versuchte Gott dennoch allein mit den Mitteln der Vernunft zu beweisen. Der geniale Mathematiker und Philosoph Blaise PASCAL, obwohl ein Verfechter des kartesianischen Erkenntnisideals der Klarheit und Deutlichkeit und der mathematischen Methode, weist die metaphysischen Gottesbeweise, die bei DESCARTES eine zentrale Funktion haben als wenig überzeugend zurück. Für PASCAL ist die Vorstellung der Beweisbarkeit unvereinbar mit der Vorstellung von Gott: „Wenn es einen Gott gibt, ist er unendlich unbegreifbar." Er macht eine strikte Trennung zwischen dem, was die Philosophen Gott nennen, und dem Gott, von dem die Erlösung ausgeht, wie er es im *Mémorial*, dem ergreifenden Zeugnis seiner mystischen Gotteserfahrung des Jahres 1654, niedergeschrieben hatte: „Gott Abrahams, Gott Isaaks, Gott Jakobs, nicht der Philosophen und der Gelehrten." Mit Immanuel KANT war zugleich der Höhepunkt des *Rationalismus* und die entscheidende Kritik an einer rationalen Begründbarkeit Gottes erreicht. Die Idee Gottes bleibt für Kant jedoch ein zwingendes Postulat der praktischen Vernunft. Das menschliche sittliche Handeln braucht die regulative Idee einer absoluten Sittlichkeit und höchsten Intelligenz. Denn wenn es keinen Gott gäbe – so wird DOSTOJEWSKI später schreiben –, wäre alles erlaubt.

Im Zeitalter der Romantik manifestierten sich religiöse Sehnsüchte, die am „Verstand" der Aufklärung kein Genüge fanden; am stärksten kam dieser religiöse Individualismus im Werk des Religionsphilosophen Friedrich SCHLEIERMACHER zum Ausdruck. Er erblickte das Wesen der Religion nicht in Kirche, Liturgie und Dogma, sondern ausschließlich im „Gefühl schlechthinniger Abhängigkeit" vom Unendlichen. Religion nach diesem subjektivistischen Ansatz ist die „Anschauung des Unendlichen im Endlichen, des Ewigen im Zeitlichen". Neben SCHLEIERMACHER und anderen Vertretern der religiösen Romantik wie Friedrich SCHELLING und Franz von BAADER steht aber im 19. Jahrhundert auch die radikale Religionskritik. Ludwig FEUERBACH, Karl MARX und Friedrich NIETZSCHE beschuldigen die Theologie einer verkehrten Anthropologie: Der Mensch projiziere seine Wünsche von einem besseren Leben in den Himmel – er finde dort nichts als seine Sehnsüchte und Ängste.

Auch die Philosophie des 20. Jahrhunderts steht in weiten Teilen unter dem Aspekt einer Abkehr vom Religiösen. Es kommt zunehmend zu einer *Säkularisation*, einer Verweltlichung ehemals religiöser Themen. Obwohl in der modernen Philosophie, etwa im *Existentialismus,* die Frage nach dem *Sinn des Lebens,* die ja traditionell auch eine religiöse Frage ist, verstärkt thematisiert wird, ist im positivistischen, wissenschafts- und fortschrittsgläubigen Zeitalter die Frage nach Gott und dem Absoluten für viele anachronistisch geworden.

Dieser philosophischen Religionskritik steht eine philosophiekritische Tradition aufseiten der Religion gegenüber: von Martin LUTHER, der die Vernunft eine „Dirne des Teufels" nannte, bis hin zu Sören KIERKEGAARD, der an der Unergründbarkeit des Glaubens durch die Vernunft festhielt und eine rein rationalistische Philosophie als „christliches Ärgernis“ und „Sünde“ bezeichnete. Das Ziel dieses Abschnitts kann hier kein vollständiger Überblick über die verschiedenen historischen Ausprägungen des Verhältnisses von Religion und Philosophie sein. Aus diesem kurzen Überblick kann nur im Ansatz das wechselvolle, ebenso spannungsgeladene wie fruchtbare Verhältnis von Philosophie und Religion deutlich werden, dem es im Einzelnen kritisch nachzuspüren gilt.

Fragestellungen, Dogmen, Probleme

Die religiöse Frage nach dem Sinn

Alle Religionen erwarten und lehren eine vom Heiligen her gegebene *Richtigkeit* und *Sinnhaftigkeit* des Wirklichen. Es ist diese Annahme der prinzipiellen *Gutheit* und *Ordnung* des Ganzen, auf der die religiöse Heilserwartung ruht. In der Sprache der Religion sind es Worte wie Vorsehung, Weltgesetz, Schöpfung, Hingabe, Vertrauen, die die Überzeugung von der die Wirklichkeit tragenden *Sinnhaftigkeit des Seins* anzeigen.

Philosophisch gesehen, taucht die Frage nach dem Sinn im Zusammenhang mit Phänomenen auf, die unter den Begriff der Kontingenz fallen: Als *kontingent,* als zufällig gelten jene Ereignisse, die im Zusammenhang menschlichen Lebens als überwältigend, schicksalhaft und unberechenbar erfahren werden müssen: Geburt, Krankheit, Unfälle, Schicksalsschläge, Tod. Religion leistet *Kontingenzbewältigung* durch Rückgriff auf *Transzendenz.* Dem anscheinend Sinnlosen, vor allem Leid und Tod, soll durch den Rückgriff auf Gott Sinn verliehen werden. Jede Religion steht deshalb angesichts des Leids in der Welt vor dem Problem, Gott, der ja gut sein soll, zu rechtfertigen. Die Theologie kreist also immer auch um die Frage der *Theodizee,* der Rechtfertigung Gottes. Der rationalistische Philosoph Gottfried Wilhelm LEIBNIZ löste dieses Problem dadurch, dass er eine unveränderbare Weltordnung, eine „prästabilierte Harmonie“ annahm, in der auch das Böse seinen Platz haben müsse. Alle möglichen Welten sind endlich und unvollkommen, denn eine Welt, in der es nur Vollkommenes gäbe, wäre nichts anderes als eine Verdoppelung Gottes, die wegen der Identität des nicht zu Unterscheidenen mit Gott zusammenfiele. Die Theodizee besteht darin, dass Gott um des optimalen Ganzen seiner Schöpfung willen diese Übel in Kauf nehmen muss: Das *malum metaphysicum* ist unvermeidlich, da jedes erschaffene Sein von geringerem Seinsgehalt sein muss als der Erschaffende.

Die Erfahrung von Leid und Tod, also von Kontingenz, galt anderen Philosophen, etwa Albert CAMUS und Jean Paul SARTRE, als Ausdruck der Absurdität unseres Daseins. Die Philosophie könne angesichts der unaufhebbaren Erfahrung von Kontingenz in der uns bekannten Welt weder als Hoffnungslehre noch als nihilistische Skepsis einen Weg aus der absurden Verfasstheit der Welt weisen.

Zur Dialektik von Glauben und Wissen

Die Philosophie von Georg Wilhelm Friedrich HEGEL verstand sich als die Vollendung dieses aufgeklärten Denkens. Sie wollte die Synthese von Wissenschaft und Religion sein, der Glaube sollte sich im philosophischen, rational-begrifflichen Wissen aufheben. Im Gegensatz dazu hinterfragt der Existentialismus von Sören KIERKEGAARD allerdings radikal eine solche Möglichkeit der Synthese von Glauben und Wissen: Reflexive Vernunft verbleibt nach KIERKEGAARD im Gefängnis und der Verzweiflung eines diesseitigen, oberflächlichen, „ästhetischen“ Lebensstils, aus dem nur der „paradoxe Sprung“ in den Glauben herausführe. Der Alleinanspruch der Vernunft sei eine Sünde vor Gott.

Sören Kierkegaard

„Philosophie und Christentum lassen sich doch niemals vereinigen, denn soll ich etwas von dem meist Essentiellen im Christentum festhalten, nämlich die Erlösung, so muss sie natürlich, wenn sie wirklich etwas sein soll, auf den ganzen Menschen erstreckt werden. Oder soll ich mir seine moralischen Gaben mangelhaft und hingegen seine Erkenntnis unbeschädigt denken?"

Aber auch wissenschaftliches Forschen benötigt ein wahrhaft unerschütterliches Vertrauen in die Gesetzmäßigkeit und Berechenbarkeit von Welt und Kosmos, das als die „profane Form" des religiösen Glaubens anzusehen wäre. Pragmatisch gesehen, dienen philosophische und naturwissenschaftliche Theorien, durchaus vergleichbar mit Religionen, der Orientierung in unserer Lebensgestaltung. Dabei ist Wissenschaft eine riskante Sache: Einerseits ist Wissen in Hinblick auf seine Geschichtlichkeit stets vorläufig; andererseits ist es mit Rücksicht darauf, dass es uns orientiert, also unsere Welt gestaltet, jeweils endgültig. Unser jeweiliges Wissen ist nicht nur begrenzt durch Unklarheiten, die uns bewusst sind; es ist darüber hinaus durchsetzt mit Nichtwissen, von dem wir nichts wissen – man denke etwa an so manche *nachträgliche* Einsicht in Umweltfolgen technologischen „Fortschritts". Wissensbildung ist also niemals ein voll kalkulierbarer Prozess – wir sind auf Korrektur, selbst durch „böse Überraschungen", angewiesen. Dies könnte auch als Begründung dienen für die philosophische These, dass für jedes Wissen auch Glaube nötig sei. Der Wissenschafts- und Fortschrittsoptimismus erscheint als säkularisierte Form, als moderne Variante religiösen Heils- und Erlösungsglaubens. An die Stelle des religiösen Dogmas – so G. B. SHAW – sei das wissenschaftliche Dogma getreten; nur der *Inhalt* unserer abergläubischen Dogmatik habe sich geändert …

Denkanstöße

1 „Nichts wird so zuversichtlich geglaubt als das, wovon man am wenigsten weiß." (Montaigne) – Versuchen Sie diese Behauptung des berühmten französischen Essayisten durch konkrete Beispiele aus der Lebenspraxis zu überprüfen.

2 Was ist der Sinn des Lebens?
Ergänzen Sie die folgende Antwortreihe durch eigene Ansichten; begründen Sie ihre Wahl.

Der Sinn des Lebens ist:

das „Leben" selbst; – die Selbstverwirklichung des Individuums; – seine Sinnlosigkeit (es herrschen nur die Naturgesetze von Zufall und Notwendigkeit); – die Vervollkommnung der Menschheit; – die Einswerdung mit Gott; – das Aushalten der Absurdität des Daseins; – die absolute Harmonie mit dem Universum.

3 Entscheiden Sie: Was kann man wissen, was muss man glauben?

In der Sahara gibt es viel Sand. – Jeder Mensch hat ein Gewissen. – Eine quadratische Gleichung mit einer Variablen hat genau zwei Lösungen. – Es gibt ein Leben nach dem Tod. – Es gibt eine Wirklichkeit und sie ist erkennbar. – Glauben heißt nichts wissen. – Am Grunde des begründeten Wissens liegt der unbegründete Glaube. – Der Zweifel kommt nach dem Glauben. – Alles in der Natur hat seinen Zweck.

Religion in der Spannung von Beweis und Kritik

„Gott ist tot!“

Friedrich Nietzsche

„Ich bin lebendig von Ewigkeit zu Ewigkeit.“

Offenbarung 1, 18

Im Jahre 1883 verkündete Friedrich NIETZSCHE in dem berühmt gewordenen Buch „Also sprach Zarathustra“: „Gott ist tot! Gott bleibt tot.“ Seitdem ist für Religionsphilosophie und Theologie die Frage nach der Existenz bzw. Beweisbarkeit Gottes aktueller denn je geworden. Hinter der These „Gott ist tot“ steht die seit der Aufklärung zunehmend verbreitete Behauptung, dass dem Begriff „Gott“ keine Erfahrung entspreche. Die Auseinandersetzung um die Beweisbarkeit der Existenz Gottes hat sich durch den historischen Prozess von Säkularisation und Religionsverlust in der Moderne verschärft. Selbst die christliche Theologie ist von dieser Entwicklung nicht unberührt geblieben. So versteht etwa die protestantische Theologin Dorothee SÖLLE ihr Denken als eine „Theologie nach dem Tode Gottes“. Die „Annahme eines wie immer gearteten himmlischen oder personalen Gegenübers“, eines Herrschers „des Universums, der das Universum geschaffen hat“, ist für sie heute unmöglich geworden.

In der katholischen Theologie wird, den Beschlüssen der Vatikanischen Konzile zufolge, die grundsätzliche Möglichkeit einer vernünftigen Beweisbarkeit Gottes gelehrt: „Gott, aller Dinge Grund und Ziel, kann mit dem natürlichen Licht der menschlichen Vernunft aus den geschaffenen Dingen mit Gewissheit erkannt werden.“ Damit wird allerdings nicht behauptet, dass alle Menschen Gott mit Sicherheit erkennen, nicht einmal, dass es jemals Menschen gegeben hat, die Gott ganz ohne Hilfe von Offenbarung mit letzter Gewissheit erkannt haben, sondern nur, dass man Gott mit Hilfe der Vernunft aus der Welt erkennen *kann*. In der protestantischen Theologie hat sich dagegen seit der Vernunftkritik KANTs der Grundsatz der prinzipiellen Unbeweisbarkeit Gottes durchgesetzt. Dahinter steht die Überzeugung: Zum christlichen Glauben ist Wissen in der Gestalt positiver Gottesbeweise nicht notwendig.

Dem stehen die vergangenen und gegenwärtigen Versuche, Gott über vernünftige Argumentation in seiner Notwendigkeit zu beweisen, gegenüber. Alle Gottesbeweise gehen dabei davon aus, dass es Spuren Gottes in der Welt, Zeichen seiner Wirksamkeit geben muss, von denen man auf die Existenz eines Schöpfers rückschließen kann. Die Argumentation erfolgt also in der Form eines Rückschlussverfahrens von der Wirkung auf die Ursache, vom Abbild aufs Urbild.

Gottesbeweise

Der kosmologische Gottesbeweis

Das Ergebnis der frühgriechischen Religionsphilosophie ist die Idee des *Monotheismus.* Die philosophische Wesenserschließung des Göttlichen setzt einen göttlichen, geordneten Kosmos voraus. Die fünf Wege des kosmologischen Gottesbeweises sind Ausformungen dieser griechischen Kosmosvorstellung.

Bei THOMAS VON AQUIN finden wir die klassische Ausformulierung dieser fünf Beweise für das Dasein Gottes. Er stützt sich dabei auf die aristotelische Lehre von den vier Seinsgründen:

- Die Notwendigkeit eines *ersten Bewegers:* Alles, was sich bewegt, muss von einem Anderen bewegt sein; da die Kausalkette nicht ins Unendliche zurückverfolgt werden kann, muss ein Erstbewegendes angenommen werden. Dieser erste *unbewegte Beweger* ist Gott.
- Die Notwendigkeit einer *ersten Ursache:* Hier wird mit dem gleichen Argument von der Kette der Ursachen zurück auf einen ersten Urgrund geschlossen, der selbst nicht weiter begründet sein darf bzw. – wie SPINOZA formuliert hat – Ursache seiner selbst ist: „Deus est causa sui."
- Gott als das *Notwendige:* Hier wird, ausgehend von der Endlichkeit der Dinge, zwar ihre Wirklichkeit bejaht, nicht aber ihre Notwendigkeit; gäbe es keinen *ersten Grund der Notwendigkeit,* so wären die Dinge bloß möglich, es wäre aber nicht zu verstehen, warum sie überhaupt sind.
- Die Notwendigkeit eines *höchsten Seins:* Die griechische Philosophie ging von Rangunterschieden unter den Dingen und einer Gestuftheit des Seins in Bezug auf seine Vollkommenheit aus; das mehr oder minder Vollkommene setzt aber ein absolut Vollkommenes voraus.
- Der *teleologische* oder *physikoteleologische* Beweis: Er geht von der Notwendigkeit einer Ordnung der Dinge aus; in dieser Ordnung gewinnen alle Dinge ihren Sinn vom Zweck und Ziel des Ganzen, vom *telos;* es muss also ein geistiges Wesen geben, das diese Ordnung sinnstiftend geschaffen hat. – THOMAS will mit diesem Argument nicht nur das Da-sein, sondern auch das So-sein Gottes beweisen. Gott wird als erster Beweger, als reine Wirklichkeit, als notwendiges und vollkommenes Sein und als Geist gedacht.

Der ontologische Gottesbeweis

Der bedeutende scholastische Philosoph ANSELM VON CANTERBURY, dem es um eine rationale Begründung der Glaubensdogmen im Sinne des Satzes „Credo, ut intelligam" – ich glaube, um zu erkennen – ging, ist der Schöpfer des sogenannten *ontologischen Gottesbeweises.* In seiner Schrift „Proslogion" schließt Anselm von der subjektiven Idee eines höchsten Wesens auf dessen objektives Dasein. Seine These lautet: „Wir glauben, Du bist etwas, über das hinaus nichts Größeres gedacht werden kann." Existierte Gott nicht wirklich, sondern nur als Idee, so widerspräche dieser Mangel dem Begriff Gottes als des vollkommensten Wesens, über das hinaus nichts Größeres gedacht werden kann: denn wirklich existieren ist größer als nur im Geist existieren.

Kritik der Gottesbeweise

Gegen ANSELM VON CANTERBURY wendet KANT kritisch ein, dass „Sein" im Sinne von „Existenz" kein „reales Prädikat" sei. Es gehöre *nicht* zum *Begriff* der Vollkommenheit, dass diese auch *existieren* müsse. Ein höchstes Wesen sei genauso denkbar, ohne zu existieren, wie ich mir 1000 Taler denken kann, ohne sie in der Tasche zu haben. Zwischen den Aussagen „Ich denke an Gott“ und „Ich denke an den existierenden Gott“ bestehe kein prinzipieller Unterschied in der Form, dass man aus der Feststellung „Ich denke an Gott bzw. an einen existierenden Gott“ nicht auf die Richtigkeit der Aussage „Gott existiert“ schließen kann. Der letzte Satz bedarf nach KANT einer eigenen Rechtfertigung, die auf dem Wege der theoretischen Vernunft nicht möglich sei.

Zwar negiert KANT die Möglichkeit, einen rational zwingenden Beweis für das Dasein Gottes bringen zu können, aber er postuliert andererseits die *Idee* Gottes als notwendig und sinnvoll, soll nicht das praktisch-ethische Streben des Menschen orientierungslos werden. Gott kann zwar nicht bewiesen werden, aber ein Mensch, der ein Interesse an einer sittlichen Welt hat, muss Gott geradezu fordern, weil ohne Gott Moralität unmöglich wäre.

Die religionsphilosophische Überzeugung vom Dasein Gottes beruht also bei KANT „auf subjektiven Gründen“ der moralischen Gesinnung: Nur derjenige, der sich bereits für eine moralische Haltung entschieden hat, kann und muss auch vom Dasein Gottes überzeugt sein.

Religionskritik

Am Vorabend der französischen Revolution manifestierte sich eine religionskritische Tendenz, die von der *materialistischen Philosophie* beeinflusst war und unter den Vorzeichen der Aufklärung stark politisch motiviert war: Die Kritik an der starken Stellung der Kirche im *Ancien Régime* rief den Widerspruch vieler Denker hervor. Symptomatisch ist, dass sich diese Kritik dann auch auf das Phänomen Religion überhaupt übertrug. Der Religionskritiker Paul Henri Thiry d'HOLBACH, ein enger Mitarbeiter DIDEROTS, z. B. unternimmt in seinem 1761 erschienenen Werk „Le christianisme dévoilé“ eine polemische Demontage der Religion im Allgemeinen und des Christentums im Besonderen. Seine – mitunter auch antisemitisch geprägte – Analyse des Alten Testaments lässt von Gott nicht viel mehr übrig als das Bild eines blutdürstigen, rachsüchtigen Unholds. Die Lehren des Neuen Testaments kommen schließlich noch schlechter weg: Seine Wundererzählungen und *mysteria fidei* dienten dem Christentum nur dazu, sich von vorneherein dem peinlichen Zwang einer rationalen Rechtfertigung zu entziehen. Die christliche Ethik – so lehre es die Erfahrung – habe nicht zur Besserung der Menschheit beigetragen. Das neutestamentliche Gebot der Nächstenliebe wiederspräche der wahren Natur des Menschen: der Eigenliebe. Seine politische Brisanz erhält das Werk, wenn HOLBACH behauptet, der Christ, der seinen religiösen Pflichten und Überzeugungen (im Gegensatz zu den staatsbürgerlichen Pflichten) die oberste Priorität einräume, sei ein staatsgefährdendes Element. Im aufgeklärten Menschen – dies ist nach HOLBACH der Atheist – wird der zukünftige ideale Staatsbürger gesehen; ihm ist eine neue Gesellschaftsmoral zu geben, die sich nicht mehr aus der Offenbarung, sondern aus der „natürlichen Ordnung“ herleiten soll.

HOLBACHs Zeitgenosse VOLTAIRE kritisierte dessen Thesen und Forderungen als zu radikal und setzte seine deistische Auffassung dagegen: Gott existiere und sei in der Welt auch wirksam, allerdings kraft der von ihm geschaffenen universalen Gesetze und nicht durch aktives Eingreifen in das Weltgeschehen: „Der Deist ist ein fest von der Existenz eines höchsten, ebenso guten wie mächtigen Wesens überzeugter Mensch, das alle ... Wesen geformt hat; das ihre Art fortsetzt; das ohne Grausamkeit die Verbrechen bestraft und mit Güte tugendhafte Handlungen belohnt. Der Deist weiß nicht, wie Gott straft, wie er bevorzugt, wie er vergibt, denn er ist nicht kühn genug, sich Wissen über die Art, wie Gott handelt, einzubilden.“ Um Gottes Willen zu genügen, sei es ausreichend, die Vor-

Caravaggio, Die Grablegung Christi, um 1602, Rom, Pinacoteca Vaticana

schriften der rationalen, auf Menschenliebe gegründeten Moral zu befolgen. VOLTAIRE erblickt in einer solchen Ur-Religion die „älteste und am weitesten verbreitete, denn die schlichte Anbetung eines Gottes liegt vor allen [religiösen] Systemen. Er [der Deist] spricht eine Sprache, die alle Völker verstehen … er hat Brüder von Peking bis Cayenne." Der tolerante Deismus will sich verstanden wissen als die ausgleichende Mitte zwischen dem radikalen Atheismus und dem babylonischen Dogmengewirr der bestehenden Religionen, die Hass und Fanatismus schüren.

Auch Jean-Jacques ROUSSEAU forderte gegen den Offenbarungsglauben und die Intoleranz der historisch gewachsenen Religionen eine universale Religion, deren Vorschriften jeder Mensch aus seinem Gefühl und Gewissen ermitteln könne, sofern er gewillt sei, auf die Stimme des Herzens und die Sprache der Natur zu hören. Die Wahrheiten, die der Mensch hier vernehme, seien indifferent gegenüber allen theologischen Dogmen und philosophischen Disputationen. In seinem *Contrat social* findet sich denn auch ein Artikel zur Einrichtung einer *religion civil*, also einer Staatsreligion, die lediglich von einigen wenigen und dabei leicht fassbaren Grundvoraussetzungen ausgehen sollte: das Dasein Gottes als allgütiger und allmächtiger Schöpfer; das Leben nach dem Tod; die Belohnung des tugendhaften und die Bestrafung des sündigen Lebens, die unverbrüchliche Heiligkeit von Gesetzen und Gesellschaftsvertrag.

Die klassische Ausformung der *naturalistischen Religionskritik* findet sich in der Philosophie von Ludwig FEUERBACH. „Gott war mein erster, die Vernunft mein zweiter, der Mensch mein dritter und letzter Gedanke" – so beschreibt er seinen gedanklichen Weg. Seine umfangreiche Kampfschrift „Das Wesen des Christentums" aus dem Jahre 1841 und das wenige Jahre später erschienene Buch „Das Wesen der Religion" gelten der Rückführung jeder Religion auf den Menschen selbst. „Gott" sei nichts anderes als der in den Himmel projizierte Mensch, der Mensch, wie er sich selbst gerne sähe: allmächtig, allwissend, allgütig. An Stelle der Religion als Gottesglaube fordert FEUERBACH dann auch einen praktischen Humanismus: „Setze an die Stelle der Gottesliebe die Menschenliebe, an die Stelle des Gottesglaubens den Glauben des Menschen an sich selbst und seine Kraft – so hast du die wahre Religion."

In der Religion habe sich der Mensch – so Feuerbach – seinem eigenen Wesen gegenüber entfremdet. Diese Entfremdung gelte es „aufzuheben", der Mensch solle in der Religion sein „Ich-Ideal" erkennen, die „Verneinung des Jenseits" müsse zur „Bejahung des Diesseits" führen. Der Traum vom Idealmenschen ist vom Himmel auf die Erde zurückzuholen. – Die Methode der feuerbachschen Religionskritik ist dabei eine Art Umkehrung des ontologischen Gottesbeweises. Der Gottesbegriff beweist nicht Gottes Dasein, sondern das Dasein des Menschen, der diesen Begriff nach seinem Wunschbild formuliert hat. Der Gottesbegriff zeugt nicht von der Selbstoffenbarung Gottes, sondern als Produkt menschlicher Phantasie ist er eine Selbstoffenbarung des Menschen.

Ähnlich wie FEUERBACH sieht Sigmund FREUD das religiöse Bewusstsein als Form der Selbstentfremdung und Selbstentzweiung des Menschen. „Religiöse Vorstellungen sind nicht Niederschläge der Erfahrung oder Endresultate des Denkens, es sind Illusionen, Erfüllungen der ältesten, stärksten, dringendsten Wünsche der Menschheit: das Geheimnis ihrer Stärke ist die Stärke ihrer Wünsche. Wir wissen, schon der schreckende Eindruck der kindlichen Hilflosigkeit hat das Bedürfnis nach Schutz – Schutz durch Liebe – erweckt, dem der Vater abgeholfen hat ... Die Erkenntnis von der Fortdauer dieser Hilflosigkeit durchs ganze Leben hat das Festhalten an der Existenz eines – aber nun mächtigeren – Vaters verursacht."

„Wenn Gott nicht existierte, wäre ja alles erlaubt." Dieser Gedanke DOSTOJEWSKIs ist der eigentliche Ausgangspunkt für den *atheistischen Humanismus* bei Jean Paul SARTRE und Albert CAMUS. Die Konsequenz „alles ist erlaubt" mutet dem Menschen die radikale Freiheit zu, sich selbst, seine Welt und seine Götter zu schaffen und schaffen zu müssen. Erst in dieser totalen Freiheit werde das wirkliche und wahre Menschsein sichtbar. Erst der Atheismus nehme dem Menschen die letzte Entschuldigungs- und Entlastungsdistanz und stelle ihn in das Schicksal der Freiheit. Da es keinen Schöpfergott gebe, der diese hätte bestimmen und festlegen können, gebe es auch keine allgemein gültige „Natur des Menschen", d. h. der Mensch ist so, „wie er sich konzipiert, ja nicht allein so, sondern wie er sich will und wie er sich ‚nach' der Existenz konzipiert ... Der Mensch ist nichts anderes als wozu er sich macht." (SARTRE)
Als Resultat *existentialistischer Religionskritik* bleibt ein radikal in die Freiheit, Selbstverantwortung und Verantwortung für die Welt gestellter Mensch.

Denkanstöße

1 Nehmen sie Stellung zur berühmten *Wette* des Philosophen Blaise PASCAL, durch die er dem freien Willen einen Ansporn geben will, sich für den Glauben zu entscheiden, auch wenn Gott auf verstandesmäßigem Wege nicht zu beweisen ist: Wenn die Annahme der Existenz Gottes falsch ist, verliere ich in keinem Fall; wenn es aber Gott gibt, dann kommt alles darauf an, auf ihn gesetzt zu haben.

2 Dostojewski formulierte: „Was ist das für eine Harmonie, wo es solche Hölle gibt!" – Ist Ihrer Meinung nach mit dieser mit Blick auf die Schlechtigkeit der Welt gemachten Aussage eine atheistische Position hinreichend argumentiert?

3 Ein von verschiedenen Religionskritikern immer wieder geäußerter Vorwurf gegenüber der Religion ist, dass diese den Menschen von seinen gesellschaftlichen Aufgaben im Diesseits abhalte. Halten Sie diese Kritik für angebracht? Versuchen Sie Ihre Meinung mit historischen Beispielen zu untermauern.

Macht und Recht

Aspekte der Rechts- und Sozialphilosophie

Cafe Philosophopolis, *Mittagszeit.*

Christoph *und* Brigitte *an einem Tisch, später* Alfred *und* Daniel.

Christoph, *mit geröteten Augen:* „So eine Schweinerei, so eine bodenlose Ungerechtigkeit, einfach unfassbar!"

Brigitte: „Nun beruhige dich doch erst einmal und erzähl, was los ist."

Christoph: „Ich muss eine Nachprüfung in Mathematik machen. Dabei hab ich in der Klausur wirklich alles gekonnt. Aber die Alte war einfach schlecht gelaunt. Und wenn sie schlecht gelaunt ist, macht sie dich fertig. Mist!"

Brigitte: „Und du bist sicher, dass du alles gekonnt hast?"

Christoph: „Alles, alles, was heißt da alles? Alles kann niemand – aber so viel, dass jeder andere durchgekommen wäre, so viel hab ich gewusst. Darin liegt ja die Ungerechtigkeit. Nur weil sie mich nicht mag."

Alfred, *betritt dynamisch wie immer das Café:* „Tag allerseits. Nanu, was ist denn mit Christoph los? Ärger gehabt?"

Brigitte: „Er bekommt eine Zusatzprüfung in Mathematik – so eine Ungerechtigkeit."

Daniel *kommt, hält sich im Hintergrund, hört aber mit.*

Alfred: „Ach, Ungerechtigkeit. Vergiss es. Das Leben ist nie gerecht. Darauf darfst du nicht bauen. Im Grunde ist jeder dein Feind. Misstraue allen, und du wirst nicht enttäuscht werden. Kannst du dich denn irgendwo auf Gerechtigkeit verlassen? Hm?"

Brigitte: „Aber das stimmt doch nicht. Natürlich kann niemand absolut gerecht sein – aber wir brauchen doch eine Vorstellung von Gerechtigkeit, einen Richtwert, der im Wesentlichen allen gemeinsam ist, sonst würde alles zusammenbrechen. Wenn alles Willkür wäre, gäbe es den Krieg aller gegen alle. Also ich zumindest ziehe einen halbwegs geordneten Rechtsstaat noch immer dem Chaos oder einer Diktatur vor."

Christoph: „Ja, so lange, bis du die Ungerechtigkeit am eigenen Leib spürst. Ist doch alles nur Augenwischerei. Schulunterrichtsgesetz – schön und gut. Aber im Endeffekt bist du doch den Launen deiner Lehrer ausgeliefert. Und jetzt sitz ich da, mit der Zusatzprüfung."

Daniel, *tritt an den Tisch:* „Pardon, Ihren Ärger in Ehren. Aber: Spricht die Möglichkeit, dass ein Gesetz missbraucht wird, schon gegen dieses? Und vor allem– entschuldigen Sie, wenn ich Ihre Darstellung ein wenig bezweifle, Schmerz macht bekanntlich auch blind – wäre es wirklich gerecht, wenn ein Lehrer alle an einem Maßstab misst? Ohne auf die individuelle Situation Rücksicht zu nehmen? Auch wenn Ihre Lehrerin Sie vielleicht aus persönlichen Gründen ungerecht behandelt hat – hat sie dadurch Ihre Person nicht mehr geachtet, als wenn sie in Ihnen nur eine Nummer gesehen hätte, die sie behandelt wie hundert andere auch? Ist ein gewisses Maß an Ungerechtigkeit nicht die Voraussetzung für Menschlichkeit??"

Christoph, *schaut verständnislos;* Alfred *murmelt:* „So ein Schwachsinn."

Brigitte, *nachdenklich:* „Ein seltsamer Gedanke."

Denkanstöße

1 Was sagen Sie zu den Fragen von Daniel? Können Sie dem etwas abgewinnen?

2 Wie würden Sie die Rolle von Gesetzen, vom Staat überhaupt für die Verwirklichung von Gerechtigkeit sehen?

Annäherung:

Macht und Recht

Dass wir in einem Rechtsstaat leben, gilt heute den meisten als eine Selbstverständlichkeit. Die Verfassung und die Gesetze garantieren eine Ordnung, ohne die das Zusammenleben der Menschen undenkbar schiene. Sicher, man mag das eine oder andere Gesetz in seiner Sinnhaftigkeit bezweifeln, man mag auch eine Gesetzesflut beklagen, die dazu führt, dass die Einhaltung der Gesetze kaum mehr kontrollierbar erscheint; man kann und sollte auch fordern, dass für neue Probleme – etwa im Bereich der Ökologie – die notwendigen gesetzlichen Grundlagen für effektives Handeln geschaffen werden. Aber im Großen und Ganzen dürfte ein breiter Konsens darüber herrschen, dass nur auf einer gesetzlich fixierten *Rechtsgrundlage,* die für alle Bürger eines Staates gilt, ein menschenwürdiges Zusammenleben möglich ist. Man sollte aber dabei nicht vergessen, dass dieser Rechtszustand, ja diese Rechtsauffassung beileibe nicht immer gegolten haben.

Die Versuche der Menschen, ihr Zusammenleben auf eine gesetzliche Basis zu stellen, waren immer wieder unterbrochen von Perioden der tendenziellen Gesetzlosigkeit, von Phasen der Willkürherrschaft einiger weniger oder von Situationen, in denen das Gesetz eindeutig Partei ergriff zu Gunsten privilegierter Gruppen. Diktaturen, Despotismus, politische Systeme, in denen willkürliche Verhaftungen und Folterungen, Verfolgungen und Enteignungen, Hinrichtungen wenn nicht an der Tagesordnung, so doch im Bereich des Möglichen sind, finden wir nicht nur in der Vergangenheit. Der Kampf um die Menschenrechte – oft allerdings auch aus etwas eigennützigen politischen Motiven geführt – deutet an, dass Rechtssicherheit keineswegs schon in allen Staaten der Erde garantiert ist.

Was aber ist das eigentlich: das Recht? Wie entstehen Gesetze, wer macht sie, in wessen Interessen werden sie formuliert, wer überwacht ihre Einhaltung? Gibt es so etwas wie ein natürliches Recht und ein dazugehöriges Rechtsempfinden, oder spricht der Recht, der die Macht hat? Untrennbar mit dieser Frage verbunden ist die nach der Legitimität von Macht überhaupt. Wie gründet sich, rechtfertigt sich Herrschaft, welche Formen kann oder soll sie annehmen, welche Vorstellungen und Utopien staatlichen und gemeinschaftlichen Zusammenlebens haben die Menschen immer wieder entworfen? Solche und ähnliche Fragen stellen sich die Rechtsphilosophie und die Sozialphilosophie, Zweige der Philosophie, die schon in der Antike ihre erste Blüte erlebten, um dann vor allem in der Neuzeit, als es um die juristischen und theoretischen Grundlagen der entstehenden modernen bürgerlichen Gesellschaft ging, grundlegende Bedeutung zu erhalten. Vor allem die Erfahrungen mit dem nationalsozialistischen Staat, in dem unglaubliche Verbrechen auf gesetzlicher Grundlage geschehen konnten, haben die Diskussion rechts- und staatsphilosophischer Fragen nach dem 2. Weltkrieg wieder aufleben lassen – man denke nur an den nicht unproblematischen Begriff des Kriegsverbrechens, der im Mittelpunkt der Nürnberger Prozesse stand. Im Folgenden kann es allerdings nur darum gehen, einige grundlegende Fragestellungen und Begriffe der Sozial- und Rechtsphilosophie im weiteren Sinne zu diskutieren.

Denkanstöße

1 Was ist das eigentlich – ein Staat? Denken Sie an verschiedene Erscheinungsformen des Staates – von den frühorientalischen und den antiken Staatsformen über die mittelalterliche Reichsidee bis zum modernen Nationalstaat – und versuchen Sie das Gemeinsame dieser unterschiedlichen Organisationsformen, das mit dem Begriff Staat bezeichnet werden könnte, herauszuarbeiten.

2 Versuchen Sie den Begriff Rechtsstaat zu definieren. Welche Eigenschaften muss Ihrer Ansicht nach ein Staat aufweisen, der dieses Attribut verdient?

3 Warum wurde oben der Begriff des Kriegsverbrechens problematisch genannt? Können Sie Kriterien angeben, nach denen bei Kriegshandlungen zwischen „rechtmäßigen" und „verbrecherischen" unterschieden werden könnte? Kennen Sie Waffen oder Kriegsformen, die nach internationaler Übereinkunft geächtet sind? Was sagt Ihnen der Begriff „Kriegsrecht"?

Naturrecht, Staat und menschliche Würde

Der deutsche Philosoph Ernst BLOCH, gleichermaßen vom jüdischen Denken wie vom Marxismus beeinflusst, hatte einem seiner zentralen Werke den Titel „Naturrecht und menschliche Würde" gegeben. Mit diesen Worten ist ein Problem umrissen, das die philosophische Diskussion um das Recht von Anbeginn begleitet: die Frage, inwiefern die Rechtsvorstellungen untrennbar mit den Vorstellungen davon verbunden sind, was mit dem Begriff „Würde des Menschen" nur unscharf umrissen ist. Aber für den Rechtsphilosophen René MARCIC steht fest, dass „die Geschichte des Rechts, vollends des Denkens über das Recht, eine Geschichte der Menschenrechte" ist; also eine Geschichte all jener Ideen, die darum kreisen, was denn eigentlich das Menschengemäße, das der Natur des Menschen Angemessene sei, welche *Rechtsgrundlagen* man aus der *Natur* des Menschen ableiten könne.

Wenn das Recht aus der Natur des Menschen abgeleitet werden soll, dann ist einleuchtend, dass solche Rechtsprinzipien sich deutlich danach unterscheiden werden, welche Definition einer *Natur des Menschen* man gewählt hat. Wie wir aus den Problemen der *philosophischen Anthropologie* wissen, ist es alles andere als einfach, zu bestimmen, worin denn nun die „Natur" des Menschen, sein Wesen, seine Eigenart, die ihn von allen anderen Arten unterscheidet, liege: Sind es die Vernunft oder seine Triebstruktur, die Arbeit oder der aufrechte Gang, das Selbstbewusstsein oder sein Sozialverhalten, die ihn erst zum Menschen machen? Unterschiedliche Wesensbestimmungen führen zu unterschiedlichen Rechtsauffassungen. Bei allen Differenzen lassen sich jedoch zwei grundsätzliche Fragestellungen unterscheiden: Die eine geht davon aus, dass es die Vernunft, die Ratio ist, die den Menschen auszeichnet, weshalb das Recht aus den immer gültigen Vernunftgrundsätzen abgeleitet werden kann; die andere sieht im Selbstbewusstsein, in den Willensäußerungen, im Machtstreben das entscheidende Merkmal des Menschseins und geht davon aus, dass das Recht immer erst durchgesetzt werden muss, auf einem *Willensakt* fußt, nicht von vornherein gegeben ist. *Ratio* oder *voluntas* – diese zwei konkurrierenden Prinzipien beherrschten die Diskussion um das Naturrecht.

Für PLATON war klar, dass es eine *Idee* des Menschen geben müsse, aus der sich auch die Grundsätze des Zusammenlebens ableiten lassen müssten – in seinem großen Werk „Der Staat" *(Politeia)* hatte er dies versucht. Sein Schüler ARISTOTELES und mit ihm die mittelalterliche Philosophie, vor allem THOMAS VON AQUIN, sahen in der gottgegebenen Vernunft des Menschen zugleich auch die Grundlage des Rechts. So wie die menschliche

Vernunft die göttliche spiegelt, sollte die menschliche Gesellschaftsordnung die göttliche des Kosmos abbilden. Der Vernunft, die die göttliche Ordnung und das göttliche Recht erkennen kann, entspringt genau jenes Recht, das in Übereinstimmung mit dem göttlichen Willen steht. Das entscheidende Beispiel dafür sind für THOMAS VON AQUIN die Zehn Gebote.

Allerdings gab es neben THOMAS VON AQUIN einen anderen Philosophen des Mittelalters, der im Gegensatz zu THOMAS den Willensgrundsatz vertrat: Wilhelm von OCKHAM. Nicht aus der Natur oder mit Hilfe der Vernunft sind die Gebote und Gesetze für ihn deduzierbar; diese sind allein Satzungen aus dem Willen Gottes, geoffenbarte Vorschriften, denen keine *logische* Notwendigkeit mehr zukommt. Damit seien sie – je nach Gottes Willen – auch theoretisch jederzeit veränderbar, neu setzbar.

In der Neuzeit wurden die zwei Varianten des Naturrechts – die rationalistische und die voluntaristische – konsequent und in radikalisierter Form weiterentwickelt. Charakteristisch ist dabei die Herauslösung der Argumentationen aus dem rein theologischen Horizont. Für den holländischen Rechtsphilosophen Hugo GROTIUS muss das, was nach den Prinzipien des Naturrechts geboten oder verboten ist, auch dann gelten, wenn es Gott nicht gäbe. Für GROTIUS ist der Mensch seinem Wesen nach gesellig, deshalb liegt es in seinem vernünftigen Interesse, mit anderen zu kooperieren, Verträge zu schließen und diese auch einzuhalten, wobei die Vernünftigkeit dieser Kooperationen durchaus dem Eigeninteresse der Individuen entspricht.

Konträr zu GROTIUS steht die voluntaristische Variante des neuzeitlichen Naturrechtsdenkens: die Theorie von Thomas HOBBES. In einer Untersuchung, der er den seltsamen Titel „Der Leviathan“ gab und die 1651 erschien, legte HOBBES seine Theorie des Staates dar. „Leviathan“ ist ursprünglich der Name eines biblischen Ungeheuers. Bei HOBBES ist damit der Staat in ganz bestimmter Weise charakterisiert. Für HOBBES liegt das Wesen des Menschen weder in Vernunft noch in Geselligkeit, sondern allein in seinem egoistischen, individuellen Machtstreben: „Homo homini lupus“ – Der Mensch ist dem Menschen ein Wolf. Im Naturzustand, so HOBBES, herrscht der Krieg aller gegen alle: „Bellum omnium contra omnes.“ Ebenfalls mit dem Namen eines biblischen Ungeheuers bezeichnet HOBBES diesen Zustand als „Behemoth“. Es ist die Furcht aller vor allen. Sie zwingt die Menschen zum staatlichen Zusammenschluss. Damit sie sich nicht pausenlos gegenseitig bekriegen und töten, schließen die Menschen, so HOBBES, einen *Vertrag* und delegieren ihre Macht an den Staat. Der Staat setzt das Recht, das den Frieden stiften soll, und er kann das nur tun, wenn er das Monopol auf Recht und Gewalt hat. Aus der postulierten wölfischen Natur des Menschen folgert HOBBES die Notwendigkeit eines Staates, dessen Wille alleiniger Gesetzgeber sein kann. Anstelle des mittelalterlichen Willens Gottes tritt der Wille des Staates. Diesem Willen entstammen jene

Gesetze, die das garantieren sollen, wozu der Staat geschaffen worden ist: die Ordnung des Zusammenlebens. Der Staat wird für HOBBES so zum *Leviathan,* zum sozialen Moloch, der alles in sich aufsaugt.

Niemand hat vielleicht so sehr wie HOBBES versucht, den Staat einerseits zu begreifen aus der Notwendigkeit des Zusammenlebens der Menschen, und andererseits gerade deshalb das absolute Herrschafts- und Machtmonopol dem Staat zu überantworten.

An den Theorien von HOBBES lässt sich vielleicht am besten demonstrieren, wie schwierig naturrechtliche Begründungen geworden sind. Denn die Voraussetzung, von der HOBBES ausgeht, die asoziale, gewalttätige, „wölfische" Natur des Menschen, ist nicht viel mehr als eine Fiktion. In ihr spiegelt sich viel eher das beginnende Zeitalter des *bürgerlichen Individualismus,* der gerne den Menschen als Einzelkämpfer sah, der sich gegen eine feindliche Umwelt durchsetzen muss – man denke an Robinson Crusoe. Diese Fiktion ist also keine anthropologisch begründbare Position. Dennoch entsprach der Entwurf von HOBBES in vielem der historischen Entwicklung: Dass der Staat als übergeordnete Organisationsform tatsächlich Macht und vor allem Gewalt monopolisierte, in seinen Grenzen keine konkurrierenden Gruppen mehr zuließ – weder unabhängige Ritter noch bewaffnete Bürger –, war eine der entscheidenden Entwicklungen der Neuzeit. Das Entstehen von staatlichen Ordnungskräften wie Polizei und Armee, die nach außen und innen das Gewaltmonopol repräsentieren, zeugt von dieser Entwicklung.

Im 18. Jahrhundert hat dann ein äußerst einflussreicher Denker, Jean-Jacques ROUSSEAU, noch einmal versucht, aus dem Urzustand, der Natur des Menschen die dazu passende und notwendige *Staatsform* abzuleiten. Anders als HOBBES nahm ROUSSEAU allerdings an, dass der Mensch ursprünglich ein *friedliches* und *soziales* Wesen gewesen sei, das sich erst durch die Erfindung des *Eigentums* zu einer hab- und machtgierigen kriegerischen Bestie entwickelt habe. Den durch das Eigentum herbeigeführten Zustand der ständigen Kriege, des gegenseitigen Belauerns, Übervorteilens und Unterdrückens, des Zufügens von Leid und Schmerz könnten aber nach ROUSSEAU die Menschen auch nur entgehen, wenn sie miteinander einen *Gesellschaftsvertrag* schlössen, in dem sie sich die notwendigen Beschränkungen auferlegten, die unerlässlich seien, um für alle ein Mindestmaß an *Gleichheit* und *Freiheit* zu gewährleisten. Aber ROUSSEAU, der sehr von der republikanischen Verfassung seiner Heimatstadt Genf beeinflusst war, begriff dann den Souverän, den Herrscher, als das Volk selber, das seine Macht weder an einen Herrscher noch an Repräsentanten, etwa Parteien oder Abgeordnete, delegieren könne. Erst die Summe aller Bürger ergibt nach ROUSSEAU den entscheidenden „Gemeinwillen", die *volonté générale.* Der Gesellschaftsvertrag war so ein Einigungs- und Unterwerfungsvertrag der Bürger unter ihren eigenen Willen, der für ROUSSEAU nur als Form direkter Demokratie institutionalisierbar schien.

Die Schwierigkeiten einer naturrechtlichen Begründung von Gesetzen und Normen führten allerdings schon früh zu einer gänzlich anderen Argumentation, die darauf verzichtete, das Recht, und damit bestimmte Herrschafts- und Staatsformen, aus der Natur des Menschen abzuleiten.

Denkanstöße

1 Untersuchen Sie, von welchem Menschenbild die „Erklärung der Menschenrechte" ausgeht (vgl. Quellensammlung, S. 332) – lassen sich diese Menschenrechte naturrechtlich begründen?

2 Ein großes Problem für jede naturrechtliche Position stellte die Frage der Sklaverei dar. Bekanntlich hat es von Aristoteles bis zu Theoretikern des 19. Jahrhunderts immer wieder Philosophen gegeben, die die Sklaverei verteidigt haben. Überlegen Sie, von welchen naturrechtlichen Voraussetzungen man wohl bei dieser Verteidigung ausgehen musste.

3 Welche technischen Schwierigkeiten ergeben sich bei Rousseaus Vorstellungen eines Gemeinwillens? Könnte die moderne *Informationsgesellschaft* Mittel und Wege finden, solche Schwierigkeiten aus dem Weg zu räumen und von der für viele unbefriedigenden Form einer repräsentativen Demokratie zu Formen direkter Demokratie zurückkehren?

Das positive Recht

Schon die griechischen Sophisten hatten dem Naturrecht das *positive,* vom Menschen einfach gesetzte, das jeweils geltende und akzeptierte Recht gegenübergestellt. Weder ein göttlicher Wille noch die Natur des Menschen kommen nach dieser Auffassung als Rechtsgrundlage in Frage, sondern allein das in einer konkreten Situation geltende Recht. Seine Erforschung stellt dann auch das Ziel des sogenannten *Rechtspositivismus* dar, der seit dem 19. Jahrhundert die rechtsphilosophische Diskussion beherrscht. Für den Rechtspositivismus gilt die Prämisse, dass der Gesetzgeber – wer immer es, je nach Staatsform und Verfassung, sei: ein Einzelner, eine Gruppe, das Volk – jede beliebige Regel zum Gesetz erheben kann; geschieht das, handelt es sich um gültiges Recht. Die Frage nach der moralischen oder ethischen Rechtmäßigkeit von Recht klammert der Rechtspositivismus aus. Eine *reine Rechtslehre* beschränkt sich deshalb auch auf die Untersuchung formaler Aspekte von Rechtsgrundsätzen – etwa der Frage, welche Bedingungen erfüllt sein müssen, damit unter bestimmten Voraussetzungen eine Regel zum Gesetz wird –, klammert die Frage nach den Inhalten der Gesetze und danach, ob diese sich mit ethischen Überzeugungen decken, völlig aus.

Die Erfahrungen des Nationalsozialismus und der Kampf um die Menschenrechte haben allerdings zu einer verstärkten Kritik am Rechtspositivismus geführt. Die Frage, ob manche Gesetze des NS-Staates nicht derart gravierend den anerkannten ethischen Prinzipien widersprochen hätten, dass der *Widerstand* gegen dieses *Recht* nahezu gefordert hätte werden können, ist noch immer nicht geklärt. Andererseits neigt man auch in der internationalen Politik, vor allem in der westlichen Welt, dazu, die Menschenrechte, die letztlich nur naturrechtlich begründet werden können, zum Fundament allen geltenden Rechts zu erklären. Die Verletzung von Grundprinzipien wie persönliche, Glaubens- und Gewissensfreiheit oder Gleichheit wird zum Anlass genommen, Gesellschaftssysteme zu kritisieren, die solche Verletzungen zulassen.

Die rasante technologische Entwicklung in den westlichen Industriestaaten und die dabei auftretenden ökologischen und sozialen Krisen führen aber zu einer zunehmenden Differenz zwischen geltendem Recht und ethischen Ansprüchen in diesen Gesellschaften selber. Wenn das geltende Recht Technologien unterstützt, die langfristig die Menschheit gefährden, dann muss im Interesse eben dieser Menschheit auch der Rechtsbruch in Kauf genommen werden. Zum Beispiel führt der Fortschritt in Bereichen der Gentechnologie zur Radikalisierung naturrechtlicher Fragestellungen: Wenn der Mensch in seiner genetischen Substanz manipulierbar wird, stellt sich natürlich die Frage nach der Legitimität und den Grenzen solcher Verfahren. Dahinter verbirgt sich allerdings die alte Frage nach der Natur, nach dem Wesen des Menschen. Die brisante Frage, ob es dann unter bestimmten Bedingungen ein *Recht auf Widerstand* gibt, ist letztlich nur vor dem Hintergrund anthropologischer und ethischer Reflexionen angemessen zu diskutieren.

Denkanstöße

1 „Wo Recht zu Unrecht wird, wird Widerstand zur Pflicht." Diskutieren Sie diese These unter dem Aspekt des Naturrechts und des positiven Rechts.

oben: Jacques-Louis David, Der Schwur der Horatier, 1784
unten: Francisco José Goya y Lucientes, Mit oder ohne Vernunft, aus: Die Schrecknisse des Krieges, Radierung, 1808 Probedruck, 1. Auflage 1863 – erst 35 Jahre nach Goyas Tod.

2 Überlegen Sie die juristischen Konsequenzen, die sich durch gentechnologische Fortschritte ergeben können: Eingefrorene Embryonen, die erst nach Jahrzehnten von Leihmüttern zur Welt gebracht werden – welche Auswirkungen kann das auf das Erbrecht haben? Genetische Manipulationen an Embryonen – wer hat das Recht dazu – der Staat, die Eltern, die Wissenschaftler ?

Gerechtigkeit

Wie eng rechtsphilosophische Fragestellungen mit ethischen zusammenhängen können, haben die vorangegangenen Abschnitte gezeigt. An einem entscheidenden Problem zeigt sich dieser Zusammenhang vielleicht in seiner klarsten Form: an der Frage nach der *Gerechtigkeit.*

Recht und Gerechtigkeit verweisen untrennbar aufeinander. Dem „natürlichen Rechtsempfinden" scheint jenes Recht schlechtes Recht zu sein, das dem Gerechtigkeitsgefühl widerspricht. Wer sich durch ein Steuergesetz benachteiligt fühlt, wer findet, dass im Schulunterrichtsgesetz die Rechte und Pflichten ungleich verteilt sind, der wird diese Gesetze als „ungerecht" kritisieren.

Es bleibe einmal dahingestellt, ob es ein angeborenes *natürliches Rechtsempfinden* tatsächlich gibt. Die Meinungen gehen hier weit auseinander. Während einige Ethologen und Verhaltensforscher tatsächlich von angeborenen Werten und Empfindungen sprechen, neigen Sozialwissenschaftler und Psychologen eher dazu, die Entstehung des Rechtsempfindens auf die Sozialisation, die Einflüsse durch Elternhaus und Umwelt, auf frühkindliche Erfahrungen und Prägungen zurückzuführen. Tatsache ist, dass, zumindest in unserem Kulturkreis, die meisten Menschen ein mehr oder weniger ausgeprägtes Gefühl dafür haben, was ihrer Ansicht nach recht und billig und was „ungerecht" ist.

Wie die oben angeführten Beispiele zeigen, hat die Frage der Gerechtigkeit immer damit zu tun, wie Maßstäbe, Anforderungen, Vergünstigungen an mehrere Menschen angelegt und verteilt werden. Seit der Antike, namentlich seit ARISTOTELES, wird dann auch Gerechtigkeit differenziert in „ausgleichende" und „austeilende" Gerechtigkeit. Als Grundprinzipien dieser Vorstellung gelten die Sätze „Jedem das Gleiche" und „Jedem das Seine". Zwischen diesen beiden Aspekten schwanken in der Regel auch alle Diskussionen um Gerechtigkeit. Jedem das Gleiche: daraus resultiert jener Gleichheitsgrundsatz, der zu einem Fundament der modernen Rechtsstaatlichkeit geworden ist. Danach ist gerecht, wenn das Gesetz alle gleich behandelt, vor dem Gesetz jeder gleich ist und keine wie immer gearteten Vorlieben, Ausnahmen oder Benachteiligungen geduldet sind. Das Bild etwa des „gerechten Lehrers" ist von diesem Grundsatz ebenso geprägt wie das des „unbestechlichen Richters".

Es ist aber leicht einzusehen, dass unter Bedachtnahme auf die Unterschiede zwischen den Menschen der Grundsatz „Jedem das Gleiche" leicht in Ungerechtigkeit umschlagen kann: Von jedem die gleiche Steuer einheben zu wollen, würde den Armen ruinieren und den Reichen kaum belasten. Hier hakt der zweite Grundsatz ein: „Jedem das Seine". Je nach individueller Lage soll die Gerechtigkeit das bereithalten, was dem Einzelnen zukommt und was ihm zumutbar ist – nicht, um das Gleichheitsprinzip zu verletzen, sondern um es zu ergänzen. Dem Reichen kann ein prozentual höherer Anteil an Steuern zugemutet werden als dem Armen; dem Starken kann mehr abverlangt werden als dem Schwachen.

In der Praxis der Rechtssprechung ist es allerdings nicht immer leicht, das rechte Maß zwischen dem *Gleichheitsprinzip* und dem *Prinzip der Angemessenheit* zu erreichen. Karl MARX ging dann auch so weit, das Gleichheitsprinzip als abstrakt zu verwerfen, weil alle bisherige Gesellschaft es mit „Ungleichen“ zu tun habe, deren Ungleichheit durch den Gleichheitsgrundsatz nur befestigt werde: Dem Besitzlosen wie dem Besitzenden gleichermaßen das Recht auf Eigentum zu versichern, wäre blanker Hohn. Gerecht wäre nicht die Anwendung des abstrakten Gleichheitsprinzips, sondern die Herstellung der faktischen sozialen und politischen Gleichheit. Gelinge dies, so MARX, dann könnte auch das Prinzip der Angemessenheit voll zur Geltung kommen. Die erhoffte kommunistische Gesellschaft sollte auch nach dem Grundsatz aufgebaut sein: „Jeder nach seinen Fähigkeiten, jedem nach seinen Bedürfnissen“. Dieser Gedanke zeigt übrigens, dass gerade die „Gleichmacherei“ nicht im Zentrum der MARX'schen Überlegungen stand – wie oft unterstellt –, sondern die Bedachtnahme auf die individuellen Eigenarten; allerdings unter der Voraussetzung einer gerechten Sozialordnung.

Auf einem anderen Prinzip, das allerdings auf ARISTOTELES zurückgeht, beruht die Gerechtigkeitsvorstellung der *katholischen Soziallehre*, wie sie im späten 19. Jahrhundert als Reaktion auf die Folgen der Industrialisierung ausgearbeitet wurde: dem *Subsidiaritätsprinzip*. Für diese Auffassung ist Ungleichheit nicht prinzipiell mit Ungerechtigkeit gleichzusetzen, extreme soziale Gegensätze sollen aber durch Hilfestellung (= *subsidium*) der Begüterten gegenüber den Armen ausgeglichen werden.

Die Frage nach der Gerechtigkeit ist also immer auch eine Frage nach der Verteilung von Reichtümern und Ressourcen, Lebenschancen und Glücksmöglichkeiten in einer Gesellschaft. Die philosophischen Gesellschafts- und Staatsutopien haben versucht, darauf eine Antwort zu geben.

Denkanstöße

1 Sie haben sich sicher schon mehrmals ungerecht behandelt gefühlt. Überlegen Sie einmal, wodurch dieses Gefühl genau ausgelöst worden ist: War es, weil ein anderer in einer ähnlichen Situation ganz anders behandelt wurde? Weil Sie in einer ähnlichen Situation schon einmal anders behandelt worden sind?

2 „Jeder nach seinen Fähigkeiten, jedem nach seinen Bedürfnissen“ – halten Sie diese Maxime für akzeptabel, oder sollte es nicht doch besser heißen: „Jedem nach seiner Leistung“?

3 Informieren Sie sich, auf welchen Gerechtigkeitsprinzipien die sozialpolitischen Vorstellungen der bundesdeutschen Parteien beruhen.

Sozialutopien

Ernst BLOCH, jener Philosoph, der sich am intensivsten mit dem utopischen Denken beschäftigt hat, hat einer Abhandlung über die Sozialutopien den Titel gegeben: „Freiheit und Ordnung“. In diesen beiden Begriffen spiegelt sich auch tatsächlich das Spannungsfeld, in dem sich die Staatsutopien verschiedener Denker und Epochen bewegen. Die Sehnsucht nach dem besseren Staat, nach einer würdigeren Form des Zusammenlebens ist alt. Die Antike kannte den Mythos von *Atlantis* als jenem Ort, an dem alles anders, weil gerechter war. „U-topia“, wörtlich: kein Ort, spiegelt ja auch die Sehnsucht wider, ganz woanders wäre es besser. Letztlich lassen sich ja schon die verschiedenen Paradiesvorstellungen, die Geschichten von den vergangenen „goldenen“ Zeitaltern – man denke an das erste Buch von OVIDs Metamorphosen – als rückwärtsgewandte Utopien verstehen.

PLATON war dann der erste Philosoph, der die Frage nach dem Wesen der Gerechtigkeit durch den Entwurf eines *gerechten Staatswesens* zu lösen gedachte. Gerecht war ein Staat für Platon dann, wenn der Staat einmal die allgemeinen Gesetze des Kosmos und des Menschen widerspiegelte und zum anderen im Staate jeder die ihm gemäße Funktion innehatte. Ähnlich dem Aufbau der Seele – Trieb, Mut und Verstand – sollte auch der Staat aus Arbeitern, Wächtern und jenen bestehen, die die Vernunft repräsentierten: den freien und gebildeten Männern. Und so wie der Mensch sich nicht von den Trieben beherrschen lassen sollte, sondern von der Vernunft, sollten auch in PLATONs Staat jene herrschen, die die Vernunft repräsentierten: die Philosophen. Entweder, so PLATON, müssten die *Philosophen Könige* werden, oder die *Könige Philosophen.* Ansonsten ging es in PLATONs Staat recht rigide zu: bis ins Detail der Lebensführung und Fortpflanzung war alles geplant und von oben koordiniert – das Charakteristikum einer *Staatsutopie,* das sich in der Neuzeit wiederholen sollte. Die Staatsentwürfe von Thomas MORUS („Utopia") und von dem Italiener CAMPANELLA („Der Sonnenstaat") sind ebenfalls charakterisiert durch eine planende Zentralgewalt, die Garant einer vernünftigen Ordnung ist.

Die industrielle Revolution und damit verbundenes, vorher kaum gekanntes Massenelend führten im 19. Jahrhundert zu einer Reihe von Gesellschaftsutopien, in denen der Gedanke der sozialen Gerechtigkeit die entscheidende Rolle spielte. Vor allem in England und in Frankreich wurde überlegt, wie der individualistische und menschenfeindliche Konkurrenzkapitalismus durch neue Formen der Gemeinschaftlichkeit abgelöst werden könnte. Karl MARX war letztlich auch Erbe dieses utopischen Denkens, wenngleich er für sich in Anspruch nahm, keine *Gesellschaftsutopie* zu entwerfen, sondern auf *wissenschaftlichem* Wege zu zeigen, dass der Kapitalismus an seinen eigenen Widersprüchen zu Grunde gehen müsse und in seinem Schoß schon die Form einer neuen, sozialistisch-kommunistischen Gesellschaft heranreife, deren entscheidendes Kennzeichen die Abschaffung des Privateigentums an Produktionsmitteln sein werde. Der Staat selbst entpuppte sich für ihn bei näherem Hinsehen als das *Herrschaftsinstrument* der Bourgeoisie: „In dem Maß, wie der Fortschritt der modernen Industrie den Klassengegensatz zwischen Kapital und Arbeit entwickelte, erweiterte, vertiefte, in demselben Maße erhielt die Staatsmacht mehr und mehr den Charakter einer öffentlichen Gewalt zur Unterdrückung der Arbeiterklasse, einer Maschine der Klassenherrschaft. Nach jeder Revolution, die einen Fortschritt des Klassenkampfs bezeichnet, tritt der rein unterdrückende Charakter der Staatsmacht offner und offner hervor", schrieb Marx in seiner Analyse des *Bürgerkriegs in Frankreich* von 1871. Nicht durch eine abstrakte Gewalt war die Form feudaler persönlicher Herrschaft abgelöst worden, sondern durch eine *Form der Klassenherrschaft,* die im Augenblick der Krise in die nackte Gewalt der Gewehre umzuschlagen drohte. Nach der Revolution allerdings, so phantasierte Marx, wenn die Bourgeoisie durch einen solidarischen Akt des Volkes – den er sich selbst wieder nur gewaltsam, aber, im Gegensatz zur Gewalt des Bürgertums, als befreit von jeder unnötigen Grausamkeit vorstellen konnte – entmachtet war und das Proletariat nicht die Macht im Staat ergriffen, sondern sich des Staates *als solchen* bemächtigt haben würde, wäre auch das Schicksal des *Staates als Institution* besiegelt: „An die Stelle der Regierung über Personen tritt die Verwaltung von Sachen und die Leitung von Produktionsprozessen. Der Staat wird nicht abgeschafft, er *stirbt ab.*" Der Staat als solcher sollte also verschwinden und von einer *freien Assoziation von Individuen,* in der die „Freiheit des Einzelnen die Bedingung für die Freiheit aller" sein sollte, abgelöst werden.

Mit radikaler Skepsis begegnete dieser MARX'schen Utopie allerdings ein Denker und Agitator, der mit dem Staat wahrlich nichts im Sinne hatte: Michail BAKUNIN, Ahnherr des *modernen Anarchismus* und MARX' großer Gegenspieler in der 1. Internationalen Arbeiterassoziation. Zwar kritisierte auch BAKUNIN den Staat als Inbegriff von Unterdrückung und Gewalt, aber was er fürchtete, war, dass auch MARX' „Volksstaat" noch ein

Staat war, dessen Absterben nicht so leicht vonstatten gehen dürfte, der *auch nach der Revolution noch regiert* werden musste: „Ein solches Regime wird nicht verhehlen, eine ganz beträchtliche Unzufriedenheit in den Massen zu wecken, und um sie im Zaume zu halten, wird Marxens aufgeklärte und befreiende Regierung einer nicht weniger beträchtlichen bewaffneten Gewalt bedürfen." Was BAKUNIN erhoffte und forderte – und dies ist auch der Kern des *modernen Anarchismus,* – war die Absage an jede Form von Regierung, Herrschaft, Fremdbestimmung, Zwang: „Es kann nichts Lebendiges und Menschliches außerhalb der Freiheit geben ... Ich meine die Freiheit, die nach der Niederwerfung aller himmlischen und irdischen Götzenbilder eine neue Welt gründen und organisieren wird, die Welt der solidarischen Menschheit, auf den Ruinen aller Kirchen und aller Staaten." Mit dieser Kritik an jeder Form von Herrschaft und Staat knüpfte BAKUNIN an die Ideen Joseph Pierre PROUDHONs an, für ihn der „große und wahre Meister" der anarchistischen Bewegung. PROUDHON hatte schlicht gefordert: „Keine Parteien mehr! Keine Autorität mehr! Absolute Freiheit des Menschen und Bürgers!"

MARX' Philosophie ist also tatsächlich weniger Gesellschaftsutopie als vielmehr eine Theorie der *Bürgerlichen Gesellschaft* und eine Theorie der *Revolution.* Immerhin: Mit dem Ende des Staates war auch das Ende eines Rechts prognostiziert, das den Einzelnen mit Hilfe einer Flut von Gesetzen und Sanktionen zu bändigen trachtete. Da für MARX Kriminalität nur Ausdruck sozial ungerechter Verhältnisse war, würde diese in einer „befreiten" Gesellschaft von selbst verschwinden. Dieser Gedanke, seines utopischen Gehalts entkleidet, findet sich in der modernen Rechtssprechung, wie im Folgenden gezeigt werden soll, durchaus wieder.

Denkanstöße

1 „Das ist ja pure Utopie" – Schlimmeres kann man über einen gesellschaftspolitischen Gedanken nicht sagen – oder? Überlegen Sie einmal, welche Utopien der Vergangenheit mittlerweile Wirklichkeit geworden sind – wenn auch vielleicht unter ganz anderen Vorzeichen als ursprünglich beabsichtigt.

2 Reform und Revolution – zwei Begriffe, die oft gegeneinander ausgespielt werden. Untersuchen Sie einmal an einigen historischen Beispielen – der Französischen *Revolution* und der Schul*reform* –, worin sich diese Begriffe prinzipiell unterscheiden.

3 Der Anarchismus bedeutet den Wunsch nach Herrschaftslosigkeit. Warum konnte sich dieser Wunsch nicht erfüllen? Ist Herrschaftslosigkeit überhaupt ein wünschenswerter Zustand?

Verbrechen und Strafe

Gleichgültig, wie Recht gesetzt wird: immer stellt sich die Frage, wie die Einhaltung der Rechtsprinzipien kontrolliert und damit garantiert und wie der Rechtsbruch sanktioniert wird. Rechtssetzung und die Verkündigung der Sanktionen für den Rechtsbruch gehen Hand in Hand. Schon die ersten Gesetzeswerke früher Hochkulturen – man denke an den Codex Hammurabi – enthielten immer auch Bestimmungen für die Behandlung der Rechtsbrecher. Das Prinzip der *unmittelbaren Vergeltung* – Auge um Auge, Zahn um Zahn – dürfte bei den archaischen Formen der Rechtssprechung das am weitesten verbreitete gewesen sein, sieht man von noch früheren Formen ab, etwa der *Blutrache* – die Blutsverwandten übernehmen die Verfolgung und Richtung des Rechtsbrechers –, die sich in manchen Kulturkreisen aber bis in die Gegenwart halten konnte. Das Vergeltungsrecht dürfte allerdings recht bald durch andere Formen der Buße und Sühne durchbrochen worden sein; *Bußzah-*

lungen – oft in Form von Naturalien – und verschiedene Sühneleistungen sind ebenfalls schon aus frühen Kulturen bekannt.

In einem Zustand der Gesellschaft allerdings, so stellte G.W.F. HEGEL in seiner *Rechtsphilosophie* fest, in der es keine *Gesetze* und keine *Richter* gibt, wird aber die Strafe immer die *Form der Rache* haben. Erst dort, wo die Verbrechen nicht mehr als *crimina privata,* sondern als *crimina publica* betrachtet werden, wo im Verbrechen, das der Einzelne an einem Einzelnen verübt, sich immer die *Gesellschaft* betroffen fühlt, ändert sich der Charakter der Strafe: Befreit von den subjektiven Interessen der Betroffenen und von den Zufälligkeiten der Macht, kann der Staat als Vertreter der Allgemeinheit nach HEGEL die bloß *rächende* in eine wirklich *strafende Gerechtigkeit* umwandeln: Durch die Strafe richtet die *Allgemeinheit* ihre Verbrecher nach *allgemein gültigen Gesetzen.* Aber schon HEGEL machte die Bemerkung, dass, je instabiler eine Gesellschaft sei, desto drastischer und härter die Strafen ausfallen werden, während eine geordnete Gemeinschaft Milde walten lassen kann: „Ist die Gesellschaft noch an sich wankend, dann müssen durch Strafen Exempel statuiert werden, denn die Strafe ist selbst ein Exempel gegen das Exempel des Verbrechens."

Der französische Philosoph und Kulturhistoriker Michel FOUCAULT hat in dem Buch „Überwachen und Strafen" genauer untersucht, wie und warum sich die *Formen der Strafen* im 18. und 19. Jahrhundert radikal gewandelt haben. Im vorbürgerlichen Zeitalter war Strafe noch tatsächlich im Sinne von HEGEL „Exempel": Dieses diente dazu, den Verbrecher zu martern und zu quälen, ihn zu foltern, zu hängen oder zu vierteilen – alles, um ihn seine Schuld spüren zu lassen und dem Volk ein gleichermaßen abschreckendes wie aufregendes Schauspiel zu bieten. Solche Strafen *mussten* deshalb öffentlich sein – in Franz KAFKAs Erzählung „In der Strafkolonie" ist dieser Typ von Strafe geschildert. Im Zeitalter der Aufklärung allerdings, so FOUCAULT, ändert sich dies. Die Marter und die Öffentlichkeit des Strafens verschwinden, an ihre Stelle tritt das *Gefängnis.* Nicht mehr der quälbare Leib ist Ziel der nun geübten *Freiheitsstrafen,* sondern der Verbrecher soll vor allem in seiner *Seele* getroffen werden, in seiner ganzen Person *überwacht* und *kontrolliert* werden – für FOUCAULT eine Tendenz der bürgerlichen Gesellschaft. Überall entstehen Institutionen, die den Menschen kontrollieren, überwachen, reglementieren: Schulen, Krankenhäuser, Kliniken, Irrenhäuser und eben Gefängnisse. Nicht mehr um Strafe am Individuum geht es, sondern um den universellen Anspruch der Gesellschaft, alle ihre Mitglieder jederzeit unter Kontrolle haben zu können. Nicht um *Besserung* der Verbrecher geht es in den Gefängnissen, so FOUCAULT, sondern um die *kontrollierte Verwaltung* des Verbrechens.

In der modernen Gesellschaft gibt es darüber hinaus verschiedene theoretische Ansätze, die das Verhältnis von Rechtsbruch und Sanktion, von Verbrechen und Strafe, definieren. Weder das Prinzip der *Vergeltung* noch das der *Buße* stehen dabei im Vordergrund, sondern *Strafe* wird immer mehr zu einer genormten Sanktion, die keinen unmittelbaren inhaltlichen Bezug zum jeweiligen Vergehen mehr hat. Durchgesetzt haben sich im Wesentlichen zwei Varianten: die *Geldstrafe* und der *Freiheitsentzug,* die gleichsam universell zur Anwendung kommen, gewichtet nur nach Schwere und Art des Vergehens. Gesetzesvergehen, die weder in verbrecherischer Absicht geschehen sind noch zu gravierenden Schäden an Personen oder Sachen geführt haben, werden in der Regel mit Geldstrafen belegt, „Verbrechen" mit Personen- oder Sachschaden mit Freiheitsstrafen. Für die Rechtsphilosophie steht natürlich die Frage im Mittelpunkt, wie die verschiedenen *Strafformen,* ja Strafe überhaupt, definiert und begründet sind.

Ausgehend von einer *behavioristischen Psychologie,* könnte Strafe allgemein als eine Maßnahme betrachtet werden, die dazu dient, unerwünschtes Verhalten zu vermeiden. Da die meisten Strafen allerdings nicht unmittelbar auf das unerwünschte Verhalten folgen, wirken sie kaum unmittelbar verhaltensmodifizierend, Freiheitsstrafen ohnehin nicht, weil sie nicht Verhalten ändern, sondern bestimmte Möglichkeiten des Verhaltens in der Gesellschaft für einen längeren Zeitraum überhaupt *verhindern.* Freiheitsstrafen werden dann auch eher damit gerechtfertigt, dass die Gesellschaft sich auf diese Art und Weise vor dem Verbrecher schützen müsse – indem dieser isoliert und aus dem Verkehr gezogen werde.

Ein weiteres verbreitetes Argument ist das der „Abschreckung“: Die Strafe, die einer erleidet, soll mögliche Nachfolgetäter vom gleichen Verbrechen abhalten. Auch wenn hier ein Mensch gleichsam als „abschreckendes Beispiel“ gebraucht, vielleicht sogar missbraucht wird, herrscht doch Konsens darüber, dass ohne solche abschreckenden „Strafandrohungen“ gerade im Bereich der alltäglichen Vergehen die Bereitschaft vieler Menschen, gesetzeswidrig zu handeln, wahrscheinlich zunehmen würde. Untersuchungen zeigen allerdings, dass Strafandrohungen im Bereich von Kapitalverbrechen kaum Wirkung zeigen.

Das Argument wird auch relativ stumpf, wenn es als Verteidigung der *Todesstrafe* gebraucht wird. Streng genommen kann die Tötung eines Menschen nie eine „Strafe“ sein, da Strafe immer zur Voraussetzung hat, dass der Bestrafte sich der Strafe bewusst ist und, nach der Strafe gleichsam „entsühnt“, die Möglichkeit einer Neuorientierung haben muss. Wer nicht nach dem Vergeltungsgrundsatz argumentiert und auch das Prinzip der Rache nicht gelten lassen will, der wird beim Problem der Todesstrafe den *logischen* Widerspruch nicht vermeiden können, dass der Staat, der die Tötung eines Menschen prinzipiell verbietet, zur Durchsetzung gerade dieses Prinzips es selber bricht. Für in ihren Rechtsvorstellungen fortgeschrittene Gesellschaften scheint daher die Abschaffung der Todesstrafe, gerade wenn es darum geht, das Prinzip der Menschenwürde unter allen Umständen zu wahren, unerlässlich.

Mit ähnlichen Argumenten kann aber auch die Freiheitsstrafe, vor allem die lebenslange, kritisiert werden. Auch sie dürfte nur dort befürwortet werden, wo es tatsächlich darum geht, dass sich eine Gesellschaft vor einem gleichsam „chronischen“ Verbrecher schützen muss. Die Kritik am Prinzip der Freiheitsstrafe geht Hand in Hand mit einer Neuorientierung in der *Theorie des Verbrechens* selber. Man tendiert heute dazu, nicht jede Form sozial abweichenden („devianten“) Verhaltens als kriminell („delinquent“) zu betrachten und dementsprechend zu „bestrafen“ – gerade etwa im Bereich des sexuellen Verhaltens haben sich die Ansichten, was dabei als „kriminell“ zu gelten habe, entscheidend gewandelt. Andererseits verliert der Gesichtspunkt der Strafe als abstrakte Sanktion immer mehr an Gewicht und wird durch *Resozialisierungstheorien* ersetzt: Nicht die Ausschließung des Verbrechers aus der Gesellschaft, sondern seine *Wiedereingliederung* wird als Zielvorstellung anvisiert. In diesem Zusammenhang gewinnen auch wieder Buß- und Sühnevorstellungen an Gewicht: Im Jugendstrafrecht etwa wird bei von Jugendlichen verübten Delikten in manchen Ländern immer mehr der Gesichtspunkt einer aktiven sozialen Wiedergutmachung berücksichtigt und gefordert, statt Freiheitsentzug oder Geldstrafen. Im Bereich des erst im Aufbau befindlichen Umweltstrafrechts wird in der Diskussion des *Verursacherprinzips* ebenfalls der Gesichtspunkt der *Wiedergutmachung* eingebracht: Wer einen Umweltschaden anrichtet, soll auch dafür haftbar gemacht werden können und jene Mittel bereitstellen, die zur Reparatur des Schadens notwendig sind – ein problematisches Verfahren dort, wo Umweltschäden als Folge kollektiven Verhaltens entstehen und womöglich irreversibel sind.

Denkanstöße

1 Reflektieren Sie einmal den Begriff des „Kavaliersdelikts" – unter welchen Voraussetzungen werden Delikte bagatellisiert? Welche Art von Vergehen fällt vor allem unter diesen Begriff?

2 Nach jeder spektakulären Gewalttat, die vor allem in den Medien ihren Niederschlag findet, entzündet sich eine öffentliche Debatte über Verbrechensbekämpfung und Betrafung. Gibt es Delikte, bei denen Sie für eine Strafverschärfung plädieren würden – mit welchen Argumenten?

Gesellschaft im Wandel

Die moderne Gesellschaft ist mehr denn je eine Gesellschaft im Wandel. Eine expansive Ökonomie und Technologie führt zur Notwendigkeit, auch im sozialen, juridischen und politischen Bereich ständig Anpassungen und Reformen vorzunehmen. Die Position und Stellung des Menschen in der modernen Gesellschaft hat sich in den letzten Jahrzehnten gewaltig gewandelt – wenn auch oft kaum bemerkt. Der deutsche Philosoph Jürgen HABERMAS spricht von einem langfristigen „Strukturwandel der Öffentlichkeit", durch den sich die moderne bürgerliche Gesellschaft auszeichnet: Die Sphären des Privaten und des Öffentlichen treten auseinander, immer mehr teilt sich das Leben eines Menschen zwischen seiner Partizipation am Öffentlichen – durch seine Arbeit, seine politische Anteilnahme – und seinem Privatleben in der Freizeit. Das Private, die *Freizeit* wird in steigendem Maße zu dem Bereich, in dem der Staat seine Grenze gefunden hat: Er soll die Unverletzlichkeit der Privatsphäre, die zunehmenden Ansprüche auf Freizeit garantieren, aber er darf sie nicht mehr bestimmen oder reglementieren. Ein Rückzug des Staates aus der Privatsphäre hat stattgefunden, der vor Jahrzehnten noch undenkbar schien – am deutlichsten ablesbar vielleicht am Familienrecht und Sexualstrafrecht.

Die technologische und ökonomische Entwicklung auf der einen Seite und ein nach wie vor schwerfälliger „Staatsapparat" auf der anderen Seite führen aber auch immer wieder zu Diskrepanzen zwischen den Interessen von Bürgern und den Interessen von Bürokratien und Institutionen, was sich in Form neuer *sozialer Bewegungen* ausdrückt. Neu werden solche *sozialen Bewegungen* insofern genannt, als sie sich nicht mehr von der „klassischen" sozialen Bewegung des 19. Jahrhunderts – der Arbeiterbewegung – herleiten lassen. Benachteiligte oder diskrimierte Gruppen, die entweder erst aus den Entwicklungen der modernen Gesellschaft entstanden sind – wie etwa Gastarbeiter – oder zu einem neuen Selbstbewusstsein finden – wie Frauen, ethnische Minderheiten, Homosexuelle, Jugendliche – versuchen sich zu *emanzipieren,* das heißt sich von tradierten Abhängigkeiten und Unterdrückungen zu befreien. Ähnlich neu sind allerdings jene Bewegungen, die erst durch Folgeerscheinungen der industriellen Expansion notwendig geworden sind wie z. B. Umweltschutzgruppen. Alle diese Gruppen dokumentieren wohl *objektive* Spannungen und Interessenskonflikte der modernen Gesellschaft. Ob es einem Staat gelingt, zwischen diesen Gegensätzen zu vermitteln, oder ob er sie verschärft und auf eine krisenhafte Spitze treibt, wird letztlich zeigen, wie ernst es ein Staat mit seinem Anspruch, *pluralistisch* zu sein, meint.

Denkanstöße

1 Der Glaube an den technischen Fortschritt ist brüchig geworden. –
Überlegen Sie einmal, welche Faktoren in Ihrer unmittelbaren Umgebung zu Skepsis und Besorgnis Anlass geben könnten?

2 Können Sie die oben formulierte These, dass neue soziale Bewegungen „objektive" Interessenskonflikte der Gesellschaft dokumentieren, an einigen Beispielen erläutern – oder auch entkräften?

Das Natürliche und das Künstliche

Die Frage nach dem Wesen des Menschen

Denk-Bar, *kurz vor Mitternacht.*

Alfred, Brigitte *und* Christoph *an der Theke. Ein Zeitungsverkäufer betritt das Lokal, wird von* Alfred *herbeigewunken.* Alfred *kauft eine Zeitung*

Alfred *liest die Schlagzeile:* „Frauenmord. Bestie von Schwabing hat wieder zugeschlagen. – Na, was sagt ihr dazu? *(wirft einen Blick auf die Meldung)* Die Details erspar ich euch."

Christoph: „Warum Bestie? Nur ein Mensch ist zu solch sinnloser Grausamkeit fähig."

Brigitte: „Ein Mensch? Na hör mal. Ich würde doch wenigstens sagen: ein Unmensch. Und überhaupt: es war wieder einmal ein Mann, der eine Frau ermordet hat. Darin liegt das Problem."

Christoph: „Was willst du damit sagen? – Glaubst du, Frauen sind friedlicher?"

Brigitte: „Und ob! Schau dir doch die Geschichte an – immer sind die Frauen die Opfer. Der Unmensch ist immer der Mann!"

Alfred: „So ein Unsinn. Brutal sein kann jeder und jede. Ich bleibe dabei, ob Mann oder Frau: Bestie. Es ist nicht männlich sondern bloß tierisch, seinen primitivsten Instinkten nachzugeben. Ein Mensch, gerade ein Mann, hat sich zu beherrschen."

Christoph: „Was heißt das, ein Mensch? Gehören die Triebe und Instinkte nicht auch zu einem Menschen? Und wenn diese übermächtig werden, dann ist er vielleicht krank – aber kein Tier."

Brigitte, *leicht entsetzt:* „Ich versteh dich nicht. Wie kannst du diesen Mörder verteidigen, der völlig grundlos über jemanden herfällt und ihn zerfleischt."

Christoph: „Erstens verteidige ich ihn nicht, zweitens: wäre die Sache besser, wenn er einen Grund gehabt hätte? – und drittens habe ich nur behauptet, dass, wie schlimm die Sache auch sein mag, sie letztlich auch menschlich und nicht bestialisch ist."

Alfred: „Da müsstest du uns aber erst einmal definieren können, was das ist – menschlich."

Christoph: „Ganz einfach. Alles, was Menschen denken und tun können."

Alfred: „Aber der Mensch ist doch nichts anderes als ein höheres Tier. Also ist alles Menschliche doch auch irgendwie tierisch."

Brigitte: „Protest! Der Mensch hat sich vom Tier wegentwickelt. Wir haben doch Bewusstsein, Vernunft, Religion. Wer ins Tierische zurückfällt, ist ein Unmensch. Ich zumindest bin kein Tier."

Alfred, *grinst:* „Doch. Aber ein schönes Tier."

Brigitte, *wütend:* „Affe!"

Christoph: „Auch wenn wir Tiere sein sollten, sind wir doch ein besonderes Tier. Da gebe ich Brigitte Recht. Nur, was ist es, das uns vom Tier unterscheidet? Hm …"

Brigitte, *lächelnd*: „Andererseits … manchmal kommt es mir so vor, als ob der Unterschied zwischen Mensch und Tier dann doch nicht so groß ist. Wenn ich zum Beispiel an die kleine Lotti, den Hund von Uta, denke … die hat so viele menschliche Eigenschaften … Das ist schon niedlich!"

Daniel, *betritt das Lokal:* „Aha, schon wieder ins Gespräch vertieft. Was muss ich hören? Es geht um die Frage, inwiefern wir uns vom Tier unterscheiden? Da sieht man, wie sich die Zeiten ändern. Früher hielt der Mensch sich für das Ebenbild Gottes – heute für ein Tier. Das nenn ich einen Abstieg."

Denkanstöße

1 Ein „bestialischer Mörder" – Mensch oder Tier? Wie würden Sie diese Frage entscheiden?

2 „Was ist es, das uns vom Tier unterscheidet?" Versuchen Sie, diese Frage ausführlicher und differenzierter zu beantworten, als es in unserem Alltagsdialog geschehen ist.

Annäherung:

WOZU EIN BILD VOM MENSCHEN?

„Was ist der Mensch, dass Du seiner gedenkst?"

Aus einem alttestamentarischen Psalm

„Keine Zeit hat so viel und so Mannigfaltiges vom Menschen gewusst wie die heutige – aber keine Zeit wusste weniger, was der Mensch sei, als die heutige. Keiner Zeit ist der Mensch so fragwürdig geworden wie der unsrigen."

Martin Heidegger

In unserem Alltag scheinen wir uns unser selbst, unserer Haltungen und Handlungen mehr oder weniger gewiss zu sein. Wir treffen den Großteil der anfallenden Entscheidungen entweder aus Gewohnheit, oder wir orientieren uns an Erfahrungen aus der Vergangenheit. Diese Form des Lebens empfinden wir als „natürlich" – für jede neue Situation scheinen bereits Modelle bereitzuliegen, die uns sagen, wie wir uns verhalten sollen. Seit frühester Kindheit erwerben wir uns ein Repertoire von Vorstellungen und Handlungsmustern, so dass die Frage, „wer wir eigentlich sind", immer schon beantwortet zu sein scheint.

Aber andererseits gilt es zu bedenken: Mit jeder Tat verwirkliche ich mich erst. Bei einer neuen Bekanntschaft, wenn ich mich vorstelle, erzähle ich von mir, von wichtigen Fakten, Ereignissen aus meinem Leben. „Ich" – das scheint die Summe meiner bisherigen Erfahrungen zu sein. Aber: Ich erzähle nicht einfach alles, was sich ereignet hat. Ich wähle aus. Ich deute und urteile. Ich gebe ein Bild von mir. Dieses Bedürfnis nach Deutung verweist auf den Menschen als ein in gewisser Weise „unfertiges Wesen". Wer „ich" bin, lässt sich nie eindeutig sagen. Friedrich NIETZSCHE nannte deshalb den Menschen „das noch nicht festgestellte Tier".

Auch unser gesellschaftliches und politisches Leben ist von der Frage „Was ist der Mensch?" nachhaltig bestimmt. So finden sich etwa in unseren Massenmedien täglich eingehende Meldungen über Menschenrechtsverletzungen in aller Welt; in totalitären Staaten sind die Regierungen angestrengt bemüht, derartige Meldungen zu unterdrücken und gegen jene vorzugehen, die die Frage nach dem Wesen und den daraus resultierenden *Rechten* des Menschen zum Gegenstand öffentlicher Diskussion machen wollen. Im Rahmen der Vereinten Nationen verhandeln Staaten seit Jahrzehnten über die Auslegung und Verwirklichung der Menschenrechtskonventionen.

Die *Menschenrechtserklärungen* gehen also von einem von der Aufklärung inspirierten Entwurf des Menschen aus, auf dem auch die „Universal Declaration of Human Rights" der UNO vom Dezember 1948 fußt. Der Mensch ist danach bestimmt als ein *freies, gleiches und vernunftbegabtes Wesen.* – Dass auch in dieser Bestimmung Widersprüche stecken, zeigen die jahrzehntelangen Auseinandersetzungen in der UNO. Die einzelnen Länder setzen ihre Akzente in den Debatten um die Menschenrechte teilweise völlig kontrovers. Denn wer zum Beispiel das Grundrecht der Freiheit favorisiert, wird eher die Macht des Staates zu Gunsten der Rechte des Individuums zurückdrängen wollen; wer dagegen das Recht auf Arbeit und soziale Sicherheit betont, wird die Interessen des Einzelnen zum Teil denen von Staat und Gesellschaft unterordnen.

Hinter diesen Widersprüchen werden unterschiedliche Menschenbilder offenbar. Jede politische Richtung lässt sich von ihrem Entwurf des Menschen leiten. – Ähnliches ließe sich auch für die innenpolitischen Auseinandersetzungen zwischen den verschiedenen politischen Parteien zeigen. Jedes Parteiprogramm fußt auf einem Menschenbild, das zum Ausgangspunkt politischer Zielsetzungen wird.

Auch die gesellschaftliche Seite des *anthropologischen Problems* macht deutlich: Sowohl individuelles als auch soziales Planen und Handeln machen ein Bild, eine Deutung des menschlichen Wesens notwendig. Die *philosophische Anthropologie* macht den Versuch, den Menschen in seiner Ganzheit zu erfassen. Sofern der Mensch Ausgangs- und Bezugspunkt für jedes Wissen ist, ist jede Philosophie notwendig auf ihn bezogen. So münden auch die drei Kantischen Fragen „Was kann ich wissen?“, „Was soll ich tun?“ und „Was darf ich hoffen?“ in die Grundfrage „Was ist der Mensch?“. Die Philosophie wäre also in allen ihren Bereichen immer schon anthropologisch.

Denkanstöße

1 Ergänzen Sie den Satz „Der Mensch ist ein ... Wesen“ durch Ihres Erachtens treffende Adjektiva.

2 Versuchen Sie einen Katalog von spezifisch menschlichen Eigenschaften zu erstellen, in Abgrenzung zu Tieren, Engeln, Halbgöttern, Maschinen etc.

3 Versuchen Sie die Menschenbilder, auf denen die Programme der bundesdeutschen Parteien beruhen, herauszuarbeiten.

Erziehung und Menschenbild

Auch ein kurzer Blick auf die komplexe Entwicklung vom Kleinkind zum Erwachsenen macht schon deutlich, dass Menschen zu verschiedenen Zeiten mit dieser *Entwicklung* und *Erziehung* Unterschiedliches verbanden. Hinter allen Erziehungskonzepten stecken letztlich immer die Fragen: Ist der Mensch beliebig formbar? – und: Woraufhin, auf welche Ideale hin soll er erzogen werden? – In beiden pädagogischen Grundfragen verbergen sich dabei immer schon *bestimmte,* oft gar nicht bewusst wahrgenommene *Menschenbilder.*

Zunächst gilt ja: Das Kleinkind durchläuft eine weit längere Periode der Hilflosigkeit und Abhängigkeit von seinen Eltern als Junge irgendeiner anderen Spezies. Daraus hat schon Immanuel KANT gefolgert, dass der Mensch dasjenige Geschöpf sei, das wie kein anderes „erzogen“ werden müsse. So selbstverständlich diese Annahme KANTS erscheinen mag, der als Aufklärer dann auch Erziehung als „Selbstbefreiung des Menschen aus seiner selbstverschuldeten Unmündigkeit“ sah, das heißt Freiheit und Vernunft als die beiden entscheidenden Prinzipien jeglicher Erziehung forderte, so umstritten ist sie doch. – Die Pädagogik kennt auch die gegenteilige Auffassung, wonach der Mensch schon *von Natur aus* im Wesentlichen *festgelegt* sei.

Der Streit zwischen *Nativisten* und *Milieutheoretikern* ist also im Kern ein anthropologischer: Ist der Mensch bereits von Natur aus genetisch festgelegt? Inwiefern ist er offen, formbar, durch Erziehung, Beeinflussung, Manipulation bestimmbar?

Eine moderne Variante des Nativismus stellt die *Soziobiologie* dar, eine relativ junge Forschungsrichtung, die menschliches Verhalten durch Rückgriff auf tierisches zu erklären sucht. Für sie ist der Mensch wie andere Lebewesen auch eine schon „genetisch fixierte Überlebensmaschine", darauf ausgerichtet, seine eigenen Gene weiterzugeben. Alle kulturellen Leistungen des Menschen wären demnach einem *Überlebensprinzip* untergeordnet, auf genetische Determinanten reduzierbar.

Wie immer man zu dieser Grundsatzfrage stehen mag, kein „Naturalist" hat ernstlich die Notwendigkeit von Erziehung bestritten. Allerdings ist auch dieser Begriff bei näherer Betrachtung mehrdeutig: Verstehen wir darunter die Entfaltung der individuellen Anlagen oder die Anpassung an ein bestimmtes soziales Milieu? Und wie ist die Gewichtung zwischen den dabei beteiligten Faktoren von Reifung, subjektiver Erfahrung und pädagogischer Beeinflussung? Wenn der Mensch als von Natur aus gut angenommen wird, folgt daraus wohl eine eher freizügige Erziehung, da es ja nur mehr auf die Reifung und Entfaltung des Potentials der betreffenden Persönlichkeit ankommt. Geht eine Pädagogik von einem eher skeptischen oder pessimistischen Menschenbild aus, so tut Steuerung, Förderung, ja autoritativer Eingriff Not: Das Kind muss erst zum Menschen als Kulturwesen gemacht werden, analog der historisch postulierten Höherentwicklung vom Barbaren zum Zivilisationsmenschen.

Eine Analyse der verschiedenen Erziehungsstile offenbart ferner eine breite Palette ihnen zu Grunde gelegter Wertsetzungen. Jede Erziehung geht ja notgedrungen von einem als Ideal postulierten Menschenbild aus: seien es nun die Leitwerte von Leistung, Durchsetzungskraft und Ehrgeiz oder die von sozialer Verantwortung und Solidarität mit den Schwächeren; die von Autonomie, Selbstentfaltung und Kreativität oder die von Anpassung, Disziplin und Gehorsam. Jeder pädagogischen Haltung, jeder pädagogischen Institution liegt ein mehr oder minder begründetes Menschenbild zu Grunde, auf das hin der Erziehungsprozess bezogen ist.

Denkanstöße

1 Erarbeiten Sie die Leitwerte, die den drei „klassischen" Erziehungsstilen (autoritär, laissez-faire, partnerschaftlich) zu Grunde liegen.

2 Sehen Sie einen Zusammenhang zwischen dem Vorherrschen bestimmter Erziehungsstile und bestimmten gesellschaftlichen und politischen Konstellationen zur selben Zeit?

Menschenbestimmungen

Im Folgenden werden einige ebenso pointierte wie provokante *Definitionen* des Menschen aus der abendländischen Tradition exemplarisch vorgestellt, wobei sie die Vielschichtigkeit und Widersprüchlichkeit dieser Bilder nahe legen, so dass diese als Fragen nach dem Wesen des Menschen selbst angesehen werden sollten.

- ANAXAGORAS: Der Mensch ist das klügste der Lebewesen, weil er Hände hat.
- Dazu ARISTOTELES: Wahrscheinlich ist, dass er, weil er das klügste aller Wesen ist, Hände bekommen hat.
- SOPHOKLES: Nie geboren zu sein ist weit das Beste, lebst du aber, so ist es das Zweite, schnell dahinüber zu wandeln.
- PLATO: Der Mensch ist ein zweibeiniges Wesen ohne Federn.
- ARISTOTELES: Der Mensch ist ein *zoon politikon*, ein *zoon logon echon*, d. h. ein soziales und vernünftiges, weil Sprachwesen.
- Marcus Tullius CICERO: Der Mensch ist ein der Vernunft und der Erkenntnis fähiges Wesen.

Alfred Kubin, Der Mensch, Tuschezeichnung laviert, 1900

J. van Sasse, aus Il Callotto, Kupferstich, 1716

Isaak Brunn, Affenmensch, 1653

- CHRISTENTUM: Der Mensch ist einerseits Ebenbild Gottes, damit das innerhalb der Natur auserwählte Wesen, andererseits ist der Mensch endlich, sündig, der göttlichen Liebe bedürftig.
- PICO DELLA MIRANDOLA: Du kannst zum Tier entarten und zum gottähnlichen Wesen dich wiedergebären.
- Thomas HOBBES: *Homo homini lupus*. – Der Mensch ist dem Menschen ein Wolf.
- René DESCARTES: Der Mensch ist ein Engel, der eine Maschine bewohnt.
- Johann Gottfried HERDER: Der Mensch, der erste Freigelassene der Natur.
- JEAN PAUL: Der Mensch ist die Vereinigung von Widersprüchen.
  Er ist Narr und Weiser.
- Immanuel KANT: Der Mensch ist zur sittlichen Selbstbestimmung fähig.

- Benjamin FRANKLIN: Der Mensch ist ein *homo faber, the tool making animal.*
- Arthur SCHOPENHAUER: Der Mensch ist das Tier, das lügen kann.
- Karl MARX: Das menschliche Wesen ist kein dem einzelnen Individuum innewohnendes Abstraktum. In seiner Wirklichkeit ist es das Ensemble der gesellschaftlichen Verhältnisse.
- MODERNE NATURWISSENSCHAFT: Der Mensch gehört zur Säugetiergruppe der Hominiden, ausgezeichnet durch bestimmte Merkmale wie: aufrechter Gang, Greifhand, starke Hirnentwicklung etc.
- Max SCHELER: Der Mensch ist ein Nein-sagen-Könner, ein Asket des Lebens.
- John B. WATSON, Frederic B. SKINNER: Der Mensch ist ein manipulierter Automat: geben sie mir zwölf Kinder, und ich mache je nach Wunsch Ärzte, Künstler, Rechtsanwälte, Landstreicher und Diebe daraus.
- Jacques MONOD: Der Alte Bund ist zerbrochen, der Mensch weiß endlich, dass er in der teilnahmslosen Unermesslichkeit des Universums, aus dem er zufällig hervortrat, allein ist. Nicht nur sein Los, auch seine Pflicht steht nirgendwo geschrieben. Es ist an ihm, zwischen dem Reich und der Finsternis zu wählen.
- Martin BUBER: Der Mensch wird am Du zum Ich.
- James SIMPSON: Der Mensch ist das Ergebnis eines ziellosen materiellen Prozesses, der ihn nicht geplant hat. Der Mensch war nicht beabsichtigt.
- Arthur KÖSTLER: Der Mensch ist ein Irrläufer der Evolution. Er ist das Opfer einer fehlerhaften Gehirnkonstruktion.

Angesichts der Vieldeutigkeit dieser Versuche, das Wesen des Menschen hinreichend zu erfassen, stellen sich eine Reihe von Fragen: Wie kommt es zu derart verschiedenen Definitionsversuchen? Gibt es einen Zusammenhang zwischen dem jeweiligen Bild des Menschen und der historisch-kulturellen Situation, der es entspringt? Kann hinter all den Konventionen, Traditionen, Rollen und Stereotypen, die den Menschen auszumachen scheinen, überhaupt ein Wesen des Menschen erkannt werden? Gibt es überhaupt ein Wesen des Menschen, das allgemeine und überzeitliche Gültigkeit beanspruchen kann, oder können wir nur vom Selbstverständnis des Menschen innerhalb eines Kulturkreises zu einem bestimmten Zeitpunkt sprechen?

Denkanstoß

Welcher der oben vorgelegten Definitionsversuche kommt Ihrem Menschenbild am nächsten? Welcher liegt Ihrem Denken am fernsten? Welche Präzisierungen hielten Sie an diesen Definitionen für sinnvoll oder notwendig?

Zur Abgrenzung von Mensch und Tier

Bereits 1809 warf der französische Naturforscher Jean-Baptiste LAMARCK erstmals die Frage nach dem biologischen Ursprung der Gattung Mensch auf. Seit der Veröffentlichung der *Evolutionstheorie* von Charles DARWIN im Jahre 1859 erhielt eine auf den Naturwissenschaften aufbauende Anthropologie eminenten Auftrieb. Grundannahme der Evolutionstheorie seither ist es, den Menschen als spätes Produkt der Entwicklung des Lebendigen zu verstehen, vom Tier nur durch den Grad der Komplexität verschieden. Die traditionelle Evolutionstheorie geht dabei stets vom Organischen aus und sucht die Phänomene des Seelisch-Geistigen durch Reduktion auf das Physische zu erfassen. In dieser auch als *Biologismus* bezeichneten Sichtweise wird der Mensch auf sein biologisches „Tiersein" reduziert. Demgegenüber besteht der Ansatzpunkt der philosophischen Anthropologie darin, den Menschen als *einmaligen Gesamtentwurf* innerhalb der Natur zu begreifen.

Nach Helmuth PLESSNER ist das Tier durch eine „geschlossene Organisationsform“ charakterisiert, sein Organismus ist unmittelbar eingegliedert in seine Umgebung: Sein Leben und Erleben ist gebunden ans Hier und Jetzt. Abhebung und Distanz vom Momentan-Gegenwärtigen ist ihm nicht möglich. Dagegen besitzt der Mensch die Fähigkeit zur „Gegenständlichkeit“, sein Interesse am „Sachcharakter“ des Gegenstandes ist frei von unmittelbaren Antrieben. Dem Tier fehlt das Bewusstsein des Gegenstandes und die Möglichkeit der Negation. Diese ist aber die Basis für Abstraktion und Begriffsbildung. Die Grenzen des tierischen Erlebens zeigen sich ferner auch in der Unfähigkeit der Tiere, ihr eigenes Spiegelbild zu erkennen. Die Fähigkeit zur Spiegelung verweist jedoch auf die Möglichkeit des Menschen, sich selbst zum Gegenstand der Erkenntnis zu machen.

Früher machte man die Differenz zwischen Tier und Mensch an der menschlichen Fähigkeit zum Werkzeuggebrauch fest. Die Affenexperimente von Wolfgang KÖHLER haben aber gezeigt, dass auch höhere Tiere unter bestimmten Bedingungen zum Werkzeuggebrauch und damit zum einfachen instrumentellen Denken in der Lage sind. Lernfähigkeit, individuelles Gedächtnis und praktische Intelligenz als arterhaltend sinnvolles Verhalten müssen dem Tier zuerkannt werden. Dem Menschen kommt dagegen auch noch eine psychische Intelligenz zu: Er kann Einsicht in zusammenhängende Sachverhalte gewinnen und hat dank seiner Abstraktionsfähigkeit die Möglichkeit, Probleme, Situationen und Handlungen im Geiste durchzuspielen.

Die speziell menschlichen Evolutionsschritte sind die hin zu aufrechtem Gang, Sprache, vergrößertem Gehirn und Geist. Hierbei sind einige Aspekte der biologischen Ausstattung des Menschen von höchstem Interesse, weshalb man von einer *biologischen Sonderstellung* des Menschen gegenüber den höheren Tieren spricht: Diese sind in Bezug auf ihre Umweltanpassung durch höchste Harmonie und Einpassung gekennzeichnet – Körperbau und Milieubedingungen ergänzen einander genau. Die menschliche Organausstattung dagegen ist vergleichsweise unspezialisiert. Diese *Unspezialisiertheit* lässt den Menschen als ein einmalig offenes Wesen erscheinen. Wegen dieser speziellen biologischen Ausstattung, die durch *Unangepasstheiten, Unspezialisierung* und *Primitivismen* gekennzeichnet ist, spricht Arnold GEHLEN vom „Mängelwesen“: Dem Menschen fehlen natürliche Angriffsorgane, seine Körperbildung ist zur Flucht ungeeignet, er ist sehr lange schutzbedürftig und von anderen abhängig, und es mangelt ihm an echten Instinkten. Diese mangelhafte biologische Angepasstheit wird insbesondere beim Vergleich mit dem tierischen Leben deutlich. Der Biologe Jakob von UEXKÜLL hat gezeigt, dass das Tier exakt aufeinander bezogene „Merk- und Wirkwelten“ besitzt. Jedes Tier nimmt nur ganz bestimmte Reize aus einer natürlichen Umwelt wahr *(Schlüsselreize)*, es reagiert auf diese mit genetisch festgelegten Verhaltensabläufen *(Instinktverhalten)*. Tierisches Verhalten resultiert also aus einem im Wesentlichen genetisch fixierten Zusammenschluss von Innen- und Außenwelt, wie es im System der angeborenen Auslöser-Mechanismen *(AAM)* deutlich wird.

Der Mensch entbehrt dieser spezifischen Umweltanpassung durch die Reduktion echter Instinkte. Er ist umweltenthoben und deshalb nach Max SCHELER als „weltoffen“ zu bezeichnen. Die automatische Reaktion auf Schlüsselreize ist bei ihm abgebaut. Ob auf bestimmte Auslöser wie etwa einer Hilfe suchenden Geste eines anderen Menschen tatsächlich mit einem entsprechenden unterstützenden Verhalten geantwortet wird, hängt von höchst unterschiedlichen Faktoren ab: von der momentanen Einstellung, den moralischen Überzeugungen, der Ideologie des Betreffenden, vom Grad der Vertrautheit der beiden Menschen und anderem mehr. In der menschlichen Erbmasse sind keine instinkthaften Muster für eine bestimmte Gesellschaftsordnung, Sprache, Religion oder ein bestimmtes Familiensystem enthalten.

Denkanstöße

1 Suchen Sie menschliche Verhaltensweisen, die auf instinkthafte Anlagen verweisen.

2 Suchen Sie aus Ihrer Erfahrung menschliche Verhaltensweisen, die für die biologische „Offenheit“ des Menschen sprechen.

3 Inwiefern halten Sie es für richtig, von einem Naturmenschen zu sprechen? Versuchen Sie die verschiedenen semantischen Ebenen dieses Ausdrucks offen zu legen.

4 Suchen Sie Beispiele für Erlebens- und Verhaltensweisen, die von bestimmten Personen, Gruppen, Kulturen als natürlich, normal, von anderen aber als abnorm, unnatürlich klassifiziert werden. Bei verschiedenen indianischen Kulturen gelten z. B. mediale Fähigkeiten, In-Trance-Fallen als besondere Auszeichnung, in unserer Gesellschaft als Kennzeichen einer Psychose. Oder: Im Mittelalter wie auch in vielen anderen Kulturen galt der Mensch mit zwölf Jahren als erwachsen (Beruf, Heiratsfähigkeit, etc.). Heute gilt der Zwölfjährige als minderjährig, sowohl in sexueller als auch in Hinsicht auf Arbeit gibt es eigene Gesetze, die ihn „beschützen“. Was schließen Sie aus diesen unterschiedlichen Bewertungen?

5 Der Mensch ist laut Protagoras „das Maß aller Dinge“. Nicht nur durch souveränen Geist, auch durch moralische Extreme lässt der Mensch alle Maßstäbe weit hinter sich. Angesichts menschlicher Exzesse an „Zerstörungs- und Quälsucht“ ist der These, der Mensch sei ein Fehlprodukt der natürlichen Selektion, nicht leicht zu widersprechen. Ist der Hinweis auf die „Offenheit“ des Menschen hier eine ausreichende Erklärung?

Der Mensch als Natur- und Kulturwesen

Handlung – Kultur – Exzentrizität

Die „Natur“ des Menschen ist nicht fassbar, er war immer schon „Kulturwesen“ und nur als solches beobachtbar. Das Wesen einer *Kultur* liegt in der Art der Auswahl aus den an sich unbegrenzten Gestaltungsmöglichkeiten gesellschaftlichen Lebens. So bietet etwa unser Sprechapparat eine Fülle von lautlichen und Artikulationsmöglichkeiten. Doch jede Sprache benutzt nur einen Teil und verfeinert ihn.

Auch in anderen kulturellen Bereichen ist eine solche *Variabilität* zu beobachten: In manchen Kulturen scheint etwa Krieg etwas „Natürliches“ zu sein, in anderen, etwa bei den Eskimos, ist ewiger Friede „normal“. Wohl gibt es allgemeine kulturelle Befunde wie die Tendenz zur Sozialbildung an sich oder das Inzesttabu, das universell auftritt, aber in der Art der Ausgestaltung dieser Phänomene gibt es wiederum starke Differenzen.

Den Menschen als *Kulturwesen* zu begreifen heißt, seine kulturellen Äußerungen wie Politik, Religion, Kunst oder Wissenschaften als Äußerungsformen seines Wesens zu analysieren. Wir fragen also: Was ist das für ein Wesen, das Totenbestattung in einer bestimmten Weise vollzieht? Was lernen wir aus den Schöpfungen über den Schöpfer?

Helmuth PLESSNER bestimmt den Menschen in dessen Welt- und Selbstverständnis als „exzentrisch“. Der Mensch ist in Distanz zu sich. Er ist der vollständigen Übereinstimmung von Umfeld und eigenem Leib enthoben. Die spezifisch menschlichen Ausdrucksbewegungen des Lachens und Weinens machen diese Distanz zwischen Körper und Person deutlich – die momenthafte relative Eigenmächtigkeit des Körpers macht diese Doppelheit bewusst: Lachen und Weinen erscheinen als Reaktionen auf Grenzsituationen und führen zur Aufhebung der Eindeutigkeit. Das Lächeln zum Beispiel ist nach PLESSNER eine „Allegorie des beherrschten Leibes“: Beherrschung durch den „Geist“, der im Lächeln die Distanz des Menschen zu sich und zur Welt zum Ausdruck bringt. Die „Menschlichkeit“ zeigt sich gerade in der lockeren und leisen Gebärde, im Spielerischen.

Arbeit – Vergesellschaftung – Entfremdung

Eine grundlegende Seite des Menschlichen ist das Tätigsein. Sei es in der Form technisch-erzeugender Arbeit, sei es als künstlerisches Schaffen – für den Menschen gilt, wie Helmut PLESSNER es ausgedrückt hat, dass er sich „die Möglichkeiten zum Leben erst selbst schaffen muss". Im Unterschied zum tierischen Verhalten, das durch triebgesteuerte Bedürfnisbefriedigung gekennzeichnet ist, besitzt der Mensch die Fähigkeit, seine unmittelbaren Bedürfnisse aufzuschieben. Seine einzigartige *Sublimierungsfähigkeit* lässt ihn erst zur *Arbeit* fähig werden: Mit der Handlung erfüllt der Mensch seinen zunächst im Geist entworfenen Plan.

Arbeit ist stets absichtsvoll, *intentional,* auf Zukünftiges gerichtet. Der Handelnde ist dem Unmittelbar-Gegenwärtigen immer schon enthoben, insofern er zwischen Bedürfnis und Befriedigung die bewusste Planung, den Entwurf setzt.

Arbeit ist dabei immer schon ein *sozialer Prozess*. Die Erzeugung der für das Überleben notwendigen materiellen und kulturellen Güter ist nur gemeinsam, über Kooperation realisierbar. Menschliche Geschichte ist von allem Anfang an Geschichte von sozialen Zusammenschlüssen zu Gruppen und Gesellschaften. Der im Laufe der Geschichte zu beobachtende Prozess einer fortschreitenden und differenzierten *Arbeitsteilung* führt so auch zu komplexeren Formen der *Vergesellschaftung*. Gesellschaft kann allgemein als der Raum der *sozialen Kooperation* gesehen werden, als das Gefüge, das sich Menschen schaffen, um ihre Bedürfnisbefriedigung organisieren zu können.

Der Prozess des Arbeitens ist dabei zunächst, von der Warte des Individuums aus gesehen, einer der *Selbstbestimmung* und *Selbstverwirklichung*. Im Produkt seiner Arbeit erkennt der Mensch sich selbst, seine Absicht, seine Mühe, seine Energie. Neben der rein zweckhaften Seite dieses Prozesses – dass der Mensch sich eben damit sein Überleben sichert – verwirklicht sich der Mensch auch über seine Tätigkeit. Er vergegenständlicht, objektiviert sich über sein Arbeiten und in seinem Produkt.

Allerdings ist diese *Vergegenständlichung* durch die fortschreitende Arbeitsteilung, Spezialisierung, Technisierung und die gesellschaftliche Organisation der Arbeit einschneidenden Veränderungen unterworfen. MARX bezeichnete die Arbeit unter kapitalistischen Produktionsbedingungen als entfremdete, insofern Hand- und Kopfarbeit, Herstellung und Verfügung, Erzeugung und Verkauf, Produktion und Konsumtion getrennt seien. Der Produzent habe die Verfügung über Tätigkeit und Produkt verloren. Menschliche Arbeit sei nicht mehr den ursprünglichen Zielen von Bedürfnisbefriedigung und Selbstverwirklichung untergeordnet, sondern den Regeln des Marktes, wo Produkt und Arbeitskraft zur Ware werden. MARX erhoffte sich von der *kommunistischen Gesellschaft* eine *Aufhebung dieser Entfremdung,* indem dort die kapitalistische Form der Arbeitsteilung aufgehoben, der Arbeiter wieder zum Herren über seine Tätigkeit werden sollte.

Unabhängig von dieser durch die spezifisch industriellen Arbeitsbedingungen geschaffenen Entfremdung sahen andere Denker, wie Jean Paul SARTRE oder Helmut PLESSNER, den Prozess von Vergegenständlichung und Entfremdung als zwangsläufig und prinzipiell unaufhebbar. In jedem Arbeitsprozess verselbständige sich das Produkt gegenüber dem Erzeuger, gewinne eine relative Eigengesetzlichkeit, die letztlich schon in der Natur der Materie selbst liege. Zwischen Entwurf und Realisierung, Idee und materieller Verwirklichung bleibe eine unaufhebbare Kluft bestehen. In der Entäußerung des Menschen in seiner Arbeit schaffe er zugleich ein Anderes, das zugleich auch er selbst sei. So charakterisiert SARTRE den arbeitenden Menschen als ein intentionales Wesen, stets auf eine offene Zukunft gerichtet, die es nie ganz einzuholen vermag. Jede Form der *Entäußerung* stehe zugleich im Risiko der *Entfremdung*. Das menschliche Tätigsein zeige den Menschen in der unaufhebbaren Spannung von *Selbstverlust* und neuem *Identitätsgewinn.*

Denkanstöße

1 Untersuchen Sie das semantische Feld von „Arbeit“ (als Einkommensquelle, Job, Selbstverwirklichung etc.). Haben Sie den Eindruck, dass bestimmte Haltungen, Einstellungen zu Arbeit heute bestimmend sind? Gibt es mögliche Gründe dafür?

2 Halten Sie die Ansicht, dass der Mensch das arbeitende Wesen sei, in der heutigen Freizeitgesellschaft noch für richtig? Ist Arbeit überhaupt noch eine Grundbestimmung menschlicher Existenz, ein *peculiare signum hominis et humanitatis*, wie es Papst Johannes Paul II. in der Enzyklika „Laborem exercens“ formuliert hat? In demselben Schreiben heißt es: „Dieses Merkmal (die Arbeit) zeigt an, wie er selbst (der Mensch) im Inneren ist.“ Wie interpretieren Sie diesen Satz?

3 Ist es richtig, dass sich das Produkt menschlicher Tätigkeit zwangsläufig dem Produzenten gegenüber verselbständigt? Suchen Sie Beispiele für und gegen die von Sartre angesprochene Entfremdungstheorie.

Institutionen

Wir haben Kultur als die vom Menschen handelnd veränderte Natur beschrieben; sie fungiert als Ersatz für die instinkthafte Umweltanpassung der Tiere. Der Mensch kann aber nicht in jeder Situation von neuem zu überlegen und handeln beginnen. Als *Entlastung* haben sich im Laufe der Geschichte *Institutionen* herausgebildet, die Möglichkeiten der Handlungsorientierung bieten und vorschreiben.

Jede Kultur legt bestimmte Regeln und Normen fest, die dann durch die historische Tradierung und Weiterführung über Generationen als natürlich erscheinen. Institutionen halten also geschichtlich entstandene Weisen der Bewältigung von lebenswichtigen Aufgaben fest: als Rechtsverhältnisse, Herrschaftsformen, Familienstrukturen, Eigentumsregeln, Formen der Arbeitsteilung. Ihre primäre Funktion ist also die, für Entlastung, Sicherheit und Identität zu sorgen. Sie sind *stabilisierende Gewalten,* die jedoch die Tendenz haben, gegenüber den Individuen übermächtig zu werden und sich zu verselbständigen. Sie können solcherart dem subjektiven Erleben auch als „Gewalt“, als „fremde Struktur“, die die eigene Entfaltung hemmt, erscheinen.

Institutionen und *Traditionen* stehen allerdings in einer spannungsreichen Dialektik zu *historischem Wandel* und *Fortschritt.* Sie tendieren dazu, einmal festgeschrieben, überzeitliche und natürliche soziale Norm schlechthin zu sein. Jegliche Tendenz in Richtung gesellschaftlicher Erneuerung wird von einer Gegendynamik der Institutionen beantwortet, die „Stabilisierung des status quo“ wird gegenüber individuellen und gesellschaftlichen Neuerungen als anthropologisch notwendig reklamiert.

Denkanstöße

1 Inwiefern hemmen/fördern Ihrer Meinung nach Institutionen wie die Schule die menschliche Entfaltung? Was verstehen Sie unter Selbstverwirklichung, und in welchem Verhältnis stehen Institutionen dazu?

2 Inwiefern halten sie Institutionen überhaupt für notwendig? Was wäre, wenn jeder Mensch seine Neigungen frei ausleben würde?

3 Welche Rollen spielen Institutionen/Traditionen in Bezug auf kulturellen Fortschritt? Diskutieren Sie das Wechselspiel von Bewahren und Verändern.

Körper und Geist

Das Selbstverständnis des Menschen hängt wesentlich von seiner Sichtweise der Beziehung zwischen dem Körperlichen und dem Seelisch-Geistigen ab. In der Alltagssprache finden sich viele Beispiele für Verknüpfungen, die unterschiedliche Konzepte ausdrücken: Die Ungeduld stand ihm ins Gesicht geschrieben; er zitterte vor Aufregung; sein Magengeschwür ist sicher auf verdrängte Aggressionen zurückzuführen; sein Gesicht verrät schon seinen Charakter.

Einerseits scheint zwar festzustehen, dass bestimmte physiologische Vorgänge die Basis und Voraussetzung für psychisches und geistiges Erleben sind, andererseits erklärt die neurologisch beobachtbare Erregung noch nicht die Qualität des Bewusstseins. Seit René DESCARTES, der das *Leib-Seele-Problem* in einer die ganze Neuzeit bestimmenden Form formuliert hat, gilt als Grundfrage: Wie ist der Zusammenhang zwischen *res cogitans* und *res extensa,* zwischen Bewusstseinsphänomenen wie Absicht, Gedanke, Wille oder Wunsch und den sie begleitenden physiologischen Prozessen zu verstehen?

Philosophen, Naturwissenschaftler und Psychologen haben eine ganze Reihe von Lösungsmodellen entwickelt. Im Folgenden werden einige davon vorgestellt.

Monistische Modelle
Diese gehen davon aus, dass letztlich nur *eine Substanz* – entweder das Materiell-Körperliche oder das Ideell-Geistige – wirklich existiere. So behauptete der Idealist George BERKELEY, alles Sein existiere nur als *Bewusst-Sein:* „Esse est percipi“. Die materielle Welt existiere nur, insofern sie von einem menschlichen Geist wahrgenommen und erkannt werde.

Im diametralen Gegensatz dazu behauptet der *materialistische Monismus,* dass alle psychischen Phänomene auf körperliche Vorgänge zurückführbar seien. Die psychologische Richtung des Behaviorismus etwa vertritt eine „Psychologie ohne Seele“: Psychisches Erleben gilt demnach nicht nur als empirisch nicht fassbar, sondern der Mensch wird grundsätzlich als „materielle Reiz-Reaktions-Maschine“ beschrieben. Bewusstseinsvorgänge erscheinen für die Erklärung menschlichen Verhaltens vernachlässigbar.

Dualistische Modelle
Der „Dualismus“ geht grundsätzlich vom Vorhandensein von *zwei Substanzen,* des Körperlichen und des Seelisch-Geistigen, aus. Gottfried Wilhelm LEIBNIZ behauptete in Weiterführung der Gedanken von René DESCARTES einen *Parallelismus* dieser zwei Bereiche: Seelische und körperliche Vorgänge befänden sich in einer *prästabilierten Harmonie.* Gott selbst habe die beiden Bereiche harmonisiert wie ein Uhrmacher, der zwei Uhren so stellt, dass sie stets die gleiche Zeit angeben. Jedem körperlichen Geschehen entspräche also ein simultan ablaufendes geistiges Erleben und umgekehrt.

In jüngster Zeit hat der Hirnforscher John ECCLES gemeinsam mit dem Philosophen Karl POPPER eine *dualistische Interaktionstheorie* formuliert. Sie geht grundsätzlich von einer doppelten, teils materiellen, teils ideellen Realität aus. Es sei nicht möglich, Bewusstseinsvorgänge vollständig durch die Beschreibung der ihnen zu Grunde liegenden neuronalen Vorgänge zu erfassen. Ton, Farbe, Gestalt seien keine Qualitäten der Tatsachenwelt, sondern würden erst durch die Wahrnehmung geschaffen. Gehirnvorgänge seien wohl eine *notwendige,* aber keine *ausreichende* Bedingung für das Zustandekommen von Bewusstsein. So zeige etwa die Erfahrung der Willensfreiheit, wo ja das „Bewusstsein“, der „Geist“, dem Körper Befehle erteile, die prinzipielle Abgehobenheit der Erlebnissphäre vom körperlichen Geschehen.

Perspektivische Modelle
Schon Baruch de SPINOZA versuchte eine die Probleme von Monismus und Dualismus vermeidende Lösung des Leib-Seele-Problems. In seiner *Identitätstheorie* behauptet er, dass Körperliches und Geistiges für die menschliche Wahrnehmung nur auf der *Erscheinungsebene* verschiedene Phänomene seien. Ihnen liege aber ein *einheitliches Prinzip* zu Grunde.

Der Atomphysiker Niels BOHR griff diesen Gedanken von SPINOZA in überraschender Weise wieder auf. Als Lösung für den *Welle-Teilchen-Dualismus* in der Physik des Lichtes formulierte er seine *Komplementaritätsthese,* die er dann auch auf andere ungelöste wissenschaftliche Fragen, wie eben das Leib-Seele-Problem, erweiterte: Analog zur physikalischen Beschreibung des Lichts, das uns einmal als Welle, unter anderen experimentellen Voraussetzungen aber als Teilchen erscheint, seien auch Körper und Seele nur *verschiedene Erscheinungsformen* einer *einzigen* ihnen zu Grunde liegenden *Realität.* Beide Betrachtungsweisen seien unter bestimmten Voraussetzungen sinnvoll, wissenschaftlich produktiv und unbedingt nötig.

Denkanstöße

1 „Der menschliche Körper ist eine Uhr, aber eine erstaunliche und mit so viel Kunst und Geschicklichkeit verfertigte, dass, wenn das Sekundenrad stillsteht, das Minutenrad seinen Gang immer weiter geht, und ebenso das Viertelstundenrad und all die anderen in ihrer Bewegung fortfahren, wenn die ersten verrostet oder aus irgendeiner Ursache verdorben sind."
(De Lamettrie) – Inwiefern ist Ihrer Meinung nach diese mechanistische Auffassung des menschlichen Körpers verengend? Welchen Phänomenen wird sie nicht gerecht?

2 Welche Probleme sind Ihnen aus der heutigen Medizin bekannt, die zum Gebiet der „Psychosomatik" gehören? Welche Erklärungsmuster bieten hierbei Medizin und Psychologie? Welcher im Text vorgestellten Theorie entsprechen diese Modelle?

Mann und Frau: Der Mensch als geschlechtliches Wesen

Der beschleunigte Wandel in allen gesellschaftlichen Bereichen und das Nebeneinander verschiedener Lebensformen in der modernen pluralistischen Gesellschaft haben auch die Problematik der Geschlechtlichkeit des Menschen zu einem ständigen Thema der öffentlichen Diskussion gemacht. Was das „typisch Männliche" und das „typisch Weibliche" ist bzw. sein soll, die Frage nach der „Natürlichkeit", ist im Zeitalter der Emanzipation zum viel diskutierten Thema geworden.

Die traditionellen Rollenbilder von Mann und Frau sind zerbrochen. Haartracht, Kleidung, Verhaltensweisen, Berufsbilder, die Rollen- und Funktionsteilung in der Familie, die althergebrachten Formen des sozialen Zusammenlebens unterliegen einem tief greifenden Wandel. Frauen verweigern sich zunehmend der ihnen jahrhundertelang aufgezwungenen Rolle als Ehefrau und Mutter, kämpfen um Selbstverwirklichung in Karriere und Beruf, entwickeln eigenständige Vorstellungen von weiblicher Sexualität. Männer reagieren darauf häufig mit Rückzug, Verunsicherung oder Aggression.

Andererseits gibt es unübersehbar konservative Gegenbewegungen. Sie wollen zurück zum Tradierten, das als heilig, unantastbar und natürlich angesehen wird. Die Bibel, die Einmaligkeit der abendländischen Hochkultur, der Common sense und die biologische Ausstattung des Menschen werden als Zeugen aufgerufen, um die Auflösung der Familie, das Chaos in den Beziehungen und eine allgemeine Degeneration zu verhindern.

Hinter dieser Debatte steht die Frage und Suche nach einem unverbrüchlichen *Wesen des Menschen,* das unbeeinflusst durch historische, soziale oder ideologische Veränderungen gleich bleibt und den Menschen als Mann und Frau Halt und Orientierung in fest vorgegebenen Geschlechtsrollen gibt.

Wir haben als Resultat der Erörterung der biologischen Stellung und Ausstattung des Menschen diesen als *Mängelwesen* und *weltoffen* definiert. Was bedeutet das nun für seine Stellung als geschlechtliches Wesen? Mängelwesen bedeutet in diesem Zusammenhang, dass der Mensch über keine genetisch vorgegebenen Muster verfügt, die sein sexuelles Leben in feste Bahnen lenken würden. Gerade die kulturvergleichenden Forschungen von Ethnologen und Soziologen haben gezeigt, dass es höchst unterschiedliche Formen des Geschlechtslebens gab und gibt: Was als „männlich" und „weiblich" gilt, ob und inwiefern z. B. Eigenschaften wie Durchsetzungskraft, Härte oder logisches Denken als geschlechtsspezifisch bezeichnet werden hängt letztlich von der jeweiligen Kultur ab. Diese legt die von vornherein gegebene Weltoffenheit auf eine bestimmte Struktur hin fest, die für eine Epoche, eine soziale Schicht, eine Gesellschaft mehr oder weniger genau vorschreibt, was als typisch männlich bzw. typisch weiblich zu gelten hat, und das durch ihre jeweiligen Sozialisierungsinstitutionen, wie Familie, Schule und Medien, durchzusetzen sucht.

Die Frage nach dem Wesen der *Geschlechtlichkeit* des Menschen beschäftigte bereits die griechische Philosophie. PLATON beschreibt in seinem „Gastmahl" den Menschen als ursprünglich doppelgeschlechtliches Wesen, eine „Walze" mit vier Beinen, vier Armen, vier Augen, zwei Nasen, und so fort. Der Göttervater Zeus erst teilte dieses und pflanzte dann den beiden Hälften den Eros ein, damit sie sich vermehrten. Jeder Mensch als Mann und Frau ist demnach seither ein Bruchstück, sucht nach seiner Ergänzung. Der Eros führe den Menschen zur Vereinigung, damit zu seinem Urwesen zurück.

Auch Georg Wilhelm Friedrich HEGEL deutet die geschlechtliche Verschiedenheit des Menschen als Bezogenheit: die sexuelle Beziehung sei der natürliche Ursprung aller Gemeinschaft und Gesellschaft. In der Liebe realisiere der Mensch die grundlegende Einheit von *Ich* und *Anderem.* Nur über den *Anderen* sei individuelle Selbstverwirklichung möglich. Der *Eros* ist für HEGEL die Basis für die *Vergesellschaftung* des Menschen.

Der Existentialismus machte die Leiblichkeit des Menschen zu einem seiner zentralen Themen. Zur Debatte steht dabei insbesondere das Verhältnis von *Sexualität* und *Animalität:* Ist der Mensch, insofern er ein körperliches und sexuelles Wesen ist, ein tierisches? Sind die entsprechenden Gefühle und Affekte aus der Bedürfnisstruktur, der Körperorganisation allein zu erklären? Bewegen sich sexuelle Gefühle nur in der Dimension von Lust und Unlust? Ist der Mensch also eine Triebmaschine, ein Bündel von Instinkten?

Für Maurice MERLEAU-PONTY ist die gesamte menschliche Affektivität vom „Geist" durchdrungen, der „Eros" beseele eine ihm eigene Welt, die den äußeren und körperlichen Reizen erst ihre spezifische und jeweils subjektive sexuelle Bedeutung gebe. Der Mensch sei prinzipiell mit *Bewusstsein* und *Freiheit* ausgestattet, welche ihm das Vermögen zum Entwurf einer personalen geschlechtlichen Welt verliehen. „Entwurf" bedeutet demnach die Fähigkeit, sich in erotische Situationen zu versetzen, die sexuelle Begegnung als leibliche, aber auch im Wunsch, in der Phantasie, im Denken zu vollziehen. Das Triebleben und die geschlechtliche Differenz seien keine bloß biologischen Äußerlichkeiten, sondern prägten das gesamte „In-der-Welt-Sein" des Menschen. Phantasie, Gefühl und Denken, Stimmungen und Affekte seien durch das Sexuelle als einer spezifischen Seinsweise, die auf nichts anderes zurückführbar sei, charakterisiert, einer Seinsweise, in der der Mensch sich selbst und seiner Umwelt begegne.

Der Leib wird dabei als „Symbolisierung der Existenz" interpretiert. Leib und Existenz setzen einander voraus. Der Leib sei geronnene, realisierte Existenz, die Existenz unaufhörliche Verleiblichung. Das Verhältnis des Menschen zu seinem Leib sei dabei ein doppeltes: Er *hat* Leib und er *ist* auch Leib. Insofern er Leib ist, ist dieser Ausdruck äußere Erscheinung eines Inneren. Insofern er ihn als Körper hat, kann er auch in Widerspruch, in innere Distanz zu ihm treten. Täuschung und Lüge sind über den Körper genauso möglich, wie andererseits im Sich-Zeigen, Sich-Verhalten, im Blick, der körperlichen Rede und der Zärtlichkeit die fundamentalen Formen der erotischen Begegnung und Selbstbegegnung stattfinden.

Die Erfahrung des Körpers und der Sexualität spielen auch in der feministischen Theorie eine zunehmende Bedeutung für die Formulierung einer „weiblichen Anthropologie". In der männlich dominierten Wissenschaft wurde die Frau stets vor der Folie des Mannes definiert: Noch für Sigmund FREUD war das entscheidende Merkmal der Frau, dass sie keinen Penis besitze. Dagegen versuchen feministische Philosophinnen wie Luce IRIGARAY einen weiblichen Diskurs zu begründen, in dem die Frau nicht Objekt des Denkens, sondern dessen Subjekt ist. Das Wesen des Weiblichen wird bei IRIGARAY dabei bewusst unbestimmt gelassen: „Aber die Frau ist weder geschlossen noch offen, sondern unbestimmt, unfertig, *die Form, die nicht abgeschlossen ist.*"

Denkanstöße

1 Sehen sie trotz des kulturellen Wandels noch bestimmte Eigenschaften oder Verhaltensweisen, die Ihnen als „typisch männlich" bzw. „typisch weiblich" verteidigungswert erscheinen?

2 Ist menschliche Sexualität zu charakterisieren als „Fortpflanzung", „Arterhaltung", „Lustgewinn", „Psychohygiene", „einzige wahre Form der Liebe"?
Welche Auffassung ist Ihrer Meinung nach die richtige? Und wie stehen Sie in diesem Zusammenhang zum Phänomen der Homosexualität?

3 Hegel sah die Ehe als „rechtlich sittliche Liebe", das Kind als „Verwirklichung" der Ehe. Diskutieren Sie diese Auffassung vor dem Horizont der Auseinandersetzungen um die neuen Techniken der Reproduktionsmedizin, um Geburtenplanung, Geburtenkontrolle, Bevölkerungsexplosion und neue Formen partnerschaftlichen Zusammenlebens.

4 Manche Kritiker werfen den Feministinnen vor, ihr Ziel – die Befreiung der Frau als Frau – zu verfehlen: sie machten die Frauen nur zu „besseren Männern". Ist diese Kritik berechtigt?

Der Mensch und der Tod

„Kommt, reden wir zusammen, wer redet, ist nicht tot."

Gottfried Benn

Der Tod gehört zur Natur des Menschen – wie Geburt und Geschlecht. Trotzdem zählt der Tod zu einem der großen unbewältigten und unbewältigbaren Probleme des Menschen. Der Tod stellt ein ungeheures Paradoxon dar: Einerseits macht jeder die Erfahrung, dass *andere* Menschen sterben können, aber was es andererseits bedeutet, tot zu sein, kann nicht erfahren werden. Der Philosoph Thomas MACHO schreibt dazu in dem Buch „Todesmetaphern": „Wir sprechen vom Tod, und wir sprechen nicht selten vom Tod. Worüber sprechen wir aber, wenn wir vom Tod sprechen? Wir sprechen nicht aus Erfahrung. Wer seinen Tod erfahren hat, kann überhaupt nicht mehr sprechen." Weil der eigene Tod sich weder erfahren noch denken lässt, entsteht, so deutete es zumindest Sigmund FREUD, die Überzeugung der eigenen Unsterblichkeit.

Gerade wegen seines rätselhaften Charakters stellt so der Tod für die Philosophie immer eine ganz große Herausforderung dar. Schon in der Antike versuchten die Philosophen den Tod durch ihr Nachdenken darüber zu begreifen und ihm den Stachel zu nehmen.

EPIKUR empfahl seinen Schülern, den Tod schlicht zu ignorieren: „Denn solange wir existieren, ist der Tod nicht da, und wenn der Tod da ist, existieren wir nicht mehr." Kein Grund zur Sorge also. Sich um den Tod nicht zu bekümmern und im Augenblick ein wohlausgewogenes Maß an Lust zu suchen, den Schmerz überhaupt zu meiden ist für EPIKUR die angemessenste Form eines philosophisch geführten Lebens.

Andere Denker der Antike konnten dieses Problem nicht auf diese kühle Art und Weise lösen. Für die STOA wurde der Tod in ganz anderer Weise zum Gegenstand der Philosophie: Philosophie sei schlechthin die Kunst des Sterbens – die *ars moriendi.* MARC AUREL, der Philosoph auf dem römischen Kaiserthron, schreibt: „In jeder Lage erwartet der Philosoph den Tod mit heiterem Gemüte." Auch die Neuzeit knüpfte immer wieder an diese stoische Haltung an. Michel de MONTAIGNE etwa, ein scharfsinniger Denker des 16. Jahrhunderts, empfahl, ständig mit dem Tod zu rechnen und sich in seiner Phantasie gründlich darauf vorzubereiten.

Der Tod als absolutes Ende des Lebens, als Eintritt in das undenkbare und unvorstellbare *Nichts,* ist so für viele Philosophen zumindest in ihrer Theorie nichts Bedrohliches, sondern oft sogar etwas Tröstliches gewesen. So meinte etwa Arthur SCHOPENHAUER: Wenn es das *Nichtsein* wäre, das uns am Tod schreckte, so müssten wir schon über das *Nichtsein vor der Geburt* erschrecken. Denn vor der Geburt liege schon jene Unendlichkeit ohne uns, die wir als Stachel des Todes fürchten. Mit dem Tod kehrt der Mensch nach SCHOPENHAUER also nur in jenes Nichts zurück, dem er ohnehin entstammt.

An diesen Gedanken sollte dann auch Sigmund FREUD anknüpfen. Das Ende des 19. Jahrhunderts, das *Fin de siècle*, neigte ohnehin zu einem *Kult des Todes,* der sich auch noch in der Euphorie bei Ausbruch des 1. Weltkriegs zeigte. FREUDs Hypothese vom *Todestrieb,* wonach alles Leben letzten Endes ein Leben zum Tode sei, war zum Teil auch Ausdruck dieser Stimmung. Der Tod, damit das destruktive Potential des Menschen, steht so für FREUD immer in einem besonderen Naheverhältnis zum eigentlichen Lebenstrieb, zu Sexualität und Eros. Die Mischung von *Eros* und *Thanatos,* die Verquickung der Kräfte des Lebens und des Todes, kommt dann auch für FREUD in Phänomenen wie *Sadismus* und *Masochismus* zum Ausdruck: kein Leben ohne Tod, keine Liebe ohne Hass, keine Lust ohne Schmerz.

Die Analyse des menschlichen Daseins durch den Existentialismus macht radikal auf das Phänomen der menschlichen Sterblichkeit aufmerksam. In der Konfrontation mit der Möglichkeit des eigenen Todes stellt sich nach Martin HEIDEGGER die Frage: Was bedeutet es, dass wir da sind? Der Mensch wird sich über den Tod seiner Endlichkeit bewusst. Dieses endliche Dasein ist also bestimmt durch das Phänomen der „Zeitlichkeit" – der Mensch hat Vergangenheit und Zukunft. Wir entwerfen unsere Existenz auf eine Zukunft hin, die unendlich offen ist. Aber durch jede Entscheidung schränken wir den Horizont der Möglichkeiten ein. *Offenheit* und *Unbestimmtheit* sind wesentliche Kennzeichen der menschlichen Existenz. Unser Dasein ist eingespannt zwischen dem Nicht-mehr der Vergangenheit und dem Noch-nicht der Zukunft. Der Mensch ist ein Zeit-Wesen.

Bei Albert CAMUS steht der Mensch angesichts des Todes vor der radikalen Möglichkeit seiner Freiheit: dem Selbstmord. Sein Vollzug wird allerdings als Flucht vor der „Absurdität" der menschlichen Existenz verstanden, die CAMUS im „Mythos von Sisyphos" versinnbildlicht hat: Sisyphos schleppt unablässig und beharrlich seinen Stein den Berg hinan, wiewohl er weiß, dass seine Mühe keinen endgültigen Erfolg haben wird. Aber im Moment, in dem er, am Gipfel stehend, seinem Stein, der wieder nach unten rollt, nachfolgt, triumphiert er über sein Schicksal. Der einzig auf sich selbst geworfene und vertrauende, den Augenblick, den totalen Gegensatz von Ich und Welt bewusst vollziehende Mensch bewältigt nach CAMUS in seiner radikalen Bejahung der Absurdität seine Existenz. Diese kenne keinen höheren Sinn als den, den der Mensch sich selbst macht.

Denkanstöße

1 Vom Kind sagt Hölderlin: „Es ist unsterblich, denn es weiß vom Tode nichts." – Steht diese Aussage im Widerspruch zur existentialistischen Deutung des menschlichen Daseins als eines „Seins zum Tode"?

2 „Das Leben ist nie lang genug, um zu lernen, wie man es verlässt." (André Ruellan) – Können Sie diesem Satz etwas für Ihr Leben abgewinnen?

Der Mensch in der Krise

Arnold GEHLEN sieht die Gegenwart als zweite entscheidende Kulturschwelle der Menschheitsgeschichte. Er vergleicht die durch die industrielle Revolution ausgelösten globalen Veränderungen mit dem Übergang der Menschheit vom Nomadentum zur Sesshaftigkeit. Eine solche Phase des Übergangs ist nach GEHLEN jeweils mit einer universellen Krise des gesamten Welt- und Menschbewusstseins, der Institutionen, von Moral und Ethik verbunden.

Der beschleunigte historische Wandel in der Folge der Industrialisierung führt unter anderem auch *zur Krise des Tradierten:* Über Generationen hinweg gültige und als natürlich erschienene Normen werden fraglich. Der Verlust der quasi natürlichen Gültigkeit der Tradition zeitigt zwei wichtige Folgeerscheinungen: *Konventionalisierung* und *Subjektivismus.* Die Distanz der Menschen zu der sie umgebenden sozialen Ordnung und den sozialen Regulationssystemen (Recht, Moral, Gesetze etc.) vergrößert sich, so dass zwei Reaktionen denkbar erscheinen: einerseits ein Konformismus gegenüber tradierten Ordnungen, die nur noch als äußere Form ohne innere Beteiligung oder Identifikation gelebt werden; andererseits ein Innewerden der eigenen inneren und äußeren Möglichkeiten jenseits der durch die Tradition vorgegebenen sozialen Rollen und Handlungsmuster.

Eine andere gesellschaftliche Folgeerscheinung des Traditionsverlusts ist ein in den letzten Jahrzehnten beschleunigter *Institutionenverfall.* Schon die kulturelle Bewegung der Aufklärung kann auch als Emanzipation des Menschen von überalterten Institutionen gesehen werden. Die in Mittelalter und früher Neuzeit gültige Treuepflicht des Individuums gegenüber Staat und Herrschaft wurde schrittweise aufgehoben, indem die Legitimationsgrundlage dieser Institutionen, etwa der göttliche *ordo*-Gedanke des Mittelalters, historischen und politischen Entwicklungen zum Opfer fiel.

In der gegenwärtigen Philosophie gibt es eine heftige Kontroverse um die Bewertung dieses *Institutionenverfalls.* GEHLEN betont die Notwendigkeit der Sicherung des Menschen durch Institutionen. Er beklagt den Verfall der Institutionen als *Kulturverfall.* Der allseits zu beobachtende Subjektivismus, die Entdeckung und neuartige Bewertung des Individuums, wie es sich etwa in dem vielfältigen Phänomen von *Jugendkulturen,* in Mode, Musik und spezifischen Codes des Verhaltens zeigt, erscheint in Gehlens kulturkonservativem Ansatz als „Überforderung des Individuums", dessen Bedürfnis nach institutioneller Entlastung brachliegt. Diese Überforderung könnte auch als Erklärung für den oft zitierten Orientierungsverlust der Jugend herangezogen werden.

Theodor W. ADORNO vertritt demgegenüber den Standpunkt, dass Institutionen die Freiheit und Selbstbestimmung des Menschen einschränken. Die Kritik an den Institutionen erscheine als notwendige Voraussetzung für jede Verbesserung der Gesellschaft.

Ein weiteres Problemfeld gegenwärtiger Kultur, mit dem sich die philosophische Anthropologie befasst, ist das Verhältnis von *Mensch* und *Technik.* Die ursprüngliche Funktion der Technik war die einer *Organerweiterung* und eines *Organersatzes.* Das Werkzeug zum Beispiel kann gesehen werden als Verlängerung und Verbesserung der Hand. Im Gefolge der industriellen Revolution kam es allerdings zu einer einzigartigen Synthese von Wissenschaft, Technik und Produktion, zur Mechanisierung von Produktion und Welt. Während der Handwerker noch souverän über seine Werkzeuge verfügte, führt die Maschinisierung zur Abhängigkeit des Menschen von den technischen Apparaten. *Technokratie* als Herrschaft der Technik über den Menschen bedeutet darüber hinaus, dass auch der Mensch zunehmend unter dem Gesichtspunkt seiner Verwendung und Brauchbarkeit, seiner Beherrschbarkeit und Berechenbarkeit gesehen wird.

Mit den modernen Maschinen sind für den Menschen neue Vergleichsobjekte entstanden. Versuchte er bisher sein Menschsein in Abhebung vom Tier und von Gott zu bestimmen, so hat er heute einen neuen Vergleichsgegenstand, nämlich seine eigenen Produkte, die ihn in vieler Hinsicht übertreffen: Wer rechnet so schnell wie ein Computer? Günther ANDERS hat in diesem Vergleich den zeitgenössischen Sinn des „Mängelwesens Mensch" entdeckt. Gegenüber den vollkommenen Maschinen sind wir fehlerhaft. Die Technik ist perfekt – aber es gibt das „menschliche Versagen". Nach ANDERS beginnt der Mensch sich deshalb vor seinen eigenen Produkten zu schämen. ANDERS bezeichnet diesen individuell-psychologischen Niederschlag der um sich greifenden Analogie von Mensch und Maschine als „prometheische Scham". Dabei produziere der Mensch sein eigenes Elend; er steigere es, indem die Produkte seiner Arbeit, die Maschinen, immer perfekter würden. Für ANDERS zeigt diese Entwicklung eine klare Tendenz: *Die Abschaffung des Menschen durch sich selbst.*

Denkanstöße

1 Suchen Sie in Ihrem Erfahrungsbereich Beispiele für „Traditionsverlust". Welche früher als natürlich empfundenen Einrichtungen und Normen scheinen Ihnen heute fraglich geworden zu sein, und welche sind Ihrer Ansicht nach zu Unrecht verloren bzw. vom „Untergang" bedroht?

2 Sammeln Sie Ausdrücke, die den Menschen in Analogie zum Tier bzw. zur Maschine setzen (z. B. „Unsere Beziehung *funktioniert* nicht mehr", „Ich will *abschalten",* „Er *fällt* aus") und diskutieren Sie die Implikationen dieser Aussagen.

3 Der ursprüngliche Sinn der Technik wurde als „Entlastung" bezeichnet. Gibt es auch „be-lastende" Seiten der Technik? Und wenn ja, wie stehen Sie dann zur Dialektik von Technik und Fortschritt?

4 Fühlen Sie gegenüber den perfekten technischen Geräten ihrer Umwelt auch so etwas wie „Scham"? Stimmt Ihrer Ansicht nach die These von Anders, dass die Technisierung auf die Abschaffung des Menschen zielt, oder ist die Technik nicht doch, wie oft erklärt, die Voraussetzung für die Befreiung des Menschen aus den Naturzwängen?

Sokrates

Platon

Georg Wilhelm Friedrich Hegel

Epikur

Der tiefe Brunnen der Vergangenheit

Die Philosophie und ihre Geschichte

DENK-BAR, *früher Morgen.*

An der Theke, leicht übernächtigt, ALFRED, BRIGITTE, CHRISTOPH *und* DANIEL.

CHRISTOPH: „Es ist doch alles immer das Gleiche. Immer das Gleiche. Nichts Neues unter der Sonne. Alles schon da gewesen."

BRIGITTE: „So pessimistisch kenn ich dich ja gar nicht. Das ist wohl schon der Kater."

CHRISTOPH: „Blödsinn. Aber es stimmt doch. Sieh genau hin. Die Probleme der Menschen sind immer die gleichen. Liebe, Kampf, Krieg, Tod. Grässlich."

ALFRED: „Quatsch. Natürlich gibt es einen Fortschritt. Ich zumindest fühle mich nicht mehr als Neandertaler. Vielleicht aber – die Philosophen. Die Philosophie tritt doch tatsächlich seit zweitausend Jahren auf der Stelle. Immer dieselben Probleme, und noch immer keine Antwort – nicht wahr, Sokrates!?"

DANIEL: „Tja, wie man es nimmt. Die Fragen sind vielleicht immer dieselben – aber womöglich stimmt nicht einmal das; die Antworten jedoch unterscheiden sich ganz gewaltig im Laufe der Zeit."

ALFRED: „Antworten, Antworten. Die Philosophie – das sind doch die Antworten auf jene Fragen, die keiner gestellt hat. Oder die Frage zu jener Antwort, die ohnehin schon jeder weiß. Einfach überflüssig; zweitausend Jahre vergeudet."

DANIEL: „Sie werden lachen: Ich widerspreche gar nicht. Aber: Gerade weil keiner fragt, gibt die Philosophie ungefragt Antwort. Und gerade weil vielen allzu vieles selbstverständlich ist, fragt die Philosophie."

BRIGITTE: „Das klingt ja recht schön. Aber ich kann mich trotzdem des Eindrucks nicht erwehren, dass bei zweitausend Jahren Philosophieren wirklich nicht viel herausgekommen ist. Ziemlich erfolglos, die Philosophie, so Leid es mir tut. Ich würde ja gerne wirklich wissen und weise sein – aber leider ..."

CHRISTOPH: „Weisheit – ach, die Philosophen. Reden können sie alle, aber dann tatsächlich danach leben, das tut doch keiner. Man braucht sie sich ja nur anzuschauen, quer durch die Jahrhunderte. Alles Lumpen."

DANIEL: „Ich staune. So viel Ärger über die Philosophen? Die dürften das doch gar nicht wert sein, erfolglos wie sie waren. Oder ist doch mehr dran, an diesen Lumpen? Vielleicht haben sie die Menschen immer schon ein wenig verunsichert – und das hatten die Menschen nie gerne."

ALFRED: „Stimmt, stimmt. Störenfriede sind sie, die Philosophen, und waren sie immer schon. Unruhestifter, Taugenichtse."

CHRISTOPH: „Ist ja auch nicht wahr. Einige haben sich ganz schön angepasst."

BRIGITTE: „Also Sokrates war nicht gerade ein Feigling, so viel ich weiß. Immerhin, er hätte fliehen können und hat trotzdem den Schierlingsbecher getrunken."

DANIEL: „Ich staune noch einmal. Also was waren sie nun, die Philosophen? Unnütz, angepasst, revolutionär, tapfer, Kritiker, Konservative ...? Mir wird ganz wirr im Kopf." *(Er verlässt die Runde)*

ALFRED: „Typisch für den Philosophen. Wenn er nicht mehr weiter weiß, geht er. Doch es gibt ja noch uns – nicht wahr, Brigitte, Christoph."

Denkanstöße

1 Die Philosophen im Laufe der Geschichte – was waren sie nun wirklich?

2 Dass die übrigen Wissenschaften Fortschritte zu verzeichnen haben, einen Erkenntniszuwachs, scheint klar. Aber wie ist es mit der Philosophie?

Raffael, Die Schule von Athen, Fresko, um 1509 – 1511, Vatikan, Stanza della Segnatura

Annäherung:

Warum Geschichte der Philosophie

Wie kaum eine andere Wissenschaft scheint die Philosophie mit ihrer Geschichte verknüpft zu sein. Auch Menschen, die sich nur wenig mit Philosophie beschäftigt haben, assoziieren damit zumindest Namen wie SOKRATES, PLATON, KANT oder HEGEL. Während bei anderen Wissenschaften, man denke etwa an die Physik oder Chemie, Theorien aus vergangenen Tagen, die sich als überholt erwiesen haben, dem Vergessen anheim fallen, nur noch als Kuriosa der Wissenschaftsgeschichte notiert werden – niemand muss die „Flogiston-Theorie" kennen, will er wissen, wie die moderne Chemie das Phänomen der Verbrennung erklärt –, kommt in der Philosophie kaum jemand auf den Gedanken zu sagen, auf die Ideen des ARISTOTELES könne man verzichten, man habe ja nun den POPPER oder wen auch immer. Philosophie scheint von ihrer *Geschichte* kaum trennbar und ist an Schulen und Universitäten – zum Teil bis heute – als *Geschichte der Philosophie* unterrichtet und gelehrt worden.

Das wirft natürlich eine Reihe von Problemen auf: etwa die Frage nach der Aktualität, nach dem Gegenwartsbezug von philosophischen Theorien, die in vergangenen Jahrhunderten entstanden sind. Oft wird ja auch eine Theorie mit dem Hinweis kritisiert, sie sei doch schon längst „überholt" – wobei man auf die Vieldeutigkeit des deutschen Wortes „überholen" verweisen könnte. Geht man umgekehrt davon aus, dass die Geschichte der Philosophie für die Philosophie selbst wesentlich ist, stellt sich wiederum die Frage nach einem möglichen Fortschritt in der Philosophie: Wenn das, was vor zweitausend Jahren gesagt worden ist, noch genauso wichtig und gültig ist wie das Aktuelle, ja vielleicht noch wichtiger, dann liegt die Überlegung nicht fern, dass die Philosophie seit den Tagen der Griechen wenig Neues produziert hat, kein messbarer *Erkenntnisfortschritt* zu verzeichnen sei, das Denken im Kreis gehe und wenig für die Bewältigung dringender Probleme beitragen könne.

Es soll nun gezeigt werden, wie einerseits Philosophie auf ihre Geschichte tatsächlich nicht verzichten kann, andererseits es aber durchaus so etwas wie einen Fortschritt in der Philosophie gibt.

Auf den nun folgenden wenigen Seiten kann natürlich nicht die ganze verwickelte Geschichte der abendländischen Philosophie dargestellt werden. Hier kann es nur darum gehen, grobe Entwicklungslinien und Tendenzen der Philosophie aufzuzeigen und auf markante Knotenpunkte in der Entwicklung unseres Denkens aufmerksam zu machen.

Denkanstöße

1 Versuchen Sie Argumente zu finden, die für oder gegen eine Konzentration des Philosophieunterrichts auf reine Philosophiegeschichte sprechen.

2 In seiner *Geschichte der Philosophie* schreibt Kurt Wuchterl: „Der philosophische Gedanke hängt in hohem Maße von einzelnen Persönlichkeiten ab. Denn Philosophie entsteht in der schöpferischen Auseinandersetzung mit den sich ständig wandelnden Existenzbedingungen, wobei die begriffliche Ausgestaltung dieser Bemühungen von der Originalität des Denkers geprägt ist. Weil es dabei letztlich auch um das Allgemeinmenschliche geht, bedeutet ein Nach-Denken des bereits Gedachten eine Hilfe zur eigenen Selbstfindung im Akte des Philosophierens."
Können Sie diesen Sätzen zustimmen? Fördert das Nach-Denken wirklich das Selbst-Denken?

Die Paradigmen des abendländischen Denkens

Im Kapitel über die Wissenschaftstheorie wurde der Begriff des *Paradigmas* erläutert. Zur Erinnerung: Unter *Paradigma* verstand Thomas S. KUHN grundlegende Annahmen und Voraussetzungen in einem Wissenschaftsgebiet, auf die sich eine *Forschergemeinschaft* eine Zeit lang einigt, auf deren Basis dann die detaillierte Forschung und Theoriebildung erfolgen kann. Der 1936 geborene deutsche Philosoph Herbert SCHNÄDELBACH hat nun versucht, diesen Begriff des Paradigmas auf die Philosophie selbst anzuwenden. Er fragte also nach den großen Konzeptionen, Vorstellungen, Annahmen und Voraussetzungen, die sich im Laufe der Geschichte des europäischen Denkens – und auf dieses wollen wir uns hier beschränken – ergeben haben. Seine Untersuchungen führten SCHNÄDELBACH dazu, drei entscheidende Abschnitte in der Geschichte der Philosophie zu erkennen, die nun erläutert werden sollen.

Das ontologische Paradigma

Das philosophische Denken der griechischen Antike war, so könnte man etwas verkürzt formulieren, von einer einzigen Frage bewegt: der Frage nach dem *Sein des Seienden.* ARISTOTELES hat diese Frage vielleicht am grundlegendsten formuliert: „Die Frage, die immer schon und auch heute noch und immer wieder gestellt wird und ein Gegenstand der Ratlosigkeit bleiben wird, ist nämlich die, was das Seiende sei ..." Kennzeichnend für diese

Art des Denkens ist also die Annahme, dass man sich nicht mit den Gegenständen der Welt, wie man sie erfährt und wahrnimmt, begnügt, sondern weiterfragt: Was *ist* eigentlich *wirklich*? Welchen Dingen also kann tatsächlich Sein zugeschrieben werden kann. PARMENIDES hatte schon mehr als ein Jahrhundert vor ARISTOTELES versucht, all jene Gegenstände, von denen gesagt werden muss, dass sie nicht sind, oder nicht mehr sind, oder noch nicht sind, vom wahren Philosophieren auszuschließen. Sie können höchstens Gegenstände einer Meinung, *doxa*, sein, nicht von wahrer Erkenntnis.

PARMENIDES gab damit auch eine erste Antwort auf die Frage nach der Beschaffenheit des *Seins*, die für die Philosophie außerordentlich folgenreich war. PARMENIDES hatte das Sein als ewig, unveränderlich, statisch in sich ruhend beschrieben, Eigenschaften, die dann PLATON zum Teil auch auf seine *Ideen* übertrug. Diesem Sein steht bei PARMENIDES das *Nichts* gegenüber, definiert als Wegfall, Mangel an Sein. Zwischen Sein und Nichts gibt es für PARMENIDES und seine Schüler nur ein klares Entweder-Oder: Entweder ist etwas, oder es ist nichts. Ausgesagt, gedacht aber kann immer nur etwas sein. Das Nichts kann man nicht denken. *Denken* und *Sein* fallen so nach PARMENIDES zusammen – eine folgenschwere Annahme, die zwei Jahrtausende Philosophiegeschichte bestimmen sollte. Dass überhaupt etwas ist und vielmehr nicht nichts, erfüllt den Menschen mit jenem Staunen, mit dem Philosophie anhebt.

HERAKLIT, der große geistige Gegenspieler des PARMENIDES, hat allerdings auf andere Weise versucht, das *Sein* und das *Nichts* miteinander zu vermitteln, sie als den *dynamischen Prozess* eines ständigen Werdens und Vergehens zu denken, eine Vorstellung, die ebenfalls folgenschwer sein sollte und vor allem im 19. Jahrhundert die Philosophie HEGELs bestimmte.

Die Frage nach dem Sein gewinnt im 20. Jahrhundert dann durchaus wieder an Relevanz. Der deutsche Philosoph Martin HEIDEGGER wirft der Philosophie „Seinsvergessenheit“ vor, sie verzichte darauf, nach dem „Sinn von Sein“ zu fragen, und der französische Existentialist Jean Paul SARTRE versucht noch einmal, das Problem von Sein und Nichts in einem großen Werk mit dem Titel „L'être et néant“ (Das Sein und das Nichts) zu durchdenken.

Ontologisch, von griechisch *tò ón*: das Seiende, kann also jenes Denken genannt werden, das auf die Erkenntnis von Welt in allgemeinster Form konzentriert ist, auf die Frage: *Was* kann ich überhaupt erkennen, das dann an der Welt das Wesentliche, Unveränderliche, *Substantielle,* Notwendige vom Unwesentlichen, Zufälligen, *Akzidentiellen,* bloß Möglichen scheidet. Der Begriff *Ontologie* (die Lehre vom Sein und Seienden) als philosophische Disziplin entstand allerdings erst im 17. Jahrhundert, was nichts daran ändert, dass das Problem, um das es dabei geht, vor allem das Denken der antiken Philosophie bestimmte und von dort philosophiegeschichtlich bis ins 20. Jahrhundert wirksam wurde. Das *ontologische Paradigma* bildet damit aber auch die Basis für jede *Metaphysik,* für jenes Denken also, das nach den allgemeinsten und grundlegendsten Prinzipien des Seins und des Denkens fragt.

Das mentalistische Paradigma

Konzentriert sich das ontologische Denken der Antike auf die Frage nach dem, was ist, auf Welterkenntnis also, im weitesten Sinn auf Wissen von der Welt, Einsicht in ihre Zusammenhänge, so findet in der Neuzeit ein bemerkenswerter Wandel der grundlegenden – paradigmatischen – Fragestellung statt: Seit René DESCARTES richtet sich das Interesse der Philosophie nicht mehr auf die Frage: *Was* kann ich erkennen, sondern auf die Frage:

Wie kann ich erkennen – wandert also vom Gegenstand der Erkenntnis hin zur Methode der Erkenntnis. Im Zentrum der philosophischen Bemühungen steht nun die Analyse der Möglichkeiten und Grenzen menschlicher Erkenntnisfähigkeit. Bei dieser Analyse entdeckt man schnell, dass Erkennen überhaupt vorerst eine Leistung des subjektiven Bewusstseins ist. Die neuzeitliche Philosophie ist *Philosophie des Bewusstseins,* mentalistisch, und sie ist eine *Philosophie des Subjekts.* Nicht wie das Universum an sich ist, rückt ins Zentrum, sondern: Wer ist dieses *Ich,* das da nach den Möglichkeiten seiner Erkenntnis fragt?

Voraussetzung für diese Wende musste aber sein, dass man an den anscheinend gesicherten Erkenntnissen, mit denen man aufgewachsen war, zu zweifeln begann. Erst wenn bestimmte überlieferte, tradierte, übernommene Erkenntnisse in Zweifel gezogen werden, stellen sich Fragen wie die nach den Möglichkeiten der Erkenntnis überhaupt. Die *Skepsis,* der *Zweifel* stehen so am Beginn des neuzeitlichen Denkens, nicht mehr das *Staunen* über das Wunder des Seins. Vorbereitet wurde diese Wende zwar schon bei den *Skeptikern* in der Antike, bei GORGIAS etwa oder PROTAGORAS, die die Möglichkeit einer Erkenntnis des Seins bestritten. Und schon AUGUSTINUS machte die Möglichkeit des Zweifelns zu einem Beweis für die *Existenz* von dem, der da zweifelt: „Dubito, ergo sum." Aber während das zweifelnde Ich, das sich selbst im Zweifel seiner selbst gewiss wird, bei AUGUSTINUS noch eingebunden ist in die Schöpfung Gottes, sich als Geschöpf begreift, das Gewissheit bekommt durch die Konzentration auf die Gedanken Gottes, die es in sich selbst angelegt weiß, bleibt der Mensch seit DESCARTES auf sich allein gestellt. Er muss alles ausschließlich aus sich begründen, er als Subjekt, sein Bewusstsein, sein Denken, seine Fähigkeiten sind die einzige Basis für Wissen und Erkenntnis. Die neuzeitliche Philosophie wird sich so bis ins 19., ja frühe 20. Jahrhundert auf die Fragen nach der *Struktur des menschlichen Bewusstseins,* nach den Möglichkeiten und Grenzen des Selbstbewusstseins, nach der Struktur des Subjekts, des Individuums konzentrieren. Seinen Höhepunkt erreichte dieses Denken in der Philosophie des *Deutschen Idealismus,* bei KANT und HEGEL, FICHTE und SCHELLING. Metaphysik als Lehre von den Prinzipien des *Seins* wird dabei erweitert oder abgelöst durch die Lehre von den Prinzipien des *Denkens und Bewusstseins.* Die Hinwendung zur Analyse des menschlichen Geistes – das lateinische Wort dafür ist *mens* – kennzeichnet so den Wechsel vom ontologischen zum mentalistischen Paradigma der Philosophie.

Das linguistische Paradigma

Der antike Sophist GORGIAS hat die Möglichkeit von Erkenntnis mit folgenden Überlegungen abgewehrt: „Wenn es etwas gäbe, so wäre es nicht erkennbar; und selbst wenn es erkennbar wäre, so wäre es doch nicht mitteilbar." GORGIAS hat damit in erstaunlicher Weise die Grundprobleme der abendländischen Philosophie, ihre großen Paradigmen, vorweggenommen: von der Frage nach dem *Sein,* der Beschaffenheit der Wirklichkeit über die Frage nach den Möglichkeiten der *Erkenntnis* zur Frage nach den Möglichkeiten der Mitteilbarkeit, also der *Kommunizierbarkeit* von Erkenntnis.

Mit dem österreichischen Philosophen Ludwig WITTGENSTEIN wird die Frage nach der Tauglichkeit von Sprache als Medium der Wahrheit zum entscheidenden Problem der Philosophie. Stand bisher die Reflexion auf die Leistungen des Verstandes im Mittelpunkt, so besinnt man sich nun auf die, ebenfalls schon in der Antike formulierte, Einsicht, dass Denken und Sprache nicht zu trennen sind: Der Begriff des *Logos,* der sowohl Wort als auch Vernunft, die vernünftige Rede also, bedeuten kann, verweist darauf. WITTGENSTEIN und in seiner Nachfolge die sprachanalytische Philosophie des 20. Jahrhunderts fragen also danach, was sich durch Sprache überhaupt sagen lässt. Über sein frühes Hauptwerk, den

„Tractatus logico-philosophicus“, schrieb WITTGENSTEIN: „Man könnte den ganzen Sinn des Buches etwa in die Worte fassen: Was sich überhaupt sagen lässt, lässt sich klar sagen; und wovon man nicht reden kann, darüber muss man schweigen. Das Buch will also dem Denken eine Grenze ziehen, oder vielmehr – nicht dem Denken, sondern dem Ausdruck der Gedanken.“

Grenzziehung durch Analyse und Kritik der Sprache – das wird eine der wesentlichen Aufgaben der modernen Philosophie nach diesem durch WITTGENSTEIN in die Wege geleiteten *linguistic turn,* der sprachkritischen Wende. Die Philosophie verzichtet darauf, eigene Erkenntnisse von der Welt zu produzieren, aber sie will die *sprachlichen Grenzen* klarmachen, innerhalb derer Erkenntnisse möglich sind. Damit verbunden ist allerdings eine tief greifende Skepsis gegenüber der Sprache selbst, ein radikaler Zweifel an der Möglichkeit, etwas zu verstehen und etwas verständlich zu machen. Zu oft hantieren wir mit Worthülsen, hinter denen sich kein Sinn verbirgt und die dennoch für die Beziehungen der Menschen untereinander fatale Konsequenzen haben können.

Überblick

Zum Abschluss dieser kurzen Darstellung einer Paradigmengeschichte der Philosophie sei jenes Schema wiedergegeben, durch das SCHNÄDELBACH dieses Modell zusammenfasst:

Paradigma	ontologisch	mentalistisch	linguistisch
Bereich	Sein	Bewusstsein	Sprache
Gegenstand	Seiendes	Vorstellungen	Sätze/Äußerungen
Anfang	Staunen	Zweifel	Konfusion
Anfangsfrage	Was ist?	Was kann ich wissen?	Was kann ich verstehen?

Die Entwicklung in der Philosophie darf nun aber keineswegs als einförmiger, linearer Fortgang von einem Paradigma zum anderen verstanden werden. Abgesehen davon, dass dieses Konzept eher auf die Probleme der theoretischen Philosophie beschränkt bleibt und die Entwicklung der praktischen Philosophie, also der Ethik und Sozialphilosophie, nicht berücksichtigt, zeigt es sich, dass Fragestellungen, Ansätze und Positionen, die etwa dem *linguistischen Paradigma* zugerechnet werden – radikale Skepsis der Sprache gegenüber –, auch schon in früheren Jahrhunderten spürbar sind, wenn auch nicht prägend und die Diskussion beherrschend. Umgekehrt verlieren die Problemstellungen eines Paradigmas mit dem Wechsel zu einem anderen nicht vollständig ihre Gültigkeit oder Relevanz. Die Frage nach dem Sein bleibt etwa auch im Hintergrund des mentalistischen Paradigmas erhalten, allerdings mit dem Vorbehalt, dass zuerst die Möglichkeiten der Erkenntnis bestimmt werden müssen, bevor man über die Inhalte der Erkenntnisse diskutieren kann. Daraus ergibt sich auch, dass die Besinnung auf die Geschichte der Philosophie für die Philosophie selbst notwendig ist: Die Probleme und Fragen, die am Beginn der Philosophie stehen, begleiten sie auch weiterhin; der Fortschritt besteht in einem immer radikaler werdenden Durchleuchten der Voraussetzungen erkennenden Denkens, was natürlich zurückwirkt auf die unterschiedlichen Antworten, die in den verschiedenen Epochen auf die grundlegenden Fragen nach der Welt, ihrer Erkennbarkeit, ihrem Sinn, nach dem Menschen und seinen Lebensformen gegeben werden.

Denkanstöße

1 Die von Schnädelbach vorgeschlagenen Paradigmen des europäischen Denkens beziehen sich hauptsächlich auf die „theoretische Philosophie". Versuchen Sie, auf dem Stand ihrer Kenntnisse, für die „praktische Philosophie", also die Ethik, ähnliche Paradigmen zu konstruieren. – Was waren die bestimmenden moralphilosophischen Fragen und Probleme in der Antike, im Mittelalter, in der Neuzeit und schließlich in der Moderne?

2 Überlegen Sie, welche Relevanz die von Schnädelbach vorgeschlagenen paradigmatischen Probleme der Philosophie für Sie haben könnten: Sein, Bewusstsein, Sprache – sind das noch Begriffe, denen man nachgehen möchte?

Philosophie als Begriffsgeschichte – am Beispiel der „Dialektik"

Oft wird beklagt, dass die Philosophie dem Ideal der Natur- und Formalwissenschaften, zu einer möglichst eindeutigen und klar definierten Begrifflichkeit zu kommen, nicht genügen kann. Die vielfältige, oft schillernde Bedeutung philosophischer Begriffe scheint nicht nur zu einer Konfusion statt zu einem Verstehen zu führen, es könnte damit auch einer rein rhetorischen, „sophistischen" Verwendung dieser Begriffe zur Verwirrung und Überlistung des Gegners Tür und Tor geöffnet sein. WITTGENSTEIN hatte gefordert, solch schillernde Begriffe zu klären, der Philosoph Rudolf CARNAP, Mitglied des *Wiener Kreises*, verlangte die „Überwindung der Metaphysik durch logische Analyse der Sprache"; aber die Idee, auch für die Philosophie eine eindeutige Sprache zu entwerfen, musste scheitern. Ein Grund dafür liegt zweifellos darin, dass jeder philosophische Begriff sich im Laufe der Geschichte des Denkens herausgebildet hat und diese Geschichte in seiner Bedeutung noch mitträgt. Manche Philosophen, wie etwa G.W.F. HEGEL, gingen ja so weit, die Philosophie selbst mit der *Entwicklung der Begriffe* gleichzusetzen, in der „Anstrengung des Begriffs" die eigentliche philosophische Tätigkeit zu sehen.

Auch wenn man nicht so weit gehen will, wird man zugeben müssen, dass das Ausloten der Bedeutungsvielfalt von philosophischen Begriffen – wie Sein, Sinn, Wahrheit, Schönheit, Gerechtigkeit –, das Bedenken historisch gewordener und modifizierter Bedeutungen nicht nur die Begriffe in ihrer Entwicklung erfasst, sondern dass damit auch entscheidende Einsichten verbunden werden können. Manche Verwirrung löst sich, hat man sich die Geschichte eines Begriffes einmal vergegenwärtigt: Die Denkarbeit und Erfahrung von Generationen schlägt sich mitunter in den Bedeutungen nieder, die einem philosophischen Begriff anhaften können. Die Beachtung der geschichtlichen Entwicklung schützt aber auch davor, die Bedeutung solcher Begriffe willkürlich und beliebig anzusetzen. Was etwa unter „Dialektik" zu verstehen sei, welche Probleme, Fragen und Antworten sich hinter diesem viel diskutierten Begriff verbergen, ist nicht der interpretatorischen Willkür des Einzelnen überlassen. Ein Blick auf die Geschichte dieses Begriffs zeigt vielmehr, dass die Vielfalt seiner Bedeutungen durchaus der Komplexität des Problems, das mit diesem Begriff umrissen werden sollte, entspricht.

Dialektik in der Antike

Das Wort „Dialektik" stammt aus dem Griechischen: *dialégesthai* bedeutet ursprünglich „sich unterhalten" im Sinne von Rede und Gegenrede führen. Schon in dieser Bedeutung ist ein wesentliches Moment der Dialektik enthalten: *der Gegensatz* – hier noch der Gegensatz zwischen zwei Gesprächspartnern. Schon für PLATON ist dann aber Dialektik eine Methode, Ansichten und Meinungen im Gespräch im Hinblick auf ihre Gründe zu überprüfen. Ziel der *platonischen Dialektik* ist es, dem Gesprächspartner über die Widersprüche, in die er sich verstrickt, zur wahren Einsicht zu verhelfen – ganz im Gegensatz zur *Dialektik der Sophisten,* denen es eher darum ging, mit allen Mitteln der Rhetorik den Gesprächspartner zu überreden – nicht ihn zu überzeugen. Für ARISTOTELES wird die Dialektik sogar zu einem bevorzugten *Instrument,* das dazu dienen soll, Argumentationsfehler und logische Fehlschlüsse aufzuzeigen und zu vermeiden – eine Bedeutung von Dialektik, die dem Begriff bis ins 20. Jahrhundert spürbar anhaftet.

Dialektik im Mittelalter

In der *scholastischen* Philosophie des Mittelalters spielte die Dialektik als Lehre der vernünftigen Argumentation eine entscheidende, aber nicht unumstrittene Rolle. Gemeinsam mit der Logik (der Lehre vom richtigen Schließen) und der Rhetorik gehörte sie zu den Grundwissenschaften des Mittelalters (dem sogenannten *Trivium),* als Tätigkeit der *natürlichen* Vernunft aber stand sie im Verdacht, gegen die *göttliche* Offenbarung gerichtet zu sein. Zwar hatte ANSELM VON CANTERBURY mit der Formel „Credo, ut intelligam" („Ich glaube, *damit* ich einsehen kann" oder: „Ich glaube, *so* kann ich einsehen") versucht, Dialektik und Glauben, Vernunft und Offenbarung miteinander zu vereinen, aber die Differenz zwischen den Ansprüchen und Möglichkeiten reiner Vernunfterkenntnis, repräsentiert durch Logik und Dialektik, und der christlichen Offenbarungslehre konnte damit nicht bereinigt werden.

Dialektik in der Neuzeit

Seit dem 16. Jahrhundert kommt es zu einer Unterteilung der Logik in die *Analytik* (die Lehre vom logisch *notwendigen* Schließen) und die *Dialektik* (jetzt verstanden als die Lehre von den bloß *wahrscheinlichen* Schlüssen). Immanuel KANT übernahm prinzipiell diese Unterscheidung, akzentuierte sie aber schärfer. Dialektik wird bei ihm zur „Logik des Scheins", zur Lehre von den *Widersprüchen,* in die sich die Vernunft verstricken muss, wenn sie den Bereich der sinnlich wahrnehmbaren Wirklichkeit verlässt und über Fragen wie die nach Gott, Seele, Unsterblichkeit, den Anfang der Zeit oder das Ende des Raumes nachdenken will. Dialektik dient dazu, diesen *Schein,* die Unbeantwortbarkeit solcher Fragen, klarzustellen.

Für G.W.F. HEGEL wird die Dialektik zum Kernpunkt seiner gesamten Philosophie. Der *Widerspruch* als Grundprinzip der Dialektik bleibt auch bei HEGEL erhalten, allerdings geht es ihm nicht mehr darum, diesen Widerspruch zu beseitigen, sondern als das Bewegungsgesetz von Vernunft und Geist, von Philosophie und Wissenschaft überhaupt zu begreifen. Jeder Begriff, so HEGEL, konsequent gedacht, schlägt um in sein Gegenteil, ja enthält dieses bereits als eine Voraussetzung in sich. Untersucht man den Begriff des Seins etwa, so stellt sich heraus, dass dieser Begriff nur sinnvoll ist, wenn ich ein mögliches Nichts mitdenke. Dass etwas ist, bekommt erst Sinn, wenn etwas auch nicht sein kann. Jeder einmal gesetzte Begriff, die *These,* drängt zu seiner Negation, der *Antithese.* Bei diesem reinen Widerspruch, der in einem Begriff schon angelegt ist, bleibt HEGEL allerdings nicht stehen. These und Antithese sollen zu einer *Synthese* finden, in der beide Momente als negierte noch enthalten, aber auch überwunden sind – *„aufgehoben"* im dreifachen Sinne von „bewahrt", „für ungültig erklärt" und „auf eine höhere Ebene gehoben".

Die Synthese zu Sein und Nichts etwa wäre nach HEGEL das Werden. Etwas, das wird, geht gleichsam den Weg vom Nichts zum Sein. Beide Momente sind in ihm enthalten, keiner jedoch rein. Indem aber jede Synthese ihrerseits eine neue These bilden kann, die wiederum über sich ins Gegenteil hinaustreibt, ergibt sich im begrifflichen Denken jene dialektische Bewegung, jene Dynamik, die nach HEGEL sowohl für den Fortschritt des Geistes als auch für den der menschlichen Geschichte, die nach HEGEL als Verwirklichung des Geistes gedacht werden kann, kennzeichnend ist.

An die dialektische Entwicklung der Geschichte knüpfte dann Karl MARX an; Geschichte ist für ihn allerdings nicht mehr der Prozess, in dem sich der Geist realisiert, sondern, materialistisch gewendet, jener Fortschritt, der sich aus den Kämpfen der Menschen um ökonomische und soziale Macht ergibt. Die Widersprüche sind in die Ökonomie, die Basis der Gesellschaft, verlagert, die Gegensätze zwischen Produktions- (Eigentums)verhältnissen und Produktivkräften (Arbeit, Technik, Wissenschaft), zwischen Besitzenden und Besitzlosen, zwischen Armen und Reichen, zwischen Mächtigen und Ohnmächtigen treiben die Geschichte als Geschichte von Klassenkämpfen weiter. Dialektik ist nicht nur ein Instrument zum Erkennen dieser Widersprüche, die reale Entwicklung der Geschichte, nach Friedrich ENGELS sogar auch die der Natur, vollzieht sich dialektisch.

Der mit dieser dialektischen Geschichtsauffassung noch verbundene Fortschrittsoptimismus verliert sich im 20. Jahrhundert. Theodor W. ADORNO spricht von einer „negativen Dialektik" – die Welt bleibt weiterhin von Widersprüchen gekennzeichnet, sie scheint zerrissener denn je; aber der Philosoph kann die *Negativität* dieser Zustände nur mehr hervorkehren, die Synthese, die Versöhnung der Gegensätze, scheint kaum mehr möglich. Dialektik wird gleichsam resignativ.

Der *kritische Rationalismus* Karl POPPERs wiederum, der an der Möglichkeit von Fortschritt, wenn auch nur in kleinen Reformschritten, festhalten will, kritisiert Dialektik überhaupt und lässt sie, wie in der Antike, allenfalls als Methode gelten, *logischen* Widersprüchen, die es zu vermeiden gilt, auf die Spur zu kommen.

Spricht man also über einen Begriff wie Dialektik, wird man gut daran tun zu präzisieren, in welchem Sinne – in dem von PLATON, KANT, HEGEL oder MARX – man davon spricht; andererseits steckt im Begriff der Dialektik selbst diese ganze Entwicklung, seine Geschichte, die wohl aus dem Bedürfnis resultierte, starre Entweder-Oder-Fragestellungen zu überwinden und Gegensätze und Widersprüche zwar zu akzeptieren, aber auch zu verflüssigen.

Denkanstöße

1 Versuchen Sie mit Hilfe des Lehrbuches und einiger philosophischer Wörterbücher oder Lexika ähnliche kleine „Begriffsgeschichten" zu schreiben – etwa über Logik, Vernunft, Theorie, Praxis, Moral, Liebe ...

2 Vergleichen Sie die Begriffe von *Sein* und *Nichts* bei HEGEL und PARMENIDES. Welches Problem wird von den beiden völlig unterschiedlich gelöst?

Philosophie und Geschichte

Die abschließenden Bemerkungen zur Dialektik haben schon gezeigt, dass die Philosophie im Laufe ihrer Entwicklung in der Geschichte selbst ihre durchaus unterschiedlichen Rollen gespielt hat. Der Einfluss der Philosophien auf die soziale und politische Entwicklung sollte aber weder unter- noch überschätzt werden. Philosophie war selten eine rein affirmative Wissenschaft, die politische und soziale Systeme bedingungslos unterstützt hätte, aber sie war auch nicht immer eine kritische und unbeugsame Instanz, wie es vielleicht ihre Aufgabe gewesen wäre.

Als reine Theorie hat Philosophie seit den Tagen des THALES VON MILET immer mit dem Vorwurf zu kämpfen gehabt, allzu praxis- und lebensfern zu sein, um irgendetwas bewirken zu können; andererseits scheint aber von dem angeblich so bedeutungslosen Denken immer etwas Irritierendes, Verstörendes und Störendes ausgegangen zu sein, was sich in zahlreichen Versuchen, Philosophie politisch zu zensieren und zu knebeln, niederschlägt.

Schon in der Antike lassen sich die unterschiedlichen Stellungen der Philosophie zu Staat und Gesellschaft veranschaulichen: SOKRATES wurde nicht zuletzt wegen seines fragenden Denkens, das als destabilisierend empfunden werden musste, verurteilt und hingerichtet; sein Schüler PLATON wiederum wollte überhaupt die Philosophen als Könige wissen, und unternahm sogar den Versuch, seine *Utopie* von einem idealen Staatswesen, wenn auch ohne Erfolg, in die Wirklichkeit umzusetzen.

Das *utopische Denken*, die Entwürfe eines möglichen besseren Lebens waren dann – so sah es zumindest der deutsche Philosoph Ernst BLOCH – für die Philosophie insgesamt bestimmend. Ob nun christlich inspirierte Theorien über ein „Kommendes Reich“ im Mittelalter, rigide Staatsentwürfe bei Thomas MORUS und CAMPANELLA oder sozialistische Utopien des 19. Jahrhunderts – Philosophie gab sich selten zufrieden mit dem Bestehenden.

Die rasante Entwicklung der modernen Gesellschaft seit der Neuzeit, die Vorstellungen von Demokratie und Menschenrechten wären ohne Philosophie nicht denkbar gewesen. Aber auch dort, wo Philosophie von einer herrschenden Instanz in Dienst genommen wird, ist ihr kritisches Potential spürbar. Zwar galt die Philosophie im Mittelalter als *ancilla theologiae*, als Magd der Theologie, doch es war gerade diese scholastische Philosophie des Mittelalters, die die Waffen der Vernunft für den Kampf um die Autonomie und Befreiung des Menschen von aller Vormundschaft schärfte. Und ob HEGEL ein kritischer Geist oder ein preußischer Staatsphilosoph, NIETZSCHE ein Kritiker der bornierten Mittelmäßigkeit oder ein Wegbereiter des Faschismus, HEIDEGGER der unbestechliche Analytiker des 20. Jahrhunderts oder ein Anhänger Hitlers gewesen ist, darüber tobt die Auseinandersetzung noch immer. Solange aber um die Philosophie ein öffentlicher Streit ausgetragen wird, muss das wohl als Zeichen ihrer ungebrochenen Lebendigkeit und Notwendigkeit angesehen werden.

Denkanstöße

1. Die kritische Rolle der Philosophie – ist sie heute noch spürbar? Im Staat, in der Gesellschaft, in der Schule?
2. Karl Marx hat einmal formuliert: „Die Philosophen haben die Welt nur verschieden *interpretiert;* es kömmt drauf an, sie zu *verändern*.“ – Könnten Sie diesem Satz noch zustimmen? Was wäre das für eine Veränderung, und wie könnte die Philosophie dazu beitragen?

Georg Lukács (Zeichnung Georg Eisler)

Martin Heidegger

Theodor W. Adorno

Jean-Paul Sartre

Texte

Vorbemerkung

Die folgende Textauswahl bietet zu jedem Kapitel des Lehrbuches eine auf dieses abgestimmte knappe Anzahl von Primärtexten an, die aber auch unabhängig vom Lehrbuchtext als Grundlage für eine intensivere Auseinandersetzung dienen kann. Jeder Text ist deshalb mit einer kurzen Einleitung, die den Problemzusammenhang skizziert, und Anmerkungen zu speziellen Termini versehen. In der Regel beschränken sich jedoch die Erläuterungen auf jene Fachbegriffe und Personen, die nicht im Glossar verzeichnet sind. Die Überschriften zu den Texten stammen in den meisten Fällen von den Lehrbuchautoren. Die Quellenangaben erfolgen, soweit es möglich ist, nach verlässlichen, aber leicht zugänglichen Ausgaben, so dass auch eine individuelle oder kollektive Fortsetzung der Lektüre ohne Schwierigkeiten denkbar ist.

Philosophen bei einem wissenschaftlichen Gespräch, römisches Mosaik, Neapel, Nationalmuseum

Texte zur Einführung

Wolfgang Schadewaldt
Zum Begriff der Philosophie
aus: Die Anfänge der Philosophie bei den Griechen
(Frankfurt/Main 1978, S. 12 – 15)

*

Der deutsche Altphilologe und Literaturwissenschaftler Wolfgang Schadewaldt (1900 – 1974) versucht an Hand der Wortgeschichte die ursprünglichen Bedeutungselemente des Begriffs Philosophie zu erhellen.

Man wird sich auch diesen Begriff, *philosophia* und verbal *philosophein*, vorstellen müssen als einen Begriff der Alltagssprache. Die früheste Stelle ist Herodot I 30, wo von Solon gesagt wird, er sei, nachdem er sein Gesetzeswerk in Athen abgeschlossen hatte, auf Reisen gegangen „um der theoria willen" – nicht unsere „Theorie", sondern eigentlich „heilige Schau": die Weise, wie ein Festgesandter etwa den Olympischen Spielen oder sonst einer kultischen Veranstaltung beiwohnte. Von da aus gewann das Wort die Bedeutung eines freien, durch keine Verpflichtung gebundenen Beiwohnens, wobei der Charakter des Festlichen und Feierlichen immer mit ihm verbunden bleibt. Wenn Solon also um der Theoria willen um die Erde gegangen ist, so meint das, dass er es in freier Weise getan hat, nicht von Zwecken bedingt wie etwa ein Handelsmann, sondern einfach um sich die Dinge anzusehen. Das habe er getan *philosophéon*, als Freund des Wissens, wie es hier wohl heißen soll. Wenn man es meist von *sophia* und *phileîn* als „die Weisheit liebend" versteht, so ist das falsch, wie wir heute wissen. *phileîn* kann auch die Bedeutung von „lieben" haben, aber an vielen und ursprünglicheren Stellen heißt es einfach, entsprechend dem Pronomen *sphos*, lateinisch *suus*, eigen, „sich aneignen". *philos* bei Homer heißt immer wieder einfach „eigen". (…) Verbal bedeutet das Wort also ein Ausgerichtetsein auf ein Aneignen. Der *philosophus* ist ausgerichtet auf ein Aneignen von Wissen, in dem Sinne, dass er diesem Wissen nachgeht. Das ist auch der genaue Sinn der Herodotstelle. Ganz modern könnte man übersetzen: Solon ist in dieser freien Weise auf Reisen gegangen, um sich Informationen anzueignen, eine Fülle von gewusstem Wissen.

Es gibt noch andere Stellen, etwa bei Thukydides II 40 in der Gefallenenrede des Perikles, wo er in dem berühmten Wort, großartig antithetisch, von den Athenern sagt: „Wir eignen uns das Schöne an – *philokaloûmen* –, und zwar in Schlichtheit, und wir eignen uns Wissen an – *philosophoûmen* – ohne Verweichlichung." Der Satz ist geradezu zum Grundwort dessen geworden, was die Athener unter Kultur verstanden haben. Aneignung von Dingen des Schönen könnte führen zu Prunk und Prunksucht, die etwas Barbarisches ist, und darum fügt er hinzu: in Einfachheit. Auf der anderen Seite wissen wir, dass Bildung und Wissen führen kann zu Entartung und Dekadenz, Manieriertheit, Überfeinerung; auch das schließt er aus, indem er sagt: ohne Verweichlichung. Das ist die Grundsituation der Kultur, wie sie es schon damals war und auch bleiben wird: immer beiden Bedrohungen ausgesetzt, dem Entarten ins Überwüchsige und Barbarische und dem Zerfall in Verweichlichung und Dekadenz. Auch hier hat das *philosopheîn* deutlich den Charakter des Strebens nach Wissen und Bildung, nicht dem zweckgebundenen Fachwissen, das nicht *sophia* heißen würde. Aber beide Stellen zeigen deutlich, bei Herodot wie Thukydides, dass das Wort kein philosophischer Terminus ist, sondern ein Ausdruck der höheren Umgangssprache.

Das also ist die Bedeutung des Wortes: ein Nachgehen der Sophia, wie es von Sokrates an für das verwendet wird, was auch wir noch Philosophie nennen. Entscheidend ist, dass dieser Ausdruck deutlich eine Grenze zieht zwischen einer bestimmten Wissensart und einer anderen. Das Wort entsteht dem Begriff des „Sophisten“ gegenüber, eine Intensivbildung von *sophos*, der absolut und verfügend Wissende, der perfekt Wissende. Der Sophist verfügt über Wissensrezepte: wie man die schwächere Sache zur stärkeren macht, etwa vor Gericht, wie man eine politisch erfolgreiche Laufbahn einschlägt usw. Dem steht Sokrates gegenüber mit seinem besonderen Erlebnis, das ich für historisch halte: dass ein Freund von ihm in Delphi anfragt, wer der Weiseste der Menschen sei, und die Antwort erhält: Sokrates. Das kann Sokrates nicht begreifen, der doch weiß, dass er nichts weiß, und der nun den Gott widerlegen will und zu den einzelnen Berufssparten geht, den Handwerkern etwa, und überall ein gutes Spezialwissen findet, aber sieht, wie die Befragten alle denselben Fehler machen, nämlich auf Grund ihres Spezialwissens zu denken, dass sie ein umfassendes Wissen hätten. Dasselbe trifft er bei den Künstlern wie den Politikern. Überall ist es so, dass man ein partielles Wissen für das ganze hält und so in ein Scheinwissen, die *doxa* verfällt, während Sokrates ihnen voraus hat, dass er dies eine weiß: dass er nichts weiß.

Dies sokratische Fragen wird nun verbunden mit dem Begriff des Philosophierens: Aneignung von Wissen, Trachten nach Wissen. Nicht perfektes Wissen und ein Verfügen darüber, das auch den Stolz und die Arroganz bewirkt, ein Wissender zu sein. Im Gegenteil: ein Wissen, das man nur vollziehen kann im Wissen des Nichtwissens, in einem Prozess. Dies ist es, was Sokrates tut, wenn er die Leute befragt, etwa was die Tapferkeit ist oder die Gerechtigkeit, und dann zeigt, dass sie keine Ahnung haben. Das führt zum Gespräch, zur Elenktik, „Widerlegung“, und so ist es denn bei Platon das Gespräch, das große Teile – nicht das Ganze! – des Philosophierens trägt. Nicht der große zusammenhängende Lehrvortrag, den man nicht nachprüfen kann und der zu einem Schein des Wissens führt, sondern ein der Wahrheit Nachgehen im Gespräch, ständig sich kontrollierend, immer wieder fragend: *homologeîs*, „buchst du gleich mit mir?“, und wenn ja, kann man zum nächsten Schritt in der Bilanz gehen. Es geht darum, ständig im Einverständnis zu sein. Das Wissen, das auf der Verständigung beruht, und das Sich-in-der-Verständigung-Vergewissern bildet die erste Grundlage für ein Wissen, das nicht individuelles Wissen ist, sondern in dem ein Ich und ein Du sich vereinigen und das damit zum sozialen Wissen wird; weswegen es nun auch die neuen Fragen aufwirft aus dieser neuen Gesellschaft der Athener. Dies Einverständnis ist das ganz feste Ziel bei Platon und weiter.

antithetisch: *hier: einander gegenüberstellend*
Dekadenz: *Verfall, Abstieg*
Manieriertheit: *Übersteigerung, Überfeinerung*

Giorgio Colli
PHILOSOPHIE UND WEISHEIT *
aus: Die Geburt der Philosophie
(Frankfurt/Main 1981, S. 13 – 15)

Der italienische Philosoph Giorgio Colli (1917 – 1979), u. a. Herausgeber der neuen kritischen Nietzsche-Ausgabe, entwickelt in diesem Buch auf den Spuren von Nietzsches Interpretation der griechischen Tragödie eine eigene Auffassung von der Genese der frühesten griechischen Philosophie aus der Tradition der griechischen „Weisheit“.

Die Ursprünge der griechischen Philosophie und damit des ganzen abendländischen Denkens liegen im Dunkeln. Nach gelehrter Tradition beginnt die Philosophie mit Thales und Anaximander; ihre entlegensten Ursprünge hat man im neunzehnten Jahrhundert in legendären Berührungen mit den orientalischen Kulturen, dem ägyptischen und indischen Denken, gesucht. Doch hat dieser Weg keine rechte Klarheit gebracht, und man gab sich damit zufrieden, Analogien und Parallelen festzustellen. In Wahrheit ist die Zeit der Ursprünge der griechischen Philosophie uns viel näher. „Philosophie", Liebe zur Weisheit, nennt Platon sein eigenes Forschen, seine eigene erzieherische Tätigkeit, die an einen schriftlichen Ausdruck, an die literarische Form des Dialogs gebunden ist. Mit Ehrfurcht sieht Platon auf die Vergangenheit, auf eine Welt, in der es wirklich noch die „Weisen" gegeben hatte. Die spätere Philosophie dagegen, das, was wir darunter verstehen, ist nichts anderes als eine Fortsetzung, eine Entwicklung der literarischen Form, die Platon eingeführt hat. Diese tritt aber bereits als eine Verfallserscheinung auf, da die „Liebe zur Weisheit" tiefer steht als die „Weisheit". Denn Liebe zur Weisheit bedeutet für Platon nicht, nach etwas noch nie Erreichtem zu streben, sondern sie gilt ihm als der Versuch, dasjenige wiederzuerlangen, was schon einmal realisiert und gelebt worden war.

Es gibt also keine kontinuierliche, homogene Entwicklung zwischen Weisheit und Philosophie. Was diese entstehen lässt, ist eine neue Ausdrucksweise und das Auftreten einer neuen literarischen Form, eines Filters, der die Erkenntnis dessen, was vorherging, bedingt. So kommt es, dass jene überwiegend mündliche Tradition der Weisheit, dunkel und karg schon durch die Ferne der Zeiten, undeutlich und schwach sogar schon für Platon, für unsere Augen durch die Einführung der philosophischen Literatur geradezu entstellt ist. Andererseits bleibt es weitgehend ungewiss, über welchen Zeitraum sich diese Epoche der Weisheit erstreckt: Zu ihr gehört die sogenannte vorsokratische Zeit, also das sechste und fünfte Jahrhundert v. Chr., aber der fernere Ursprung entzieht sich unserem Blick. Man muss auf die älteste Tradition der griechischen Dichtung und Religion zurückgehen, wobei aber die Deutung der Befunde nur philosophisch sein kann. Es muss sich, und sei es auch bloß hypothetisch, eine Interpretation von der Art abzeichnen, wie Nietzsche sie vorgeschlagen hat, um den Ursprung der Tragödie zu erklären. Wenn eine große Erscheinung sich nur in ihrer Spätphase historisch ausreichend belegen lässt, dann bleibt nichts anderes übrig als der Versuch, auf ihre Gesamtheit hin bestimmte Bilder und Begriffe zu interpolieren, die der religiösen Tradition entstammen und als Symbole verstanden werden. Bekanntlich geht Nietzsche von den Bildern zweier griechischer Götter aus, Dionysos und Apollo, und entwirft durch die ästhetische und metaphysische Vertiefung der Begriffe des Dionysischen und Apollinischen zunächst eine Lehre vom Aufstieg und Verfall der griechischen Tragödie, dann eine Gesamtdeutung des Griechentums und schließlich sogar eine neue Vision der Welt. Nun scheint sich eine identische Perspektive zu eröffnen, wenn man statt der Geburt der Tragödie den Ursprung der Weisheit betrachtet.

interpolieren: *hier: aus Bildern und Begriffen bestimmte Schlüsse, Folgerungen ziehen*
das Dionysische und das Apollinische: *In Nietzsches Werk „Die Geburt der Tragödie" werden die griechischen Götter Dionysos und Apoll als die Pole von Wahnsinn, Ekstase und Rausch bzw. Vernunft, Maß und Harmonie interpretiert, zwei Pole, in deren Spannung das griechische Menschenbild entfaltet wird.*

Wilhelm Weischedel *

Sokrates oder das Ärgernis des Fragens
aus: Die philosophische Hintertreppe
(München 1975, S. 33 – 35)

In seiner „philosophischen Hintertreppe" versucht der deutsche Philosoph Weischedel (1905 – 1975) die großen Philosophen und ihre Hauptprobleme aus einer menschlichen Perspektive zu schildern.

Das also ist die Leidenschaft des Philosophen Sokrates. Nur die Freunde begreifen etwas davon. So berichtet Xenophon, der schriftstellernde Feldherr: „Er unterhielt sich stets über die menschlichen Dinge und untersuchte, was fromm sei und was gottlos, was schön und was schimpflich, was gerecht und was ungerecht, was Besonnenheit und was Wahnsinn, was Tapferkeit und was Feigheit, was ein Staat und was ein Staatsmann, was Herrschaft über Menschen und was ein Herrscher über Menschen; er fragte auch nach allem anderen, wovon er glaubte, dass diejenigen, die es wissen, recht und gut seien." Noch eindrucksvoller schildert es Alkibiades: „Wenn jemand den Reden des Sokrates zuhören will, dann dürften sie ihm wohl zuerst ganz lächerlich erscheinen; in solche Substantive und Verben sind sie äußerlich eingehüllt wie in das Fell eines übermütigen Satyrs. Von Lasteseln spricht er und von Schmieden, Schustern und Gerbern, und er scheint immerzu dasselbe durch dasselbe auszudrücken, so dass jeder unerfahrene und unverständige Mensch seine Reden verlachen muss. Wenn aber einer sieht, wie diese Reden sich auftun, und wenn er in sie eindringt, dann wird er zunächst finden, dass sie allein von allen Reden Sinn in sich tragen, sodann, dass sie ganz göttlich sind und mehr als anderes Standbilder der Tugend in sich enthalten und dass sie sich auf das meiste oder vielmehr auf alles erstrecken, was zu betrachten dem ziemt, der schön und gut werden will."

Was also will Sokrates mit seiner lästigen Fragerei? Nichts anderes, als den Menschen dahin bringen, dass er verstehe, wie er sich verhalten müsse, um in Wahrheit Mensch zu sein. Rechtes Denken soll zum rechten Handeln führen. Das scheint dem Sokrates zu keiner Zeit so notwendig zu sein wie in seiner Gegenwart. Mit Schrecken sieht er die Anzeichen des Verfalls im Leben der Griechen, sieht die Ratlosigkeit, in die sich seine Zeit verstrickt, sieht die Heraufkunft einer tief greifenden Krisis des griechischen Geistes. Dafür öffnet er seinen Schülern und Freunden den Blick. So schreibt denn Platon, noch ganz unter dem Eindruck des Sokrates, in einem seiner Briefe: „Unser Staat wurde nicht mehr gemäß den Sitten und Einrichtungen der Väter verwaltet … Alle jetzigen Staaten insgesamt werden schlecht regiert; denn der Bereich der Gesetze befindet sich in ihnen in einem fast unheilbaren Zustand."

Eben weil Sokrates das erkennt, liegt ihm so viel daran, dass man wieder ehrlich zu fragen beginne. Denn Fragen heißt: sich nicht von den Illusionen in Schlummer wiegen lassen. Fragen heißt: den Mut haben, auch die Bitternis der Wahrheit zu ertragen. Diese Radikalität des Fragens, diese Einsicht in die Not der Zeit, dieses Wissen um die wahren Erfordernisse des Menschseins, das ist es, was dem Sokrates die leidenschaftliche Zuneigung seiner Schüler verschafft. (…)

So also wirkt Sokrates auf junge Leute wie Alkibiades, und dieser ist nicht der Einzige, den er so bezaubert. Freilich, der Grund dieser Bezauberung bleibt rätselhaft. Denn Sokrates gibt seinen Anhängern gerade das nicht, was sie doch meinen erwarten zu dürfen: eine hieb- und stichfeste Antwort auf die Fragen, die sie bewegen und die er in ihnen aufrührt. Im Gegenteil: Kaum hat er sie in das Labyrinth der Probleme hineingeführt, da bricht er das Gespräch ab und lässt sie stehen. Sowenig wie seine Gesprächspartner kann also er selber angeben, was es denn in Wahrheit mit dem auf sich hat, wonach sie miteinander fragen: mit dem Guten und mit dem Gerechten, mit dem Menschen und mit dem rechten Handeln. Wenn man ihn festhalten will, gibt er seine Unwissenheit sogar ausdrücklich zu. Und es ist ihm Ernst damit. Vor Gericht erzählt er, wie es ihm dabei zu gehen pflegt: „Im Weggehen überlege ich bei mir selber, dass ich wissender sei als jener Mensch. Denn keiner von uns beiden scheint etwas Gutes und Rechtes zu wissen; jener aber meint zu wissen und weiß doch nicht; ich jedoch, der ich nicht weiß, glaube auch nicht zu wissen; ich scheine somit um ein Geringes wissender zu sein als er, weil ich nicht meine zu wissen, was ich nicht weiß.“

Immanuel Kant *

BEGRIFF VON DER PHILOSOPHIE ÜBERHAUPT

aus: Logik

(in: Werke Bd. 6, hrsg. von W. Weischedel, Frankfurt/M 1974, S. 446 – 449)

Kant erläutert hier die Aufgaben der Philosophie bzw. die Beziehungen zwischen Einzelwissenschaften und Philosophie; der zentrale Begriff für den Aufklärungsphilosophen Kant ist dabei die Vernunft. Philosophie ist aktiver Vernunftgebrauch. Die von Kant dabei formulierten berühmten vier Fragen, denen sich die Philosophie zu stellen habe, wurden für viele zum Inbegriff philosophischen Fragens überhaupt.

Philosophie ist also das System der philosophischen Erkenntnisse oder der Vernunfterkenntnisse aus Begriffen. Das ist der *Schulbegriff* von dieser Wissenschaft. Nach dem *Weltbegriffe* ist sie die Wissenschaft von den letzten Zwecken der menschlichen Vernunft. Dieser hohe Begriff gibt der Philosophie Würde, d. i. einen absoluten Wert. Und wirklich ist sie es auch, die allein nur innern Wert hat und allen anderen Erkenntnissen erst einen Wert gibt.

(…)

Das Feld der Philosophie in dieser weltbürgerlichen Bedeutung lässt sich auf folgende Fragen bringen:

1. Was kann ich wissen?
2. Was soll ich tun?
3. Was darf ich hoffen?
4. Was ist der Mensch?

Die erste Frage beantwortet die *Metaphysik*, die zweite die *Moral*, die dritte die *Religio*n und die vierte die *Anthropologie*. Im Grunde könnte man aber alles dieses zur Anthropologie rechnen, weil sich die drei ersten Fragen auf die letzte beziehen.

(…)

Ohne Kenntnisse wird man nie ein Philosoph werden, aber nie werden auch Kenntnisse allein den Philosophen ausmachen, wofern nicht eine zweckmäßige Verbindung aller Erkenntnisse und Geschicklichkeiten zur Einheit hinzukommt, und eine Einsicht in die Übereinstimmung derselben mit den höchsten Zwecken der menschlichen Vernunft. Es kann sich überhaupt keiner einen Philosophen nennen, der nicht philosophieren kann. Philosophieren lässt sich aber nur durch Übung und selbsteigenen Gebrauch der Vernunft lernen … Der wahre Philosoph muss also als Selbstdenker einen freien und selbsteigenen, keinen sklavisch nachahmenden Gebrauch von seiner Vernunft machen.

Aristoteles *

PHILOSOPHIE ALS WISSENSCHAFT

aus: Metaphysik

(übersetzt von Hermann Bonitz, Hamburg 1916, S. 12f.)

Aristoteles gibt hier eine der klassischen Definitionen für Philosophie und erläutert ferner die Herkunft des Philosophierens aus dem Mythos.

Dass die Weisheit eine Wissenschaft von gewissen Ursachen und Prinzipien ist, das ist klar. Da wir nun diese Wissenschaft suchen, so müssen wir danach fragen, von welcherlei Ursachen und Prinzipien die Wissenschaft handelt, welche Weisheit ist. Wer das Wissen um seiner selbst willen wählt, der wird die höchste Wissenschaft am meisten wählen, dies ist aber die Wissenschaft des im höchsten Sinne Wissbaren, im höchsten Sinne wissbar aber sind die ersten Prinzipien und Ursachen; denn durch diese und aus diesen wird das andere erkannt, aber nicht dies aus dem Untergeordneten.

Verwunderung veranlasste zuerst wie noch jetzt die Menschen zum Philosophieren, indem man anfangs über die unmittelbar sich darbietenden unerklärlichen Erscheinungen sich verwunderte, dann allmählich fortschritt und auch über Größeres sich in Zweifel einließ, z. B. über die Erscheinungen an dem Monde und der Sonne und den Gestirnen und über die Entstehung des All. Wer aber in Zweifel und Verwunderung über eine Sache ist, der glaubt sie nicht zu kennen. Darum ist der Freund der Sagen (Mythen) auch in gewisser Weise ein Philosoph; denn die Sage besteht aus Wunderbarem. Wenn sie also philosophierten, um der Unwissenheit zu entgehen, so suchten sie die Wissenschaft offenbar des Erkennens wegen, nicht um irgendeines Nutzens willen. Das bestätigt auch der Verlauf der Sache; denn als so ziemlich alles zur Bequemlichkeit und zum Genuss des Lebens Nötige vorhanden war, da begann man, diese Art der Einsicht zu suchen.

Ernst Bloch **

NOT LEHRT DENKEN

aus: Tübinger Einleitung in die Philosophie

(Bd. 1, Frankfurt/Main 1963, S. 12ff.)

Bloch geht hier in seiner an den Expressionismus erinnernden Sprache der Frage nach, was die ursprünglichsten Motivationen des philosophischen Denkens waren und sind. Der „Mangel" wird als entscheidender Anstoß interpretiert, philosophisches Denken geht aber über dessen Befriedigung hinaus.

Not lehrt denken

Was lebt, erlebt sich noch nicht. Am wenigsten in dem, dass es treibt. Wodurch, worin es also beginnt, noch ganz unten und doch in jedem Jetzt pulsend. Genau dieses anstoßende Jetzt ist dunkel, unser unmittelbares Bin und das Ist von allem. Was daran innen ist, wühlt als dunkel und leer.

Zu spüren bleibt nur, es ist hungernd, bedürftig. Treibt und treibt so an, im Dunkel des gerade gelebten Augenblicks, des unmittelbaren Ansich von allem. Alles ist noch um dies Nichts gebaut, freilich um eines, das es nicht bei sich aushält. Eben ein Hohles ist darin, das sich füllen will; damit hebt alles an. Und zugleich damit, dass das unmittelbare Drinnen und sein Drunten, worin alles unmittelbar an sich ist, zuerst jedes Verspürte über sich dreht. Dadurch können wir zwar noch nicht uns selber in unserem Was, aber ein äußeres Etwas fassen, gebreitet in ein sichtbares Feld. Um es so wenigstens nicht unmittelbar, sondern im Abstand von der eigenen dunklen Nähe, also als draußen zu treffen. Wir selber stehen dann, als bloß unmittelbar lebend, *unter* dem Glas, aus dem wir trinken; das gerade deshalb, weil wir als Trinkende uns noch unmittelbar und nicht entfernt so deutlich sichtbar sind wie das von uns abgehaltene Glas. Wir selber also sind hier durchaus noch im Unten, sind weit weniger gestellt und fassbar als jedes vor uns, um uns, über uns Gesehene. Nur an Draußen kann sich dies eigene Nicht des Habens halten, mit dem Hunger also nach außen. Es kann gar nicht umhin, sich an außen Gestelltem, also an Dingen zu sättigen, zu fassen.

Dass man entbehrt, dies also geht zuerst auf. Alle anderen Triebe haben im Hunger ihren Grund; jeder Trieb treibt von hierher um und umher, sich an ihm gemäßen Was und Etwas außer ihm zu stillen. Was bedeutet: Alles was lebt, muss auf etwas aus sein oder muss sich bewegen und zu etwas unterwegs sein, die unruhige Leere sättigt draußen ihr Bedürfnis, das von ihr kommt. Dergleichen kann dann auf kurze Zeit befriedigen, als wäre keine Frage, Nachfrage gewesen. Lange hält die Befriedigung aber niemals vor, Not meldet sich wieder, es muss mit Vorsorge an sie gedacht werden und vor allem so, dass sie verschwinden könne, zwar nicht als Hunger und Mangel schlechthin, doch als Mangel am Nötigsten. Indem Menschen daraufhin arbeiteten, wurden sie, als sie aufhörten, bloß Sammler, bestenfalls Jäger zu sein, erst erfinderisch, also dieser Art klug. Nackt geboren, nicht mehr instinkthaft gepeilt, in einer Umwelt, worin man, als nicht geheuerer, jede Spur beachten muss und auch der Ast einer Fichte zu denken gibt. Dem Gebrauch des Feuers folgte das bewusste Herstellen von Werkzeugen, um aus Rohstoffen, die unbearbeitet selten taugen, Kleider, Haus, gekochte Speisen und immer neues Plus gegen die nackte Not zu bilden. Überlegende Arbeit trieb erst den Menschenstamm geschichtlich hoch, ließ ihn das Nötige sich probend zurechtlegen; Not lehrte zuerst das Denken.

Allerdings: unverwechselbar menschliches Denken geht damit noch nicht an und auf. Denn dieses läuft längere Strecken als die kurzfristigen eines raschen Nutzens in bar. Langer Atem des Untersuchenden lässt sich Zeit, will feststellen, was ist, auch wenn sich dieses nicht, mindestens nicht sogleich in den Mund stecken lässt. Wie ein Fall am bequemsten zu denken, zurechtzulegen sei, der Ansatz hierzu ist nützlich, doch erschöpft sich damit nicht. Denn auch ein eigentlich grübelndes, ein nicht erschrecktes, sondern betroffenes Denken geht aus dem der Not an. Fragt dann viel seltsamer erregt und gewiss auch viel Seltsameres sich einbildend, in das hinein, worin es nicht aus noch ein weiß. Verwundern also fängt an, heute noch unser bestes Teil. Mit anderen Worten: Denken kann, nachdem die Not es erweckt hat, tief werden. Jedoch steht trotzdem und auf langhin fest: Not lehrte zuerst denken, es geht kein Tanz vorm Essen, und das Denken vergisst das nicht. Damit es in dasjenige, was nottut, zurückzukehren verstehe und sich nicht versteige. Der menschliche Hunger ist selten einstöckig, wie der der Tiere, und was er isst, schmeckt nach mehr.

Das unmittelbare Ansich: *hier: der Zustand, die pure Befindlichkeit vor jeder Reflexion*

Odo Marquard **

INKOMPETENZKOMPENSATIONSKOMPETENZ?

aus: Abschied vom Prinzipiellen

(Stuttgart 1981, S. 23ff.)

Der zeitgenössische deutsche Philosoph Odo Marquard (geb. 1927) beschreibt in dieser Abhandlung die Geschichte der Philosophie als einen fortschreitenden Verlust ihrer Kompetenzen. Er gibt schließlich eine äußerst skeptische Diagnose der Rolle gegenwärtiger Philosophie.

Bei einem chinesischen Henkerwettstreit – so wird erzählt – geriet der zweite Finalist in die Verlegenheit, eine schier unüberbietbar präzise Enthauptung durch seinen Konkurrenten, der vor ihm dran war, überbieten zu müssen. Es herrschte Spannung. Mit scharfer Klinge führte er seinen Streich. Jedoch der Kopf des zu Enthauptenden fiel nicht, und der also scheinbar noch nicht enthauptete Delinquent blickte den Henker erstaunt und fragend an. Drauf dieser zu ihm: Nicken Sie mal.

Mich interessiert, was dieser Kopf denkt, bevor er nickt; denn das müsste doch Ähnlichkeit haben mit Gedanken der Philosophie über sich selber.

Zunächst also – in einigen pauschalen Andeutungen – über die Reduktion der Kompetenz der Philosophie. Was bedeutet dabei Kompetenz? Kompetenz hat offenbar irgendwie zu tun mit Zuständigkeit und mit Fähigkeit und mit Bereitschaft und damit, dass Zuständigkeit, Fähigkeit und Bereitschaft sich in Deckung befinden, womit gerade bei der Philosophie von Anfang an nicht unbedingt gerechnet werden kann; denn schon immer hat es Philosophien gegeben, die für nichts zuständig, zu manchem fähig und zu allem bereit waren: Ob dieser Befund für die Philosophie total und schlechthin zutreffend sei: vor zweitausend Jahren wäre das keine diskutable Frage gewesen; heute ist es eine; und so kommt in diese Überlegung gleich zu Anfang die Geschichte hinein in Bezug auf die Philosophie und ihre Kompetenz. Was ihre Kompetenz sei, sagt ihr nur ihre Geschichte; die aber sagt der Philosophie, dass es einen Fortschritt gegeben habe in der Abnahme ihrer Kompetenz: Die Philosophiegeschichte ist die Geschichte der Reduktion der Kompetenz der Philosophie.

Und hier ist sie, diese Reduktionsgeschichte, und zwar eiligkeitshalber formuliert als spekulative Kurzgeschichte: Erst war die Philosophie kompetent für alles; dann war die Philosophie kompetent für einiges; schließlich ist die Philosophie kompetent nur noch für eines: nämlich für das Eingeständnis der eigenen Inkompetenz. Und das lief so: Die Philosophie wurde im Laufe ihres beschwerlichen Lebens mindestens dreimal aufs Äußerste herausgefordert, dabei überfordert und so schließlich erschöpft, ausgezehrt und – von Kompetenten, also Mitbewerbern: und zwar hier in Dingen Kompetenz – aus dem Rennen geworfen. Da war – früh: nämlich von der Bibel her – die soteriologische Herausforderung, und da waren – spät: nämlich bürgerlich und pseudonachbürgerlich – die technologische und die politische Herausforderung. Die soteriologische Herausforderung verlangte von der Philosophie, zum Heil der Menschen zu führen, aber das – und dies zeigte sich, als das Christentum die Philosophie überbot – konnte sie nicht: So war es um ihre Heilskompetenz geschehen und die Philosophie wurde zum Fürsorgefall; eine Zeit lang kam sie unter als ancilla theologiae. Die technologische Herausforderung verlangte von der Philosophie, sie solle zum Nutzenwissen der Menschen führen; aber das – und dies zeigte sich, als die exakten Wissenschaften die Philosophie überboten – konnte sie nicht: So war es um ihre technologische Kompetenz geschehen und die Philosophie wurde zum Fürsorgefall; eine Zeit lang kam sie unter als ancilla scientiae, als Wissenschaftstheorie. Die politische Herausforderung verlangte von der Philosophie, sie solle zum gerechten Glück der Menschen führen;

aber das – und dies zeigte sich, als die politische Praxis die Philosophie, sei es durch Aktivität, sei es durch Sinn fürs Tunliche, Mögliche und Institutionelle überbot – konnte sie nicht: So war es um ihre politische Kompetenz geschehen und die Philosophie wurde zum Fürsorgefall; eine Zeit lang kam sie unter als ancilla emancipationis, als Magd (oder sagen wir wegen der Gleichberechtigung: als Knecht) der Emanzipation, als Geschichtsphilosophie. Im Zuge der Geschichte dieser Überforderungen und Verluste ist es auch zweifelhaft geworden, ob es sinnvoll ist, das, was an Zuträglichkeiten für Heil und Technologie und Politik in der Philosophie immerhin anzutreffen war und vielleicht ist, zum Separatum zu stilisieren: Ich bezweifle, dass es mehr ist als ein frommer Wunsch der Philosophenprofis, dass die Philosophie den gesunden Menschenverstand und die nüchterne Vernunft gegen die, die sie aus ihrer tagtäglichen Wirklichkeit eigentlich haben sollten, retten müsste und – falls es wirklich nötig wäre – retten könnte. Es gibt natürlich Leute, die die Philosophie als Amulett betrachten, das gegen Irrwege schützt; jedoch – genau umgekehrt wie bei jenem Hufeisen, das in einer bekannten Anekdote bedeutsam ist, die von Niels Bohr erzählt wird – die Philosophie nützt auch und gerade dann nichts, wenn man an sie glaubt. Damit ist jener Sektor berührt, in Bezug auf den die Philosophie das Kompetenzmonopol ohnehin niemals hatte: die Lebensweisheit. Wo es um ihre Äußerung geht, waren schon immer mindestens die Dichter ihre Konkurrenten. So scheint auch eine Spezialität gefährdet, die die Philosophie hat, wo man definieren kann: Philosophie, das ist die Altersweisheit der noch nicht Alten: Simulation von Lebenserfahrung für die und durch die, die noch keine haben. Hier wird der biologische Prozess zum Angriff auf diese Kompetenz: Immerhin werden sogar Philosophen älter, wenn man es auch manchmal nicht merkt, und dann können sie – das vermute ich einstweilen nur und auch nur manchmal – Philosophie durch wirkliche Altersweisheit ersetzen und brauchen die Philosophie nicht mehr. Indes: Lebenserfahrung zu sein für die, die noch keine haben, Altersweisheit der noch nicht Alten zu sein: das ist schließlich nicht nur eine mögliche Teildefinition der Philosophie, sondern die wirkliche Teildefinition der Geisteswissenschaften dort, wo diese das Pensum haben, zu erinnern, und gerade darum jetzt – und das ehrt sie – angefochten sind: Denn wo riskant reformiert wird, ist man plausiblerweise daran interessiert, sein Risiko bei der Erfolgskontrolle zu mindern durchs Verbot der Erinnerung. Erinnert die Philosophie besser als die Geisteswissenschaften? Doch wohl kaum: und so ist ihr in diesen erinnernden Wissenschaften, auf die die Philosophie wegen ihres sonstigen Kompetenzverlusts seit dem vorigen Jahrhundert setzte, ein Kompetent erwachsen, der ihre vielleicht letzte Kompetenz in Frage stellt: die Erinnerungskompetenz. Offenbar laufen die Kompetenzen der Philosophie aus, so dass sie bei der Inkompetenz endet. Das heißt nicht, dass sie bei all diesen Fragen gar nichts mehr zu sagen hätte; aber sie ist überwiegend zum aussichtslosen Kompetenten geworden, günstigstenfalls zur zweiten Besetzung: und was nützt es, die zweite Besetzung zu sein, wenn die erste wirklich gut und überdies niemals indisponiert ist. Die Philosophie: sie ist zu Ende; wir betreiben Philosophie nach dem Ende der Philosophie. Was tun? – ich zitiere hier nicht Lenin, sondern Schillers „Teilung der Erde“ – Was tun, spricht Zeus, die Welt ist weggegeben; – aber der einzige konstruktive Hilfsvorschlag, den Zeus – bei Schiller – dann machte, der war an die Dichter gerichtet und eben nicht an die Philosophen: Gerade den Philosophen hilft er nicht. So bleibt es dabei: Der Bericht zur Lage der Kompetenz der Philosophie, das ist eine Orgie der Fehlanzeigen.

(...) Meine Überlegung käme zu keinem Duktus und zu keiner Peripetie, wenn ich nicht zunächst dabeibliebe, nachhaltig die radikale Reduktionsgeschichte der Kompetenz der Philosophie und also nachdrücklich Folgendes zu behaupten, ich wiederhole es: Erst war die Philosophie kompetent für alles; dann war die Philosophie kompetent für einiges; schließlich ist die Philosophie kompetent nur noch für eines: nämlich für das Eingeständnis der eigenen Inkompetenz. Und wenn das so sich verhält, dann bleibt übrig für die Philosophie: gar nichts, also die reine, pure, nackte Inkompetenz, sowie – um den Sokrates zu zitieren – nur noch eine einzige ganz winzige Kleinigkeit, eine freilich sehr unsokratische Kleinigkeit, eine, die die Philosophie nicht weniger problematisch, sondern die sie vollends problematisch macht, etwas, das ich im Blick auf die radikal inkompetent gewordene Philosophie nennen möchte: ihre Inkompetenzkompensationskompetenz.

soteriologisch: *Soteriologie: theologische Lehre vom Erlösungswerk Christi*
ancilla theologiae: *Magd der Theologie*
Residualkompetenzen: *hier: Restkompetenzen, auf die sich Philosophie zurückziehen kann.*
Duktus: *hier: abgeschlossene Gedankenführung*
Peripetie: *von griech. peripéteia: plötzlicher Umschlag, merkwürdiger Zufall; in der Dramentheorie bezeichnet es die überraschende Wendung der Handlung „vom Unglück ins Glück oder vom Glück ins Unglück" (Aristoteles, Poetik).*

Karl Jaspers *

BETROFFENHEIT ALS ZUGANG ZUR PHILOSOPHIE
aus: Was ist Philosophie?
(München 1980, S. 40ff.)

Der deutsche existentialistische Philosoph Karl Jaspers versucht, die Philosophie als Reaktion des Menschen auf sogenannte „Grenzsituationen" zu deuten, in denen sich der Mensch seiner Verletzlichkeit, aber auch seiner Fähigkeit zur Kommunikation mit anderen bewusst wird.

Der Stoiker Epiktet sagte: „Der Ursprung der Philosophie ist das Gewahrwerden der eigenen Schwäche und Ohnmacht." Wie helfe ich mir in meiner Ohnmacht? Seine Antwort lautete: „Indem ich alles, was nicht in meiner Macht steht, als für mich gleichgültig betrachte in seiner Notwendigkeit, dagegen, was an mir liegt, nämlich die Art und Weise und den Inhalt meiner Vorstellungen, durch Denken und Klarheit zur Freiheit bringe."

Vergewissern wir uns unserer menschlichen Lage. Wir sind immer in „Situationen". Diese Situationen wandeln sich, Gelegenheiten treten auf; wenn sie versäumt werden, kehren sie nicht wieder. Ich kann selber an der Veränderung der Situation arbeiten. Aber es gibt Situationen, die in ihrem Wesen bleiben, auch wenn ihre augenblickliche Erscheinung anders wird und ihre überwältigende Macht sich in Schleier hüllt: Ich muss sterben, ich muss leiden, ich bin dem Zufall unterworfen, ich verstricke mich unausweichlich in Schuld. Diese Grundsituationen unseres Daseins nennen wir Grenzsituationen. D. h. es sind Situationen, über die wir nicht hinauskönnen. Das Bewusstsein dieser Grenzsituationen ist der tiefere Ursprung der Philosophie.

Auf Grenzsituationen reagieren wir entweder durch Verschleierung, oder, wenn wir sie wirklich erfassen, durch Verzweiflung und Wiederherstellung: wir werden wir selbst in einer Verwandlung unseres Selbstbewusstseins.

Machen wir uns unsere menschliche Lage auf andere Weise deutlich: Als die Unzuverlässigkeit alles Weltseins. – Was tue ich angesichts dieses absoluten Scheiterns? Der Stoiker lässt uns trostlos in der bloßen Unabhängigkeit des Denkens, weil diesem Denken aller Inhalt fehlt.

Es ist entscheidend für den Menschen, wie er das Scheitern erfährt: ob es ihm verborgen bleibt…oder es als ständige Grenze seines Daseins gegenwärtig ist.

In den Grenzsituationen zeigt sich entweder das Nichts, oder es wird fühlbar, was trotz und über allem verschwindendem Weltsein eigentlich ist. Selbst die Verzweiflung wird durch ihre Tatsächlichkeit, dass sie in der Welt möglich ist, ein Zeiger über die Welt hinaus.

So gilt: der Ursprung der Philosophie liegt zwar im Sichverwundern, im Zweifel, in der Erfahrung der Grenzsituationen, aber zuletzt dieses alles in sich schließend, in dem Willen zur eigentlichen Kommunikation. Das zeigt sich von Anfang an schon darin, dass alle Philosophie zur Mitteilung drängt, sich ausspricht, gehört werden möchte, dass ihr Wesen die Mitteilbarkeit selbst und diese unablösbar vom Wahrsein ist. Gewissheit eigentlichen Seins ist allein in jener Kommunikation, in der Freiheit mit Freiheit in rückhaltlosem Gegeneinander durch Miteinander entsteht, alles Umgehen mit dem Anderen nur Vorstufe ist, aber alles gegenseitig zugemutet wird...

Texte zur Erkenntnistheorie

Platon **

Bildung und Wahrheit (Höhlengleichnis)

aus: Der Staat (Politeia), 7. Buch. Übersetzt von Martin Heidegger
(in: Heidegger, Platons Lehre von der Wahrheit, Bern 1947)

In diesem berühmten Gleichnis versucht Platon zu zeigen, dass die Welt unserer Sinne sich zur Wahrheit verhält wie Schatten zu ihren Urbildern. Diese nannte er „Ideen". Der Weg zu diesen Ideen, zur Erkenntnis, ist allerdings beschwerlich und stößt bei vielen Menschen auf Widerstand. – Die Gesprächspartner in diesem Dialog sind Sokrates und Glaukon.

Bringe dir nämlich in den Blick dieses: Menschen halten sich unter der Erde in einer höhlenartigen Behausung auf. Nach oben gegen das Tageslicht eignet dieser der langhin sich erstreckende Eingang, auf den zu das ganze Gehöhle sich versammelt. In dieser Behausung haben die Menschen, gefesselt an den Schenkeln und den Nacken, von Kindheit her ihren Verbleib. Deshalb verharren sie auch an derselben Stelle, so dass ihnen nur dies Eine bleibt, auf das hinzusehen, was ihnen von vorne ins Angesicht begegnet. Ringsherum jedoch die Köpfe zu führen, sind sie, weil gefesselt, außer Stande. Ein Lichtschein freilich ist ihnen gewährt, von einem Feuer nämlich, das ihnen, allerdings von rückwärts, oben und fernher, glüht. Zwischen dem Feuer und den Gefesselten (in deren Rücken also) läuft obenhin ein Weg; dem längs, so stelle dir das vor, ist eine niedere Mauer gebaut gleich den Schranken, die sich die Gaukler vor den Leuten aufrichten, um über sie weg die Schaustücke zu zeigen. – Ich sehe, sagte er. –

Fasse nun demgemäß in den Blick, wie entlang diesem Mäuerchen Menschen allerlei Zeug vorbeitragen, das hierbei über das Mäuerchen hinwegragt, Standbilder sowohl als auch andere steinerne und hölzerne Bildwerke und sonst mannigfach von Menschen Gefertigtes. Wie nicht anders zu erwarten, unterhalten sich (dabei) die einen der Vorübertragenden, die anderen schweigen.

– Ein außergewöhnliches Bild führst du da vor, sagte er, und außergewöhnliche Gefangene. – Sie gleichen aber ganz uns Menschen, erwiderte ich. Denn was glaubst du wohl? Solcherart Menschen haben doch im vornhinein, sei es von sich selbst, sei es von einander, nie etwas anderes in den Blick bekommen als die Schatten, die (ständig) der Feuerschein auf die ihnen gegenüberstehende Wand der Höhle wirft.

– Wie anders denn soll es sein, sagte er, wenn sie gezwungen sind, den Kopf unbeweglich zu halten und das zeit ihres Lebens? –

Was jedoch sehen sie von den (in ihrem Rücken) vorbeigetragenen Dingen? Sehen sie nicht eben dieses (nämlich die Schatten)? – In der Tat. –

Wenn sie nun im Stande wären, miteinander das Erblickte an- und durchzusprechen, glaubst du nicht, sie würden das, was sie da sehen, für das Seiende halten? – Dazu wären sie genötigt. –

Wie aber nun, wenn dies Gefängnis auch noch von der ihnen gegenüberstehenden Wand her (auf die allein sie ständig hinblicken) einen Widerhall hätte? Sooft dann einer von denen, die hinter den Gefesselten vorbeigehen (und die Dinge vorbeitragen), sich verlauten ließe, glaubst du wohl, dass sie etwas anderes für das Sprechende hielten als den vor ihnen vorbeiziehenden Schatten? – Nichts anderes, beim Zeus! sagte er. – Ganz und gar, entgegnete ich, würden dann auch die also Gefesselten nichts anderes als die Schatten der Gerätschaften für das Unverborgene halten. – Dies wäre durchaus nötig, sagte er. –

Verfolge demnach jetzt, erwiderte ich, mit deinem Blick den Vorgang, wie die Gefangenen von den Fesseln gelöst und in eins damit geheilt werden von der Einsichtslosigkeit, und bedenke dabei, welcher Art dann diese Einsichtslosigkeit sein müsste, wenn den Gefesselten Folgendes zustieße. Sooft einer entfesselt und gezwungen würde, plötzlich aufzustehen, den Hals umzuwenden, sich auf den Weg zu machen und gegen das Licht hinaufzublicken, (dann) vermöchte er (jedes Mal) dies alles nur unter Schmerzen, auch wäre er nicht im Stande, durch das Geflimmer hindurch auf jene Dinge hinzusehen, davon er vormals die Schatten sah. (Wenn all dies mit ihm geschähe), was, glaubst du wohl, würde er sagen, wenn einer ihm eröffnet, dass er vormals (nur) Nichtigkeiten gesehen habe, jetzt aber dem Seienden um mehreres näher sei und, also dem Seienden zugewendet, demzufolge auch richtiger blicke? Und wenn einer ihm (dann) auch noch jedes der vorbeiziehenden Dinge zeigte und ihn zwänge, auf die Frage, was es sei, zu antworten, glaubst du nicht, dass er da weder ein noch aus wüsste und überdies dafür hielte, das vormals (mit eigenen Augen) Gesehene sei unverborgener als das jetzt (von einem anderen ihm) Gezeigte? – Durchaus freilich, sagte er. –

Und wenn ihn gar einer nötigte, in den Feuerschein hineinzusehen, würden ihm dann nicht die Augen schmerzen, und möchte er sich da nicht abwenden und zu jenem (zurück) flüchten, was anzusehen in seinen Kräften steht und sich dafür entscheiden, das (ihm ohne weiteres Sichtbare) sei in der Tat klarer als das, was ihm jetzt gezeigt werde? – So ist es, sagte er. –

Wenn aber nun, erwiderte ich, einer ihn (den von den Fesseln Gelösten) von da weg mit Gewalt durch den holperigen und steilen Aufgang der Höhe hindurchzöge und nicht von ihm abließe, bis er ihn an das Licht der Sonne hinausgezogen hätte, empfände der also Gezogene dabei nicht Schmerz und Empörung? Und bekäme er, ins Sonnenlicht gelangt, nicht die Augen voll des Glanzes, und wäre er so nicht außer Stande, auch nur etwas von dem zu sehen, was ihm jetzt als das Unverborgene eröffnet wird?

– Keineswegs wäre er dazu im Stande, sagte er, wenigstens nicht plötzlich. –

Einer Gewöhnung offenbar, glaube ich, bedürfte es, wenn es darauf ankommen soll, das, was oben (außerhalb der Höhle im Licht der Sonne) steht, ins Auge zu fassen. Und (bei solcher Eingewöhnung) würde er zunächst am leichtesten auf die Schatten hinsehen können und hernach auf den im Wasser widerspiegelnden Anblick der Menschen und der übrigen Dinge, später aber würde er dann diese selbst (das Seiende statt der abschwächenden Spiegelungen) in den Blick nehmen. Aus dem Umkreis dieser Dinge aber dürfte er wohl das, was am Himmelsgewölbe ist, und dieses selbst, und zwar bei Nacht leichter beschauen, indem er hinblickt auf das Licht der Sterne und des Mondes, (leichter nämlich) als bei Tag die Sonne und ihren Schein. – Gewiss! –

Am Ende aber, glaube ich, dürfte er in den Stand kommen, auf die Sonne selbst zu blicken, nicht nur auf ihren Widerschein im Wasser und wo er sonst auftauchen mag, auf die Sonne selbst, wie sie von ihr selbst her an dem ihr eigenen Ort ist, um sie zu betrachten, wie beschaffen sie sei.

– Notwendig dürfte es so kommen, sagte er. –

Und nachdem er all dieses hinter sich gebracht hat, dürfte er auch bereits über sie (die Sonne) dieses zusammenbringen können, dass nämlich sie es ist, die sonst sowohl Jahreszeiten gewährt als auch Jahre und alles durchwaltet, was ist in dem (jetzt) gesichteten Bezirk (des Sonnenlichtes), ja dass sie (die Sonne) sogar auch von jenem Allen die Ursache ist, was jene (die unten in der Höhle sich aufhalten) in einer gewissen Weise vor sich haben.

– Offenbar, sagte er, würde er zu diesem (zur Sonne und zu dem, was in ihrem Licht steht) gelangen, nachdem er über jenes (was nur Widerschein und Schatten ist) hinausgegangen. –

Was nun? Wenn er sich wieder der ersten Behausung erinnerte und des dort maßgebenden „Wissens“ und der damals mit ihm Gefesselten, glaubst du nicht, er würde sich selbst zwar glücklich preisen ob des (geschehenen) Umschlags, jene dagegen bedauern? – Gar sehr. –

Wenn nun aber (unter den Menschen) am vormaligen Aufenthaltsort (in der Höhle nämlich) gewisse Ehrungen und Lobsprüche festgesetzt wären für den, der am schärfsten das Vorübergehende (was sich alltäglich zuträgt) ins Augen fasst und dazu am meisten das im Gedächtnis behält, was davon zuerst, was nachher und was gleichzeitig vorbeigebracht zu werden pflegt, und der (dann) hieraus das vorher zu sagen vermöchte, was am ehesten künftig eintreten könnte, glaubst du, ihn (den aus der Höhle Hinausgegangenen) würde es (jetzt noch) nach jenen (in der Höhle) verlangen, um mit denen (dort) zu wetteifern, die bei jenen in Ansehen und Macht stehen, oder wird er nicht gar sehr das auf sich nehmen wollen, wovon Homer sagt: „einem fremden unbegüterten Manne um Lohn zu dienen“, und wird er nicht überhaupt was immer sonst eher ertragen wollen, als in jenen (für die Höhle gültigen) Ansichten sich herumzutreiben und auf jene Weise ein Mensch zu sein?

– Ich glaube, sagte er, alles würde er eher über sich ergehen lassen, als auf jene (höhlenmäßige) Weise ein Mensch zu sein. –

Und nun also bedenke dieses, erwiderte ich: Wenn der solcherarts aus der Höhle Herausgekommene wiederum hinabstiege und an denselben Platz sich niedersetzte, füllten sich ihm da nicht, wo er plötzlich aus der Sonne kommt, die Augen mit Finsternissen? – Gar sehr allerdings, sagte er. –

Wenn er nun wieder mit den ständig dort Gefesselten sich abgeben müsste im Aufstellen und Behaupten von Ansichten über die Schatten, während ihm noch die Augen blöd sind, bevor er sie wieder angepasst hat, was nicht geringe Zeit der Eingewöhnung verlangte, würde er dann dort unten nicht der Lächerlichkeit preisgegeben sein, und würde man ihm nicht zu verstehen geben, dass er ja nur hinaufgestiegen sei, um mit verdorbenen Augen (in die Höhle) zurückzukehren, dass es also auch ganz und gar nicht lohne, sich auf den Weg nach oben zu machen? Und werden sie denjenigen, der Hand anlegte, sie von den

Fesseln zu lösen und hinaufzuführen, wenn sie seiner habhaft werden und ihn töten könnten, nicht wirklich töten? –

– Sicherlich wohl, sagte er. –

Das Unverborgene: *hier Heideggers wörtliche Wiedergabe des griech. aletheia, welches üblicherweise mit „Wahrheit" übersetzt wird.*

René Descartes ***

ICH DENKE, ALSO BIN ICH

aus: Meditationen über die erste Philosophie

(herausgegeben und übersetzt von Gerhart Schmidt, Stuttgart 1986, S. 77 – 87)

In seinen folgenschweren „Meditationen" versucht Descartes durch die Methode des radikalen Zweifelns eine sichere Basis für die Erkenntnis zu gewinnen und kommt zu dem Schluss, dass nur die Tatsache selbst, dass ich zweifle (also denke), gewiss ist; alles andere könnte auch Täuschung sein.

(...) Ich will vorwärts dringen, bis ich etwas Gewisses erkenne, sollte es auch nur die Gewissheit sein, dass es nichts Gewisses gibt. Nur einen Punkt, der fest und unbeweglich sei, verlangte Archimedes, um die ganze Erde von ihrer Stelle zu bewegen. Es eröffnet sich ebenfalls eine große Aussicht, wenn ich auch nur das Geringste finden werde, das gewiss und unerschütterlich ist.

Ich nehme also an, alles, was ich sehe, sei falsch; ich glaube, dass nichts von alledem jemals existiert habe, was mir mein trügerisches Gedächtnis vorführt. Ich habe überhaupt keine Sinne; Körper, Gestalt, Ausdehnung, Bewegung und Ort sind Chimären. Was soll da noch wahr sein? Vielleicht dies Eine, dass es nichts Gewisses gibt.

Aber woher weiß ich, dass es nicht noch etwas von allem bereits Angezweifelten Verschiedenes gibt, das auch nicht den geringsten Anlass zu einem Zweifel bietet? Gibt es nicht vielleicht einen Gott, oder wie ich denjenigen sonst nennen soll, der mir diese Gedanken einflößt? Doch wozu soll ich dergleichen annehmen, da ich wohl auch selbst ihr Urheber sein könnte? So wäre aber doch wenigstens Ich etwas? Allein ich habe ja bereits geleugnet, dass ich irgendwelche Sinne und irgendeinen Körper habe. Doch halt, was folgt denn hieraus? Bin ich denn so sehr an den Körper und die Sinne gebunden, dass ich nicht auch ohne sie sein könnte? Aber ich habe in mir die Annahme gefestigt, es gebe gar nichts in der Welt, keinen Himmel, keine Erde, keine Geister, keine Körper: also bin doch auch ich nicht da? Nein, ganz gewiss war Ich da, wenn ich mich von etwas überzeugt habe.

Aber es gibt irgendeinen sehr mächtigen, sehr schlauen Betrüger, der mit Absicht mich immer täuscht. Zweifellos bin also auch Ich, wenn er mich täuscht; mag er mich nun täuschen, so viel er kann, so wird er doch nie bewirken können, dass ich nicht sei, solange ich denke, ich sei etwas. Nachdem ich so alles genug und übergenug erwogen habe, muss ich schließlich festhalten, dass der Satz „Ich bin, Ich existiere", sooft ich ihn ausspreche oder im Geiste auffasse, notwendig wahr sei.

Ich bin mir aber noch nicht hinreichend klar darüber, wer denn Ich bin – jener Ich, der notwendigerweise ist. Ich muss mich von nun an in Acht nehmen, dass ich nicht etwa unvorsichtigerweise etwas anderes für mich selbst halte und so selbst in derjenigen Erkenntnis abirre, die für mich die gewisseste und evidenteste sein soll. (...)

Wie steht es aber mit dem, was ich der Seele zuschrieb, mit der Ernährung und dem Gehen? Offenbar bestehen auch diese Tätigkeiten bloß in der Einbildung, da ich nun einmal keinen Körper habe. Aber das Empfinden? Auch dieses geschieht nicht ohne Körper, und gar oft erschien es mir ja auch im Traume, als empfände ich, während ich nachher merkte, dass es nicht wahr sei. Und das Denken? Hier werde ich fündig: Das Denken ist es; es allein kann von mir nicht abgetrennt werden; Ich bin, Ich existiere, das ist gewiss.

Wie lange aber? Offenbar solange ich denke, denn es ist ja auch möglich, dass ich, wenn ich überhaupt nicht mehr denken würde, sogleich aufhörte zu sein. Ich lasse jetzt nichts gelten, als was notwendig wahr ist; demnach bin ich genau genommen lediglich ein denkendes Ding, d. h. Geist bzw. Seele bzw. Verstand bzw. Vernunft; lauter Bezeichnungen, deren Bedeutung mir früher unbekannt war. Ich bin nun ein wirkliches und wahrhaft seiendes Ding. Was denn für ein Ding? Ich sagte ja: ein denkendes.

(...) Was ist das? – Ein Ding, das zweifelt, einsieht, bejaht, verneint, will, nicht will, das auch bildlich vorstellt und empfindet.

Das ist in der Tat nicht wenig, wenn das alles zu meiner Natur gehören soll. Doch warum sollte es nicht dazu gehören? Bin Ich es nicht selbst, der nunmehr fast alles bezweifelt, der aber immerhin etwas einsieht, der behauptet, dass dies wahr sein, der das Übrige verneint, vieles wissen und nicht getäuscht werden will, der sich unwillkürlich vielerlei bildhaft vorstellt, vieles auch gewahrt, als käme es von den Sinnen her? Gibt es hierbei etwas, das nicht genauso wahr wäre, wie dass ich bin, selbst wenn ich immer träumte; selbst wenn der, der mich erschaffen, mich täuschte, so viel er vermag?

Was kann überhaupt von meinem Denken [= Bewusstsein] unterschieden und als von mir selbst trennbar angesehen werden? Denn, dass Ich es bin, der da zweifelt, erkennt, will, ist so offenkundig, dass sich kein Erklärungsgrund höherer Evidenz dafür finden lässt. Aber Ich bin auch derselbe, der bildhaft vorstellt; denn wenngleich vielleicht, wie ich einmal angenommen habe, gar kein bildhaft vorgestelltes Ding wirklich wäre, so ist doch die Einbildungskraft selbst wirklich und macht einen Teil meines Denkens aus. (...)

Archimedes: *bedeutender griechischer Mathematiker und Physiker, gest. 212 v. Chr.*
denkendes Ding: *Auf Grund dieser Überlegung kam Descartes zur Auffassung, man müsse prinzipiell zwischen einem denkenden Ding (res cogitans, also Geist) und einem ausgedehnten Ding (res extensa, also Körper) unterscheiden.*

Francis Bacon **

Die Idole

aus: Novum Organum
(übersetzt von Rudolf Hoffmann, Berlin 1870, S. 93ff.)

In seiner berühmten Lehre von den Idolen, den (falschen) Bildern, versuchte Bacon zu zeigen, welche Vor-urteile das Erkenntnisvermögen des Menschen trüben und beeinträchtigen.

Die Götzenbilder und falschen Begriffe, die von dem menschlichen Geist schon Besitz ergriffen haben und fest in ihm wurzeln, halten den Geist nicht bloß so besetzt, dass die Wahrheit nur schwer einen Zutritt findet, sondern dass, selbst wenn dieser Zutritt gewährt und bewilligt worden ist, sie bei der Erneuerung der Wissenschaften immer wiederkehren und belästigen, solange man nicht sich gegen sie vorsieht und nach Möglichkeit verwahrt.

Es gibt vier Arten von Götzenbildern, welche den menschlichen Geist besetzt halten. Zur leichteren Darstellung habe ich ihnen besondere Namen gegeben; die erste Art nenne ich die Götzenbilder des Stammes; die zweite die der Höhle; die dritte die des Marktes; die vierte die des Theaters.

Die Aufstellung der Begriffe und Sätze vermittelst der wahren Induktion ist sicherlich ein geeignetes Mittel, um die Götzenbilder abzuhalten und zu entfernen; aber auch die Beschreibung der Götzenbilder ist von großem Nutzen; denn die Lehre von den Götzenbildern verhält sich zur Erklärung der Natur ähnlich wie die Lehre von den scholastischen Künsten zur gewöhnlichen Dialektik.

Die Götzenbilder des Stammes haben ihren Grund in der menschlichen Natur, in dem Stamm oder Geschlecht der Menschen selbst. Denn es ist unrichtig, dass der menschliche Sinn das Maß der Dinge sei; vielmehr geschehen alle Auffassungen der Sinne und des Verstandes nach der Natur des Menschen, nicht nach der Natur des Weltalls. Der menschliche Verstand gleicht einem Spiegel mit unebener Fläche für die Strahlen der Gegenstände, welcher seine Natur mit der der Letzteren vermengt, sie entstellt und verunreinigt.

Die Götzenbilder der Höhle sind die Götzenbilder des einzelnen Menschen. Denn jeder Einzelne hat neben den Verirrungen der menschlichen Natur im Allgemeinen eine besondere Höhle oder Grotte, welche das natürliche Licht bricht und verdirbt; teils in Folge der eigentümlichen und besonderen Natur eines jeden, teils in Folge der Erziehung und des Verkehrs mit andern, teils in Folge der Bücher, die er gelesen hat, und der Autoritäten, die er verehrt und bewundert, teils in Folge des Unterschiedes der Eindrücke bei einer voreingenommenen und vorurteilsvollen Sinnesart gegen eine ruhige und gleichmäßige Stimmung, und dergleichen mehr. Der menschliche Geist ist deshalb in seiner Verfassung bei dem Einzelnen ein sehr veränderliches, gestörtes und gleichsam zufälliges Ding. Deshalb sagt Heraklit richtig, dass die Menschen die Wissenschaften in ihren kleinen Welten suchen, aber nicht in der großen und gemeinsamen.

Es gibt auch Götzenbilder in Folge der gegenseitigen Berührung und Gemeinschaft des menschlichen Geschlechts, welche ich wegen des Verkehrs und der Verbindung der Menschen die Götzenbilder des Marktes nenne. Denn die Menschen gesellen sich zueinander vermittelst der Rede; aber die Worte werden den Dingen nach der Auffassung der Menge beigelegt; deshalb behindert die schlechte und törichte Beilegung der Namen den Geist in merkwürdiger Weise. Auch die Definitionen und Erklärungen, womit die Gelehrten sich manchmal zu schützen und zu verteidigen pflegen, bessern die Sache keineswegs. Denn die Worte tun dem Verstande Gewalt an, stören alles und verleiten die Menschen zu leeren und zahllosen Streitigkeiten und Erdichtungen.

Es gibt endlich Götzenbilder, welche in die Seele der Menschen aus den mancherlei Lehrsätzen der Philosophie und auch aus verkehrten Regeln der Beweise eingedrungen sind, und die ich die Götzenbilder des Theaters nenne; denn so viel wie philosophische Systeme erfunden und angenommen worden sind, so viel Fabeln sind damit vorgebracht und aufgeführt worden, welche aus der Welt eine Dichtung und eine Schaubühne gemacht haben. Ich meine hier nicht bloß die schon vorhandenen oder die alten philosophischen Systeme und Sekten, da man ja noch mehr solcher Fabeln ersinnen und zusammensetzen kann; denn trotz der Mannigfaltigkeit des Irrtums ist doch die Ursache desselben überall die gleiche. Ich beziehe das nicht bloß auf die allgemeine Philosophie, sondern auch auf manche Prinzipien und Lehrsätze der besonderen Wissenschaften, die durch Herkommen, Leichtgläubigkeit und Nachlässigkeit Geltung erlangt haben.

Indes werde ich über diese einzelnen Arten von Götzenbildern noch ausführlicher und bestimmter sprechen müssen, damit der menschliche Geist dagegen geschützt bleibe.

So viel über die einzelnen Arten der Götzenbilder und deren Zubehör; mit festem und feierlichem Entschluss hat man ihnen zu entsagen; der Geist muss von ihnen befreit und gereinigt werden. Zu dem Reiche des Menschen, was in den Wissenschaften gegründet wird, darf kein anderer Eingang sein, als zu dem Himmelreiche, in welches nur in Kindgestalt einzutreten gestattet ist.

Immanuel Kant ***

DIE KOPERNIKANISCHE WENDE DER ERKENNTNISTHEORIE

aus: Vorrede zur zweiten Auflage der „Kritik der reinen Vernunft" (1781/1786)
(in: Werke Bd. 3, hrsg. v. W. Weischedel, Frankfurt/M 1974, S. 24ff.)

In seiner fundamentalen Untersuchung über die Möglichkeiten und Grenzen einer „reinen Vernunft" war Kant zur Einsicht gekommen, dass das Problem der Erkenntnis nur gelöst werden könne, wenn es zu einer „kopernikanischen Wende" auch in der Philosophie käme: Unsere Erkenntnis richtet sich nicht nach den Gegenständen, sondern die Gegenstände richten sich nach unserer Erkenntnis.

Der *Metaphysik*, einer ganz isolierten spekulativen Vernunfterkenntnis, die sich gänzlich über Erfahrungsbelehrung erhebt, und zwar durch bloße Begriffe (nicht wie Mathematik durch Anwendung derselben auf Anschauung), wo also Vernunft selbst ihr eigener Schüler sein soll, ist das Schicksal bisher noch so günstig nicht gewesen, dass sie den sichern Gang einer Wissenschaft einzuschlagen vermocht hätte; ob sie gleich älter ist, als alle übrige, und bleiben würde, wenn gleich die übrigen insgesamt in dem Schlunde einer alles vertilgenden Barbarei gänzlich verschlungen werden sollten. Denn in ihr gerät die Vernunft kontinuierlich in Stecken, selbst wenn sie diejenigen Gesetze, welche die gemeinste Erfahrung bestätigt, (wie sie sich anmaßt) a priori einsehen will. In ihr muss man unzählige Mal den Weg zurück tun, weil man findet, dass er dahin nicht führt, wo man hin will, und was die Einhelligkeit ihrer Anhänger in Behauptungen betrifft, so ist sie noch so weit davon entfernt, dass sie vielmehr ein Kampfplatz ist, der ganz eigentlich dazu bestimmt zu sein scheint, seine Kräfte im Spielgefechte zu üben, auf dem noch niemals irgendein Fechter sich auch den kleinsten Platz hat erkämpfen und auf seinen Sieg einen dauerhaften Besitz gründen können. Es ist also kein Zweifel, dass ihr Verfahren bisher ein bloßes Herumtappen, und, was das Schlimmste ist, unter bloßen Begriffen, gewesen sei.

Woran liegt es nun, dass hier noch kein sicherer Weg der Wissenschaft hat gefunden werden können? Ist er etwa unmöglich? Woher hat denn die Natur unsere Vernunft mit der rastlosen Bestrebung heimgesucht, ihm als einer ihrer wichtigsten Angelegenheiten nachzuspüren? Noch mehr, wie wenig haben wir Ursache, Vertrauen in unsere Vernunft zu setzen, wenn sie uns in einem der wichtigsten Stücke unserer Wissbegierde nicht bloß verlässt, sondern durch Vorspiegelungen hinhält, und am Ende betrügt! Oder ist er bisher nur verfehlt; welche Anzeige können wir benutzen, um bei erneuertem Nachsuchen zu hoffen, dass wir glücklicher sein werden, als andere vor uns gewesen sind?

Ich sollte meinen, die Beispiele der Mathematik und Naturwissenschaft, die durch eine auf einmal zu Stande gebrachte Revolution das geworden sind, was sie jetzt sind, wären merkwürdig genug, um dem wesentlichen Stücke der Umänderung der Denkart, die ihnen so vorteilhaft geworden ist, nachzusinnen, und ihnen, so viel ihre Analogie, als Vernunfterkenntnisse, mit der Metaphysik verstattet, hierin wenigstens zum Versuche nachzuahmen.

Bisher nahm man an, alle unsere Erkenntnis müsse sich nach den Gegenständen richten; aber alle Versuche über sie a priori etwas durch Begriffe auszumachen, wodurch unsere Erkenntnis erweitert würde, gingen unter dieser Voraussetzung zunichte. Man versuche es daher einmal, ob wir nicht in den Aufgaben der Metaphysik damit besser fortkommen, dass wir annehmen, die Gegenstände müssen sich nach unserem Erkenntnis richten, welches so schon besser mit der verlangten Möglichkeit einer Erkenntnis derselben a priori zusammenstimmt, die über Gegenstände, ehe sie uns gegeben werden, etwas festsetzen soll. Es ist hiermit eben so, als mit den ersten Gedanken des *Kopernikus* bewandt, der, nachdem es mit der Erklärung der Himmelsbewegungen nicht gut fort wollte, wenn er annahm, das ganze Sternheer drehe sich um den Zuschauer, versuchte, ob es nicht besser gelingen möchte, wenn er den Zuschauer sich drehen, und dagegen die Sterne in Ruhe ließ. In der Metaphysik kann man nun, was die *Anschauung* der Gegenstände betrifft, es auf ähnliche Weise versuchen. Wenn die Anschauung sich nach der Beschaffenheit der Gegenstände richten müsste, so sehe ich nicht ein, wie man a priori von ihr etwas wissen könne; richtet sich aber der Gegenstand (als Objekt der Sinne) nach der Beschaffenheit unseres Anschauungsvermögens, so kann ich mir diese Möglichkeit ganz wohl vorstellen. Weil ich aber bei diesen Anschauungen, wenn sie Erkenntnisse werden sollen, nicht stehen bleiben kann, sondern sie als Vorstellung auf irgendetwas als Gegenstand beziehen und diesen durch jene bestimmen muss, so kann ich entweder annehmen, die *Begriffe*, wodurch ich diese Bestimmung zu Stande bringe, richten sich auch nach dem Gegenstande, und denn bin ich wiederum in derselben Verlegenheit, wegen der Art, wie ich a priori hiervon etwas wissen könne; oder ich nehme an, die Gegenstände, oder, welches einerlei ist, die *Erfahrung*, in welcher sie allein (als gegebene Gegenstände) erkannt werden, richte sich nach diesen Begriffen, so sehe ich sofort eine leichtere Auskunft, weil Erfahrung selbst eine Erkenntnisart ist, die Verstand erfordert, dessen Regel ich in mir, noch ehe mir Gegenstände gegeben werden, mithin a priori voraussetzen muss, welche in Begriffen a priori ausgedrückt wird, nach denen sich also alle Gegenstände der Erfahrung notwendig richten und mit ihnen übereinstimmen müssen. Was Gegenstände betrifft, sofern sie bloß durch Vernunft und zwar notwendig gedacht, die aber (so wenigstens, wie die Vernunft sie denkt) gar nicht in der Erfahrung gegeben werden können, so werden die Versuche sie zu denken (denn denken müssen sie sich doch lassen) hernach einen herrlichen Probierstein desjenigen abgeben, was wir als die veränderte Methode der Denkungsart annehmen, dass wir nämlich von den Dingen nur das a priori erkennen, was wir selbst in sie legen.

Dieser Versuch gelingt nach Wunsch und verspricht der Metaphysik in ihrem ersten Teile, da sie sich nämlich mit Begriffen a priori beschäftigt, davon die korrespondierenden Gegenstände in der Erfahrung jenen angemessen gegeben werden können, den sicheren Gang einer Wissenschaft. Denn man kann nach dieser Veränderung der Denkart die Möglichkeit einer Erkenntnis a priori ganz wohl erklären, und was noch mehr ist, die Gesetze, welche a priori der Natur, als dem Inbegriffe der Gegenstände der Erfahrung, zum Grunde liegen, mit ihren genugtuenden Beweisen versehen, welches beides nach der bisherigen Verfahrungsart unmöglich war. Aber es ergibt sich aus dieser Deduktion unseres Vermögens a priori zu erkennen im ersten Teile der Metaphysik ein befremdliches und dem ganzen Zwecke derselben, der den zweiten Teil beschäftigt, dem Anscheine nach sehr nachteiliges Resultat, nämlich dass wir mit ihm nie über die Grenze möglicher Erfahrung hinauskommen können, welches doch gerade die wesentlichste Angelegenheit dieser Wissenschaft ist. Aber hierin liegt eben das Experiment einer Gegenprobe der Wahrheit des Resultats jener ersten Würdigung unserer Vernunfterkenntnis a priori, dass sie nämlich nur auf Erscheinungen gehe, die Sache an sich selbst dagegen zwar als für sich wirklich, aber von uns unerkannt, liegen lasse. Denn das, was uns notwendig über die Grenze der Erfahrung und aller Erscheinungen hinauszugehen treibt, ist das *Unbedingte*, welches die Vernunft in den Dingen an sich selbst notwendig und mit allem Recht zu allem Bedingten, und dadurch die Reihe der Bedingungen als vollendet verlangt. Findet sich nun, wenn man annimmt, unsere Erfahrungserkenntnis richte sich nach den Gegenständen als Dingen an sich selbst, dass das Unbedingte *ohne Widerspruch gar nicht gedacht* werden könne; dagegen, wenn man annimmt, unsere Vorstellung der Dinge, wie sie uns gegeben werden, richte sich nicht nach diesen, als Dingen an sich selbst, sondern diese Gegenstände vielmehr, als Erscheinungen, richten sich nach unserer Vorstellungsart, *der Widerspruch wegfalle*; und dass folglich das Unbedingte nicht an Dingen, sofern wir sie kennen, (sie uns gegeben werden,) wohl aber an ihnen, sofern wir sie nicht kennen, als Sachen an sich selbst, angetroffen werden müsse: so zeiget sich, dass, was wir anfangs nur zum Versuche annahmen, gegründet sei.

Metaphysik: *hier: Versuch, mit reiner Verstandestätigkeit zu Erkenntnissen zu gelangen*
Anschauung: *sinnliche Wahrnehmung*
in Stecken: *ins Stocken geraten*
a priori: *vor aller Erfahrung, rein durch die Vernunft gegeben*
das Unbedingte: *das „Ding an sich", das, was als letzter, unerfahrbarer Grund die Dinge bestimmt und ihr Wesen ausmacht*

Konrad Lorenz **

Evolutionäre Erkenntnistheorie

aus: Die Rückseite des Spiegels. Versuch einer Naturgeschichte menschlichen Erkennens (München 1973, S. 18f.)

Der österreichische Verhaltensforscher und Nobelpreisträger Konrad Lorenz (1903–1989), einer der Begründer der „evolutionären Erkenntnistheorie", vertritt die These, dass unser Erkenntnisapparat (Sinnesorgane und Verstand) sich evolutionär der Wirklichkeit angepasst hätte und deshalb diese einigermaßen korrekt abbilden müsse, da ansonsten das Überleben der Menschen nicht möglich gewesen wäre.

Alles, was wir Menschen über die reale Welt wissen, in der wir leben, verdanken wir stammesgeschichtlich entstandenen, Relevantes vermeldenden Apparaten des Informationsgewinns, die zwar sehr viel komplexer, aber nach gleichen Prinzipien gebaut sind wie jene, welche die Fluchtreaktion des Pantoffeltierchens bewirken. Nichts, was Gegenstand der Naturwissenschaft sein kann, ist auf einem anderen Wege zu unserer Kenntnis gelangt als auf eben diesem.

Aus dieser Einsicht folgt, dass wir die menschlichen Fähigkeiten zum Erkennen der Wirklichkeit anders beurteilen, als es die Erkenntnistheoretiker bisher getan haben. Wir sind, was unsere Hoffnung betrifft, den Sinn und die letzten Werte dieser Welt zu verstehen, sehr bescheiden. An unserer Überzeugung dagegen, dass alles, was unser Erkenntnisapparat uns meldet, wirklichen Gegebenheiten der außersubjektiven Welt entspricht, halten wir unerschütterlich fest.

Diese erkenntnistheoretische Haltung entspringt dem Wissen, dass unser Erkenntnisapparat selbst ein Ding der realen Wirklichkeit ist, das in „Auseinandersetzung mit" und in „Anpassung an" ebenso wirkliche Dinge seine gegenwärtige Form erhalten hat. Auf dieses Wissen gründet sich unsere Überzeugung, dass allem, was unser Erkenntnisapparat uns über die äußere Wirklichkeit mitteilt, etwas Wirkliches entspricht. Die „Brillen" unserer Denk- und

Anschauungsformen, wie Kausalität, Substantialität, Raum und Zeit, sind Funktionen einer neuro-sensorischen Organisation, die im Dienste der Arterhaltung entstanden ist. Durch diese Brillen sehen wir also nicht, wie die transzendentalen Idealisten annehmen, eine unvoraussagbare Verzerrung des An-sich-Seienden, die in keiner noch so vagen Analogie, in keinem „Bildverhältnis“ zur Wirklichkeit steht, sondern ein wirkliches Bild derselben, allerdings eines, das in krass utilitaristischer Weise vereinfacht ist: Wir haben nur für jene Seiten des An-sich-Bestehenden ein „Organ“ entwickelt, auf die in arterhaltend zweckmäßiger Weise Bezug zu nehmen für unsere Art so lebenswichtig war, dass ein ausreichender Selektionsdruck die Ausbildung dieses speziellen Apparates der Erkenntnis bewirkte. Die Leistung unseres Erkenntnisapparates gleicht in dieser Hinsicht dem, was ein roher und primitiver Robben- oder Walfischfänger über das Wesen seiner Beute weiß, nämlich nur das, was für seine Interessen praktisch von Belang ist. Dieses wenige aber, was zu wissen uns die Organisation unserer Sinnesorgane und unseres Nervensystems gestattet, hat sich in äonenlanger Erprobung bewährt. Wir dürfen ihm vertrauen – soweit es reicht! Denn ganz selbstverständlich müssen wir annehmen, dass das An-sich-Bestehende noch sehr viele andere Seiten hat, die aber für uns, für die barbarischen Robbenfänger, die wir eigentlich sind, nicht lebenswichtig sind. Wir haben „kein Organ“ für sie, weil unsere Artentwicklung nicht gezwungen war, Anpassungen an sie zu entwickeln. Für alle die vielen „Wellenlängen“, auf die unser „Empfangsapparat“ nicht abgestimmt ist, sind wir selbstverständlich taub, und wir wissen nicht, wir können nicht wissen, wie viele ihrer sind. Wir sind „beschränkt“ im buchstäblichen wie im übertragenen Sinne dieses Wortes.

Substantialität: *Annahme einer unsichtbaren „Substanz“, eines Wesens der Dinge hinter ihrer zufälligen Erscheinungsform*

Georg Wilhelm Friedrich Hegel ***
DIE DIALEKTIK DES BEGRIFFS
aus: Wissenschaft der Logik I
(in: Werke in 20 Bänden, Frankfurt/M 1970, Bd. 5, S. 49f.)

Hegel, der eine sogenannte dialektische Logik entwickelte, versucht hier zu zeigen, wie durch das Aufdecken und Bewusstmachen des Widerspruchs ein Erkenntnisfortschritt erreichbar sein soll.

Das Einzige, *um den wissenschaftlichen Fortgang zu gewinnen*, – und um dessen ganz *einfache* Einsicht sich wesentlich zu bemühen ist, – ist die Erkenntnis des logischen Satzes, dass das Negative ebenso sehr positiv ist, dass also im Resultate wesentlich das enthalten ist, woraus es resultiert. Indem das Resultierende, die Negation, *bestimmte* Negation ist, hat sie einen *Inhalt*. Sie ist ein neuer Begriff, aber der höhere, reichere Begriff als der vorhergehende; denn sie ist um dessen Negation oder Entgegengesetztes reicher geworden, enthält ihn also, aber auch mehr als ihn, und ist die Einheit seiner und seines Entgegengesetzten. – In diesem Wege hat sich das System der Begriffe überhaupt zu bilden, – und in unaufhaltsamem, reinem, von außen nichts hereinnehmendem Gange sich zu vollenden.

Das, wodurch sich der Begriff selbst weiter leitet, ist das vorhin angegebene *Negative*, das er in sich selbst hat; dies macht das wahrhaft Dialektische aus. Die *Dialektik*, die als ein abgesonderter Teil der Logik betrachtet und in Ansehung ihres Zwecks und Standpunkts, man kann sagen, gänzlich verkannt worden ist, erhält dadurch eine ganz andere Stellung. – Auch die *platonische* Dialektik hat selbst im Parmenides und anderswo ohnehin noch direkter, teils nur die Absicht, beschränkte Behauptungen durch sich selbst aufzulösen und zu widerlegen, teils aber überhaupt das Nichts zum Resultate. Gewöhnlich sieht man die Dialektik für ein äußerliches und negatives Tun an, das nicht der Sache selbst angehöre, in bloßer Eitelkeit als einer subjektiven Sucht, sich das Feste und Wahre in Schwanken zu setzen und aufzulösen, seinen Grund habe oder wenigstens zu nichts führe als zur Eitelkeit des dialektisch behandelten Gegenstandes.

Kant hat die Dialektik höher gestellt, – und diese Seite gehört unter die größten seiner Verdienste, – indem er ihr den Schein von Willkür nahm, den sie nach der gewöhnlichen Vorstellung hat, und sie als *ein notwendiges Tun der Vernunft* darstellte. Indem sie nur für die Kunst, Blendwerke vorzumachen und Illusionen hervorzubringen, galt, wurde schlechthin vorausgesetzt, dass sie ein falsches Spiel spiele und ihre ganze Kraft allein darauf beruhe, dass sie den Betrug verstecke; dass ihre Resultate nur erschlichen und ein subjektiver Schein seien. Kants dialektische Darstellungen in den Antinomien der reinen Vernunft verdienen zwar, wenn sie näher betrachtet werden, wie dies im Verfolge dieses Werkes weitläufiger geschehen wird, freilich kein großes Lob; aber die allgemeine Idee, die er zu Grunde gelegt und geltend gemacht hat, ist die *Objektivität des Scheins* und *Notwendigkeit des Widerspruchs*, der zur *Natur* der Denkbestimmungen gehört: zunächst zwar in der Art, insofern diese Bestimmungen von der Vernunft auf *die Dinge an sich* angewendet werden; aber eben, was sie in der Vernunft und in Rücksicht auf das sind, was an sich ist, ist ihre Natur. Es ist dies Resultat, in *seiner positiven Seite aufgefasst*, nichts anderes, als die innere *Negativität* derselben, als ihre sich selbst bewegende Seele, das Prinzip aller natürlichen und geistigen Lebendigkeit überhaupt. Aber so wie nur bei der abstrakt-negativen Seite des Dialektischen stehen geblieben wird, so ist das Resultat nur das Bekannte, dass die Vernunft unfähig sei, das Unendliche zu erkennen; – ein sonderbares Resultat, indem das Unendliche das Vernünftige ist, zu sagen, die Vernunft sei nicht fähig, das Vernünftige zu erkennen.

Räsonnieren: *bei Hegel das verstandesmäßige an die konkrete Anschauung gebundene Überlegen*

Ludwig Wittgenstein **

LOGIK UND WELT

aus: Tractatus logico-philosophicus

(Frankfurt/Main, 7. Aufl., S. 41, 42, 89, 90, 101, 102, 115)

Wittgensteins „Tractatus" untersucht die Möglichkeiten des Denkens anhand der Möglichkeiten der Sprache. Ausgehend vom logischen Bau der Sätze und der Struktur des logischen Schließens versucht er eine Erkenntnistheorie zu formulieren, die konsequent die Möglichkeiten und Grenzen menschlichen Denkens offenbart.

4.111 Die Philosophie ist keine der Naturwissenschaften.
(Das Wort „Philosophie" muss etwas bedeuten, was über oder unter, aber nicht neben den Naturwissenschaften steht.)

4.112 Der Zweck der Philosophie ist die logische Klärung der Gedanken.
Die Philosophie ist keine Lehre, sondern eine Tätigkeit. Ein philosophisches Werk besteht wesentlich aus Erläuterungen.
Das Resultat der Philosophie sind nicht „philosophische Sätze", sondern das Klarwerden von Sätzen.
Die Philosophie soll die Gedanken, die sonst, gleichsam, trübe und verschwommen sind, klar machen und scharf abgrenzen.

4.1121 Die Psychologie ist der Philosophie nicht verwandter als irgendeine andere Natuwissenschaft.
Erkenntnistheorie ist die Philosophie der Psychologie. Entspricht nicht mein Studium der Zeichensprache dem Studium der Denkprozesse, welches die Philosophen für die Philosophie der Logik für so wesentlich hielten? Nur verwickelten sie sich meistens in unwesentliche psychologische Untersuchungen und eine analoge Gefahr gibt es auch bei meiner Methode.

4.1122 Die darwinsche Theorie hat mit der Philosophie nicht mehr zu schaffen als irgendeine andere Hypothese der Naturwissenschaft.

4.113 Die Philosophie begrenzt das bestreitbare Gebiet der Naturwissenschaft.

4.114 Sie soll das Denkbare abgrenzen und damit das Undenkbare.
Sie soll das Undenkbare von innen durch das Denkbare begrenzen.

4.115 Sie wird das Unsagbare bedeuten, indem sie das Sagbare klar darstellt.

4.116 Alles was überhaupt gedacht werden kann, kann klar gedacht werden. Alles was sich aussprechen lässt, lässt sich klar aussprechen.

(…)

5.61 Die Logik erfüllt die Welt; die Grenzen der Welt sind auch ihre Grenzen.

Wir können also in der Logik nicht sagen: Das und das gibt es in der Welt, jenes nicht. Das würde nämlich scheinbar voraussetzen, dass wir gewisse Möglichkeiten ausschließen und dies kann nicht der Fall sein, da sonst die Logik über die Grenzen der Welt hinaus müsste: wenn sie nämlich diese Grenzen auch von der anderen Seite betrachten könnte.

Was wir nicht denken können, das können wir nicht denken; wir können also auch nicht sagen, was wir nicht denken können.

(…)

6.13 Die Logik ist keine Lehre, sondern ein Spiegelbild der Welt.
Die Logik ist transzendental.

6.2. Die Mathematik ist eine logische Methode.
Die Sätze der Mathematik sind Gleichungen, also Scheinsätze.

6.21 Der Satz der Mathematik drückt keinen Gedanken aus.

6.211 Im Leben ist es ja nie der mathematische Satz, den wir brauchen, sondern wir benützen den mathematischen Satz nur, um aus Sätzen, welche nicht der Mathematik angehören, auf andere zu schließen, welche gleichfalls nicht der Mathematik angehören.
(In der Philosophie führt die Frage „wozu gebrauchen wir eigentlich jenes Wort, jenen Satz" immer wieder zu wertvollen Einsichten.)

6.22 Die Logik der Welt, die die Sätze der Logik in den Tautologien zeigen, zeigt die Mathematik in den Einsichten.

(…)

6.53 Die richtige Methode der Philosophie wäre eigentlich die: Nichts zu sagen, als was sich sagen lässt, also Sätze der Naturwissenschaft – also etwas, was mit Philosophie nichts zu tun hat –, und dann immer, wenn ein anderer etwas Metaphysisches sagen wollte, ihm nachzuweisen, dass er gewissen Zeichen in seinen Sätzen keine Bedeutung gegeben hat. Diese Methode wäre für den anderen unbefriedigend – er hätte nicht das Gefühl, dass wir ihn Philosophie lehrten – aber sie wäre die einzig streng richtige.

6.54 Meine Sätze erläutern dadurch, dass sie der, welcher mich versteht, am Ende als unsinnig erkennt, wenn er durch sie – auf ihnen – über sie hinausgestiegen ist. (Er muss sozusagen die Leiter wegwerfen, nachdem er auf ihr hinaufgestiegen ist.)
Er muss diese Sätze überwinden, dann sieht er die Welt richtig.

7. Wovon man nicht sprechen kann, darüber muss man schweigen.

Franz von Kutschera **

Die Bedeutung der Logik

aus: Einführung in die moderne Logik
(Freiburg 1981, S. 12ff.)

Kutschera bringt verschiedene Argumente, die die entscheidende Rolle einer tragfähigen Logik in unserem alltäglichen und wissenschaftlichen Leben demonstrieren sollen.

1 Wozu beschäftigt man sich mit formaler Logik? Worin liegt ihr Nutzen? Ist die Beschäftigung mit der Logik nicht nur ein spezielles und etwas esoterisches Hobby, das kein allgemeineres Interesse für sich beanspruchen kann als z. B. das Briefmarkensammeln oder das Lösen von Kreuzworträtseln?

Für diejenigen Wissenschaftler, die sich hauptsächlich oder ausschließlich mit Logik befassen, ist natürlich das immanente Interesse an der Logik ausschlaggebend, ebenso wie für den Physiker das immanente Interesse an der Physik leitend ist und nicht der Gesichtspunkt ihrer möglichen technischen Anwendung. Die elementare Logik ist darüber hinaus für die Wissenschaft von allgemeinem Interesse. Deshalb gehört die Logik zur wissenschaftlichen *Propädeutik*, d. h. zu den Themen, mit denen jeder Student und Wissenschaftler sich, systematisch gesehen, beschäftigen sollte, bevor er sich den speziellen Problemen seines Fachs zuwendet, weil diese Themen für jegliche Art wissenschaftlicher Untersuchung grundlegend sind.

Ganz allgemein charakterisiert ist die Logik die Schule des korrekten, klaren und folgerichtigen Denkens. Da aber wissenschaftliches Denken zumindest ein in dieser Weise qualifiziertes Denken sein muss, sollte jeder Wissenschaftler diese Schule einmal besuchen. Diese Schule wird aber tatsächlich nur wenig besucht, weil sich zum einen viele Menschen für denkerische Naturbegabungen halten und weil zum andern die wissenschaftlichen Begriffs- und Theorienbildungen vielfach noch so einfach sind, dass man sie mit einer gesunden logischen Intuition durchaus meistern kann.

Grundsätzlich ist aber zu sagen, dass das korrekte, klare und folgerichtige Denken eine durchaus anspruchsvolle und keineswegs immer leichte Tätigkeit ist, die man ohne gründliche Ausbildung nicht ausreichend beherrschen kann. Wenn man z. B. bemerkt, dass in der Umgangssprache das Wort „denken“ von vielen nur im Sinn von „fälschlich vermuten“ gebraucht wird, so wird einem klar, dass man mit dieser Art naturwüchsigen Denkens in den Wissenschaften kaum viel ausrichten kann. Und allen ist geläufig, dass man gehen, sprechen, essen und Fußball spielen lernen muss, warum also ausgerechnet das Denken nicht?

Versuchen Sie z. B. die Verneinung des einfachen Satzes „Es ist nicht alles Gold, was glänzt.“ zu bilden.

Welcher der folgenden Sätze ist die Verneinung?

„Einiges Gold glänzt nicht.“

„Einiges, was glänzt, ist nicht Gold.“

„Alles, was glänzt, ist Gold.“

„Alles Gold glänzt nicht.“

Oder versuchen Sie festzustellen, ob der folgende Schluss gültig ist:

Wenn Friedrich nicht zu den Tätern gehört, wenn alle am Tatort anwesenden Amtspersonen, Täter oder über achtzig Jahre alt waren und keine Amtsperson über achtzig Jahre alt ist und wenn Friedrich eine Amtsperson ist, so war Friedrich nicht am Tatort anwesend.

Vielleicht wird Ihnen an solchen konkreten Fällen deutlich, dass eine Übung des logischen Denkens nicht überflüssig ist.

Aber abgesehen von der allgemeinen Charakterisierung als Schule des Denkens, ist die Logik auch aus folgenden Gründen für alle Wissenschaften von Bedeutung: In den Wissenschaften spielen Argumentationen für oder gegen eine Behauptung eine wesentliche Rolle, und unter den wissenschaftlichen Argumenten kommt den Beweisen eine ausgezeichnete Rolle zu. *Ein Beweis*, denken Sie etwa an das Beispiel eines mathematischen Beweises, ist jedoch nichts anderes als eine Folge von Schlüssen, deren erste Prämissen bereits bewiesene Sätze sind und deren letzte Konklusion die zu beweisende Behauptung darstellt. Damit ein Beweis akzeptiert wird, fordert man im Allgemeinen nur, dass jeder Schritt des Beweises, jeder einzelne Schluss, als richtig einleuchte. Dieses „einleuchten“ ist jedoch kein unproblematisches Kriterium, denn es hat schon manchem etwas eingeleuchtet, was sich später als falsch erwiesen hat. Will man den Beweisen größtmögliche Strenge sichern und sie einer genauen Kontrolle zugänglich machen, wird man sich auf eine Theorie des Beweisens, d. h. aber eine Theorie des Schließens stützen, man wird deshalb die Logik zu Rate ziehen müssen.

Ferner spielen in allen Wissenschaften *Definitionen* eine wesentliche Rolle. Damit die definierten Begriffe vernünftig gebildet und ausreichend bestimmt sind, müssen die Definitionen gewissen Bedingungen genügen, die man in der Definitionslehre untersucht. Die Definitionslehre gehört aber als Teil der Lehre vom Begriff zur Logik.

Darüber hinaus wäre auch hinzuweisen auf die Bedeutung der Logik für die mathematische Grundlagenforschung, auf ihre Rolle bei der Entwicklung von Computern, auf ihren Einfluss auf die moderne Sprachwissenschaft usw.

Ernst Tugendhat / Ursula Wolf ***
BEGRIFFE, IDEEN, UNIVERSALIEN
aus: Logisch-semantische Propädeutik
(Stuttgart 1983, S. 129ff.)

Die Autoren geben im folgenden Text einen knappen, aber sehr präzisen Überblick über die lange Geschichte der Diskussion um den „Allgemeinbegriff" – es geht also um die Frage, was Begriffe eigentlich sind, wie sie entstehen, ob es sich nur um Konstrukte des Menschen handelt oder ob es sie „wirklich" gibt.

Im Folgenden sollen einige der wichtigsten historischen Etappen im Nachdenken über ‚Begriffe' genannt werden.

Der Erste, der auf das Problem aufmerksam wurde, war Platon. In seinen Frühdialogen stellt Sokrates bestimmte „was ist"-Fragen: was ist schön, was ist tapfer, was ist gerecht? usw. Dabei zeigte sich: so eine Frage ist zweideutig. Die Frage „Was ist schön?" kann als Frage nach einer Aufzählung schöner Dinge verstanden werden und wird von Sokrates' Dialogpartnern zunächst so missverstanden; Platon will sie aber verstanden wissen als Frage, was es ist (heißt), schön zu sein. Platon bezeichnet das auch so: Was ist *das* Schöne, was ist das Schöne selbst? Gesucht wird – wie wir heute sagen würden – nach einer Begriffsbestimmung. Wir müssen, sagte Platon, bei jedem generellen Terminus unterscheiden das viele F, also z. B. das viele Schöne, das mehr oder weniger schön ist, und einmal schön und dann wieder nichtschön sein kann, und demgegenüber das F selbst, die Schönheit, das Eines und unveränderlich ist und das nicht sinnlich wahrnehmbar ist, also ein Gegenstand des reinen Denkens, und er nannte das „idea" („das Erschaute"). Die Ideen sind also nicht-sinnlich Seiendes (in heutiger Terminologie: abstrakte Gegenstände). Die Beziehung zwischen dem konkreten Einzelding, das so-und-so ist, und dem so-und-so selbst (der Idee) bezeichnete Platon als Teilhabe (*methexis*). Die aristotelische Kritik an dieser Konzeption hat schon Platon selbst in seinem Dialog *Parmenides* vorweggenommen: Wie kann die eine Idee in den vielen Dingen, die an ihr teilhaben, als diese eine, ohne sich zu zersplittern, anwesend sein?

Aristoteles verwendet das Wort „eidos" (im Lateinischen übersetzt durch „forma" und „species"), und er redet auch einfach von „dem Allgemeinen" (*to kathólou*), das im Lateinischen mit „universale" übersetzt wurde. Er verwarf die Ideen als selbständige Entitäten, die nach Platon losgelöst vom sinnlich Seienden wie eigene – nur übersinnliche – Einzeldinge existierten. Der Gegensatz zwischen der platonischen und der aristotelischen Auffassung ist dann im Mittelalter als der zwischen *universalia ante res* (die Universalien existieren vor und unabhängig von den konkreten Dingen) und *universalia in rebus* (sie existieren nur in den konkreten Dingen) formuliert worden. Man kann jedoch bezweifeln, ob diese Auffassung der „universalia in rebus" überhaupt eine echte Alternative oder nicht nur eine Augenwischerei ist. Der Zersplitterungseinwand, der am Ende des vorigen Absatzes geäußert wurde, scheint doch gegenüber der „universalia in rebus"-Auffassung noch verstärkt zu gelten. Man muss daher Aristoteles vorwerfen, er habe gegenüber Platon eine bloß negative Position eingenommen: Die Universalien sollen nicht als selbständige Entitäten existieren, aber er sagt nicht, als was sie dann zu verstehen sind. Ist nicht die einzige wirkliche Frage die: Gibt es Universalien oder gibt es keine? Und wenn es sie gibt, heißt das eben, dass es eigene Entitäten sind.

Man hat die platonische und die aristotelische Auffassung als (Universalien-)*Realismus* zusammengefasst (es gibt die Universalien wirklich). Im Mittelalter gab es dazu zwei Alternativen; auf der einen Seite den *Nominalismus* (es gibt die Universalien nicht, sondern nur die Zeichen): Diese Position steht vor der Schwierigkeit, erklären zu müssen, wie ein Zeichen, das doch als solches nur ein konkreter Gegenstand ist, als allgemeines fungieren kann, ohne für etwas Allgemeines zu stehen; auf der anderen Seite den *Konzeptualismus*, demzufolge es die Universalien zwar nicht in der Wirklichkeit gibt, wohl aber im Geist, im Denken: Sie werden durch „Abstraktion" im Denken erzeugt. Unser Wort „Begriff" ist die Übersetzung von „conceptus".

Die konzeptualistische Auffassung ist diejenige, die sich in der frühen Neuzeit durchgesetzt hat. Sie entspricht der psychologischen Auffassung des Logischen. Die *Logik von Port-Royal* spricht von allgemeinen Vorstellungen (*idées universelles*), die durch Abstraktion gewonnen werden. Genau so spricht Locke von „abstract ideas", und Kant erklärt Begriffe als „allgemeine Vorstellungen". Zu beachten ist, dass das Wort „idea" in der frühen Neuzeit im Lateinischen, Französischen und Englischen so viel wie Vorstellung bedeutet und nichts mehr mit der platonischen Bedeutung dieses Wortes zu tun hat.

Bevor wir auf die Schwierigkeiten der konzeptualistischen Auffassung eingehen, sei ein Aspekt der Begriffstheorie der *Logik von Port-Royal* erwähnt, der historisch wichtig geworden ist. (Es) wird die Unterscheidung gemacht zwischen *compréhension* („Inhalt") und *étendue* („Umfang") eines Begriffs. Der Inhalt soll alle Attribute enthalten, die der Begriff enthält, z. B. der Begriff des Rindes enthält u. a. die Attribute „Tier", „Säuger", „Wiederkäuer". Der Umfang soll alles enthalten, was unter den Begriff fällt. Dabei entstand die Unklarheit, ob damit die untergeordneten Begriffe gemeint sind oder die Gegenstände, auf die der Begriff anwendbar ist. Frege hat darauf hingewiesen, dass es sich hier nicht um eine graduelle Differenz, sondern um einen scharfen logischen Unterschied handelt. Ein Oberbegriff ist nur auf die Gegenstände, die unter ihn fallen, nicht auf seinen Unterbegriff anwendbar (man kann nicht sagen: „der Begriff ‚Rind' ist ein Tier"); B ist gegenüber A ein Unterbegriff, wenn alles, was unter B fällt, auch unter A fällt, aber nicht umgekehrt. – Heute wird die Rede vom Umfang (Extension) eines Begriffs in eindeutiger Weise verwendet für die Menge der Gegenstände, die unter ihn fallen (die Menge aller Rinder bildet den Umfang des Begriffs ‚Rind'). – Was den anderen Begriff, den des Inhalts betrifft, so hat der englische Logiker Hamilton im 19. Jahrhundert das Wort „comprehension" durch das Wort „intension" ersetzt. So kommt es zu der heutigen Unterscheidung von *Extension* und *Intension*. Allerdings spricht man nicht mehr von Extension und Intension des Begriffs, sondern des generellen Terminus, und vielfach wird gesagt, die Intension *ist* der Begriff. Worauf es dabei vor allem ankommt, ist, dass zwei generelle Termini dieselbe Extension haben können (d. h. sie treffen auf genau dieselben Gegenstände zu, sie haben denselben Umfang, sie bestimmen ein und dieselbe Menge oder Klasse) und gleichwohl eine verschiedene Intension haben können (sie stehen für zwei verschiedene Begriffe, d. h. sie haben eine verschiedene Bedeutung, und d. h.: es wäre denkbar, dass ihre Umfänge verschieden sind, obwohl sie es *de facto* nicht sind). Ein Beispiel sind die Wörter „Wiederkäuer" und „Paarhufer": Sie haben dieselbe Extension, aber nicht dieselbe Intension.

genereller Terminus: *Allgemeinbegriff*
Logik von Port-Royal: *Wichtiges System der Logik, veröffentlicht von Arnauld und Nicole 1662*

Eike von Savigny *

LOGIKÜBUNGEN

aus: Grundkurs im logischen Schließen
(2. Aufl., Göttingen 1984, S. 9ff.)

Diese Übungen bieten die Möglichkeit, das im Logik-Kapitel erworbene Wissen zu überprüfen und zu sichern. Viel Spaß!

Begründen und Schlussfolgern

Eine Begründung ist ein gesprochener oder geschriebener Text, der zeigen soll, dass eine Annahme wahrscheinlich, eine Feststellung zutreffend, eine Vermutung begründet, ein Bericht plausibel, eine Voraussage berechtigt, ein Schluss unausweichlich ist und so weiter.

Beispiele:

Auf dem Messer befindet sich der Fingerabdruck von Mackie Messer; wahrscheinlich hat dann er den Mord begangen.

dpa hat die Meldung bestätigt. Es trifft also zu, dass Chruschtschow tot ist.

Da der Kultusminister selbst Ordinarius ist, dürfte er kaum für den Verzicht der Ordinarien auf einige ihrer angestammten Rechte eintreten.

Es klingt ganz glaubhaft, dass Brandt sich noch nicht entschieden hat; denn das passt zu ihm.

Wenn man von der derzeit schlechten Form des FC Bayern ausgeht und den Sieg der Gladbacher in Stuttgart in Betracht zieht, dann sollten die Borussen morgen in Gladbach wohl deutlich gewinnen.

Wo der verschwundene Malkasten doch mit weggekratztem Namensschild wieder aufgetaucht ist, kann doch einfach keine harmlose Verwechslung vorgelegen haben!

Annahmen, Feststellungen, Vermutungen, Berichte, Voraussagen usw. genießen nach einer weit verbreiteten Anschauung eine Vorzugsstellung; man nennt sie „deskriptiv", „empirisch", „konstativ", „kognitiv" oder so ähnlich. Gemeint ist, dass nur solche Äußerungen Erkenntnisse über die Wirklichkeit aussprechen können. Für die Frage, was eine Begründung ist, spielen solche Überlegungen keine Rolle. In Begründungen kann auch gezeigt werden, dass ein Rat gut, eine Warnung begründet, eine Weigerung gerechtfertigt, eine Empfehlung vernünftig, ein Vorschlag aussichtsreich ist usw.

Beispiele:

Sein Ratschlag, die Chemie-Aktien zu verkaufen, war angesichts der drohenden Ölkrise wirklich gut.

Stiere soll man nicht reizen, da sie sehr gefährlich sind.

Natürlich brauchst du nicht nachzugeben, wenn er so unverschämt daherredet.

Da das Benzin jetzt so teuer ist, sollte man sich für ein Auto entscheiden, das weniger verbraucht.

Man könnte zunächst versuchen, sich außergerichtlich zu einigen, da die Gegner wahrscheinlich das Prozessrisiko scheuen.

Begründungen sind Versuche, jemanden zu überzeugen; sie müssen von Versuchen, jemanden zu überreden, unter Druck zu setzen oder seine Meinung suggestiv zu ändern, unterschieden werden;

Meine Prüfungsleistung war sehr gut, Herr Professor. Andernfalls wird mein Stipendium nicht weiter gewährt.

Das ist keine Begründung dafür, dass die Prüfung sehr gut war. Zum Vergleich:

Meine Prüfungsleistung war sehr gut, Herr Professor. Ich habe nur eine Frage nicht beantwortet und der Stoff war sehr umfangreich.

Das ist eine Begründung dafür, dass die Prüfung sehr gut war. Anders:

Sie sollten mir ein „sehr gut" geben, Herr Professor. Andernfalls wird mein Stipendium nicht weiter gewährt.

Das ist eine Begründung dafür, dass der Professor ein „sehr gut" geben sollte. Ob die Begründung gut ist, steht freilich auf einem anderen Blatt; sie kann, je nach Lage des Falles, gut oder schlecht sein.

Vor der Zusatzübung bitte die darauf folgenden Übungen machen!

Zusatzübung

Welchen von den beiden Texten kann man jeweils eher als Begründung ansehen?

a. Es ist unnötig, dass der Minister das Disziplinarverfahren einleitet. Schließlich
   - hat er selbst einiges zu verbergen.
   - sind die Verfehlungen völlig unbedeutend.

b. Es ist unrecht vom Minister, das Disziplinarverfahren einzuleiten. Denn
   - er hat selbst einiges zu verbergen.
   - in ähnlichen Fällen hat er es auch nicht getan.

c. Da die Deutschen selbst eine faschistische Vergangenheit haben,
   - ist die Kritik von Günther Grass an den chilenischen Zuständen unhaltbar.
   - sollte Günther Grass lieber vor der eigenen Tür kehren.

d. Da Günther Grass' Behauptungen über Chile aus der Luft gegriffen sind,
   - ist seine Kritik an den dortigen Zuständen völlig unhaltbar.
   - sollte er lieber vor der eigenen Tür kehren.

Übungen

1. Sie haben jeweils zwei Texte zur Auswahl; einen von beiden kann man eher als Begründung ansehen.
   a. Finck hat kein Recht, sich zu beklagen, wenn er beraubt wird. Er raubt ja selber.
      Finck geschieht kein Unrecht, wenn er beraubt wird. Er raubt ja selber.
   b. Wilsons Meinung zur EG ist grundfalsch. Schließlich hat er vor zwei Jahren genau das Gegenteil behauptet.
      Wilsons Meinung zur EG ist leichtfertig. Schließlich hat er vor zwei Jahren genau das Gegenteil behauptet.

c. Die Sache mit den Wahlspenden ist für die Öffentlichkeit uninteressant, Herr Chefredakteur. Bedenken Sie, wie gern mein Ministerium Sie immer informiert hat!
Die Sache mit den Wahlspenden bringen Sie besser nicht, Herr Chefredakteur. Bedenken Sie, wie gern mein Ministerium Sie bisher immer informiert hat!

2. Ermitteln Sie jeweils den Satz, den man in der angegebenen Weise zu begründen versuchen kann!
   a. Schopenhauer hatte selbst große Angst vor dem Tode. Deshalb
      – ist seine Verherrlichung des Freitodes unhaltbar.
      – wirkt seine Verherrlichung des Freitodes nicht sehr ehrlich.
   b. Der Selbstmörder kann seine Schuld nicht mehr sühnen. Deshalb
      – ist Schopenhauers Verherrlichung des Freitodes unhaltbar.
      – wirkt Schopenhauers Verherrlichung des Freitodes nicht sehr ehrlich.

3. Ermitteln Sie jeweils den Satz, mit dessen Hilfe man am besten die jeweilige Behauptung begründen kann!
   a. Schwarzfahren ist Unrecht. Denn
      – wer das tut, fährt auf Kosten anderer.
      – wer erwischt wird, muss Strafe zahlen.
      – das Fahrgeld fließt den Stadtwerken zu.
   b. Schwarzfahren kann teuer kommen. Denn
      – wer das tut, fährt auf Kosten anderer.
      – wer erwischt wird, muss Strafe zahlen.
      – das Fahrgeld fließt den Stadtwerken zu.
   c. Schwarzfahren vergrößert das Defizit der Stadtwerke. Denn
      – wer das tut, fährt auf Kosten anderer.
      – wer erwischt wird, muss Strafe zahlen.
      – das Fahrgeld fließt den Stadtwerken zu.

1.

a. Damit, dass jemand selbst raubt, also selbst Unrecht tut, kann man nicht so gut begründen, dass ihm kein Unrecht geschieht, wenn man ihm Unrecht tut, sondern eher, dass er kein Recht hat, sich zu beklagen, wenn ihm Unrecht geschieht.

b. Ob jemand seine Meinungen schnell ändert, ist irrelevant dafür, ob diese Meinungen zutreffen oder nicht; es spielt aber eine große Rolle dafür, ob seine Meinungen leichtfertig sind.

c. Mit Rücksichtnahme auf Informanten kann man – mehr oder weniger gut – begründen, dass man Skandale, in welche sie verwickelt sind, nicht an die Öffentlichkeit bringt, nicht aber, dass diese Skandale für die Öffentlichkeit uninteressant wären.

2.

a. Zieht jemand keine Konsequenz aus seinen Meinungen, so ist das ein Grund, an seiner Ehrlichkeit zu zweifeln, aber kein Grund zum Zweifel daran, dass seine Meinungen zutreffen.

b. Eine derartige moraltheologische Betrachtung kann man als Argument gegen die Entscheidung zum Freitod in Erwägung ziehen, nicht aber als Argument gegen jemandes Ehrlichkeit, der für die Entscheidung zum Freitod plädiert.

3.

a. Wer meint, der Schwarzfahrer fahre auf Kosten anderer, kann ihn aus diesem Grunde für unfair halten und deshalb Schwarzfahren für Unrecht.

b. Da der Schwarzfahrer Geld spart, kann ihn das Schwarzfahren überhaupt nur deshalb teuer zu stehen kommen, weil er möglicherweise erwischt wird.

c. Wenn die Alternative zum Schwarzfahren nicht darin besteht, zu Hause zu bleiben, sondern darin, zu bezahlen, dann entsteht den Stadtwerken durch das Schwarzfahren ein Verlust.

Wilhelm von Humboldt
Von der Sprache
aus: Schriften zur Sprache
(Hrsg. von Michael Böhler, Stuttgart 1973, S. 36ff.) *

Im folgenden Text geht es Humboldt um das Wesen der Sprache, das er im ständig sich verändernden Charakter der Sprache, in ihrer Lebendigkeit sieht.

Form der Sprachen. Die Sprache, in ihrem wirklichen Wesen aufgefasst, ist etwas beständig und in jedem Augenblicke Vorübergehendes. Selbst ihre Erhaltung durch die Schrift ist immer nur eine unvollständige, mumienartige Aufbewahrung, die es doch erst wieder bedarf, dass man dabei den lebendigen Vortrag zu versinnlichen sucht. Sie selbst ist kein Werk (Ergon), sondern eine Tätigkeit (Energeia). Ihre wahre Definition kann daher nur eine genetische sein. Sie ist nämlich die sich ewig wiederholende Arbeit des Geistes, den artikulierten Laut zum Ausdruck des Gedanken fähig zu machen. Unmittelbar und streng genommen, ist dies die Definition des jedesmaligen Sprechens; aber im wahren und wesentlichen Sinne kann man auch nur gleichsam die Totalität dieses Sprechens als die Sprache ansehen. Denn in dem zerstreuten Chaos von Wörtern und Regeln, welches wir wohl eine Sprache zu nennen pflegen, ist nur das durch jenes Sprechen hervorgebrachte Einzelne vorhanden und dies niemals vollständig, auch erst einer neuen Arbeit bedürftig, um daraus die Art des lebendigen Sprechens zu erkennen und ein wahres Bild der lebendigen Sprache zu geben. Gerade das Höchste und Feinste lässt sich an jenen getrennten Elementen nicht erkennen und kann nur (was umso mehr beweist, dass die eigentliche Sprache in dem Akte ihres wirklichen Hervorbringens liegt) in der verbundenen Rede wahrgenommen oder geahndet werden. Nur sie muss man sich überhaupt in allen Untersuchungen, welche in die lebendige Wesenheit der Sprache eindringen sollen, immer als das Wahre und Erste denken. Das Zerschlagen in Wörter und Regeln ist nur ein totes Machwerk wissenschaftlicher Zergliederung.

Die Sprachen als eine Arbeit des Geistes zu bezeichnen, ist schon darum ein vollkommen richtiger und adäquater Ausdruck, weil sich das Dasein des Geistes überhaupt nur in Tätigkeit und als solche denken lässt. Die zu ihrem Studium unentbehrliche Zergliederung ihres Baues nötigt uns sogar, sie als ein Verfahren zu betrachten, das durch bestimmte Mittel zu bestimmten Zwecken vorschreitet, und sie insofern wirklich als Bildungen der Nationen anzusehen. (…)

Ich habe schon im Obigen darauf aufmerksam gemacht, dass wir uns, wenn ich mich so ausdrücken darf, mit unsrem Sprachstudium durchaus in eine geschichtliche Mitte versetzt befinden, und dass weder eine Nation noch eine Sprache unter den uns bekannten ursprünglich genannt werden kann. Da jede schon einen Stoff von früheren Geschlechtern aus uns unbekannter Vorzeit empfangen hat, so ist die, nach der obigen Erklärung, den Gedankenaustausch hervorbringende geistige Tätigkeit immer zugleich auf etwas schon Gegebenes gerichtet, nicht rein erzeugend, sondern umgestaltend.

Diese Arbeit nun wirkt auf eine konstante und gleichförmige Weise. Denn es ist die gleiche, nur innerhalb gewisser, nicht weiter Grenzen verschiedne geistige Kraft, welche dieselbe ausübt. Sie hat zum Zweck das Verständnis. Es darf also niemand auf andre Weise zum andren reden, als dieser, unter gleichen Umständen, zu ihm gesprochen haben würde. Endlich ist der überkommene Stoff nicht bloß der nämliche, sondern auch, da er selbst wieder einen gleichen Ursprung hat, ein mit der Geistesrichtung durchaus nahe verwandter. Das in dieser Arbeit des Geistes, den artikulierten Laut zum Gedankenausdruck zu erheben, liegende Beständige und Gleichförmige, so vollständig als möglich in seinem Zusammenhange aufgefasst und systematisch dargestellt, macht die Form der Sprache aus.

In dieser Definition erscheint dieselbe als ein durch die Wissenschaft gebildetes Abstraktum. Es würde aber durchaus unrichtig sein, sie auch an sich bloß als ein solches daseinloses Gedankenwesen anzusehen. In der Tat ist sie vielmehr der durchaus individuelle Drang, vermittelst dessen eine Nation dem Gedanken und der Empfindung Geltung in der Sprache verschafft. Nur weil uns nie gegeben ist, diesen Drang in der ungetrennten Gesamtheit seines Strebens, sondern nur in seinen jedesmal einzelnen Wirkungen zu sehen, so bleibt uns auch bloß übrig, die Gleichartigkeit seines Wirkens in einen toten allgemeinen Begriff zusammenzufassen. In sich ist jener Drang eins und lebendig.

genetisch: *hier: die Entwicklung betreffend*

Arthur Schopenhauer **

Über Sprache und Worte

aus: Parerga und Paralipomena

(in: Werke Bd. V, hrsg. v. W. v. Löhneysen, Frankfurt/M 1986, S. 663f.)

In seinen Überlegungen über „Sprache und Worte" geht Schopenhauer davon aus, dass Sprache etwas Naturgegebenes, Instinktives sei, das in seiner ursprünglichsten Form auch seine höchste Entfaltung erreichte. Die weitere Entwicklung der Sprachen ist dann ein Sprachverfall.

Bekanntlich sind die Sprachen, namentlich in grammatischer Hinsicht, desto vollkommener, je älter sie sind, und werden stufenweise immer schlechter – vom hohen Sanskrit an bis zum englischen Jargon herab, diesem aus Lappen heterogener Stoffe zusammengeflickten Gedankenkleide. Diese allmälige Degradation ist ein bedenkliches Argument gegen die beliebten Theorien unserer so nüchtern lächelnden Optimisten vom „stetigen Fortschritt der Menschheit zum Bessern", wozu sie die deplorable Geschichte des bipedischen Geschlechts verdrehn möchten; überdies aber ist sie ein schwer zu lösendes Problem. Wir können doch nicht umhin, das erste aus dem Schoße der Natur irgendwie hervorgegangene Menschengeschlecht uns im Zustande gänzlicher und kindischer Unkunde, folglich roh und unbeholfen zu denken: Wie soll nun ein solches Geschlecht diese höchst kunstvollen Sprachgebäude, diese komplizierten und mannigfaltigen grammatischen Formen erdacht haben – selbst angenommen, dass der lexikalische Sprachschatz sich erst allmälig angesammelt habe? Dabei sehn wir andererseits überall die Nachkommen bei der Sprache ihrer Eltern bleiben und nur allmälig kleine Änderungen daran vornehmen. Die Erfahrung lehrt aber nicht, dass in der Sukzession der Geschlechter die Sprachen sich grammatikalisch vervollkommnen, sondern, wie gesagt, gerade das Gegenteil: Sie werden nämlich immer einfacher und schlechter. – Sollen wir trotzdem annehmen, dass das Leben der Sprache dem einer Pflanze gleiche, die, aus einem einfachen Keim hervorgegangen, ein unscheinbarer Schössling, sich allmälig entwickelt, ihre Akmé erreicht und von da an allgemach wieder sinkt, indem sie altert, wir aber hätten bloß von diesem Verfall, nicht aber vom frühern Wachstum Kunde? Eine bloß bildliche und noch dazu ganz arbiträre Hypothese – ein Gleichnis, keine Erklärung! Um nun eine solche zu erlangen, scheint mir das Plausibelste die Annahme, dass der Mensch die Sprache instinktiv erfunden hat, indem ursprünglich in ihm ein Instinkt liegt, vermöge dessen er das zum Gebrauch seiner Vernunft unentbehrliche Werkzeug und Organ derselben ohne Reflexion und bewusste Absicht hervorbringt, welcher Instinkt sich nachher, wann die Sprache einmal da ist und er nicht mehr zur Anwendung kommt, allmälig im Lauf der Generationen verliert. Wie nun alle aus bloßem Instinkt hervorgebrachten Werke, z. B. der Bau der Bienen, der Wespen, der Biber, die Vogelnester in so mannigfaltigen und stets zweckmäßigen Formen usw., eine ihnen eigentümliche Vollkommenheit haben, indem sie gerade und genau das sind und leisten, was ihr Zweck erfordert, so dass wir die tiefe Weisheit, die darin liegt, bewundern – ebenso ist es mit der ersten und ursprünglichen Sprache. Sie hatte die hohe Vollkommenheit aller Werke des Instinkts; dieser nachzuspüren, um sie in die Beleuchtung der Reflexion und des deutlichen Bewusstseins zu bringen, ist das Werk der erst Jahrtausende später auftretenden Grammatik.

Sanskrit: *klassische Form des Altindischen*
deplorable: *beklagenswert*
bipedisch: *zweifüßig*
Akmé: *Vollendung*
arbiträr: *willkürlich*

Ludwig Wittgenstein **

SPRACHSPIELE
aus: Philosophische Untersuchungen
(Frankfurt/M 1971, S. 21 – 23, 56)

Wittgenstein geht davon aus, dass Sprachen „Sprachspiele“ sind, die nach bestimmten Regeln ablaufen. Die Bedeutung der Wörter entspricht dabei allerdings ihrem Gebrauch – es gibt keine vom Gebrauch unabhängige Bedeutung. Wir gebrauchen Sprache wie Werkzeuge; und Sprachen, d.h. die verschiedenen Sprachspiele haben darüber hinaus nichts Gemeinsames – es gibt also kein Wesen der Sprache –, sondern Sprachen ähneln sich wie Verwandte, wie die Mitglieder einer Familie.

11. Denk an die Werkzeuge in einem Werkzeugkasten: Es ist da ein Hammer, eine Zange, eine Säge, ein Schraubenzieher, ein Maßstab, ein Leimtopf, Leim, Nägel und Schrauben. – So verschieden die Funktionen dieser Gegenstände, so verschieden sind die Funktionen der Wörter. (Und es gibt Ähnlichkeiten hier und dort.)

Freilich, was uns verwirrt ist die Gleichförmigkeit ihrer Erscheinung, wenn die Wörter uns gesprochen, oder in der Schrift und im Druck entgegentreten. Denn ihre *Verwendung* steht nicht so deutlich vor uns. Besonders nicht, wenn wir philosophieren!

12. Wie wenn wir in den Führerstand einer Lokomotive schauen: da sind Handgriffe, die alle mehr oder weniger gleich aussehen. (Das ist begreiflich, denn sie sollen alle mit der Hand angefasst werden.) Aber einer ist der Handgriff einer Kurbel, die kontinuierlich verstellt werden kann (sie reguliert die Öffnung eines Ventils); ein andrer ist der Handgriff eines Schalters, der nur zweierlei wirksame Stellungen hat, er ist entweder umgelegt, oder aufgestellt; ein dritter ist der Griff eines Bremshebels, je stärker man zieht, desto stärker wird gebremst; ein vierter, der Handgriff einer Pumpe; er wirkt nur, solange er hin und her bewegt wird.

13. Wenn wir sagen: „jedes Wort der Sprache bezeichnet etwas“ so ist damit vorerst noch gar nichts gesagt; es sei denn, dass wir genau erklärten, welche Unterscheidung wir zu machen wünschen. (Es könnte ja sein, dass wir die Wörter der Sprache von Wörtern „ohne Bedeutung“ unterscheiden wollten, wie sie in Gedichten Lewis Carroll's vorkommen, oder von Worten wie „juwiwallera“ in einem Lied.)

14. Denke dir, jemand sagte: „*Alle* Werkzeuge dienen dazu, etwas zu modifizieren. So, der Hammer die Lage des Nagels, die Säge die Form des Bretts, etc.“ – Und was modifiziert der Maßstab, der Leimtopf, die Nägel? – „Unser Wissen um die Länge eines Dings, die Temperatur des Leims, und die Festigkeit der Kiste.“ – Wäre mit dieser Assimilation des Ausdrucks etwas gewonnen? –

15. Am direktesten ist das Wort „bezeichnen“ vielleicht da angewandt, wo das Zeichen auf dem Gegenstand steht, den es bezeichnet. Nimm an, die Werkzeuge, die A beim Bauen benützt, tragen gewisse Zeichen. Zeigt A dem Gehilfen ein solches Zeichen, so bringt dieser das Werkzeug, das mit dem Zeichen versehen ist.

So, und auf mehr oder weniger ähnliche Weise, bezeichnet ein Name ein Ding, und wird ein Name einem Ding gegeben. – Es wird sich oft nützlich erweisen, wenn wir uns beim Philosophieren sagen: Etwas benennen, das ist etwas Ähnliches, wie einem Ding ein Namentäfelchen anheften.(…)

65. Hier stoßen wir auf die große Frage, die hinter allen diesen Betrachtungen steht. – Denn man könnte mir nun einwenden: „Du machst dir's leicht! Du redest von allen möglichen Sprachspielen, hast aber nirgends gesagt, was denn das Wesentliche des Sprachspiels, und also der Sprache, ist. Was allen diesen Vorgängen gemeinsam ist und sie zur Sprache, oder zu Teilen der Sprache macht. Du schenkst dir also gerade den Teil der Untersuchung, der dir selbst seinerzeit das größte Kopfzerbrechen gemacht hat, nämlich den, die *allgemeine Form des Satzes* und der Sprache betreffend.“

Und das ist wahr. – Statt etwas anzugeben, was allem, was wir Sprache nennen, gemeinsam ist, sage ich, es ist diesen Erscheinungen gar nicht eines gemeinsam, weswegen wir für alle das gleiche Wort verwenden, – sondern sie sind miteinander in vielen verschiedenen Weisen *verwandt*. Und dieser Verwandtschaft, oder dieser Verwandtschaften wegen nennen wir sie alle „Sprachen“.

Lewis Carroll: *eigentl. Ch. L. Dodgson (1832 – 1898), engl. Mathematiker, Schachexperte und Schriftsteller, berühmt geworden durch das Buch „Alice im Wunderland“*

Benjamin Lee Whorf

**

DAS LINGUISTISCHE RELATIVITÄTSPRINZIP
aus: Sprache, Denken, Wirklichkeit
(übers. von Peter Krausser, Reinbek 1963, S. 11.13)

In seiner berühmten und umstrittenen, 1956 posthum herausgegebenen Aufsatzsammlung über den Zusammenhang von Sprache und Weltbild stellte der amerikanische Sprachwissenschaftler B. L. Whorf (1897 – 1941) die These auf, dass die Struktur der Sprache die Struktur des Denkens und damit des Weltbildes mitbestimme.

Als die Linguisten so weit waren, eine größere Anzahl von Sprachen mit sehr verschiedenen Strukturen kritisch und wissenschaftlich untersuchen zu können, erweiterten sich ihre Vergleichsmöglichkeiten. Phänomene, die bis dahin als universal galten, zeigten Unterbrechungen, und ein ganz neuer Bereich von Bedeutungszusammenhängen wurde bekannt. Man fand, dass das linguistische System (mit anderen Worten, die Grammatik) jeder Sprache nicht nur ein reproduktives Instrument zum Ausdruck von Gedanken ist, sondern vielmehr selbst die Gedanken formt, Schema und Anleitung für die geistige Aktivität des Individuums ist, für die Analyse seiner Eindrücke und für die Synthese dessen, was ihm an Vorstellungen zur Verfügung steht. Die Formulierung von Gedanken ist kein unabhängiger Vorgang, der im alten Sinne des Wortes rational ist, sondern er ist beeinflusst von der jeweiligen Grammatik. Er ist daher für verschiedene Grammatiken mehr oder weniger verschieden. Wir gliedern die Natur an Linien auf, die uns durch unsere Muttersprachen vorgegeben sind. Die Kategorien und Typen, die wir aus der phänomenalen Welt herausheben, finden wir nicht einfach in ihr – etwa weil sie jedem Beobachter in die Augen springen; ganz im Gegenteil präsentiert sich die Welt in einem kaleidoskopartigen Strom von Eindrücken, der durch unseren Geist organisiert werden muss – das aber heißt weitgehend: von dem linguistischen System in unserem Geist: Wie wir die Natur aufgliedern, sie in Begriffen organisieren und ihnen Bedeutungen zuschreiben, das ist weitgehend davon bestimmt, dass wir an einem Abkommen beteiligt sind, sie in dieser Weise zu organisieren – einem Abkommen, das für unsere ganze Sprachgemeinschaft gilt und in den Strukturen unserer Sprache kodifiziert ist. Diese Übereinkommen ist natürlich nur ein implizites und unausgesprochenes, *aber sein Inhalt ist absolut obligatorisch*; wir können überhaupt nicht sprechen, ohne uns der Ordnung und Klassifikation des Gegebenen zu unterwerfen, die dieses Übereinkommen vorschreibt. (…)

Diese Tatsache ist für die moderne Naturwissenschaft von großer Bedeutung. Sie besagt, dass kein Individuum Freiheit hat, die Natur mit völliger Unparteilichkeit zu beschreiben, sondern eben, während es sich am freiesten glaubt, auf bestimmte Interpretationsweisen beschränkt ist. Die relativ größte Freiheit hätte in dieser Beziehung ein Linguist, der mit sehr vielen äußerst verschiedenen Sprachsystemen vertraut ist. Bis heute findet sich noch kein Linguist in einer solchen Position. Wir gelangen daher zu einem neuen Relativitätsprinzip, das besagt, dass nicht alle Beobachter durch die gleichen physikalischen Sachverhalte zu einem gleichen Weltbild geführt werden, es sei denn, ihre linguistischen Hintergründe sind ähnlich oder können in irgendeiner Weise auf einen gemeinsamen Nenner gebracht werden (be calibrated).

Dieser ziemlich überraschende Schluss wird nicht so deutlich, wenn wir nur unsere modernen europäischen Sprachen miteinander vergleichen und vielleicht zur Sicherheit noch Latein und Griechisch dazunehmen. Unter diesen Sprachen herrscht eine Einstimmigkeit der Grundstrukturen, die auf den ersten Blick der natürlichen Logik Recht zu geben scheint. Die Einhelligkeit besteht jedoch nur, weil diese Sprachen alle indoeuropäische Dialekte sind, nach dem gleichen Grundriss zugeschnitten und historisch überkommen aus dem, was vor sehr langer Zeit eine Sprachgemeinschaft war; weil die modernen Dialekte seit langem am Bau einer gemeinsamen Kultur beteiligt sind; und weil viele der intellektuelleren Züge dieser Kultur sich aus dem linguistischen Hintergrund des Lateinischen und des Griechischen herleiten. Diese Sprachgruppe erfüllt daher die spezielle Bedingung des mit „es sei denn“ beginnenden Nebensatzes in der Formel des linguistischen Relativitätsprinzips am Ende des vorhergehenden Absatzes. Aus dieser Sachlage ergibt sich auch die Einstimmigkeit der Weltbeschreibung in der Gemeinschaft der modernen Naturwissenschaftler. Es muss aber betont werden, dass „alle modernen indoeuropäisch sprechenden Beobachter“ nicht das Gleiche ist wie „alle Beobachter“. Wenn moderne chinesische oder türkische Naturwissenschaftler die Welt in den gleichen Termini wie die westlichen Wissenschaftler beschreiben, so bedeutet dies natürlich nur, dass sie das westliche System der Rationalisierung *in toto* übernommen haben, nicht aber, dass sie dieses System von ihrem eigenen muttersprachlichen Gesichtspunkt aus mit aufgebaut haben.

Deutlicher wird die Divergenz in der Analyse der Welt, wenn wir das Semitische, Chinesische, Tibetanische oder afrikanische Sprachen unseren eigenen gegenüberstellen. Bringen wir gar die Eingeborenensprachen Amerikas hinzu, wo sich einige tausend Jahre lang Sprachgemeinschaften unabhängig voneinander und von der Alten Welt entwickelt haben, dann wird die Tatsache, dass Sprachen die Natur in vielen verschiedenen Weisen aufgliedern, unabweisbar. Die Relativität aller begrifflichen Systeme, das unsere eingeschlossen, und ihre Abhängigkeit von der Sprache werden offenbar. Dass amerikanische Indianer, die nur ihre Eingeborenensprache beherrschen, niemals als wissenschaftliche Beobachter herangezogen werden, ist hier völlig irrelevant. Das Zeugnis auszuschließen, welches ihre Sprachen über das ablegen, was der menschliche Geist tun kann, wäre ebenso falsch, wie von den Botanikern zu fordern, sie sollten nur Gemüsepflanzen und Treibhausrosen studieren, uns dann aber berichten, wie die Pflanzenwelt aussieht.

Linguist: *Sprachwissenschaftler*
phänomenale Welt: *Welt der Erscheinungen, die unseren Sinnen zugänglich ist*
implizit: *mitgemeint, mitenthalten*
obligatorisch: *bindend*
in toto: *im Ganzen*

John L. Austin ***

Performative Äusserungen

aus: Wort und Bedeutung
(München 1975, S. 245ff.)

Austin geht davon aus, dass Sprache in hohem Maße aus Äußerungen besteht, die nicht nur etwas über die Welt aussagen, sondern selbst Handlungen darstellen – Sprechakte. Austin nennt diese Äußerungen auch performativ. Sprechen ist also oft eine Weise zu handeln, so wie Handeln sich in vielen Fällen als Sprechen darstellt.

Der Leser hat durchaus Anspruch darauf, nicht zu wissen, was das Wort „performativ“ bedeutet: Es ist ein neues Wort und ein hässliches Wort, und vielleicht hat es auch keine besonders großartige Bedeutung. Eines spricht jedenfalls für dieses Wort, nämlich dass es nicht tief klingt. Ich erinnere mich, wie jemand, nachdem ich einmal über dieses Thema gesprochen hatte, meinte: „Wissen Sie, ich habe nicht die geringste Ahnung, was er meint, es sei denn, er meint möglicherweise einfach, was er sagt.“ Genauso meine ich es.

Überlegen wir erst einmal, wie es zu dieser Geschichte kommt. Man braucht nicht sehr weit in der Geschichte der Philosophie zurückzugehen, um auf Philosophen zu stoßen, die mehr oder weniger selbstverständlich annahmen, dass das einzige und einzig interessante Geschäft jeder Äußerung – also alles dessen, was wir sagen – darin besteht, wahr zu sein oder zumindest falsch. Natürlich haben diese Philosophen immer schon gewusst, dass es auch andere Arten von Dingen gibt, die wir sagen – so etwas wie Imperative, Ausdrücke des Wünschens und Ausrufe – und die zum Teil sogar schon von Grammatikern klassifiziert worden waren, wenn es auch vielleicht nicht so leicht war, immer genau sagen zu können, was was ist. Dennoch haben die Philosophen angenommen, dass sie ausschließlich an Äußerungen interessiert sind, die Tatsachen berichten oder Situationen wahr oder falsch beschreiben. In jüngster Zeit ist diese Art von Vorgehen in Frage gestellt worden, und zwar in zwei Stufen, wie ich meine. Zuerst sagte man: „Nun schön, wenn diese Dinge wahr oder falsch sind, so müsste man auch entscheiden können, welches von beidem sie sind, und falls man dies nicht entscheiden kann, so taugen sie nichts und sind, kurz gesagt, unsinnig.“ Dieser neue Ansatz war auch wirklich sehr nützlich, und viele Dinge, die wahrscheinlich unsinnig sind, wurden als solche erkannt. Meiner Auffassung nach sind zwar noch nicht alle Arten von Unsinn angemessen klassifiziert, und vielleicht hat man auch einige Dinge als Unsinn abgetan, die es in Wirklichkeit nicht sind, aber dennoch hat diese Bewegung des Verifikationismus auf ihre Weise Ausgezeichnetes geleistet.

Sodann kommen wir jedoch zur zweiten Stufe. Schließlich setzen wir dem Unsinn, den wir reden, quantitative Grenzen, oder doch zumindest dem Unsinn, den wir zuzugeben bereit sind. So begann man sich zu fragen, ob einige von den Dingen, die in Gefahr waren, als Unsinn abgetan zu werden, wenn man sie als Aussagen auffasste, überhaupt Aussagen sein sollten. Könnte es nicht sein, dass sie gar nicht als Berichte über Tatsachen gedacht sind, sondern die Leute auf diese oder jene Weise beeinflussen oder dazu dienen sollen, auf diese oder jene Weise Dampf abzulassen? Oder vielleicht enthalten diese Äußerungen zumindest einige Bestandteile, die solche Funktionen erfüllen oder beispielsweise die Aufmerksamkeit auf ein wichtiges Merkmal der Äußerungssituation lenken (ohne wirklich darüber zu berichten). Diesem Vorgehen entsprechend hat man jetzt ein neues Schlagwort angenommen, das Schlagwort von den „verschiedenen Gebrauchsweisen der Sprache“. Manchmal bezeichnet man den alten Ansatz, der von Aussagen ausgeht, sogar als Trugschluss, nämlich als deskripitiven Trugschluss.

Gewiss, es gibt sehr viele Gebrauchsweisen der Sprache. Es ist allerdings schade, dass man so leicht einen neuen Sprachgebrauch beschwört, wenn einem der Sinn danach steht, um dadurch aus dieser oder jener wohl bekannten philosophischen Zwickmühle herauszukommen. Man muss den Rahmen, innerhalb dessen man diese Verwendungsweisen der Sprache erörtert, erst weiter entwickeln. Außerdem sollte man, wie ich meine, nicht zu leicht verzweifeln und der allgemeinen Tendenz nachgeben, über die *unendlich vielen* Gebrauchsweisen der Sprache zu reden. Die Philosophen tun dies bestimmt schon, sobald sie etwa siebzehn solcher Verwendungsweisen aufgezählt haben. Aber selbst wenn es etwa zehntausend Gebrauchsweisen der Sprache geben sollte, so können wir sie gewiss alle zu gegebener Zeit in geordneter Form zusammenstellen. Diese Zahl ist schließlich nicht größer als die Anzahl der Käferarten, die aufzulisten sich die Entomologen bemüht haben. Worin auch immer die Mängel dieser beiden Bewegungen – der „Verifikations-“ und der „Sprachgebrauchs-“Bewegung – bestehen mögen, so haben sie doch unleugbar eine gewaltige Umwälzung der Philosophie herbeigeführt, und viele würden sagen, dass es die heilsamste in ihrer gesamten Geschichte gewesen ist. (Was, wenn man einmal darüber nachdenkt, kein sehr unbescheidener Anspruch ist.)

Es ist nun eine solche Verwendungsweise der Sprache, die ich hier untersuchen möchte. Ich möchte eine Art von Äußerung diskutieren, die wie eine Aussage aussieht und in grammatischer Hinsicht wohl auch als Aussage eingestuft würde, die zwar weder wahr noch falsch, aber auch nicht unsinnig ist. Dabei wird es sich nicht um Äußerungen handeln, die kuriose Verben wie „könnte" oder „würde" oder so merkwürdige Wörter wie „gut" enthalten, die von vielen Philosophen heute einfach als Gefahrensignale betrachtet werden. Es sind völlig ungekünstelte Äußerungen mit gewöhnlichen Verben in der ersten Person Präsens Indikativ Aktiv, und doch erkennt man sogleich, dass sie unmöglich wahr oder falsch sein könnten. Außerdem würde man, wenn jemand etwas Derartiges äußert, eher sagen, dass er etwas *tut*, als dass er bloß etwas *sagt*. Dies klingt vielleicht ein wenig seltsam, aber die Beispiele, die ich nennen werde, sind tatsächlich überhaupt nicht seltsam und kommen einem vielleicht sogar entschieden uninteressant vor. Hier sind drei oder vier solcher Beispiele. Nehmen wir beispielsweise an, dass ich im Laufe einer Heiratszeremonie „Ja" (d. h.: „Ich nehme die anwesende X zur Frau") sage. Oder nehmen wir an, dass ich dir auf den Fuß trete und sage: „Ich bitte um Verzeihung." Oder angenommen, dass ich eine Sektflasche in der Hand halte und sage: „Ich nenne dieses Schiff *Queen Elizabeth*." Oder ich sage: „Ich wette mit dir um einen Groschen, dass es morgen regnet." In allen diesen Fällen wäre es absurd, das Gesagte als Bericht über die zweifellos vollzogene Handlung – die Handlung des Wettens, der Schiffstaufe oder des Sichentschuldigens – aufzufassen. Man würde vielmehr sagen, dass ich durch das Gesagte tatsächlich die betreffende Handlung vollziehe. Wenn ich sage: „Ich nenne dieses Schiff *Queen Elizabeth*", so beschreibe ich damit nicht die Taufzeremonie, sondern vollziehe die Schiffstaufe, und wenn ich „Ja" (d. h.: „Ich nehme die anwesende X zur Frau") sage, so berichte ich damit nicht über eine Eheschließung, sondern fröne ihr.

Es sind diese Arten von Äußerungen, die wir als *performative* bezeichnen. Dies ist ein ziemlich hässliches Wort und auch ein neues Wort, aber anscheinend ist kein Wort vorhanden, das diese Aufgabe erfüllen könnte. Am nächsten kommt hier noch das Wort „operative", wie es im (englischen) Zivilrecht gebraucht wird. Wenn Juristen über rechtliche Bestimmungen reden, so unterscheiden sie zwischen der „Präambel", in der die Umstände aufgezählt werden, unter denen eine bestimmte Transaktion vollzogen werden soll, und dem „operativen" Teil, durch den der Rechtsakt, der hier intendiert ist, tatsächlich vollzogen wird. Das Wort „operativ" ist also nicht weit von dem entfernt, was wir wollen. „Hiermit vermache ich meinem Bruder meine Uhr" wäre eine solche operative Klausel, und dabei handelt es sich auch um eine performative Äußerung. Das Wort „operativ" hat jedoch auch andere Verwendungsweisen, und es ist anscheinend vorzuziehen, wenn man über ein Wort verfügt, das speziell für diesen gewünschten Gebrauch gemacht ist.

An dieser Stelle möchte man, vielleicht sogar mit einiger Beunruhigung dagegen protestieren, dass ich allem Anschein nach geltend mache, Heiraten bestehe einfach darin, dass man ein paar Wörter sagt, dass einfach ein paar Wörter sagen Heiraten *ist*. Dies ist aber gewiss nicht der Fall. Die Wörter müssen unter den richtigen Umständen geäußert werden, und dies ist eine Sache, die später wieder zu Tage treten wird. Eines dürfen wir nicht annehmen, nämlich dass man zusätzlich zur Äußerung der Wörter in solchen Fällen noch einen inneren geistigen Akt vollziehen muss, über den dann mit Hilfe der Wörter berichtet wird. In schwierigen und ominösen Fällen zumindest kommt man sehr leicht zu dieser Auffassung, wenn auch vielleicht nicht so leicht in einfachen Fällen wie beim Sichentschuldigen. Beim Versprechengeben – Beispiel: „Ich verspreche, morgen dort zu sein" – nimmt man sehr leicht an, dass die Äußerung einfach das äußere und sichtbare (d. h. verbale) Zeichen des

Vollzugs eines inneren geistigen Aktes des Versprechens ist, und diese Ansicht findet ihren Ausdruck in so mancher Klassikerstelle. So sagt Hippolytos bei Euripides „Meine Zunge beschwor's, aber nicht mein Herz"; vielleicht sollte es eher „Geist" oder „Seele" als „Herz" heißen, aber jedenfalls handelt es sich um eine Art Akteur, der hinter den Kulissen auftritt. Aus dieser Art von Beispielen geht deutlich hervor, dass man Meineidigen, betrügerischen Buchmachern, Bigamisten usw. ein Hintertürchen öffnet, wenn man der Auffassung erliegt, dass es sich bei solchen Äußerungen um wahre oder falsche Berichte über den Vollzug innerer geistiger Akte handelt; es ergeben sich also Nachteile daraus, wenn man sich auf diese Weise extrem feierlich gibt. Es ist vielleicht besser, sich an das alte Sprichwort zu halten: Ein Mann, ein Wort!

Diese Äußerungen sind zwar selbst keine Tatsachenberichte und als solche auch nicht wahr oder falsch, doch ihr Aussprechen *impliziert* sehr oft, dass bestimmte Dinge wahr und nicht falsch sind, jedenfalls in einem bestimmten Sinne dieses ziemlich schwammigen Wortes „implizieren". Wenn ich zum Beispiel „Ich nehme die anwesende X zur Frau" oder eine andere Heiratsformel bei der Trauung ausspreche, so ist damit impliziert, dass ich nicht schon verheiratet bin und eine lebendige, geistig gesunde, ungeschiedene Frau und was sonst noch dazu gehört habe. Es ist aber trotzdem wichtig, zu erkennen, dass die Implikation, dieses oder jenes sei wahr, überhaupt nicht dasselbe ist wie etwas Wahres Sagen.

Diese performativen Äußerungen sind also weder wahr noch falsch. Aber sie leiden unter bestimmten Mängeln, die ihnen eigentümlich sind. Sie können auf bestimmte Weisen missglücken, und darauf möchte ich als Nächstes eingehen. Die verschiedenen Möglichkeiten des Fehlschlagens von performativen Äußerungen nennen wir, damit wir eine einheitliche Bezeichnung haben, Unglücksfälle. Es kommt zu einem solchen Unglücksfall – d. h. die Äußerung missglückt –, wenn bestimmte, durchschaubare und einfache Regeln gebrochen werden. Ich werde einige dieser Regeln nennen und sodann Beispiele von solchen Verstößen anführen.

Erstens ist offenkundig, dass das konventionelle Vorgehen, dem wir durch unsere Äußerung zu folgen behaupten, wirklich existieren muss. In den hier angeführten Beispielen handelt es sich bei dieser Prozedur um eine, die durch Wörter vollzogen wird, also um verbale Heirats-, Vermächtnis- oder sonstige Prozeduren. Man sollte aber daran denken, dass es viele nichtverbale Vorgehensweisen gibt, durch die man genau dieselben Akte vollziehen kann wie mit diesen verbalen Mitteln. Man sollte auch nicht vergessen, dass sehr viele Dinge, die wir tun, zumindest teilweise von dieser konventionellen Art sind. Zumindest die Philosophen tendieren zu leicht zu der Annahme, dass eine Handlung letzten Endes immer im Vollzug einer Körperbewegung besteht, während sie normalerweise wenigstens zum Teil eine Sache der Konvention ist.

Die erste Regel besteht also darin, dass die angesprochene Konvention existieren und akzeptiert sein muss. Die zweite Regel ist ebenfalls sehr offenkundig und besagt, dass die Verhältnisse, unter denen wir behaupten, dass wir uns auf die betreffende Prozedur einlassen, dafür auch geeignet sein müssen. Hält man sich nicht daran, so findet der angeblich vollzogene Akt nicht statt – es handelt sich, wie man sagen könnte, um einen Versager. Dies ist beispielsweise auch der Fall, wenn man die betreffende Prozedur – worum es sich auch immer handeln mag – nicht korrekt und vollständig, einwandfrei und ohne zu stocken vollzieht. Werden irgendwelche dieser Regeln nicht eingehalten, so sagt man, dass der vorgeblich vollzogene Akt nichtig und unwirksam ist. Handelt es sich bei dem angeblichen Akt beispielsweise um eine Eheschließung, so würde man sagen, dass man den Vorgang der Trauung „formell durchgegangen" ist, ohne dass die Eheschließung wirklich gelungen ist.

Verifikationismus: *Erkenntnistheoretische Position, die auf den Wiener Kreis (Carnap, Schlick) zurückgeht, und nach der nur solche Aussagen „sinnvoll“ sind, die prinzipiell „verifizierbar“, also empirisch beweisbar sind.*
deskriptiv: *rein beschreibend, nicht wertend*
Euripides: *griechischer Tragödiendichter (ca 480 – 406 v. Chr.); Die Tragödie „Hippolytos“ handelt von der vergeblichen und für beide verderblichen Liebe Phädras zur ihrem Stiefsohn Hippolytos*
Bigamist: *jemand, der mit zwei Frauen verheiratet ist (Bigamie: Doppelehe)*
implizieren: *notwendig beinhalten*

Vilém Flusser **

GESPROCHENE SPRACHEN
aus: Die Schrift
(Göttingen 1989, S. 65f.)

Der tschechisch-brasilianische Philosoph und Medientheoretiker Vilém Flusser (1920–1991) vertrat mit Vehemenz die These, dass durch den Computer die lineare, von ihm alphanumerisch genannte Schrift und das Buch hinfällig geworden seien. Losgekoppelt vom Alphabet erwartete Flusser auch eine neue, bildhafte und assoziative gesprochene Sprache.

Hat sich das Programmieren von der alphanumerischen Schrift gelöst, wird sich das Denken nicht mehr durch eine gesprochene Sprache arbeiten müssen, um sichtbar zu werden. Der Umweg durch die Sprache hindurch zum Zeichen, der die westliche Kultur (und alle übrigen alphabetisierten Kulturen) so stark kennzeichnet, wird überflüssig werden. Die Verquickung von Denken und Sprechen, die unter der Vorherrschaft des Alphabets bestand, wird aufgehoben werden. Eine Verquickung, die dafür verantwortlich ist, dass wir die Denkregeln „Logik“ (Wortregeln) nennen, dass wir die Sprachkritik als Methode der Denkanalyse verwenden, dass die Bibel behauptet, im Anfang sei das Wort gewesen, oder dass Heidegger vom Wort sagt, dass es das Haus des Seins sei. Diese Verquickung von Denken und Sprechen ist im Grunde genommen überraschend. Denn es hat ja immer auch andere Codes als das Alphabet gegeben, mittels derer sich das Denken sichtbar gemacht hat: die Codes des Malens und die der Mathematik etwa. Man war sich demnach schon immer bewusst, dass das Sprechen nur eine Spielart des Denkens ist, und man hat daher immer wieder versucht, verschiedene Spielarten auf einen gemeinsamen „Nenner“ zu bringen. Ein eindrucksvolles Beispiel dafür ist der (vergebliche) Versuch, die Regeln der Logik und die der Mathematik aufeinander zu reduzieren (siehe Russell/Whitehead: Principia Mathematica). Aber das Alphabet war der dominierende Code, er hat alle anderen jahrtausendelang überschattet. Beim Überholen des Alphabets wird sich das Denken vom Sprechen emanzipieren, andere nicht-sprachliche Denkarten (mathematische und bildnerische, vermutlich auch völlig neue) werden zu noch ungeahnter Entfaltung kommen.

Das Sprechen jedoch wird damit keinesfalls überholt sein. Im Gegenteil: Die nun vom Alphabet losgelöste gesprochene Sprache wird die Szenerie überfluten. Schallplatten, Tonbänder und sprechende Bilder werden die Gesellschaft anschreien und ihr zuflüstern. Selbst die künstlichen Intelligenzen werden das Sprechen erlernen. Das Sprechen, die Art, wie gesprochene Sprache wahrgenommen wird, wird sich technisch entwickeln. Die Gefahr wird sein, dass das vom Alphabet losgelöste Sprechen verwildert. Unsere Sprachen sind jahrtausendelang durch die siebenden und ätzenden Raster des Alphabets gegangen, und sie haben sich dadurch in gewaltige und schöne, in feine und exakte Instrumente gewandelt. Wenn ihnen erlaubt wird zu wuchern, werden sie – und mit ihnen ein großer Teil des Denkens – barbarisieren.

Allerdings sollte die Wirkung des Alphabets auf das Sprechen nicht überschätzt werden. Betrachtet man nämlich die gegenwärtige Sprachszene, so bemerkt man, dass weitaus das meiste Gerede und Geschreibe Unsinn ist und ärger als Unsinn. Etwa 95 Prozent alles Geredeten und Geschriebenen ist grammatikalisch falsch (etwa Aussagen wie „Diese Waschmaschine ist besser" oder „Berlin liegt im Norden") und sagt daher eigentlich nichts aus. Hört man den Leuten auf der Straße zu und liest man die Flut von Zeitungen, Zeitschriften und Romanen, dann wirkt ein Blick auf ein Computerprogramm geradezu als eine ästhetische Erholung. Sollte nach Abschaffung des Alphabets dieses Geschwätz, diese Demagogie die Vorherrschaft über das Denken verlieren, dann kann dies als eine erkenntnistheoretische, politische und ästhetische Katharsis angesehen werden.

alphanumerisch: *… Der alphanumerische Code, den wir im Laufe der Jahrhunderte zum linearen Notieren ausgearbeitet haben, ist ein Gemengsel aus verschiedenen Arten von Zeichen: Buchstaben (Zeichen für Laute), Ziffern (Zeichen für Mengen) und eine ungenau definierte Anzahl von Zeichen für Regeln des Schreibspiels (zum Beispiel Punkte, Klammern und Anführungszeichen). Jede dieser Zeichenarten fordert den Schreibenden auf, nach der ihnen entsprechenden Denkart zu denken …*
Code: *hier: Zeichensystem zum Verschlüsseln von Botschaften*
Katharsis: *Reinigung*

Texte zur Wissenschaftstheorie

Rudolf Carnap ***

Sinnvolle Sätze

aus: Der logische Aufbau der Welt – Scheinprobleme in der Philosophie (Hamburg ²1961, S. 47ff.)

Rudolf Carnap, einer der wichtigsten Vertreter des neopositivistischen Wiener Kreises, möchte zeigen, dass nur solche Aussagen sinnvoll genannt werden können, von denen angegeben werden kann, unter welchen Bedingungen sie wahr oder falsch, also verifizierbar oder falsifizierbar sind. Carnaps Sinnkriterium hatte einen großen Einfluss auf die Entwicklung der modernen Wissenschaftstheorie.

Der Sinn einer Aussage besteht darin, dass sie einen (denkbaren, nicht notwendig auch bestehenden) Sachverhalt zum Ausdruck bringt. Bringt eine (vermeintliche) Aussage keinen (denkbaren) Sachverhalt zum Ausdruck, so hat sie keinen Sinn, ist nur scheinbar eine Aussage. Bringt eine Aussage einen Sachverhalt zum Ausdruck, so ist sie jedenfalls sinnvoll; und zwar ist sie wahr, wenn dieser Sachverhalt besteht, falsch, wenn er nicht besteht. Man kann von einer Aussage schon wissen, ob sie sinnvoll ist, noch bevor man weiß, ob sie wahr oder falsch ist.

Enthält eine Aussage nur Begriffe, die schon bekannt und anerkannt sind, so ergibt sich aus diesen ihr Sinn. Enthält dagegen eine Aussage einen neuen Begriff oder einen solchen, dessen Legitimität (wissenschaftliche Verwendbarkeit) in Frage gestellt wird, so muss angegeben werden, welchen Sinn sie hat. Dazu ist notwendig und hinreichend, dass angegeben wird, in welchen Fällen von (zunächst nur gedachter) Erfahrung sie wahr heißen soll (nicht: „wahr ist“), und in welchen Fällen sie falsch heißen soll. Die geforderte Angabe ist erstens hinreichend; es braucht nicht etwa so etwas wie der „Sinn des Begriffes“ angegeben zu werden.

BEISPIEL. Der Begriff „Jupiter“ kann dadurch eingeführt werden, dass festgesetzt wird: die Aussage „Jupiter brummt zur Zeit t am Ort p“ soll wahr heißen, wenn zur Zeit t am Ort p ein Donner feststellbar ist, andernfalls soll sie falsch heißen. Durch diese Festsetzung hat, ohne dass etwas über den Sinn des Begriffes „Jupiter“ gesagt worden ist, die Aussage einen Sinn bekommen; denn wenn ich jetzt zu jemandem die Aussage mache: „Jupiter wird um 12 Uhr hier brummen“, so weiß er, was er zu erwarten hat, er kann, wenn er sich in die geeignete Situation (an den bestimmten Ort) begibt, eine Erfahrung machen, durch die meine Aussage bestätigt oder widerlegt wird.

Die geforderte Angabe ist aber auch notwendig. Denn wenn man es für zulässig ansehen wollte, in der Wissenschaft eine Aussage zu machen, deren Gültigkeit nicht in bestimmter Weise durch Erfahrungen bestätigt oder widerlegt werden kann, so würde man das Eindringen auch ganz offenkundig sinnloser (Schein-)Aussagen nicht verhindern können.

BEISPIEL. Betrachten wir die folgende Reihe von schrittweise schlimmer werdenden Zeichenkomplexen. Soll hierin (1) als sinnvoll (wenn auch vielleicht falsch) hingestellt werden, so dürfte es schwierig sein, ohne Willkür ein Kriterium aufzustellen, durch das irgendwo in der Reihe eine Grenze zwischen Sinnvollem und Sinnlosem gezogen würde. 1. „In der Wolke sitzt Jupiter (er drückt sich aber weder in der Gestalt der Wolke aus, noch ist seine Anwesenheit in irgendeiner anderen Weise durch Wahrnehmungen erkennbar)“; 2. „dieser Stein ist traurig“; 3. „dieses Dreieck ist tugendhaft“; 4. „Berlin Pferd blau“; 5. „und oder dessen“; 6. „bu ba bi“; 7. „–)]∇“. Man wird zugeben, dass (6) ebenso sinnlos ist wie (7). Denn (6) besteht zwar aus solchen Zeichen (nämlich Buchstaben), die sonst auch in sinnvollen Sätzen vorkommen; aber die Art ihrer Zusammenstellung macht hier doch den ganzen Satz sinnlos. Das Verhältnis zwischen (4) und (6) ist im Grunde nicht anders; (4) ist ebenso sinnlos wie (6), obwohl es aus größeren Zeichenkomplexen zusammengesetzt ist, die sonst auch in sinnvollen Sätzen vorkommen. Das wird man auch noch leicht zugeben. Und nun müssen wir uns klarmachen, dass auch (3) und dann auch (2) ebenso sinnlos sind wie (4); (2) und (3) bestehen zwar aus Worten, die (im Unterschied zu (4)) so zusammengestellt sind, wie es ihr grammatischer Charakter verlangt; nicht aber, wie es ihre Bedeutung verlangt. Wenn man auf den ersten Blick glaubt, zwischen (3) und (4) bestehe ein wesentlicher Unterschied, so wird dieser Irrtum verursacht durch eine Mangelhaftigkeit unserer gewöhnlichen Sprachen, die darin besteht, dass ein Satz grammatisch einwandfrei und trotzdem sinnlos sein kann. Infolgedessen kommt es leicht vor, dass man einen Scheinsatz für einen sinnvollen Satz hält; und das ist für die Philosophie an manchen Stellen verhängnisvoll geworden; das werden wir später an den Thesen des Realismus und Idealismus sehen. (Die logistische Sprache hat diesen Fehler nicht; in ihr kann für einen vorgelegten, auch nicht-logischen Satz entschieden werden, ob er sinnvoll ist oder nicht, wenn nur die Art (nicht auch die Bedeutung) der vorkommenden Zeichen bekannt ist. Die hierauf beruhende große Bedeutung der logistischen Sprache für die Nachprüfung philosophischer Aussagen wird noch sehr wenig erkannt und verwertet.)

Damit unsere These genauer formuliert werden kann, seien zunächst einige Definitionen aufgestellt. Spricht eine Aussage p den Inhalt eines Erlebnisses E aus, und ist die Aussage q gleich p oder aus p und früherem Erfahrungswissen durch Deduktionen oder induktive Schlüsse ableitbar, so sagen wir: p ist durch das Erlebnis E „fundiert". Eine Aussage p heißt „nachprüfbar", wenn die Bedingungen angebbar sind, unter denen ein Erlebnis E eintreten würde, durch das p oder das Gegenteil von p fundiert werden würde. Eine Aussage p heißt „sachhaltig", wenn Erlebnisse, durch die p oder das Gegenteil von p fundiert werden würde, wenigstens als Erlebnisse denkbar sind und ihrer Beschaffenheit nach angegeben werden können. Aus diesen Definitionen ergibt sich: ist eine Aussage nachprüfbar, so auch sicher sachhaltig; das Umgekehrte gilt nicht allgemein. Kann eine Aussage nicht nur gegenwärtig nicht, sondern grundsätzlich überhaupt nicht durch ein Erlebnis fundiert werden, so ist sie nicht sachhaltig.

Karl R. Popper ***

KRITIK DER ERKENNTNIS
aus: Objektive Erkenntnis
(Hamburg 1973, S. 369 – 371)
und aus: Logik der Forschung
(Tübingen 1976, S. 71 – 72)

Popper bringt hier gewichtige Argumente gegen die induktive Theorie in den Erfahrungswissenschaften, wonach eine möglichst „reine Beobachtung" Garant wissenschaftlichen Fortschritts sei. Popper argumentiert demgegenüber für die durchgängige Bedeutung theoretischer Überlegungen auf allen Stufen wissenschaftlichen Arbeitens.

Kritik herkömmlicher Theorien der Erkenntnis

Ich beginne mit einer kurzen Charakterisierung der zu kritisierenden Auffassung, die ich gewöhnlich als „Kübeltheorie der Wissenschaft" (oder „Kübeltheorie des menschlichen Geistes") bezeichne. Diese Auffassung geht von der sehr einleuchtenden Feststellung aus, dass wir zunächst einmal Wahrnehmungen haben müssen, bevor wir über die Welt etwas wissen können und etwas aussagen können. Daraus wird geschlossen, dass unser Wissen oder unsere Erfahrung entweder aus Wahrnehmungen besteht (naiver Empirizismus) oder doch wenigstens aus verarbeiteten, geordneten und klassifizierten Wahrnehmungen (Bacon und, in radikalerer Form, Kant).

Die griechischen Atomisten stellten sich diesen Vorgang ganz primitiv vor. Sie nahmen an, dass sich Atome von den zu erkennenden Gegenständen loslösen und in unsere Sinnesorgane eindringen, wo sie zu unseren Wahrnehmungen werden. Aus diesen Wahrnehmungen setzt sich dann im Laufe der Zeit unser Wissen von der Außenwelt zusammen (wie ein Geduldspiel, das sich selber löst). Unser Geist gleicht sozusagen einem Behälter mit Öffnungen – einer Art Kübel –, in dem sich die Wahrnehmungen und das Wissen ansammeln. (Bacon spricht von den Wahrnehmungen als von „reifen Trauben", die wir geduldig einsammeln müssen, und aus denen der reine Wein der Erkenntnis ausgepresst wird.)

Die reinen Empirizisten raten uns nun, in diesen Prozess der Ansammlung des Wissens so wenig als möglich störend einzugreifen. Wahres Wissen ist reines Wissen, unvermengt mit den Vorurteilen, die wir zu unseren Wahrnehmungen, zur reinen Erfahrung, hinzuzutun geneigt sind; Irrtum ist das Produkt dieser Zutaten, das heißt, unseres störenden Eingreifens in diesen Prozess. Im Gegensatz zu dieser Ansicht lehrt Kant, dass es reine Wahrnehmungen gar nicht gibt, und dass die Erfahrung eine Art von Assimilations- oder (Um-)Formungsprodukt ist – das gemeinsame Produkt von Wahrnehmungen und gewissen Zutaten unseres Geistes. Die Wahrnehmungen sind sozusagen der Rohstoff, der dem Kübel von außen zugeführt wird, und der in dem Kübel einer Art von (automatischer) Verarbeitung oder Verdauung unterworfen wird – einer Art von systematischer Klassifikation –, um schließlich doch zu etwas einigermaßen Ähnlichem wie Bacons „reinem Wein der Erfahrung" zu werden – sagen wir, vielleicht zu einem etwas gepantschten Wein.

Ich glaube, dass alle diese Ansichten dem tatsächlichen Prozess der Erfahrungsbildung und dem tatsächlichen Verfahren der Forschung in keiner Weise gerecht werden, obwohl Kants Auffassung vielleicht so uminterpretiert werden kann, dass sie der hier zu vertretenden Auffassung wesentlich näher kommt als der reine Empirizismus. Zwar muss man wohl zugeben, dass wir ohne Erfahrung nicht Wissenschaft betreiben können (wobei aber hier der Begriff der „Erfahrung" einer Analyse sehr bedürftig ist); niemals aber bilden die Wahrnehmungen nach der hier zu vertretenden Ansicht das Material – im Sinne der „Kübeltheorie" –, aus dem sich die „Erfahrung" oder die „Wissenschaft" aufbaut.

In der Wissenschaft spielt nicht so sehr die Wahrnehmung, wohl aber die *Beobachtung* eine große Rolle. Eine Beobachtung aber ist ein Vorgang, in dem wir uns äußerst *aktiv* verhalten. In der Beobachtung haben wir es mit einer Wahrnehmung zu tun, die planmäßig vorbereitet ist, die wir nicht „haben" (wie eine Sinneswahrnehmung), sondern „machen", wie die deutsche Sprache ganz richtig sagt. Der Beobachtung geht ein Interesse voraus, eine Frage, ein Problem – kurz, etwas Theoretisches; können wir doch jede Frage in Form einer Hypothese formulieren, mit dem Zusatz: „Ist es so? Ja oder nein?" In diesem Sinne können wir geradezu behaupten, dass der Beobachtung die Frage, die Hypothese, oder wie wir es nennen mögen, aber jedenfalls ein Interesse, also etwas Theoretisches (oder Spekulatives), vorausgeht. Beobachtungen sind immer selektiv, setzen also etwas wie ein Selektionsprinzip voraus. (…)

Theorie und Experiment

Die Basissätze werden durch Beschluss, durch Konvention anerkannt, sie sind *Festsetzungen*. Die Beschlussfassung ist geregelt. Vor allem dadurch, dass wir *nicht einzelne Basis-*

sätze, voneinander logisch isoliert, anerkennen, sondern dass wir eine *Theorie* überprüfen und bei dieser Gelegenheit systematische Fragen aufwerfen, die wir dann durch Anerkennung von Basissätzen beantworten.

Es ist also nicht so, wie der naive Empirist, der Induktionslogiker glaubt: dass wir unsere Erlebnisse sammeln, ordnen und so zur Wissenschaft aufsteigen; oder, wenn wir das mehr „formal" ausdrücken: dass wir, wenn wir Wissenschaft treiben wollen, zunächst Protokolle sammeln müssen. Die Aufgabe: „Protokolliere, was du eben erlebst!" ist nicht eindeutig (soll ich protokollieren, dass ich eben schreibe, dass ich eine Glocke, einen Zeitungsausrufer und einen Lautsprecher höre – oder dass ich mich darüber ärgere?); aber selbst wenn sie lösbar wäre: auch eine noch so reiche Sammlung solcher Sätze würde nie zu einer *Wissenschaft* führen. Wir brauchen Gesichtspunkte, theoretische Fragestellungen.

Die Festsetzung der Basissätze erfolgt anlässlich einer *Anwendung* der Theorie und ist ein Teil dieser Anwendung, durch die wir die Theorie *erproben*; wie die Anwendung überhaupt, so ist die Festsetzung ein durch theoretische Überlegungen geleitetes planmäßiges Handeln.

Damit lösen sich jene Fragen, wie z. B. die whiteheadsche, warum denn immer das Tastfrühstück mit dem Sehfrühstück, die Tast-Times mit der Seh- und der Hör-(Raschel-)Times serviert werde: Der Induktionslogiker, der glaubt, dass die Wissenschaft von unzusammenhängenden Elementarerlebnissen ausgeht, wundert sich über deren regelmäßiges Zusammentreffen, das ihm durchaus „zufällig" erscheinen muss; denn er kann es nicht auf Theorien zurückführen, da er ja diese auf jenes regelmäßige Zusammentreffen zurückzuführen bemüht ist.

Für uns aber lassen sich die Zusammenhänge zwischen unseren Erlebnissen aus den *Theorien* deduzieren (und erklären), die wir überprüfen (wir erwarten nach ihnen keinen Tastmond und keinen Höralpdruck); und es bleibt nur die eine – offenkundig nicht durch falsifizierbare Theorien beantwortbare, also „metaphysische" – Frage übrig: Woher es kommt, dass wir mit der Aufstellung von Theorien oft Glück haben – dass es „Gesetzmäßigkeiten gibt".

Diese Verhältnisse sind für die *Theorie des Experiments* entscheidend: Der Experimentator wird durch den Theoretiker vor ganz bestimmte Fragen gestellt und sucht durch seine Experimente für diese Fragen und nur für sie eine Entscheidung zu erzwingen; alle anderen Fragen bemüht er sich dabei auszuschalten. (hier spielt die relative Unabhängigkeit von Teilsystemen einer Theorie eine Rolle). So bemüht sich der Experimentator, den Versuch so einzurichten, dass er gegenüber *einer* Frage „… möglichst empfindlich, gegenüber allen anderen in Betracht kommenden aber möglichst unempfindlich ist …: hierin besteht u. a. die Arbeit der Abschirmung aller möglichen ‚Fehlerquellen' ". (beide Zitate aus: Hermann Weyl, Philosophie der Mathematik und Naturwissenschaft. Berlin u. München 1927, S. 113) Doch nicht, „um dem Theoretiker seine Aufgabe zu erleichtern", geht der Experimentator in dieser Weise vor, nicht um eine Induktionsgrundlage für die Theorienbildung zu schaffen; vielmehr muss der Theoretiker seine wichtigste Aufgabe bereits gelöst haben: die Frage möglichst scharf zu formulieren. Er ist es, der dem Experimentator den Weg weist. Und auch dessen Arbeit sind nicht so sehr die „exakten Beobachtungen", sondern wieder theoretische Überlegungen: Diese beherrschen die experimentelle Arbeit von der Planung des Versuchs bis zu den letzten Handgriffen.

Francis Bacon: *(1561 – 1626): engl. Staatsmann und Philosoph, Begründer des Empirismus*
Alfred North Whitehead: *(1861 – 1947), engl. Philosoph und Mathematiker; Professor. an der Harvard-Universität; verfasste mit Bertrand Russell die „Principia Mathematica"; Vertreter des Neurealismus.*

Gerhard Frey **

Das Induktionsverfahren

aus: Philosophie und Wissenschaft

(Stuttgart 1970, S. 60, 61)

Der Wissenschaftstheoretiker Gerhard Frey (geb. 1915) diskutiert hier Möglichkeiten und Grenzen der Induktion. Er stimmt der Kritik von Popper (siehe oben) insofern zu, als er das Induktionsverfahren als Rechtfertigungsverfahren nicht für geeignet hält, er verteidigt es aber als Auffindungsverfahren, d. h. als eine geeignete Methode zur Gewinnung von neuen Hypothesen.

Man versteht unter Induktion die Generalisierung; aus einer Reihe von Einzelaussagen geht man zu der Annahme über, dass der betreffende Sachverhalt immer gilt, bildet also eine Allaussage. Dass dieser Übergang, mitunter als „Induktionsschluss" bezeichnet, sicher kein logischer Schluss sein kann, ist klar. Man kann eben niemals daraus, dass etwas in einer endlichen Anzahl von Fällen eingetroffen ist, darauf schließen, dass es immer zutreffen wird. Man hat dieses Problem dadurch zu lösen versucht, dass man der angenommenen Allaussage eine Wahrscheinlichkeit zuschreibt. Man hat z. B. versucht, die Wahrscheinlichkeit auszurechnen, dass die Sonne morgen wieder aufgehen wird. Die Angabe eines solchen Zahlenwertes hat aber nur einen Sinn, wenn diese Aussage auch an der Erfahrung überprüfbar ist. Weder das Eintreten noch das Nichteintreten eines solchen Ereignisses würde gerade diesen Zahlenwert für die Wahrscheinlichkeit bestätigen oder widerlegen. Über die Gültigkeit genereller Sätze können bloß subjektive Wahrscheinlichkeitsaussagen gemacht werden. Darunter versteht man eine Aussage über eine andere Aussage, die die Überzeugung eines Gewissheitsgrades des Letzteren zum Ausdruck bringt. Wenn ich z. B. sage, dass die Wahrscheinlichkeit, dass morgen früh wieder die Sonne aufgeht, fast an Gewissheit grenzt, so habe ich meine subjektive Erwartung zum Ausdruck gebracht, die allerdings insofern einen intersubjektiven Charakter hat, als wir alle unsere Erwartung in ganz entsprechender Weise zum Ausdruck bringen würden. Es scheint aber wenig Sinn zu haben, für solche subjektiven Wahrscheinlichkeitsaussagen mittels der Wahrscheinlichkeitsrechnung Zahlenwerte auszurechnen.

Wenn man über die Gültigkeit induktiv gewonnener genereller Aussagen keine verifizierbaren Wahrscheinlichkeitsaussagen machen kann, bleibt nur übrig, diese als Hypothesen anzusehen, die so lange Gültigkeit haben, als sie nicht widerlegt sind. Manche Autoren lehnen aus den genannten Gründen jedes Induktionsverfahren für alle Wissenschaften ab (z. B. K. R. Popper). Demgegenüber haben wir oben bereits festgestellt, dass es in jeder Wissenschaft sowohl Auffindungs- als auch Rechtfertigungsverfahren gibt. Alle Einwendungen gegen das Induktionsverfahren lehnen es als Rechtfertigungsverfahren ab. Man kann die Gültigkeit eines generellen Satzes nicht dadurch begründen, dass man sagt, er sei induktiv gewonnen. Es handelt sich aber zweifellos um ein zulässiges und praktisch bedeutungsvolles Auffindungsverfahren. Das Induktionsverfahren ist also ein Verfahren zur Gewinnung von direkten Hypothesen. Diese sind dann nicht begründet, sondern werden als Annahmen gewissermaßen gesetzt. Sie werden so lange laut Übereinkunft für richtig gehalten, bis das Gegenteil bewiesen ist. Häufig wird die Meinung vertreten, dass es bei der Induktion auf die Anzahl der beobachteten Fälle ankomme. Diese Auffassung könnte nur einen Sinn haben, wenn man die Induktion als Rechtfertigungsverfahren auffasste. Da wir es, wie wir sagten, aber nur als Auffindungsverfahren gelten lassen wollen, kommt es auf eine große Anzahl der Fälle gar nicht an. Dass wir meist nicht geneigt sind, aus einem Einzelfall eine Generalisierung zu bilden, liegt daran, dass diese sich dann eben noch gar nicht bewährt hat. Es gibt Experimente, die nur ein oder wenige Male ausgeführt werden und dann nicht mehr, und doch zweifelt niemand an der Richtigkeit ihrer Ergebnisse. Dies liegt erstens an der experimentellen Methode, der man ein hohes Maß von Sicherheit zuschreibt, andererseits an der prinzipiellen Möglichkeit, alle Experimente wiederholen und nachprüfen zu können. Als wichtigster Punkt aber kommt hinzu, dass Generalisierungen dann als gewiss gelten müssen, wenn sie sich als Bestandteile einer Theorie erweisen. Das berühmte Michelson-Experiment ist gar nicht oft wiederholt worden, und doch zweifelt niemand an der generellen Gültigkeit seines Ergebnisses. Denn es gibt eine Reihe ganz anders gearteter Experimente, die alle die gleichen der Relativitätstheorie zu Grunde liegenden Hypothesen bestätigen, nämlich dass die Lichtgeschwindigkeit die maximal mögliche Signalgeschwindigkeit ist.

Michelson-Experiment: *1881 durchgeführtes physikalisches Experiment zum Nachweis des Weltäthers.*

Hans Georg Gadamer **

WAS IST HERMENEUTIK?
aus: Wahrheit und Methode
(4. Aufl., Tübingen 1975, S. 252 f.)

Gadamer demonstriert am Beispiel des Verstehens von Texten, was das hermeneutische Problem eigentlich ist: dass wir stets mit einer Vormeinung, einem Vorverständnis an den Text herangehen. Dieser Tatbestand soll produktiv genützt werden.

Jedem Text gegenüber ist die Aufgabe gestellt, den eigenen Sprachgebrauch – oder im Falle einer Fremdsprache den uns aus den Schriftstellern oder dem täglichen Umgang bekannten Sprachgebrauch – nicht einfach ungeprüft einzusetzen. Wir erkennen vielmehr die Aufgabe an, aus dem Sprachgebrauch der Zeit bzw. des Autors unser Verständnis des Textes erst zu gewinnen. Die Frage ist freilich, wie diese allgemeine Forderung überhaupt erfüllbar wird. Insbesondere im Bereich der Bedeutungslehre steht dem die Unbewusstheit des eigenen Sprachgebrauchs entgegen. Wie kommen wir eigentlich dazu, zwischen dem uns gewohnten Sprachgebrauch und dem des Textes eine Differenz anzunehmen?

Man wird sagen müssen, dass es im Allgemeinen erst die Erfahrung des Anstoßes ist, den wir an einem Text nehmen – sei es, dass er keinen Sinn ergibt, sei es, dass sein Sinn mit unserer Erwartung unvereinbar ist –, die uns einhalten und auf das mögliche Anderssein des Sprachgebrauchs achten lässt. Dass jemand, der die gleiche Sprache spricht, die Worte, die er gebraucht, in dem mir vertrauten Sinne nimmt, ist eine generelle Voraussetzung, die nur im Einzelfalle fraglich werden kann – und das Gleiche gilt im Falle der fremden Sprache, dass wir dieselbe in durchschnittlicher Weise zu kennen meinen und beim Verständnis eines Textes diesen durchschnittlichen Sprachgebrauch voraussetzen.

Was so von der Vormeinung des Sprachgebrauchs gilt, das gilt aber nicht minder von den inhaltlichen Vormeinungen, mit denen wir Texte lesen und die unser Vorverständnis ausmachen. Hier fragt es sich genauso, wie man aus dem Bannkreis seiner eigenen Vormeinungen überhaupt herausfinden soll. Gewiss kann es keine generelle Voraussetzung sein, dass das, was uns in einem Text gesagt wird, sich meinen eigenen Meinungen und Erwartungen bruchlos einfügt. Was mir einer sagt, ob im Gespräch, Brief oder Buch oder wie immer, steht ja zunächst im Gegenteil unter der Voraussetzung, dass es seine und nicht meine Meinung ist, die da ausgesprochen wird und die ich zur Kenntnis zu nehmen habe, ohne dass ich dieselbe zu teilen brauche. Aber diese Voraussetzung ist nicht eine erleichternde Bedingung für das Verstehen, sondern insofern eine Erschwerung, als die mein Verständnis bestimmenden eigenen Vormeinungen ganz unbemerkt zu bleiben vermögen. Wenn sie Missverständnisse motivieren – wie soll einem Text gegenüber, wo keine Gegenrede eines anderen erfolgt, Missverständnis überhaupt zur Wahrnehmung gelangen? Wie soll vorgängig ein Text vor Missverständnis geschützt werden?

Sieht man näher zu, so erkennt man jedoch, dass auch Meinungen nicht beliebig verstanden werden können. So wenig wir einen Sprachgebrauch dauernd verkennen können, ohne dass der Sinn des Ganzen gestört wird, so wenig können wir an unserer eigenen Vormeinung über die Sache blindlings festhalten, wenn wir die Meinung eines anderen verstehen. Es ist ja nicht so, dass man, wenn man jemanden anhört, oder an eine Lektüre geht, alle Vormeinungen über den Inhalt und alle eigenen Meinungen vergessen müsste. Lediglich Offenheit für die Meinung des anderen oder des Textes wird gefordert. Solche Offenheit aber schließt immer schon ein, dass man die andere Meinung zu dem Ganzen der eigenen Meinungen in ein Verhältnis setzt oder sich zu ihr. Nun sind zwar Meinungen eine bewegliche Vielfalt von Möglichkeiten (im Vergleich zu der Übereinstimmung, die eine Sprache und ein Vokabular darstellen), aber innerhalb dieser Vielfalt des Meinbaren, d. h. dessen, was ein Leser sinnvoll finden und insofern erwarten kann, ist doch nicht alles möglich, und wer an dem vorbeihört, was der andere wirklich sagt, wird das Missverstandene am Ende auch der eigenen vielfältigen Sinnerwartung nicht einordnen können. So gibt es auch hier einen Maßstab. *Die hermeneutische Aufgabe geht von selbst in eine sachliche Fragestellung über* und ist von dieser immer schon mitbestimmt.

Damit gewinnt das hermeneutische Unternehmen festen Boden unter den Füßen. Wer verstehen will, wird sich von vornherein nicht der Zufälligkeit der eigenen Vormeinung überlassen dürfen, um an der Meinung des Textes so konsequent und hartnäckig wie möglich vorbeizuhören – bis etwa diese unüberhörbar wird und das vermeintliche Verständnis umstößt. Wer einen Text verstehen will, ist vielmehr bereit, sich von ihm etwas sagen zu lassen. Daher muss ein hermeneutisch geschultes Bewusstsein für die Andersheit des Textes von vornherein empfänglich sein. Solche Empfänglichkeit setzt aber weder sachliche „Neutralität“ noch gar Selbstauslöschung voraus, sondern schließt die abhebende Aneignung der eigenen Vormeinungen und Vorurteile ein. Es gilt, der eigenen Voreingenommenheit inne zu sein, damit sich der Text selbst in seiner Andersheit darstellt und damit in die Möglichkeit kommt, seine sachliche Wahrheit gegen die eigene Vormeinung auszuspielen.

Bedeutungslehre: *in der Sprachwissenschaft normalerweise die Semantik; bei Gadamer bekommt die Bedeutungslehre erweiterten Sinn und wird auch synonym für Hermeneutik verwendet.*

Paul Feyerabend *

ERKENNTNIS FÜR FREIE MENSCHEN

aus: Erkenntnis für freie Menschen
(Frankfurt/Main 1980, S. 68ff.)

In diesem Buch stellt Feyerabend die radikalen Konsequenzen seiner „anarchistischen Erkenntnistheorie" vor: in einer wirklich freien Gesellschaft sollen die politischen und wissenschaftlich -technischen Letztentscheidungen nicht bei irgendeiner kulturellen oder staatlichen Institution, auch nicht bei der Wissenschaft, sondern bei den mündigen Bürgern selbst liegen. Ausgangspunkt ist die Einsicht, dass es unterschiedliche Traditionen gibt, also soziale und kulturelle Zusammenhänge, in denen Menschen leben, dass diese aber alle gleichwertig sind.

I. *Traditionen sind weder gut noch schlecht; sie existieren einfach.* „Objektiv", das heißt unabhängig von Traditionen, gibt es keine Wahl zwischen einer humanitären Einstellung und dem Antisemitismus.

Ergänzung: die Rationalität ist nicht ein Schiedsrichter zwischen Traditionen, sie ist selbst eine Tradition (Klasse von Traditionen) oder ein Aspekt einer Tradition. Sie ist daher weder gut noch schlecht, sondern *ist* einfach.

II. *Eine Tradition erhält erwünschte und unerwünschte Züge nur, wenn man sie auf eine Tradition bezieht, das heißt, wenn man sie als Teilnehmer einer Tradition betrachtet und auf Grund der Werte dieser Tradition beurteilt.*

III. *These I und These II führen zu einem Relativismus von genau der Art, wie ihn Protagoras verteidigt zu haben scheint.* Der Relativismus des Protagoras ist *vernünftig*, denn er beachtet die Vielzahl von Traditionen und Werten. Er ist *zivilisiert*, denn er nimmt nicht an, dass das winzige Dorf, in dem man wohnt, am Nabel der Welt liegt und dass seine seltsamen Sitten Maßstäbe für die ganze Menschheit sind. Er ist außerdem *klug*, denn er schließt nicht aus der Unvollständigkeit von Wertsätzen (kein Hinweis auf Traditionen oder Teilnehmer) auf ihre „Objektivität".

IV. Traditionen haben verschiedene Mittel, um Anhänger zu gewinnen. Es gibt Traditionen, die diese Mittel untersuchen und je nach der eintretenden Situation modifizieren. Andere Traditionen nehmen an, dass es einen Königsweg der Propaganda gibt, der immer und unter allen Umständen funktioniert (manchmal scheint es, dass Rationalisten diesen naiven Glauben teilen). Die Methoden einer Tradition sind akzeptabel, lächerlich, „rational", närrisch, je nach der Tradition, von der aus man sie beurteilt. Argumentieren ist für den einen Beobachter Propaganda, für einen anderen das Wesen menschlicher Verständigung.

V. Wir haben gesehen, dass die Maßstäbe, mit denen Individuen und Gruppen einen historischen Prozess beurteilen, gelegentlich durch den Vorgang der Beurteilung selbst konstituiert werden: die Urteile sind antizipierende Urteile und nicht konservative Urteile (...). Beim Konstituieren folgt man nicht weiteren und „höheren" Maßstäben, sondern einem vagen Instinkt, einer unbestimmten Idee, oder man handelt automatisch, ohne auch nur an Maßstäbe zu denken. Der wilde Krieger, der seinen verwundeten Feind heilt, statt ihn zu töten, weiß nicht, warum er so vorgeht, und gibt auf Befragen falsche und oft ganz lächerliche Antworten. Aber seine Handlung führt ein Zeitalter der Zusammenarbeit und des friedlichen Wettstreits ein und schafft so eine neue Tradition des Verkehrs zwischen Nationen. Die Frage: wie soll ich wählen; wie weiß ich, was ich annehmen soll oder ablehnen muss; auf welche Maßstäbe gründe ich meine Entscheidung, hat also bei antizipierenden Entscheidungen keinen Sinn.

VI. Es gibt daher zumindest zwei verschiedene Wege, auf denen man kollektive Probleme einer Lösung zuführen kann. Ich nenne diese Wegen einen *freien Austausch* (von Gedanken, Gütern, Handlungen, etc.) und einen *gelenkten Austausch.*
Die Teilnehmer eines gelenkten Austausches akzeptieren eine Tradition und lassen nur jene Handlungen (Überlegungen, Argumente, Prozeduren) zu, die den Maßstäben dieser Tradition entsprechen. Ist eine der Parteien nicht bereit, den damit vorgeschriebenen Weg zu gehen, oder gehört sie noch nicht der gewählten Tradition an, dann versucht man, sie durch Überredung, „Erziehung", Drohung oder zuckersüße Einflüsterungen auf Vordermann zu bringen. Der Austausch beginnt erst nach Beendigung dieser vorbereitenden Maßnahmen. Eine *rationale Diskussion* ist ein Spezialfall eines gelenkten Austausches.
Ein freier Austausch hingegen beruht auf einer pragmatischen Philosophie und antizipierenden Überlegungen. Ein freier Austausch respektiert alle Züge des Gegners, sei er nun ein Individuum oder eine ganze Nation; (…)

VII. *Eine freie Gesellschaft ist eine Gesellschaft, in der alle Traditionen gleiche Rechte und gleichen Zugang zu den Zentren der Erziehung und andren Machtzentren haben.*

VIII. Eine freie Gesellschaft wird nicht von Freiheitsnarren erfunden und dann anderen Menschen aufgezwungen („man muss die Menschen zur Freiheit zwingen", schreibt Rousseau), sie tritt überall dort hervor, wo Menschen in dem Versuch, besondere Probleme gemeinsam zu lösen, Schutzstrukturen der angegebenen Art einführen. Bürgerinitiativen in kleinem Maßstab, die Zusammenarbeit von Nationen – das sind die Entwicklungen, die mir vorschweben.

IX. *Die Debatten, Auseinandersetzungen, die Austauschverfahren, die eine freie Gesellschaft begründen, sind freie Verfahren, nicht gelenkte Verfahren.*

X. *Eine freie Gesellschaft trennt Staat und Wissenschaft (und sie trennt auch den Staat von jeder anderen Tradition).*
In einer freien Gesellschaft löst man Probleme nicht mit Theorien, sondern durch die Entschlüsse der von den Problemen betroffenen Menschen. Die Entschlüsse sind natürlich von Theorien beeinflusst, aber die Theorien haben nicht das letzte Wort. Das letzte Wort ist der Schiedsspruch der freien Bürger und dieser hängt ab von den Traditionen der Bürger und der durch diese Traditionen bedingten Sicht von Problemen und Lösungsvorschlägen: Der Schiedsspruch ist antizipierend, nicht konservativ (…) und die Zusammenarbeit zwischen Traditionen ist frei, nicht gelenkt (…). Abgelehnt werden alle Versuche besonderer Gruppen, am Menschen herumzupfuschen, ihn „kritischer", „frommer", „humaner" etc. zu machen, sofern diese Versuche auf staatlichen Institutionen beruhen: *Die Qualität der Menschen geht den Staat nichts an.* Aber man wird natürlich auf Intellektuelle hören und auf Priester, Propheten, Medizinmänner, denn sie alle haben wichtige und interessante Dinge zu sagen. *Nicht rationalistische Maßstäbe, nicht religiöse Überzeugungen, nicht humane Regungen, sondern Bürgerinitiativen sind das Filter, das brauchbare von unbrauchbaren Ideen und Maßnahmen trennt.* Empfohlen wird eine *prinzipienlose* Gesellschaft, die Traditionen nicht nur respektiert, sondern zur Mitarbeit auffordert, Prinzipien von Fall zu Fall durchsetzt.

Joseph Weizenbaum **

MENSCH UND COMPUTER

aus: Die Macht der Computer und die Ohnmacht der Vernunft
(übers. von Udo Rennert, Frankfurt/Main 1978, S. 15ff.)

Der amerikanische Computerwissenschaftler Joseph Weizenbaum (geb. 1923) gilt als einer der radikalsten Kritiker des Computers. Weizenbaum selbst hatte am Massachusetts Institute of Technology (MIT) das Computerprogramm „Eliza" entwickelt, das einen Psychotherapeuten simulieren konnte. Es folgen ein Ausschnitt aus dem Gespräch einer Patientin mit dem Computer (Großdruck) und Weizenbaums kritische Analyse.

Die Männer sind alle gleich.
IN WELCHER WEISE
Sie machen uns immer wegen irgendwas verrückt.
KÖNNEN SIE EIN BEISPIEL NENNEN
Na ja, die Idee zu diesem Gespräch stammt von meinem Freund.
DIE IDEE ZU DIESEM GESPRÄCH STAMMT VON IHREM FREUND
Er sagt, dass ich oft deprimiert bin.
ES TUT MIR LEID VON IHNEN ZU HÖREN DASS SIE DEPRIMIERT SIND
Das stimmt, ich bin unglücklich.
GLAUBEN SIE DASS DIESES GESPRÄCH IHNEN HILFT NICHT MEHR UNGLÜCKLICH ZU SEIN
Ich brauche jedenfalls Hilfe, das steht fest.
WAS WÜRDE ES FÜR SIE BEDEUTEN HILFE ZU BEKOMMEN
Vielleicht könnte ich lernen, mit meiner Mutter auszukommen.
ERZÄHLEN SIE MIR MEHR ÜBER IHRE FAMILIE
Meine Mutter erledigt alles für mich.
WER IN IHRER FAMILIE ERLEDIGT NOCH ALLES FÜR SIE
Mein Vater.
IHR VATER
Sie sind ein wenig wie mein Vater.
WELCHE ÄHNLICHKEIT SEHEN SIE
Sie sind nicht besonders aggressiv, aber ich glaube, Sie möchten nicht, dass ich das beachte.
WAS LÄSST SIE VERMUTEN DASS ICH NICHT SEHR AGGRESSIV BIN
Sie streiten nicht mit mir.
WIESO GLAUBEN SIE DASS ICH NICHT MIT IHNEN STREITE
Sie haben Angst vor mir.
MACHT IHNEN DER GEDANKE SPASS DASS ICH VOR IHNEN ANGST HABE
Mein Vater hat vor jedem Angst.
WAS FÄLLT IHNEN NOCH EIN WENN SIE AN IHREN VATER DENKEN
Angeber.
HAT DAS ETWAS DAMIT ZU TUN DASS DIE IDEE ZU DIESEM GESPRÄCH VON IHREM FREUND STAMMT

Das den Psychiater spielende ELIZA-Programm wurde unter dem Namen DOCTOR bekannt…Es waren vor allem drei Ereignisse, die mich besonders nachdenklich gemacht hatten, als DOCTOR weithin bekannt und „gespielt" wurde.

1. Eine Anzahl praktizierender Psychiater glaubte im Ernst, das DOCTOR-Computerprogramm könne zu einer fast völlig automatischen Form der Psychotherapie ausgebaut werden. So schreiben z. B. Colby et. al.:

„Es ist noch einiges an Arbeit zu leisten, bis das Programm für klinische Zwecke eingesetzt werden kann. Wenn sich die Methode bewähren sollte, so hätten wir damit ein therapeutisches Werkzeug, das man all den Nervenkliniken und psychiatrischen Zentren an die Hand geben könnte, die über zu wenig Therapeuten verfügen. Auf Grund der Simultanrechenfähigkeiten gegenwärtiger und zukünftiger Computer könnten in einer Stunde mehrere hundert Patienten von einem eigens dazu entworfenen Computersystem behandelt werden. Der menschliche Therapeut, der am Entwurf und der Wirkungsweise des Systems beteiligt wäre, würde dadurch nicht überflüssig, sondern könnte viel effektiver arbeiten, da sich sein Einsatz nicht mehr auf ein Verhältnis Therapeut zu Patient wie eins zu eins beschränken würde, wie dies bislang noch der Fall ist."…

2. Ich konnte bestürzt feststellen, wie schnell und wie intensiv Personen, die sich mit DOCTOR unterhielten, eine emotionale Beziehung zum Computer herstellten und wie sie ihm eindeutig menschliche Eigenschaften zuschrieben. Einmal führte meine Sekretärin eine Unterhaltung mit ihm; sie hatte seit Monaten meine Arbeit verfolgt und musste von daher wissen, dass es sich um ein bloßes Computerprogramm handelte. Bereits nach wenigen Dialogsätzen bat sie mich, den Raum zu verlassen…

3. Eine dritte und für mich überraschende Reaktion auf ELIZA war die verbreitete Ansicht, es handelte sich hier um die allgemeine Lösung des Problems, wieweit Computer eine natürliche Sprache verstehen können. In meinem Aufsatz hatte ich versucht zu zeigen, dass eine allgemeine Lösung dieses Problems unmöglich ist, d. h., dass Sprache nur innerhalb eines Kontextes verstanden wird, dass selbst dieser nur in begrenztem Umfang denselben Personen zur Verfügung steht und dass infolgedessen auch Personen keine Verkörperung einer derartigen allgemeinen Lösung darstellen. Aber diese Schlussfolgerungen wurden in den wenigsten Fällen beachtet.

Epikur *

DIE KUNST DES GENUSSES
aus: Brief an Menoikeus
(in: Von der Überwindung der Furcht, übertragen von Olof Gigon, München 1983, S. 100f.)

Der Name Epikurs wurde im Laufe der Geschichte geradezu zum Inbegriff unbeschwerten Lebensgenusses. Inwiefern dieser Ruf stimmt, lässt sich an seinen Ratschlägen diskutieren.

Epikur grüßt den Menoikeus.

Wer jung ist, soll nicht zögern zu philosophieren, und wer alt ist, soll nicht müde werden im Philosophieren. Denn für keinen ist es zu früh und für keinen zu spät, sich um die Gesundheit der Seele zu kümmern. Wer behauptet, es sei noch nicht Zeit zu philosophieren oder die Zeit sei schon vorübergegangen, der gleicht einem, der behauptet, die Zeit für die Glückseligkeit sei noch nicht oder nicht mehr da. Darum soll der Jüngling und der Greis philosophieren, der eine, damit er im Alter noch jung bleibe an Gütern durch die Freude am Vergangenen, der andere, damit er gleichzeitig jung und alt sei durch die Furchtlosigkeit vor dem Künftigen. Wir müssen uns also kümmern um das, was die Glückseligkeit schafft: Wenn sie da ist, so besitzen wir alles, wenn sie aber nicht da ist, dann werden wir alles tun, um sie zu besitzen. (…)

Gewöhne dich an den Gedanken, dass der Tod uns nichts angeht. Denn alles Gute und Schlimme beruht auf der Wahrnehmung. Der Tod aber ist der Verlust der Wahrnehmung. Darum macht die rechte Einsicht, dass der Tod uns nichts angeht, die Sterblichkeit des Lebens genussreich, indem sie uns nicht eine unbegrenzte Zeit dazugibt, sondern die Sehnsucht nach der Unsterblichkeit wegnimmt. Denn im Leben gibt es für den nichts Schreckliches, der in echter Weise begriffen hat, dass es im Nichtleben nichts Schreckliches gibt. Darum ist jener einfältig, der sagt, er fürchte den Tod nicht, weil er schmerzen wird, wenn er da ist, sondern weil er jetzt schmerzt, wenn man ihn vor sich sieht. Denn was uns nicht belästigt, wenn es wirklich da ist, kann nur einen nichtigen Schmerz bereiten, wenn man es bloß erwartet.

Noch viel schlimmer steht es mit dem, der sagt: „Das Beste ist, nicht geboren zu sein – wenn man aber geboren ist, so eilig als möglich zu den Toren des Hades zu streben.“ Wenn er das nämlich aus Überzeugung sagt, warum scheidet er dann nicht aus dem Leben? Dies steht ihm ja frei, wenn er wirklich zu einem festen Entschluss gekommen ist. Wenn es aber bloßer Spott ist, so ist es ein einfältiger Spott bei Dingen, die Spott nicht vertragen.

Es ist ferner zu bedenken, dass die Zukunft weder vollständig in unserer Gewalt ist noch vollständig unserer Gewalt entzogen. Dann werden wir niemals erwarten, dass das Künftige sicher eintreten wird, noch daran zweifeln, dass es jemals eintreten werde.

Ferner ist zu beachten, dass die Begierden teils natürliche, teils nichtige sind. Von den natürlichen wiederum sind die einen notwendig, die anderen bloß natürlich. Von den notwendigen endlich sind die einen notwendig zur Glückseligkeit, die anderen zur Ungestörtheit des Leibes, die dritten zum Leben überhaupt. Eine unerwartete Betrachtung dieser Dinge weiß jedes Wählen und Meiden zurückzuführen auf die Gesundheit des Leibes und die Beruhigtheit der Seele; denn dies ist die Erfüllung des seligen Lebens. Um dessentwillen tun wir nämlich alles: damit wir weder Schmerz noch Verwirrung empfinden. Sobald einmal dies an uns geschieht, legt sich der ganze Sturm der Seele. Das Lebewesen braucht sich dann nicht mehr umzusehen nach etwas, was ihm noch mangelte, und nach etwas anderem zu suchen, durch das das Wohlbefinden von Seele und Leib erfüllt würde. Dann nämlich bedürfen wir der Lust, wenn uns die Abwesenheit der Lust schmerzt. Wenn uns aber nichts schmerzt, dann bedürfen wir der Lust nicht mehr.

Darum nennen wir auch die Lust Anfang und Ende des seligen Lebens. Denn sie haben wir als das erste und angeborene Gut erkannt, von ihr aus beginnen wir mit allem Wählen und Meiden, und auf sie greifen wir zurück; indem wir mit der Empfindung als Maßstab jedes Gut beurteilen. Und eben weil sie das erste und angeborene Gut ist, darum wählen wir auch nicht jede Lust, sondern es kommt vor, dass wir über viele Lustempfindungen hinweggehen, wenn sich aus ihnen ein Übermaß an Lästigem ergibt. Wir ziehen auch viele Schmerzen Lustempfindungen vor, wenn uns aus dem lange dauernden Ertragen der Schmerzen eine größere Lust begleitet. Jede Lust also, da sie eine uns angemessene Natur hat, ist ein Gut, aber nicht jede ist zu wählen; wie auch jeder Schmerz ein Übel ist, aber nicht jeder muss natürlicherweise immer zu fliehen sein. Durch wechselseitiges Abmessen und durch die Beachtung des Zuträglichen und Abträglichen vermag man dies alles zu beurteilen. Denn zu gewissen Zeiten gehen wir mit dem Gut um wie mit einem Übel und mit dem Übel wiederum wie mit einem Gute.

Wir halten auch die Selbstgenügsamkeit für ein großes Gut, nicht um uns in jedem Falle mit wenigem zu begnügen, sondern damit wir, wenn wir das viele nicht haben, mit dem wenigen auskommen, in der echten Überzeugung, dass jene den Überfluss am ehesten genießen, die seiner am wenigsten bedürfen, und dass alles Naturgemäße leicht, das Sinnlose aber schwer zu beschaffen ist, und dass bescheidene Suppen ebenso viel Lust erzeugen wie ein üppiges Mahl, sowie einmal aller schmerzende Mangel beseitigt ist, und dass Wasser und Brot die höchste Lust zu verschaffen vermögen, wenn einer sie aus Bedürfnis zu sich nimmt.

Für all dies ist der Anfang und das größte Gut die Einsicht. Darum ist auch die Einsicht noch kostbarer als die Philosophie. Aus ihr entspringen alle übrigen Tugenden, und sie lehrt, dass es nicht möglich ist, lustvoll zu leben, ohne verständig, schön und gerecht zu leben, noch auch verständig, schön und gut, ohne lustvoll zu leben. Denn die Tugenden sind von Natur verbunden mit dem lustvollen Leben, und das lustvolle Leben ist von ihnen untrennbar. Denn schließlich, wen könntest du höher stellen als jenen, der über die Götter fromme Gedanken hat und der hinsichtlich des Todes vollkommen ohne Furcht ist, der das Endziel der Natur begriffen hat und der verstanden hat, dass die oberste Grenze des Guten leicht zu erreichen und leicht zu beschaffen ist, dass aber die oberste Grenze des Übels entweder der Zeit oder der Schmerzlichkeit nach nur kurz währt?

Dieses und was dazu gehört, überdenke Tag und Nacht in dir selber und zusammen mit dem, der deinesgleichen ist. Dann wirst du niemals, weder im Wachen noch im Schlafen, beunruhigt werden, und du wirst unter den Menschen leben wie ein Gott. Denn keinem sterblichen Wesen gleicht der Mensch, der inmitten unsterblicher Güter lebt.

Hades: *im griechischen Mythos die Unterwelt, das Reich der Toten*

Aristoteles
*

DAS GLÜCK ALS GUTES LEBEN
aus: Nikomachische Ethik
(übersetzt von Olof Gigon, Zürich 1967, S. 8ff.)

Aristoteles expliziert hier sein Verständnis eines guten Lebens: Glückseligkeit ist für ihn nicht individueller Lustgewinn und heitere Seelenruhe wie bei Epikur, sondern ein Leben, das nach sittlicher Vervollkommnung strebt.

5. Hierüber sei so viel gesagt. Wir wollen abermals auf das gesuchte Gute zurückkommen und fragen, was es wohl sei. Offenbar ist es in jeder Handlung und Kunst ein anderes. Denn ein anderes ist es in der Medizin und in der Strategik und so fort. Welches ist nun das Gute in jedem einzelnen Falle? Wohl das, um dessentwillen alles Übrige geschieht. Dies ist in der Medizin die Gesundheit, in der Strategik der Sieg, in der Baukunst das Haus, anderswo wieder anderes. Bei jedem Handeln und Entschlusse ist es das Ziel. Denn dieses ist es, wegen dessen man stets das Übrige tut. Wenn es also ein Ziel allen Handelns überhaupt gibt, so wäre dies das zu verwirklichende Gute, und wenn es mehrere solche Ziele gibt, dann sind es diese. So ist die Untersuchung auf einem anderen Wege zu demselben Punkte gelangt.

Wir wollen versuchen, dies noch etwas besser zu verdeutlichen. Da sich viele Ziele zeigen, wir aber von diesen manche um anderer Dinge willen wählen, wie den Reichtum, Flöten und überhaupt alle Instrumente, so ist es offenbar, dass nicht alle Endziele sind. Das vollkommen Gute scheint aber ein Endziel zu sein. Wenn es also nur ein einziges Endziel gibt, so wäre dies das Gesuchte, wenn aber mehrere, dann das vollkommenste unter diesen.

Vollkommener nennen wir das um seiner selbst willen Erstrebte gegenüber dem um anderer Ziele willen Erstrebten und das niemals um eines anderen willen Gesuchte gegenüber dem, was sowohl wegen sich selbst als auch wegen eines andern gesucht wird; allgemein ist das vollkommene Ziel dasjenige, was stets nur an sich und niemals um eines anderen willen gesucht wird.

Derart dürfte in erster Linie die Glückseligkeit sein. Denn diese suchen wir stets wegen ihrer selbst und niemals wegen eines anderen; Ehre dagegen und Lust und Vernunft und jede Tüchtigkeit suchen wir teils wegen ihnen selber (denn auch wenn wir keinen weiteren Gewinn von ihnen hätten, würden wir jedes Einzelne von ihnen wohl erstreben), teils aber auch um der Glückseligkeit willen, da wir glauben, eben durch jene Dinge glückselig zu werden. Die Glückseligkeit aber wählt keiner um jener Dinge willen und überhaupt nicht wegen eines anderen.

Dasselbe scheint sich aus dem Prinzip der Selbstgenügsamkeit zu ergeben. Denn das vollkommen Gute scheint selbstgenügsam zu sein. Wir verstehen diese Selbstgenügsamkeit nicht einfach für den Einzelnen, der für sich allein lebt, sondern auch für seine Eltern, Kinder, Frau und überhaupt seine Freunde und Mitbürger, da ja der Mensch seiner Natur nach in der Gemeinschaft lebt. Doch muss hier eine Grenze gezogen werden. Denn wenn man weitergehen wollte bis zu den Vorfahren und Nachkommen und zu den Freunden der Freunde, so geriete man ins Unbegrenzte. Aber dies wollen wir später untersuchen.

Als selbstgenügsam gilt uns dasjenige, was für sich allein das Leben begehrenswert macht und vollständig bedürfnislos. Für etwas Derartiges halten wir die Glückseligkeit, und zwar so, dass sie das Wünschenswerteste ist, ohne dass irgendetwas anderes addiert werden könnte. Wenn nämlich eine Addition möglich wäre, so würde sie offenbar noch wünschbarer, wenn auch noch das kleinste Gut dazukäme. Denn das Dazutreten würde dann einen Zuschuss an Gutem bedeuten, und es ist immer das größere Gut das wünschbarere. So scheint also die Glückseligkeit das vollkommene und selbstgenügsame Gut zu sein und das Endziel des Handelns.

6. Aber damit, dass die Glückseligkeit das höchste Gut sei, ist vielleicht nicht mehr gesagt, als was jedermann zugibt. Wir möchten aber noch genauer erfahren, was sie ist. Dies sollte wohl geschehen können, wenn wir von der eigentümlichen Leistung des Menschen ausgehen. (…)

Wenn nun die eigentümliche Leistung des Menschen in einer Tätigkeit der Seele besteht, die sich nach der Vernunft oder doch nicht ohne die Vernunft vollzieht, und wenn wir die Leistung eines beliebig Tätigen und eines hervorragend Tätigen derselben Gattung zurechnen (so wie das Spiel des Kitharisten und dasjenige des guten Kitharisten, und so in allen Fällen), so dass wir zur Leistung überhaupt noch das Merkmal hervorragender Tüchtigkeit in ihr beifügen (denn die Leistung des Kitharisten ist das Kitharaspielen, die des hervorragenden Kitharisten aber das gute Spielen) – wenn also das so ist und wir als die eigentümliche Leistung des Menschen ein bestimmtes Leben annehmen und als solches die Tätigkeit der Seele und die vernunftgemäßen Handlungen bestimmen und als die Tätigkeit des hervorragenden Menschen eben diese Tätigkeit in einem hervorragenden Maße, und wenn endlich dasjenige hervorragend wird, was im Sinne der ihm eigentümlichen Leistungsfähigkeit vollendet wird –, wenn das alles so ist, dann ist das Gute für den Menschen die Tätigkeit der Seele auf Grund ihrer besonderen Befähigung, und wenn es mehrere solche Befähigungen gibt, nach der besten und vollkommensten; und dies außerdem noch ein volles Leben hindurch. Denn eine Schwalbe macht noch keinen Frühling, und auch nicht ein einziger Tag; so macht auch ein einziger Tag oder eine kurze Zeit niemanden glücklich und selig.

8. Man muss nun über diesen Begriff des Guten und der Glückseligkeit nicht nur auf Grund von Schlussfolgerungen reden und aus Beweisgründen, sondern auch aus der allgemeinen Anschauung. Denn mit der Wahrheit stimmen alle Tatsachen überein, mit dem Irrtum dagegen werden sie rasch in Widerspruch geraten.

Wenn nun die Güter dreigeteilt werden, und zwar so, dass die einen äußere Güter genannt werden, die zweiten körperliche, die dritten seelische, so nennen wir die seelischen die eigentlichen und die hervorragendsten Güter. Außerdem schreiben wir die entsprechenden Handlungen und Tätigkeiten der Seele zu. So befinden wir uns denn in schönster Übereinstimmung mit dieser Anschauung, die alt ist und von allen Philosophierenden geteilt wird.

Richtig ist auch, dass das Ziel als Handlungen und Tätigkeiten bestimmt wird. Denn auf diese Weise gehört das Ziel zu den seelischen Gütern und nicht zu den äußeren.

Ebenso stimmt mit unserer Darlegung überein, dass man vom Glückseligen sagt, er lebe gut und verhalte sich gut. Denn eben von einem guten Leben und guten Verhalten hatten wir gesprochen.

9. Es scheint auch alles, was man von der Glückseligkeit auszusagen sucht, dem von uns Dargelegten zuzukommen. Denn die einen bestimmen sie als Tugend, die andern als Einsicht, die dritten als eine Art von Weisheit, andere wiederum als all dies oder doch eins davon verbunden mit der Lust oder doch nicht ohne die Lust. Andere nehmen auch das äußere Wohlergehen dazu. Einige dieser Ansichten werden seit alters von vielen Leuten vertreten, andere dagegen nur durch wenige und berühmte Männer. Es ist aber anzunehmen, dass kei-

ner sich im Ganzen vollständig verfehlt hat, sondern wenigstens in einem oder gar im meisten haben sie Recht.

Mit denen nun, die die Glückseligkeit als Tugend oder als irgendeine Tugend bestimmen, ist unsere Lehre durchaus im Einklang. Denn zur Tugend ist die tugendgemäße Tätigkeit zu rechnen. Es macht aber vielleicht keinen kleinen Unterschied, ob man das Beste als einen Besitz oder ein Ausüben ansieht und ob man es in einen Zustand oder in eine Tätigkeit setzt. Denn ein Zustand kann bestehen, auch ohne dass er etwas Gutes vollbringt, wie etwa wenn man schläft oder in irgendeiner andern Weise außer aller Tätigkeit ist. Bei der Tätigkeit dagegen ist dies unmöglich; denn sie wird mit Notwendigkeit handeln und gut handeln. Wie in den Olympischen Spielen nicht die Schönsten und Stärksten bekränzt werden, sondern jene, die kämpfen (denn unter diesen befinden sich die Sieger), so werden auch jene die schönen und guten Dinge des Lebens gewinnen, die richtig handeln.

Das Leben von solchen ist auch an sich genussreich. Denn das Genießen gehört zu den seelischen Dingen, und einem jeden ist genussreich, wozu er sich hingezogen fühlt, das Pferd dem Pferdeliebhaber, das Schauspiel dem Liebhaber von Schauspielen; ebenso das Gerechte dem Freund der Gerechtigkeit und überhaupt das Tugendgemäße dem Freund der Tugend. Bei den Leuten freilich steht das Genussreiche im Widerspruch, weil es nicht von Natur ist, den Liebhabern des Schönen aber ist genussreich das, was von Natur genussreich ist. Derart sind die tugendgemäßen Handlungen; sie sind also solchen Menschen und auch an sich genussreich. Ihr Leben bedarf nicht zusätzlich der Lust wie eines Umhangs, sondern es hat die Lust in sich selber. Dazu kommt, dass der, der sich nicht an edlen Taten freut, auch nicht gut ist. Denn man wird niemanden gerecht nennen, der sich nicht am gerechten Handeln freut, oder großzügig, der sich nicht an großzügigen Taten freut, und ebenso beim Übrigen. Wenn es also so ist, dann sind doch wohl die tugendgemäßen Handlungen an sich genussreich.

(...)

10. So wird denn auch die Frage gestellt, ob die Glückseligkeit durch Lernen, Gewöhnung oder anderweitige Übung angeeignet werden könne oder ob sie durch eine göttliche Zuteilung oder durch das Glück gewährt werde. Wenn es nun überhaupt irgendein Geschenk der Götter an die Menschen gibt, so ist anzunehmen, dass die Glückseligkeit gottgegeben sei, und zwar um so eher als sie unter den menschlichen Gütern das Beste ist. Aber dies gehört vielleicht eher einer andern Untersuchung an; jedenfalls aber, auch wenn sie nicht von Gott geschickt wird, sondern durch Tugend und eine Art von Lernen oder Übung zu Stande kommt, so gehört sie doch zu den göttlichsten Dingen. Denn der Preis und das Ziel der Tugend scheint das Beste zu sein und ein Göttliches und Seliges.

Sie wird dann auch für viele in gleicher Weise erreichbar sein. Denn durch irgendwelche Belehrung und Fürsorge wird sie allen zugänglich sein können, die nicht im Bezug auf die Tugend verstümmelt sind.

Wenn es nun besser ist, auf diese Weise glücklich zu sein als durch den Zufall, so ist auch anzunehmen, dass es sich tatsächlich so verhält, da doch das Naturgemäße so geworden ist, wie es am besten ist, und ebenso, was die Kunst hervorbringt und jede Ursache, und vor allem die beste. Das Größte und Schönste dem Zufall zuzuschreiben wäre gar zu leichtfertig.

Dasselbe Ergebnis folgt aber auch aus unseren Überlegungen. Denn die Glückseligkeit war als eine Art von tugendgemäßer Tätigkeit der Seele bestimmt worden. Von den übrigen Gütern muss das eine mit Notwendigkeit dabei sein, das andere ist in der Form von Werkzeugen behilflich und nützlich.

Dies entspricht auch dem am Anfang Gesagten. Denn dort setzten wir das Ziel der politischen Kunst als das beste an, und gerade diese bekümmert sich am meisten darum, die Bürger zu einer bestimmten Art und zur Tugend zu bilden und fähig, das Edle zu tun.

Sinnvollerweise nennen wir nun auch weder ein Rind noch ein Pferd noch irgendein anderes Tier glückselig. Denn keines von ihnen kann an einer solchen Tätigkeit teilhaben. Aus demselben Grunde ist auch ein Kind noch nicht glückselig. Denn es kann wegen seines Alters noch nicht derartig handeln. Preist man solche aber dennoch glückselig, so tut man es im Sinne einer Hoffnung.

Es bedarf nämlich, wie wir gesagt haben, einer vollkommenen Tugend und eines vollkommenen Lebens. Denn es gibt viele Veränderungen und vielerlei Zufälle in einem Leben, und es kann derjenige, dem es am besten ergeht, in seinem Alter in großes Unglück stürzen, so wie es im troianischen Epos über Priamos erzählt wird. Wer aber solche Zufälle erlebt und im Unglück endet, den preist keiner selig.

Arthur Schopenhauer **

KANN ICH WOLLEN, WAS ICH WILL?

aus: Die beiden Grundprobleme der Ethik
(in: Sämtliche Werke, Bd. 3, Darmstadt 1968, S. 561 – 564)

Die Frage, ob der Mensch einen freien Willen hat, war und ist eine der zentralen Fragen philosophischer Ethik. Schopenhauer argumentiert gegen die Existenz menschlicher Willensfreiheit, sucht diese als eine der hartnäckigsten Illusionen des Menschen zu entlarven.

Um die Entstehung dieses für unser Thema so wichtigen Irrtums speziell und aufs Deutlichste zu erläutern und dadurch die im vorigen Abschnitt angestellte Untersuchung des Selbstbewusstseins zu ergänzen, wollen wir uns einen Menschen denken, der, etwa auf der Gasse stehend, zu sich sagte: „Es ist 6 Uhr abends, die Tagesarbeit ist beendigt. Ich kann jetzt einen Spaziergang machen; oder ich kann in den Klub gehen; ich kann auch auf den Turm steigen, die Sonne untergehn zu sehn; ich kann auch ins Theater gehn; ich kann auch diesen oder aber jenen Freund besuchen; ja ich kann auch zum Tor hinauslaufen, in die weite Welt, und nie wiederkommen. Das alles steht allein bei mir, ich habe völlige Freiheit dazu; tue jedoch davon jetzt nichts, sondern gehe ebenso freiwillig nach Hause, zu meiner Frau.“ Das ist geradeso, als wenn das Wasser spräche: „Ich kann hohe Wellen schlagen (ja! nämlich im Meer und Sturm), ich kann reißend hinabeilen (ja! nämlich im Bette des Stroms), ich kann schäumend und sprudelnd hinunterstürzen (ja! nämlich im Wasserfall), ich kann frei als Strahl in die Luft steigen (ja! nämlich im Springbrunnen), ich kann endlich gar verkochen und verschwinden (ja! bei 80° Wärme); tue jedoch von dem allen jetzt nichts, sondern bleibe freiwillig, ruhig und klar im spiegelnden Teiche.“ Wie das Wasser jenes alles nur dann kann, wann die bestimmenden Ursachen zum einen oder zum andern eintreten; ebenso kann jener Mensch, was er zu können wähnt, nicht anders als unter derselben Bedingung. Bis die Ursachen eintreten, ist es ihm unmöglich: Dann aber *muss* er es so gut wie das Wasser, sobald es in die entsprechenden Umstände versetzt ist. Sein Irrtum und überhaupt die Täuschung, welche aus dem falsch ausgelegten Selbstbewusstsein hier entsteht, dass er jenes alles jetzt gleich könne, beruht, genau betrachtet, darauf, dass seiner

Phantasie nur *ein* Bild zur Zeit gegenwärtig sein kann und für den Augenblick alles andere ausschließt. Stellt er nun das Motiv zu einer jener als möglich proponierten Handlungen sich vor, so fühlt er sogleich dessen Wirkung auf seinen Willen, der dadurch sollizitiert wird: Dies heißt in der Kunstsprache eine *velleitas* (Willensregung). Nun meint er aber, er könne diese auch zu einer *voluntas* (einem Willen) erheben, d. h. die proponierte Handlung ausführen: Allein dies ist Täuschung. Denn alsbald würde die Besonnenheit eintreten und die nach andern Seiten ziehenden oder die entgegenstehenden Motive ihm in Erinnerung bringen: worauf er sehn würde, dass es nicht zur Tat kommt. Bei einem solchen sukzessiven Vorstellen verschiedener einander ausschließender Motive unter steter Begleitung des innern „Ich kann tun, was ich will“ dreht sich gleichsam der Wille wie eine Wetterfahne auf wohlgeschmierter Angel und bei unstetem Winde sofort nach jedem Motiv hin, welches die Einbildungskraft ihm vorhält, sukzessiv nach allen als möglich vorliegenden Motiven, und bei jedem denkt der Mensch, er könne es *wollen* und also die Fahne auf diesem Punkte fixieren: welches bloße Täuschung ist. Denn sein „Ich kann dies wollen“ ist in Wahrheit hypothetisch und führt den Beisatz mit sich „Wenn ich nicht lieber jenes andere wollte“: der hebt aber jenes Wollen-Können auf. – Kehren wir zu jenem aufgestellten um sechs Uhr deliberierenden Menschen zurück und denken uns, er bemerke jetzt, dass ich hinter ihm stehe, über ihn philosophiere und seine Freiheit zu allen jenen ihm möglichen Handlungen abstreite: so könnte es leicht geschehn, dass er, um mich zu widerlegen, eine davon ausführte: Dann wäre aber gerade mein Leugnen und dessen Wirkung auf seinen Widerspruchsgeist das ihn dazu nötigende Motiv gewesen. Jedoch würde dasselbe ihn nur zu einer oder der andern von den leichteren unter den oben angeführten Handlungen bewegen können, z. B. ins Theater zu gehn; aber keineswegs zur zuletzt genannten, nämlich in die weite Welt zu laufen: Dazu wäre das Motiv viel zu schwach. – Ebenso irrig meint mancher, indem er ein geladenes Pistol in der Hand hält, er könne sich damit erschießen. Dazu ist das Wenigste jenes mechanische Ausführungsmittel, die Hauptsache aber ein überaus starkes und daher seltenes Motiv, welches die ungeheure Kraft hat, die nötig ist, um die Lust zum Leben oder richtiger die Furcht vor dem Tode zu überwiegen: Erst nachdem ein solches eingetreten, kann er sich wirklich erschießen und muss es; es sei denn, dass ein noch stärkeres Gegenmotiv, wenn überhaupt ein solches möglich ist, die Tat verhindere.

Ich kann tun, was ich will: Ich kann, *wenn ich will*, alles, was ich habe, den Armen geben und dadurch selbst einer werden – wenn ich *will*! – Aber ich vermag nicht, es zu *wollen*: weil die entgegenstehenden Motive viel zu viel Gewalt über mich haben, als dass ich es könnte. Hingegen wenn ich einen anderen Charakter hätte, und zwar in dem Maße, dass ich ein Heiliger wäre, dann würde ich es wollen können: Dann aber würde ich auch nicht umhinkönnen, es zu wollen, würde es also tun müssen. – Dies alles besteht vollkommen und wohl mit dem „Ich kann *tun*, was ich *will*“ des Selbstbewusstseins, worin noch heutzutage einige gedankenlose Philosophaster die Freiheit des Willens zu sehen vermeinen und sie demnach als eine gegebene Tatsache des Bewusstseins geltend machen.

proponierte Handlung: *beabsichtigte Handlung*

Friedrich Nietzsche **
Der angebliche Kampf der Motive
aus: Morgenröte
(in: Sämtliche Werke, Kritische Studienausgabe Bd. 3, München 1980, S. 118ff.)

Auch Nietzsche leugnet die Existenz eines freien Willens; er bringt aber andere, stärker psychologische Argumente als Schopenhauer.

Man redet vom „Kampf der Motive", aber bezeichnet damit einen Kampf, der *nicht* der Kampf der Motive ist. Nämlich in unserm überlegenden Bewusstsein treten vor einer Tat der Reihe nach die *Folgen* verschiedener Taten hervor, welche alle wir meinen tun zu können, und wir vergleichen diese Folgen. Wir meinen, zu einer Tat entschieden zu sein, wenn wir festgestellt haben, dass ihre Folgen die überwiegend günstigeren sein werden; ehe es zu diesem Abschluss unserer Erwägung kommt, quälen wir uns oft redlich, wegen der großen Schwierigkeit, die Folgen zu erraten, sie in ihrer ganzen Stärke zu sehen und zwar alle, ohne Fehler der Auslassung zu machen: wobei die Rechnung überdies noch mit dem Zufalle dividiert werden muss. Ja, um das Schwierigste zu nennen: alle die Folgen, die einzeln so schwer festzustellen sind, müssen nun miteinander auf *einer* Waage gegeneinander abgewogen werden; und so häufig fehlt uns für diese Kasuistik des Vorurteils die Waage nebst den Gewichten, wegen der Verschiedenheit in der *Qualität* aller dieser möglichen Folgen. Gesetzt aber, auch damit kämen wir ins Reine und der Zufall hätte uns gegenseitig abwägbare Folgen auf die Waage gelegt: so haben wir jetzt in der Tat im *Bilde der Folgen* einer bestimmten Handlung ein *Motiv*, gerade diese Handlung zu tun. – ja! ein Motiv! Aber im Augenblicke, da wir schließlich handeln, werden wir häufig genug von einer anderen Gattung Motiven bestimmt, als die hier besprochene Gattung, die des „Bildes der Folgen", ist. Da wirkt die Gewohnheit unseres Kräftespiels oder ein kleiner Anstoß von einer Person, die wir fürchten oder ehren oder lieben, oder die Bequemlichkeit, welche vorzieht, was vor der Hand liegt zu tun, oder die Erregung der Phantasie, durch das nächste beste kleinste Ereignis im entscheidenden Augenblick herbeigeführt, es wirkt Körperliches, das ganz unberechenbar auftritt, es wirkt die Laune, es wirkt der Sprung irgendeines Affektes, der gerade zufällig bereit ist zu springen: kurz, es wirken Motive, die wir zum Teil gar nicht, zum Teil sehr schlecht kennen und die wir *nie vorher* gegeneinander in Rechnung setzen können. *Wahrscheinlich*, dass auch unter ihnen ein Kampf stattfindet, ein Hin- und Wegtreiben, ein Aufwiegen und Niederdrücken von Gewichtteilen – und dies wäre der eigentliche „Kampf der Motive": etwas für uns völlig Unsichtbares und Unbewusstes. Ich habe die Folgen und Erfolge berechnet und damit *ein* sehr wesentliches Motiv in die Schlachtreihe der Motive eingestellt – aber diese Schlachtreihe selber stelle ich ebenso wenig auf, als ich sie sehe: Der Kampf selber ist mir verborgen, und der Sieg als Sieg ebenfalls; denn wohl erfahre ich, was ich schließlich *tue*, – aber welches Motiv damit eigentlich gesiegt hat, erfahre ich nicht. *Wohl aber sind wir gewohnt*, alle diese unbewussten Vorgänge *nicht* in Anschlag zu bringen und uns die Vorbereitung einer Tat nur so weit zu denken, als sie bewusst ist: Und so verwechseln wir den Kampf der Motive mit der Vergleichung der möglichen Folgen verschiedener Handlungen – eine der folgenreichsten und für die Entwicklung der Moral verhängnisvollsten Verwechslungen.

Kasuistik: *hier: Fallbehandlung*

Friedrich Nietzsche **

VERWANDLUNGEN UND ÜBERMENSCH

aus: Also sprach Zarathustra

(in: Sämtliche Werke, Kritische Studienausgabe Bd. 4, München 1980, S. 29f. und S. 14f.)

Nietzsche schildert hier die seiner Meinung nach notwendigen Entwicklungsschritte des Menschen hin zu einer spezifischen Freiheit des „Übermenschen".

Von den drei Verwandlungen

Drei Verwandlungen nenne ich euch des Geistes: wie der Geist zum Kamele wird, und zum Löwen das Kamel, und zum Kinde zuletzt der Löwe.

Vieles Schwere gibt es dem Geiste, dem starken, tragsamen Geiste, dem Ehrfurcht innewohnt: nach dem Schweren und Schwersten verlangt seine Stärke.

Was ist schwer?, so fragt der tragsame Geist, so kniet er nieder, dem Kamele gleich, und will gut beladen sein.

Was ist das Schwerste, ihr Helden?, so fragt der tragsame Geist, dass ich es auf mich nehme und meiner Stärke froh werde.

Ist es nicht das: sich erniedrigen, um seinem Hochmut wehe zu tun? Seine Torheit leuchten lassen, um seiner Weisheit zu spotten?

Oder ist es das: von unserer Sache scheiden, wenn sie ihren Sieg feiert? Auf hohe Berge steigen, um den Versucher zu versuchen?

Oder ist es das: sich von Eicheln und Gras der Erkenntnis nähren und um der Wahrheit willen an der Seele Hunger leiden?

Oder ist es das: krank sein und die Tröster heimschicken und mit Tauben Freundschaft schließen, die niemals hören, was du willst?

Oder ist es das: in schmutziges Wasser steigen, wenn es das Wasser der Wahrheit ist, und kalte Frösche und heiße Kröten nicht von sich zu weisen?

Oder ist es das: die lieben, die uns verachten, und dem Gespenste die Hand reichen, wenn es uns fürchten machen will?

Alles dies Schwerste nimmt der tragsame Geist auf sich: Dem Kamele gleich, das beladen in die Wüste eilt, also eilt er in seine Wüste.

Aber in der einsamsten Wüste geschieht die zweite Verwandlung: Zum Löwen wird hier der Geist, Freiheit will er sich erbeuten und Herr sein in seiner eignen Wüste.

Seinen letzten Herrn sucht er sich hier: Feind will er ihm werden und seinem letzten Gotte, um Sieg will er mit dem großen Drachen ringen.

Welches ist der große Drache, den der Geist nicht mehr Herr und Gott heißen mag? „Du-sollst" heißt der große Drache. Aber der Geist des Löwen sagt „ich will".

„Du-sollst" liegt ihm am Wege, goldfunkelnd, ein Schuppentier, und auf jeder Schuppe glänzt golden „Du sollst!"

Tausendjährige Werte glänzen an diesen Schuppen, und also spricht der mächtigste aller Drachen: „Aller Wert der Dinge – der glänzt an mir."

„Aller Wert ward schon geschaffen, und aller geschaffene Wert – das bin ich. Wahrlich, es soll kein ‚Ich will' mehr geben!" Also spricht der Drache.

Meine Brüder, wozu bedarf es des Löwen im Geiste? Was genügt nicht das lastbare Tier, das entsagt und ehrfürchtig ist?

Neue Werte schaffen – das vermag auch der Löwe noch nicht: Aber Freiheit sich schaffen zu neuem Schaffen – das vermag die Macht des Löwen.

Freiheit sich schaffen und ein heiliges Nein auch vor der Pflicht: Dazu, meine Brüder, bedarf es des Löwen.

Recht sich nehmen zu neuen Werten – das ist das furchtbarste Nehmen für einen tragsamen und ehrfürchtigen Geist. Wahrlich, ein Rauben ist es ihm und eines raubenden Tieres Sache.

Als sein Heiligstes liebte er einst das „Du-sollst“: Nun muss er Wahn und Willkür auch noch im Heiligsten finden, dass er sich Freiheit raube von seiner Liebe: Des Löwen bedarf es zu diesem Raube.

Aber sagt, meine Brüder, was vermag noch das Kind, das auch der Löwe nicht vermochte? Was muss der raubende Löwe auch noch zum Kinde werden?

Unschuld ist das Kind und Vergessen, ein Neubeginnen, ein Spiel, ein aus sich rollendes Rad, eine erste Bewegung, ein heiliges Ja-sagen.

Ja, zum Spiele des Schaffens, meine Brüder, bedarf es eines heiligen Ja-sagens: *Seinen* Willen will nun der Geist, *seine* Welt gewinnt sich der Weltverlorene.

Drei Verwandlungen nannte ich euch des Geistes: wie der Geist zum Kamele ward, und zum Löwen das Kamel, und der Löwe zuletzt zum Kinde. –

Also sprach Zarathustra. Und damals weilte er in der Stadt, welche genannt wird: die bunte Kuh.

(…)

Ich lehre euch den Übermenschen. Der Mensch ist etwas, das überwunden werden soll. Was habt ihr getan, ihn zu überwinden?

Alle Wesen bisher schufen etwas über sich hinaus: Und ihr wollt die Ebbe dieser großen Flut sein und lieber noch zum Tiere zurückgehn, als den Menschen überwinden?

Was ist der Affe für den Menschen? Ein Gelächter oder eine schmerzliche Scham. Und ebendas soll der Mensch für den Übermenschen sein: ein Gelächter oder eine schmerzliche Scham.

Ihr habt den Weg vom Wurme zum Menschen gemacht und vieles ist in euch noch Wurm. Einst wart ihr Affen und auch jetzt noch ist der Mensch mehr Affe als irgendein Affe.

Wer aber der Weiseste von euch ist, der ist auch nur ein Zwiespalt und Zwitter von Pflanze und von Gespenst. Aber heiße ich euch zu Gespenstern oder Pflanzen werden?

Seht, ich lehre euch den Übermenschen!

Der Übermensch ist der Sinn der Erde. Euer Wille sage: Der Übermensch sei der Sinn der Erde!

Ich beschwöre euch, meine Brüder, *bleibt der Erde treu* und glaubt denen nicht, welche euch von überirdischen Hoffnungen reden! Giftmischer sind es, ob sie es wissen oder nicht. Verächter des Lebens sind es, Absterbende und selber Vergiftete, deren die Erde müde ist: So mögen sie dahinfahren!

Einst war der Frevel an Gott der größte Frevel, aber Gott starb, und damit starben auch diese Frevelhaften. An der Erde zu freveln ist jetzt das Furchtbarste und die Eingeweide des Unerforschlichen höher zu achten als den Sinn der Erde!

Einst blickte die Seele verächtlich auf den Leib: Und damals war diese Verachtung das Höchste – sie wollte ihn mager, grässlich, verhungert. So dachte sie ihm und der Erde zu entschlüpfen.

Oh diese Seele war selber noch mager, grässlich und verhungert: Und Grausamkeit war die Wollust dieser Seele!

Aber auch ihr noch, meine Brüder, sprecht mir: Was kündet euer Leib von eurer Seele? Ist eure Seele nicht Armut und Schmutz und ein erbärmliches Behagen?

Wahrlich, ein schmutziger Strom ist der Mensch. Man muss schon ein Meer sein, um einen schmutzigen Strom aufnehmen zu können, ohne unrein zu werden.

Seht, ich lehre euch den Übermenschen: Der ist dies Meer, in ihm kann eure große Verachtung untergehn.

Immanuel Kant ***
DIE VERNÜNFTIGE BEGRÜNDUNG DER MORAL
aus: Grundlegung zur Metaphysik der Sitten
(in: Werke, Bd. 7, hrsg. von W. Weischedel, Frankfurt/M 1974, S. 18ff.; S. 41ff.)

Immanuel Kants höchst folgenreicher Versuch einer deontologischen Rechtfertigung der Moral (einer Rechtfertigung aus dem Begriff der Pflicht also) geht von der Annahme aus, dass nur ein guter Wille gut genannt werden könne, dass also für die Beurteilung einer Handlung das zu Grunde liegende Motiv das Entscheidende ist. Der Wille aber hat die Freiheit zur Voraussetzung; gut ist er aber nur dann, wenn er der Vernunft entspricht – nur diese kann verpflichten. Befragt man die Vernunft nun nach einem Maßstab für sittliches Handeln, so antwortet sie mit dem kategorischen Imperativ, mit jenem Sittengesetz also, das nach Kant uneingeschränkt gelten soll, weil es Ausdruck der praktischen Vernunft selbst ist.

Der gute Wille

Es ist überall nichts in der Welt, ja überhaupt auch außer derselben zu denken möglich, was ohne Einschränkung für gut könnte gehalten werden als allein ein *guter Wille.* Verstand, Witz, Urteilskraft, und wie die *Talente* des Geistes sonst heißen mögen, oder Mut, Entschlossenheit, Beharrlichkeit im Vorsatze, als Eigenschaften des *Temperaments*, sind ohne Zweifel in mancher Absicht gut und wünschenswert; aber sie können auch äußerst böse und schädlich werden, wenn der Wille, der von diesen Naturgaben Gebrauch machen soll und dessen eigentümliche Beschaffenheit darum *Charakter* heißt, nicht gut ist. Mit den *Glücksgaben* ist es ebenso bewandt. Macht, Reichtum, Ehre, selbst Gesundheit, und das ganze Wohlbefinden und Zufriedenheit mit seinem Zustande, unter dem Namen der *Glückseligkeit* machen Mut und hierdurch öfters auch Übermut, wo nicht ein guter Wille da ist, der den Einfluss derselben aufs Gemüt, und hiermit auch das ganze Prinzip zu handeln, berichtige und allgemein-zweckmäßig mache; ohne zu erwähnen, dass ein vernünftiger unparteiischer Zuschauer sogar am Anblicke eines ununterbrochenen Wohlergehens eines Wesens, das kein Zug eines reinen und guten Willens zieret, nimmermehr ein Wohlgefallen haben kann, und so der gute Wille die unerlässliche Bedingung selbst der Würdigkeit, glücklich zu sein, auszumachen scheint.

Einige Eigenschaften sind sogar diesem guten Willen selbst beförderlich und können sein Werk sehr erleichtern, haben aber dem ungeachtet keinen innern unbedingten Wert, sondern setzen immer noch einen guten Willen voraus, der die *Hochschätzung*, die man übrigens mit Recht für sie trägt, einschränkt, und es nicht erlaubt, sie für schlechthin gut zu halten. Mäßigung in Affekten und Leidenschaften, Selbstbeherrschung und nüchterne Überlegung sind nicht allein in vielerlei Absicht gut, sondern scheinen sogar einen Teil vom *innern* Werte der Person auszumachen; allein es fehlt viel daran, um sie ohne Einschränkung für gut zu erklären (so unbedingt sie auch von den Alten gepriesen worden). Denn ohne Grundsätze eines guten Willens können sie höchst böse werden, und das kalte Blut eines Bösewichts macht ihn nicht allein weit gefährlicher, sondern auch unmittelbar in unseren Augen noch verabscheuungswürdiger, als er ohne dieses dafür würde gehalten werden.

Der gute Wille ist nicht durch das, was er bewirkt oder ausrichtet, nicht durch seine Tauglichkeit zur Erreichung irgendeines vorgesetzten Zwecks, sondern allein durch das Wollen, d. i. an sich, gut und, für sich selbst betrachtet, ohne Vergleich weit höher zu schätzen, als alles, was durch ihn zu Gunsten irgendeiner Neigung, ja wenn man will, der Summe aller Neigungen, nur immer zu Stande gebracht werden könnte. Wenngleich durch eine besondere Ungunst des Schicksals oder durch kärgliche Ausstattung einer stiefmütterlichen Natur es diesem Willen gänzlich an Vermögen fehlete, seine Absicht durchzusetzen; wenn bei seiner größten Bestrebung dennoch nichts von ihm ausgerichtet würde und nur der gute Wille (freilich nicht etwa ein bloßer Wunsch, sondern als die Aufbietung aller Mittel, so weit sie in unserer Gewalt sind) übrig bliebe: so würde er wie ein Juwel doch für sich selbst glänzen, als etwas, das seinen vollen Wert in sich selbst hat. Die Nützlichkeit oder Fruchtlosigkeit kann diesem Werte weder etwas zusetzen noch abnehmen. Sie würde gleichsam nur die Einfassung sein, um ihn im allgemeinen Verkehr besser handhaben zu können oder die Aufmerksamkeit derer, die noch nicht genug Kenner sind, auf sich zu ziehen, nicht aber um ihn Kennern zu empfehlen und seinen Wert zu bestimmen.

Es liegt gleichwohl in dieser Idee von dem absoluten Werte des bloßen Willens, ohne einigen Nutzen bei Schätzung desselben in Anschlag zu bringen, etwas so Befremdliches, dass, unerachtet aller Einstimmung selbst der gemeinen Vernunft mit derselben, dennoch ein Verdacht entspringen muss, dass vielleicht bloß hoch fliegende Phantasterei insgeheim zum Grunde liege und die Natur in ihrer Absicht, warum sie unserm Willen Vernunft zur Regiererin beigelegt habe, falsch verstanden sein möge. Daher wollen wir diese Idee aus diesem Gesichtspunkte auf die Prüfung stellen.

In den Naturanlagen eines organisierten, d. i. zweckmäßig zum Leben eingerichteten Wesens nehmen wir es als Grundsatz an, dass kein Werkzeug zu irgendeinem Zwecke in demselben angetroffen werde, als was auch zu demselben das schicklichste und ihm am meisten angemessen ist. Wäre nun an einem Wesen, das Vernunft und einen Willen hat, seine *Erhaltung*, sein *Wohlergehen*, mit einem Worte seine *Glückseligkeit*, der eigentliche Zweck der Natur, so hätte sie ihre Veranstaltung dazu sehr schlecht getroffen, sich die Vernunft des Geschöpfs zur Ausrichterin dieser ihrer Absicht zu ersehen. Denn alle Handlungen, die es in dieser Absicht auszuüben hat, und die ganze Regel seines Verhaltens würden ihm weit genauer durch Instinkt vorgezeichnet, und jener Zweck weit sicherer dadurch haben erhalten werden können, als es jemals durch Vernunft geschehen kann, und, sollte diese ja obenein dem begünstigten Geschöpf erteilt worden sein, so würde sie ihm nur dazu haben dienen müssen, um über die glückliche Anlage seiner Natur Betrachtungen anzustellen, sie zu bewundern, sich ihrer zu erfreuen und der wohltätigen Ursache dafür dankbar zu sein; nicht aber, um sein Begehrungsvermögen jener schwachen und trüglichen Leitung zu unterwerfen und in der Naturabsicht zu pfuschen; mit einem Worte, sie würde verhütet haben, dass Vernunft nicht in *praktischen Gebrauch* ausschlüge und die Vermessenheit hätte, mit ihren schwachen Einsichten ihr selbst den Entwurf der Glückseligkeit und der Mittel, dazu zu gelangen, auszudenken; die Natur würde nicht allein die Wahl der Zwecke, sondern auch der Mittel selbst übernehmen, und beide mit weiser Vorsorge lediglich dem Instinkte anvertraut haben.

In der Tat finden wir auch, dass, je mehr eine kultivierte Vernunft sich mit der Absicht auf den Genuss des Lebens und der Glückseligkeit abgibt, desto weiter der Mensch von der wahren Zufriedenheit abkomme, woraus bei vielen, und zwar den Versuchtesten im Gebrauche derselben, wenn sie nur aufrichtig genug sind, es zu gestehen, ein gewisser Grad von *Misologie*, d. i. Hass der Vernunft entspringt, weil sie nach dem Überschlage alles Vorteils, den sie, ich will nicht sagen von der Erfindung aller Künste des gemeinen Luxus, sondern sogar von den Wissenschaften (die ihnen am Ende auch ein Luxus des Verstandes zu sein *scheinen*) ziehen, dennoch finden, dass sie sich in der Tat nur mehr Mühseligkeit auf den Hals gezogen, als an Glückseligkeit gewonnen haben, und darüber endlich den gemeinern Schlag der Menschen, welcher der Leitung des bloßen Naturinstinkts näher ist und der seiner Vernunft nicht viel Einfluss auf sein Tun und Lassen verstattet, eher beneiden als gering schätzen. Und so weit muss man gestehen, dass das Urteil derer, die die ruhmredigen Hochpreisungen der Vorteile, die uns die Vernunft in Ansehung der Glückseligkeit und

Zufriedenheit des Lebens verschaffen sollte, sehr mäßigen und sogar unter Null herabsetzen, keineswegs grämisch, oder gegen die Güte der Weltregierung undankbar sei, sondern dass diesen Urteilen insgeheim die Idee von einer andern und viel würdigern Absicht ihrer Existenz zum Grunde liege, zu welcher, und nicht der Glückseligkeit, die Vernunft ganz eigentlich bestimmt sei und welcher darum, als oberster Bedingung, die Privatabsicht des Menschen größtenteils nachstehen muss.

Denn da die Vernunft dazu nicht tauglich genug ist, um den Willen in Ansehung der Gegenstände desselben und der Befriedigung aller unserer Bedürfnisse (die sie zum Teil selbst vervielfältigt) sicher zu leiten, als zu welchem Zwecke ein eingepflanzter Naturinstinkt viel gewisser geführt haben würde, gleichwohl aber uns Vernunft als praktisches Vermögen, d. i. als ein solches, das Einfluss auf den *Willen* haben soll, dennoch zugeteilt ist; so muss die wahre Bestimmung derselben sein, einen, nicht etwa in anderer Absicht als *Mittel*, sondern an sich *selbst guten Willen* hervorzubringen, wozu schlechterdings Vernunft nötig war, wo anders die Natur überall in Austeilung ihrer Anlagen zweckmäßig zu Werke gegangen ist. Dieser Wille darf also zwar nicht das einzige und das ganze, aber er muss doch das höchste Gut und zu allem Übrigen, selbst allem Verlangen nach Glückseligkeit, die Bedingung sein, in welchem Falle es sich mit der Weisheit der Natur gar wohl vereinigen lässt, wenn man wahrnimmt, dass die Kultur der Vernunft, die zur erstern und unbedingten Absicht erforderlich ist, die Erreichung der zweiten, die jederzeit bedingt ist, nämlich der Glückseligkeit, wenigstens in diesem Leben, auf mancherlei Weise einschränke, ja sie selbst unter nichts herabbringen könne, ohne dass die Natur darin unzweckmäßig verfahre, weil die Vernunft, die ihre höchste praktische Bestimmung in der Gründung eines guten Willens erkennt, bei Erreichung dieser Absicht nur einer Zufriedenheit nach ihrer eigenen Art, nämlich aus der Erfüllung *eines* Zwecks, den wiederum nur Vernunft bestimmt, fähig ist, sollte dieses auch mit manchem Abbruch, der den Zwecken der Neigung geschieht, verbunden sein.

Um aber den Begriff eines an sich selbst hoch zu schätzenden und ohne weitere Absicht guten Willens, so wie er *schon* dem natürlichen gesunden Verstande beiwohnet und nicht so wohl gelehret als vielmehr nur aufgeklärt zu werden bedarf, diesen Begriff, der in der Schätzung des ganzen Werts unserer Handlungen immer obenan steht und die Bedingung alles Übrigen ausmacht, zu entwickeln: wollen wir den Begriff der *Pflicht* vor uns nehmen, der den eines guten Willens, obzwar unter gewissen subjektiven Einschränkungen und Hindernissen, enthält, die aber doch, weit gefehlt, dass sie ihn verstecken und unkenntlich machen sollten, ihn vielmehr durch Abstechung heben und desto heller hervorscheinen lassen.

Ich übergehe hier alle Handlungen, die schon als pflichtwidrig erkannt werden, ob sie gleich in dieser oder jener Absicht nützlich sein mögen; denn bei denen ist gar nicht einmal die Frage, ob sie *aus Pflicht* geschehen sein mögen, da sie dieser sogar widerstreiten. Ich setze auch die Handlungen bei Seite, die wirklich pflichtgemäß sind, zu denen aber Menschen unmittelbar *keine Neigung* haben, sie aber dennoch ausüben, weil sie durch eine andere Neigung dazu getrieben werden. Denn da lässt sich leicht unterscheiden, ob die pflichtgemäße Handlung *aus Pflicht* oder aus selbstsüchtiger Absicht geschehen sei. Weit schwerer ist dieser Unterschied zu bemerken, wo die Handlung pflichtgemäß ist und das Subjekt noch überdem *unmittelbare* Neigung zu ihr hat. Z. B. es ist allerdings pflichtgemäß, dass der Krämer seinen unerfahrnen Käufer nicht überteure, und, wo viel Verkehr ist, tut dieses auch der kluge Kaufmann nicht, sondern hält einen festgesetzten allgemeinen Preis für jedermann, so dass ein Kind ebenso gut bei ihm kauft als jeder anderer. Man wird also *ehrlich* bedient; allein das ist lange nicht genug,um deswegen zu glauben, der Kaufmann habe aus Pflicht und Grundsätzen der Ehrlichkeit so verfahren; sein Vorteil erforderte es; dass er aber überdem noch eine unmittelbare Neigung zu den Käufern haben sollte, um gleichsam aus Liebe keinem vor dem andern im Preise den Vorzug zu geben, lässt sich hier nicht annehmen. Also war die Handlung weder aus Pflicht, noch aus unmittelbarer Neigung, sondern bloß in eigennütziger Absicht geschehen.

Dagegen, sein Leben zu erhalten, ist Pflicht, und überdem hat jedermann dazu noch eine unmittelbare Neigung. Aber um deswillen hat die oft ängstliche Sorgfalt, die der größte Teil der Menschen dafür trägt, doch keinen innern Wert, und die Maxime derselben keinen moralischen Gehalt. Sie bewahren ihre Leben zwar *pflichtmäßig*, aber nicht *aus Pflicht*. Dagegen, wenn Widerwärtigkeiten und hoffnungsloser Gram den Geschmack am Leben gänzlich weggenommen haben; wenn der Unglückliche, stark an Seele, über sein Schicksal mehr entrüstet als kleinmütig oder niedergeschlagen, den Tod wünscht und sein Leben doch erhält, ohne es zu lieben, nicht aus Neigung oder Furcht, sondern aus Pflicht: Alsdann hat seine Maxime einen moralischen Gehalt.

Hypothetische und kategorische Imperative

Die Vorstellung eines objektiven Prinzips, sofern es für einen Willen nötigend ist, heißt ein Gebot (der Vernunft) und die Formel des Gebots heißt *Imperativ*.

Alle Imperative werden durch ein *Sollen* ausgedrückt und zeigen dadurch das Verhältnis eines objektiven Gesetzes der Vernunft zu einem Willen an, der seiner subjektiven Beschaffenheit nach dadurch nicht notwendig bestimmt wird (eine Nötigung). Sie sagen, dass etwas zu tun oder zu unterlassen gut sein würde, allein sie sagen es einem Willen, der nicht immer darum etwas tut, weil ihm vorgestellt wird, dass es zu tun gut sei. Praktisch *gut* ist aber, was vermittelst der Vorstellungen der Vernunft, mithin nicht aus subjektiven Ursachen, sondern objektiv, das heißt aus Gründen, die für jedes vernünftige Wesen als ein solches gültig sind, den Willen bestimmt. Es wird vom *Angenehmen* unterschieden als demjenigen, was nur vermittelst der Empfindung aus bloß subjektiven Ursachen, die nur für dieses oder jenes seinen Sinn gelten, und nicht als Prinzip der Vernunft, das für jedermann gilt, auf den Willen Einfluss hat.

Ein vollkommen guter Wille würde also ebenso wohl unter objektiven Gesetzen (des Guten) stehen, aber nicht dadurch als zu gesetzmäßigen Handlungen genötigt vorgestellt werden können, weil er von selbst nach seiner subjektiven Beschaffenheit nur durch die Vorstellung des Guten bestimmt werden kann. Daher gelten für den *göttlichen* und überhaupt für einen *heiligen* Willen keine Imperative; das *Sollen* ist hier am unrechten Orte, weil das *Wollen* schon von selbst mit dem Gesetz notwendig einstimmig ist. Daher sind Imperative nur Formeln, das Verhältnis objektiver Gesetze des Wollens überhaupt zu der subjektiven Unvollkommenheit des Willens dieses oder jenes vernünftigen Wesens, zum Beispiel des menschlichen Willens auszudrücken.

Alle *Imperative* nun gebieten entweder *hypothetisch* oder *kategorisch*. Jene stellen die praktische Notwendigkeit einer möglichen Handlung als Mittel zu etwas anderem, was man will (oder doch möglich ist, dass man es wolle), zu gelangen vor. Der kategorische Imperativ würde der sein, welcher eine Handlung als für sich selbst, ohne Beziehung auf einen anderen Zweck, als objektiv-notwendig vorstellte.

Weil jedes praktische Gesetz eine mögliche Handlung als gut und darum für ein durch Vernunft praktisch bestimmbares Subjekt als notwendig vorstellt, so sind alle Imperative Formeln der Bestimmung der Handlung, die nach dem Prinzip eines in irgendeiner Art guten Willens notwendig ist. Wenn nun die Handlung bloß *wozu anders* als Mittel gut sein würde, so ist der Imperativ *hypothetisch*; wird sie als *an sich* gut vorgestellt, mithin als notwendig in einem an sich der Vernunft gemäßen Willen, als Prinzip desselben, so ist er *kategorisch*.

Der Imperativ sagt also, welche durch mich mögliche Handlung gut wäre, und stellt die praktische Regel in Verhältnis auf einen Willen vor, der darum nicht sofort eine Handlung tut, weil sie gut ist, teils weil das Subjekt nicht immer weiß, dass sie gut sei, teils weil, wenn es dieses auch wüsste, die Maximen desselben doch den objektiven Prinzipien einer praktischen Vernunft zuwider sein könnten.

Der hypothetische Imperativ sagt also nur, dass die Handlung zu irgendeiner *möglichen* oder *wirklichen* Absicht gut sei. Im ersteren Falle ist er ein *problematisch-*, im zweiten *assertorisch*-praktisches Prinzip. Der kategorische Imperativ, der die Handlung ohne Beziehung auf irgendeine Absicht, das ist auch ohne irgendeinen anderen Zweck, für sich als objektiv notwendig erklärt, gilt als ein *apodiktisch*-praktisches Prinzip.

(....)

Der kategorische Imperativ ist also ein einziger und zwar dieser: *Handle nur nach derjenigen Maxime, durch die du zugleich wollen kannst, dass sie ein allgemeines Gesetz werde.*

Wenn nun aus diesem einzigen Imperativ alle Imperative der Pflicht als aus ihrem Prinzip abgeleitet werden können, so werden wir, ob wir es gleich unausgemacht lassen, ob nicht überhaupt das, was man Pflicht nennt, ein leerer Begriff sei, doch wenigstens anzeigen können, was wir dadurch denken und was dieser Begriff sagen wolle.

Weil die Allgemeinheit des Gesetzes, wonach Wirkungen geschehen, dasjenige ausmacht, was eigentlich *Natur* im allgemeinsten Verstande (der Form nach), das ist das Dasein der Dinge, heißt, sofern es nach allgemeinen Gesetzen bestimmt ist, so könnte der allgemeine Imperativ der Pflicht auch so lauten: *Handle so, als ob die Maxime deiner Handlung durch deinen Willen zum allgemeinen Naturgesetze werden sollte.* (...)

Der Wille wird als ein Vermögen gedacht, *der Vorstellung gewisser Gesetze* gemäß sich selbst zum Handeln zu bestimmen. Und ein solches Vermögen kann nur in vernünftigen Wesen anzutreffen sein. Nun ist das, was dem Willen zum objektiven Grunde seiner Selbstbestimmung dient, der *Zweck*, und dieser, wenn er durch bloße Vernunft gegeben wird, muss für alle vernünftigen Wesen gleich gelten. Was dagegen bloß den Grund der Möglichkeit der Handlung enthält, deren Wirkung Zweck ist, heißt das *Mittel*. Der subjektive Grund des Begehrens ist die *Triebfeder*, der objektive des Wollens der *Bewegungsgrund*; daher der Unterschied zwischen subjektiven Zwecken, die auf Triebfedern beruhen, und objektiven, die auf Bewegungsgründe ankommen, welche für jedes vernünftige Wesen gelten. Praktische Prinzipen sind *formal*, wenn sie von allen subjektiven Zwecken abstrahieren; sie sind aber *material*, wenn sie diese, mithin gewisse Triebfedern zum Grund legen. Die Zwecke, die sich ein vernünftiges Wesen als *Wirkungen* seiner Handlung nach Belieben vorsetzt (materiale Zwecke), sind insgesamt nur relativ; denn nur bloß ihr Verhältnis auf ein besonders geartetes Begehrungsvermögen des Subjekts gibt ihnen den Wert, der daher keine allgemeinen, für alle vernünftige Wesen und auch nicht für jedes Wollen gültige und notwendige Prinzipien, das ist praktische Gesetze, an die Hand geben kann. Daher sind alle diese relativen Zwecke nur der Grund von hypothetischen Imperativen.

Gesetzt aber, es gäbe etwas, *dessen Dasein an sich selbst* einen absoluten Wert hat, was, als *Zweck an sich selbst*, ein Grund bestimmter Gesetze sein könnte, so würde in ihm und nur in ihm allein der Grund eines möglichen kategorischen Imperativs, das heißt praktischen Gesetzes liegen.

Nun sage ich: Der Mensch und überhaupt jedes vernünftige Wesen *existiert* als Zweck an sich selbst, *nicht bloß als Mittel* zum beliebigen Gebrauche für diesen oder jenen Willen, sondern muss in allen seinen sowohl auf sich selbst als auch auf andere vernünftige Wesen gerichteten Handlungen jederzeit *zugleich als Zweck* betrachtet werden. Alle Gegenstände der Neigungen haben nur einen bedingten Wert; denn wenn die Neigungen und darauf gegründete Bedürfnisse nicht wären, so würde ihr Gegenstand ohne Wert sein. Die Neigungen selber aber, als Quellen des Bedürfnisses, haben so wenig einen absoluten Wert, um sie selbst zu wünschen, dass vielmehr gänzlich davon frei zu sein, der allgemeine Wunsch eines jeden vernünftigen Wesens sein muss. Also ist der Wert aller durch unsere Handlung *zu erwerbenden* Gegenstände jederzeit bedingt. Die Wesen, deren Dasein zwar nicht auf unserem Willen, sondern der Natur beruht, haben dennoch, wenn sie vernunftlose Wesen sind, nur einen relativen Wert, als Mittel, und heißen daher *Sachen*, dagegen vernünftige Wesen *Personen* genannt werden, weil ihre Natur sie schon als Zwecke an sich selbst, das heißt als etwas, das nicht bloß als Mittel gebraucht werden darf, auszeichnet, mithin sofern alle Willkür einschränkt (und ein Gegenstand der Achtung ist). Dies sind also nicht bloß subjektive Zwecke, deren Existenz als Wirkung unserer Handlung *für uns* einen Wert hat; sondern *objektive Zwecke*, das heißt Dinge, deren Dasein an sich selbst Zweck ist, und zwar ein solcher, an dessen Statt kein anderer Zweck gesetzt werden kann, dem sie *bloß* als Mittel zu Diensten stehen sollten, weil ohne dieses überall gar nichts von *absolutem Werte* würde angetroffen werden; wenn aber aller Wert bedingt, mithin zufällig wäre, so könnte für die Vernunft überall kein oberstes praktisches Prinzip angetroffen werden.

Wenn es denn also ein oberstes praktisches Prinzip und in Ansehung des menschlichen Willens einen kategorischen Imperativ geben soll, so muss es ein solches sein, das aus der Vorstellung dessen, was notwendig für jedermann Zweck ist, weil es *Zweck an sich selbst* ist, ein *objektives* Prinzip des Willens ausmacht, mithin zum allgemeinen praktischen Gesetz dienen kann. Der Grund dieses Prinzips ist: *Die vernünftige Natur existiert als Zweck an sich selbst*. So stellt sich notwendig der Mensch sein eigenes Dasein vor; sofern ist es also ein *subjektives* Prinzip menschlicher Handlungen. So stellt sich aber auch jedes andere vernünftige Wesen sein Dasein zufolge ebendesselben Vernunftgrundes, der auch für mich gilt, vor; also ist es zugleich ein *objektives* Prinzip, woraus als einem obersten praktischen Grunde alle Gesetze des Willens müssen abgeleitet werden können. Der praktische Imperativ wird also folgender sein: *Handle so, dass du die Menschheit, sowohl in deiner Person als in der Person eines jeden anderen, jederzeit zugleich als Zweck, niemals bloß als Mittel brauchst.*

Pflicht: *hier: das, was sich rein aus Vernunftgründen gebietet*
Neigung: *hier: alle Arten von nicht vernünftigen Motiven: Triebe, Gefühle, Vorlieben*
hypothetisch: *hier: die Gültigkeit nur unter bestimmten Bedingungen*
kategorisch: *hier: die unbedingte Gültigkeit*
Naturgesetz: *hier: unbedingt gültiges Gesetz, das für Vernunftwesen gilt, weil es vernünftig ist*
Maxime: *Leitfaden, Richtlinie*
vernünftige Natur: *hier: jedes denkbare Vernunftwesen, also zumindest der Mensch*

John Stuart Mill **

Utilitaristische Rechtfertigung der Moral

aus: Der Utilitarismus

(übers. v. Dieter Birnbacher, Stuttgart 1975, S. 13 – 18, 60 – 67)

Mit dieser Abhandlung hat Mill einen der klassisch gewordenen Begründungsversuche für eine Ethik geschaffen, der ihr oberstes Kriterium in der Nützlichkeit sieht.

(...) Die Auffassung, für die die Nützlichkeit oder das Prinzip des größten Glücks die Grundlage der Moral ist, besagt, dass Handlungen insoweit und in dem Maße moralisch richtig sind, als sie die Tendenz haben, Glück zu befördern, und insoweit moralisch falsch, als sie die Tendenz haben, das Gegenteil von Glück zu bewirken. Unter „Glück" ist dabei Lust (pleasure) und das Freisein von Unlust (pain), unter „Unglück" Unlust und das Fehlen von Lust verstanden. Damit die von dieser Theorie aufgestellte Norm deutlich wird, muss freilich noch einiges gesagt werden, insbesondere darüber, was die Begriffe Lust und Unlust einschließen soll und inwieweit dies von der Theorie offen gelassen wird. Aber solche zusätzlichen Erklärungen ändern nichts an der Lebensauffassung, auf der diese Theorie der Moral wesentlich beruht: dass Lust und das Freisein von Unlust die einzigen Dinge sind, die als Endzwecke wünschenswert sind, und dass alle anderen wünschenswerten Dinge (die nach utilitaristischer Auffassung ebenso vielfältig sind wie nach jeder anderen) entweder deshalb wünschenswert sind, weil sie selbst lustvoll sind oder weil sie Mittel sind zur Beförderung von Lust und zur Vermeidung von Unlust.

Eine solche Lebensauffassung stößt bei vielen Menschen, darunter manchen, deren Fühlen und Trachten im höchsten Maße achtenswert ist, auf eingewurzelte Abneigung. Der Gedanke, dass das Leben (wie sie sagen) keinen höheren Zweck habe als die Lust, kein besseres und edleres Ziel des Wollens und Strebens, erscheint ihnen im äußersten Grade niedrig und gemein; als eine Ansicht, die nur der Schweine würdig wäre, mit denen die Anhänger Epikurs ja schon sehr früh verächtlich gleichgesetzt wurden; und zeitgenössische Vertreter der Lehre werden gelegentlich zum Gegenstand nicht weniger höflicher Vergleiche von Seiten ihrer deutschen, französischen und englischen Gegner.

Auf Angriffe dieser Art haben die Epikureer stets geantwortet, dass nicht sie, sondern ihre Ankläger es sind, die die menschliche Natur in entwürdigendem Licht erscheinen lassen, da die Anklage ja unterstellt, dass Menschen keiner anderen Lust fähig sind als der, deren Schweine fähig sind. Träfe diese Unterstellung zu, wäre sie nicht zu widerlegen, aber sie wäre dann auch keine Beleidigung mehr. Denn wenn die Quellen der Lust für Menschen und für Schweine genau dieselben wären, müsste die Lebensregel, die für die einen gut genug ist, auch für die anderen gut genug sein. Nur deswegen wird ja die Gleichsetzung des epikureischen Lebens mit dem tierischen als entwürdigend empfunden, weil die Lust des Tiers der menschlichen Vorstellung vom Glück nicht gerecht wird. Die Menschen haben höhere Fähigkeiten als bloß tierische Gelüste und vermögen, sobald sie dieser einmal bewusst geworden sind, nur darin ihr Glück zu sehen, worin deren Bestätigung eingeschlossen ist. (...)

Die Anerkennung der Tatsache, dass einige *Arten* der Freude wünschenswerter und wertvoller sind als andere, ist mit dem Nützlichkeitsprinzip durchaus vereinbar. Es wäre unsinnig anzunehmen, dass der Wert einer Freude ausschließlich von der Quantität abhängen sollte, wo doch in der Wertbestimmung aller anderen Dinge neben der Quantität auch die Qualität Berücksichtigung findet.

Fragt man mich nun, was ich meine, wenn ich von der unterschiedlichen Qualität von Freuden spreche, und was eine Freude – bloß als Freude, unabhängig von ihrem größten Betrag

– wertvoller als eine andere macht, so gibt es nur eine mögliche Antwort: Von zwei Freuden ist diejenige die wünschenswertere, die von allen oder nahezu allen, die beide erfahren haben, ungeachtet des Gefühls, eine von beiden aus moralischen Gründen vorziehen zu müssen, entschieden bevorzugt wird. Wird die eine von zwei Freuden von denen, die beide kennen und beurteilen können, so weit über die andere gestellt, dass sie sie auch dann noch vorziehen, wenn sie wissen, dass sie größere Unzufriedenheit verursacht, und sie gegen noch so viele andere Freuden, die sie erfahren könnten, nicht eintauschen möchten, sind wir berechtigt, jener Freude eine höhere Qualität zuzuschreiben, die die Quantität so weit übertrifft, dass diese im Vergleich nur gering ins Gewicht fällt. (…) Wer meint, dass diese Bevorzugung des Höheren ein Opfer an Glück bedeutet – dass das höhere Wesen unter den gleichen Umständen nicht glücklicher sein könne als das niedrigere –, vermengt die zwei durchaus verschiedenen Begriffe des *Glücks* (happiness) und der *Zufriedenheit* (content). Es ist unbestreitbar, dass ein Wesen mit geringerer Fähigkeit zum Genuss die besten Aussichten hat, voll zufrieden gestellt zu werden; während ein Wesen von höheren Fähigkeiten stets das Gefühl haben wird, dass alles Glück, das es von der Welt, so wie sie beschaffen ist, erwarten kann, unvollkommen ist. Aber wenn diese Unvollkommenheiten überhaupt nur erträglich sind, kann es lernen, mit ihnen zu leben, statt die andern zu bedienen, denen diese Unvollkommenheiten nur deshalb nicht bewusst sind, weil sie sich von den Vollkommenheiten keine Vorstellung machen können, mit denen diese verglichen werden. Es ist besser, ein unzufriedener Mensch zu sein als ein zufrieden gestelltes Schwein; besser ein unzufriedener Sokrates als ein zufriedener Narr. Und wenn der Narr oder das Schwein anderer Ansicht sind, dann deshalb, weil sie nur die eine Seite der Angelegenheit kennen. Die andere Partei hingegen kennt beide Seiten.

Welcherart Beweis sich für das Nützlichkeitsprinzip führen lässt

Fragen nach Zwecken sind (mit anderen Worten) Fragen danach, welche Dinge wünschenswert sind. Die utilitaristische Lehre sagt, dass Glück wünschenswert ist, dass es das Einzige ist, das als Zweck wünschenswert ist und dass alles andere nur als Mittel zu diesem Zweck wünschenswert ist. Welchen Kriterien muss diese Lehre genügen – welche Bedingungen muss sie erfüllen –, um ihrem Anspruch zu überzeugen, gerecht zu werden?

Der einzige Beweis dafür, dass ein Gegenstand sichtbar (visible) ist, ist, dass man ihn tatsächlich sieht. Der einzige Beweis dafür, dass ein Ton hörbar (audible) ist, ist, dass man ihn hört. Ebenso wird der einzige Beweis dafür, dass etwas wünschenswert (desiderable) ist, der sein, dass die Menschen es tatsächlich wünschen. Wäre der Zweck, den sich die utilitaristische Theorie setzt, nicht schon in Theorie und Praxis als Zweck anerkannt, könnte einen nichts davon überzeugen, dass dies der Zweck ist. Dafür, dass das allgemeine Glück wünschenswert ist, lässt sich kein anderer Grund angeben, als dass jeder sein eigenes Glück erstrebt, insoweit er es für erreichbar hält. Da dieses jedoch eine Tatsache ist, haben wir damit nicht nur den ganzen Beweis, den der Fall zulässt, sondern alles, was überhaupt als Beweisgrund dafür verlangt werden kann, dass Glück ein Gut ist: nämlich dass das Glück jedes Einzelnen für diesen ein Gut ist und dass daher das allgemeine Glück ein Gut für die Gesamtheit der Menschen ist. Damit hat das Glück seinen Anspruch begründet, *eines* der Zwecke des Handelns und folglich eines der Kriterien der Moral zu sein.

Jean Paul Sartre *

DER MENSCH IST FREI
aus: Drei Essays
(Ulm 1981, S. 11ff.)

Jean Paul Sartre, wohl der wichtigste Vertreter des französischen Existenzialismus, erläutert in diesem Text die existenzialistische Auffassung des Menschen: dass der Mensch in seiner Existenz radikal frei ist, sich und sein Leben wählen kann, dafür aber auch vollständig verantwortlich ist.

Die existenzialistische Auffassung des Menschen

Wenn der Mensch, so wie ihn der Existenzialist begreift, nicht definierbar ist, so darum, weil er anfangs überhaupt nichts ist. Er wird erst in der weiteren Folge sein, und er wird so sein, wie er sich geschaffen haben wird. Also gibt es keine menschliche Natur, da es keinen Gott gibt, um sie zu entwerfen. Der Mensch ist lediglich so, wie er sich konzipiert – ja nicht allein so, sondern wie er sich will und wie er sich nach der Existenz konzipiert, wie er sich will nach diesem Sichschwingen auf die Existenz hin; der Mensch ist nichts anderes als wozu er sich macht.

Der Mensch ist, wozu er sich macht

Das ist der erste Grundsatz des Existenzialismus. Das ist es auch, was man die Subjektivität nennt und was man uns unter eben diesem Namen zum Vorwurf macht. Aber was wollen wir denn damit anderes sagen, als dass der Mensch eine größere Würde hat als der Stein oder der Tisch? Denn wir wollen sagen, dass der Mensch zuerst existiert, das heißt, dass er zuerst ist, was sich in eine Zukunft hinwirft und was sich bewusst ist, sich in der Zukunft zu planen.

Der Entwurf

Der Mensch ist zuerst ein Entwurf, der sich subjektiv lebt, anstatt nur ein Schaum zu sein oder eine Fäulnis oder ein Blumenkohl; nichts existiert diesem Entwurf vorweg, nichts ist im Himmel, und der Mensch wird zuerst das sein, was er zu sein geplant hat, nicht, was er sein wollen wird. Denn was wir gewöhnlich unter Wollen verstehen, ist eine bewusste Entscheidung, die für die meisten unter uns dem nachfolgt, wozu er sich selbst gemacht hat. Ich kann mich einer Partei anschließen wollen, ein Buch schreiben, mich verheiraten, alles das ist nur Kundmachung einer ursprünglicheren, spontaneren Wahl als was man Willen nennt.

Der Mensch ist voll und ganz verantwortlich

Aber wenn wirklich die Existenz der Essenz vorausgeht, so ist der Mensch verantwortlich für das, was er ist. Somit ist der erste Schritt des Existenzialismus, jeden Menschen in Besitz dessen, was er ist, zu bringen und auf ihm die gänzliche Verantwortung für seine Existenz ruhen zu lassen. Und wenn wir sagen, dass der Mensch für sich selber verantwortlich ist, so wollen wir nicht sagen, dass der Mensch gerade eben nur für seine Individualität verantwortlich ist, sondern dass er verantwortlich ist für alle Menschen. Es gibt zweierlei Sinn in dem Wort Subjektivismus, und unsere Gegner arbeiten auf unehrliche Weise mit dieser Tatsache. Subjektivismus bedeutet einerseits Wahl des individuellen Subjekts durch sich selber, und andererseits Unmöglichkeit für den Menschen, die menschliche Subjektivität zu überschreiten. Dieser zweite Sinn ist der tiefere Sinn des Existenzialismus. Indem wir sagen, dass der Mensch sich wählt, verstehen wir darunter, dass jeder unter uns sich wählt; aber damit wollen wir ebenfalls sagen, dass, indem er sich wählt, er alle Menschen wählt. Tatsächlich gibt es nicht eine unserer Handlungen, die, indem sie den Menschen schafft, der wir sein wollen, nicht gleichzeitig ein Bild des Menschen schafft, so wie wir meinen, dass er sein soll. Wählen, dies oder jenes zu sein, heißt gleichzeitig, den Wert dessen, was wir wählen, bejahen, denn wir können nie das Schlechte wählen. Was wir wählen, ist immer das Gute, und nichts kann für uns gut sein, wenn es nicht gut für alle ist.

Der Mensch wählt sich, indem er alle Menschen wählt

Wenn andererseits die Existenz der Essenz vorangeht und wir zur gleichen Zeit existieren wollen, wie wir unser Bild gestalten, so ist dieses Bild für alle und für unsere ganze Epoche gültig. Somit ist unsere Verantwortlichkeit viel größer, als wir es etwa voraussetzen könnten, denn sie bindet die ganze Menschheit. Bin ich Arbeiter und wähle, eher einer christlichen Gewerkschaft beizutreten als Kommunist zu sein – will ich mit diesem Beitritt anzeigen, dass Bescheidung im Grunde die Lösung ist, die dem Menschen zukommt, dass das Reich des Menschen nicht auf Erden ist – so binde ich dadurch nicht nur meinen Fall: Ich will für alle Selbstbescheidung üben, folglich hat mein Schritt die ganze Menschheit gebunden.

Der individuelle Akt bindet die ganze Menschheit

Und will ich eine individuelle Tatsache – mich verheiraten und Kinder haben, selbst wenn diese Heirat einzig und allein von meiner Lage und von meiner Leidenschaft oder von meinem Begehren abhängt, so binde ich dadurch nicht nur mich selber, sondern verpflichte die ganze Menschheit auf den Weg der Monogamie. So bin ich für mich selbst und für alle verantwortlich, und ich schaffe ein bestimmtes Bild des Menschen, den ich wähle; indem ich mich wähle, wähle ich den Menschen.

Dies ermöglicht uns zu begreifen, was etwa großsprecherische Wörter wie Angst, Verlassenheit, Verzweiflung in sich bergen. Wie Sie sehen werden, ist das außerordentlich einfach. Vor allem, was versteht man unter Angst? Der Existenzialist erklärt mit Vorliebe, dass der Mensch Angst ist.

Angst

Das bedeutet Folgendes: Der Mensch, der sich bindet und der sich Rechenschaft gibt, dass er nicht nur der ist, den er wählt, sondern außerdem ein Gesetzgeber, der gleichzeitig mit sich die ganze Menschheit wählt, kann dem Gefühl seiner vollen und tiefen Verantwortlichkeit schwerlich entrinnen. Gewiss, viele Leute sind nicht bange; aber wir behaupten, dass sie sich ihre Angst verkleiden, dass sie ihr entfliehen; sicherlich glauben viele Leute, wenn sie handeln, nur sich selber zu binden; und wenn man ihnen sagt: Aber wenn alle Welt so handeln würde? – zucken sie die Achseln und antworten: Alle Welt handelt eben nicht so. Aber in Wahrheit muss man sich immer fragen, was würde geschehen, wenn wirklich alle Welt ebenso handeln würde? Und man entrinnt diesem beunruhigenden Gedanken nur mit einer Art von Böswilligkeit.

Angst und Böswilligkeit

Wer lügt und sich entschuldigt, indem er erklärt: Alle Welt handelt eben nicht so – ist einer, der mit seinem Gewissen nicht im Reinen ist; denn die Tatsache des Lügens schließt einen allgemeinen Wert ein, welcher der Lüge dann beigemessen wird. Selbst wenn die Angst sich bemäntelt, tritt sie dennoch in Erscheinung. Diese Angst ist es, die Kierkegaard „die Angst Abrahams“ nannte. Sie kennen die Geschichte: Ein Engel hat Abraham befohlen, seinen Sohn zu opfern. Alles ist in Ordnung, wenn es wirklich ein Engel ist, der gekommen ist und der gesagt hat: Du bist Abraham, du wirst deinen Sohn opfern. Aber jeder kann sich zunächst fragen: Ist es wirklich ein Engel und bin ich wirklich Abraham? Welcher Umstand beweist mir das?

Existenz: *das Dasein des Menschen*
Essenz: *das Wesen; das, was der Mensch aus sich macht*

Karl Otto Apel ***

DAS APRIORI DER KOMMUNIKATIONSGEMEINSCHAFT
aus: Transformation der Philosophie
(Bd. 2, Frankfurt/Main 1973, S. 399ff.)

Apel vertritt in seinem Hauptwerk zur Ethik die These, dass alle Regelsysteme, also auch moralische Systeme, auf der Voraussetzung der wechselseitigen Anerkennung aller Mitglieder als gleichberechtigte Diskussionspartner beruhen.

Die logische Geltung von Argumenten kann nicht überprüft werden, ohne im Prinzip eine Gemeinschaft von Denkern vorauszusetzen, die zur intersubjektiven Verständigung und Konsensbildung befähigt sind. Selbst der faktisch einsame Denker kann seine Argumentation nur insofern explizieren und überprüfen, als er im kritischen „Gespräch der Seele mit sich selbst" (Platon) den Dialog einer potentiellen Argumentationsgemeinschaft zu internalisieren vermag. Darin zeigt sich, dass die *Geltung* einsamen Denkens von der Rechtfertigung von sprachlichen Aussagen in der aktuellen Argumentationsgemeinschaft prinzipiell abhängig ist.

Es kann nicht „einer allein" einer Regel folgen und im Rahmen einer „Privatsprache" seinem Denken Geltung verschaffen; dieses ist vielmehr prinzipiell öffentlich. So würde ich in unserem Zusammenhang die bekannte These des späten Wittgenstein interpretieren.

Zugleich mit der wirklichen Argumentationsgemeinschaft setzt aber nun die logische Rechtfertigung unseres Denkens auch die Befolgung einer moralischen Grundnorm voraus. Lügen z. B. würde offenbar den Dialog der Argumentierenden unmöglich machen; aber dasselbe gilt auch schon von der Verweigerung des kritischen Verständnisses bzw. der Explikation und Rechtfertigung von Argumenten. Kurz: in der Argumentationsgemeinschaft ist die wechselseitige Anerkennung aller Mitglieder als gleichberechtigter Dikussionspartner vorausgesetzt.

Da nun aber alle sprachlichen Äußerungen und darüber hinaus alle sinnvollen Handlungen und leibhaften Expressionen von Menschen (sofern sie verbalisierbar sind) als virtuelle Argumente aufgefasst werden können, so ist in der Grundnorm der wechselseitigen Anerkennung der Diskussionspartner diejenige der „Anerkennung" aller Menschen als „Personen" im Sinne Hegels voll impliziert. Anders gesagt: alle der sprachlichen Kommunikation fähigen Wesen müssen als Personen anerkannt werden, da sie in all ihren Handlungen und Äußerungen virtuelle Diskussionspartner sind und die unbegrenzte Rechtfertigung des Denkens auf keinen Diskussionspartner und auf keinen seiner virtuellen Dikussionsbeiträge verzichten kann. Diese Forderung wechselseitiger *Anerkennung von Personen und Subjekten der logischen Argumentation*, und nicht schon der logisch richtige Verstandesgebrauch des Einzelnen, rechtfertigt m. E. die Rede von der „Ethik der Logik".

Diese Pointe lässt sich deutlicher machen, wenn man im Sinne der Theorie der „Sprechakte" zwischen dem *performativen* und dem *propositionalen* Teil der menschlichen Rede unterscheidet. Es zeigt sich dann, dass im Dialog der Argumentierenden nicht nur wertneutrale Aussagen über Sachverhalte gemacht werden, sondern diese Aussagen zumindest implizit mit *kommunikativen Handlungen* verknüpft sind, – mit Handlungen, welche moralische Ansprüche an alle Mitglieder der Kommunikationsgemeinschaft stellen. So setzt bereits jede Tatsachen-Aussage als eine solche, die logisch zu *rechtfertigen* ist, in der pragmatischen Tiefenstruktur eine *performative* Ergänzung voraus, wie etwa: „Ich behaupte hiermit gegen jeden möglichen Opponenten, dass ..." oder: „Ich fordere hiermit jeden zur Prüfung der folgenden Aussage auf." Die performative Ergänzung der zur Überprüfung erforderlichen

Aussagen lautet dementsprechend: „Ich bestreite hiermit gegen dich, dass A der Fall ist" oder „Ich bestätige dir, dass A der Fall ist". In dieser Ebene der untersubjektiven Verständigung über Sinn und Geltung von Aussagen, und nicht schon in der Ebene der sachbezogenen Verstandesoperationen, wird, unserem heuristischen Ansatz zufolge, eine Ethik vorausgesetzt.

internalisieren: *verinnerlichen*
virtuell: *dem Vermögen, der Möglichkeit nach*
bekannte These des späten Wittgenstein: *Dazu schreibt Apel: Um die Voraussetzung des Sprachspiels als Bedingung der Prüfungskriterien und damit die Geltung des Sinns von „Regel" und „Regelbefolgung" geht es, wenn Wittgenstein sagt: „Es kann nicht ein einziges Mal nur ein Mensch einer Regel gefolgt sein ..." (Philos. Untersuchungen I, § 199)*
performativ, propositional: *Dazu schreibt Apel: Der propositionale Teil betrifft die Aussage über Sachverhalte, die gleichsam als ‚neutraler' Kern der performativen Äußerung betrachtet werden muss. Durch das Element des Performativen wird der Sprechakt zu einer Handlung, die mit der Äußerung selbst vollzogen wird: Ich verspreche es dir, ich teile es mit, ich warne dich.*

Hans Jonas ***
Sittliches Eigenrecht der Natur?
aus: Das Prinzip Verantwortung
(Frankfurt/Main 1979, S. 28 – 30)

Der deutsche Moralphilosoph Hans Jonas entwickelt in dem Buch „Das Prinzip Verantwortung" (1979) den Gedanken, dass der Mensch für seine Eingriffe in die Umwelt nicht nur seinen Nachkommen, sondern der Natur selbst gegenüber verantwortlich ist.

Die Kluft zwischen Kraft des Vorherwissens und Macht des Tuns erzeugt ein neues ethisches Problem. Anerkennung der Unwissenheit wird dann die Kehrseite der Pflicht des Wissens und damit ein Teil der Ethik, welche die immer nötiger werdende Selbstbeaufsichtigung unserer übermäßigen Macht unterrichten muss. Keine frühere Ethik hatte die globale Bedingung menschlichen Lebens und die ferne Zukunft, ja Existenz der Gattung zu berücksichtigen. Dass eben sie heute im Spiele sind, verlangt, mit einem Wort, eine neue Auffassung von Rechten und Pflichten, für die keine frühere Ethik und Metaphysik auch nur die Prinzipien, geschweige denn die fertige Doktrin bietet.

Sittliches Eigenrecht der Natur?

Und wie, wenn die neue Art menschlichen Handelns bedeuten würde, dass mehr als nur das Interesse „des Menschen" allein zu berücksichtigen ist – dass unsere Pflicht sich weiter erstreckt und die anthropozentrische Beschränkung aller früheren Ethik nicht mehr gilt? Es ist zumindest nicht mehr sinnlos zu fragen, ob der Zustand der außermenschlichen Natur, die Biosphäre als Ganzes und in ihren Teilen, die jetzt unserer Macht unterworfen ist, eben damit ein menschliches Treugut geworden ist und so etwas wie einen moralischen Anspruch an uns hat – nicht nur um unsretwillen, sondern auch um ihrer selbst willen und aus eigenem Recht. Wenn solches der Fall wäre, so würde es kein geringes Umdenken in den Grundlagen der Ethik erfordern. Es würde bedeuten, nicht nur das menschliche Gut, sondern auch das Gut außermenschlicher Dinge zu suchen, das heißt die Anerkennung von „Zwecken an sich selbst" über die Sphäre des Menschen hinaus auszudehnen und die Sorge dafür in den Begriff des menschlichen Guts einzubeziehen. Für eine solche Treuhänderrolle hat keine frühere Ethik (außerhalb der Religion) uns vorbereitet – und die herrschende wissenschaftliche Ansicht der Natur noch viel weniger. Ja, die Letztere versagt uns gerade mit Entschiedenheit jedes theoretische Recht, über die Natur noch als etwas zu Achtendes zu denken – hat sie diese doch zu der Indifferenz von Notwendigkeit und Zufall reduziert und aller Würde von Zwecken entkleidet. Und doch, ein stummer Appell um Schonung ihrer Integrität scheint von der bedrohten Fülle der Lebenswelt auszugehen. Sollen wir auf ihn hören, sollen wir seinen Anspruch als verbindlich, weil sanktioniert von der Natur der Dinge, anerkennen oder in ihm lediglich ein Sentiment unsererseits sehen, dem wir nachgeben mögen, wenn wir wollen und soweit wir's uns leisten können? Die erstere Alternative, in ihren theoretischen Implikationen ernst genommen, würde uns nötigen, das erwähnte Umdenken weit auszudehnen und über die Lehre vom Handeln, das heißt die Ethik, hinaus in die Lehre vom Sein, das heißt die Metaphysik, voranzutreiben, in der alle Ethik letztlich gegründet sein muss. Über diesen spekulativen Gegenstand will ich hier nicht mehr sagen, als dass wir uns offen halten sollten für den Gedanken, dass die Naturwissenschaft nicht die ganze Wahrheit über die Natur aussagt.

Die „erste Pflicht" der Zukunftsethik: Beschaffung der Vorstellung von den Fernwirkungen

Ja, wo dieses Wort nicht ungesucht gewährt wird, wird es zur Pflicht, es zu suchen, weil auch dort die Leitung der Furcht unentbehrlich ist. Das ist der Fall bei der von uns gesuchten „Zukunftsethik", wo das zu Fürchtende eben noch nicht erfahren ist und vielleicht gar keine Analogien in vergangener und gegenwärtiger Erfahrung hat. Da muss also das vorgestellte malum die Rolle des erfahrenen malum übernehmen, und diese Vorstellung stellt sich nicht von selbst ein, sondern muss absichtlich beschafft werden: Also wird die vorausdenkende Beschaffung, dieser Vorstellung selbst zur ersten, sozusagen einleitenden Pflicht der hier gesuchten Ethik.

Die „zweite Pflicht": Aufbietung des dem Vorgestellten angemessenen Gefühls

Man sieht aber gleich, dass dies vorgestellte malum, da es nicht meines ist, gar nicht im gleichen selbsttätigen Sinne die Furcht hervorruft wie das erfahrene und mich selbst bedrohende. Das heißt, so wenig wie die Vorstellung des zu Fürchtenden stellt sich die Furcht davor von selbst ein. Auch sie muss erst „beschafft" werden. Die Sache liegt also nicht so einfach wie für Hobbes, der ja auch schon statt der Liebe zu einem *summum bonum* die Furcht vor einem *summum malum* zum Ausgangspunkt der Moral macht, nämlich die Furcht vor gewaltsamem Tode. Dieser ist wohl bekannt, ständig nahe und erregt die äußerste Furcht als unwillkürlichste, zwangsläufigste Reaktion des unserer Natur eingeborenen Selbsterhaltungstriebs. Das vorgestellte Geschick künftiger Menschen, zu schweigen von dem des Planeten, das weder mich noch irgendjemand trifft, der noch mit mir durch Bande der Liebe oder direkten Mitlebens verbunden ist, hat nicht von sich her diesen Einfluss auf unser Gemüt; und doch „soll" er ihn haben, das heißt sollen *wir* ihm diesen Einfluss einräumen. Es kann sich hier also nicht, wie bei Hobbes, um Furcht von der (mit Kant zu reden) „pathologischen" Art handeln, die uns vor ihrem Gegenstand eigenmächtig befällt, sondern um eine Furcht geistiger Art, die als Sache einer Haltung unser eigenes Werk ist. Die Einnahme dieser Haltung, das heißt die Selbstbereitung zu der Bereitschaft, sich vom erst gedachten Heil und Unheil kommender Geschlechter affizieren zu *lassen*, ist also die zweite „einleitende" Pflicht der gesuchten Ethik, nach der ersten, es zu einem solchen Denken erst einmal zu bringen. Unterrichtet von diesem, sind wir dazu gehalten, uns zu der passenden Furcht anzuhalten.

Es ist klar, dass der Pflichtcharakter beider Pflichten zurückgeht auf ein ethisches Grundprinzip, das schon erkannt und bejaht sein muss, damit dergleichen als von ihm befohlen, das heißt eben als Pflicht, anerkannt werde.

Kraft des Vorherwissens: *Hans Jonas geht davon aus, dass der Mensch auf Grund der fortgeschrittenen Technik die Risiken seines Handelns prinzipiell nicht mehr abschätzen kann.*
Implikationen: *hier: logisch notwendige Schlussfolgerungen*
bonum: *Gut;* ***summum bonum:*** *höchstes Gut*
malum: *Übel;* ***summum malum:*** *größtes Übel*

Kurt Bayertz **

GENETHISCHER SUBJEKTIVISMUS

aus: GenEthik. Probleme der Technisierung menschlicher Fortpflanzung (Reinbek 1987, S. 205, 206)

Der deutsche Wissenschaftstheoretiker Kurt Bayertz (geb. 1948) gibt in diesem Werk einen historischen Überblick über die verschiedenen philosophischen Positionen zur Frage der moralischen Berechtigung eines Eingriffs in die menschliche Natur. Er selbst bezieht dabei eine an Kant orientierte Position des Subjektivismus.

Es bietet sich nun an, jede Position innerhalb der GenEthik, die an diese vierfache Bestimmung von menschlicher Subjektivität anknüpft, in Analogie zu ihrer „substantialistischen" Gegenposition als *subjektivistisch* zu bezeichnen. Der Subjektivismus in der GenEthik ist dadurch charakterisiert, dass er sich konsequent auf den Boden der menschlichen Subjektivität stellt: Für ihn ist der Mensch nicht nur faktisch Subjekt, sondern *soll* es auch sein; und er sieht seine zentrale Aufgabe darin, diese Subjektivität ethisch zu legitimieren und zu fördern. Der „Subjektivismus" dieser Position resultiert also nicht aus einem prinzipiellen Zweifel an der Möglichkeit objektiver, rational begründbarer moralischer Normen; er behauptet nicht, dass jedes moralische Urteil nur die subjektive Billigung oder Missbilligung eines Individuums zum Ausdruck bringt. Vielmehr bringt er eine spezifische Deutung des Menschen zum Ausdruck, nach der dieser wesentlich Subjekt ist. Dabei spielt die moralische Subjektivität des Menschen eine Schlüsselrolle. Eine unmittelbare Konsequenz der Anerkennung menschlicher Autonomie besteht in der grundsätzlichen Delegitimation aller vorgegebenen Quellen moralischer Normen, unabhängig davon, ob diese sich aus der Natur, der Metaphysik oder der Religion speisen.

Dies wiederum schließt eine Vorentscheidung von erheblicher Tragweite ein, die für die subjektivistische GenEthik charakteristisch ist und sie von ihrer substantialistischen Konkurrentin trennt. Wenn der Mensch autonom ist, kann die moralische Legitimität technischer Eingriffe in die Fortpflanzung bis hin zu den phantastischsten Maßnahmen im Rahmen einer autoevolutiven Strategie nicht mehr *a priori* bestritten werden. Kein Vorschlag für einen solchen Eingriff und kein autoevolutives Projekt kann durch den Verweis auf die „Heiligkeit" der menschlichen Natur mehr zurückgewiesen werden; sie alle sind grundsätzlich diskussionswürdig und diskussionsfähig. Genau das aber hatten die Substantialisten bestritten: „Man stelle sich nur vor, Eltern möchten ein Kind mit wiederentwickeltem Stirnauge oder vier Armen oder Stummelschwänzchen usw. Es gibt da nichts zu diskutieren oder verantwortlich abzuwägen. Eine Diskussion von Menschen über die Wünschbarkeit von anderen, erst herzustellenden ‚Menschen' ist in Wirklichkeit eine Diskussion mit Gott. Er aber hat den Menschen nach seinem Bilde geschaffen" (Löw 1983, S. 47). Im Kontrast zu diesem substantialistischen Tabu geht der Subjektivismus davon aus, dass selbst die abenteuerlichsten und radikalsten Manipulationsvorschläge nicht einfach von vornherein abgewiesen werden können, sondern zum Gegenstand eines moralischen Bewertungsverfahrens gemacht werden müssen. Damit ist zwar über das Resultat dieses Bewertungsverfahrens noch nichts präjudiziert und eine Entscheidung über die moralische Legitimität einzelner Eingriffe noch nicht getroffen – immerhin aber muss der Subjektivist die menschliche Natur grundsätzlich zur Disposition stellen.

Substantialismus: *Gegenposition zum Subjektivismus; u. a. vertreten von H. Jonas (siehe oben). Der Substantialismus geht davon aus, dass die menschliche Natur, so wie sie ist, als heilig und unantastbar gelten soll.*
Delegitimation: *Aberkennung*
präjudiziert: *vorwegnehmend festgelegt*

Friedrich Wilhelm Joseph Schelling, Georg Wilhelm Friedrich Hegel, Friedrich Hölderlin **

DAS ÄLTESTE SYSTEMPROGRAMM DES DEUTSCHEN IDEALISMUS

aus: Hegel, Werke in 20 Bänden
(Frankfurt/M 1971, Bd. 1, S. 234ff.)

Das sogenannte „Älteste Systemprogramm des Deutschen Idealismus" entstand wahrscheinlich 1796; wer der eigentliche Verfasser war, ist bis heute umstritten. In diesem fragmentarischen, nur wenige Manuskriptseiten umfassenden Text wird die Erneuerung von Philosophie und Religion aus dem Geiste von Kunst und Poesie, eine „neue Mythologie der Vernunft" gefordert.

Von der Natur komme ich aufs *Menschenwerk*. Die Idee der Menschheit voran – will ich zeigen, dass es keine Idee vom *Staat* gibt, weil der Staat etwas *Mechanisches* ist, so wenig als es eine Idee von einer *Maschine* gibt. Nur was Gegenstand der *Freiheit* ist, heißt *Idee*. Wir müssen also auch über den Staat hinaus! – Denn jeder Staat muss freie Menschen als mechanisches Räderwerk behandeln; und das soll er nicht; also soll er *aufhören*. Ihr seht von selbst, dass hier alle die Ideen, vom ewigen Frieden usw. nur *untergeordnete* Ideen einer höhern Idee sind. Zugleich will ich hier die Prinzipien für eine *Geschichte der Menschheit* niederlegen und das ganze elende Menschenwerk von Staat, Verfassung, Regierung, Gesetzgebung – bis auf die Haut entblößen. Endlich kommen die Ideen von einer moralischen Welt, Gottheit, Unsterblichkeit – Umsturz alles Afterglaubens, Verfolgung des Priestertums, das neuerdings Vernunft heuchelt, durch die Vernunft selbst. – Absolute Freiheit aller Geister, die die intellektuelle Welt in sich tragen, und weder Gott noch Unsterblichkeit *außer sich* suchen dürfen.

Zuletzt die Idee, die alle vereinigt, die Idee der *Schönheit*, das Wort in höherem platonischen Sinne genommen. Ich bin nun überzeugt, dass der höchste Akt der Vernunft, der, indem sie alle Ideen umfasst, ein ästhetischer Akt ist, und dass *Wahrheit und Güte nur in der Schönheit* verschwistert sind. Der Philosoph muss ebenso viel ästhetische Kraft besitzen als der Dichter. Die Menschen ohne ästhetischen Sinn sind unsre Buchstabenphilosophen. Die Philosophie des Geistes ist eine ästhetische Philosophie. Man kann in nichts geistreich sein, selbst über Geschichte kann man nicht geistreich raisonnieren – ohne ästhetischen Sinn. Hier soll offenbar werden, woran es eigentlich den Menschen fehlt, die keine Ideen verstehen, – und treuherzig genug gestehen, dass ihnen alles dunkel ist, sobald es über Tabellen und Register hinausgeht.

Die Poesie bekömmt dadurch eine höhere Würde, sie wird am Ende wieder, was sie am Anfang war – *Lehrerin der Menschheit*; denn es gibt keine Philosophie, keine Geschichte mehr, die Dichtkunst allein wird alle übrigen Wissenschaften und Künste überleben.

Zu gleicher Zeit hören wir so oft, der große Haufen müsse eine *sinnliche Religion* haben. Nicht nur der große Haufen, auch der Philosoph bedarf ihrer. Monotheismus der Vernunft und des Herzens, Polytheismus der Einbildungskraft und der Kunst, dies ist's, was wir bedürfen!

Zuerst werde ich hier von einer Idee sprechen, die, soviel ich weiß, noch in keines Menschen Sinn gekommen ist – wir müssen eine neue Mythologie haben, diese Mythologie aber muss im Dienste der Ideen stehen, sie muss eine Mythologie der *Vernunft* werden.

Ehe wir die Ideen ästhetisch, d. h. mythologisch machen, haben sie für das *Volk* kein Interesse, und umgekehrt: Ehe die Mythologie vernünftig ist, muss sich der Philosoph ihrer schämen. So müssen endlich Aufgeklärte und Unaufgeklärte sich die Hand reichen, die Mythologie muss philosophisch werden, um das Volk vernünftig, und die Philosophie muss mythologisch werden, um die Philosophie sinnlich zu machen. Dann herrscht ewige Einheit unter uns. Nimmer der verachtende Blick, nimmer das blinde Zittern des Volks vor seinen Weisen und Priestern. Dann erst erwartet uns *gleiche* Ausbildung *aller* Kräfte, des Einzelnen sowohl als aller Individuen. Keine Kraft wird mehr unterdrückt werden, dann herrscht allgemeine Freiheit und Gleichheit der Geister! – Ein höherer Geist vom Himmel gesandt, muss diese neue Religion unter uns stiften, sie wird das letzte, größte Werk der Menschheit sein.

ewiger Friede: *hier: auch eine Anspielung auf Kants Schrift „Zum ewigen Frieden“*
Monotheismus: *hier: im Sinne von unbedingter Allgemeinverbindlichkeit*
Polytheismus: *hier: im Sinne von Vielfalt*

Immanuel Kant **

VOM GESCHMACKSURTEIL

aus: Kritik der Urteilskraft
(in: Werke, Bd. 10, hrsg. von W. Weischedel, Frankfurt/M 1974, S. 115ff.)

Immanuel Kant versucht in der „Kritik der Urteilskraft“ (seiner dritten Kritik nach der der reinen und der der praktischen Vernunft) das ästhetische Urteilsvermögen zu analysieren. Zentral für ihn ist dabei die Überlegung, dass ästhetische Geschmacksurteile (schön/nicht schön) zwar nicht durch den Verstand, sondern durch die Einbildungskraft, das Empfinden gefällt werden, aber trotzdem nicht nur subjektiv sind, sondern den Anspruch haben, allgemein zu gelten. Voraussetzung für ein ästhetisches Geschmacksurteil ist aber die „Interesselosigkeit“ gegenüber einem Gegenstand.

Um zu unterscheiden, ob etwas schön sei oder nicht, beziehen wir die Vorstellung nicht durch den Verstand auf das Objekte zum Erkenntnisse, sondern durch die Einbildungskraft (vielleicht mit dem Verstande verbunden) auf das Subjekt und das Gefühl der Lust oder Unlust desselben. Das Geschmacksurteil ist also kein Erkenntnisurteil, mithin nicht logisch, sondern ästhetisch, worunter man dasjenige versteht, dessen Bestimmungsgrund *nicht anders* als *subjektiv* sein kann. Alle Beziehung der Vorstellungen, selbst die der Empfindungen, aber kann objektiv sein (und da bedeutet sie das Reale einer empirischen Vorstellung); nur nicht die auf das Gefühl der Lust und Unlust, wodurch gar nichts im Objekte bezeichnet wird, sondern in der das Subjekt, wie es durch die Vorstellung affiziert wird, sich selbst fühlt.

Interesse wird das Wohlgefallen genannt, das wir mit der Vorstellung der Existenz eines Gegenstandes verbinden. Ein solches hat daher immer zugleich Beziehung auf das Begehrungsvermögen, entweder als Bestimmungsgrund desselben oder doch als mit dem Bestimmungsgrunde desselben notwendig zusammenhängend. Nun will man aber, wenn die Frage ist, ob etwas schön sei, nicht wissen, ob uns oder irgendjemand an der Existenz der Sache irgendetwas gelegen sei oder auch nur gelegen sein könne; sondern wie wir sie in der bloßen Betrachtung (Anschauung oder Reflexion) beurteilen. (…) Man sieht leicht, dass es auf das, was ich aus dieser Vorstellung in mir selbst mache, nicht auf das, worin ich von der Existenz des Gegenstandes abhänge, ankomme, um zu sagen, er sei *schön*, und zu beweisen, ich habe Geschmack. Ein jeder muss eingestehen, dass dasjenige Urteil über Schönheit, worin sich das mindeste Interesse mengt, sehr parteilich und kein reines Geschmacksurteil sei. Man muss nicht im Mindesten für die Existenz der Sache eingenommen, sondern in diesem Betracht ganz gleichgültig sein, um in Sachen des Geschmacks den Richter zu spielen.

Gut ist das, was vermittelst der Vernunft, durch den bloßen Begriff, gefällt. Wir nennen einiges *wozu gut* (das Nützliche), was nur als Mittel gefällt; ein anderes aber *an sich gut,* was für sich selbst gefällt. In beiden ist immer der Begriff eines Zwecks, mithin das Verhältnis der Vernunft zum (wenigstens möglichen) Wollen, folglich ein Wohlgefallen am *Dasein* eines Objekts oder einer Handlung, d. i. irgendein Interesse enthalten.

Um etwas gut zu finden, muss ich jederzeit wissen, was der Gegenstand für ein Ding sein solle, d. i. einen Begriff von demselben haben. Um Schönheit woran zu finden, habe ich das nicht nötig. Blumen, freie Zeichnungen, ohne Absicht ineinander geschlungene Züge, unter dem Namen des Laubwerks, bedeuten nichts, hängen von keinem bestimmte Begriffe ab und gefallen doch. Das Wohlgefallen am Schönen muss von der Reflexion über einen Gegenstand, die zu irgendeinem Begriffe (unbestimmt welchem) führt, abhangen und unterscheidet sich dadurch auch vom Angenehmen, welches ganz auf der Empfindung beruht.

Geschmack ist das Beurteilungsvermögen eines Gegenstandes oder einer Vorstellungsart durch ein Wohlgefallen oder Missfallen *ohne alles Interesse*. Der Gegenstand eines solchen Wohlgefallens heißt *schön.*

Immanuel Kant **

SCHÖNE KUNST IST KUNST DES GENIES
aus: Kritik der Urteilskraft
(in: Werke, Bd. 10, hrsg. von W. Weischedel, Frankfurt/M 1974, S. 241f.)

Im folgenden Abschnitt stellt Kant die Behauptung auf, dass Kunst nur von Genies produziert werden könne, und er versucht eine entsprechende Bestimmung des Genies zu geben: Das Genie gibt aus einer unbewussten Intuition der Kunst ihre Regeln – eine folgenreiche Überlegung für jede „Genieästhetik".

Genie ist das Talent (Naturgabe), welches der Kunst die Regel gibt. Da das Talent, als angebornes produktives Vermögen des Künstlers, selbst zur Natur gehört, so könnte man sich auch so ausdrücken: *Genie* ist die angeborne Gemütslage (ingenium), *durch welche* die Natur der Kunst die Regel gibt.

Was es auch mit dieser Definition für eine Bewandtnis habe, und ob sie bloß willkürlich oder dem Begriffe, welchen man mit dem Worte *Genie* zu verbinden gewohnt ist, angemessen sei oder nicht: so kann man doch schon zum Voraus beweisen, dass, nach der hier angenommenen Bedeutung des Worts, schöne Künste notwendig als Künste des *Genies* betrachtet werden müssen.

Denn eine jede Kunst setzt Regeln voraus, durch deren Grundlegung allererst ein Produkt, wenn es künstlich heißen soll, als möglich vorgestellt wird. Der Begriff der schönen Kunst aber verstattet nicht, dass das Urteil über die Schönheit ihres Produkts von irgendeiner Regel abgeleitet werde, die einen *Begriff* zum Bestimmungsgrund habe, mithin einen Begriff von der Art, wie es möglich sei, zum Grunde lege. Also kann die schöne Kunst sich selbst nicht die Regel ausdenken, nach der sie ihr Produkt zu Stande bringen soll. Da nun gleichwohl ohne vorhergehende Regel ein Produkt niemals Kunst heißen kann, so muss die Natur im Subjekte (und durch die Stimmung der Vermögen desselben) der Kunst die Regel geben, d. i. die schöne Kunst ist nur als Produkt des Genies möglich.

Man sieht hieraus, dass Genie 1) ein *Talent* sei, dasjenige, wozu sich keine bestimmte Regel geben lässt, hervorzubringen: nicht Geschicklichkeitsanlage zu dem, was nach irgendeiner Regel gelernt werden kann; folglich dass *Originalität* seine erste Eigenschaft sein müsse. 2) Dass, da es auch originalen Unsinn geben kann, seine Produkte zugleich Muster, d. i. *exemplarisch* sein müssen; mithin, selbst nicht durch Nachahmung entsprungen, anderen doch dazu, d. i. zum Richtmaße oder Regel der Beurteilung, dienen müssen. 3) Dass es, wie es sein Produkt zu Stande bringe, selbst nicht beschreiben, oder wissenschaftlich anzeigen könne, sondern dass es als *Natur* die Regel gebe; und daher der Urheber eines Produkts, welches er seinem Genie verdankt, selbst nicht weiß, wie sich in ihm die Ideen dazu herbeifinden, auch es nicht in seiner Gewalt hat, dergleichen nach Belieben oder planmäßig auszudenken und anderen in solchen Vorschriften mitzuteilen, die sie in Stand setzen, gleichmäßige Produkte hervorzubringen. (Daher denn auch vermutlich das Wort Genie von genius, dem eigentümlichen einem Menschen bei der Geburt mitgegebenen schützenden und leitenden Geist, von dessen Eingebung jene originale Ideen herrührten, abgeleitet ist.) 4) Dass die Natur durch das Genie nicht der Wissenschaft, sondern der Kunst die Regel vorschreibe; und auch dieses nur, insofern diese Letztere schöne Kunst sein soll.

Georg Wilhelm Friedrich Hegel **

KUNSTSCHÖNES UND NATURSCHÖNES
aus: Vorlesungen über die Ästhetik
(in: Werke in 20 Bänden, Frankfurt/M 1971, Bd. 13, S. 13ff. und S. 151f.)

Für Hegel ist das Schöne die sinnliche Erscheinungsform der Wahrheit, der Idee; Kunst ist also eine niedere Form der Erkenntnis. Das führt dazu, dass bei ihm das Kunstschöne, weil vom begreifenden und erkennenden Menschen gemacht, höher steht als das Naturschöne; aber auch dazu, dass die Kunst in einem Zeitalter, das die Wahrheit durch ihre Wissenschaft angemessen erfasst, ihre Funktion verliert, zu einem Ende kommt.

Durch diesen Ausdruck („Philosophie der schönen Kunst") nun schließen wir sogleich das *Naturschöne* aus. Solche Begrenzung unseres Gegenstandes kann einerseits als willkürliche Bestimmung erscheinen, wie denn jede Wissenschaft sich ihren Umfang beliebig abzumarken die Befugnis habe. In diesem Sinne aber dürfen wir die Beschränkung der Ästhetik auf das Schöne der Kunst nicht nehmen. Im gewöhnlichen Leben zwar ist man gewohnt, von *schöner* Farbe, einem *schönen* Himmel, *schönem* Strome, ohnehin von *schönen* Blumen, schönen Tieren und noch mehr von *schönen* Menschen zu sprechen, doch lässt sich, obschon wir uns hier nicht in den Streit einlassen wollen, inwiefern solchen Gegenständen mit Recht die Qualität Schönheit beigelegt und so überhaupt das Naturschöne neben das Kunstschöne gestellt werden dürfe, hiergegen zunächst schon behaupten, dass das Kunstschöne *höher* stehe als die Natur. Denn die Kunstschönheit ist die *aus dem Geiste geborene und wieder geborene* Schönheit, und um so viel der Geist und seine Produktionen höher stehen als die Natur und ihre Erscheinungen, um so viel auch ist das Kunstschöne höher als die Schönheit der Natur. Ja *formell* betrachtet, ist selbst ein schlechter Einfall, wie er dem

Menschen wohl durch den Kopf geht, *höher* als irgendein Naturprodukt, denn in solchem Einfalle ist immer die Geistigkeit und Freiheit präsent. Dem *Inhalt* nach freilich erscheint z. B. die Sonne als ein *absolut notwendiges* Moment, während ein schiefer Einfall als *zufällig* und vorübergehend verschwindet; aber für sich genommen ist solche Naturexistenz wie die Sonne indifferent, nicht in sich frei und selbstbewusst, und betrachten wir sie in dem Zusammenhange ihrer Notwendigkeit mit anderem, so betrachten wir sie nicht für sich und somit nicht als schön.

Sagten wir nun überhaupt, der Geist und seine Kunstschönheit stehe *höher* als das Naturschöne, so ist damit allerdings noch so viel als nichts festgestellt, denn höher ist ein ganz unbestimmter Ausdruck, der Natur- und Kunstschönheit noch als im Raume der Vorstellung nebeneinander stehend bezeichnet und nur einen quantitativen und dadurch äußerlichen Unterschied angibt. Das *Höhere* des Geistes und seiner Kunstschönheit der Natur gegenüber ist aber nicht ein nur relatives, sondern der Geist erst ist das *Wahrhaftige*, alles in sich Befassende, so dass alles Schöne nur wahrhaft schön ist als dieses Höheren teilhaftig und durch dasselbe erzeugt. In diesem Sinne erscheint das Naturschöne nur als ein Reflex des dem Geist angehörigen Schönen, als eine unvollkommene, unvollständige Weise, eine Weise, die ihrer *Substanz* nach im Geiste selber enthalten ist. – Außerdem wird uns die Beschränkung auf die schöne Kunst sehr natürlich vorkommen, denn so viel auch von Naturschönheiten – weniger bei den Alten als bei uns – die Rede ist, so ist doch wohl noch niemand auf den Einfall gekommen, den Gesichtspunkt der *Schönheit* der natürlichen Dinge herauszuheben und eine Wissenschaft, eine systematische Darstellung dieser Schönheit machen zu wollen. Man hat wohl den Gesichtspunkt der *Nützlichkeit* herausgenommen und hat z. B. eine Wissenschaft der gegen die Krankheiten dienlichen natürlichen Dinge, eine *materia medica* verfasst, eine Beschreibung der Mineralien, chemischen Produkte, Pflanzen, Tiere, welche für die Heilung nützlich sind, aber aus dem Gesichtspunkte der *Schönheit* hat man die Reiche der Natur nicht zusammengestellt und beurteilt. Wir fühlen uns bei der Naturschönheit zu sehr im *Unbestimmten*, ohne *Kriterium* zu sein, und deshalb würde solche Zusammenstellung zu wenig Interesse darbieten.

(…)

Sagten wir nun, die Schönheit sei Idee, so ist *Schönheit* und *Wahrheit* einerseits *dasselbe*. Das Schöne nämlich muss wahr an sich selbst sein. Näher aber *unterscheidet* sich ebenso sehr das Wahre von dem Schönen. *Wahr* nämlich ist die Idee, wie sie als Idee ihrem Ansich und allgemeinen Prinzip nach ist und als solches gedacht wird. Dann ist nicht ihre sinnliche und äußere Existenz, sondern in dieser nur die *allgemeine Idee* für das Denken. Doch die Idee soll sich auch äußerlich realisieren und bestimmte vorhandene Existenz als natürliche und geistige Objektivität gewinnen. Das Wahre, das als solches ist, existiert auch. Indem es nun in diesem seinem äußerlichen Dasein unmittelbar für das Bewusstsein ist und der Begriff unmittelbar in Einheit bleibt mit seiner äußeren Erscheinung, ist die Idee nicht nur wahr, sondern *schön*. Das *Schöne* bestimmt sich dadurch als das sinnliche *Scheinen* der Idee. Denn das Sinnliche und Objektive überhaupt bewahrt in der Schönheit keine Selbständigkeit in sich, sondern hat die Unmittelbarkeit seines *Seins* aufzugeben, da dies Sein nur Dasein und Objektivität des Begriffs und als eine Realität gesetzt ist, die den *Begriff* als in Einheit mit seiner Objektivität und deshalb in diesem objektiven Dasein, das nur als Scheinen des Begriffs gilt, die Idee selber zur Darstellung bringt.

Geist: *hier im Sinne von Vernunft, Selbstbewusstsein, Reflexionsvermögen*
der Substanz nach: *dem Wesen, der eigentlichen Bestimmung nach*
Idee: *hier: Urbild des Wahren; allgemein gültiger Begriff; letztlich: das Absolute, Göttliche*

Sören Kierkegaard *

DER LEIDENDE DICHTER

aus: Entweder/Oder I/1

(übers. von Emanuel Hirsch, Gütersloh 1979, S. 19f.)

Der dänische Philosoph Kierkegaard entwirft hier das Bild eines Künstlers, der aus innerem Leiden seine Werke schafft, damit aber seinem Publikum einen ästhetischen Genuss bereitet.

Was ist ein Dichter? Ein unglücklicher Mensch, der tiefe Qualen birgt in seinem Herzen, aber seine Lippen sind so gebildet, dass, derweil Seufzen und Schreien über sie hinströmt, es tönt gleich einer schönen Musik. Es geht ihm gleich den Unglücklichen, die man im Ochsen des Phalaris langsam peinigte mit sanftem Feuer, ihr Schrei konnte nicht hindringen zum Ohre des Tyrannen, ihn zu erschrecken, für ihn tönte es gleich einer süßen Musik. Und die Menschen scharen sich um den Dichter und sprechen zu ihm: Singe bald wieder, das will heißen: Möchten doch neue Leiden deine Seele martern und möchten deine Lippen beständig gebildet sein wie bisher; denn das Schreien würde uns bloß ängsten, aber die Musik, die ist lieblich. Und die Rezensenten treten herzu, sie sprechen: Es ist richtig so; so soll es sein gemäß den Regeln der Ästhetik. Nun, versteht sich, ein Rezensent gleicht einem Dichter ja aufs Haar, nur hat er die Qualen nicht im Herzen, die Musik nicht auf den Lippen. Siehe, darum möcht ich lieber Schweinehirt sein auf Amagerbro und verstanden sein von den Schweinen denn Dichter sein und missverstanden sein von den Menschen.

Amager: *kleine dänische Insel vor Kopenhagen*

Ochsen des Phalaris: *Phalaris, Tyrann von Agrigent (6. Jhdt. v. Chr.) soll seine Feinde im glühend gemachten Bauch eines bronzenen Stieres geröstet haben*

Friedrich Nietzsche **

RAUSCH UND SCHÖNHEIT

aus: Götzendämmerung

(in: Sämtliche Werke, Kritische Studienausgabe Bd. 6, München 1980, S. 116 und 1223f.)

Nietzsche hat das Ekstatische, Rauschhafte, Entgrenzende als eine wesentliche Voraussetzung für Kunst beschrieben – entweder als „dionysisches Prinzip", als Rausch der Gefühle, vor allem in der Musik, oder als „apollinisches Prinzip", als Rausch des Intellekts, des Auges, vor allem in der Malerei. Vor Freud nahm Nietzsche so schon an, dass die Gefühle des Schönen mit unbewussten, sexuell getönten Trieben eng zusammenhängen.

Zur Psychologie des Künstlers. – Damit es Kunst gibt, damit es irgendein ästhetisches Tun und Schauen gibt, dazu ist eine physiologische Vorbedingung unumgänglich: der *Rausch.* Der Rausch muss erst die Erregbarkeit der ganzen Maschine gesteigert haben: Eher kommt es zu keiner Kunst. Alle noch so verschieden bedingten Arten des Rausches haben dazu die Kraft: vor allem der Rausch der Geschlechtserregung, diese älteste und ursprünglichste Form des Rausches. Insgleichen der Rausch, der im Gefolge aller großen Begierden, aller starken Affekte kommt; der Rausch des Festes, des Wettkampfs, des Bravourstücks, des Siegs, aller extremen Bewegung; der Rausch der Grausamkeit; der Rausch in der Zerstörung; der Rausch unter gewissen meteorologischen Einflüssen, zum Beispiel der Frühlingsrausch; oder unter dem Einfluss der Narkotika; endlich der Rausch des Willens, der Rausch eines überhäuften und geschwellten Willens. – Das Wesentliche am Rausch ist das Gefühl der Kraftsteigerung und Fülle. Aus diesem Gefühle gibt man an die Dinge ab, man *zwingt* sie von uns zu nehmen, man vergewaltigt sie – man heißt diesen Vorgang *idealisieren*. Machen wir uns hier von einem Vorurteil los: Das Idealisieren besteht *nicht*, wie gemeinhin geglaubt wird, in einem Abziehn oder Abrechnen des Kleinen, des Nebensächlichen. Ein ungeheures *Heraustreiben* der Hauptzüge ist vielmehr das Entscheidende, so dass die andern darüber verschwinden.

Man bereichert in diesem Zustande alles aus seiner eignen Fülle: was man sieht, was man will, man sieht es geschwellt, gedrängt, stark, überladen mit Kraft. Der Mensch dieses Zustandes verwandelt die Dinge, bis sie seine Macht widerspiegeln – bis sie Reflexe seiner Vollkommenheit sind. Dies Verwandeln-*müssen* ins Vollkommene ist – Kunst. Alles selbst, was er nicht ist, wird trotzdem ihm zur Lust an sich; in der Kunst genießt sich der Mensch als Vollkommenheit.

(…)

Schön und hässlich. – Nichts ist bedingter, sagen wir *beschränkter*, als unser Gefühl des Schönen. Wer es losgelöst von der Lust des Menschen am Menschen denken wollte, verlöre sofort Grund und Boden unter den Füßen. Das ‚Schöne an sich' ist bloß ein Wort, nicht einmal ein Begriff. Im Schönen setzt sich der Mensch als Maß der Vollkommenheit; in ausgesuchten Fällen betet er sich darin an. Eine Gattung *kann* gar nicht anders als dergestalt zu sich allein ja sagen. Ihr *unterster* Instinkt, der der Selbsterhaltung und Selbsterweiterung, strahlt noch in solchen Sublimitäten aus. Der Mensch glaubt die Welt selbst mit Schönheit überhäuft – er *vergisst* sich als deren Ursache. Er allein hat sie mit Schönheit beschenkt, ach! nur mit einer sehr menschlich-allzu menschlichen Schönheit … Im Grunde spiegelt sich der Mensch in den Dingen, er hält alles für schön, was ihm sein Bild zurückwirft: Das Urteil ‚schön' ist seine *Gattungs-Eitelkeit* … Dem Skeptiker nämlich darf ein kleiner Argwohn die Frage ins Ohr flüstern: ist wirklich damit die Welt verschönt, dass gerade der Mensch sie für schön nimmt? Er hat sie *vermenschlicht*: das ist alles. Aber nichts, gar nichts verbürgt uns, dass gerade der Mensch das Modell des Schönen abgäbe. Wer weiß, wie er sich in den Augen eines höheren Geschmacksrichters ausnimmt? vielleicht gewagt? vielleicht selbst erheiternd? vielleicht ein wenig arbiträr?

(…)

Nichts ist schön, nur der Mensch ist schön: Auf dieser Naivität ruht alle Ästhetik, sie ist deren *erste* Wahrheit. Fügen wir sofort noch deren zweite hinzu: Nichts ist hässlicher als der *entartete* Mensch – damit ist das Reich des ästhetischen Urteils umgrenzt.

Charles Baudelaire *

LOBREDE AUF DIE SCHMINKE

(zit. nach: Th. Macho u.a., Ästhetik. Stuttgart 1986, S. 112ff.)

Der französische Dichter Baudelaire (1821 – 1867), der Initiator der modernen Lyrik („Die Blumen des Bösen"), vertritt in diesem kleinen Essay die radikale These, dass nur das Künstliche schön sein kann, also auch der Mensch sich Schönheit erst künstlich zulegen muss.

Wer sich lediglich an das Natürliche hält, an die Handlungen und Begierden des Naturmenschen, wird auf nichts als Scheußlichkeiten treffen. Alles Schöne und Ritterliche ist das Ergebnis der Vernunft und des Nachdenkens. Das Verbrechen, zu dem schon im Mutterleib das menschliche Tier die Neigung einsaugt, ist ursprünglich natürlich. Die Tugend hingegen ist künstlich, übernatürlich, weil es zu allen Zeiten und bei allen Völkern der Götter und Propheten bedurfte, um sie der tierhaften Menschheit einzubläuen, und der Mensch für sich unfähig war, sie zu entdecken. Das Böse geschieht ohne Anstrengung, natürlich, aus Notwendigkeit; das Gute ist stets das Erzeugnis einer Kunst. Alles, was ich über die Natur als schlechte Beraterin in moralischen Dingen und über die Vernunft als wahre Erlöserin und Heilbringerin sage, kann man auch auf das Gebiet des Schönen anwenden. Das führt mich dahin, den Schmuck als ein Merkmal des ursprünglichen Adels der menschlichen Seele zu betrachten. Die Völker, die unsere unklare und verderbte Zivilisation mit Hochmut und wirklich lächerlicher Dünkelhaftigkeit als Wilde zu behandeln pflegt, kennen so gut wie das Kind die hohe geistige Bedeutung der Bekleidung. Der Wilde und das Kind bezeugen durch ihre unbefangene Begierde nach Glänzendem, buntscheckigem Federnschmuck, schillernden Stoffen und der aufs Höchste getriebenen Erhabenheit künstlicher Formen, wie durch ihren Widerwillen gegen das Reale, ganz von selber die Geistigkeit ihrer Seele. Wehe dem, der wie Ludwig XV. (der nicht das Geschöpf einer wahren Zivilisation, sondern eines Rückfalles in die Barbarei war) die Verderbtheit so weit treibt, nur noch an der bloßen Natur Gefallen zu finden.

Die Mode sollte als ein Zeichen des Strebens zum Idealen angesehen werden, das im menschlichen Gehirn über allem Rohen, Irdischen und Unsauberen schwebt. Als eine erhabene Ausgestaltung der Natur oder besser noch als ein beständiger und fortgesetzter Versuch, die Natur zu verbessern. So hat man, ohne die Gründe dafür zu entdecken, sehr richtig darauf hingewiesen, dass alle Moden reizvoll, d. h. relativ reizvoll sind. Jede von ihnen stellt einen neuen, mehr oder minder geglückten Schritt gegen das Schöne zu dar, irgendeine Annäherung an ein Ideal, das die Unbefriedigtheit des menschlichen Geistes beständig von neuem reizt. Aber man darf die Moden, wenn man sie wirklich genießen will, nicht wie tote Dinge betrachten. Sonst könnte man ebenso gut die abgelegten Kleider im Schranke eines Trödlers bewundern, die dort schlaff und leblos am Nagel hängen wie die Haut des hl. Bartholomäus. Man muss sie sich verlebendigt vorstellen, zum Dasein der schönen Frauen gehörend, die sie trugen. Nur dann wird man ihren Sinn und Geist begreifen. Sollte also der Satz: alle Moden sind reizvoll, als zu unbedingt, Widerspruch erwecken, so sage man dafür, in der Gewissheit, sich nicht zu täuschen: Alle hatten einmal ihre berechtigten Reize.

Die Frau ist ganz in ihrem Rechte und erfüllt sogar eine Art von Pflicht, wenn sie alles daransetzt, zauberhaft und übernatürlich zu erscheinen. Sie muss erstaunen und berücken; sie muss, als Götzenbild, sich mit Gold behängen, um angebetet zu werden. Daher soll sie auch von allen Künsten die Mittel borgen, sich über die Natur zu erheben, um besser die Herzen zu unterjochen und den Geist zu erschüttern. Es macht nicht das Geringste, wenn auch jeder um ihre Kunstgriffe und Kniffe weiß, vorausgesetzt, dass der Erfolg gewiss und die Wirkung stets unwiderstehlich sei. In solchen Erwägungen wird der Künstlerphilosoph ohne Schwierigkeiten die Rechtfertigung aller Mittel finden, die die Frauen zu jeder Zeit angewendet haben, um ihrer gewissermaßen zerbrechlichen Schönheit das Gottesgeschenk der Dauer zu verleihen. Die Aufzählung dieser Mittel wäre endlos, darum wollen wir uns nur auf eines beschränken, das unsre Zeit mit dem gewöhnlichen Worte der Schminke bezeichnet. Wer sähe nicht ein, dass der Gebrauch des Reispulvers, der von redlichen Philosophen so schnöde verdammt wird, zum Zwecke und Ergebnis hat, alle die von einer schändlichen Natur über die Haut ausgesäten Flecken zum Verschwinden zu bringen und sie in Farbe und Glätte zu einer bedeutungsvollen Einheit zu gestalten, wie die vom Trikot hervorgebrachte, und so ein menschliches Wesen unmittelbar einer Statue, d. h. einem göttlichen und höheren Wesen ähnlich zu machen? Was das künstliche Schwarz betrifft, das das Auge umschließt, und das Rot, das auf den oberen Teil der Wange aufgetragen wird, so entstammt der Gebrauch zwar demselben Grundsatz, dem Bedürfnis nämlich, die Natur zu übertreffen, die Wirkung aber dient dazu, ein ganz entgegengesetztes Bedürfnis zu befriedigen. Rot und Schwarz entsprechen dem Leben, einem gesteigerten und außerordentlichen Leben. Das Schwarz lässt den Blick tiefer und absonderlicher erscheinen; das Auge wird zum Werkzeug des Schauens in eine Unendlichkeit. Das Rot, das der Wange sein Feuer mitteilt, hebt noch mehr die Weiße des Augapfels hervor und verleiht einem schönen weiblichen Antlitz eine geheimnisvoll priesterliche Leidenschaft.

Wer mich recht verstanden hat, wird sich daher hüten, das Gesicht mit der gemeinen, verborgenen Absicht zu bemalen, die schöne Natur nachzuahmen und mit der Jugend zu wetteifern. Die Erfahrung beweist außerdem, dass Kunstgriffe die Hässlichkeit nicht verschönern und nur der Schönheit dienlich sind. Wer möchte es wagen, der Kunst die leere Aufgabe zuzuerkennen, die Natur nachzuahmen? Die Schminke braucht sich nicht zu verbergen oder zu fürchten, dass man ihr Dasein ahnt, sie soll im Gegenteil sich offen zeigen, wenn nicht mit Ziererei, wenigstens mit einer Art von Freimut.

Jenen, deren schwerfälliger Ernst sie hindert, das Schöne bis in seine kleinsten Erscheinungsformen aufzusuchen, erlaube ich gern, über meine Betrachtungen zu lächeln und mich einer kindlichen Feierlichkeit zu beschuldigen. Ihr strenges Urteil berührt mich nicht. Ich begnüge mich, mich auf die wahren Künstler zu berufen, die, ebenso wie die Fragen, bei der Geburt einen Funken des heiligen Feuers mitbekommen haben, mit dem sie sich ganz und gar erleuchten möchten.

Haut des hl. Bartholomäus: *Frühchristlicher Märtyrer, dem von einem armenischen Fürsten bei lebendigem Leib die Haut vom Leibe gezogen wurde; wird seit dem 13. Jhdt. als Gehäuteter dargestellt*

Walter Benjamin ***

SNOBIST UND KRITIKER
aus: Einbahnstraße. In: Gesammelte Schriften IV/1
(Frankfurt/Main 1980, S. 107f.)

Der deutsche Philosoph Walter Benjamin thematisiert in diesen ironisch-provokanten Thesen das Verhältnis von Kunst, Primitivität und Kritik.

Dreizehn Thesen wider Snobisten

(Snob im Privatkontor der Kunstkritik. Links eine Kinderzeichnung, rechts ein Fetisch. Snob: „Da kann der ganze Picasso einpacken.")

I.	Der Künstler macht ein Werk.	Der Primitive äußert sich in Dokumenten.
II.	Das Kunstwerk ist nur nebenbei ein Dokument.	Kein Dokument ist als ein solches Kunstwerk.
III.	Das Kunstwerk ist ein Meisterstück.	Das Dokument dient als Lehrstück.
IV.	Am Kunstwerk lernen Künstler das Metier.	Vor Dokumenten wird ein Publikum erzogen.
V.	Kunstwerke stehen eins dem andern fern durch Vollendung.	Im Stofflichen kommunizieren alle Dokumente.
VI.	Inhalt und Form sind im Kunstwerk eins: Gehalt.	In Dokumenten herrscht durchaus der Stoff.

VII.	Gehalt ist das Erprobte.	Stoff ist das Geträumte.
VIII.	Im Kunstwerk ist der Stoff ein Ballast, den die Betrachtung abwirft.	Je tiefer man sich in ein Dokument verliert, desto dichter: Stoff.
IX.	Im Kunstwerk ist das Formgesetz zentral.	Ins Dokument sind Formen nur versprengt.
X.	Das Kunstwerk ist synthetisch: Kraftzentrale.	Die Fruchtbarkeit des Dokuments will: Analyse.
XI.	Im wiederholten Anblick steigert sich ein Kunstwerk.	Ein Dokument bewältigt nur durch Überraschung.
XII.	Die Männlichkeit der Werke ist im Angriff.	Dem Dokument ist seine Unschuld eine Deckung.
XIII.	Der Künstler geht auf die Eroberung von Gehalten.	Der primitive Mensch verschanzt sich hinter Stoffen.

Die Technik des Kritikers in dreizehn Thesen

I. Der Kritiker ist Stratege im Literaturkampf.

II. Wer nicht Partei ergreifen kann, der hat zu schweigen.

III. Der Kritiker hat mit dem Deuter von vergangenen Kunstepochen nichts zu tun.

IV. Kritik muss in der Sprache der Artisten reden. Denn die Begriffe des cénacle sind Parolen. Und nur in den Parolen tönt das Kampfgeschrei.

V. Immer muss ›Sachlichkeit‹ dem Parteigeist geopfert werden, wenn die Sache es wert ist, um welche der Kampf geht.

VI. Kritik ist eine moralische Sache. Wenn Goethe Hölderlin und Kleist, Beethoven und Jean Paul verkannte, so trifft das nicht sein Kunstverständnis, sondern seine Moral.

VII. Für den Kritiker sind seine Kollegen die höhere Instanz. Nicht das Publikum. Erst recht nicht die Nachwelt.

VIII. Die Nachwelt vergisst oder rühmt. Nur der Kriker richtet im Angesicht des Autors.

IX. Polemik heißt, ein Buch in wenigen seiner Sätze zu vernichten. Je weniger man es studierte, desto besser. Nur wer vernichten kann, kann kritisieren.

X. Echte Polemik nimmt ein Buch sich so liebevoll vor, wie ein Kannibale sich einen Säugling zurüstet.

XI. Kunstbegeisterung ist dem Kritiker fremd. Das Kunstwerk ist in seiner Hand die blanke Waffe in dem Kampfe der Geister.

XII. Die Kunst des Kritikers in nuce: Schlagworte prägen, ohne die Ideen zu verraten. Schlagworte einer unzulänglichen Kritik verschachern den Gedanken an die Mode.

XIII. Das Publikum muss stets Unrecht erhalten und sich doch immer durch den Kritiker vertreten fühlen.

Fetisch: *hier religiöses Kultobjekt einer „primitiven“ Kultur*
Dokument: *hier wohl im Sinne eines sachhaltigen Textes oder Werkes verstanden, durch das ein Inhalt oder ein Ereignis dokumentiert wird*
cénacle: *Kreis Gleichgesinnter; Intellektuellenzirkel*
in nuce: *im Kern; kurz gesagt*

Theodor W. Adorno ***
Reflexionen über Kunst und Philosophie
aus: Ästhetische Theorie
(Gesammelte Schriften Bd.7, Frankfurt/M 1970)

Adornos „Ästhetische Theorie" gilt als eines der kunstphilosophischen Hauptwerke des 20. Jahrhunderts. Adornos Ästhetik stellt eine Theorie der modernen Kunst dar, die, um ihren Wahrheitsanspruch aufrechtzuerhalten, nach Adorno ihre Ausdrucksformen bis an die Grenze des Verstummens, des Unverständlichen radikalisieren muss. Um das Kunstwerk dennoch aufzuschließen, bedarf es dann notwendig der philosophischen Deutung.

Ästhetik präsentiert der Philosophie die Rechnung dafür, dass der akademische Betrieb sie zur Branche degradierte. Sie verlangt von Philosophie, was sie versäumt: dass sie die Phänomene aus ihrem puren Dasein herausnimmt und zur Selbstbesinnung verhält, Reflexion des in den Wissenschaften Versteinerten, nicht eine eigene Wissenschaft jenseits von jenen. Damit beugt Ästhetik sich dem, was ihr Gegenstand, gleich einem jeden, unmittelbar zunächst will. Jedes Kunstwerk bedarf, um ganz erfahren werden zu können, des Gedankens und damit der Philosophie, die nichts anderes ist als der Gedanke, der sich nicht abbremsen lässt. Verstehen ist eins mit Kritik; die Fähigkeit des Verstehens, des Verstandenen als eines Geistigen innezuwerden, keine andere als die, wahr und falsch darin zu unterscheiden, wie sehr auch diese Unterscheidung abweichen muss vom Verfahren der gewöhnlichen Logik. Kunst ist, emphatisch, Erkenntnis, aber nicht die von Objekten. Ein Kunstwerk begreift einzig, wer es als Komplexion von Wahrheit begreift. Die betrifft unausweichlich sein Verhältnis zur Unwahrheit, zur eigenen und zu der außer ihm; jedes andere Urteil über Kunstwerke bliebe zufällig. Damit verlangen Kunstwerke ein adäquates Verhältnis zu sich.

Die Erkenntnis der Kunstwerke folgt eigener erkennender Beschaffenheit: Sie sind die Weise von Erkenntnis, welche nicht Erkennen von Objekt ist. Solche Paradoxie ist auch die der künstlerischen Erfahrung.

Nicht anders vermag der Begriff die Sache dessen zu vertreten, was er verdrängte, der Mimesis, als indem er in seinen eigenen Verhaltensweisen etwas von dieser sich zueignet, ohne an sie sich zu verlieren. Insofern ist das ästhetische Moment der Philosophie nicht akzidentell. Nicht minder jedoch ist es an ihr, es aufzuheben in der Verbindlichkeit ihrer Einsichten in Wirkliches.

Philosophie, die Kunst nachahmte, von sich aus Kunstwerk werden wollte, durchstriche sich selbst. Sie postulierte den Identitätsanspruch: dass ihr Gegenstand in ihr aufgehe, indem sie ihrer Verfahrungsweise eine Suprematie einräumte, der das Heterogene als Material a priori sich fügt, während der Philosophie ihr Verhältnis zum Heterogenen geradezu thematisch ist. Kunst und Philosophie haben ihr Gemeinsames nicht in Form oder gestaltendem Verfahren, sondern in einer Verhaltensweise, welche Pseudomorphose verbietet. Beide halten ihrem eigenen Gehalt die Treue durch ihren Gegensatz hindurch; Kunst, indem sie sich spröde macht gegen ihre Bedeutungen; Philosophie, indem sie an kein Unmittelbares sich klammert. Der philosophische Begriff lässt nicht ab von der Sehnsucht, welche die Kunst als Begriffslose beseelt und deren Erfüllung ihrer Unmittelbarkeit als einem Schein entflieht. Organon des Denkens und gleichwohl die Mauer zwischen diesem und dem zu Denkenden, negiert der Begriff jene Sehnsucht. Solche Negation kann Philosophie weder umgehen noch ihr sich beugen. An ihr ist die Anstrengung, über den Begriff durch den Begriff hinauszugelangen.

Entäußerte wirklich der Gedanke sich an die Sache, gälte er dieser, nicht ihrer Kategorie, so begänne das Objekt unter dem verweilenden Blick des Gedankens selber zu reden.

Philosophie erniedrigte sich zur tröstlichen Affirmation, wenn sie sich und andere darüber betröge, dass sie, womit immer sie ihre Gegenstände in sich selbst bewegt, ihnen auch von außen einflößen muss. Was in ihnen selbst wartet, bedarf des Eingriffs, um zu sprechen.

Alle Kunstwerke, und Kunst insgesamt, sind Rätsel; das hat von altersher die Theorie der Kunst irritiert. Dass Kunstwerke etwas sagen und mit dem gleichen Atemzug es verbergen, nennt den Rätselcharakter unterm Aspekt der Sprache.

Kunstwerke, die der Betrachtung und dem Gedanken ohne Rest aufgehen, sind keine.

Das Rätsel lösen ist so viel wie den Grund seiner Unlösbarkeit angeben: der Blick, mit dem die Kunstwerke den Betrachter anschauen.

Phänomene: *Erscheinungen der Wirklichkeit*
emphatisch: *eindringlich; hier: der höchsten Bestimmung nach*
Mimesis: *Nachahmung*
akzidentell: *nur beigefügt, nicht wesensmäßig*
Suprematie: *Überordnung; Vorrang*
heterogen: *uneinheitlich*
Pseudomorphose: *eigentl. Auftreten eines Minerals in der Kristallform eines anderen Minerals; hier: falsche Angleichung aneinander*
Organon: *(geistiges) Werkzeug*
Affirmation: *(kritiklose) Zustimmung*

Wolfgang Welsch **

ÄSTHETIK DER POSTMODERNE
In: Ästhetisches Denken
(Stuttgart 1990, S. 13ff.)

Der an der Universität Magdeburg lehrende Philosoph Wolfgang Welsch (geb. 1946) vertritt die These, dass in der „Postmoderne" die Wirklichkeit selbst ästhetisch geworden ist und man darauf mit einem ästhetischen Denken reagieren müsse, das sich auch der Kehrseite des Ästhetischen, des Anästhetischen, bewusst sei.

Gegenwärtig sprechen alle von Ästhetik. Die Spatzen pfeifen es von den Dächern, und die Wissenschaftler intonieren es noch in den Feuilletons: dass wir einen Ästhetik-Boom erleben, dass wir in einer Zeit der Ästhetisierung leben – vom Konsumverhalten über das individuelle Styling bis hin zur Stadtgestaltung, also quer durch die ganze Lebenswelt oder, wie man neuerdings auch sagt, die „Kulturgesellschaft".

Wenn ich statt dessen von Anästhetik spreche, so nicht, um etwas anderes zu sagen als die anderen, sondern gerade im Blick auf diese Ästhetisierung. Ich meine nämlich, dass sie – was ihre engagierten Lobredner übersehen – geradezu in eine gigantische Anästhetisierung umschlägt.

Betrachten Sie nur einmal das postmoderne Facelifting unserer bundesrepublikanischen Großstädte, insbesondere ihrer Einkaufszonen. Hier erfolgt zweifellos eine immense Ästhetisierung – eine den Konsum ankurbelnde Ästhetisierung. Aber am Ende entsteht bei aller chicen Aufgeregtheit und gekonnten Inszenierung doch wieder nur Eintönigkeit … Zu dieser Desensibilisierung für die ästhetischen Fakten (die angesichts von deren Dürftigkeit auch bitter nötig ist) kommt zweitens eine Anästhetisierung auf der psychischen Ebene hinzu. Die Stimulation zielt auf immer neue Wirbel der Aufgeregtheit durch Kleinereignisse oder Nichtereignisse. Früher hatte solche Anregung kontemplationsfordernden Zweck. Kant beispielsweise schrieb, die Einbildungskraft werde beim Anblick veränderlicher Gestalten – „eines Kaminfeuers oder eines rieselnden Baches“ – in ein „freies Spiel“ der Phantasie versetzt und zu autonomen Bildungen angeregt; und Leonardo da Vinci hat in der berühmten Federzeichnung eines alten, in die Betrachtung von Wasserstrudeln versunkenen Mannes solch sinnender Nachdenklichkeit bildhaften Ausdruck gegeben. Im postmodern-konsumatorischen Ambiente hingegen haben die Anregungen einen anderen Sinn. Sie erzeugen leer laufende Euphorie und einen Zustand trancehafter Unbetreffbarkeit. Coolness – diese neue Tugend der achtziger Jahre - ist ein Signum der neuen Anästhetik: (…)

Auch ist nicht zu übersehen: Die genannte Anästhetisierung geht über den engeren ästhetischen Bereich weit hinaus. Sie ist zugleich mit einer sozialen Anästhetisierung verbunden, also mit einer zunehmenden Desensibilisierung für die gesellschaftlichen Kehrseiten einer ästhetisch narkotisierten Zweidrittel-Gesellschaft. (…)

Anästhetisierung als Lebensvorteil in einer technologisch veränderten Welt

Ich gehe zu einem scheinbar noch einmal ganz anderen Punkt über. Anästhetik ist in der blank technischen Realität zu einem obligaten Thema geworden, seit uns allen – mit dem 26. April 1986, dem Tag von Tschernobyl – bewusst wurde, dass die elementaren Bedrohungen unserer Gegenwart anästhetischer Art sind. Sinnlich kann man sie nicht mehr wahrnehmen, erst ihre Schäden betreffen – sprich: zerfressen – auch die Sinnlichkeit. Während man mit dem Kind in der Sonne spielte – ihm etwas ehedem Gutes zu tun glaubte –, hat man zu seiner Verstrahlung beigetragen.

Gewiss gab es immer schon Nichtwahrnehmbares jenseits der Sinne, aber neuartig (und bösartig) an der gegenwärtigen Situation ist, dass auf unsere Sinne in deren eigenem Bereich nicht mehr Verlass ist – und das mit drastischen Folgen. (…)

Inzwischen ist ein entsprechendes Vertrauen in die Sinne – von der Kernergie … bis zum Supermarkt hin – nicht bloß antiquiert, sondern zur Falle geworden. Was uns angenehm ist, macht uns kaputt. Die Technologisierung hat die Wirklichkeit (die „Natur“ von ehedem) so sehr verändert, dass unsere vergleichsweise trägen, naturkonservativen (und das heißt auf eine immer weniger noch bestehende Wirklichkeit geeichten) Sinne nicht bloß unzuverlässig, sondern kontraproduktiv – Agenten des Falschen – geworden sind.

Angesichts dieser Situation könnte einem anästhetisch zu sein gar zum Vorteil gereichen – man würde nicht mehr zum Schädlichen verführt und glaubte sich nicht irrigerweise dort, wo die Sinne Sicherheit vermelden, auch tatsächlich sicher. Anästhetik als Lebensvorteil …

Postmoderne: *Kennzeichnung der Gegenwart als Zeit nach dem Einheitsglauben der Moderne; Charakteristika der Postmoderne: Pluralismus der Kunst– und Lebensstile; Ende aller großen verbindlichen Ideologien; Misstrauen gegenüber Aufklärung und Rationalität; konsumorientiertes, ästhetisches Verhalten (life-style); Multikulturalität*
anästhetisch: *Gegenbegriff zu „ästhetisch“; empfindungslos*

Georg Wilhelm Friedrich Hegel ***

WELTGESCHICHTE ALS FORTSCHRITT

aus: Vorlesungen über die Philosophie der Geschichte. In: Werke in 20 Bänden (Frankfurt/Main 1970, Bd. 12, S. 311,5f.)

In diesem berühmten Text versuchte Hegel die Weltgeschichte als notwendigen Fortschritt zu begreifen, wobei Fortschritt als zunehmende Realisierung von Freiheit gedacht war.

Die Orientalen wissen es noch nicht, dass der Geist oder der Mensch als solcher an sich frei ist; weil sie es nicht wissen, sind sie es nicht; sie wissen nur, dass Einer frei ist, aber ebendarum ist solche Freiheit nur Willkür, Wildheit, Dumpfheit der Leidenschaft oder auch eine Milde, Zahmheit derselben, die selbst nur ein Naturzufall oder eine Willkür ist. Dieser Eine ist darum nur ein Despot, nicht ein freier Mann. – In den Griechen ist erst das Bewusstsein der Freiheit aufgegangen, und darum sind sie frei gewesen; aber sie, wie auch die Römer, wussten nur, dass einige frei sind, nicht der Mensch als solcher. Dies wussten selbst Platon und Aristoteles nicht. Darum haben die Griechen nicht nur Sklaven gehabt und ist ihr Leben und der Bestand ihrer schönen Freiheit daran gebunden gewesen, sondern auch ihre Freiheit war selbst teils nur eine zufällige, vergängliche und beschränkte Blume, teils zugleich eine harte Knechtschaft des Menschlichen, des Humanen. – Erst die germanischen Nationen sind im Christentum zum Bewusstsein gekommen, dass der Mensch als Mensch frei (ist), die Freiheit des Geistes seine eigenste Natur ausmacht. Dies Bewusstsein ist zuerst in der Religion, in der innersten Region des Geistes aufgegangen; aber dieses Prinzip auch in das weltliche Wesen einzubilden, das war eine weitere Aufgabe, welche zu lösen und auszuführen eine schwere lange Arbeit der Bildung erfordert. Mit der Annahme der christlichen Religion hat z. B. nicht unmittelbar die Sklaverei aufgehört, noch weniger ist damit sogleich in den Staaten die Freiheit herrschend, sind die Regierungen und Verfassungen auf eine vernünftige Weise organisiert oder gar auf das Prinzip der Freiheit gegründet worden. Diese Anwendung des Prinzips auf die Weltlichkeit, die Durchbildung und Durchdringung des weltlichen Zustandes durch dasselbe ist der lange Verlauf, welcher die Geschichte selbst ausmacht. Auf diesen Unterschied des Prinzips als eines solchen und seiner Anwendung, d. i. Einführung und Durchführung in der Wirklichkeit des Geistes und Lebens, habe ich schon aufmerksam gemacht; er ist eine Grundbestimmung in unserer Wissenschaft und wesentlich in Gedanken festzuhalten. Wie nun dieser Unterschied in Ansehung des christlichen Prinzips, des Selbstbewusstseins der Freiheit, hier vorläufig herausgehoben worden, so findet er auch wesentlich statt in Ansehung des Prinzips der Freiheit überhaupt. Die Weltgeschichte ist der Fortschritt im Bewusstsein der Freiheit – ein Fortschritt, den wir in seiner Notwendigkeit zu erkennen haben.

Orientalen: *Frühe, orientalische Hochkulturen, meist von einem Gottkönig beherrscht (Ägypter, Babylonier, Perser)*

Griechen, Römer: *Kultur der griechisch-römischen Antike*

Germanische Nationen: *germanische Völker des frühen Mittelalters*

Karl Marx **

Das Sein bestimmt das Bewusstsein

aus: Zur Kritik der politischen Ökonomie

(in: Marx/Engels Werke Bd. 13, Berlin 1961, S. 8f.)

Im folgenden Vorwort zur „Kritik der politischen Ökonomie" aus dem Jahre 1859 gibt Marx Rechenschaft über die Entwicklung seines Denkens und formuliert dabei prägnant die Kernthese seiner materialistischen Philosophie: die materiellen (ökonomischen und sozialen) Verhältnisse bestimmen wesentlich das Denken der Menschen, ihre Ideen und Ideologien.

Die erste Arbeit, unternommen zur Lösung der Zweifel, die mich bestürmten, war eine kritische Revision der hegelschen Rechtsphilosophie, eine Arbeit, wovon die Einleitung in den 1844 in Paris herausgebenen „Deutsch-Französischen Jahrbüchern" erschien. Meine Untersuchung mündete in dem Ergebnis, dass Rechtsverhältnisse wie Staatsformen weder aus sich selbst zu begreifen sind, noch aus der sogenannten allgemeinen Entwicklung des menschlichen Geistes, sondern vielmehr in den materiellen Lebensverhältnissen wurzeln, deren Gesamtheit Hegel, nach dem Vorgang der Engländer und Franzosen des 18. Jahrhunderts, unter dem Namen „bürgerliche Gesellschaft" zusammenfasst, dass aber die Anatomie der bürgerlichen Gesellschaft in der politischen Ökonomie zu suchen sei. Die Erforschung der Letzteren, die ich in Paris begann, setzte ich fort zu Brüssel, wohin ich infolge eines Ausweisungsbefehls des Herrn Guizot übergewandert war. Das allgemeine Resultat, das sich mir ergab und, einmal gewonnen, meinen Studien zum Leitfaden diente, kann kurz so formuliert werden: In der gesellschaftlichen Produktion ihres Lebens gehen die Menschen bestimmte, notwendige, von ihrem Willen unabhängige Verhältnisse ein, Produktionsverhältnisse, die einer bestimmten Entwicklungsstufe ihrer materiellen Produktivkräfte entsprechen. Die Gesamtheit dieser Produktionsverhältnisse bildet die ökonomische Struktur der Gesellschaft, die reale Basis, worauf sich ein juristischer und politischer Überbau erhebt, und welcher bestimmte gesellschaftliche Bewusstseinsformen entsprechen. Die Produktionsweise des materiellen Lebens bedingt den sozialen, politischen und geistigen Lebensprozess überhaupt. Es ist nicht das Bewusstsein der Menschen, das ihr Sein, sondern umgekehrt ihr gesellschaftliches Sein, das ihr Bewusstsein bestimmt. Auf einer gewissen Stufe ihrer Entwicklung geraten die materiellen Produktivkräfte der Gesellschaft in Widerspruch mit den vorhandenen Produktionsverhältnissen oder, was nur ein juristischer Ausdruck dafür ist, mit den Eigentumsverhältnissen, innerhalb deren sie sich bisher bewegt hatten. Aus Entwicklungsformen der Produktivkräfte schlagen diese Verhältnisse in Fesseln derselben um. Es tritt dann eine Epoche sozialer Revolution ein. Mit der Veränderung der ökonomischen Grundlage wälzt sich der ganze ungeheure Überbau langsamer oder rascher um. In der Betrachtung solcher Umwälzungen muss man stets unterscheiden zwischen der materiellen, naturwissenschaftlich treu zu konstatierenden Umwälzung in den ökonomischen Produktionsbedingungen und den juristischen, politischen, religiösen, künstlerischen oder philosophischen, kurz, ideologischen Formen, worin sich die Menschen dieses Konflikts bewusst werden und ihn ausfechten. Sowenig man das, was ein Individuum ist, nach dem beurteilt, was es sich selbst dünkt, ebenso wenig kann man eine solche Umwälzungsepoche aus ihrem Bewusstsein beurteilen, sondern muss vielmehr dies Bewusstsein aus den Widersprüchen des materiellen Lebens, aus dem vorhandenen Konflikt zwischen gesellschaftlichen Produktivkräften und Produktionsverhältnissen erklären. Eine Gesellschaftsformation geht nie unter, bevor alle Produktivkräfte entwickelt sind, für die sie weit genug ist, und neue höhere Produktionsverhältnisse treten nie an die Stelle, bevor die materiellen Existenzbedingungen derselben im Schoß der alten Gesellschaft selbst ausgebrütet worden sind. Daher stellt sich die Menschheit immer nur Aufgaben, die sie lösen kann, denn genauer betrachtet wird sich stets finden, dass die Aufgabe selbst nur entspringt, wo die materiellen Bedingungen ihrer Lösung schon vorhanden oder wenigstens im Prozess ihres Werdens begriffen sind. In großen Umrissen können asiatische, antike, feudale und modern bürgerliche Produktionsweisen als progressive Epochen der ökonomischen Gesellschaftsformation bezeichnet werden. Die bürgerlichen Produktionsverhältnisse sind die letzte antagonistische Form des gesellschaftlichen Produktionsprozesses, antagonistisch nicht im Sinn von individuellem Antagonismus, sondern eines aus den gesellschaftlichen Lebensbedingungen der Individuen hervorwachsenden Antagonismus, aber die im Schoß der bürgerlichen Gesellschaft sich entwickelnden Produktivkräfte schaffen zugleich die materiellen Bedingungen zur Lösung dieses Antagonismus. Mit dieser Gesellschaftsformation schließt daher die Vorgeschichte der menschlichen Gesellschaft ab.

Guizot, François-Pierre-Guillaume *(1787 – 1874), franz. Staatsmann, 1840 – 48 Innen- und Außenminister*
Produktionsverhältnisse: *soziale und juristische Verhältnisse, die den Rahmen für die Produktion abgeben (Eigentumsverhältnise, Arbeitsrecht, Handelsbestimmungen etc.)*
Produktivkräfte: *Mittel zur Produktion: Arbeit, Werkzeuge, Maschinen, Technologien etc.)*
antagonistisch: *widersprüchlich, widerstreitend, gegensätzlich*

Friedrich Nietzsche *

Der Mensch – ein Tier mit Vergangenheit

aus: Vom Nutzen und Nachteil der Historie für das Leben
(in: Sämtliche Werke, Kritische Studienausgabe Bd. 1, München 1980, S. 248f.)

In dieser wichtigen Schrift aus den Jahren 1873/74 vertritt Nietzsche die These, dass der Nachteil von Geschichte und Geschichtsbewusstsein für den Menschen wesentlich schwerer wiegt als der Vorteil und dass das Vergessen des Vergangenen für das Leben unbedingt nötig ist.

Betrachte die Herde, die an dir vorüberweidet: Sie weiß nicht, was Gestern, was Heute ist, springt umher, frisst, ruht, verdaut, springt wieder, und so vom Morgen bis zur Nacht und von Tage zu Tage, kurz angebunden mit ihrer Lust und Unlust, nämlich an den Pflock des Augenblicks, und deshalb weder schwermütig noch überdrüssig. Dies zu sehen geht dem Menschen hart ein, weil er seines Menschentums sich vor dem Tiere brüstet und doch nach seinem Glücke eifersüchtig hinblickt – denn das will er allein, gleich dem Tiere weder überdrüssig noch unter Schmerzen leben, und will es doch vergebens, weil er es nicht will wie das Tier. Der Mensch fragt wohl einmal das Tier: Warum redest du mir nicht von deinem Glücke und siehst mich nur an? Das Tier will auch antworten und sagen: Das kommt daher, dass ich immer gleich vergesse, was ich sagen wollte – da vergaß es aber auch schon diese Antwort und schwieg: so dass der Mensch sich darob verwunderte.

Er wunderte sich aber auch über sich selbst, das Vergessen nicht lernen zu können und immerfort am Vergangenen zu hängen: Mag er noch so weit, noch so schnell laufen, die Kette läuft mit. Es ist ein Wunder: Der Augenblick, im Husch da, im Husch vorüber, vorher ein Nichts, nachher ein Nichts, kommt doch noch als Gespenst wieder und stört die Ruhe eines späteren Augenblicks. Fortwährend löst sich ein Blatt aus der Rolle der Zeit, fällt heraus, flattert fort – und flattert plötzlich wieder zurück, dem Menschen in den Schoß. Dann sagt der Mensch, „ich erinnere mich“ und beneidet das Tier, welches sofort vergisst und jeden Augenblick wirklich sterben, in Nebel und Nacht zurücksinken und auf immer verlöschen sieht. So lebt das Tier *unhistorisch*: denn es geht auf in der Gegenwart, wie eine Zahl, ohne dass ein wunderlicher Bruch übrig bleibt, es weiß sich nicht zu verstellen, verbirgt nichts und erscheint in jedem Momente ganz und gar als das, was es ist, kann also gar nicht anders sein als ehrlich. Der Mensch hingegen stemmt sich gegen die große und immer größere Last des Vergangenen: Diese drückt ihn nieder oder beugt ihn seitwärts, diese beschwert seinen Gang als eine unsichtbare und dunkle Bürde, welche er zum Scheine einmal verleugnen kann, und welche er im Umgange mit seinesgleichen gar zu gern verleugnet: um ihren Neid zu wecken. Deshalb ergreift es ihn, als ob er eines verlorenen Paradieses gedächte, die weidende Herde oder, in vertrauterer Nähe, das Kind zu sehen, das noch nichts Vergangenes zu verleugnen hat und zwischen den Zäunen der Vergangenheit und der Zukunft in überseliger Blindheit spielt. Und doch muss ihm sein Spiel gestört werden: nur zu zeitig wird es aus der Vergessenheit heraufgerufen. Dann lernt es das Wort „es war" zu verstehen, jenes Losungswort, mit dem Kampf, Leiden und Überdruss an den Menschen herankommen, ihn zu erinnern, was sein Dasein im Grund ist – ein nie zu vollendendes Imperfektum. Bringt endlich der Tod das ersehnte Vergessen, so unterschlägt er doch zugleich dabei die Gegenwart und das Dasein und drückt damit das Siegel auf jene Erkenntnis – dass Dasein nur ein ununterbrochenes Gewesensein ist, ein Ding, das davon lebt, sich selbst zu verneinen und zu verzehren, sich selbst zu widersprechen.

Wenn ein Glück, wenn ein Haschen nach neuem Glück in irgendeinem Sinne das ist, was den Lebenden im Leben festhält und zum Leben fortdrängt, so hat vielleicht kein Philosoph mehr Recht als der Zyniker: denn das Glück des Tieres, als des vollendeten Zynikers, ist der lebendige Beweis für das Recht des Zynismus. Das kleinste Glück, wenn es nur ununterbrochen da ist und glücklich macht, ist ohne Vergleich mehr Glück als das größte, das nur als Episode, gleichsam als Laune, als toller Einfall, zwischen lauter Unlust, Begierde und Entbehrung kommt. Bei dem kleinsten aber und bei dem größten Glücke ist es immer eins, wodurch Glück zum Glücke wird: das Vergessenkönnen oder, gelehrter ausgedrückt, das Vermögen, während seiner Dauer *unhistorisch* zu empfinden. Wer sich nicht auf der Schwelle des Augenblicks, alle Vergangenheiten vergessend, niederlassen kann, wer nicht auf einem Punkte wie eine Siegesgöttin ohne Schwindel und Furcht zu stehen vermag, der wird nie wissen, was Glück ist, und noch schlimmer: er wird nie etwas tun, was andre glücklich macht. Denkt euch das äußerste Beispiel, einen Menschen, der die Kraft zu vergessen gar nicht besäße, der verurteilt wäre, überall ein Werden zu sehen: Ein solcher glaubt nicht mehr an sein eigenes Sein, glaubt nicht mehr an sich, sieht alles in bewegte Punkte auseinander fließen und verliert sich in diesem Strome des Werdens: Er wird wie der rechte Schüler Heraklits zuletzt kaum mehr wagen, den Finger zu heben. Zu allem Handeln gehört Vergessen: wie zum Leben alles Organischen nicht nur Licht, sondern auch Dunkel gehört. Ein Mensch, der durch und durch nur historisch empfinden wollte, wäre dem ähnlich, der sich des Schlafens zu enthalten gezwungen würde, oder dem Tiere, das nur vom Wiederkäuen und immer wiederholtem Wiederkäuen leben sollte. Also: es ist möglich, fast ohne Erinnerung zu leben, ja glücklich zu leben, wie das Tier zeigt; es ist aber ganz und gar unmöglich, ohne Vergessen überhaupt zu *leben*. Oder, um mich noch einfacher über mein Thema zu erklären: *Es gibt einen Grad von Schlaflosigkeit, von Wiederkäuen, von historischem Sinne, bei dem das Lebendige zu Schaden kommt und zuletzt zu Grunde geht, sei es nun ein Mensch oder ein Volk oder eine Kultur.*

Theodor Lessing *

Die Geschichte der Menschheit – eine sinnlose Häufung von Verbrechen

aus: Geschichte als Sinngebung des Sinnlosen
(München 1983, S. 26ff).

Der 1872 geborene deutsch-jüdische Philosoph Th. Lessing, der 1933 von den Nazis ermordet wurde, hat in dieser 1919 erschienenen Schrift eine tiefe Skepsis gegenüber jeder positiven Geschichtsdeutung zum Ausdruck gebracht.

Was denn nun sind – vom Wertgesichtspunkt der Ideologie abgesehen – von Natur die Inhalte der Geschichte? Sinnlose Lebenstragödien eines Ameisenhaufens, der, von Hunger, Brunst, Eitelkeit getrieben, dahinlebt, bis er, sei es durch die Erhaltung der Erde, sei es durch eine andere kosmische Katastrophe spurlos zu Grunde gehen wird, wie alles verging.

„Junge Könige, die, schlecht beraten, Fehler begehen, alte Könige, die dafür büßen, exilierte Favoriten, weggeschickte und wieder zurückgerufene Minister, dynastische Allianzen, ist es wirklich wahr, dass, wie man in den Büchern liest, solche Gleichgültigkeiten die Geschichte eines Volkes sind? Wir sind das Opfer einer Illusion. Vom Vergangenen bleibt nur ein Bild in den Büchern und dieses Bild ist von den Historikern hergestellt, die alle die Geschichte zu Gunsten ihrer Vorurteile schreiben. Die Geschichte, das sind die Vorurteile der Historiker in Erzählung gebracht. Was sind die Elemente der Geschichte? Worte, immer Worte! Worte eines Monarchen, eines Ministers, Verteidigungen eines besiegten Generals, Pamphlete eines in Ungnade gefallenen Günstlings, Worte irgendeines Versammlungspräsidenten. – Worte, in Stein gemeißelt, an Wände gemalt, auf Papyrus, auf Pergament geschrieben, auf Papier gedruckt und dieses von Mäusen verwaltet, die, was sie nicht fressen, als Historie auf spätere Zeiten kommen lassen." (Diane Paalen in der „Aktion" 1916)

Wenn nun dieses der Inhalt der Geschichte ist, warum meinen dann die Historiker, dass das in den Büchern aufgefangene Leben um „Ideen" sich drehe? Nur darum, weil sie selber, indem sie es auffangen, sich um Ideen drehn. Ideen sind die Leitpflöcke der Geschichtsstiftung. Jedes beliebige historische Ereignis, jeder System- oder Beamtenwechsel, jeder Krieg, jede Revolution scheint die Wirksamkeit irgendwelcher idealer Mächte zu verbürgen. Und doch brennt auch hinter den historischen Idealen nie etwas anderes als die aufsummierte Selbstsucht und aufsummierte Dummheit vieler Einzelnen. Hinter jeder Ansicht Absicht, hinter jeder Einsicht Notdurft.

Also: von der einen Seite gesehn besteht der Inhalt von Geschichte aus nichts als aus ichbezüglichen Gewaltakten, Räubereien, Metzeleien, deren Kern immer der Diebstahl der einen an den andern ist – (man begreift kaum, warum man mit diesem ewigen Hin und Her von Schlachten und Schlächternamen sich den Kopf anfüllen und den Sinn der Jugend von früh an verderben soll). – Von der andern Seite jedoch scheinen bei allen diesen ewigen ichbezüglichen Gewaltakten, Räubereien und Metzeleien „Ideale" im Spiele zu sein; wenigstens werden die im Munde geführt.

Gab es denn je in Geschichte eine Niedertracht, für die nicht subjektiv-edle Motive, Tröstungen der Religion, Sophismen der Philosophen in Hülle und Fülle zur Verfügung standen? Lasset nur das Objektiv-Ruchlose irgendwo zur Regel oder zur Notwendigkeit werden und die gesamte Welt schönen Gefühls, all das Gesindel, welches eure gelehrten Bücher und zarten Gedichte, eure Dramen und eure Zeitschriften schreibt, wird wahrhaftig nicht zu Märtyrern der reinen Vernunft werden, sondern ganz wie es die Väter taten, ihre Ideale nach der jeweiligen historischen Notwendigkeit strecken. Es gibt keinen einzigen reinen Enthusiasmus, den der Geschichtsgeist nicht missbraucht, nicht geschändet hätte.

So scheinen denn das Reich der normativen Werte und das der Historie schon im Prinzip einander feindlich zu sein. Man kann an Hand von Vernunftnormen wohl das geschichtliche Chaos beurteilen. Man kann aber niemals Vernunft und Ethik in der Geschichte selber vorfinden; vielmehr ist es grade das Wesen von Geschichte, dass in ihr alle menschlichen „Ideale" in den Dienst der großen Notforderung geraten. Kein Handelnder entgeht der Erkenntnis, welche Goethe in die Worte fasst: „Der Handelnde ist immer gewissenlos" (...).

Betrachten wir nunmehr furchtlos, aus nächster Nähe die handelnden Schauspieler und Schauspielerinnen in dem großen Narrentrauerspiel, welches europäische Gelehrsamkeit Weltgeschichte nennt.

Was sind das für Seelen? Von welcher Art ihre Geister? Richtige und unbezweifelbare Narren, wie z. B. England Jakob I. und Georg III., Preußens Friedrich Wilhelm I. oder Sachsens August I.; ganz zu schweigen von all den zahllosen kleinen Voll- und Halbkretins wie Schwedens Karl XII., Dänemarks Gustav III., Neapels Ferdinand IV., Spaniens Karl IV. – Geniale Verbrecher und großartige Räuberhauptleute wie Russlands Peter und Frankreichs Bonaparte. Gekrönte Bluthunde und Henkersknechte wie die Timur, Dschingiskhan, Iwan. Komödianten und Komödiantinnen wie Louis XIV., Katharina II. Bloße Kleiderständer und Nullen wie die deutschen Kaiser: Karl VI., Franz I., Karl VII. Wüstlinge gleich Frankreichs Ludwig XV., Englands Georg IV., Österreichs Leopold II., Preußens Wilhelm II. Gewissenlose Händler mit Menschenfleisch, wie weiland so mancher Landesvater in Braunschweig, Hessen-Kassel, Hessen-Hanau, Hannover, Waldeck, Ansbach, Anhalt-Zerbst. – Notorische Dirnen wie die Dubarry, hübsche Grisetten, die ihr Glück machten, wie die Pompadour, Lagerdirnen, die weder lesen noch schreiben konnten, wie Katharina I. ... Solche „Gleichnisse Gottes" haben auf Erden über ganzer Völker Schicksale entschieden und die Bahnen der sogenannten Weltgeschichte festgelegt. Und wen von ihnen könnte man je verantwortlich machen? Sind doch diese Gleichnisse Gottes nicht nur die verderblichsten, sondern auch die unseligsten aller Geschöpfe. Ein Scheusal, wie Caligula, ein Tropf wie Claudius, eine Julia oder Messalina, sie wurden schon im Mutterleibe verbogen. Sind nicht die Menschen schuldig, die alle diesen Missgestalten die Füße küssen? Joseph II. oder Wilhelm III. von Oranien, seltene Männer und Menschen auf Königsthronen, ernten den Hass ihrer Völker, aber scheußliche Bestien, wie Iwan IV. und Heinrich VIII. sind bei ihrem Tode von ihren Völkern ehrlicher und tiefer betrauert worden als Jesus und Buddha.

Verrat am Wert nenne ich jenen grässlichen Logismus der beiden Köpfeverwüster des 19. Jahrhunderts, Darwins und Hegels, deren einer die Natur, deren anderer die Geschichte, als hätte nie ein Kant gelebt, zur Selbstoffenbarung logischen Sinnes machte.

Verrat am Geist nenne ich den Idealismus der deutschen Geschichtsschreiber und Geschichtsphilosophen, welche die selbstgerechte Reichsgeschäftsalgebra der allein selig machenden Politik oder am Ende gar die Chronik ihrer Fürstenhöfe für Angelegenheiten halten, um die eine Weltvernunft sich zu bemühen habe.

Wenn Diltheys bekannte Definition von Geschichtswissenschaft richtig ist: „Was der Mensch sei, das erfährt er nicht durch Grübeln über sich, auch nicht durch psychologische Experimente, sondern durch die Geschichte", dann hat diese „Selbsterkenntnis" den Menschen nie etwas anderes lehren können, als dass er das Gemisch ist von einem Narren und von einer Bestie.

Grisette: *urspr. Näherin; leichtfertiges Mädchen*

Max Horkheimer / Theodor Adorno ***

BEGRIFF DER AUFKLÄRUNG
aus: Dialektik der Aufklärung
(Frankfurt/M. 1988, S. 9 ff.)

M. Horkheimer und Th. Adorno vertreten in dem 1947 erschienen Werk „Dialektik der Aufklärung" die These, dass das Geschichtsbild der Aufklärung und das moderne technologische Bewusstsein, dem nur das Greifbare, Nützliche und Verwertbare als wirklich gilt, den Keim totalitärer Bewegungen in sich tragen.

1 Seit je hat Aufklärung im umfassendsten Sinn fortschreitenden Denkens das Ziel verfolgt, von den Menschen die Furcht zu nehmen und sie als Herren einzusetzen. Aber die vollends aufgeklärte Erde strahlt im Zeichen triumphalen Unheils. Das Programm der Aufklärung war die Entzauberung der Welt. Sie wollte die Mythen auflösen und Einbildung durch Wissen stürzen.

(...)

Die glückliche Ehe zwischen dem menschlichen Verstand und der Natur der Dinge, die er im Sinne hat, ist patriarchal: Der Verstand, der den Aberglauben besiegt, soll über die entzauberte Natur gebieten. Das Wissen, das Macht ist, kennt keine Schranken, weder in der Versklavung der Kreatur noch in der Willfährigkeit gegen die Herren der Welt.

(...)

Von nun an soll die Materie endlich ohne Illusion waltender oder innewohnender Kräfte, verborgener Eigenschaften beherrscht werden. Was dem Maß von Berechenbarkeit und Nützlichkeit sich nicht fügen will, gilt der Aufklärung für verdächtig. Darf sie sich einmal ungestört von auswendiger Unterdrückung entfalten, so ist kein Halten mehr.

(...)

Die Menschen bezahlen die Vermehrung ihrer Macht mit der Entfremdung von dem, worüber sie die Macht ausüben. Die Aufklärung verhält sich zu den Dingen wie der Diktator zu den Menschen. Er kennt sie, insofern er sie manipulieren kann. Der Mann der Wissenschaft kennt die Dinge, insofern er sie machen kann. Dadurch wird ihr An sich Für ihn.

(...)

Aufklärung ist totalitär wie nur irgendein System. Nicht was ihre romantischen Feinde ihr seit je vorgeworfen haben, analytische Methode, Rückgang auf Elemente, Zersetzung durch Reflexion ist ihre Unwahrheit, sondern dass für sie der Prozess von vornherein entschieden ist. Wenn im mathematischen Verfahren das Unbekannte zum Unbekannten einer Gleichung wird, ist es damit zum Altbekannten gestempelt, ehe noch ein Wert eingesetzt ist. Natur ist, vor und nach der Quantentheorie, das mathematisch zu Erfassende; selbst was nicht eingeht, Unauflöslichkeit und Irrationalität, wird von mathematischen Theoremen umstellt. In der vorwegnehmenden Identifikation der zu Ende gedachten mathematisierten Welt mit der Wahrheit meint Aufklärung vor der Rückkehr des Mythischen sicher zu sein. Sie setzt Denken und Mathematik in eins. Dadurch wird diese gleichsam losgelassen, zur absoluten Instanz gemacht.

(...)

Was als Triumph subjektiver Rationalität erscheint, die Unterwerfung alles Seienden unter den logischen Formalismus, wird mit der gehorsamen Unterordnung der Vernunft unters unmittelbar Vorfindliche erkauft. Das Vorfindliche als solches zu begreifen, den Gegebenheiten nicht bloß ihre abstrakten raumzeitlichen Beziehungen abzumerken, bei denen man sie dann packen kann, sondern sie im Gegenteil als die Oberfläche, als vermittelte Begriffsmomente zu denken, die sich erst in der Entfaltung ihres gesellschaftlichen, historischen, menschlichen Sinnes erfüllen – der ganze Anspruch der Erkenntnis wird preisgegeben. Er besteht nicht im bloßen Wahrnehmen, Klassifizieren und Berechnen, sondern gerade in der bestimmenden Negation des je Unmittelbaren. Der mathematische Formalismus aber, dessen Medium die Zahl, die abstrakteste Gestalt des Unmittelbaren ist, hält statt dessen den Gedanken bei der bloßen Unmittelbarkeit fest. Das Tatsächliche behält Recht, die Erkenntnis beschränkt sich auf seine Wiederholung, der Gedanke macht sich zur bloßen Tautologie. Je mehr die Denkmaschinerie das Seiende sich unterwirft, umso blinder bescheidet sie sich bei dessen Reproduktion. Damit schlägt Aufklärung in die Mythologie zurück, der sie nie zu entrinnen wusste. Denn Mythologie hatte in ihren Gestalten die Essenz des Bestehenden: Kreislauf, Schicksal, Herrschaft der Welt als die Wahrheit zurückgespiegelt und der Hoffnung entsagt. In der Prägnanz des mythischen Bildes wie in der Klarheit der wissenschaftlichen Formel wird die Ewigkeit des Tatsächlichen bestätigt und das bloße Dasein als der Sinn ausgesprochen, den es versperrt.

(…)

In der aufgeklärten Welt ist Mythologie in die Profanität eingegangen. Das von den Dämonen und ihren begrifflichen Abkömmlingen gründlich gereinigte Dasein nimmt in seiner blanken Natürlichkeit den numinosen Charakter an, den die Vorwelt den Dämonen zuschob. Unter dem Titel der brutalen Tatsachen wird das gesellschaftliche Unrecht, aus dem diese hervorgehen, heute so sicher als ein dem Zugriff ewig sich Entziehendes geheiligt, wie der Medizinmann unter dem Schutze seiner Götter sakrosankt war.

(…)

Der mythische wissenschaftliche Respekt der Völker vor dem Gegebenen, das sie doch immerzu schaffen, wird schließlich selbst zur positiven Tatsache, zur Zwingburg, der gegenüber noch die revolutionäre Phantasie sich als Utopismus vor sich selber schämt und zum fügsamen Vertrauen auf die objektive Tendenz der Geschichte entartet. Als Organ solcher Anpassung, als bloße Konstruktion von Mitteln ist Aufklärung, so destruktiv, wie ihre romantischen Feinde es ihr nachsagen. Sie kommt erst zu sich selbst, wenn sie dem letzten Einverständnis mit diesen absagt und das falsche Absolute, das Prinzip der blinden Herrschaft, aufzuheben wagt.

Julien Offray De La Mettrie **

DER MENSCH, EINE MASCHINE
aus: Der Mensch, eine Maschine
(übers. von Max Brahn, Leipzig 1909, S. 57f.)

Der französische Philosoph La Mettrie (1709 – 1751) bekennt sich zu einem radikalen Materialismus und Mechanismus und fasst dementsprechend den Menschen als Maschine auf.

Die Natur der Bewegung ist uns ebenso unbekannt wie die der Materie. Ebenso wenig haben wir ein Mittel zum Verständnis dafür, wie Bewegung in der Materie entsteht, wofern man nicht mit dem Verfasser der „Geschichte der Seele" die alte, unverständliche Lehre von den „substantiellen Formen" neu erwecken will. Ich bin also darüber, dass ich nicht weiß, wie die träge und einfache Materie zur tätigen und zusammengesetzten der Organe wird, ebenso leicht getröstet wie darüber, dass ich ohne rotes Glas nicht in die Sonne sehen kann. In der gleichen glücklichen Gemütsverfassung befinde ich mich gegenüber den andern unbegreiflichen Wundern der Natur, ich meine die Erzeugung der Empfindung und des Gedankens in einem Wesen, welches einst unsern beschränkten Augen nur als ein wenig Schmutz erschien.

Gibt man mir nun zu, dass die organisierte Materie mit einem Bewegungsprinzip begabt ist, welches allein sie von der nicht organisierten unterscheidet (und wer könnte sich dessen bei so unwiderleglichen Beobachtungen weigern?), und dass bei den Tieren alles von den Verschiedenheiten dieser Organisation abhängt, was ich ja zur Genüge bewiesen habe, so genügt das, um das Rätsel der Substanzen und das des Menschen zu erraten. Man sieht, dass es überhaupt nur eine Substanz auf der Welt gibt und dass der Mensch ihr vollkommenster Ausdruck ist. Er ist im Vergleich zu den Affen und den klügsten Tieren, was die Planetenuhr von Huygens im Vergleich zu einer Uhr des Königs Julianus ist. Wenn man mehr Instrumente, mehr Räder und mehr Federn brauchte, um die Bewegung der Planeten, als um die Stunden anzuzeigen und zu wiederholen, wenn Vaucanson mehr Kunst anwenden musste, um seinen Flötenspieler, als um seine Ente zu machen, so hätte er noch mehr Kunst anwenden müssen, um einen „Sprecher" herzustellen; eine solche Maschine darf, insbesondere unter den Händen eines solchen neuen Prometheus, nicht mehr als eine Unmöglichkeit angesehen werden.

Ebenso war es nötig, dass die Natur mehr Kunst und Technik aufwandte, um eine Maschine herzustellen und zu unterhalten, die ein ganzes Jahrhundert lang alle Bewegungen des Herzens und des Geistes anzeigen sollte; denn wenn man am Puls auch nicht die Stunden abzählen kann, so ist er doch ein Barometer für die Wärme und Lebhaftigkeit, aus der man auf die Natur der Seele schließen kann. Ich täusche mich sicher nicht, der menschliche Körper ist eine Uhr, aber eine erstaunliche und mit so viel Kunst und Geschicklichkeit verfertigte, dass, wenn das Sekundenrad stillsteht, das Minutenrad seinen Gang immer weiter geht, und ebenso das Viertelstundenrad und alle die andern in ihrer Bewegung fortfahren, wenn die ersteren verrostet oder aus irgendeiner Ursache verdorben sind und ihren Gang unterbrochen haben. Denn es ist doch so, dass die Verstopfung einiger Gefäße nicht ausreicht, den Stützpunkt aller Bewegungen zu zerstören oder zu unterbrechen, der im Herzen als in dem treibenden Teil der Maschine liegt; im Gegenteil, es haben dann die Flüssigkeiten, deren Volumen vermindert ist, einen kürzeren Weg zu machen und durchlaufen ihn deshalb desto schneller; außerdem werden sie in dem Verhältnis, in dem die Kraft des Herzens sich durch den Widerstand am Ende der Gefäße vermehrt, wie durch eine neu hinzutretende Strömung fortgerissen. (…)

(…) von zwei Ärzten ist, nebenbei bemerkt, meiner Ansicht nach immer derjenige der bessere und vertrauenswürdigere, der in der Physik oder Mechanik des menschlichen Körpers bewanderter ist und die Seele und alle die Besorgnisse, die dieses Hirngespinst den Narren und Nichtwissern einflößt, beiseite liegen lässt und sich nur um die reinen Naturwissenschaften bekümmert …

Friedrich Wilhelm Joseph Schelling ***

ENTWURF EINER IDEALISTISCHEN NATURPHILOSOPHIE

aus: Einleitung zu dem Entwurf eines Systems der Naturphilosophie (1799)
(in: Ausgewählte Schriften Bd. 1, hrsg. v. M. Frank, Frankfurt/M 1985, S. 339ff.)

Der deutsche romantische Philosoph Schelling gilt als Hauptvertreter einer spekulativen Naturphilosophie: Er versucht die Gegensätze von Reellem und Ideellem, von Natur und Geist in einer absoluten Identität aufzulösen, Natur als das Andere des Geistes zu verstehen.

§ 1.
Was wir Naturphilosophie nennen, ist eine im System des Wissens notwendige Wissenschaft.

Die Intelligenz ist auf doppelte Art, entweder blind und bewusstlos, oder frei und mit Bewusstsein produktiv; bewusstlos produktiv in der Weltanschauung, mit Bewusstsein in dem Erschaffen einer ideellen Welt.

Die Philosophie hebt diesen Gegensatz auf, dadurch dass sie die bewusstlose Tätigkeit als ursprünglich identisch und gleichsam aus derselben Wurzel mit der bewussten entsprossen annimmt: Diese Identität wird von ihr *unmittelbar* nachgewiesen in einer entschieden zugleich bewussten und bewusstlosen Tätigkeit, welche in den Produktionen des *Genius* sich äußert; *mittelbar, außer* dem Bewußtsein in den *Natur*-produkten, insofern in ihnen allen die vollkommenste Verschmelzung des Ideellen mit dem Reellen wahrgenommen wird.

Da die Philosophie die bewusstlose oder, wie sie auch genannt werden kann, reelle Tätigkeit als identisch setzt mit der bewussten oder ideellen, so wird ihre Tendenz ursprünglich darauf gehen, das Reelle überall auf das Ideelle zurückzuführen, wodurch das entsteht, was man Transzendentalphilosophie nennt. Die Regelmäßigkeit in allen Bewegungen der Natur, die erhabene Geometrie z. B., welche in den Bewegungen der Himmelskörper ausgeübt wird, wird nicht daraus erklärt, dass die Natur die vollkommenste Geometrie, sondern umgekehrt daraus, dass die vollkommenste Geometrie das Produzierende der Natur ist, durch welche Erklärungsart das Reelle selbst in die ideelle Welt versetzt wird, und jene Bewegungen in Anschauungen, die nur in uns selbst vorgehen, und denen nichts außer uns entspricht, verwandelt werden. Oder dass die Natur da, wo sie ganz sich selbst überlassen ist, in jedem Übergange aus flüssigen in festen Zustand freiwillig gleichsam regelmäßige Gestalten hervorbringt, welche Regelmäßigkeit in den Kristallisationen höherer Art, den organischen, sogar noch Zweckmäßigkeit zu werden scheint, oder dass wir im Tierreich, diesem Produkt blinder Naturkräfte, Handlungen, die mit Bewusstsein geschehenen an Regelmäßigkeit gleichkommen, oder selbst äußere in ihrer Art vollendete Kunstwerke entstehen sehen – dies alles wird daraus erklärt, dass es eine bewusstlose, aber der bewussten ursprünglich verwandte Produktivität ist, deren bloßen Reflex wir in der Natur sehen, und die auf dem Standpunkt der natürlichen Ansicht als ein und derselbe blinde Trieb erscheinen muss, der von der Kristallisation an bis herauf zum Gipfel organischer Bildung (wo er auf der einen Seite durch den Kunsttrieb wieder zur bloßen Kristallisation zurückkehrt) nur auf verschiedenen Stufen wirksam ist.

Nach dieser Ansicht, da die Natur nur der sichtbare Organismus unseres Verstandes ist, *kann* die Natur nichts anderes als das Regel- und Zweckmäßige produzieren, und die Natur ist *gezwungen es zu produzieren. Aber kann die Natur nichts als das Regelmäßige produzieren, und produziert sie es mit Notwendigkeit, so folgt, dass sich auch in der als selbständig und reell gedachten Natur und dem Verhältnis ihrer Kräfte wiederum der Ursprung solcher regel- und zweckmäßigen Produkte als notwendig muss nachweisen lassen, dass also das Ideelle auch hinwiederum aus dem Reellen entspringen und aus ihm erklärt werden muss.*

Wenn es nun Aufgabe der Transzendentalphilosophie ist, das Reelle dem Ideellen unterzuordnen, so ist es dagegen Aufgabe der Naturphilosophie, das Ideelle aus dem Reellen zu erklären: Beide Wissenschaften sind also eine, nur durch die entgegengesetzten Richtungen ihrer Aufgaben sich unterscheidende Wissenschaft; da ferner beide Richtungen nicht nur gleich möglich, sondern gleich notwendig sind, so kommt auch beiden Systemen des Wissens gleiche Notwendigkeit zu. (…)

§ 3.
Die Naturphilosophie ist spekulative Physik.

Unsere Wissenschaft ist dem Bisherigen zufolge ganz und durchein realistisch, sie ist also nichts anderes als Physik, sie ist nur *spekulative* Physik; (…) Denn da das erste Problem dieser Wissenschaft, die *absolute* Ursache der Bewegung (ohne welche die Natur nichts in sich Ganzes und Beschlossenes ist) zu erforschen, mechanisch schlechterdings nicht aufzulösen ist, weil mechanisch ins Unendliche fort Bewegung nur aus Bewegung entspringt, so bleibt für die wirkliche Errichtung einer spekulativen Physik nur ein Weg offen, der dynamische, mit der Voraussetzung, dass Bewegung nicht nur aus Bewegung, sondern selbst aus der Ruhe entspringe, dass also auch in der Ruhe der Natur Bewegung sei, und dass alle mechanische Bewegung die bloß sekundäre und abgeleitete der einzig primitiven und ursprünglichen sei, die schon aus den ersten Faktoren der Konstruktion einer Natur überhaupt (den Grundkräften) hervorquillt.

Indem wir dadurch deutlich machen, wodurch unser Unternehmen sich von allen ähnlichen bisher gewagten unterscheide, haben wir zugleich den Unterschied der spekulativen Physik von der sogenannten empirischen angedeutet; welcher Unterschied sich hauptsächlich darauf reduziert, dass jene einzig und allein mit den ursprünglichen Bewegungsursachen in der Natur, also allein mit den dynamischen Erscheinungen, diese dagegen, weil sie nie auf einen letzten Bewegungs-Quell in der Natur kommt, nur mit den sekundären Bewegungen, und selbst mit den ursprünglichen nur als mechanischen (also auch der mathematischen Konstruktion fähigen) sich beschäftigt, da jene überhaupt auf das *innere Triebwerk* und das, was an der Natur nicht-objektiv ist, diese hingegen nur auf die *Oberfläche* der Natur, und das, was an ihr *objektiv* und gleichsam *Außenseite* ist, sich richtet.

§ 4.
Von der Möglichkeit einer spekulativen Physik.

Da unsere Untersuchung nicht sowohl auf die Naturerscheinungen selbst als auf ihre letzten Gründe gerichtet und unser Geschäft nicht sowohl diese aus jenen als jene aus diesen abzuleiten ist, so ist unsere Aufgabe keine andere als die: eine *Naturwissenschaft* im strengsten Sinne des Wortes aufzustellen, und um zu erfahren, ob eine spekulative Physik möglich sei, müssen wir wissen, was zur Möglichkeit einer Naturlehre als Wissenschaft gehöre.

a) (...)
In die innere Konstruktion der Natur zu blicken wäre nun freilich unmöglich, wenn nicht ein Eingriff durch Freiheit in die Natur möglich wäre. Die Natur handelt zwar offen und frei, aber sie handelt nie isoliert, sondern unter dem Zuströmen einer Menge von Ursachen, die erst ausgeschlossen werden müssen, um ein reines Resultat zu erhalten. Die Natur muss also gezwungen werden, unter bestimmten Bedingungen, die in ihr gewöhnlich entweder gar nicht oder nur durch andere modifiziert existiren, zu handeln. – Ein solcher Eingriff in die Natur heißt Experiment. Jedes Experiment ist eine Frage an die Natur, auf welche zu antworten sie gezwungen wird. Aber jede Frage enthält ein verstecktes Urteil a priori; jedes Experiment, das Experiment ist, ist Prophezeiung; das Experimentieren selbst ein Hervorbringen der Erscheinungen. – Der erste Schritt zur Wissenschaft geschieht also in der Physik wenigstens dadurch, dass man die Objekte dieser Wissenschaft selbst hervorzubringen anfängt.

b) Wir *wissen* nur das Selbsthervorgebrachte, das Wissen im *strengsten* Sinne des Wortes ist also ein *reines* Wissen a priori. Die Konstruktion vermittelst des Experiments ist noch immer kein absolutes Selbsthervorbringen der Erscheinungen. Es ist nicht davon die Rede, dass vieles in der Naturwissenschaft komparativ a priori gewusst werden kann, wie z. B. in der Theorie der elektrischen, magnetischen oder auch der Lichterscheinungen ein so einfaches in jeder Erscheinung wiederkehrendes Gesetz ist, dass der Erfolg jedes Versuchs vorhergesagt werden kann; hier folgt mein Wissen unmittelbar aus dem bekannten Gesetz, ohne Vermittelung besonderer Erfahrung. Aber woher kommt mir denn das Gesetz selbst? Es ist davon die Rede, dass alle Erscheinungen in einem absoluten und *notwendigen* Gesetze zusammenhangen, aus welchem sie alle abgeleitet werden können, kurz, dass man in der Naturwissenschaft alles, was man weiß, absolut a priori wisse. Dass nun das Experiment niemals auf ein solches Wissen führe, ist daraus einleuchtend, dass es nie über die Naturkräfte, deren es sich selbst als Mittel bedient, hinauskommen kann.

Da die letzten *Ursachen* der Naturerscheinungen selbst nicht mehr erscheinen, so muss man entweder darauf Verzicht tun, sie je einzusehen, oder man muss sie schlechthin in die Natur setzen, in die Natur hineinlegen. Nun hat aber, was wir in die Natur hineinlegen, keinen andern als den Wert einer Voraussetzung (Hypothese), und die darauf gegründete Wissenschaft muss ebenso hypothetisch sein, wie das Prinzip selbst. Dies wäre nur in einem Falle zu vermeiden, wenn nämlich jene Voraussetzung selbst unwillkürlich und ebenso notwendig wäre als die Natur selbst. Angenommen z. B., was angenommen werden muss, dass der Inbegriff der Erscheinungen nicht eine bloße Welt, sondern notwendig eine Natur, d. h. dass dieses Ganze nicht bloß Produkt, sondern zugleich produktiv sei, so folgt, dass es in diesem Ganzen niemals zur absoluten Identität kommen kann, weil diese ein absolutes Übergehen der Natur, insofern sie produktiv ist, in die Natur als Produkt, d. h. eine absolute Ruhe, herbeiführen würde; jenes Schweben der Natur zwischen Produktivität und Produkt wird also als eine allgemeine Duplizität der Prinzipien, wodurch die Natur in beständiger Tätigkeit erhalten und verhindert wird in ihrem Produkt sich zu erschöpfen, erscheinen müssen, allgemeine Dualität als Prinzip aller Naturerklärung aber so notwendig sein als der Begriff der Natur selbst.

Diese absolute Voraussetzung muss ihre Notwendigkeit in sich selbst tragen, aber sie muss überdies auf empirische Probe gebracht werden, denn *wofern nicht aus dieser Vorausset-*

zung alle Naturerscheinungen sich ableiten lassen, wenn im ganzen Zusammenhange der Natur eine einzige Erscheinung ist, die nicht nach jenem Prinzip notwendig ist oder ihm gar widerspricht, so ist die Voraussetzung eben dadurch schon als falsch erklärt, und hört von diesem Augenblick an auf als Prinzip zu gelten.

Durch diese Ableitung aller Naturerscheinungen eben aus einer absoluten Voraussetzung verwandelt sich unser Wissen in eine Konstruktion der Natur selbst, d. h. in eine Wissenschaft der Natur a priori. Ist also jene Ableitung selbst möglich, welches nur durch die Tat selbst bewiesen werden kann, so ist auch Naturlehre als Naturwissenschaft, es ist eine rein spekulative Physik möglich, welches zu beweisen war.

***spekulativ:** hier: in reinen Begriffen denkend, aus reinen Begriffen folgernd*

Arthur Köstler *

Der Mensch – Ein Irrläufer der Evolution

aus: Der Mensch – Irrläufer der Evolution
(übers. von Jürgen Abel, 2. Aufl. München 1981, S. 29 – 31)

Der österreichische Schriftsteller Arthur Köstler (1905 – 1985) kommt in diesem Buch zu einer vernichtenden Diagnose: Die natürliche Evolution hat mit dem Menschen ein Lebewesen geschaffen, das auf Grund seiner biologischen Konstitution zum Untergang verurteilt ist.

Um es zusammenzufassen: Alle Versuche, die verhängnisvolle Geschichte unserer Spezies zu diagnostizieren, müssen vergeblich bleiben, wenn sie nicht die Möglichkeit einbeziehen, dass der Homo sapiens Opfer einer der zahllosen Fehler der Evolution ist. Wie unter anderem das Beispiel der Gliederfüßler und Beuteltiere zeigt, kommen solche Fehler vor und können sich negativ auf die Gehirnentwicklung auswirken.

Ich habe einige der ins Auge fallenden Symptome der Geisteskrankheit aufgeführt, die für unsere Art endemisch zu sein scheint: 1. die in grauer Vorzeit überall anzutreffenden Rituale des Menschenopfers; 2. das hartnäckige Austragen intraspezifischer Kriege, die früher nur begrenzten Schaden anrichten konnten, heute jedoch den ganzen Planeten gefährden; 3. die paranoide Spaltung zwischen rationalem Denken und irrationalem, auf Affekten beruhendem Glauben; 4. der Gegensatz zwischen der Genialität der Menschheit bei der Unterwerfung der Natur und ihrer Unfähigkeit, mit ihren eigenen Problemen fertig zu werden – symbolisiert durch die neue Grenze auf dem Mond und die Minenfelder quer durch Europa.

Es muss noch einmal betont werden, dass die anfangs geschilderten Symptome der Geistesgestörtheit, die unserer Spezies eigentümlich zu sein scheinen, in keiner anderen vorkommen. So erscheint es nur logisch, dass wir unsere Suche nach Erklärungen primär auf jene Attribute des Homo sapiens konzentrieren sollten, die ausschließlich für den Menschen gelten und in der übrigen Tierwelt nicht zu finden sind.

Doch wie zwingend diese Schlussfolgerung auch erscheinen mag, sie widerspricht dem heute vorherrschenden reduktionistischen Trend. Der „Reduktionismus" ist der philosophische Glaube daran, dass alle menschlichen Aktivitäten auf Verhaltensweisen niederer Tiere „reduziert", das heißt, durch sie erklärt werden könnten, seien es nun Pawlows Hunde, Skinners Ratten und Tauben, die Graugänse von Lorenz oder der nackte Affe von Desmond Morris. Ferner der Glaube daran, dass diese Verhaltensweisen wiederum auf die physikalischen Gesetze der unbelebten Materie reduziert werden könnten.

Zweifellos verdanken wir Pawlow und Lorenz neue Erkenntnisse über das Wesen des Menschen – aber sie betreffen nur jene ziemlich elementaren, unspezifischen Eigenheiten unserer Natur, die wir mit Hunden, Ratten oder Gänsen gemeinsam haben, während die spezifischen und ausschließlich menschlichen Aspekte, die die Einzigartigkeit unserer Spezies ausmachen, unberücksichtigt bleiben.

Da diese einmaligen Merkmale aber sowohl in der Kreativität als auch in der Pathologie des Menschen zum Ausdruck kommen, sind die Wissenschaftler der reduktionistischen Schule ebenso wenig als kompetente Diagnostiker geeignet wie als Kunstkritiker.

Darum auch sind die Wissenschaftler so jämmerlich gescheitert bei ihrem Versuch, die Tragödie der Menschheit zu erklären. Wenn der Mensch wirklich ein Automat ist, so hat es keinen Zweck, ihm ein Stethoskop an die Brust zu drücken.

Also noch einmal: Wenn die Symptome unserer Pathologie artspezifisch, das heißt ausschließlich menschlich sind, müssen die Erklärungen dafür auch ausschließlich in seinem Bereich gesucht werden. Zu dieser Schlussfolgerung hat nicht menschliche Hybris geführt, sondern die Indizienkette der Geschichte. Die Diagnose-Ansätze, die ich skizziert habe, lauteten:

- das explosive Wachstum des menschlichen Neocortex und dessen unzulängliche Kontrolle über das Stammhirn;
- die anhaltende Hilflosigkeit der Neugeborenen und ihre daraus resultierende, unkritische Unterwürfigkeit gegenüber der Autorität;
- der doppelte Fluch der Sprache als Instrument der Demagogie und als Barriere zwischen den Völkern;
- die Entdeckung des Todes und die den Verstand überfordernde Angst davor.

Gerhard Vollmer **

Biologische und kulturelle Evolution

aus: Evolutionäre Erkenntnistheorie
(Stuttgart 1975, [6]1994, S. 84 – 86)

Der deutsche Physiker und Wissenschaftstheoretiker Gerhard Vollmer (geb. 1943) versucht in diesem Buch das Problem menschlicher Erkenntnis in den Kontext der Evolutionstheorie zu stellen. Im folgenden Text erläutert er seine Auffassung vom Zusammenspiel biologischer und kultureller Evolution.

Die Betrachtungen haben deutlich gemacht, dass das Prinzip der Evolution universell ist. Es gilt sowohl für den Kosmos als Ganzes wie für Spiralnebel, Sterne mit ihren Planeten, für den Erdmantel, Pflanzen, Tiere und Menschen, für das Verhalten und die höheren Fähigkeiten der Tiere; es gilt aber auch für Sprache und Sprachen und für die historischen Formen menschlichen Zusammenlebens und Wirkens, für Gesellschaften und Kulturen, für Glaubenssysteme und Wissenschaften.

Natürlich können die Faktoren und Gesetze der Evolution auf den einzelnen Ebenen sehr verschieden sein. So sind für die Entwicklung eines Sterns ausschließlich physikalische Gesetze maßgebend; bei biologischen Systemen kommen jedoch weitere Prinzipien hinzu (ohne dass auch nur ein physikalisches Gesetz außer Kraft gesetzt würde …). Von Mutation und Selektion oder Anpassung zu sprechen, ist wiederum erst sinnvoll bei Organismen, die sich fortpflanzen und eine gewisse Variabilität besitzen. Bei anderen Systemen können diese Begriffe zunächst nur zu Analogien dienen oder sie müssen ganz neu definiert werden.

Man unterscheidet deshalb auch mit Recht zwischen biologischer, sozialer und kultureller Evolution des Menschen und entsprechend zwischen biologischer, Sozial- und Kulturanthropologie. Dabei werden jedoch die biologischen Gesetze nie ungültig, sondern nur *ergänzt* durch weitere Faktoren. (...)

Charakteristisch für die Änderung der Ausleseprinzipien sind folgende Neuerungen:

a) Der Mensch erkennt und heilt Krankheiten, die unter natürlichen Umständen zum Tode führen bzw. die Nachkommenschaft vermindern oder verhindern würden. Durch die Erfolge der Medizin werden also defekte Gene häufig nicht mehr aus den menschlichen Populationen eliminiert.

b) In der natürlichen Evolution wird die Fortpflanzungsrate nicht durch die Individuen *kontrolliert*. Schon das Wissen um den Zusammenhang von Zeugung und Geburt kann jedoch die Zahl der Nachkommenschaft beeinflussen. (Es soll primitive Stämme geben, die diesen Zusammenhang nicht kennen.) Die aktive Geburtenkontrolle ändert die Auslesebedingungen noch drastischer.

c) Als einziges Wesen der Erde *weiß* der Mensch, dass er ein Produkt der Evolution ist und ihr weiterhin unterliegt. Er wird also versuchen, die Evolution zu lenken. Neuerdings eröffnet sich sogar die Möglichkeit, das Erbgut direkt zu beeinflussen.

d) Der Mensch ist in der Lage, seine Umwelt aktiv, willentlich und geplant zu *verändern*. Dabei kehrt sich das Verhältnis von Organismus und Umwelt um. Nicht die Gene müssen sich nach den äußeren Bedingungen richten, sondern der Mensch passt die Umwelt seiner genetischen Konstitution an.

e) Durch die Fähigkeit, *Symbole* (Sprache) zu erfinden und zu gebrauchen, gewinnt der Mensch die Möglichkeit, Wissen zu sammeln und weiterzugeben. Daraus erwächst ihm ein Mittel der innerartlichen Informationsübertragung, das in Konkurrenz zum biologisch-genetischen Transfer tritt und die kulturelle Evolution einleitet.

f) Kulturelle Neuerungen werden durch Lernen erworben und durch *Belehrung* und *Tradition* vermittelt. Sie können nicht nur an die Nachkommenschaft, sondern an „jedermann" weitergeben werden. Der Austausch dieser erworbenen Information erfolgt deshalb wesentlich schneller und effektiver.

g) Jeder kulturelle Fortschritt steigert wiederum die Notwendigkeit, sich der kulturellen Umgebung besser anzupassen und sie zu nützen. Auf diese Weise übt die Kultur einen starken Selektionsdruck auf die genetische Evolution des Menschen aus. So ist auch die *Kulturfähigkeit* ein Instrument, das der Anpassung an die Umwelt und ihrer Beherrschung dient.

Aus dieser Zusammenstellung geht schon hervor, dass die biologische Evolution nicht dort endet, wo eine kulturelle Evolution einsetzt. Bei der Evolution des Menschen wirken vielmehr biologische und kulturelle Faktoren *zusammen*. (...)

Ein besonders lehrreiches Beispiel für diese Rückkopplung ist wieder die menschliche Sprache. Offenbar besitzt ein solches hochsymbolisches Kommunikationssystem für den sozialen und jagenden Hominiden einen großen Auslesevorteil. Deshalb werden Individuen mit besserer angeborener Sprachfähigkeit durch die Selektion bevorzugt, und solche Individuen werden auch dieses Kommunikationssystem benützen und vervollkommnen.

Die Entwicklung muss also als eine biologisch-kulturelle Einheit gesehen werden. Jedenfalls behalten auch hier die Gesetze der biologischen Evolution ihre Gültigkeit. Wie der Energie-Erhaltungssatz „der Physik“ auch für die lebende Zelle gilt, so wirken die Gesetze der Evolution auf den Menschen, seine morphologischen, physiologischen und Verhaltensstrukturen, auf seine Organe, ihre Funktion und ihre Leistungen, auch wenn diese Gesetze nicht ausreichen mögen, ihn in seinen psychischen, kognitiven, sozialen und kulturellen Bezügen zu „erklären“ oder zu verstehen.

Nun sind Denken und Bewusstsein Funktionen des Gehirns, also eines natürlichen Organs. Wie alle anderen Organe und ihre Funktionen dienen sie der Auseinandersetzung des Individuums mit seiner Umwelt und müssen sich in dieser Auseinandersetzung bewähren. Deshalb kann und muss auch die Ausbildung des Gehirns und seiner Leistungen unter dem biologisch-evolutiven Aspekt gesehen werden.

Vittorio Hösle **
Der Wert des Lebendigen
aus: Philosophie der ökologischen Krise
(München 1991, S. 73f.)

Der Philosoph Vittorio Hösle (geb. 1960) versucht die Konsequenzen der ökologischen Krise philosophisch zu durchdenken und praktikable Gegenstrategien zu entwickeln. Im folgenden Textabschnitt geht es um den vermeintlichen Vorrang menschlichen Lebens (Geist) gegenüber der Natur.

Aber wie genau ist das Verhältnis von Natur und Geist zu bestimmen? Klar ist, dass das Leben eines Menschen stets höher steht als das Leben eines jeden Tieres. Denn auch wenn sich in jedem Organismus Werthaftes verwirklicht, so ist doch das Werthafte in jenem Wesen, das alleine die Wertfrage zu stellen vermag, dem organisch Werthaften unendlich überlegen; und sicher ist auch die Erkenntnis des Wertes eines Naturwesens etwas Höheres als die bloße Existenz dieses Wertes. Aber dies impliziert nicht, dass der Erfüllung jeder Laune des Menschen alles Beliebige, was nur natürlich ist, zum Opfer gebracht werden darf. In einer Art etwa, dem Resultat eines Jahrmillionen währenden Selektionsprozesses, ist so viel Differenziertheit, so viel natürliche Weisheit geronnen, dass ihre Vernichtung nur dann moralisch sein kann, wenn sie etwa menschliches Leben bewahren hilft (man denke z. B. an die Tse-Tse-Fliege). Es kann aber nicht gestattet sein, Biotope, in denen allein bestimmte Arten überleben können, zuzubetonieren, um etwa Autobahnen zu bauen, die die Mobilität des Menschen weiter erhöhen – also seine Fähigkeit, auf der Flucht vor sich selbst seinen Ort immer schneller zu verlassen, ohne dass klar ist, warum der Ortswechsel eigentlich sinnvoll ist. Da der objektive Idealismus in der Natur, insbesondere der organischen, Vernunft erkennt, wird er behutsamer sein bei Eingriffen in diese Natur (um von Eingriffen in die biologische Natur des Menschen selbst zu schweigen). Es ist zwar im Prinzip nicht ausgeschlossen, aber doch sehr unwahrscheinlich, dass etwa die Umleitung großer Ströme, die sich in Jahrhunderttausenden an ihre Umgebung angepasst haben, mehr Positives als Negatives bewirkt – auch dann, wenn der Ingenieur auf Grund seiner selektiven Wahrnehmung nur Positives erkennt und die ökologischen und ästhetischen Schäden geflissentlich übersieht, die in der Tat viel schwerer zu quantifizieren sind als der unmittelbare wirtschaftliche Nutzen.

Dass Organismen in der Regel werthafter sind als Artefakte, ergibt sich nicht daraus, dass die einen natürlich sind, die anderen nicht – Natürlichkeit ist, wie gesagt, kein Geltungskriterium. Wohl aber gibt es ein starkes philosophisches Argument für die Überlegenheit des Organischen über das Künstliche – die Tatsache, dass jenes (mit Kant zu sprechen) eine innere Zweckmäßigkeit besitzt, dieses hingegen nur eine äußere. Eben jene innere Zweckmäßigkeit kommt aber dem Prinzip der Selbstbestimmung näher als die äußere, sie ist daher ein höherer Wert und den Artefakten, ceteris paribus, nicht zu opfern. Zum Irrsinn versteigt sich der Wille, in einer technomorphen Welt zu leben, wenn er nicht nur Maschinen konstruiert, die Funktionen erfüllen, die auf natürliche Weise nicht erzielt werden können, sondern wenn er das Lebendige durch ein Totes ersetzt, das es nur jämmerlich abbildet. Andersen hat in seinem berühmten Märchen über die Nachtigall sehr schön diese innere Entwicklungstendenz der modernen Welt aufgedeckt; und es entbehrt nicht großer Tiefe, dass es im Angesicht des Todes ist, dass der Kaiser die lebendige Nachtigall zurücksehnt: Denn der Tod, das Privileg des Lebendigen, lässt ihn seine Solidarität mit der natürlichen Welt fühlen, und es ist der Gesang des lebendigen Vogels, der den Tod vertreibt, der sich des Kaisers schon dort zu bemächtigen begonnen hatte, als er zu dem mechanischen Zeremoniell des Hofes die künstliche Nachtigall hinzugesellt hatte.

Objektiver Idealismus: *philosophische Position, z. B. von Hegel oder Schelling vertreten, die in der Natur eine Erscheinungsform des Geistes, der Idee sieht*
Artefakt: *künstlicher, vom Menschen hergestellter Gegenstand*

Stephen W. Hawking **

Natur ohne Gott?

aus: Eine kurze Geschichte der Zeit
(übers. von Hainer Kober, Hamburg 1988, S. 216f.)

Der englische, in Cambridge lehrende Physiker Stephen W. Hawking (geb. 1942), versucht in seinem Buch, die Erkenntnisse der modernen Physik zusammenzufassen und auf ihre Relevanz für unser Weltbild zu hinterfragen. Im folgenden Textabschnitt geht es um die Frage nach den Entstehungsbedingungen des Universums und die mögliche Rolle eines Schöpfergottes.

Wenn wir die Quantenmechanik mit der allgemeinen Relativitätstheorie verbinden, so scheint sich eine neue Möglichkeit zu eröffnen: Raum und Zeit können zusammen einen endlichen, vierdimensionalen Raum ohne Singularitäten und Grenzen bilden, ähnlich wie die Oberfläche der Erde, nur mit mehr Dimensionen. Es scheint, dass diese Theorie viele der beobachteten Eigenschaften des Universums erklären kann – zum Beispiel seine großräumige Gleichförmigkeit und die kleinräumigen Verstöße gegen die Einheitlichkeit in Gestalt von Galaxien, Sternen und auch Menschen. Sie kann sogar den Zeitpfeil erklären, den wir beobachten. Doch wenn das Universum vollständig in sich abgeschlossen ist, ohne Singularitäten und Grenzen, und sich erschöpfend durch eine einheitliche Theorie beschreiben ließe, so hätte dies tief greifende Auswirkungen auf Gottes Rolle als Schöpfer.

Einstein hat einmal gefragt: „Wie viel Entscheidungsfreiheit hatte Gott bei der Erschaffung des Universums?“ Wenn die Keine-Grenzen-These zutrifft, so blieb ihm bei der Wahl der Anfangsbedingungen überhaupt keine Freiheit. Natürlich hätte es immer noch in seinem Ermessen gestanden, die Gesetze zu wählen, die das Universum bestimmen. Doch eine echte Entscheidungsfreiheit könnte er bei dieser Wahl auch nicht gehabt haben, denn es ist durchaus möglich, dass es nur sehr wenige vollständige einheitliche Theorien gibt – vielleicht sogar nur eine, zum Beispiel die heterotische Stringtheorie –, die in sich widerspruchsfrei sind und die Existenz von so komplizierten Gebilden wie den Menschen zulassen, die die Gesetze des Universums erforschen und nach dem Wesen Gottes fragen können.

Auch wenn nur eine einheitliche Theorie möglich wäre, so wäre sie doch nur ein System von Regeln und Gleichungen. Wer bläst den Gleichungen den Odem ein und erschafft ihnen ein Universum, das sie beschreiben können? Die übliche Methode, nach der die Wissenschaft sich ein mathematisches Modell konstruiert, kann die Frage, warum es ein Universum geben muss, welches das Modell beschreibt, nicht beantworten. Warum muss sich das Universum all dem Ungemach der Existenz unterziehen? Ist die einheitliche Theorie so zwingend, dass sie diese Existenz herbeizitiert? Oder braucht das Universum einen Schöpfer, und wenn ja, wirkt er noch in irgendeiner anderen Weise auf das Universum ein? Und wer hat ihn erschaffen?

Bislang waren die meisten Wissenschaftler zu sehr mit der Entwicklung neuer Theorien beschäftigt, in denen sie zu beschreiben versuchten, was das Universum ist, um die Frage nach dem Warum zu stellen. Andererseits waren die Leute, deren Aufgabe es ist, nach dem Warum zu fragen – die Philosophen –, nicht in der Lage, mit der Entwicklung naturwissenschaftlicher Theorien Schritt zu halten. Im 18. Jahrhundert betrachteten die Philosophen den gesamten Bereich menschlicher Erkenntnis, einschließlich der Naturwissenschaften, als ihr angestammtes Gebiet und erörterten auch Fragen wie etwa die nach dem Anfang des Universums. Im 19. und 20. Jahrhundert jedoch wurde die Naturwissenschaft zu fachlich und mathematisch für Laien, zu denen nun auch die Philosophen gehörten. Sie engten den Horizont ihrer Fragen immer weiter ein, bis schließlich Wittgenstein, einer der bekanntesten Philosophen unseres Jahrhunderts, erklärte: „Alle Philosophie ist ›Sprachkritik‹ … (ihr) Zweck ist die logische Klärung von Gedanken.“ Was für ein Niedergang für die große philosophische Tradition von Aristoteles bis Kant!

Wenn wir jedoch eine vollständige Theorie entdecken, dürfte sie nach einer gewissen Zeit in ihren Grundzügen für jedermann verständlich sein, nicht nur für eine Handvoll Spezialisten. Dann werden wir uns alle – Philosophen, Naturwissenschaftler und Laien – mit der Frage auseinander setzen können, warum es uns und das Universum gibt. Wenn wir die Antwort auf diese Frage fänden, wäre das der endgültige Triumph der menschlichen Vernunft - denn dann würden wir Gottes Plan kennen.

Quantenmechanik: *mathematisches Verfahren zur Beschreibung der in Quanten abgegebenen und aufgenommenen atomaren Energie*
Relativitätstheorie: *von Einstein entwickelte Theorie, die die Relativität von Zeit und Raum beschreibt und die Lichtgeschwindigkeit als Konstante annimmt*
Stringtheorie: *neuere physikalische Theorie, die versucht, Quantenmechanik und allgemeine Relativitätstheorie in einer einheitlichen Gesamttheorie zu verbinden*

Texte zur Religionsphilosophie

Mircea Eliade **

Was ist das Religiöse?
aus: Das Heilige und das Profane
(Reinbek 1957, S. 74 f.)

Der rumänische Religionswissenschaftler M. Eliade (1907 – 1984) charakterisiert in diesem Buch das Wesen des Religiösen. Ferner analysiert er die Veränderungen hin zum modernen areligiösen Menschen.

Für den religiösen Menschen ist der Raum nicht homogen. Er weist Brüche und Risse auf; er enthält Teile, die von den übrigen qualitativ verschieden sind. „Tritt nicht heran“, sprach der Herr zu Moses, „ziehe die Schuhe von den Füßen, denn die Stätte, darauf du stehst, ist heiliges Land.“ (2. Moses 3,5.) Es gibt also einen heiligen, d. h. „kraftgeladenen“, bedeutungsvollen Raum, und es gibt andere Raumbezirke, die nicht heilig und folglich ohne Struktur und Festigkeit, in einem Wort „amorph“, sind. (…)

Für den profanen Menschen dagegen ist der Raum homogen und neutral; es gibt in ihm keinen Bruch zwischen qualitativ verschiedenen Teilen. Der geometrische Raum lässt sich nach jeder Richtung teilen und abgrenzen, aber aus seiner Struktur ergibt sich keine qualitative Differenzierung und folglich auch keine Orientierung. (…)

Zur Erläuterung der vom religiösen Menschen erfahrenen Inhomogenität des Raums ließe sich jede beliebige Religion heranziehen. Wählen wir ein ganz nahe liegendes Beispiel: eine Kirche in einer modernen Stadt. Für den Gläubigen hat diese Kirche an einem anderen Raum teil als die Straße, in der sie steht. Die Tür, die ins Innere der Kirche führt, zeigt an, dass hier die räumliche Kontinuität unterbrochen wird. Die Schwelle, die zwischen den beiden Räumen liegt, bezeichnet auch den Abstand zwischen den beiden Seinsweisen, der profanen und der religiösen. Die Schwelle ist zugleich die Schranke, die Scheidelinie, die Grenze, welche beide Welten trennt, und der paradoxe Ort, an dem diese Welten zusammenkommen, an dem der Übergang von der profanen zur sakralen Welt vollzogen werden kann. Eine ähnliche Funktion fällt auch der Schwelle der menschlichen Behausung zu, und das ist der Grund, weshalb ihr so große Bedeutung beigemessen wird. Zahlreiche Riten begleiten das Überschreiten der Hausschwelle: Man verbeugt sich vor ihr oder wirft sich auf den Boden, man berührt sie fromm mit der Hand u. a. m. Die Schwelle hat ihre „Wächter“, Götter und Geister, die sowohl menschlichen als auch dämonischen und krankheitsbringenden Mächten den Eingang verwehren. (…)

Die heilige Zeit ist ihrem Wesen nach reversibel; sie ist eigentlich eine mythische Urzeit, die wieder gegenwärtig gemacht wird. Jedes religiöse Fest, jede liturgische Zeit bedeutet die Wiedervergegenwärtigung eines sakralen Ereignisses aus mythischer Vergangenheit, aus der Zeit „zu Anbeginn“. Zur religiösen Teilnahme an einem Fest gehört das Heraustreten aus der „gewöhnlichen“ Zeitdauer und die Wiedereinfügung in die mythische Zeit, die in diesem Fest wieder gegenwärtig wird. Die heilige Zeit ist somit unendlich oft wiederholbar. (…)

Auch der nicht-religiöse Mensch kennt eine gewisse Diskontinuität und Heterogenität der Zeit. Auch für ihn gibt es z. B. die eintönigere Zeit der Arbeit und die Zeit der Vergnügungen und Lustbarkeiten, kurz die „Festzeit“. Auch er lebt in verschiedenen Zeitrhythmen und kennt Zeiten verschiedener Intensität; beim Hören seiner Lieblingsmusik, beim Erwarten und Sehen seiner Geliebten empfindet er einen anderen Zeitrhythmus, als wenn er arbeitet oder sich langweilt. Und doch besteht zwischen ihm und dem religiösen Menschen ein wesentlicher Unterschied: Der Letztere kennt Zeiträume, die „geheiligt“ sind, die mit dem übrigen Zeitablauf nichts gemeinsam haben, die von anderer Struktur und anderem „Ursprung“ sind, eine uranfängliche Zeit, geheiligt durch die Götter und wieder zu vergegenwärtigen durch das Fest. Dem nicht religiösen Menschen ist diese übermenschliche Qualität der liturgischen Zeit unzugänglich. Für den nicht-religiösen Menschen hat die Zeit also weder einen Bruch noch ein „Geheimnis“. (…)

In den primitiven und archaischen Religionen erweist sich die ewige Wiederholung der göttlichen Taten als eine imitatio dei. Der heilige Kalender bringt jährlich dieselben Feste, die Gedächtnisfeier derselben mythischen Ereignisse. Er ist im Grund die „ewige Wiederkehr“ einer beschränkten Anzahl von göttlichen Taten, und dies nicht nur in den primitiven Religionen, sondern auch in allen anderen.

(…)

In welchem geschichtlichen Zusammenhang er auch steht, der homo religiosus glaubt immer an die Existenz einer absoluten Realität, an die Existenz des Heiligen, das diese unsere Welt transzendiert, sich aber in dieser Welt offenbart und sie dadurch heiligt und real macht. Er glaubt, dass das Leben heiligen Ursprungs ist und dass die menschliche Existenz alle ihre Möglichkeiten in dem Maß verwirklicht, als sie eine religiöse Existenz ist, d. h. teil hat an der Realität. Die Götter haben Mensch und Welt erschaffen, die Kultur bringenden Heroen haben die Schöpfung vollendet, und die Geschichte all dieser göttlichen und halb göttlichen Werke ist in den Mythen erhalten. Indem der Mensch die heilige Geschichte wieder gegenwärtig macht, indem er das Verhalten der Götter nachahmt, versetzt er sich in die Nähe der Götter, also ins Reale und Bedeutsame. Was diese Weise des In-der-Welt-Seins von der Existenz eines areligiösen Menschen unterscheidet, ist leicht einzusehen. Vor allem: Der areligiöse Mensch lehnt die Transzendenz ab, er akzeptiert die Relativität der „Realität“, ja, er kann sogar am Sinn der Existenz zweifeln. Auch die großen Kulturen der Vergangenheit kannten areligiöse Menschen, und es ist nicht ausgeschlossen, dass es solche Menschen schon auf archaischer Kulturebene gegeben hat, obwohl sich in den Quellen bis jetzt nichts darüber findet. Doch erst in der modernen europäischen Gesellschaft hat der areligiöse Mensch sich voll entfaltet. Der moderne, areligiöse Mensch nimmt eine neue existentielle Situation auf sich: Er betrachtet sich nur als Subjekt und Agens der Geschichte, und er verweigert sich dem Transzendenten. Anders ausgedrückt, er akzeptiert keine Art von Menschlichkeit außerhalb der menschlichen Verfassung, wie sie sich in den verschiedenen geschichtlichen Situationen erkennen lässt. Der Mensch macht sich selbst, und er kann sich nur wirklich selbst machen in dem Maß, als er sich selbst und die Welt desakralisiert. Das Sakrale steht zwischen ihm und seiner Freiheit. Er kann nicht er selbst werden, ehe er nicht vollends demystifiziert ist.

amorph: *eigentl. gestaltlos; hier: ohne Sinn*
Agens: *treibende Kraft*

Anselm von Canterbury **

DER ONTOLOGISCHE GOTTESBEWEIS

aus: Proslogion

(hrsg. von Salesius-Franciscus Schmitt, Stuttgart 1962, S. 83f.)

Der Frühscholastiker Anselm, Erzbischof von Canterbury (1033 – 1109), legt hier einen für die Theologie und Philosophie gleichermaßen klassisch gewordenen Gottesbeweis in Form eines Gebetes vor.

Ich versuche nicht, Herr, Deine Tiefe zu durchdringen, denn auf keine Weise stelle ich ihr meinen Verstand gleich: Aber mich verlangt, Deine Wahrheit einigermaßen einzusehen, die mein Herz glaubt und liebt. Ich suche ja auch nicht einzusehen, um zu glauben, sondern ich glaube, um einzusehen. Denn auch das glaube ich: „wenn ich nicht glaube, werde ich nicht einsehen."

Dass in Wahrheit Gott existiert

Also, Herr, der du die Glaubenseinsicht gibst, verleihe mir, dass ich, soweit Du es nützlich weißt, einsehe, dass Du bist, wie wir glauben, und das bist, was wir glauben. Und zwar glauben wir, dass Du etwas bist, über dem nichts Größeres gedacht werden kann.

Gibt es ein solches Wesen nicht, weil „der Tor in seinem Herzen gesprochen hat: es ist kein Gott"? Aber sicherlich, wenn dieser Tor eben das hört, was ich sage: „etwas, über dem nichts Größeres gedacht werden kann", versteht er, was er hört: und was er versteht, ist in seinem Verstande, und wenn er nicht einsieht, dass dies existiert.

Denn ein anderes ist es, dass ein Ding im Verstande ist, ein anderes, einzusehen, dass das Ding existiert. Denn wenn ein Maler vorausdenkt, was er schaffen wird, hat er zwar im Verstande, erkennt aber noch nicht, dass existiert, was er noch nicht geschaffen hat. Was er aber schon geschaffen hat, hat er sowohl im Verstande, als er auch einsieht, dass existiert, was er bereits geschaffen hat.

So wird also auch der Tor überführt, dass wenigstens im Verstand etwas ist, über dem nichts Größeres gedacht werden kann, weil er das versteht, wenn er es hört, und was immer verstanden wird, ist im Verstande.

Und sicherlich kann „das, über dem Größeres nicht gedacht werden kann", nicht im Verstande allein sein. Denn wenn es wenigstens im Verstand allein ist, kann gedacht werden, dass es auch in Wirklichkeit existiere – was größer ist. Wenn also „das, über dem Größeres nicht gedacht werden kann", im Verstand allein ist, so ist eben „das, über dem Größeres nicht gedacht werden kann", über dem Größeres gedacht werden kann. Das aber kann gewiss nicht sein. Es existiert also ohne Zweifel „etwas, über dem Größeres nicht gedacht werden kann", sowohl im Verstande als auch in Wirklichkeit.

Dass nicht gedacht werden kann, dass er nicht existiert

Das existiert schlechthin so wahrhaft, dass auch nicht gedacht werden kann, dass es nicht existiert. Denn es lässt sich denken, dass es etwas gibt, das als nicht existierend nicht gedacht werden kann – was größer ist, als was als nicht existierend gedacht werden kann. Wenn deshalb „das, über dem Größeres nicht gedacht werden kann", als nicht existierend gedacht werden kann, so ist eben „das, über dem Größeres nicht gedacht werden kann", nicht das, über dem Größeres nicht gedacht werden kann: was sich nicht vereinbaren lässt. So wirklich also existiert „etwas, über dem Größeres nicht gedacht werden kann", dass es als nicht existierend auch nicht gedacht werden kann.

Und das bist Du, Herr, unser Gott. So wirklich also bist Du, Herr, mein Gott, dass Du als nicht existierend auch nicht gedacht werden kannst. Und mit Recht. Denn wenn ein Geist etwas Besseres als Dich denken könnte, erhöbe sich das Geschöpf über den Schöpfer und säße über den Schöpfer zu Gericht, was ganz widersinnig ist. Und in der Tat lässt sich von allem, was sonst ist, außer Dir allein, denken, dass es nicht existiert. Somit hast Du allein am wahrsten von allem und damit am meisten von allem das Sein, weil alles, was es sonst gibt, nicht so wahr und daher weniger das Sein hat.

Warum also „sprach der Tor in seinem Herzen: es ist kein Gott", da es dem vernunftbegabten Geiste so offen zutage liegt, dass du am meisten von allem bist? Warum, wenn nicht deshalb, weil er töricht und unvernünftig ist?

Wie „der Tor im Herzen gesprochen hat", was nicht gedacht werden kann

Wie aber hat er im Herzen gesprochen, was er nicht hat denken können; oder wie hat er nicht denken können, was er im Herzen gesprochen hat, da doch im Herzen sprechen und denken dasselbe ist?

Wenn er dies wirklich, vielmehr weil er es wirklich gedacht hat, da er es im Herzen gesprochen hat, und nicht im Herzen gesprochen hat, da er nicht denken konnte, so wird nicht nur auf *eine Weise* im Herzen gesprochen oder gedacht. Anders nämlich wird ein Ding gedacht, wenn der es bezeichnende Laut gedacht wird, anders wenn eben das, was das Ding ist, verstanden wird. Auf jene Art also kann Gott als nicht existierend gedacht werden, auf diese jedoch keinesfalls. Denn niemand, der das einsieht, was Gott ist, kann denken, dass Gott nicht existiert, auch wenn er diese Worte im Herzen spricht, entweder ohne jede oder mit einer fremden Bedeutung. Denn Gott ist „das, über dem Größeres nicht gedacht werden kann". Wer das gut versteht, versteht durchaus, dass dies so existiert, dass es auch nicht in Gedanken nicht existieren kann. Wer also einsieht, dass Gott auf diese Weise ist, der kann ihn nicht als nicht existierend denken.

Dank Dir, guter Herr, Dank Dir, dass ich das, was ich zuvor durch Dein Geschenk geglaubt habe, jetzt durch Deine Erleuchtung so einsehe, dass ich, wollte ich es nicht glauben, dass Du existierst, es nicht nicht einsehen könnte.

Leszek Kolakowski **

ZUR KRITIK AN ANSELM VON CANTERBURY
aus: Falls es keinen Gott gibt
(München 1982, S. 83ff.)

Der polnische Philosoph L. Kolakowski (geb. 1927) erörtert im folgenden Text die wichtigsten Argumente, die seit dem Mittelalter gegen den ontologischen Gottesbeweis vorgebracht wurden.

Das Argument des hl. Anselm besagt im Wesentlichen, Gott sei ein Wesen, größer als das nichts gedacht werden könne: Anzunehmen, dass Gott lediglich in unserem Geist und nicht in Wirklichkeit existiere, würde bedeuten, dass Er nicht das größte vorstellbare Wesen ist, denn wirklich zu existieren ist größer, als lediglich im Geist zu existieren. Anselm sagt mit anderen Worten, dass jeder, der diese Gottesvorstellung akzeptiert (wie es alle tun) und zugleich Seine Existenz leugnet, sich selbst widerspricht, denn Gottes reale Existenz zu leugnen bedeutet, die Definition zurückzuweisen, nach der Er das vollkommenste vorstellbare Wesen und somit auch ein existierendes Wesen ist.

Das hauptsächliche Gegenargument der Kritiker kann dahingehend zusammengefasst werden, dass Anselm die Existenz in die Definition Gottes einbezieht und dann erklärt, es sei widersprüchlich, die Definition anzuerkennen und gleichzeitig Atheismus zu bekunden: Es ist tatsächlich widersprüchlich, aber nur wegen der unzulässigen Definition; ebenso gut könnte man sich eine Definition wie „Pegasus ist ein existierendes geflügeltes Pferd" ausdenken und dann daraufhin argumentieren, Pegasus sei ein wirkliches Tier.

Ganz so einfach, wie es dieses Gegenargument erscheinen lässt, ist das Problem gewiss nicht. Anselm hätte seine Überlegungen nicht auf Pegasus oder irgendetwas anderes außer Gott ausgedehnt, gerade weil nur ein Wesen vorstellbar ist, *quo maius cogitari nequit.* Er sagt in diesem Zusammenhang nicht, Gottes Wesen schließe Seine Existenz ein, doch muss ihm das bei der Formulierung der Definition vorgeschwebt haben. Der Kern des Arguments besteht darin, dass wir Gott nicht als ein imaginäres Wesen denken können, sobald wir wissen, was es bedeutet, Gott zu sein, nämlich ein Wesen, das nicht nicht existieren kann. Vielleicht könnte man das Argument danach umformulieren und sagen, dass Gott, wenn er überhaupt denkbar ist, nicht nicht existieren kann. So geht in etwa Charles Hartshorne, der als unser Zeitgenosse den hl. Anselm verteidigt, das Problem an; nach seiner Auffassung ist das ontologische Argument durchaus vernünftig, wenn man es in ein hypothetisches Urteil umformuliert: „Falls Gott möglich ist, ist Gott notwendig".

Ist Gott aber denkbar unter der Voraussetzung, dass Ihn zu denken gleichbedeutend damit ist, dass man annimmt, dass sein Wesen und Seine Existenz zusammenfallen und dass Er folglich ein notwendiges Wesen nicht nur in dem Sinne ist, dass Er nun einmal ewig und unwandelbar existiert, sondern auch in dem Sinne, dass Er existieren muss, dass Er *causa sui* ist, so dass Seine Nichtexistenz gewissermaßen ein ontischer Widerspruch wäre?

Man darf hinzufügen, dass es ohne Widerspruch möglich ist, die Vorstellung anzuerkennen, dass Gottes Wesen Seine Existenz einschließt, und gleichzeitig das ontologische Argument zu verwerfen – das taten u. a. der hl. Thomas und seine Anhänger. Die Thomisten widersprachen dem Argument deshalb, weil es unseren fehlbaren Intellekt mit allzu großer Macht auszustatten schien: Tatsächlich können wir Gott als nicht existent vorstellen, sagen die Thomisten, nicht weil Seine Existenz nicht wirklich in Seinem Wesen enthalten ist, sondern wegen der Schwäche unserer Vernunft: kurz, wir sind so schwachsinnig, dass wir Atheisten sein können. Man darf vermuten – auch wenn der hl. Thomas das nicht in diesen Worten ausspricht –, dass der Gedanke des hl. Anselm eine Art von intellektueller Hybris darstellte, ein unzulässiges Vertrauen auf die Fähigkeiten der Philosophie: Für die Thomisten geht der einzige Weg zu Gott, der für das natürliche Licht erreichbar ist (d. h. abgesehen von der Offenbarung und dem seltenen Geschenk der mystischen Vereinigung), von der Unvollkommenheit und dem Nicht-sich-selbst-Genügen der Geschöpfe aus und nicht von unserem Wissen über Gottes Wesen. Vielleicht könnte man sogar mit Recht sagen, dass das ontologische Argument für die Thomisten wahr ist, dass aber nur Gott seine Wahrheit begreifen kann (was uns jedoch offenbar in eine Antinomie führt, da eine Aussage von der Form „A ist wahr, aber nur Gott kann das wissen" impliziert: „Ich weiß, dass A wahr ist, aber ich kann nicht wissen, dass es das ist": Der Inhalt des Satzes würde also durch sein Aussprechen negiert, so wie es auch der Fall wäre, wenn wir sagen würden: „Ich bin unfähig, ein einziges deutsches Wort zu sagen" oder: „Ich bin stumm"). Die thomistischen Argumente zeigen eine Welt, die, damit sie so sein kann, wie sie ist, Gott voraussetzt; sie enthüllen aber nicht Gottes unerforschliche und unabhängige Natur.

Die kantsche und die positivistische Kritik an den ontologischen Gottesbeweisen ist radikaler. Kants Formulierung, nach der Sein (Existenz) „kein reales Prädikat" ist, bedeutet, dass es keinen Unterschied macht, ob ich sage „Ich denke an Gott" oder ob ich sage „Ich denke an den existierenden Gott", es sei denn, mit der letzten Aussage verknüpfe ich die beiden logisch nicht voneinander abhängigen Aussagen „Ich denke an Gott" und „Gott existiert"; in diesem Fall bedarf aber der letzte Satz einer eigenen Rechtfertigung. Anselms Argumentation soll dagegen zeigen, dass die Aussage „Ich denke an A" nur in einem Falle gleichbedeutend ist mit „Ich denke an das existierende A" und dass die letztere Aussage nicht gleichbedeutend ist mit „Ich denke, dass A existiert", sondern mit „Wenn ich A denke, kann ich nicht denken, es existiere nicht".

causa sui: *Grund seiner selbst*
ontischer Widerspruch: *Widerspruch im Sein selbst*
Hybris: *Übermut, Überheblichkeit*

Immanuel Kant ***

DAS DASEIN GOTTES ALS EIN POSTULAT DER REINEN PRAKTISCHEN VERNUNFT

aus: Kritik der praktischen Vernunft
(in: Werke, Bd. 7, hrsg. von W. Weischedel, Frankfurt/M., 1974, S. 254–264)

Kant setzt die Existenz Gottes als ein Postulat der praktischen Vernunft, d. h. als eine Forderung, die als unbeweisbar angesehen werden muss, trotz ihrer Unbeweisbarkeit aber als geltend anerkannt werden muss, weil sie notwendige Voraussetzungen moralischen Handelns darstellt und deshalb praktisch-regulativ wirkt.

Das moralische Gesetz führte in der vorhergehenden Zergliederung zur praktischen Aufgabe, welche ohne allen Beitritt sinnlicher Triebfedern bloß durch reine Vernunft vorgeschrieben wird, nämlich der notwendigen Vollständigkeit des ersten und vornehmsten Teils des höchsten Guts, der Sittlichkeit, und, da diese nur in einer Ewigkeit völlig aufgelöst werden kann, zum Postulat der Unsterblichkeit. Eben dieses Gesetz muss auch zur Möglichkeit des zweiten Elements des höchsten Guts, nämlich der jener Sittlichkeit angemessenen Glückseligkeit, ebenso uneigennützig wie vorher aus bloßer unparteiischer Vernunft, nämlich auf die Voraussetzung des Daseins einer dieser Wirkung adäquaten Ursache führen, d. i. die Existenz Gottes, als zur Möglichkeit des höchsten Guts (welches Objekt unseres Willens mit der moralischen Gesetzgebung der reinen Vernunft notwendig verbunden ist) notwendig gehörig, postulieren. Wir wollen diesen Zusammenhang überzeugend darstellen.

Glückseligkeit ist der Zustand eines vernünftigen Wesens in der Welt, dem es im Ganzen seiner Existenz alles nach Wunsch und Willen geht, und beruht also auf der Übereinstimmung der Natur zu seinem ganzen Zwecke, imgleichen zum wesentlichen Bestimmungsgrunde seines Willens. Nun gebietet das moralische Gesetz, als ein Gesetz der Freiheit, durch Bestimmungsgründe, die von der Natur und der Übereinstimmung derselben zu unserem Begehrungsvermögen (als Triebfedern) ganz unabhängig sein sollen; das handelnde vernünftige Wesen in der Welt aber ist doch nicht zugleich Ursache der Welt und der Natur selbst. Also ist in dem moralischen Gesetze nicht der mindeste Grund zu einem notwendigen Zusammenhang zwischen Sittlichkeit und der ihr proportionierten Glückseligkeit eines zur Welt als Teil gehörigen, und daher von ihr abhängigen, Wesens, welches eben darum durch seinen Willen nicht Ursache dieser Natur sein, und sie, was seine Glückseligkeit betrifft, mit seinen praktischen Grundsätzen aus eigenen Kräften nicht durchgängig einstimmig machen kann. Gleichwohl wird in der praktischen Aufgabe der reinen Vernunft, d. i. der notwendigen Bearbeitung zum höchsten Gute, ein solcher Zusammenhang als notwendig postuliert: Wir sollen das höchste Gut (welches also doch möglich sein muss) zu befördern suchen. Also wird auch das Dasein einer von der Natur unterschiedenen Ursache der gesamten Natur, welche den Grund dieses Zusammenhanges, nämlich der genauen Übereinstimmung der Glückseligkeit mit der Sittlichkeit enthalte, postuliert. Diese oberste Ursache aber soll den Grund der Übereinstimmung der Natur nicht bloß mit einem Gesetze des Willens der vernünftigen Wesen, sondern mit der Vorstellung dieses Gesetzes, sofern diese es sich zum obersten Bestimmungsgrunde des Willens setzen, also nicht bloß mit den Sitten der Form nach, sondern auch ihrer Sittlichkeit als dem Bewegungsgrunde derselben, d. i. mit ihrer moralischen Gesinnung enthalten. Also ist das höchste Gut in der Natur nur möglich, sofern eine oberste Ursache der Natur angenommen wird, die eine der moralischen Gesinnung gemäße Kausalität hat. Nun ist ein Wesen, das der Handlungen nach der Vorstellung von Gesetzen fähig ist, eine Intelligenz (vernünftig Wesen) und die Kausalität eines solchen Wesens nach dieser Vorstellung der Gesetze ein Wille desselben. Also ist die oberste Ursache der Natur, sofern sie zum höchsten Gute vorausgesetzt werden muss, ein Wesen, das durch Verstand und Willen die Ursache (folglich der Urheber) der Natur ist, d. i. Gott. Folglich ist das Postulat der Möglichkeit des höchsten abgeleiteten Guts (der besten Welt) zugleich das Postulat der Wirklichkeit eines höchsten ursprünglichen Guts, nämlich der Existenz Gottes. Nun war es Pflicht für uns, das höchste Gut zu befördern, mithin nicht allein Befugnis, sondern auch mit der Pflicht als Bedürfnis verbundene Notwendigkeit, die Möglichkeit dieses höchsten Guts vorauszusetzen, welches, da es nur unter der Bedingung des Daseins Gottes stattfindet, die Voraussetzung desselben mit der Pflicht unzertrennlich verbinde, d. i. es ist moralisch notwendig, das Dasein Gottes anzunehmen.

Hier ist nun wohl zu merken, dass diese moralische Notwendigkeit subjektiv, d. i. Bedürfnis, und nicht objektiv, d. i. selbst Pflicht sei; denn es kann gar keine Pflicht geben, die Existenz eines Dinges anzunehmen (weil dieses bloß den theoretischen Gebrauch der Vernunft angeht). Auch wird hierunter nicht verstanden, dass die Annehmung des Daseins Gottes, als eines Grundes aller Verbindlichkeit überhaupt, notwendig sei (denn dieser beruht, wie hinreichend bewiesen worden, lediglich auf der Autonomie der Vernunft selbst). Zur Pflicht gehört hier nur die Bearbeitung zu Hervorbringung und Beförderung des höchsten Guts in der Welt, dessen Möglichkeit also postuliert werden kann, die aber unsere Vernunft nicht anders denkbar findet als unter Voraussetzung einer höchsten Intelligenz, deren Dasein anzunehmen also mit dem Bewusstsein unserer Pflicht verbunden ist, obzwar diese Annehmung selbst für die theoretische Vernunft gehört, in Ansehung deren allein sie, als Erklärungsgrund betrachtet, Hypothese, in Beziehung aber auf die Verständlichkeit eines uns doch durchs moralische Gesetz aufgegebenen Objekts (des höchsten Guts), mithin eines Bedürfnisses in praktischer Absicht, Glaube, und zwar reiner Vernunftglaube, heißen kann, weil bloß reine Vernunft (sowohl ihrem theoretischen als praktischen Gebrauche nach) die Quelle ist, daraus er entspringt.

Aus dieser Deduktion wird es nunmehr begreiflich, warum die griechischen Schulen zur Auflösung ihres Problems von der praktischen Möglichkeit des höchsten Guts niemals gelangen konnten: weil sie nur immer die Regel des Gebrauchs, den der Wille des Menschen von seiner Freiheit macht, zum einzigen und für sich allein zureichenden Grunde derselben machten, ohne ihrem Bedünken nach, das Dasein Gottes dazu zu bedürfen. Zwar taten sie daran Recht, dass sie das Prinzip der Sitten unabhängig von diesem Postulat, für sich selbst, aus dem Verhältnis der Vernunft allein zum Willen, festsetzten, und es mithin zur obersten praktischen Bedingung des höchsten Guts machten; es war aber darum nicht die ganze Bedingung der Möglichkeit desselben. Die Epikureer hatten nun zwar ein ganz falsches Prinzip der Sitten zum obersten angenommen, nämlich das der Glückseligkeit, und eine Maxime der beliebigen Wahl, nach jedes seiner Neigung, für ein Gesetz untergeschoben; aber darin verführen sie doch konsequent genug, dass sie ihr höchstes Gut ebenso, nämlich der Niedrigkeit ihres Grundsatzes proportionierlich, abwürdigten und keine größere Glückseligkeit erwarteten, als die sich durch menschliche Klugheit (wozu auch Enthaltsamkeit und Mäßigung der Neigungen gehört) erwerben lässt, die, wie man weiß, kümmerlich genug und nach Umständen sehr verschiedentlich ausfallen muss; die Ausnahmen, welche ihre Maxime unaufhörlich einräumen mussten und die sie zu Gesetzen untauglich machen, nicht einmal gerechnet. Die Stoiker hatten dagegen ihr oberstes praktisches Prinzip, nämlich die Tugend, als Bedingung des höchsten Guts ganz richtig gewählt, aber, indem sie den Grad derselben, der für das reine Gesetz derselben erforderlich ist, als in diesem Leben völlig erreichbar vorstellten, nicht allein das moralische Vermögen des Menschen unter dem Namen eines Weisen über alle Schranken seiner Natur hoch gespannt und etwas, das aller Menschenkenntnis widerspricht, angenommen, sondern auch vornehmlich das zweite zum höchsten Gute gehörige Bestandstück, nämlich die Glückseligkeit, gar nicht für einen besonderen Gegenstand des menschlichen Begehrungsvermögens wollen gelten lassen, sondern ihren Weisen gleich einer Gottheit im Bewusstsein der Vortrefflichkeit seiner Person von der Natur (in Absicht auf seine Zufriedenheit) ganz unabhängig gemacht, indem sie ihn zwar Übeln des Lebens aussetzten, aber nicht unterwarfen (zugleich auch als frei vom Bösen darstellten), und so wirklich das zweite Element des höchsten Guts, eigene Glückseligkeit, wegließen, indem sie es bloß im Handeln und der Zufriedenheit mit seinem persönlichen Werte setzten und also im Bewusstsein der sittlichen Denkungsart mit eingeschlossen, worin sie aber durch die Stimme ihrer eigenen Natur hinreichend hätten widerlegt werden können.

Die Lehre des Christentums, wenn man sie auch noch nicht als Religionslehre betrachtet, gibt in diesem Stücke einen Begriff des höchsten Guts (des Reichs Gottes), der allein der strengsten Forderung der praktischen Vernunft ein Genüge tut. Das moralische Gesetz ist heilig (unnachsichtlich) und fordert Heiligkeit der Sitten, obgleich alle moralische Vollkommenheit, zu welcher der Mensch gelangen kann, immer nur Tugend ist, d. i. gesetzmäßige Gesinnung aus Achtung fürs Gesetz, folglich Bewusstsein eines kontinuierlichen Hanges zur Übertretung, wenigstens Unlauterkeit, d. i. Beimischung vieler unechter (nicht moralischer) Bewegungsgründe zur Befolgung des Gesetzes, folglich eine mit Demut verbundene Selbstschätzung, und also in der Ansehung der Heiligkeit, welche das christliche Gesetz fordert, nichts als Fortschritt ins Unendliche dem Geschöpfe übrig lässt, ebendaher aber auch dasselbe zur Hoffnung seiner ins Unendliche gehenden Fortdauer berechtigt. Der Wert einer dem moralischen Gesetze völlig angemessenen Gesinnung ist unendlich; weil alle mögliche Glückseligkeit im Urteile eines weisen und alles vermögenden Austeilers derselben keine andere Einschränkung hat als den Mangel der Angemessenheit vernünftiger Wesen an ihrer Pflicht. Aber das moralische Gesetz für sich verheißt doch keine Glückseligkeit; denn diese ist, nach Begriffen von einer Naturordnung überhaupt, mit der Befolgung desselben nicht notwendig verbunden. Die christliche Sittenlehre ergänzt nun diesen Mangel (des zweiten unentbehrlichen Bestandstücks des höchsten Guts) durch die Darstellung der Welt, darin vernünftige Wesen sich dem sittlichen Gesetze von ganzer Seele weihen, als eines Reichs Gottes, in welchem Natur und Sitten in eine jeder von beiden für sich selbst fremde Harmonie durch einen heiligen Urheber kommen, der das abgeleitete höchste Gut möglich macht. Die Heiligkeit der Sitten wird ihnen in diesem Leben schon zur Richtschnur angewiesen, das dieser proportionierte Wohl aber, die Seligkeit, nur als in einer Ewigkeit erreichbar vorgestellt; weil jene immer das Urbild ihres Verhaltens in jedem Stande sein muss und das Fortschreiten zu ihr schon in diesem Leben möglich und notwendig ist, diese aber in dieser Welt, unter dem Namen der Glückseligkeit, gar nicht erreicht werden kann (so viel auf unser Vermögen ankommt) und daher lediglich zum Gegenstande der Hoffnung gemacht wird. Diesem ungeachtet ist das christliche Prinzip der Moral selbst doch nicht theologisch (mithin Heteronomie), sondern Autonomie der reinen praktischen Vernunft für sich selbst, weil sie die Erkenntnis Gottes und seines Willens nicht zum Grunde dieser Gesetze, sondern nur der Gelangung zum höchsten Gute unter der Bedingung der Befolgung derselben macht und selbst die eigentliche Triebfeder zu Befolgung der ersteren nicht in den gewünschten Folgen derselben, sondern in der Vorstellung der Pflicht allein setzt, als in deren treuer Beobachtung die Würdigung des Erwerbs der Letzteren allein besteht.

Auf solche Weise führt das moralische Gesetz durch den Begriff des höchsten Guts, als das Objekt und den Endzweck der reinen praktischen Vernunft, zur Religion, d. i. zur Erkenntnis aller Pflichten als göttlicher Gebote, nicht als Sanktionen, d. i. willkürliche für sich selbst zufällige Verordnungen eines fremden Willens, sondern als wesentlicher Gesetze eines jeden freien Willens für sich selbst, die aber dennoch als Gebote des höchsten Wesens angesehen werden müssen, weil wir nur von einem moralisch vollkommenen (heiligen und gütigen), zugleich auch allgewaltigen Willen das höchste Gut, welches zum Gegenstande unserer Bestrebung zu setzen uns das moralische Gesetz zur Pflicht macht, und also durch Übereinstimmung mit diesem Willen dazu zu gelangen hoffen können. Auch hier bleibt daher alles uneigennützig und bloß auf Pflicht gegründet; ohne dass Furcht oder Hoffnung als Triebfedern zum Grunde gelegt werden dürften, die, wenn sie zu Prinzipien werden, den ganzen moralischen Wert der Handlungen vernichten. Das moralische Gesetz gebietet, das höchste mögliche Gut in einer Welt mir zum letzten Gegenstande alles Verhaltens zu machen. Dieses aber kann ich nicht zu bewirken hoffen, als nur durch die Übereinstimmung meines Willens mit dem eines heiligen und gütigen Welturhebers; und obgleich in dem Begriffe des höchsten Guts als dem eines Ganzen, worin die größte Glückseligkeit mit dem größten Maße sittlicher (in Geschöpfen möglicher) Vollkommenheit als in der genauesten Proportion verbunden vorgestellt wird, meine eigene Glückseligkeit mitenthalten ist: so ist doch nicht sie, sondern das moralische Gesetz (welches vielmehr mein unbegrenztes Verlangen danach auf Bedingungen strenge einschränkt) der Bestimmungsgrund des Willens, der zur Beförderung des höchsten Guts angewiesen wird.

Daher ist auch die Moral nicht eigentlich die Lehre, wie wir uns glücklich machen, sondern wie wir der Gleichgültigkeit würdig werden sollen. Nur dann, wenn Religion dazu kommt, tritt auch die Hoffnung ein, der Glückseligkeit dereinst in dem Maße teilhaftig zu werden, als wir darauf bedacht gewesen, ihrer nicht unwürdig zu sein.

Würdig ist jemand des Besitzes einer Sache oder eines Zustandes, wenn, dass er in diesem Besitze sei, mit dem höchsten Gute zusammenstimmt. Man kann jetzt leicht einsehen, dass alle Würdigkeit auf das sittliche Verhalten ankomme, weil dieses im Begriffe des höchsten Guts die Bedingung des Übrigen (was zum Zustande gehört), nämlich des Anteils an Glückseligkeit, ausmacht. Nun folgt hieraus: dass man die Moral an sich niemals als Glückseligkeitslehre behandeln müsse, d. i. als eine Anweisung, der Glückseligkeit teilhaftig zu werden: Denn sie hat es lediglich mit der Vernunftbedingung (*conditio sine qua non*) der Letzteren, nicht mit einem Erwerbmittel derselben zu tun. Wenn sie aber (die bloß Pflichten auferlegt, nicht eigennützigen Wünschen Maßregeln an die Hand gibt) vollständig vorgetragen worden: alsdann allererst kann, nachdem der sich auf ein Gesetz gründende moralische Wunsch, das höchste Gut zu befördern (das Reich Gottes zu uns zu bringen), der vorher keiner eigennützigen Seele aufsteigen konnte, erweckt und ihm zu Behuf der Schritt zur Religion geschehen ist, diese Sittenlehre auch Glückseligkeitslehre genannt werden, weil die Hoffnung dazu nur mit der Religion allererst anhebt.

Auch kann man hieraus ersehen: dass, wenn man nach dem letzten Zwecke Gottes in Schöpfung der Welt fragt, man nicht die Glückseligkeit der vernünftigen Wesen in ihr, sondern das höchste Gut nennen müsse, welches jenem Wunsche dieser Wesen noch eine Bedingung, nämlich die, der Glückseligkeit würdig zu sein, d. i. die Sittlichkeit ebenderselben vernünftigen Wesen, hinzufügt, die allein den Maßstab enthält, nach welchem sie allein der Ersteren durch die Hand eines weisen Urhebers teilhaftig zu werden hoffen können. Denn da Weisheit, theoretisch betrachtet, die Erkenntnis des höchsten Guts und praktisch die Angemessenheit des Willens zum höchsten Gute bedeutet, so kann man einer höchsten selbständigen Weisheit nicht einen Zweck beilegen, der bloß auf Gütigkeit gegründet wäre. Denn dieser ihre Wirkung (in Ansehung der Glückseligkeit der vernünftigen Wesen) kann man nur unter den einschränkenden Bedingungen der Übereinstimmung mit der Heiligkeit seines Willens als dem höchsten ursprünglichen Gute angemessen denken. Daher diejenigen, welche den Zweck der Schöpfung in die Ehre Gottes (vorausgesetzt dass man diese nicht anthropomorphistisch als Neigung, gepriesen zu werden, denkt) setzten, wohl den besten Ausdruck getroffen haben. Denn nichts ehrt Gott mehr als das, was das Schätzbarste in der Welt ist, die Achtung für sein Gebot, die Beobachtung der heiligen Pflicht, die uns sein Gesetz auferlegt, wenn seine herrliche Anstalt dazu kommt, eine solche schöne Ordnung mit angemessener Glückseligkeit zu krönen. Wenn ihn das Letztere (auf menschliche Art zu reden) liebenswürdig macht, so ist er durch das Erstere ein Gegenstand der Anbetung (Adoration). Selbst Menschen können sich durch Wohltun zwar Liebe, aber dadurch allein niemals Achtung erwerben, so dass die größte Wohltätigkeit ihnen nur dadurch Ehre macht, dass sie nach Würdigung ausgeübt wird.

Dass in der Ordnung der Zwecke der Mensch (mit ihm jedes vernünftige Wesen) Zweck an sich selbst sei, d. i. niemals bloß als Mittel von jemandem (selbst nicht von Gott), ohne zugleich hierbei selbst Zweck zu sein, könne gebraucht werden, dass also die Menschheit in unserer Person uns selbst heilig sein müsse, folgt nunmehr von selbst, weil er das Subjekt des moralischen Gesetzes, mithin dessen ist, was an sich heilig ist, um dessen willen und in Einstimmung mit welchem auch überhaupt nur etwas heilig genannt werden kann. Denn dieses moralische Gesetz gründet sich auf der Autonomie seines Willens als eines freien Willens, der nach seinen allgemeinen Gesetzen notwendig zu demjenigen zugleich muss einstimmen können, welchem er sich unterwerfen soll.

Ludwig Feuerbach **

GOTT – EINE PROJEKTION DES MENSCHEN
aus: Das Wesen des Christentums
(Stuttgart 1974, S. 63 f.)

In seinem Hauptwerk „Das Wesen des Christentums" (1841) stellt Feuerbach die christliche Schöpfungslehre „auf die Füße": Der Mensch habe Gott nach seinem Bild geschaffen – heilig sei also nicht Gott, sondern dessen Schöpfer, der Mensch.

Die Identität des Subjekts und Prädikats erhellt am deutlichsten aus dem Entwicklungsgange der Religion, welcher identisch mit dem Entwicklungsgang der menschlichen Kultur. Solange dem Menschen das Prädikat eines bloßen Naturmenschen zukommt, so lange ist auch sein Gott ein bloßer Naturgott. Wo sich der Mensch in Häuser, da schließt er auch seine Götter in Tempel ein. Der Tempel ist nur eine Erscheinung von dem Werte, welchen der Mensch auf schöne Gebäude legt. Die Tempel zu Ehren der Religion sind in Wahrheit Tempel zu *Ehren der Baukunst*. Mit der Erhebung des Menschen aus dem Zustande der Rohheit und Wildheit zur Kultur, mit der Unterscheidung zwischen dem, was sich für den Menschen schickt und nicht schickt, entsteht auch gleichzeitig der Unterschied zwischen dem, *was sich für Gott schickt* und *nicht schickt*. Gott ist das höchste Schicklichkeitsgefühl. (…)

Die homerischen Götter essen und trinken – das heißt: Essen und Trinken ist ein göttlicher Genuss. Körperstärke ist eine Eigenschaft der homerischen Götter: Zeus ist der stärkste der Götter. Warum? weil die Körperstärke *an und für sich selbst* für etwas Herrliches, Göttliches galt. Die Tugend des Kriegers war den alten Deutschen die höchste Tugend: dafür war aber auch ihr höchster Gott der Kriegsgott: Odin – der Krieg „das *Urgesetz* oder älteste Gesetz“. Nicht die Eigenschaft der Gottheit, sondern die *Göttlichkeit* oder *Gottheit der Eigenschaft* ist das *erste* wahre göttliche Wesen. Also das, was der Theologie und Philosophie bisher für Gott, für das Absolute, Wesenhafte galt, das ist *nicht* Gott: das aber, was ihr *nicht* für Gott galt, das gerade ist *Gott* – d. i. die *Eigenschaft*, die *Qualität*, die *Bestimmtheit*, die *Wirklichkeit überhaupt*. Ein wahrer Atheist, d. h. ein Atheist im gewöhnlichen Sinne, ist daher auch nur der, welchem die Prädikate des göttlichen Wesens, wie z. B. die Liebe, die Weisheit, die Gerechtigkeit nichts sind, aber nicht der, welchem nur das Subjekt dieser Prädikate nichts ist. Und keineswegs ist die Verneinung des Subjekts auch notwendig zugleich die Verneinung der Prädikate an sich selbst. Die Prädikate haben eine *eigene, selbständige Bedeutung*: Sie dringen durch ihren Inhalt dem Menschen ihre Anerkennung auf: sie erweisen sich ihm unmittelbar durch sich selbst als wahr: sie betätigen, *bezeugen* sich selbst. Güte, Gerechtigkeit, Weisheit sind dadurch keine Chimären, dass die Existenz Gottes eine Chimäre, noch dadurch Wahrheiten, dass diese eine Wahrheit ist. Der Begriff Gottes ist abhängig vom Begriffe der Gerechtigkeit, der Güte, der Weisheit – ein Gott, der *nicht* gütig, *nicht* gerecht, *nicht* weise, ist *kein Gott* – aber nicht umgekehrt. Eine Qualität ist *nicht dadurch göttlich, dass sie Gott hat*, sondern *Gott hat sie*, weil sie an und für sich selbst göttlich ist, weil Gott *ohne sie ein mangelhaftes* Wesen ist. Die Gerechtigkeit, die Weisheit, überhaupt jede Bestimmung, welche die Gottheit Gottes ausmacht, wird *durch sich selbst* bestimmt und erkannt. Gott aber *durch die Bestimmung*, die Qualität: nur in dem Falle, dass ich Gott und die Gerechtigkeit als dasselbe, Gott unmittelbar als *die Wirklichkeit der Idee der Gerechtigkeit* oder irgendeiner andern Qualität denke, bestimme ich Gott durch sich selbst. Wenn aber Gott als Subjekt das *Bestimmte*, die Qualität, das Prädikat aber das *Bestimmende* ist, so gebührt ja in Wahrheit dem Prädikat, nicht dem Subjekt der Rang des *ersten* Wesens, der Rang der Gottheit. (…)

Es ist aber hier sogleich wesentlich zu bemerken – und diese Erscheinung ist eine höchst merkwürdige, das innerste Wesen der Religion charakterisierende –, dass, je menschlicher dem *Wesen* nach Gott ist, um so größer *scheinbar* der Unterschied zwischen ihm und dem Menschen ist, d. h. um so mehr von der *Reflexion über die Religion, von der Theologie* die *Identität*, die Einheit des göttlichen und menschlichen Wesens *geleugnet*, und das Menschliche, wie es *als solches* dem Menschen *Gegenstand seines Bewusstseins* ist, herabgesetzt wird. Der Grund hiervon ist: weil das Positive, das Wesentliche in der Anschauung oder Bestimmung des göttlichen Wesens allein das Menschliche, so kann die Anschauung des Menschen, wie er Gegenstand des Bewusstseins ist, nur eine *negative, menschenfeindliche* sein. Um Gott zu bereichern, muss der Mensch arm werden; damit Gott alles sei, der Mensch nichts sein. Aber er braucht auch nichts *für sich selbst* zu sein, weil alles, was er sich nimmt, in Gott nicht verloren geht, sondern erhalten wird. Der Mensch hat *sein Wesen* in Gott, wie sollte er es also in sich und für sich haben? Warum wäre es notwendig, dasselbe zweimal zu setzen, zweimal zu haben? Was der Mensch sich entzieht, was er an sich selbst entbehrt, genießt er ja nur in um so unvergleichlich höherem und reicherem Maße in Gott.

Die Mönche gelobten die Keuschheit dem göttlichen Wesen, sie unterdrückten die Geschlechterliebe an sich, aber dafür hatten sie im Himmel, in Gott, an der Jungfrau Maria das Bild des Weibes – ein Bild der Liebe. Sie konnten umso mehr des wirklichen Weibes entbehren, je mehr ihnen ein ideales, vorgestelltes Weib ein Gegenstand wirklicher Liebe war. Je größere Bedeutung sie auf die Vernichtung der Sinnlichkeit legten, je größere Bedeutung hatte für sie die himmlische Jungfrau: Sie trat ihnen selbst an die Stelle Christi, an die Stelle Gottes. *Je mehr das Sinnliche verneint wird, desto sinnlicher ist der Gott, dem das Sinnliche geopfert wird.* Was man nämlich der Gottheit opfert – darauf legt man einen *besonderen Wert*, daran hat Gott ein *besonderes Wohlgefallen.* Was im Sinne des Menschen, das ist natürlich auch im Sinne seines Gottes das Höchste; was überhaupt dem Menschen gefällt, das gefällt auch Gott. (...)

Der Mensch – dies ist das Geheimnis der Religion – vergegenständlicht sein Wesen und macht dann wieder sich zum *Gegenstand* dieses Vergegenständlichten, in ein Subjekt, eine Person verwandelten Wesens: Er denkt sich, ist sich Gegenstand, aber als *Gegenstand eines Gegenstands*, eines *andern* Wesens. So hier. Der Mensch ist ein Gegenstand Gottes. Dass der Mensch gut oder schlecht, das ist Gott nicht gleichgültig: Nein! Er hat ein lebhaftes, inniges Interesse daran, dass er gut ist: er will, dass er gut, dass er selig sei – denn ohne Güte keine Seligkeit. Die *Nichtigkeit* der menschlichen Tätigkeit widerruft also der religiöse Mensch wieder dadurch, dass er seine Gesinnungen und Handlungen zu einem Gegenstande Gottes, den Menschen zum *Zweck* Gottes – denn was Gegenstand im Geiste, ist Zweck im Handeln –, die göttliche Tätigkeit zu einem *Mittel des menschlichen Heils macht.* Gott ist tätig, damit der Mensch gut und selig werde. So wird der Mensch, indem er scheinbar aufs Tiefste erniedrigt wird, in Wahrheit aufs Höchste erhoben. So *bezweckt der Mensch nur sich selbst in und durch Gott.* Allerdings bezweckt der Mensch Gott, aber Gott bezweckt nichts als das moralische und ewige Heil des Menschen, also bezweckt der Mensch nur sich selbst. Die göttliche Tätigkeit unterscheidet sich nicht von der menschlichen. (...)

Gott ist das *ab-* und *ausgesonderte* subjektivste, eigenste Wesen des Menschen, also kann er nicht *aus sich* handeln, also kommt alles Gute aus Gott. Je *subjektiver*, je *menschlicher* Gott ist, desto mehr *entäußert* der Mensch sich *seiner Subjektivität*, seiner *Menschheit*, weil Gott an und für sich sein entäußertes Selbst ist, welches er aber doch zugleich sich wieder aneignet. Wie die arterielle Tätigkeit das Blut bis in die äußersten Extremitäten treibt, die Venentätigkeit es wieder zurückführt, wie das Leben überhaupt in einer fortwährenden Systole und Diastole besteht, so auch die Religion. In der religiösen Systole stößt der Mensch sein eignes Wesen von sich aus, er verstößt, verwirft sich selbst; in der religiösen Diastole nimmt er das verstoßne Wesen wieder in sein Herz auf, Gott nur ist das *aus sich* handelnde, *aus sich* tätige Wesen – dies ist der Akt der religiösen Repulsionskraft: Gott ist das *in* mir, *mit* mir, *durch* mich, *auf* mich, *für* mich handelnde Wesen, das Prinzip *meines* Heils, meiner guten Gesinnungen und Handlungen, folglich mein eignes Prinzip und Wesen –, dies ist der Akt der religiösen Attraktionskraft.

***Chimäre:** Trugbild*

Friedrich Nietzsche *
GOTT IST TOT
aus: Die fröhliche Wissenschaft
(in: Sämtliche Werke, Kritische Studienausgabe Bd. 3, München 1980, S. 48 f.)

Nietzsche beschreibt hier in poetisierendem Sprachduktus die Erschütterung des modernen Menschen „nach dem Tod Gottes".

Der tolle Mensch. – Habt ihr nicht von jenem tollen Menschen gehört, der am hellen Vormittage eine Laterne anzündete, auf den Markt lief und unaufhörlich schrie: „Ich suche Gott! Ich suche Gott!" – Da dort gerade viele von denen zusammenstanden, welche nicht an Gott glaubten, so erregte er ein großes Gelächter. Ist er denn verloren gegangen?, sagte der eine. Hat er sich verlaufen wie ein Kind?, sagte der andere. Oder hält er sich versteckt? Fürchtet er sich vor uns? Ist er zu Schiff gegangen? ausgewandert? – so schrien und lachten sie durcheinander. Der tolle Mensch sprang mitten unter sie und durchbohrte sie mit seinen Blicken. „Wohin ist Gott?", rief er, „Ich will es euch sagen! *Wir haben ihn getötet* – ihr und ich! Wir alle sind seine Mörder! Aber wie haben wir dies gemacht? Wie vermochten wir das Meer auszutrinken? Wer gab uns den Schwamm, um den ganzen Horizont wegzuwischen? Was taten wir, als wir diese Erde von ihrer Sonne losketteten? Wohin bewegt sie sich nun? Wohin bewegen wir uns? Fort von allen Sonnen? Stürzen wir nicht fortwährend? Und rückwärts, seitwärts, vorwärts, nach allen Seiten? Gibt es noch ein Oben und ein Unten? Irren wir nicht wie durch ein unendliches Nichts? Haucht uns nicht der leere Raum an? Ist es nicht kälter geworden? Kommt nicht immerfort die Nacht und mehr Nacht? Müssen nicht Laternen am Vormittage angezündet werden? Hören wir noch nichts von dem Lärm der Totengräber, welche Gott begraben? Riechen wir noch nichts von der göttlichen Verwesung? – Auch Götter verwesen! Gott ist tot! Gott bleibt tot! Und wir haben ihn getötet! Wie trösten wir uns, die Mörder aller Mörder? Das Heiligste und Mächtigste, was die Welt bisher besaß, es ist unter unsern Messern verblutet – Wer wischt dies Blut von uns ab? Mit welchem Wasser könnten wir uns reinigen? Welche Sühnefeiern, welche heiligen Spiele werden wir erfinden müssen? Ist nicht die Größe dieser Tat zu groß für uns? Müssen wir nicht selbst zu Göttern werden, um nur ihrer würdig zu erscheinen? Es gab nie eine größere Tat – Und wer nur immer nach uns geboren wird, gehört um dieser Tat willen in eine höhere Geschichte als alle Geschichte bisher war!" – Hier schwieg der tolle Mensch und sah wieder seine Zuhörer an: Auch sie schwiegen und blickten befremdet auf ihn. Endlich warf er seine Laterne auf den Boden, dass sie in Stücke sprang und erlosch. „Ich komme zu früh", sagte er dann, „ich bin noch nicht an der Zeit. Dies ungeheure Ereignis ist noch unterwegs und wandert – Es ist noch nicht bis zu den Ohren der Menschen gedrungen. Blitz und Donner brauchen Zeit, das Licht der Gestirne braucht Zeit, Taten brauchen Zeit, auch nachdem sie getan sind, um gesehn und gehört zu werden. Diese Tat ist ihnen immer noch ferner als die fernsten Gestirne – *und doch haben sie dieselbe getan*!" – Man erzählt noch, dass der tolle Mensch desselbigen Tages in verschiedene Kirchen eingedrungen sei und darin sein *Requiem aeternam deo* angestimmt habe. Hinausgeführt und zur Rede gesetzt, habe er immer nur dies entgegnet: „Was sind denn diese Kirchen noch, wenn sie nicht die Grüfte und Grabmäler Gottes sind?"

Ludwig Wittgenstein *

AN DAS JÜNGSTE GERICHT GLAUBEN?

aus: Vorlesungen und Gespräche über Ästhetik, Psychologie und Religion
(übersetzt von Erhard Bubser, Göttingen 1968, S. 90ff.)

Wittgenstein macht in diesem Text die Bedeutungsvielfalt und die Implikationen des Wortes „glauben" bewusst.

Wenn jemand an das Jüngste Gericht glaubt und ich nicht, heißt das, dass ich das Gegenteil dessen glaube, was er glaubt, nämlich dass es so etwas nicht geben wird? Ich würde sagen: „Ganz und gar nicht, oder nicht in jedem Falle!"

Angenommen, ich sage, dass mein Leib verfaulen wird, und jemand anderes sagt: „Nein. Die Teile werden sich in tausend Jahren wieder zusammenfügen und du wirst auferstehen."

Wenn man mich fragte „Wittgenstein, glaubst du das?", würde ich sagen „Nein". „Widersprichst du ihm?" Ich würde sagen „Nein".

Wenn man das sagt, liegt der Widerspruch bereits hierin. Würde man sagen „Ich glaube das Gegenteil" oder „Es gibt keinen Grund für eine solche Annahme"? Ich würde keins von beiden sagen.

Angenommen, jemand wäre gläubig und sagte „Ich glaube an das Jüngste Gericht", und ich sagte „Nun, ich bin da nicht so ganz sicher. Vielleicht". Man würde doch sagen, dass ein Abgrund uns beide trennt. Wenn er sagte „Das da oben ist ein deutsches Flugzeug", und ich antwortete „Vielleicht, ich bin nicht ganz sicher", würde man sagen, dass unsere Ansichten sich ziemlich nahe kommen.

Wenn man mich fragt, ob ich an das Jüngste Gericht glaube oder nicht, in dem Sinne, in dem religiöse Menschen daran glauben, dann würde ich nicht sagen „Nein, ich glaube nicht, dass es so etwas geben wird". Es würde mir ganz verrückt vorkommen, das zu sagen.

Und dann erkläre ich „Ich glaube nicht an …", aber dann glaubt der Religiöse niemals, was ich beschreibe.

Ich kann es nicht sagen. Ich kann ihm nicht widersprechen.

In gewissem Sinne verstehe ich alles, was er sagt – die Wörter „Gott", „getrennt" usw. Ich verstehe, ich könnte sagen „Daran glaube ich nicht", und das wäre wahr, wenn es heißt, dass ich diese Gedanken oder irgendetwas, was mit ihnen zusammenhängt, nicht habe. Aber es heißt nicht, dass ich der Sache widersprechen könnte.

Man könnte mir einwenden: „Schön, wenn du ihm nicht widersprechen kannst, bedeutet das, dass du ihn nicht verstehst. Wenn du ihn verstündest, könntest du es." Das kommt mir nun auch wieder spanisch vor. Meine normale Sprachtechnik lässt mich im Stich. Ich weiß nicht, ob ich sagen soll, dass sie sich verstehen oder nicht.

Wenn Mr. Lewy religiös ist und sagt, dass er an das Jüngste Gericht glaubt, weiß ich nicht einmal, ob ich sagen soll, dass ich ihn verstehe oder nicht. Ich habe dieselben Sachen gelesen wie er. In einem höchst wichtigen Sinne weiß ich, was er meint.

Wenn ein Atheist sagt „Es gibt kein Jüngstes Gericht", und jemand anders sagt „Es gibt", meinen sie dasselbe? – (Es ist) nicht klar, nach welchem Kriterium man entscheiden kann, ob etwas dasselbe meint. Sie könnten die gleichen Dinge beschreiben. Da könnte man sagen, dass dies schon zeige, dass sie dasselbe meinen.

Wir kommen auf eine Insel und finden dort Glauben bzw. gewisse Vorstellungen, und einige davon würden wir religiös nennen. Worauf ich hinauswill ist, dass Glaubensvorstellungen nicht … Es gibt in ihnen Sätze und es gibt auch religiöse Aussagen.

Diese Aussagen würden sich nicht nur hinsichtlich ihres Gegenstands unterscheiden. Ganz andere Zusammenhänge würden sie zu religiösen Ansichten machen und man kann sich leicht Übergänge vorstellen, wo man uns totschlagen könnte, und wir wüssten einfach nicht zu sagen, ob wir sie religiöse oder wissenschaftliche Ansichten nennen sollten.

Man könnte sagen, dass sie (die Eingeborenen der Insel) falsch denken.

In bestimmten Fällen würde man sagen, dass sie falsch denken, und damit meinen, dass sie uns widersprechen. In anderen Fällen würde man sagen, dass sie überhaupt nicht denken, oder „Dies ist eine ganz andere Art von Denken". Das Erste würde man sagen, wenn sie so ähnlich denken wie wir und Sachen machen, die unseren Denkfehlern entsprechen.

Ob etwas ein Fehler ist oder nicht … – es ist ein Fehler in einem bestimmten System. Gerade so, wie etwas in einem bestimmten Spiel ein Fehler ist und in einem anderen nicht.

Man könnte auch sagen, dass sie unvernünftig sind, wo wir vernünftig sind – was heißen soll, dass sie hier die Vernunft nicht gebrauchen.

Odo Marquard **

WIEDERKEHR DES SCHICKSALS
aus: Ende des Schicksals?
(in: Abschied vom Prinzipiellen, Stuttgart 1982, S. 67 f.)

Der deutsche Philosoph Marquard (geb. 1928) offenbart eine Widersprüchlichkeit im Selbstverständnis des modernen Menschen: neben seinem Bewusstsein der eigenen Autonomie und Freiheit erhält sich ein irrationaler Schicksalsglaube.

Schicksal – das deutsche Wort ist spät: offenbar siebzehntes Jahrhundert – Schicksal und seine griechischen und lateinischen Vorgängerworte sind Worte für das unvermeidlich Notwendige, Verfügte, Verhängte: für das, was man gerade nicht wählen, machen und anders machen kann, sondern was einen unverfügbar übermächtigt, festlegt und trifft. Das ist nicht nur das Unerwartete und Plötzliche: der Schicksalsschlag, sondern gerade auch das, was dem jeweiligen Leben lebenslang bestimmt, auferlegt und zugeteilt ist: das Los, der Lebensanteil. (…)

Das alles – in Andeutung – ist Schicksal: aber das alles – scheint es – ist auch Vergangenheit. Schicksal ist nicht mehr up to date; es ist antiquiert: eine Angelegenheit für Nostalgiewellen und stiftungsfinanzierte Symposien. Heutzutage lebt jeder Mündige sein Leben selber: selbst ist der Mann; selbst ist die Frau; selbst ist das Kind: das antiautoritär zu erziehende idealiter schon pränatal. Die Umstände werden – durch Selbstbestimmung – von den Menschen selber gestaltet und hergestellt: Dagegen kommt – scheint es – das Schicksal nicht mehr an. Das ist die moderne Emanzipation aus dem Schicksal: „Die Menschen" – schreibt Marx – „machen ihre Geschichte selber"; die Geschichtswelt – so formuliert ein früher Fichteaner, nämlich Novalis – ist „Faktur". In der Gegenwart wird das handgreiflichst offenkundig; wir leben in einer Welt vorhandener und künftiger Artefakte: was ist, ist gemacht; und was noch nicht gemacht ist, ist schon oder bald machbar. Das Unverfügbare, zu dem kein Machen zukann, gibt es nicht mehr: Das Unabänderliche – scheint es – hat ausgespielt, das Schicksal ist zu Ende. (…)

Denn die herrschende Meinung – herrschend in dem Sinne, dass jeder, der gegen sie auftritt, a priori die Beweislast zu haben scheint und die Vermutung moralischer Bedenklichkeit oder Untragbarkeit gegen sich – die herrschende Meinung ist diese: Alles ist machbar, alles steht zur Disposition, alles kann und muss verändert werden, und Veränderung ist immer Verbesserung. (…)

Gott ist das Ende des Schicksals. Was bedeutet – wenn das so ist – das Ende Gottes? (…) Es ist fällig, sie zu formulieren und zu prüfen, diese zweifellos riskante These: Modern, nach dem Ende des Schicksalsendes Gott, gehört zur offiziellen Defatalisierung der Welt ihre inoffizielle Refatalisierung: oder anders gesagt: Resultat der modernen Entmächtigung der göttlichen Allmacht ist nicht nur der offizielle Triumph der menschlichen Freiheit, sondern auch die inoffizielle Wiederkehr des Schicksals. (…)

Für die Menschen ist es eine schwierige Sache, nach dem Ende Gottes menschlich zu bleiben. Zunächst einmal stehen sie – sobald die Stelle Gottes vakant wird – unter Kanditaturzwang, unter Nachfolgezumutung, unter Gottwerdungsdruck. Darum obliegt ihnen ja nunmehr das, was vorher Gottes Sache war: alles zu machen. Wo sie sich gleichwohl diesem Druck, zum Absoluten zu avancieren, widersetzen, entsteht für die Menschen modern das Problem, ihre Endlichkeit zu retten in einer Situation, in der die theologische Definition dieser Endlichkeit – die Bestimmung „Kreatürlichkeit" – in wachsendem Maße nicht mehr zur Verfügung steht. Hier springt der Versuch ein, ihre Endlichkeit emphatisch als Sterblichkeit zu definieren. Der andere Hinweis betrifft den für die Menschen unvermeidlichen Tatbestand der Unverfügbarkeit der Folgen. (…) Also: nicht etwa nur die erfolglose, gerade auch die erfolgreiche Machensplanung plant sich – wenigstens partiell – um den Erfolg. Darum wird – im Zeitalter des schicksalsvernichtenden Machenseifers der Menschen – das Gutgemeinte nicht das Gute: das absolute Verfügen etabliert das Unverfügbare: die Resultate kompromittieren die Intentionen: und die absolute Weltverbesserung missrät zur Weltkonfusion. Das sind – seit der Französischen Revolution und bis heute – die großen Enttäuschungserfahrungen des Selbermachens der Menschen, wo diese – modern – zum kommissarischen Gott avancieren: sie beruhen auf der Unverfügbarkeit der Folgen. Darum müssen die Menschen – synchron mit dem Fortschritt des Machens und seinen Größenordnungen – Techniken entwickeln, mit diesen Enttäuschungen zu leben. Gerade diese Techniken aber – scheint mir – reaktivieren das Fatum.

Darum kommt es zur großen Kultur der Ausreden, zur Hochkonjunktur von Entschuldigungsarrangements, zu einem exorbitanten Sündenbockbedarf, kurzum: zur Kunst, es nicht gewesen zu sein. Beliebtes Vielzweckalibi ist die Gesellschaft; und die Gesellschaft: das sind die anderen. Denn wo es schief geht, sind modern zwar die Menschen es – machend – gewesen, aber stets nur die anderen Menschen: Man braucht zur entschuldigenden Erklärung des Bonitätsgefälles zwischen dem, was erstrebt wurde, und dem, was tatsächlich eintritt, die Figur des Gegentäters, der – als *diabolus redivivus* – die Wohltaten des Fortschritts verrät und hintertreibt. (…) Das ist eine indirekte Ermächtigung des Schicksals: Je mehr die Menschen die Wirklichkeit selber machen, um so mehr erklären sie sie schließlich – enttäuscht – zu der, für die sie nichts können und die ihnen nur noch angetan wird. Der moderne – neoabsolut–emanzipatorische – Antifatalismus neigt offenbar dazu, sein Gegenteil zu werden: Fatalismus: seine Defatalisierung der Welt betreibt indirekt ihre Refatalisierung.

Gleichzeitig kommt es – und das bestätigt diesen Befund – zum direkten Ruf nach der großen Notwendigkeit: einer Notwendigkeit zum Guten, die die schlimmen Machensfolgen überholt, überwältigt, überlistet und wenigstens langfristig kompensiert. Gerade dort, wo die Menschen – modern – ihre Geschichte selber machen, suchen sie eine übermenschliche Garantie dafür, dass – was immer sie machselig anrichten und wie schlimm es dadurch auch wird – in der Geschichte das Bessere und schließlich das Gute herauskommt. (...) Solche Notwendigkeiten werden – mit komplizierten Berechnungen – formuliert und verhängt durch die großen Pläne: Der Gesamtplan ist die Identität von Horoskop und Fatum. Mich haben stets Märchen beeindruckt, in denen Feen nacheinander an irgendwelche Wiegen treten, um dort ihre Wünsche zu sagen: Das – offenbar – waren die Mitglieder von Planungsgruppen jener Zeit, in der das Wünschen noch geholfen hat. Die vorletzte Fee ist immer die böse Fee: sie steuert die Flüche bei. Heute ist sie überflüssig. Die Flüche – das ist einer der seltenen Fälle von Abbau der Arbeitsteilung – werden jetzt in den wohlgemeinten Planungen gleich mitentwickelt: denn – frei nach Benn – das Gegenteil von gut ist gut gemeint; und die Planungen heutzutage sind allemal gut gemeint. Die Erfinder jener Märchen hatten – denke ich – sehr viel Sinn dafür, wie es in der Wirklichkeit zugeht; denn die letzte Fee – die gute – konnnte diese Flüche niemals ungeschehen machen: Sie konnte einzig durch einen gegensteuernden Ausgleichswunsch helfen: durch eine Kompensation. Diese letzte Fee war also die Kompensationsfee. Auch das gegenwärtige Kompensationsgewerbe – das Krisenmangement der Planer und Macher – muss gegensteuern: Es arbeitet an gegen die Folgen, die außer Kontrolle geraten sind; aber – gute und böse Fee sind hier strikt identisch – es erzeugt dabei selber zugleich wieder Folgen, die außer Kontrolle geraten.

diabolus redivivus: *wieder erstandener Teufel*

Karl Rahner ***

Die Erkenntnis Gottes
aus: Grundkurs des Glaubens
(Freiburg 1976, S. 61–66)

Karl Rahner SJ (1904–1984), einer der bedeutendsten Theologen und Religionsphilosophen des 20. Jahrhunderts, definiert in philosophischer Argumentation den Menschen als das von Natur aus auf Gott absolut verwiesene Subjekt. Er versucht dabei, die Erkenntnis Gottes von allen anderen möglichen Erfahrungen und Erkenntnissen abzugrenzen: Die Erkenntnis Gottes wird in jedem Augenblick des Daseins unbewusst vollzogen, selbst wenn das Subjekt die Existenz Gottes leugnet.

Transzendentale und aposteriorische Gotteserkenntnis

Was wir transzendentale Erkenntnis oder Erfahrung Gottes nennen, ist zwar insofern eine *aposteriorische* Erkenntnis, als die transzendentale Erfahrung des Menschen von seiner freien Subjekthaftigkeit sich immer nur in der Begegnung mit der Welt und vor allem der Mitwelt ereignet. Insofern hat die scholastische Tradition Recht, wenn sie gegen einen Ontologismus betont, dass der Mensch *nur* eine aposteriorische Erkenntnis Gottes aus der Welt habe, die auch durch die Wortoffenbarung nicht einfach überholt ist, weil ja auch diese noch einmal mit menschlichen Begriffen arbeiten muss. Unsere transzendentale Erkenntnis oder Erfahrung muss also insofern aposteriorisch genannt werden als jede transzendentale Erfahrung zunächst durch eine kategoriale Begegnung mit konkreten Wirklichkeiten in unserer Welt, in unserer Umwelt und Mitwelt vermittelt ist. Das gilt auch von der Erkenntnis Gottes; und *insofern* haben wir das Recht und die Pflicht, zu sagen, es gibt nur eine aposteriorische Erkenntnis Gottes aus und durch die Begegnung mit der Welt, zu der wir natürlich auch selber gehören.

Dennoch ist die Erkenntnis Gottes eine *transzendentale*, weil die ursprüngliche Verwiesenheit des Menschen auf das absolute Geheimnis, die die Grunderfahrung Gottes ausmacht, ein dauerndes Existential des Menschen als eines geistigen Subjektes ist. Damit ist gegeben, dass jene ausdrückliche, begrifflich-thematische Erkenntnis, an die wir gewöhnlich denken, wenn wir von Gotteserkenntnis oder gar von Gottesbeweisen sprechen, zwar eine in irgendeinem Grad notwendige Reflexion auf diese transzendentale Verwiesenheit des Menschen in das Geheimnis ist, aber nicht der ursprüngliche und gründende Modus der transzendentalen Erfahrung des Geheimnisses selbst. Zum Wesen der menschlichen Erkenntnis gehört notwendigerweise das Denken des Denkens, das Denken eines konkreten Gegenstandes *innerhalb* eines *unendlichen* (scheinbar leeren) Raumes des Denkens an sich, das Wissen des Denkens um sich selbst. Man muss sich daran gewöhnen zu merken, dass man im Denken und in der Freiheit immer mit mehr umgeht und zu tun hat als mit dem, *worüber* man in Worten und Begriffen redet und *womit* man sich als konkretem Gegenstand des Handelns gerade hier und jetzt abgibt. Wenn man diese Zweipoligkeit des Erkennens und der Freiheit – das gegenständliche Bewusstsein und das subjektive Bewusstsein, den gewollten Willen und den wollenden Willen … nicht auseinander halten und in eine Einheit setzen kann, dann kann man, im Grunde genommen, nicht wissen, worüber wir reden: dass das *Reden* von Gott die Reflexion ist, die auf ein ursprünglicheres, unthematisches, unreflexes Wissen von Gott verweist.

Wir kommen immer nur zu uns selbst und den mit unserer Subjekthaftigkeit gegebenen transzendentalen Strukturen, indem die Welt sich konkret in ganz bestimmter Weise uns zuschickt, indem wir also die Welt erleiden und tun. Das gilt auch von der Gotteserkenntnis. Sie ist in diesem Sinne keine Erkenntnis, die rein in sich begründet wäre; sie ist aber auch nicht einfach ein mystischer Vorgang unserer persönlichen Innerlichkeit, und sie hat, von daher gesehen, auch noch nicht den Charakter einer persönlichen göttlichen Selbstoffenbarung. Aber diesen aposteriorischen Charakter der Gotteserkenntnis würde man verfälschen, wenn man das transzendentale Element in ihr übersehen würde und diese Gotteserkenntnis nach dem Modell einer beliebigen aposteriorischen Erkenntnis auffassen würde, deren Gegenstand rein von außen kommt und auf ein neutrales Erkenntnisvermögen auftrifft. Aposteriorität der Gotteserkenntnis heißt nicht, dass man mit einem neutralen Vermögen der Erkenntnis in die Welt hinausblickt und dann meint, dort direkt oder indirekt unter den gegenständlich auf uns zukommenden Wirklichkeiten auch Gott entdecken oder indirekt beweisen zu können.

Wir sind auf Gott verwiesen. Diese ursprüngliche Erfahrung ist immer gegeben, und sie darf nicht mit der objektivierenden, wenn auch notwendigen Reflexion auf die transzendentale Verwiesenheit des Menschen in das Geheimnis hinein verwechselt werden. Sie hebt den Charakter der Aposteriorität der Gotteserkenntnis nicht auf, aber diese Aposteriorität darf auch nicht in dem Sinne missverstanden werden, als ob Gott einfach nur als Gegenstand unserer Erkenntnis von außen indoktriniert werden könnte.

Diese Erfahrung als unthematisch und bleibend waltende – die Gotteserkenntnis, die wir immer vollziehen, gerade wenn wir an alles andere denken und mit allem anderen umgehen als mit Gott – ist der dauernde Grund, aus dem jene thematische Gotteserkenntnis erwächst, die wir im explizit religösen Tun und in der philosophischen Reflexion vollziehen. In dieser entdecken wir nicht Gott, so wie man einen bestimmten Gegenstand unserer innerweltlichen Erfahrung entdeckt, sondern in diesem explizit religiösen Tun auf Gott hin im Gebet und in der metaphysischen Reflexion bringen wir nur ausdrücklich vor uns, was wir im Grunde unseres personalen Selbstvollzugs immer schon von uns selber ungesagt wissen. So wissen wir unsere subjekthafte Freiheit, unsere Transzendenz und die unendliche Eröffnetheit des Geistes auch dort und dann, wo wir sie gar nicht thematisch machen, ja auch dort noch, wo vielleicht eine solche begriffliche, objektivierende, in Sätzen sich aussagende Thematisierung dieses ursprünglichen Wissens gar nicht oder sehr unvollkommen und verzerrt gelingt; ja sogar dort noch, wo man sich weigerte, sich überhaupt auf eine solche Thematisierung einzulassen.

Jede ausdrückliche Gotteserkenntnis in Religion und Metaphysik ist so in dem, was sie meint, darum auch immer nur verständlich und echt vollziehbar, wenn alle Worte, die wir dabei machen, Verweise auf die unthematische Erfahrung unserer Verwiesenheit in das unsagbare Geheimnis hinein sind. Und wie das Wesen des transzendierenden Geistes in seiner gegenständlich welthaften Verfasstheit neben dieser Gegenständlichkeit immer die Möglichkeit bietet – und zwar theoretisch und praktisch –, eben dieser eigenen, sich selbst in Freiheit überantworteten Subjektivität zu entlaufen, so kann der Mensch auch seine transzendentale Verwiesenheit auf das absolute Geheimnis – „Gott“ genannt – sich selbst verbergen und so seine eigentlichste Wahrheit niederhalten, wie die Schrift (vgl. Röm 1, 18) sagt.

Die einzelnen Wirklichkeiten, mit denen wir normalerweise in unserem Leben umgehen, werden immer klar verständlich, durchschaubar und manipulierbar, weil wir sie von anderen abgrenzen können. Eine solche Weise der Erkenntnis Gottes gibt es nicht. Weil Gott etwas ganz anderes ist als eine der in unserem Erfahrungsbereich vorkommenden oder aus ihm erschlossenen einzelnen Wirklichkeiten und weil die Erkenntnis Gottes eine ganz bestimmte einmalige Eigenart hat und nicht nur ein Fall des Erkennens im Allgemeinen ist, darum ist es sehr leicht, Gott zu übersehen. Der Begriff „Gott“ ist nicht ein Ergreifen Gottes, durch das der Mensch sich des Geheimnisses bemächtigt, sondern ein Sich-ergreifen-Lassen von einem anwesenden und sich immer entziehenden Geheimnis. Das Geheimnis bleibt Geheimnis, auch wenn es sich dem Menschen eröffnet und so gerade allererst den Menschen als Subjekt dauernd begründet. Von diesem Grund her mag dann natürlich der sogenannte „Begriff Gottes“, das ausdrückliche Reden von ihm, das Wort und das, was wir damit meinen und reflex uns zu sagen suchen, vorkommen, und gewiss darf der Mensch sich auch der Anstrengung dieses reflexen Begriffes nicht entziehen. Aber alle metaphysische Ontologie von Gott muss, um wahr zu bleiben, immer wieder dorthin zurückkehren, von woher sie kommt; zurückkehren zur transzendentalen Erfahrung der Verwiesenheit auf das absolute Geheimnis, zur existenziellen Einübung der freien Annahme dieser Verwiesenheit.

Die verschiedenen Arten der Gotteserkenntnis und ihre innere Einheit

Bevor wir nun anfangen, von Gotteserkenntnis zu sprechen, müssen wir kurz auf andere Unterscheidungen in der Gotteserkenntnis reflektieren, wie sie in der traditionellen Theologie genannt werden. Man pflegt in der katholischen Theologie *erstens* von einer sogenannten natürlichen Gotteserkenntnis zu reden, in der Gott, wie das Vaticanum I sagte, mit dem Licht der natürlichen Vernunft ohne eigentliche Offenbarung wenigstens grundsätzlich erkannt werden kann, und zwar in einer – allerdings richtig zu verstehenden – aposteriorischen Erkenntnis. Neben dieser sogenannten natürlichen Gotteserkenntnis kennt die Schultheologie *zweitens* eine Erkenntnis Gottes durch das, was wir die eigentliche christliche *Wort*offenbarung nennen: eine Erkenntnis Gottes durch seine eigene Offenbarung, die die Erkenntnis des Ergangenseins einer solchen göttlichen Wortoffenbarung schon voraussetzt und dann fragt, was in dieser göttlichen Offenbarung Gott über sich selbst mitgeteilt habe: etwa, dass er der die Schuld des Menschen Vergebende ist, dass er einen allgemeinen übernatürlichen Heilswillen den Menschen gegenüber habe, dass er sich ein geschichtlich konkretes Dasein seiner selbst in dem, was wir Inkarnation nennen, für den Menschen geschaffen habe usw.

Man müsste wohl noch *drittens* von einer Erkenntnis Gottes sprechen, die durch sein sich offenbarendes *Heilshandeln* in der Geschichte der Menschheit und der des Einzelnen geschieht, in welcher Erkenntnis das Tun Gottes und seine Existenz in seiner wirkenden Selbstbezeugung auf einmal erkannt werden. Auch dort, wo man für Mystik und „Visionen“ kein Interesse hat, kann man nicht a priori leugnen, dass es eine Erkenntnis Gottes aus und in der individuellen und kollektiven personalen Existenzerfahrung des Menschen geben kann, die man weder mit dem, was die natürliche Gotteserkenntnis meint, noch mit dem zu identifizieren braucht, was die allgemeine göttliche Selbstoffenbarung im Wort und in der bloß worthaft gedachten Offenbarungsgeschichte meint. (…)

Wenn wir zunächst von der Gotteserkenntnis sprechen wollen, dann geht es vorerst nicht um die Unterscheidung der Schultheologie. Vielmehr zielen wir auf eine ursprünglichere Einheit dieser drei Erkenntnisweisen in der Konkretheit des menschlichen Daseins ab. Das ist auch von einem philosophischen Ansatzpunkt her berechtigt. Wenn wir auf unsere Gotteserkenntnis reflektieren als auf eine in geschichtlicher Verfasstheit gegebene transzendentale Erfahrung, die aus dem Wesen der menschlichen Erkenntnissituation heraus zwar immer eine im eigentlichen Sinne philosophische Erkenntnis impliziert, aber auch von einer solchen grundsätzlich nicht eingeholt werden kann, dann muss auch unbefangen damit gerechnet werden, dass sie Elemente enthält, die eine nachträgliche theologische Reflexion als gnadenhaft und offenbarungshaft ansprechen wird. All das, was wir hier von der Gotteserkenntnis sagen, ist zwar in Worten gesagt, meint aber eine ursprünglichere Erfahrung. Das ist philosophisch möglich und berechtigt. Auch der Philosoph kann anerkennen, dass seine philosophische Reflexion jene ursprüngliche Erkenntnis gar nicht adäquat einholt.

Das, was wir hier meinen, ist nicht eine natürliche philosophische Gotteserkenntnis, wenn es auch ein solches Element in sich enthält. Mindestens grundsätzlich geht es aber darüber hinaus. Was wir sagen wollen, bezieht sich auf die geschichtlich verfasste transzendentale Gotteserfahrung, die durch dieses unser Sagen gar nicht streng philosophisch in bloße Metaphysik transponiert werden soll, sondern durch dieses Sagen gleichsam nur angerufen wird. Diese unsere Rede von der Gotteserkenntnis kann die ursprüngliche transzendentale und doch geschichtlich verfasste Gotteserfahrung nicht nur nicht ersetzen, sondern sie will sie nicht einmal adäquat philosophisch vertreten (…)

Im konkreten Vollzug des Daseins gibt es also … keine Gotteserkenntnis, die rein natürlich wäre. Ich kann zwar an der konkreten Gotteserkenntnis in einer nachträglichen theologischen Reflexion Momente nennen, die ich zur Natur, zum Wesensvollzug des Menschen als solchem rechne und rechnen kann. Aber die konkrete Gotteserkenntnis ist schon immer als Frage, als Anruf, der bejaht oder abgelehnt wird, in der Dimension der übernatürlichen Bestimmung des Menschen. Auch eine Ablehnung einer natürlichen Gotteserkenntnis, ein unthematischer oder thematischer Atheismus, ist, theologisch gesehen, immer und unweigerlich gleichzeitig ein wenigstens unthematisches Nein der Selbstverschließung des Menschen gegenüber jener Ausgerichtetheit des menschlichen Daseins auf die Unmittelbarkeit Gottes. Diese Ausgerichtetheit nennen wir Gnade; sie ist ein unentrinnbares Existential des ganzen Wesens des Menschen auch dann noch, wenn er sich diesem im freien Nein verschließt.

Platon *

Rede des Thrasymachos über die Vorzüge der Ungerechtigkeit
aus: Der Staat
(in: Werke Bd. 3, Nach der Übersetzung von F. Schleiermacher hrsg. von W. F. Otto u.a., Reinbek 1962, S. 85f.)

In dem berühmten Streitgespräch über das Wesen der Gerechtigkeit, das den Anfang von Platons Dialog über den Staat bildet, versucht Thrasymachos Sokrates' Plädoyer für die Idee der Gerechtigkeit mit dem Hinweis, dass in der Realität stets der Ungerechte siege, zu entkräften.

„Weil du glaubst, dass die Schäfer und Hirten das Gute für die Schafe und Rinder bedenken, und wenn sie sie fett machen und pflegen, auf etwas anderes sehen, als was gut ist für ihre Herren und für sie selbst, und so auch von den Herrschern in den Städten, die wahrhaft regieren, meinst, dass sie anders gegen die Beherrschten gesinnt seien, als einer auch gegen seine Schafe gesinnt ist, und etwas anderes bedenken bei Tag und bei Nacht, als wie sie sich selbst den meisten Vorteil schaffen können. Und so weit bist du ab mit deinen Gedanken von der Gerechtigkeit und dem Gerechten und der Ungerechtigkeit und dem Ungerechten, dass du noch nicht weißt, dass die Gerechtigkeit und das Gerechte eigentlich ein fremdes Gut ist, nämlich des Stärkeren und Herrschenden Nutzen, des Gehorchenden und Dienenden aber eigner Schade; die Ungerechtigkeit aber ist das Gegenteil und herrscht über die in der Tat Einfältigen und Gerechten, die Beherrschten aber tun, was jenem, dem Stärkeren, zuträglich ist, und machen ihn glücklich, indem sie ihm dienen, sich selbst aber auch nicht im Mindesten. Du musst dir aber, o einfältigster Sokrates, die Sache darauf ansehen, dass der Gerechte überall schlechter daran ist als der Ungerechte. Zuerst nämlich in allen Geschäften unter sich, worauf nur immer ein solcher mit einem solchen sich einlassen mag, wirst du niemals finden, wenn das Geschäft beendigt ist, dass der Gerechte mehr hat als der Ungerechte, sondern weniger; dann auch in denen mit der Stadt, wenn es irgend Beiträge gibt, so trägt von gleichem der Gerechte mehr bei, der andere aber weniger; und wenn Einnahmen, so gewinnt jener nichts, dieser aber viel. So auch, wenn sie beide ein Amt verwalten, so hat davon der Gerechte, wenn auch keinen anderen Schaden, doch den, dass seine eigenen Angelegenheiten durch Vernachlässigung schlechter stehen und dass er vom Staat gar keinen Vorteil zieht, weil er gerecht ist, und überdies noch, dass er sich bei seinen Verwandten und Bekannten verhasst macht, wenn er ihnen in nichts gefällig sein will gegen die Gerechtigkeit; dem Ungerechten aber widerfährt von alldem das Gegenteil. Ich meine nämlich den, welcher im Großen zu übervorteilen versteht. Diesen also betrachte, wenn du beurteilen willst, wie viel mehr es einem jeden für sich von Vorteil ist, wenn er ungerecht ist als wenn gerecht. Am allerleichtesten aber wirst du es erkennen, wenn du dich an die vollendetste Ungerechtigkeit hältst, welche den, der Unrecht getan, zum Glücklichsten macht, die aber das Unrecht erlitten haben und nicht wieder Unrecht tun wollen, zu den Elendsten. Dies aber ist die sogenannte Tyrannei, welche nicht im Kleinen sich fremdes Gut mit List und Gewalt zueignet, heiliges und unheiliges, Gemeingut und Eigentum, sondern gleich insgesamt alles; was, wenn es einer einzeln veruntreut und dabei entdeckt wird, ihm die härtesten Strafen und Beschimpfungen zuzieht. Denn Tempelräuber und Seelenverkäufer und Räuber und Betrüger und Diebe heißen, die einzeln eine von dergleichen Übeltaten begehen. Wenn aber einer außer dem Vermögen seiner Mitbürger auch noch sie selbst in seine Gewalt bringt und zu Knechten macht, der wird anstatt dieser schlechten Namen glückselig und preiswürdig genannt, nicht nur von seinen Mitbürgern, sondern auch von den andern, sobald sie nur hören, dass er die ganze Ungerechtigkeit begangen hat. Denn nicht aus Furcht, Ungerechtes zu tun, sondern es zu leiden, schmäht die Ungerechtigkeit, wer sie schmäht. Auf diese Art, o Sokrates, ist die Ungerechtigkeit kräftiger und edler und vornehmer als die Gerechtigkeit, wenn man sie im Großen treibt; und wie ich von Anfang an sagte, das dem Stärkeren Zuträgliche ist das Gerechte, das Ungerechte aber ist das jedem selbst Vorteilhafte und Zuträgliche."

Aristoteles *

Barbaren sind von Natur aus Sklaven

aus: Politik
(übers. von Franz Susemihl, Reinbek 1968, I2, 1252a24f.)

Aristoteles versucht in seiner großen Abhandlung über die Politik aus „natürlichen" Notwendigkeiten der Fortpflanzung und Lebenserhaltung jene Gemeinschaften abzuleiten, die dem Staatswesen zu Grunde liegen sollen.

Die beste Methode dürfte hier wie bei anderen Problemen sein, dass man die Dinge in ihrem fortschreitenden Wachstum ins Auge fasst. Vor allem ist es eine Notwendigkeit, dass, was nicht ohne einander bestehen kann, sich paarweise miteinander vereint, einerseits das Weibliche und Männliche um der Fortpflanzung willen (und zwar nicht aus bewusster Absicht, sondern geradeso, wie auch den Tieren und Pflanzen von Natur der Trieb innewohnt, ein anderes, ihnen gleiches Wesen zu hinterlassen), andererseits das von Natur Regierende und das von Natur Regierte um der Lebenserhaltung willen; denn was vermöge seines Verstandes vorauszuschauen vermag, ist von Natur das Regierende und Herrschende, was aber nur vermöge seiner körperlichen Kräfte das Vorgesehene auszurichten im Stande ist, ist von Natur das Regierte und Dienende, daher denn auch Herr und Sklave das nämliche Interesse haben. Von Natur nun ferner sind Weib und Sklave geschieden, denn die Natur verfährt nicht so karg, dass sie solche Gebilde schüfe wie die Messerschmiede das delphische Messer, sondern für jeden besonderen Zweck auch immer ein besonderes, weil so jedes Werkzeug die höchste Vollendung erhält, wenn es nicht zu vielen Zwecken, sondern nur zu einem einzigen dient. Wenn aber bei den Barbaren Weib und Sklave dieselbe Stellung haben, so liegt der Grund hiervon darin, dass ihnen überhaupt dasjenige fehlt, was von Natur zum Regieren bestimmt ist, vielmehr die Gemeinschaft hier nur die Verbindung einer Sklavin mit einem Sklaven ist. Daher sagen denn auch unsere Dichter: „Ja, mit Fug den Griechen sind die andern untertan", um damit auszudrücken, dass der Barbar und der Sklave von Natur dasselbe sind.

Aus diesen beiden Gemeinschaften entsteht nun zunächst das Haus, und mit Recht sang Hesiod: „Sorge zuerst für ein Haus, für den Pflugstier und für ein Weib auch", denn der Ochse vertritt bei den Armen die Stellung des Hausknechts. Die für das gesamte tägliche Leben bestehende Gemeinschaft ist also naturgemäß das Haus, dessen Glieder Charondas Brotkorbgenossen, Epimenides der Kreter aber Krippengenossen nennt. Diejenige Gemeinschaft aber, welche zunächst aus mehreren Häusern zu einem über das tägliche Bedürfnis hinausgehenden Zweck sich bildet, ist das Dorf, das am naturgemäßesten als Kolonie des Hauses zu betrachten sein dürfte und dessen Glieder von manchen Milchgenossen, Kinder und Kindeskinder, genannt werden. (…)

Die aus mehreren Dörfern sich bildende vollendete Gemeinschaft nun aber ist bereits der Staat, welcher, wie man wohl sagen darf, das Endziel völliger Selbstgenügsamkeit erreicht hat, indem er zwar entsteht um des bloßen Lebens, aber besteht um des vollendeten Lebens willen.

Thomas Hobbes **

DER MENSCH IST DES MENSCHEN WOLF
aus: Leviathan oder
Wesen, Form und Gewalt des kirchlichen und bürgerlichen Staates
(übers. von Dorothee Tidow, Reinbek 1965, S. 92ff.)

Hobbes unternimmt in diesem außerordentlich folgenreichen Buch, das 1651 erstmals erschienen war, den Versuch, von einem barbarischen Naturzustand des Menschen auf die Notwendigkeit einer vertraglich eingesetzten und gebundenen starken Autorität zu schließen. Der wölfische Charakter des Menschen ergibt sich nach Hobbes dabei aus der Tatsache, dass alle Menschen von Natur aus gleich sind.

Die Menschen sind von Natur aus gleich, sowohl in ihren körperlichen als auch in den geistigen Anlagen. Es mag wohl jemand erwiesenermaßen stärker sein als ein anderer oder schneller in seinen Gedankengängen, wenn man jedoch alles zusammen bedenkt, so ist der Unterschied zwischen den einzelnen Menschen nicht so erheblich, dass irgendjemand Veranlassung hätte, sich einen Anspruch daraus herzuleiten, den ein anderer nicht mit dem gleichen Recht geltend machen könnte. Man nehme nur die Körperstärke: Selbst der Schwächste ist stark genug, auch den Stärksten zu vernichten; er braucht sich nur einer List zu bedienen oder sich zu verbinden mit anderen, die in derselben Gefahr sind wie er.

Im Bereich der geistigen Fähigkeiten scheint mir die Gleichheit noch offensichtlicher zu sein … Dieser Gleichheit der Fähigkeiten entspringen die gleichen Hoffnungen, ein Ziel zu erreichen. So werden zwei Menschen zu Feinden, wenn beide zu erlangen versuchen, was nur einem von ihnen zukommen kann. Um ihr Ziel zu erreichen (welches fast immer ihrer Selbsterhaltung dient, nur selten allein der größeren Befriedigung ihrer Bedürfnisse), trachten sie danach, den anderen zu vernichten oder ihn sich untertan zu machen. Hier öffnet sich das Feld für einen Angreifer, der nicht mehr zu fürchten hat als die Macht eines Einzelnen. Derjenige nämlich, der ein gutes Stück Land bepflanzt, besät oder gar besitzt, wird fürchten müssen, dass andere mit vereinten Kräften kommen, um ihn nicht nur seines Brotes, sondern auch seines Lebens oder seiner Freiheit zu berauben. Und der Angreifer selbst ist wieder durch andere gefährdet.

Die Folge dieses wechselseitigen Argwohns ist, dass sich ein jeder um seiner Sicherheit willen bemüht, dem anderen zuvorzukommen. So wird er sich so lange gewaltsam oder hinterrücks des anderen zu bemächtigen suchen, bis ihn keine größere Macht mehr gefährden kann. Das verlangt nur seine Selbsterhaltung und wird deshalb allgemein gebilligt. Schon weil es einige geben mag, die bestrebt sind, aus Machtgier und Eitelkeit mehr an sich zu reißen, als zu ihrer Sicherheit notwendig wäre. Die aber, die glücklich wären, sich in schmalen Grenzen zu begnügen, würden schnell untergehen, wenn sie sich – ein jeder für sich – verteidigen würden und nicht danach trachteten, durch Eroberungen ihre Macht zu vergrößern. Folglich muss dem Menschen die Ausweitung seiner Macht über andere, zu der ihn sein Selbsterhaltungstrieb zwingt, erlaubt sein.

Das Zusammenleben ist den Menschen also kein Vergnügen, sondern schafft ihnen im Gegenteil viel Kummer, solange es keine übergeordnete Macht gibt, die sie alle im Zaum hält. Ein jeder ist darauf bedacht, dass die anderen ihn genauso schätzen, wie er sich selbst. Auf jedes Zeichen der Verachtung oder Geringschätzung hin ist er daher bestrebt, sich höhere Achtung zu erzwingen – bei den einen, indem er ihnen Schaden zufügt, bei den anderen durch das statuierte Exempel. Er wird dabei so weit gehen, wie er es wagen darf – was dort, wo es keine Ordnungsgewalt gibt, zur wechselseitigen Vernichtung führt.

So sehen wir drei Hauptursachen des Streites in der menschlichen Natur begründet: Wettstreben, Argwohn und Ruhmsucht.

Dem Wettstreben geht es um Gewinn, dem Argwohn um Sicherheit, der Ruhmsucht um Ansehen. Die erste Leidenschaft scheut keine Gewalt, sich Weib, Kind und Vieh eines anderen zu unterwerfen, ebenso wenig die zweite, das Geraubte zu verteidigen, oder die dritte, sich zu rächen für Belanglosigkeiten wie ein Wort, ein Lächeln, einen Widerspruch oder irgendein anderes Zeichen der Geringschätzung, das entweder ihm selbst oder aber seinen Kindern oder Freunden, seinem Vaterland, seinem Gewerbe oder seinem Namen entgegengebracht wird.

Und hieraus folgt, dass Krieg herrscht, solange die Menschen miteinander leben ohne eine oberste Gewalt, die in der Lage ist, die Ordnung zu bewahren. Und es ist ein Krieg, den jeder Einzelne gegen jeden führt. Der Krieg zeigt sich nämlich nicht nur in der Schlacht oder in kriegerischen Auseinandersetzungen. Es kann vielmehr eine ganze Zeitspanne, in der die Absicht, Gewalt anzuwenden, unverhüllt ist, ebenso Krieg sein. Und deshalb ist der Begriff der Zeit mit der Natur des Krieges ebenso untrennbar verbunden wie mit dem Begriff des Wetters. Macht doch nicht allein ein Regenschauer das schlechte Wetter aus, sondern ebenso sehr die tagelange Regenneigung. Und gleichermaßen zeigt sich das Wesen des Krieges nicht nur im wirklichen Gefecht, sondern schon in einer Periode der offensichtlichen Kriegsbereitschaft, in der man des Friedens nicht sicher sein kann. Jeden anderen Zustand aber mag man als Frieden bezeichnen.

Was immer die Folgen eines Krieges sein mögen, in dem jeder des anderen Feind ist, die gleichen Folgen werden auftreten, wenn Menschen in keiner anderen Sicherheit leben als der, die ihr eigener Körper und Verstand ihnen verschafft. In einem solchen Zustand gibt es keinen Fleiß, denn seine Früchte werden ungewiss sein, keine Bebauung des Bodens, keine Schiffahrt, keinerlei Einfuhr von überseeischen Gütern, kein behagliches Heim, keine Fahrzeuge zur Beförderung von schweren Lasten, keine geographischen Kenntnisse, keine Zeitrechnung, keine Künste, keine Literatur, keine Gesellschaft. Statt dessen: ständige Furcht und die drohende Gefahr eines gewaltsamen Todes. Das Leben der Menschen: einsam, arm, kümmerlich, roh und kurz.

Wer hierüber noch keine ernsthaften Erwägungen angestellt hat, dem mag es wohl befremdlich erscheinen, dass die Natur die Menschen einander derart entfremdet haben sollte, dass einer den anderen angreift und vernichtet. Und er möchte gewiss gern durch die Erfahrung bestätigt sehen, was sich aus der triebhaften Veranlagung des Menschen als notwendiger Schluss ergibt. Er braucht aber nur selbst hinzusehen: Wenn er eine Reise unternimmt, versieht er sich mit Waffen und sucht zu seinem Schutz eine sichere Begleitung. Wenn er sich schlafen legt, verriegelt er seine Tür und selbst die Schränke in seinem eigenen Haus. Dabei weiß er doch, dass es Gesetze gibt und Männer, deren Pflicht es ist, ihn für jedes nur mögliche Unrecht mit Waffengewalt zu rächen. Was für eine Meinung muss er also von seinen Mitbürgern haben, wenn er glaubt, sich gegen sie rüsten zu müssen, was muss er von seinen Nachbarn denken, wenn er beim Schlafengehen die Türen versperrt, und was von seinen Hausgenossen, wenn er die Schränke verriegelt? Klagt er die Menschheit mit solchem Handeln nicht stärker an als ich mit meinen Worten? Doch beide klagen wir nicht die Natur des Mensch an sich an. Die menschlichen Triebe und Leidenschaften sind in sich selbst nicht Sünde. Und auch seine triebhaften Handlungen sind es nicht, solange kein Gesetz sie verbietet. Ein solches Gesetz kann der Mensch aber erst dann kennen, wenn es geschaffen ist; und es kann erst geschaffen werden, wenn man irgendjemanden zum Gesetzgeben ermächtigt hat.

Man mag vielleicht denken, dass es diesen Zustand des Krieges aller gegen alle niemals gegeben habe. Auch ich glaube, dass er niemals in der ganzen Welt zugleich in dieser Weise geherrscht hat. Sicher aber immer an einigen Orten. Denn noch heute sehen wir Menschen unter diesen Bedingungen leben. Die Eingeborenenvölker vieler Teile *Amerikas* z. B. kennen keine Regierung, es sei denn eine Ordnung innerhalb der Familie. Und zu Familiengemeinschschaften schließen sie sich zur Befriedigung ihrer Lustbedürfnisse zusammen. Sie leben also heute noch ganz so tierhaft, wie ich es oben beschrieben habe. Aber wie dem auch sei: wie das Leben ohne eine Furcht gebietende oberste Gewalt aussehen würde, kann man aus dem Zustand ersehen, in den Menschen, die vorher unter einer friedlichen Regierung gelebt haben, im Bürgerkrieg verfallen.

Und wenn es nie eine Zeit gegeben haben sollte, in der jeder des anderen Feind gewesen ist, so leben doch die Könige und alle souveränen Machthaber aus Furcht vor dem Verlust ihrer Unabhängigkeit in unaufhörlichem Argwohn und in Stellung und Haltung wie Gladiatoren; ihre Waffen sind gezückt, und einer belauert den anderen: durch Festungen, Heere und Geschütze an den Grenzen, durch Spione im Inneren. Es herrscht also Krieg. Doch weil sie dadurch ihre Untertanen in Tätigkeit halten, tritt nicht jener elende Zustand ein, der die Folge der absoluten Freiheit aller ist.

Wenn ein jeder gegen jeden Krieg führt, so kann auch nichts als unerlaubt gelten. Für die Begriffe Recht und Unrecht, Gerechtigkeit und Ungerechtigkeit bleibt kein Raum. Wo es keine Herrschaft gibt, gibt es auch kein Gesetz. Wo es kein Gesetz gibt, kann es auch kein Unrecht geben. List und Gewalt sind die einzigen Tugenden. Denn weder Gerechtigkeit noch Ungerechtigkeit sind Naturanlagen des Menschen – nicht geistige und auch nicht körperliche. Wenn sie es wären, so müssten sie auch einem Menschen, der ganz allein auf der Welt lebte, eignen – ganz so wie sein Gefühl, wie seine Triebe. Es kennt sie aber nur der Mensch in der Gesellschaft, nicht der im Naturzustand. Aus demselben Grund auch gibt es keinen Besitz, kein Eigentum, überhaupt keine Vorstellung von *mein und dein*. Vielmehr kann sich jeder alles aneignen und kann es so lange für sich behaupten, wie er in der Lage ist, es zu sichern. So viel über jenen armseligen Zustand, in den der Mensch von Natur aus verwiesen ist. Es ist ihm jedoch möglich, ihm zu entrinnen; diese Möglichkeit liegt teils in seinen Leidenschaften, teils in seiner Vernunft.

Was ihn zum Frieden treibt, ist seine Furcht vor dem Tode, sein Verlangen nach Dingen, die ihm sein Leben angenehmer machen können, und die Hoffnung, sie durch Anstrengung zu erlangen. Seine Vernunft lässt ihn für den Frieden notwendige Grundsätze aufstellen, zu deren Annahme die Menschen veranlasst werden können. Solche Grundsätze werden gemeinhin als die natürlichen Gesetze bezeichnet.

(...)

Unter dem *Naturrecht*, von den Gelehrten gewöhnlich *ius naturale* genannt, versteht man die Freiheit jedes Menschen, seine Kräfte nach seinem eigenen Ermessen zu gebrauchen, um für seine Selbsterhaltung, d. h. für die Sicherung seines Lebens zu sorgen – und folglich auch die Freiheit, alles zu tun, was ihn seinem Urteil und seinen Überlegungen zufolge dieses Ziel am besten erreichen lässt.

Freiheit bezeichnet ganz in der ursprünglichen Bedeutung des Wortes das Fehlen jeden äußeren Zwangs. Ein solcher Zwang kann den Menschen oftmals hindern, das zu tun, was er möchte, er kann ihn aber nicht zwingen, jene Kräfte, die ihm noch geblieben sind, nach eigenem Ermessen und Belieben anzuwenden.

Das *Naturgesetz (lex naturalis)* sind die Vorschriften oder allgemeinen Richtlinien, die sich auf die Vernunft gründen und die dem Menschen verbieten, irgendetwas zu tun, was zur Zerstörung seines Lebens führt – oder was ihm jene Mittel raubt, die ihm zur Erhaltung seines Lebens dienlich sind. Und sie untersagen ihm auch, das zu unterlassen, was nach seiner Ansicht der Erhaltung seiner selbst zu größtem Nutzen gereicht. Obwohl die meisten Menschen, die über dieses Thema sprechen, die Begriffe *Recht* und *Gesetz* – *ius* und *lex* – gewöhnlich nicht auseinander halten, müssen sie doch voneinander unterschieden werden. Ein *Recht* nämlich ist die Freiheit, etwas zu tun oder zu unterlassen. Ein *Gesetz* dagegen bestimmt oder verpflichtet uns, eines von beiden zu tun. Gesetz und Recht also unterscheiden sich eben in dem Maße wie Verpflichtung und Freiheit. Auf einen einzigen Fall bezogen, steht eines im Widerspruch zum andern.

Wie … gezeigt worden ist, befindet sich der Mensch in dem Zustand des Krieges aller gegen alle. Jeder wird nur von seiner eigenen Vernunft geleitet, und es gibt nichts – so man es nur in den Griff bekommt –, was einem nicht dabei helfen könnte, sein Leben vor seinen Feinden zu schützen. So hat denn in solcher Lage jeder ein Recht auf alles, selbst auf das Leben seiner Mitmenschen. Und folglich kann es keine Sicherheit für den Menschen geben (er mag noch so stark oder klug sein), sich der Zeit seines Lebens, die ihm die Natur im Allgemeinen schenkt, zu erfreuen, solange dieses natürliche Recht eines jeden auf alles besteht. Als eine Vorschrift oder allgemeine Regel der Vernunft hat daher zu gelten: *Jeder Mensch suche Frieden, solange er hoffen kann, dieses Ziel zu erreichen, und nehme allen Nutzen und Vorteil eines Krieges wahr, wenn er zu keinem Frieden gelangen kann.* Die erste Hälfte dieser Regel ist das erste und wichtigste Naturgesetz, nämlich: *Suche Frieden und bewahre ihn.* Die zweite Hälfte besagt: *Verteidige dich, ganz gleich auf welche Art*, und schließt somit jegliches Naturrecht in sich.

Auf dieses erste und grundlegende Naturgesetz, welches den Menschen befiehlt, nach Frieden zu streben, gründet sich das zweite: *Zur Erhaltung des Friedens und zu ihrer eigenen Verteidigung sollen alle Menschen – sofern es ihre Mitmenschen auch sind – bereit sein, ihrem Recht auf alles zu entsagen, und sich mit dem Maß an Freiheit begnügen, das sie bei ihren Mitmenschen dulden.* Denn solange ein jeder auf seinem Recht beharrt, alles zu tun, was er will, wird der Kriegszustand andauern. Wenn aber die anderen Menschen nicht gleichfalls auf ihre Rechte verzichten, ist es für niemanden sinnvoll, dem seinen zu entsagen. Man würde sich eher den anderen als Beute ausliefern (und dazu ist niemand gezwungen), als dass man dem Frieden diente. Schon die Bibel lehrt: *Was ihr wollt, dass euch die Leute tun sollen, das sollt auch ihr ihnen tun.* Und es gibt eine allgemeine Regel: *Quod tibi fieri non vis, alteri ne feceris* (Was du nicht willst, dass man dir tu', das füg' auch keinem andern zu).

Erklärung der Menschen- und Bürgerrechte *
(zit. nach W. Grab, Hrsg.: Die Französische Revolution, München 1973)

Die deutlich von der Verfassung Virginias aus dem Jahre 1776, dem ältesten Menschenrechtskatalog der Welt, inspirierte Menschenrechtserklärung der Französischen Revolution dokumentiert das von der bürgerlichen Aufklärung geformte Menschenbild.

26. August 1789

Da die Vertreter des französischen Volkes, als Nationalversammlung eingesetzt, erwogen haben, dass die Unkenntnis, das Vergessen oder die Verachtung der Menschenrechte die einzigen Ursachen des öffentlichen Unglücks und der Verderbtheit der Regierungen sind, haben sie beschlossen, die natürlichen, unveräußerlichen und heiligen Rechte der Menschen in einer feierlichen Erklärung darzulegen, damit diese Erklärung allen Mitgliedern der Gesellschaft beständig vor Augen ist und sie unablässig an ihre Rechte und Pflichten erinnert; damit die Handlungen der Gesetzgebenden wie der Ausübenden Gewalt in jedem Augenblick mit dem Endzweck jeder politischen Einrichtung verglichen werden können und dadurch mehr geachtet werden; damit die Ansprüche der Bürger, fortan auf einfache und unbestreitbare Grundsätze begründet, sich immer auf die Erhaltung der Verfassung und das Allgemeinwohl richten mögen.

Infolgedessen erkennt und erklärt die Nationalversammlung in Gegenwart und unter dem Schutze des Allerhöchsten folgende Menschen- und Bürgerrechte:

Art. 1. Die Menschen sind und bleiben von Geburt frei und gleich an Rechten. Soziale Unterschiede dürfen nur im gemeinen Nutzen begründet sein.

Art. 2. Das Ziel jeder politischen Vereinigung ist die Erhaltung der natürlichen und unveräußerlichen Menschenrechte. Diese Rechte sind Freiheit, Eigentum, Sicherheit und Widerstand gegen Unterdrückung.

Art. 3. Der Ursprung jeder Souveränität ruht letztlich in der Nation. Keine Körperschaften, kein Individuum können eine Gewalt ausüben, die nicht ausdrücklich von ihr ausgeht.

Art. 4. Die Freiheit besteht darin, alles tun zu können, was einem anderen nicht schadet. So hat die Ausübung der natürlichen Rechte eines jeden Menschen nur die Grenzen, die den anderen Gliedern der Gesellschaft den Genuss der gleichen Rechte sichern. Diese Grenzen können allein durch Gesetz festgelegt werden.

Art. 5. Nur das Gesetz hat das Recht, Handlungen, die der Gesellschaft schädlich sind, zu verbieten. Alles, was nicht durch Gesetz verboten ist, kann nicht verhindert werden, und niemand kann gezwungen werden zu tun, was es nicht befiehlt.

Art. 6. Das Gesetz ist der Ausdruck des allgemeinen Willens. Alle Bürger haben das Recht, persönlich oder durch ihre Vertreter an seiner Formung mitzuwirken. Es soll für alle gleich sein, mag es beschützen, mag es bestrafen. Da alle Bürger in seinen Augen gleich sind, sind sie gleicherweise zu allen Würden, Stellungen und Beamtungen nach ihrer Fähigkeit zugelassen ohne einen anderen Unterschied als den ihrer Tugenden und ihrer Talente.

Art. 7. Jeder Mensch kann nur in den durch das Gesetz bestimmten Fällen und in den Formen, die es vorschreibt, angeklagt, verhaftet und gefangen gehalten werden. Diejenigen, die willkürliche Befehle betreiben, ausfertigen, ausführen oder ausführen lassen, sollen bestraft werden. Doch jeder Bürger, der auf Grund des Gesetzes vorgeladen oder ergriffen wird, muss sofort gehorchen. Er macht sich durch Widerstand strafbar.

Art. 8. Das Gesetz soll nur solche Strafen festsetzen, die offenbar unbedingt notwendig sind. Und niemand kann auf Grund eines Gesetzes bestraft werden, das nicht vor Begehung der Tat erlassen, verkündet und gesetzlich angewandt worden ist.

Art. 9. Da jeder Mensch so lange für unschuldig gehalten wird, bis er für schuldig erklärt worden ist, soll, wenn seine Verhaftung für unumgänglich erachtet wird, jede Härte, die nicht notwendig ist, um sich seiner Person zu versichern, durch Gesetz streng vermieden werden.

Art. 10. Niemand soll wegen seiner Meinungen, selbst religiöser Art, beunruhigt werden, solange ihre Äußerungen nicht die durch das Gesetz festgelegte öffentliche Ordnung stören.

Art. 11. Die freie Mitteilung der Gedanken und Meinungen ist eines der kostbarsten Menschenrechte. Jeder Bürger kann also frei schreiben, reden, drucken unter Vorbehalt der Verantwortlichkeit für den Missbrauch dieser Freiheit in den durch Gesetz bestimmten Fällen.

Art. 12. Die Sicherung der Menschen- und Bürgerrechte erfordert eine Streitmacht. Diese Macht ist also zum Vorteil aller eingesetzt und nicht für den besonderen Nutzen derer, denen sie anvertraut ist.

Art. 13. Für den Unterhalt der Streitmacht und für die Kosten der Verwaltung ist eine allgemeine Abgabe unumgänglich. Sie muss gleichmäßig auf alle Bürger unter Berücksichtigung ihrer Vermögensumstände verteilt werden.

Art. 14. Alle Bürger haben das Recht, selbst oder durch ihre Abgeordneten die Notwendigkeit der öffentlichen Abgabe festzustellen, sie frei zu bewilligen, ihre Verwendung zu überprüfen und ihre Höhe, ihre Veranlagung, ihre Eintreibung und Dauer zu bestimmen.

Art. 15. Die Gesellschaft hat das Recht, von jedem öffentlichen Beamten Rechenschaft über seine Verwaltung zu fordern.

Art. 16. Eine Gesellschaft, in der die Verbürgung der Rechte nicht gesichert und die Gewaltenteilung nicht festgelegt ist, hat keine Verfassung.

Art. 17. Da das Eigentum ein unverletztliches und heiliges Recht ist, kann es niemandem genommen werden, wenn es nicht die gesetzlich festgelegte, öffentliche Notwendigkeit augenscheinlich erfordert und unter der Bedingung einer gerechten und vorherigen Entschädigung.

Die Menschenrechtserklärung der Vereinten Nationen *

(zit. nach D. Hesselberger, Das Grundgesetz, Kommentar für die politische Bildung Neuwied 1995, S. 42ff.)

Im Juni 1946 bildeten Die Vereinten Nationen eine Menschenrechtskommission. Sie erarbeitete eine Allgemeine Erklärung der Menschenrechte, die von der Generalversammlung der Vereinten Nationen am 10. 12. 1948 verkündet wurde. Diese Erklärung stellt den weltweiten Versuch dar, das moralische und rechtliche Fundament zu formulieren, auf dem das Gebäude der Menschheit errichtet werden sollte.

Präambel

Da die Anerkennung der allen Mitgliedern der menschlichen Familie innewohnenden Würde und ihrer gleichen und unveräußerlichen Rechte die Grundlage der Freiheit, der Gerechtigkeit und des Friedens in der Welt bildet,

da Verkennung und Missachtung der Menschenrechte zu Akten der Barbarei führten, die das Gewissen der Menschheit tief verletzt haben, und da die Schaffung einer Welt, in der den Menschen, frei von Furcht und Not, Rede- und Glaubensfreiheit zuteil wird, als das höchste Bestreben der Menschheit verkündet worden ist, da es wesentlich ist, die Men-

schenrechte durch die Herrschaft des Rechtes zu schützen, damit der Mensch nicht zum Aufstand gegen Tyrannei und Unterdrückung als letztem Mittel gezwungen wird,
da es wesentlich ist, die Entwicklung freundschaftlicher Beziehungen zwischen den Nationen zu fördern,
da die Völker der Vereinten Nationen in der Satzung ihren Glauben an die grundlegenden Menschenrechte, an die Würde und den Wert der menschlichen Person und an die Gleichberechtigung von Mann und Frau erneut bekräftigt und beschlossen haben, den sozialen Fortschritt und bessere Lebensbedingungen bei größerer Freiheit zu fördern,
da die Mitgliedstaaten sich verpflichtet haben, in Zusammenarbeit mit den Vereinten Nationen die allgemeine Achtung und Verwirklichung der Menschenrechte und Grundfreiheiten durchzusetzen,
da eine gemeinsame Auffassung über diese Rechte und Freiheiten von größter Wichtigkeit für die volle Erfüllung dieser Verpflichtung ist,

verkündet die Generalversammlung

die vorliegende Allgemeine Erklärung der Menschenrechte als das von allen Völkern und Nationen zu erreichende gemeinsame Ideal, damit jeder Einzelne und alle Organe der Gesellschaft sich diese Erklärung stets gegenwärtig halten und sich bemühen, durch Unterricht und Erziehung die Achtung dieser Rechte und Freiheiten zu fördern und durch fortschreitende Maßnahmen im nationalen und internationalen Bereiche ihre allgemeine und tatsächliche Anerkennung und Verwirklichung bei der Bevölkerung sowohl der Mitgliedstaaten wie der ihrer Oberhoheit unterstehenden Gebiete zu gewährleisten.

Art. 1: (Freiheit, Gleichheit, Brüderlichkeit)
Alle Menschen sind frei und gleich an Würde und Rechten geboren. Sie sind mit Vernunft und Gewissen begabt und sollen einander im Geiste der Brüderlichkeit begegnen.

Art. 2: (Verbot der Diskriminierung)
1. Jeder Mensch hat Anspruch auf die in dieser Erklärung verkündeten Rechte und Freiheiten, ohne irgendeine Unterscheidung, wie etwa nach Rasse, Farbe, Geschlecht, Sprache, Religion, politischer und sonstiger Überzeugung, nationaler oder sozialer Herkunft, nach Eigentum, Geburt oder sonstigen Umständen.

2. Weiter darf keine Unterscheidung gemacht werden aufgrund der politischen, rechtlichen oder internationalen Stellung des Landes oder Gebietes, dem eine Person angehört, ohne Rücksicht darauf, ob es unabhängig ist, unter Treuhandschaft steht, keine Selbstregierung besitzt oder irgendeiner anderen Beschränkung seiner Souveränität unterworfen ist.

Art. 3: (Recht auf Leben und Freiheit)
Jeder Mensch hat das Recht auf Leben, Freiheit und Sicherheit der Person.

Art. 4: (Verbot der Sklaverei und des Sklavenhandels)
Niemand darf in Sklaverei oder Leibeigenschaft gehalten werden; Sklaverei und Sklavenhandel sind in allen Formen verboten.

Art. 5: (Verbot der Folter)
Niemand darf der Folter oder grausamer, unmenschlicher oder erniedrigender Behandlung oder Strafe unterworfen werden.

Art. 6: (Anerkennung als Rechtsperson)
Jeder Mensch hat überall Anspruch auf Anerkennung als Rechtsperson.

Art. 7: (Gleichheit vor dem Gesetz)
Alle Menschen sind vor dem Gesetz gleich und haben ohne Unterschied Anspruch auf gleichen Schutz durch das Gesetz. Alle haben Anspruch auf den gleichen Schutz gegen jede

unterschiedliche Behandlung, welche die vorliegende Erklärung verletzen würde, und gegen jede Aufreizung zu einer derartigen unterschiedlichen Behandlung.

Art. 8: (Anspruch auf Rechtsschutz)

Jeder Mensch hat Anspruch auf wirksamen Rechtsschutz vor den zuständigen innerstaatlichen Gerichten gegen alle Handlungen, die seine ihm nach der Verfassung oder nach dem Gesetz zustehenden Grundrechte verletzen.

Art 9: (Schutz vor Verhaftung und Ausweisung)

Niemand darf willkürlich festgenommen, in Haft gehalten oder des Landes verwiesen werden.

Art. 10: (Anspruch auf rechtliches Gehör)

Jeder Mensch hat in voller Gleichberechtigung Anspruch auf ein der Billigkeit entsprechendes und öffentliches Verfahren vor einem unabhängigen und unparteiischen Gericht, das über seine Rechte und Verpflichtungen oder aber über irgendeine gegen ihn erhobene strafrechtliche Beschuldigung zu entscheiden hat.

Art. 11: (Quivis censetur innocens; nulla poena sine lege)

1. Jeder Mensch, der einer strafbaren Handlung beschuldigt wird, ist so lange als unschuldig anzusehen, bis seine Schuld in einem öffentlichen Verfahren, in dem alle für seine Verteidigung nötigen Voraussetzungen gewährleistet waren, gemäß dem Gesetz nachgewiesen ist.

2. Niemand kann wegen einer Handlung oder Unterlassung verurteilt werden, die im Zeitpunkt, da sie erfolgt, aufgrund des nationalen oder internationalen Rechts nicht strafbar war. Desgleichen kann keine schwerere Strafe verhängt werden als die, welche im Zeitpunkt oder Begehung der strafbaren Handlung anwendbar war.

Art. 12: (Freiheitssphäre des Einzelnen)

Niemand darf willkürlichen Eingriffen in sein Privatleben, seine Familie, sein Heim oder seinen Briefwechsel noch Angriffen auf seine Ehre und seinen Beruf ausgesetzt werden. Jeder Mensch hat Anspruch auf rechtlichen Schutz gegen derartige Eingriffe oder Anschläge.

Art. 13: (Freizügigkeit und Auswanderungsfreiheit)

1. Jeder Mensch hat das Recht auf Freizügigkeit und freie Wahl seines Wohnsitzes innerhalb eines Staates.

2. Jeder Mensch hat das Recht, jedes Land, einschließlich seines eigenen, zu verlassen sowie in sein Land zurückzukehren.

Art. 14: (Asylrecht)

1. Jeder Mensch hat das Recht, in anderen Ländern vor Verfolgungen Asyl zu suchen und zu genießen.

2. Dieses Recht kann jedoch im Falle seiner Verfolgung wegen nichtpolitischer Verbrechen oder wegen Handlungen, die gegen die Ziele und Grundsätze der Vereinten Nationen verstoßen, nicht in Anspruch genommen werden.

Art. 15: (Recht auf Staatsangehörigkeit)

1. Jeder Mensch hat Anspruch auf Staatsangehörigkeit.

2. Niemandem darf seine Staatsangehörigkeit willkürlich entzogen noch ihm das Recht versagt werden, seine Staatsangehörigkeit zu wechseln.

Art. 16: (Freiheit der Eheschließung, Schutz der Familie)

1. Heiratsfähige Männer und Frauen haben ohne Beschränkung durch Rasse, Staatsbürgerschaft oder Religion das Recht, eine Ehe zu schließen und eine Familie zu gründen. Sie haben bei der Eheschließung, während der Ehe und bei deren Auflösung die gleichen Rechte.

2. Die Ehe darf nur aufgrund der freien und vollen Willenseinigung der zukünftigen Ehegatten geschlossen werden.

3. Die Familie ist die natürliche und grundlegende Einheit der Gesellschaft und hat Anspruch auf Schutz durch Gesellschaft und Staat.

Art. 17: (Gewährleistung des Eigentums)

1. Jeder Mensch hat allein oder in der Gemeinschaft mit anderen Recht auf Eigentum.

2. Niemand darf willkürlich seines Eigentums beraubt werden.

Art. 18: (Gewissens- und Religionsfreiheit)

Jeder Mensch hat Anspruch auf Gedanken-, Gewissens- und Religionsfreiheit; dieses Recht umfasst die Freiheit, seine Religion oder seine Überzeugung zu wechseln, sowie die Freiheit, seine Religion oder seine Überzeugung allein oder in Gemeinschaft mit anderen, in der Öffentlichkeit oder privat, durch Lehre, Ausübung, Gottesdienst und Vollziehung von Riten zu bekunden.

Art. 19: (Meinungs- und Informationsfreiheit)

Jeder Mensch hat das Recht auf freie Meinungsäußerung; dieses Recht umfasst die Freiheit, Meinungen unangefochten anzuhängen und Informationen und Ideen mit allen Verständigungsmitteln ohne Rücksicht auf Grenzen zu suchen, zu empfangen und zu verbreiten.

Art. 20: (Versammlungs- und Vereinigungsfreiheit)

1. Jeder Mensch hat das Recht auf Versammlungs- und Vereinigungsfreiheit zu friedlichen Zwecken.

2. Niemand darf gezwungen werden, einer Vereinigung anzugehören.

Art. 21: (Allgemeines, gleiches Wahlrecht)

1. Jeder Mensch hat das Recht, an der Leitung öffentlicher Angelegenheiten seines Landes unmittelbar oder durch frei gewählte Vertreter teilzunehmen.

2. Jeder Mensch hat unter gleichen Bedingungen das Recht auf Zulassung zu öffentlichen Ämtern in seinem Land.

3. Der Wille des Volkes bildet die Grundlage für die Autorität der öffentlichen Gewalt; dieser Wille muss durch periodische und unverfälschte Wahlen mit allgemeinem und gleichem Wahlrecht bei geheimer Stimmabgabe oder in einem gleichwertigen freien Wahlverfahren zum Ausdruck kommen.

Art. 22: (Soziale Sicherheit)

Jeder Mensch hat als Mitglied der Gesellschaft Recht auf soziale Sicherheit; er hat Anspruch darauf, durch innerstaatliche Maßnahmen und internationale Zusammenarbeit unter Berücksichtigung der Organisation und der Hilfsmittel jedes Staates in den Genuss der für seine Würde und die freie Entwicklung seiner Persönlichkeit unentbehrlichen wirtschaftlichen, sozialen und kulturellen Rechte zu gelangen.

Art. 23: (Recht auf Arbeit und gleichen Lohn, Koalitionsfreiheit)

1. Jeder Mensch hat das Recht auf Arbeit, auf freie Berufswahl, auf angemessene und befriedigende Arbeitsbedingungen sowie auf Schutz gegen Arbeitslosigkeit.

2. Alle Menschen haben ohne jede unterschiedliche Behandlung das Recht auf gleichen Lohn für gleiche Arbeit.

3. Jeder Mensch, der arbeitet, hat das Recht auf angemessene und befriedigende Entlohnung, die ihm und seiner Familie eine der menschlichen Würde entsprechende Existenz sichert und die, wenn nötig, durch andere soziale Schutzmaßnahmen zu ergänzen ist.

4. Jeder Mensch hat das Recht, zum Schutz seiner Interessen Berufsvereinigungen zu bilden und solchen beizutreten.

Art. 24: (Erholung und Freiheit)

Jeder Mensch hat Anspruch auf Erholung und Freizeit sowie auf eine vernünftige Begrenzung der Arbeitszeit und auf periodischen, bezahlten Urlaub.

Art. 25: (Soziale Betreuung)

1. Jeder Mensch hat Anspruch auf eine Lebenshaltung, die seine und seiner Familie Gesundheit und Wohlbefinden einschließlich Nahrung, Kleidung, Wohnung, ärztliche Betreuung und der notwendigen Leistungen der sozialen Fürsorge gewährleistet; er hat das Recht auf Sicherheit im Falle von Arbeitslosigkeit, Krankheit, Invalidität, Verwitwung, Alter oder von anderweitigem Verlust seiner Unterhaltungsmittel durch unverschuldete Umstände.

2. Mutter und Kind haben Anspruch auf besondere Hilfe und Unterstützung. Alle Kinder, eheliche und uneheliche, genießen den gleichen sozialen Schutz.

Art. 26: (Kulturelle Betreuung, Elternrecht)

1. Jeder Mensch hat das Recht auf Bildung. Der Unterricht muss wenigstens in den Elementar- und Grundschulen unentgeltlich sein. Der Elementarunterricht ist obligatorisch, fachlicher und beruflicher Unterricht soll allgemein zugänglich sein; die höheren Studien sollen allen nach Maßgabe ihrer Fähigkeiten und Leistungen in gleicher Weise offen stehen.

2. Die Ausbildung soll die volle Entfaltung der menschlichen Persönlichkeit und die Stärkung der Achtung der Menschenrechte und Grundfreiheiten zum Ziele haben. Sie soll Verständnis, Duldsamkeit und Freundschaft zwischen allen Nationen und allen rassischen oder religiösen Gruppen fördern und die Tätigkeit der Vereinten Nationen zur Aufrechterhaltung des Friedens begünstigen.

3. In erster Linie haben die Eltern das Recht, die Art der ihren Kindern zuteil werdenden Bildung zu bestimmen.

Art. 27: (Freiheit des Kulturlebens)

1. Jeder Mensch hat das Recht, am kulturellen Leben der Gemeinschaft frei teilzunehmen, sich der Künste zu erfreuen und am wissenschaftlichen Fortschritt und dessen Wohltaten teilzuhaben.

2. Jeder Mensch hat das Recht auf Schutz der moralischen und materiellen Interessen, die sich aus jeder wissenschaftlichen, literarischen oder künstlerischen Produktion ergeben, deren Urheber er ist.

Art. 28: (Angemessene Sozial- und Internationalordnung)

Jeder Mensch hat Anspruch auf eine soziale und internationale Ordnung, in welcher die in der vorliegenden Erklärung angeführten Rechte und Freiheiten voll verwirklicht werden können.

Art. 29. (Grundpflichten)

1. Jeder Mensch hat Pflichten gegenüber der Gemeinschaft, in der allein die freie und volle Entwicklung seiner Persönlichkeit möglich ist.

2. Jeder Mensch ist in Ausübung seiner Rechte und Freiheiten nur den Beschränkungen unterworfen, die das Gesetz ausschließlich zu dem Zwecke vorsieht, um die Anerkennung und Achtung der Rechte und Freiheiten der anderen zu gewährleisten und den gerechten Anforderungen der Moral, der öffentlichen Ordnung und der allgemeinen Wohlfahrt in einer demokratischen Gesellschaft zu genügen.

3. Rechte und Freiheiten dürfen in keinem Fall im Widerspruch zu den Zielen und Grundsätzen der Vereinten Nationen ausgeübt werden.

Keine Bestimmung der vorliegenden Erklärung darf so ausgelegt werden, dass sich daraus für einen Staat, eine Gruppe oder eine Person irgendein Recht ergibt, eine Tätigkeit auszuüben oder eine Handlung vorzunehmen, welche auf die Vernichtung der in dieser Erklärung angeführten Rechte und Freiheiten abzielen.

Max Weber **

MACHT UND HERRSCHAFT

aus: Politik als Beruf
(Berlin 1977, S. 8f. und aus: Methodologische Schriften, Frankfurt/M 1968, S. 336ff.)

Der deutsche Soziologe M. Weber fragt in der berühmten Vorlesung „Politik als Beruf" aus dem Jahre 1919 weder nach dem Ursprung noch nach dem Wesen des Staates, sondern allein nach der Funktionsweise und den Strukturen des Staates. Die zentrale Frage dabei ist die nach dem Verhältnis von Staat und Gewalt. Im Zuge dieser Überlegungen kommt Weber später zur mittlerweile klassisch gewordenen Definitionen von Macht und Herrschaft.

Gewaltsamkeit ist natürlich nicht etwa das normale und einzige Mittel des Staates: – davon ist keine Rede –, wohl aber: das ihm spezifische. Gerade heute ist die Beziehung des Staates zur Gewaltsamkeit besonders intim. In der Vergangenheit haben die verschiedensten Verbände – von der Sippe angefangen – physische Gewaltsamkeit als ganz normales Mittel gekannt. Heute dagegen werden wir sagen müssen: Staat ist diejenige menschliche Gemeinschaft, welche innerhalb eines bestimmten Gebietes – dies: das „Gebiet", gehört zum Merkmal – das *Monopol legitimer physischer Gewaltsamkeit* für sich (mit Erfolg) beansprucht. Denn das der Gegenwart Spezifische ist: dass man allen anderen Verbänden oder Einzelpersonen das Recht zur physischen Gewaltsamkeit nur so weit zuschreibt, als der Staat sie von ihrer Seite zulässt: Er gilt als alleinige Quelle des „Rechts" auf Gewaltsamkeit. „Politik" würde für uns also heißen: Streben nach Machtanteil oder nach Beeinflussung der Machtverteilung, sei es zwischen Staaten, sei es innerhalb eines Staates zwischen den Menschengruppen, die er umschließt.

Jeder Herrschaftsbetrieb, welcher kontinuierliche Verwaltung erheischt, braucht einerseits die Einstellung menschlichen Handelns auf den Gehorsam gegenüber jenen Herren, welche Träger der legitimen Gewalt zu sein beanspruchen, und andererseits, vermittelst dieses Gehorsams, die Verfügung über diejenigen Sachgüter, welche gegebenenfalls zur Durchführung der physischen Gewaltanwendung erforderlich sind: den personalen Verwaltungsstab und die sachlichen Verwaltungsmittel.

Das entspricht im Wesentlichen ja auch dem Sprachgebrauch. Wenn man von einer Frage sagt: sie sei eine „politische" Frage, von einem Minister oder Beamten: er sei ein „politischer" Beamter, von einem Entschluss: er sei „politisch" bedingt, so ist damit immer gemeint: Machtverteilungs–, Machterhaltungs- oder Machtverschiebungsinteressen sind maßgebend für die Antwort auf jene Frage oder bedingen diesen Entschluss oder bestimmen die Tätigkeitssphäre des betreffenden Beamten. – Wer Politik treibt, erstrebt Macht, – Macht entweder als Mittel im Dienst anderer Ziele – idealer oder egoistischer – oder Macht „um ihrer selbst willen": um das Prestigegefühl, das sie gibt, zu genießen.

Der Staat ist, ebenso wie die ihm geschichtlich vorausgehenden politischen Verbände, ein auf das Mittel der legitimen (das heißt: als legitim angesehenen) Gewaltsamkeit gestütztes

*Herrschafts*verhältnis von Menschen über Menschen. Damit er bestehe, müssen sich also die beherrschten Menschen der beanspruchten Autorität der jeweils herrschenden *fügen*.

(...)

Macht bedeutet jede Chance, innerhalb einer sozialen Beziehung den eigenen Willen auch gegen Widerstreben durchzusetzen, gleichviel worauf diese Chance beruht.

Herrschaft soll heißen die Chance, für einen Befehl bestimmten Inhalts bei angebbaren Personen Gehorsam zu finden; *Disziplin* soll heißen die Chance, kraft eingeübter Einstellung für einen Befehl prompten, automatischen und schematischen Gehorsam bei einer angebbaren Vielheit von Menschen zu finden.

Der Tatbestand einer Herrschaft ist nur an das aktuelle Vorhandensein *eines* erfolgreich *anderen* Befehlenden, aber weder unbedingt an die Existenz eines Verwaltungsstabes noch eines Verbandes geknüpft; dagegen allerdings – wenigstens in allen normalen Fällen – an die *eines* von beiden. Ein Verband soll insoweit, als seine Mitglieder als solche kraft geltender Ordnung Herrschaftsbeziehungen unterworfen sind, *Herrschaftsverband* heißen ... Es ist nicht möglich, einen politischen Verband – auch nicht: den „Staat" – durch Angeben des *Zweckes* seines Verbandshandelns zu definieren. Von der Nahrungsfürsorge bis zur Kunstprotektion hat es keinen Zweck gegeben, den politische Verbände *nicht* gelegentlich, von der persönlichen Sicherheitsgarantie bis zur Rechtsprechung keinen, den *alle* politischen Verbände verfolgt hätten. Man kann daher den „politischen" Charakter eines Verbandes *nur* durch das – unter Umständen zum Selbstzweck – gesteigerte – *Mittel* definieren, welches nicht ihm allein eigen, aber allerdings spezifisch und für sein Wesen *unentbehrlich* ist: die Gewaltsamkeit. Dem Sprachgebrauch entspricht dies nicht ganz; aber er ist ohne Präzisierung unbrauchbar. Man spricht von „Devisenpolitik" der Reichsbank, von der „Finanzpolitik" einer Vereinsleitung, von der „Schulpolitik" einer Gemeinde und meint damit die planvolle Behandlung und *Führung* einer bestimmten sachlichen Angelegenheit. In wesentlich charakteristischerer Art scheidet man die „politsche" Seite oder Tragweite einer Angelegenheit oder den „politischen" Beamten, die „politische" Zeitung, die „politische" Revolution, den „politischen" Verein, die „politische" Partei, die „politische" Folge von anderen: wirtschaftlichen, kulturellen, religiösen usw. Seiten oder Arten der betreffenden Personen, Sachen, Vorgänge, – und meint damit alles das, was mit den Herrschaftsverhältnissen innerhalb des (nach unserem Sprachgebrauch): „politischen" Verbandes: des Staats, zu tun hat, deren Aufrechterhaltung, Verschiebung, Umsturz herbeiführen oder hindern oder fördern kann, im Gegensatz zu Personen, Sachen, Vorgängen, die damit nichts zu schaffen haben. Es wird also auch in diesem Sprachgebrauch das Gemeinsame in dem *Mittel*: „Herrschaft": in der *Art* nämlich, wie eben staatliche Gewalten sie ausüben, unter Ausschaltung des Zwecks, dem die Herrschaft dient, gesucht. Daher lässt sich behaupten, dass die hier zu Grunde gelegte Definition nur eine Präzision des Sprachgebrauchs enthält, indem sie das tatsächlich Spezifische: die Gewaltsamkeit (aktuelle oder virtuelle) scharf betont.

Der Sprachgebrauch nennt freilich „politische Verbände" nicht nur die Träger der als legitim geltenden Gewaltsamkeit selbst, sondern z. B. auch Parteien und Klubs, welche die (auch: ausgesprochen *nicht* gewaltsame) Beeinflussung des politischen Verbandshandelns bezwecken. Wir wollen diese Art des sozialen Handelns als „politisch *orientiert*" von dem eigentlich „politischen" Handeln ... scheiden.

Den *Staatsbegriff* empfiehlt es sich, da er in seiner Vollentwicklung durchaus modern ist, auch seinem modernen Typus entsprechend – aber wiederum: unter Abstraktion von den, wie wir ja jetzt erleben, wandelbaren inhaltlichen Zwecken – zu definieren. Dem heutigen *Staat* formal charakteristisch ist: eine Verwaltungs- und Rechtsordnung, welche durch

Satzungen abänderbar ist, an der der Betrieb des Verbandshandelns des (gleichfalls durch Satzung geordneten) Verwaltungsstabes sich orientiert und welche Geltung beansprucht nicht nur für die – im Wesentlichen durch Geburt in den Verband hineingelangenden – Verbandsgenossen, sondern in weitem Umfang für alles auf dem beherrschten Gebiet stattfindende Handeln (also: gebietsanstaltsmäßig). Ferner aber: dass es „legitime" Gewaltsamkeit heute nur noch insoweit gibt, als die staatliche Ordnung sie zulässt oder vorschreibt (z. B. dem Hausvater das „Züchtigungsrecht" belässt, einen Rest einstmaliger eigenlegitimer, bis zur Verfügung über Tod und Leben des Kindes oder Sklaven gehender Gewaltsamkeit des Hausherrn). Dieser Monopolcharakter der staatlichen Gewaltherrschaft ist ein ebenso wesentliches Merkmal ihrer Gegenwartslage wie ihr rationaler „Anstalts"- und kontinuierlicher „Betriebs"-Charakter.

legitim: *für berechtigt erachten*

Michel Foucault **

Mikrophysik der Macht

aus: Mikrophysik der Macht
(übers. von Ulrich Raulf, Berlin 1976, S. 114ff.)

Der französische Philosoph Michel Foucault (1926 – 1984) kritisiert in diesem Text ein allzu einfaches Verständnis von Macht, das so tut, als gäbe es jene, die die Macht besitzen, und die Ohnmächtigen. Foucault plädiert dafür, Macht als ein komplexes Geflecht von Beziehungen und Wechselspielen aufzufassen.

Die Formel: „Sie haben die Macht" mag politisch ihren Wert haben; zu einer historischen Analyse taugt sie nicht. Die Macht wird nicht besessen, sie wirkt in der ganzen Dicke und auf der ganzen Oberfläche des sozialen Feldes gemäß einem System von Relais, Konnexionen, Transmissionen, Distributionen etc. Die Macht wirkt durch kleinste Elemente: die Familie, die sexuellen Beziehungen, aber auch: Wohnverhältnisse, Nachbarschaft etc. Soweit man auch geht im sozialen Netz, immer findet man die Macht als etwas, das „durchläuft", das wirkt, das bewirkt. Sie kommt zur Wirkung oder nicht, das heißt, die Macht ist immer eine bestimmte Form augenblickhafter und beständig wiederholter Zusammenstöße innerhalb einer bestimmten Anzahl von Individuen. Die Macht wird deshalb nicht besessen, weil sie spielt, weil sie sich riskiert. Die Macht wird gewonnen wie eine Schlacht und genauso verloren. Im Herzen der Macht ist ein kriegerisches Verhältnis und nicht eines der Aneignung.

Die Macht ist niemals voll und ganz auf einer Seite. Sowenig es einerseits die gibt, die die Macht „haben", gibt es andererseits die, die überhaupt keine haben. Die Beziehung zur Macht ist nicht im Schema von Passivität-Aktivität enthalten. Sicherlich gibt es innerhalb des gesellschaftlichen Feldes „eine Klasse", die strategisch gesehen einen privilegierten Platz einnimmt und die sich durchsetzen kann, Siege einsammeln und eine Wirkung von Übermacht *(surpouvoir)* zu ihren Gunsten erlangen kann. Aber diese Wirkung gehört nicht zur Ordnung der Besitzerweiterung *(sur-possession)* oder des gesteigerten Profits *(sur-profit)*. Die Macht ist niemals monolithisch. Sie wird nie völlig von einem Gesichtspunkt aus kontrolliert. In jedem Augenblick spielt die Macht in kleinen singularen Teilen.

So ist im 19. Jahrhundert das Problem des Arbeitersparens der Ort eines Machtkampfes gewesen. Seitens der Unternehmerschaft ist das Arbeitersparen aus dem Bedürfnis entstanden, die Arbeiterklasse räumlich und zeitlich an einen Produktionsapparat zu fixieren. Aber dieses von der Unternehmerstrategie durchgesetzte Arbeitersparen führte dazu, dass der Arbeiter fortan über eine gewisse Ansammlung von Mitteln verfügte, die es ihm ermöglichte zu streiken.

Man kann nicht Macht und Reichtum gleichsetzen: Die Macht ist eine permanente Strategie, die man auf dem Hintergrund des Bürgerkrieges denken muss. Man muss das Schema aufgeben, nach dem die Macht einigen per Vertrag vom Willen aller übertragen ist.

Die Macht lässt sich nicht als etwas beschreiben, was in den Staatsapparaten lokalisiert wäre. Vielleicht reicht es nicht einmal zu sagen, dass die Staatsapparate der Einsatz in einem inneren oder äußeren Kampf sind. Der Staatsapparat ist eine konzentrierte Form – eine Hilfsstruktur – das Instrument eines Systems von Mächten, die weit darüber hinausgehen, so dass praktisch gesehen weder die Kontrolle noch die Zerstörung des Staatsapparates ausreichen können, um einen bestimmten Machttypus zum Verschwinden oder zur Veränderung zu bringen.

Die Beziehung zwischen den Staatsapparaten und dem Mächtesystem, in dessen Innerem sie begriffen sind und funktionieren, erhellt sich, wenn man sich den Polizeiapparat der französischen Monarchie ansieht. Dieser Staatsapparat war tief eingemauert in das Innere eines Machtsystems. Es konnte nur „lettres de cachet“ geben, und der Polizeiapparat konnte nur in dem Maße funktionieren, wie er sich mit einem System von Mächten verzahnte, die sich über die väterliche Autorität und das Wirken der lokalen und religiösen Gemeinschaften verteilten. Nur weil es dieses feine Netz von Mächten in der Gesellschaft gab, hat der neue polizeiliche Staatsapparat funktionieren können. Man hat gesehen, wie die Leute, die an der Spitze solcher kleinen Pyramiden von Mächten standen, sich des Polizeiapparates bemächtigten, um ihn funktionieren zu lassen. In gleicher Weise funktioniert der Strafapparat im 19. Jahrhundert in Verbindung mit dem Disziplinarsystem, das seine Möglichkeitsbedingungen bildet, einem System, dessen Agenten die Unternehmer sind, die Aufseher in den Fabriken, die technischen Angestellten, die Beamten, die Vorarbeiter, die Vermieter, die Lieferanten, die dem Arbeiter Kredit geben, etc. Alle diese Elemente konstituieren ebenso viele Machtinstanzen, die dem Strafapparat erlauben werden zu funktionieren (man hat gesehen, wie durch eine Häufung kleiner, dem Staatsapparat fremder Strafen die Individuen in Richtung auf den Strafapparat gedrängt wurden, um dessen Objekte zu werden). Man muss die Mächtesysteme nicht nur von den Staatsapparaten, sondern auch von den politischen Strukturen trennen.

Relais: *Schaltstellen*
Konnexionen: *Verbindungen*
Transmissionen: *Übertragungen*
Distributionen: *Verteilungen*
lettres de cachet: *Verhaftungsbefehle (vor der franz. Revolution)*

Umberto Eco **

Dialog über die Todesstrafe

aus: Über Gott und die Welt

(übers. von Burkhart Kroeber, München 1985, S. 139ff.)

Der durch den Roman „Der Name der Rose“ bekannt gewordene italienische Philosoph und Zeichentheoretiker Umberto Eco (geb. 1932) versucht in diesem fiktiven „antiken“ Dialog zu zeigen, dass der Staat niemals das Recht für sich beanspruchen darf, die Todesstrafe zu vollstrecken.

ECO: Du siehst bekümmert aus, o Renzo Tramaglino. Was bedrückt dein nun doch so ruhiges Dasein im Frieden der Ordnung und des Gesetzes? Sollte dein Weib Lucia, angestachelt von jenen neuen Gelüsten, die man die „feministischen“ nennt, dir die Freuden des Ehegemaches verwehren, um so ihr Recht auf Empfängnisverhütung durchzusetzen? Oder drückt die gute Mutter Agnese allzu heftige Küsse auf die Wangen deiner Sprösslinge und weckt damit unguterweise das Unbewusste in ihnen, so dass du nun fürchtest, sie würden verzärtelt und „mutterfixiert“? Oder erzählt dir der Doktor Azzeccagarbugli (der Rechtsverdreher, auch Doktor Pfiffikus, Doktor Händelfischer genannt) von „parallelen Konvergenzen“ im Streit der Parteien und lähmt damit deine Bereitschaft zum Eingriff ins öffentliche Geschehen? Oder zwingt dich am Ende gar Don Rodrigo, indem er die „Einkommenshäufungsregelung“ durchsetzt, zur Zahlung noch höherer Steuern, als sie der Ungenannte entrichtet, der seine Gelder ins Bergamaskische transferiert?

RENZO: Mich bedrückt, o aufmerksamer Besucher, der „Graue“. Er hat jetzt Banden mit seinesgleichen organisiert und raubt, von ehrlosen Fährleuten unterstützt, noch immer junge Mädchen, doch nun auf eigene Rechnung, um fettes Lösegeld zu erpressen, und hat er's bekommen, so scheut er sich nicht, sie barbarisch zu töten. Und wo die Ehrlichen ihre Vermögen lagern, bricht er ein, das Gesicht unter Seidenstrümpfen verhüllt, und raubt und plündert, und nimmt sich weitere Geiseln und terrorisiert unsere Städte, die längst zu Schauplätzen wüster Verbrechen geworden sind, während die braven Bürger vor ihm erzittern und die Häscher machtlos der Ausbreitung des Verbrechens zusehen müssen, ohne ihr etwas entgegensetzen zu können, so dass die Guten und Ehrlichen sich mit Schaudern fragen, wohin das alles noch führen soll.

Und ich, der ich doch so sanftmütig und jovial bin, der ich die Thesen eines der Großen dieses Landes vertreten habe, nämlich des Rechtsgelehrten Beccaria, der so überzeugend dargetan hatte, dass der Staat nicht lehren kann, das Töten zu unterlassen, wenn er selbst die legale Tötung betreibe, auch ich fühle mich verstört. Und ich frage mich, ob es nicht an der Zeit ist, für derart schlimme Verbrechen die Todesstrafe wieder einzuführen, zum Schutze des wehrlosen Bürgers und zur Warnung an alle, die ihm Böses tun wollen.

ECO: Ich verstehe dich, Renzo. Es ist menschlich, dass angesichts grauenvoller Verbrechen, wenn blutjunge Mädchen den geliebten Eltern entrissen werden, spontan der Gedanke an Rache aufkommt und das Bedürfnis nach einer Verteidigung bis zum Äußersten. Auch ich bin Vater und frage mich oft, was ich täte, gesetzt den Fall, mein Sohn wäre von unbekannten Entführern getötet worden und es gelänge mir, den Schuldigen zu fassen, ehe die Häscher ihn fänden.

RENZO: Und was würdest zu tun?

ECO: Mein erster Impuls wäre, ihn zu töten. Aber ich würde mich zügeln und mir sagen, dass es sehr viel befriedigender für meinen wilden Schmerz wäre, wenn ich ihn vorher noch einer langen Tortur unterzöge. Ich würde ihn an einen sicheren Ort verbringen und damit beginnen, ihm die Hoden zu malträtieren. Dann die Fingernägel, am besten durch

Einführung kleiner Bambusspäne, wie es von grausamen orientialischen Völkern berichtet wird. Dann würde ich ihm die Ohren abreißen und seinen Kopf mit blanken elektrisch geladenen Drähten martern. Und nach diesem Bad in Blut und Grauen hätte ich dann das Gefühl, dass mein Schmerz, wenn schon nicht besänftigt, so doch mit Wildheit gesättigt wäre. Und würde mich meinem Schicksal ergeben, wissend, dass meine Seele nie mehr die frühere Ruhe und Ausgeglichenheit finden würde.

RENZO: Siehst du, also …

ECO: Ja, doch gleich danach würde ich mich den Hütern des Gesetzes stellen, auf dass sie mich in Ketten legten und exemplarisch bestraften, denn schließlich hätte ich ein Verbrechen begangen, nämlich einen Menschen getötet, was man nicht darf. Als mildernd käme mir zwar der Umstand zugute, dass zwischen dem Schmerz eines jäh seines Kindes beraubten Vaters und dem Wahnsinn nicht viel Unterschied ist, und ich würde um besondere Nachsicht bitten. Aber nie könnte ich vom Staat verlangen, an meine Stelle zu treten, auch weil der Staat keine Leidenschaften zu befriedigen hat, sondern nur darauf beharren muss, dass es in jedem Fall böse ist, einen Menschen zu töten. Und folglich kann der Staat keine Menschen töten, um zu lehren, dass es böse ist, Menschen zu töten.

RENZO: Ich kenne diese Argumente. Die Wiedereinführung der Todesstrafe wird von zweifelhaften Leuten gefordert, deren Bestreben die Ordnung als Terror ist, um die Zeit der Gewaltherrschaft wiederherzustellen. Vor einigen Tagen las ich jedoch in einer der einflussreichsten Gazetten unseres Landes einen langen und wohlüberlegten Artikel eines gestrengen Philosophen, der am Ende, nach gebührender Abwägung alles einschlägigen Für und Wider, mit subtilen Paralipsen die Frage aufwirft, ob es nicht an der Zeit sei, angesichts so schwer wiegender Verbrechen mit der Autorität des Staates, zur Beruhigung und zum Schutze der Bürger, auch das Recht zur Verschärfung der Höchststrafen wiederherzustellen. Und in der Tat hat ja die Todesstrafe, scheint mir, wenigstens noch eine Abschreckungswirkung, indem sie anderen Missetätern Angst einjagt, während die heutigen Gefängnisse, Orte milder Umerziehung und leichter Ausbrüche, keine Mörderhand mehr zu schrecken vermögen.

ECO: Ich hörte von diesen Gedankengängen. Und sie scheinen ja alle zu überzeugen. Doch vielleicht kennst du einen anderen Philosophen nicht, der uns alle sehr viel gelehrt hat, auch jene Denker, die für Wiedereinführung der Todesstrafe plädieren. Es war ein gewisser Kant, der in Erinnerung rief, dass die Menschen stets nur als Zweck und nie als Mittel benutzt werden dürften …

RENZO: Ein edler Gedanke.

ECO: Siehst du, und wenn ich nun Hinz töte, um dadurch Kunz zu warnen, benutze ich dann nicht Hinz als Mittel, um Kunz abzuschrecken und alle anderen vor seinen möglichen Mordgelüsten zu schützen? Und wenn es erlaubt wäre, Hinz als Botschaft für Kunz zu benutzen, warum sollte es dann nicht erlaubt sein, Samuel zur Produktion von Seife für Adolf zu benutzen?

RENZO: Aber da ist doch ein Unterschied. Hinz hat ein Verbrechen begangen, und folglich wird ihm zu Recht eine Strafe von gleicher Art auferlegt, nicht aus Rache, sondern im Sinne der ausgleichenden Gerechtigkeit. Samuel ist unschuldig. Hinz ist es nicht.

ECO: Dann meinst du jetzt aber nicht mehr, dass Hinz getötet werden müsse, um Kunz abzuschrecken, sondern nur noch, dass Hinz genauso viel Leid zugefügt werden müsse, wie er anderen zugefügt hat?

RENZO: Beides zugleich. Ich darf Hinz als Mittel benutzen, da mir, nachdem er das Recht verwirkt hat, als Selbstzweck betrachtet zu werden, sein Tod dazu dient, andere Tode zu verhindern und allen kundzutun, dass jeder stets das erleiden muss, was er anderen angetan. Der Staat garantiert die Sicherheit seiner Bürger durch strenge Anwendung der Gesetze. Und wenn es nützlich erscheint, zur Aufrechterhaltung der Sicherheit die abstrakte, rigorose und ehrwürdige Bestrafung nach dem Talionsprinzip anzuwenden, also die Wiedervergeltung von Gleichem mit Gleichem, so sei sie willkommen, denn sie enthält ein Gran uralter Weisheit. Staatliche Wiedervergeltung ist keine Rache, sondern Geometrie.

ECO: Ich missachte durchaus nicht die alte Weisheit. Doch sage mir, Renzo, seit du nun eine so strenge und übermenschliche Sicht des Gesetzes hast und staatlich verordneten Tod nicht als Mord betrachtest, sondern als ausgleichende Gerechtigkeit: Angenommen, der Staat würde dich erwählen, sei es durch Los oder turnusmäßigen Wechsel, einen Mörder vom Leben zum Tod zu befördern, würdest du akzeptieren?

RENZO: Ich könnte nicht ablehnen. Und meine Seele bliebe ruhig. Wer für die Todesstrafe eintritt, muss auch bereit sein, sie mit eigener Hand zu vollziehen, wenn die Gemeinschaft es ihm befiehlt.

ECO: Nun sage mir, gibt es nicht auch Verbrechen, die zwar nicht Mord sind, aber ebenso grässlich und furchtbar? Was würdest du sagen, wenn einer, statt dein Söhnchen zu töten, sich in brutaler Weise sodomitisch an ihm verginge, so dass es für sein ganzes Leben davon gezeichnet bliebe?

RENZO: Das wäre ein ebenso schlimmes Verbrechen, wenn nicht noch schlimmer.

ECO: Doch müsste man so einem nicht, wollte man dem Prinzip der Vergeltung von Gleichem mit Gleichem folgen, in sodomitischer Weise Gewalt antun?

RENZO: Nun ja, wenn du mich so fragst, gewiss.

ECO: Und wenn der Staat dich auffordern würde, sei es durch Los oder turnusmäßigen Wechsel, dem Übeltäter auf solche Weise Gewalt anzutun, würdest du dich dazu bereit finden?

RENZO: Bei Gott! Ich bin doch kein lüsterner Unhold!

ECO: Aber du wärest ein lüsterner Mordbube?

RENZO: Verwirre mich nicht. Ich meine, die zweite Tat würde mich mit Widerwillen und Ekel erfüllen.

ECO: Während die erste dir Vergnügen und sadistische Freude bereiten würde?

RENZO: Leg mir nicht Dinge in den Mund, die ich nicht gesagt habe. Ich meine, durch den Akt des Tötens würde ich mir nicht selbst einen Schaden zufügen, während mir die Ausübung eines Aktes, der mich anwidert, Ekel und Schmerz verursachen würde. Der Staat kann nicht verlangen, dass ich, um einen Übeltäter zu strafen, selber ein Übel erleide.

ECO: Mit anderen Worten, du willst nicht als Mittel benutzt werden.

RENZO: O nein!

ECO: Und doch würdest du einen lebenden Menschen, indem du ihn tötest, als Mittel zur Abschreckung anderer Menschen benutzen.

RENZO: Ja, aber da er gemordet hat, ist er weniger Mensch als die anderen … Oder nicht?

ECO: Nein. Und es beunruhigt mich, dass gerade jene, die bereit sind, einen Mörder als minderen Menschen zu sehen, sich andererseits gegen jede Abtreibungspraxis verwahren, indem sie sagen, ein Mensch sei immer ein Mensch, auch wenn er vorerst nur der Ansatz zu einem Foetus ist. Befinden sich jene nicht in einem Widerspruch?

RENZO: Du bringst mich ganz durcheinander. Und was ist dann mit der Notwehr?

ECO: Notwehr liegt vor, wenn zwei Menschen aneinander geraten, von denen der eine versucht, den anderen zu seinem Mittel herabzumindern, und der andere dieser Gewalttat ausweichen muss: wenn möglich ohne den Angreifenden zu töten, aber wenn es nicht anders geht, indem er ihn gewaltsam an der Gewalttat hindert. In diesem Fall geht das Recht des Unschuldigen dem des Schuldigen vor.

Doch wenn der Staat den Schuldigen hinrichten lässt, so hindert er ihn nicht mehr am Begehen der Tat, sondern benutzt ihn, ich wiederhole es, nur noch als Mittel. Und hat man erst einmal begonnen, einen Menschen als Mittel zu benutzen in der Meinung, es gebe Menschen, die weniger Menschen seien als andere, so unterhöhlt man das Fundament des Gesellschaftsvertrages, auf dem der Staat sich erhebt. Beim Problem der Abtreibung geht es gar nicht so sehr um die Frage, ob es erlaubt sei, einen Menschen zu töten, sondern mehr darum, ob ein Foetus ein Mensch sei und – auch als formloser Ansatz im Uterus – bereits den Gesetzen des Gesellschaftsvertrages unterliege, oder nicht eher als Eigentum des Mutterleibes zu gelten habe.

Doch ein Mörder, eingefügt in den Gesellschaftsvertrag, ist in jeder Hinsicht ein Mensch. Und wenn du meinst, er sei weniger Mensch als andere, wirst du morgen womöglich auch jene als mindere Menschen betrachten, die sich erkühnen, die Todesstrafe zu fordern, und ihren Tod verlangen, um die anderen von derart schlimmem Gedankengut zu befreien.

RENZO: Aber was soll ich dann tun?

ECO: Frage dich einmal, ob Don Rodrigo in seiner Burg nicht womöglich die Mafia der Fährleute kontrolliert, indem er Dublonen ins Bergamaskische schmuggelt und den „Grauen“ ermuntert, durch Menschenraub Lösegeld zu erpressen.

RENZO: Und angenommen, ich hätte das aufgedeckt?

ECO: Dann würdest du begreifen, dass der Tod des „Grauen“ auf dem Schafott nicht das Leben deiner Kinder verbürgt, da er Don Rodrigo nicht schrecken würde …

RENZO: Und was würde ihn schrecken?

ECO: Tyrannenmord. Aber das ist ein anderes Thema.

Renzo, Don Rodrigo, der Graue: *Figuren aus Alessandro Manzonis berühmten Roman* Die Verlobten *(erschienen 1825 – 72)*

Azzeccagarbugli: *Figur aus Manzonis Roman* Die Verlobten*, deren Name verschieden übersetzt wird.*

Paralipsen: *rhetorische Figur, bei der man etwas durch die Erklärung, es übergehen zu wollen, erst recht hervorheben will*

Kant: *Anspielung auf jene Formulierung des kategorischen Imperativs, nach der der Mensch* nie nur *als Mittel, sondern immer* auch *als Zweck betrachtet werden soll*

Voltaire *

GESPRÄCH ZWISCHEN EINEM WILDEN UND EINEM BAKKALAUREUS (1761)
aus: Kritische und Satirische Schriften
(übers. von K. A. Horst, L. Ronte und J. Timm, München 1984, S. 114ff.)

Der Aufklärer Voltaire (1694 – 1778) zeigt in diesem Text, wie die Vorurteile und Klischees, die der „gebildete Europäer“ sich vom „Wilden“ macht, in die Irre gehen bzw. mehr über ihn selbst offenbaren.

Ein Statthalter von Cayenne brachte eines Tages einen Wilden aus Guiana mit, der von Natur viele gesunde Vernunft hatte und der das Französische ziemlich gut sprach. Ein Bakkalaureus aus Paris hatte die Ehre, folgende Unterredungen mit ihm zu halten.

ERSTES GESPRÄCH

Bakkalaureus. Mein Herr Wilder, Ihr habt unstreitig viele von Euren Kameraden gesehen, die ihr Leben ganz für sich hinbringen; denn man sagt, dass dies das wahre Leben des Menschen sein soll und dass die Gesellschaft nur eine künstliche Verderbnis ist.

Wilder. Ich habe nie dergleichen Leute gesehn. Der Mensch scheint mir zur Gesellschaft geboren, wie viele andere Arten von Tieren. Jede Art folgt ihrem Instinkt. Wir leben alle bei uns in Gesellschaft.

Bakkalaureus. Wie, in Gesellschaft? Ihr habt also schöne gemauerte Städte, Könige, die einen Hofstaat, Schauspiele, Klöster, Universitäten und Wirtshäuser halten?

Wilder. Das nicht. Ihr habt, wie man mir gesagt hat, auf Eurem festen Lande Araber und Skythen, die niemals all’ dergleichen gehabt haben, und demungeachtet beträchtliche Nationen ausmachen? Wir leben wie diese Leute. Die benachbarten Familien leisten einander Beistand. Wir bewohnen ein heißes Land, wo wir wenig Bedürfnisse haben; Nahrung verschaffen wir uns leicht; wir heiraten, zeugen Kinder, erziehen sie, und sterben. Es ist grade so wie bei Euch, einige Zeremonien abgerechnet.

Bakkalaureus. Aber mein Herr, Ihr seid auf die Art kein Wilder?

Wilder. Ich weiß nicht, was Ihr durch dies Wort versteht.

Bakkalaureus. Ich wahrhaftig ebenso wenig. Ich muss darüber nachdenken. Wild nennen wir einen Menschen von übler Laune, der die Gesellschaft flieht.

Wilder. Ich habe Euch schon gesagt, dass wir zusammen in unsern Familien leben.

Bakkalaureus. Auch nennen wir die Tiere wild, die nicht gezähmt worden sind, und die tief in den Wäldern herumschweifen und wohnen. Daher haben wir denn den Namen eines Wilden dem Menschen gegeben, der in den Wäldern lebt.

Wilder. Ich geh’ in die Wälder, wie Ihr, der Jagd wegen.

Bakkalaureus. Denkt Ihr unterweilen?

Wilder. Einige Ideen macht man sich denn freilich.

Bakkalaureus. Ich wäre wohl begierig, Eure Ideen kennen zu lernen. Was denkt Ihr denn von dem Menschen?

Wilder. Dass er ein zweifüßiges Tier ist, das die Fähigkeit hat zu vernünfteln, zu sprechen und zu lachen und das sich seiner Hände weit geschickter bedient als der Affe. Ich habe Menschen von verschiedenen Gattungen gesehn, weiße, wie Ihr, rote, wie ich, schwarze, wie die Leute, die sich beim Herrn Gouverneur von Cayenne befinden. Ihr habt Bart, wir keinen; die Neger haben Wolle und Ihr und ich Haare. Man sagt, dass in Eurem Norden alle Haare blond sind, in unsrem Amerika sind sie durchgängig schwarz. Weiter weiß ich nichts.

Bakkalaureus. Aber Eure Seele, mein Herr? Eure Seele? Was für Begriffe habt Ihr von der? Woher habt Ihr sie erhalten? Was ist sie? Was macht sie? Wie wirkt sie? Und wo geht sie hin?

Wilder. Davon weiß ich nichts; ich habe sie nie gesehn.

Bakkalaureus. Apropos glaubt Ihr, dass die Tiere Maschinen sind?

Wilder. Sie scheinen mir organisierte Maschinen, die Gefühl und Gedächtnis haben.

Bakkalaureus. Und Ihr, mein Herr Wilder, was bildet Ihr Euch ein zu besitzen, das über die Tiere geht?

Wilder. Ein unendlich ihnen überlegneres Gedächtnis, weit mehr Ideen und, wie ich Euch schon gesagt habe, eine Zunge, die ungleich mehr Töne bildet als die Zunge der Tiere, und geschicktere Hände, samt der Fähigkeit zu lachen, die ein großer Vernünftler bei mir in Übung gebracht hat.

(...)

Bakkalaureus: *In Frankreich Inhaber eines niederen akademischen Grades, des Bakkalaureats*

Immanuel Kant *

Die Notwendigkeit der Erziehung

aus: Über Pädagogik

(in: Werke, Bd. 12, hrsg. von W. Weischedel, Frankfurt/M 1980, S. 697ff.)

Kant bringt hier seine Überzeugung zum Ausdruck, dass pädagogische Maßnahmen keine Veranstaltungen von Eltern und Lehrern sind, um Kinder zu quälen, sondern eine in der Natur des Menschen begründete Notwendigkeit.

Der Mensch ist das einzige Geschöpf, das erzogen werden muss. Unter der Erziehung nämlich verstehen wir die Wartung (Verpflegung, Unterhaltung), Disziplin (Zucht) und Unterweisung nebst der Bildung. Demzufolge ist der Mensch Säugling, – Zögling, – und Lehrling.

Die Tiere gebrauchen ihre Kräfte, sobald sie deren nur welche haben, regelmäßig, d. h. in der Art, dass sie ihnen selbst nicht schädlich werden. Es ist in der Tat bewunderungswürdig, wenn man z. B. die jungen Schwalben wahrnimmt, die kaum aus den Eiern gekrochen, und noch blind sind, wie die es nichtsdestoweniger zu machen wissen, dass sie ihre Exkremente aus dem Nest fallen lassen. Tiere brauchen daher keine Wartung, höchstens Futter, Erwärmung und Anführung, oder einen gewissen Schutz. Ernährung brauchen wohl die meisten Tiere, aber keine Wartung. Unter Wartung nämlich versteht man die Vorsorge der Eltern, dass die Kinder keinen schädlichen Gebrauch von ihren Kräften machen. Sollte ein Tier z. B., gleich wenn es auf die Welt kommt, schreien, wie die Kinder es tun; so würde es unfehlbar der Raub der Wölfe und anderer wilden Tiere werden, die es durch sein Geschrei herbeigelockt.

Disziplin oder Zucht ändert die Tierheit in die Menschheit um. Ein Tier ist schon alles durch seinen Instinkt; eine fremde Vernunft hat bereits alles für dasselbe besorgt. Der Mensch aber braucht eigene Vernunft. Er hat keinen Instinkt und muss sich selbst den Plan seines Verhaltens machen. Weil er aber nicht sogleich im Stande ist, dieses zu tun, sondern roh auf die Welt kommt: so müssen es andere für ihn tun.

Die Menschengattung soll die ganze Naturanlage der Menschheit, durch ihre eigne Bemühung, nach und nach von selbst herausbringen. Eine Generation erzieht die andere. Den ersten Anfang kann man dabei in einem rohen, oder auch in einem vollkommen, ausgebildeten Zustande suchen. Wenn dieser Letztere als vorher und zuerst gewesen angenommen wird: so muss der Mensch doch nachmals wieder verwildert und in Rohigkeit verfallen sein.

Disziplin verhütet, dass der Mensch nicht durch seine tierischen Antriebe von seiner Bestimmung, der Menschheit, abweiche. Sie muss ihn z. E. einschränken, dass er sich nicht wild und unbesonnen in Gefahren begebe. Zucht ist also bloß negativ, nämlich die Handlung, wodurch man dem Menschen die Wildheit benimmt, Unterweisung hingegen ist der positive Teil der Erziehung.

Wildheit ist die Unabhängigkeit von Gesetzen, Disziplin unterwirft den Menschen den Gesetzen der Menschheit und fängt an, ihm den Zwang der Gesetze fühlen zu lassen. Dieses muss aber frühe geschehen. So schickt man z. E. Kinder anfangs in die Schule, nicht schon in der Absicht, damit sie dort etwas lernen sollen, sondern damit sie sich daran gewöhnen mögen, still zu sitzen und pünktlich das zu beobachten, was ihnen vorgeschrieben wird, damit sie nicht, in Zukunft, jeden ihrer Einfälle wirklich auch und augenblicklich in Ausübung bringen mögen.

Der Mensch hat aber von Natur einen so großen Hang zur Freiheit, dass, wenn er erst eine Zeit lang an sie gewöhnt ist, er ihr alles aufopfert. Eben daher muss denn die Disziplin auch, wie gesagt, sehr frühe in Anwendung gebracht werden, denn wenn das nicht geschieht, so ist es schwer, den Menschen nachher zu ändern. Er folgt dann jeder Laune. Man sieht es auch an den wilden Nationen, dass, wenn sie gleich den Europäern längere Zeit hindurch Dienste tun, sie sich doch nie an ihre Lebensart gewöhnen. Bei ihnen ist dieses aber nicht ein edler Hang zur Freiheit, wie Rousseau und andere meinen, sondern eine gewisse Rohigkeit, indem das Tier hier gewissermaßen die Menschheit noch nicht in sich entwickelt hat. Daher muss der Mensch frühe gewöhnt werden, sich den Vorschriften der Vernunft zu unterwerfen. Wenn man ihm in der Jugend seinen Willen gelassen und ihm da nicht widerstanden hat: so behält er eine gewisse Wildheit durch sein ganzes Leben. Und es hilft denen auch nicht, die durch allzu große mütterliche Zärtlichkeit in der Jugend geschont werden, denn es wird ihnen weiterhin nur desto mehr von allen Seiten her widerstanden, und überall bekommen sie Stöße, sobald sie sich in die Geschäfte der Welt einlassen.

Der Mensch braucht Wartung und Bildung. Bildung begreift unter sich Zucht und Unterweisung. Diese braucht, so viel man weiß, kein Tier. Denn keins derselben lernt etwas von den Alten, außer die Vögel ihren Gesang. Hierin werden sie von den Alten unterrichtet, und es ist rührend anzusehen, wenn, wie in einer Schule, die Alte ihren Jungen aus allen Kräften vorsingt, und diese sich bemühen, aus ihren kleinen Kehlen dieselben Töne herauszubringen. Um sich zu überzeugen, dass die Vögel nicht aus Instinkt singen, sondern es wirklich lernen, lohnt es der Mühe, die Probe zu machen, und etwa die Hälfte von ihren Eiern den Kanarienvögeln wegzunehmen, und ihnen Sperlingseier unterzulegen, oder auch wohl die ganz jungen Sperlinge mit ihren Jungen zu vertauschen. Bringt man diese nun in eine Stube, wo sie die Sperlinge nicht draußen hören können: so lernen sie den Gesang der Kanarienvögel, und man bekommt singende Sperlinge. Es ist auch in der Tat sehr zu bewundern, dass jede Vogelgattung durch alle Generationen einen gewissen Hauptgesang behält, und die Tradition des Gesanges ist wohl die treueste in der Welt.

Der Mensch kann nur Mensch werden durch Erziehung. Er ist nichts, als was die Erziehung aus ihm macht. Es ist zu bemerken, dass der Mensch nur durch Menschen erzogen wird, durch Menschen, die ebenfalls erzogen sind. Daher macht auch Mangel an Disziplin und Unterweisung bei einigen Menschen sie wieder zu schlechten Erziehern ihrer Zöglinge. Wenn einmal ein Wesen höherer Art sich unserer Erziehung annähme, so würde man doch sehen, was aus dem Menschen werden könne. Da die Erziehung aber teils den Menschen einiges lehrt, teils einiges auch nur bei ihm entwickelt: so kann man nicht wissen, wie weit bei ihm die Naturanlagen gehen. Würde hier wenigstens ein Experiment durch Unterstützung der Großen und durch die vereinigten Kräfte vieler gemacht: so würde auch das schon uns Aufschlüsse darüber geben, wie weit es der Mensch etwa zu bringen vermöge. Aber es ist für den spekulativen Kopf eine ebenso wichtige, als für den Menschenfreund eine traurige Bemerkung zu sehen, wie die Großen meistens nur immer für sich sorgen und nicht an dem wichtigen Experimente der Erziehung in der Art Teil nehmen, dass die Natur einen Schritt näher zur Vollkommenheit tue.

Es ist niemand, der nicht in seiner Jugend verwahrlost wäre und es im reifern Alter nicht selbst einsehen sollte, worin, es sei in der Disziplin, der in der Kultur (so kann man die Unterweisung nennen) er vernachlässigt worden. Derjenige, der nicht kultiviert ist, ist roh, wer nicht diszipliniert ist, ist wild. Verabsäumung der Disziplin ist ein größeres Übel als Verabsäumung der Kultur, denn diese kann noch weiterhin nachgeholt werden; Wildheit aber lässt sich nicht wegbringen, und ein Versehen in der Disziplin kann nie ersetzt werden. Vielleicht, dass die Erziehung immer besser werden und dass jede folgende Generation einen Schritt näher tun wird zur Vervollkommnung der Menschheit; denn hinter der Edukation steckt das große Geheimnis der Vollkommenheit der menschlichen Natur. Von jetzt an kann dieses geschehen. Dann nun erst fängt man an, richtig zu urteilen und deutlich einzusehen, was eigentlich zu einer guten Erziehung gehöre. Es ist entzückend, sich vorzustellen, dass die menschliche Natur immer besser durch Erziehung werde entwickelt werden und dass man diese in eine Form bringen kann, die der Menschheit angemessen ist. Dies eröffnet uns den Prospekt zu einem künftigen glücklichern Menschengeschlechte.–

Ein Entwurf zu einer Theorie der Erziehung ist ein herrliches Ideal, und es schadet nichts, wenn wir auch nicht gleich im Stande sind, es zu realisieren. Man muss nur nicht gleich die Idee für schimärisch halten und sie als einen schönen Traum verrufen, wenn auch Hindernisse bei ihrer Ausführung eintreten.

Eine Idee ist nichts anderes als der Begriff von einer Vollkommenheit, die sich in der Erfahrung noch nicht vorfindet. Z. E. die Idee einer vollkommenen, nach Regeln der Gerechtigkeit regierten Republik! Ist sie deswegen unmöglich? Erst muss unsere Idee nur richtig sein, und dann ist sie bei allen Hindernissen, die ihrer Ausführung noch im Wege stehen, gar nicht unmöglich. Wenn z. E. ein jeder löge, wäre deshalb das Wahrreden eine bloße Grille? Und die Idee einer Erziehung, die alle Naturanlagen im Menschen entwickelt, ist allerdings wahrhaft.

schimärisch: *trügerisch, täuschend*

Henri Bergson *

DAS KOMISCHE ALS EIGENART DES MENSCHEN

aus: Das Lachen

(übers. von R. Plancherel-Walter, Zürich 1972, S. 12 – 15, 39 – 41)

Der französische Lebensphilosoph Henri Bergson (1859 – 1941) demonstriert an den Phänomenen des Lachens und des Komischen Differenzen zwischen Tier und Mensch.

Wir werden zunächst drei Betrachtungen anstellen, die wir für grundlegend halten. Sie beziehen sich weniger auf das Komische selbst als auf den Ort, wo wir es suchen müssen.

Erstens: Es gibt keine Komik außerhalb dessen, was wahrhaft *menschlich* ist. Eine Landschaft mag schön, lieblich, großartig, langweilig oder hässlich sein, komisch ist sie nie. Man lacht über ein Tier, aber nur weil man einen menschlichen Zug oder einen menschlichen Ausdruck an ihm entdeckt hat. Man lacht über einen Hut, doch das, worüber man spottet, ist nicht das Stück Filz oder Stroh, es ist vielmehr die Form, die ihm die Menschen gegeben haben, es ist der menschliche Einfall, dem der Hut seine Form verdankt. Weshalb hat eine bei all ihrer Schlichtheit so wichtige Tatsache die Philosophen nicht stärker beschäftigt? Mehrere haben im Menschen ein „Tier, das lachen kann" gesehen. Sie hätten ihn auch ein „Tier, das lachen macht" nennen können, denn wenn irgendein Tier oder irgendein seelenloser Gegenstand zum Lachen reizt, dann geschieht dies einer gewissen Ähnlichkeit mit dem Menschen wegen, weil der Mensch ihm seinen Stempel aufdrückt oder so oder so von ihm Gebrauch macht.

Zweitens: Das Lachen ist meist mit einer gewissen *Empfindlichkeit* verbunden. Wahrhaft erschüttern kann die Komik offenbar nur unter der Bedingung, dass sie auf einen möglichst unbewegten, glatten seelischen Boden fällt. Gleichgültigkeit ist ihr natürliches Element. Das Lachen hat keinen größeren Feind als die Emotion. Ich will nicht behaupten, dass wir über einen Menschen, für den wir Mitleid oder Zärtlichkeit empfinden, nicht lachen könnten – dann aber müssten wir diese Zärtlichkeit, dieses Mitleid für eine kurze Weile unterdrücken. In Gesellschaft reiner Verstandesmenschen würden wir wahrscheinlich nicht mehr weinen, aber vielleicht würden wir immer noch lachen. Ausgesprochen gefühlvolle Seelen dagegen, in denen jedes Erlebnis seinen sentimentalen Nachhall findet, werden das Lachen weder kennen noch begreifen. Versuchen sie nur einmal, an allem, was gesagt und getan wird, Anteil zu nehmen; handeln Sie im Geist mit den Handelnden, empfinden Sie mit den Empfindenden, lassen sie Ihre Sympathie sich voll entfalten – und Sie werden sehen, wie die gewichtlosesten Dinge wie unter der Berührung eines Zauberstabes gewichtig werden, wie alles sich düster färbt. Stellen Sie sich nun abseits, betrachten Sie das Leben als unbeteiligter Zuschauer – und manches Drama verwandelt sich in eine Komödie. In einem Salon, wo getanzt wird, brauchen wir uns nur die Ohren zuzuhalten, damit uns die Tänzer lächerlich vorkommen. Wie viele menschliche Handlungen hielten einer solchen Prüfung stand? Würden nicht viele plötzlich vom Tragischen ins Komische umschlagen, lösten wir sie von der Gefühlsmusik, die sie begleitet? Die Komik bedarf also einer vorübergehenden Anästhesie des Herzens, um sich voll entfalten zu können. Sie wendet sich an den reinen Intellekt.

Dieser Intellekt muss nun aber mit anderen Intellekten in Verbindung bleiben. Das ist das Dritte, was wir zu bedenken geben wollten. Wir würden die Komik nicht genießen, wenn wir uns allein fühlten. Offenbar braucht das Lachen ein Echo. Hören Sie genau hin: Es ist kein artikulierter, scharfer, abgegrenzter Ton; es ist vielmehr etwas, das immer weiter um sich greift, etwas, das mit einem Ausbruch beginnt und sich rollend fortsetzt wie der Donner im Gebirge. Dieser Widerhall braucht aber nicht ins Unendliche zu gehen. So groß sein Umkreis auch sein mag, es wird immer ein geschlossener Kreis sein. Unser Lachen ist immer das Lachen einer Gruppe. Vielleicht haben Sie in einem Bahnabteil oder in einem Speisesaal schon einmal zugehört, wie Mitreisende einander Geschichten erzählen, die sie – aus ihrem herzlichen Gelächter zu schließen – zweifellos komisch fanden. Auch Sie hätten gelacht, hätten Sie zu ihrer Gesellschaft gehört, doch da Sie nicht dazugehörten, verspürten Sie nicht die geringste Lust zu lachen. Ein Mann wurde einmal gefragt, weshalb er beim Anhören einer Predigt, als jedermann Tränen vergoss, nicht auch geweint habe. „Ich gehöre nicht zur Pfarrei“, sagte er. Was dieser Mann vom Weinen hielt, das träfe noch viel mehr auf das Lachen zu. Hinter dem Lachen steckt bei aller scheinbaren Offenheit immer ein heimliches Einverständnis, ich möchte fast sagen eine Verschwörung mit anderen wirklichen oder imaginären Lachern. Wie oft ist nicht schon behauptet worden, das Publikum lache im Theater umso lauter, je voller der Saal sei. Wie oft aber heißt es auch, viele komische Effekte ließen sich nicht von einer Sprache in eine andere übersetzen, weil sie sich auf die Sitten und Ideen einer ganz bestimmten Gesellschaft bezögen. Und weil man die Bedeutung dieser beiden Tatsachen nicht erfasst hat, sieht man im Komischen nur eine Kuriosität, an der sich der Verstand ergötzt, im Lachen wiederum nichts als ein seltsames Phänomen ohne Zusammenhang mit den übrigen menschlichen Lebensäußerungen. Daher die Definitionen, die das Komische als geistig wahrgenommene abstrakte Relation zwischen Ideen hinstellen wollen: „Intellektueller Kontrast“, „spürbare Absurdität“ und wie die Begriffe alle heißen. Selbst wenn man annimmt, sie passten auf sämtliche Arten der Komik, sie würden dennoch niemals erklären, weshalb uns das Komische zum Lachen bringt. In der Tat, warum kann uns diese besondere abstrakte Relation, sobald wir sie wahrnehmen, innerlich zusammenziehen, ausdehnen, schütteln, während alle anderen uns kalt lassen? Von daher werden wir das Problem also nicht anpacken. Um das Lachen zu verstehen, müssen wir es wieder in sein angestammtes Element versetzen, und das ist die Gesellschaft; wir müssen seine nützliche Funktion bestimmen, und das ist eine soziale Funktion. Dies wird der Leitgedanke bei unseren Untersuchungen sein. Das Lachen muss gewissen Anforderungen des Gesellschaftslebens genügen. Das Lachen muss eine soziale Bedeutung haben.

(...)

– Etwas Mechanisches überdeckt etwas Lebendiges: das ist wieder unser Ausgangspunkt. Was war doch gleich so komisch daran? Dass der lebende Körper zur Maschine erstarrte. (...)

Das allgemein gültige Gesetz dieser Erscheinungen lässt sich wie folgt formulieren: *Komisch ist jedes Geschehnis, das unsere Aufmerksamkeit auf das Äußere einer Person lenkt, während es sich um ihr Inneres handelt.*

Weshalb lachen wir über einen Redner, wenn er im pathetischsten Moment niest? Was finden wir komisch an dem von einem deutschen Philosophen zitierten Satz aus einer Leichenpredigt: „Er war tugendhaft und ganz rund“? In beiden Fällen wird unsere Aufmerksamkeit plötzlich vom Seelischen abgelenkt und auf das Körperliche verwiesen. Der Alltag liefert uns unzählige andere Beispiele, (...) er wird immer wieder auf Effekte dieser Art stoßen. Einmal ist es ein Redner, der mitten im schönsten Satz jäh abbricht, weil er Zahnschmerzen hat. Ein andermal ist es jemand, der nie das Wort ergreifen kann, ohne sogleich zu jammern, seine Schuhe drückten ihn oder der Gürtel sei ihm zu eng. In allen diesen Beispielen wird uns das Bild einer Person suggeriert, die von ihrem Körper geplagt wird. Ein auffallend dicker Bauch reizt wohl deshalb zum Lachen, weil er genau als das erscheint, was er ist. Daran liegt es auch, dass die Schüchternheit bisweilen lächerlich wirkt. Der

Schüchterne kann den Eindruck eines Menschen erwecken, dem der Körper lästig ist und der sich nach einem Ort umsieht, wo er ihn deponieren könnte.

Aus diesem Grund bemüht sich der Tragödiendichter, alles zu vermeiden, was unsere Aufmerksamkeit auf die Stofflichkeit seiner Helden lenken könnte. Sobald man sich mit dem Körper beschäftigt, ist eine Infiltration der Komik zu befürchten. Deshalb sollen die Helden einer Tragödie weder trinken noch essen noch sich wärmen, ja sich womöglich nicht einmal setzen. Sich mitten in einer Tirade hinzusetzen hieße sich erinnern, dass man einen Körper hat.

Max Scheler **

Die Sonderstellung des Menschen

aus: Die Stellung des Menschen im Kosmos

(Bern/München 1975, S. 37 – 39)

Scheler, einer der Begründer der philosophischen Anthropologie, stellt in seinem Hauptwerk aus dem Jahre 1929 die These von der Sonderstellung des Menschen innerhalb des Ganzen der Natur auf. Einige Aspekte dieser Sonderstellung werden im folgenden Text erläutert.

Ich behaupte: Das Wesen des Menschen und das, was man seine *„Sonderstellung"* nennen kann, steht *hoch* über dem, was man Intelligenz und Wahlfähigkeit nennt, und würde auch nicht erreicht, wenn man sich diese Intelligenz und Wahlfähigkeit quantitativ beliebig, ja bis ins Unendliche gesteigert vorstellte. Aber auch das wäre verfehlt, wenn man sich das Neue, das den Menschen zum Menschen macht, nur dächte als eine zu den psychischen Stufen: Gefühlsdrang, Instinkt, assoziatives Gedächtnis, Intelligenz und Wahl noch hinzukommende neue Wesensstufe *psychischer* und der *Vital*sphäre angehöriger Funktionen und Fähigkeiten, die zu erkennen also in der Kompetenz der Psychologie und Biologie läge.

Das neue Prinzip steht *außerhalb* alles dessen, was wir „Leben" im weitesten Sinne nennen können. Das, was den Menschen allein zum „Menschen" macht, ist nicht eine neue Stufe des Lebens – erst recht nicht nur eine Stufe der *einen* Manifestationsform dieses Lebens, der „Psyche" –, sondern es ist ein allem und *jedem Leben überhaupt, auch dem Leben im Menschen entgegengesetztes Prinzip*: eine echte neue Wesenstatsache, die als solche überhaupt nicht auf die „natürliche Lebensevolution" zurückgeführt werden kann, sondern, wenn auf etwas, nur auf den obersten einen Grund der Dinge selbst zurückfällt: auf denselben Grund, dessen *eine* große Manifestation das „Leben" ist.

Schon die Griechen behaupteten ein solches Prinzip und nannten es „Vernunft". Wir wollen lieber ein umfassenderes Wort für jenes X gebrauchen, ein Wort, das wohl den Begriff „Vernunft" mitumfasst, aber neben dem *„Ideendenken"* auch eine bestimmte Art der *„Anschauung"*, die von Urphänomenen oder Wesensgehalten, ferner eine bestimmte Klasse *volitiver* und *emotionaler* Akte wie Güte, Liebe, Reue, Ehrfurcht, geistige Verwunderung, Seligkeit und Verzweiflung, die freie Entscheidung mitumfasst –: das Wort *„Geist"*. Das Aktzentrum aber, in dem Geist innerhalb endlicher Seinssphären erscheint, bezeichnen wir als *„Person"* in scharfem Unterschied zu allen funktionellen Lebenszentren, die nach innen betrachtet auch „seelische" Zentren heißen.

Was aber ist nun jener „Geist", jenes neue und so entscheidende Prinzip? Selten ist mit einem Wort so viel Unfug getrieben worden – einem Worte, bei dem sich nur wenige etwas

Bestimmtes denken. Stellen wir hier an die Spitze des Geistbegriffes seine besondere Wissensfunktion, die Art Wissen, die nur er geben kann, dann ist die Grundbestimmung eines geistigen Wesens, wie immer es psychophysisch beschaffen sei, *seine existentielle Entbundenheit vom Organischen*, seine Freiheit, Ablösbarkeit – oder doch die seines Daseinszentrums – von dem Bann, von dem Druck, von der Abhängigkeit vom Organischen, vom „*Leben*" und allem, was zum Leben gehört – also auch von seiner eigenen triebhaften „Intelligenz".

Ein „geistiges" Wesen ist also nicht mehr trieb- und umweltgebunden, sondern „umweltfremd" und, wie wir es nennen wollen, „*weltoffen*": Ein solches Wesen hat „*Welt*". Ein solches Wesen vermag ferner die auch ihm ursprünglich gegebenen „Widerstands-" und Reaktionszentren seiner Umwelt, die das Tier allein hat und in die es ekstatisch aufgeht, zu „*Gegenständen*" zu erheben und das *Sosein* dieser Gegenstände prinzipiell *selbst* zu erfassen, ohne die Beschränkung, die diese Gegenstandwelt oder ihre Gegebenheit durch das vitale Triebsystem und die ihm vorgelagerten Sinnesfunktionen und Sinnesorgane erfährt.

***volitiv:** willensmäßig*

Karl Marx **

Mensch und Arbeit

aus: Grundrisse der Kritik der politischen Ökonomie
(Berlin 1974, S. 504ff.)

Für die ganze Geschichtsphilosophie von Marx ist die Auffassung grundlegend, dass der Mensch durch die Arbeit sich selbst verwirklicht, also wesensmäßig durch die Arbeit charakterisiert ist.

Du sollst arbeiten im Schweiß deines Angesichts! war Jehovas Fluch, den er Adam mitgab. Und so als Fluch nimmt A. Smith die Arbeit. Die „Ruhe" erscheint als der adäquate Zustand, als identisch mit „Freiheit" und „Glück". Dass das Individuum „in seinem normalen Zustand von Gesundheit, Kraft, Tätigkeit, Geschicklichkeit, Gewandtheit" auch das Bedürfnis einer normalen Portion von Arbeit hat, und von Aufhebung der Ruhe, scheint A. Smith ganz fern zu liegen. Allerdings erscheint das Maß der Arbeit selbst äußerlich gegeben, durch den zu erreichenden Zweck und die Hindernisse, die zu seiner Erreichung durch die Arbeit zu überwinden. Dass aber diese Überwindung von Hindernissen an sich Betätigung der Freiheit – und dass ferner die äußeren Zwecke den Schein bloß äußerer Naturnotwendigkeit abgestreift erhalten und als Zwecke, die das Individuum selbst erst setzt, gesetzt werden – also als Selbstverwirklichung, Vergegenständlichung des Subjekts, daher reale Freiheit, deren Aktion eben die Arbeit, ahnt A. Smith ebenso wenig. Allerdings hat er Recht, dass in den historischen Formen der Arbeit als Sklaven-, Fronde-, Lohnarbeit die Arbeit stets (…) als *äußere Zwangsarbeit* erscheint und ihr gegenüber die Nichtarbeit als „Freiheit, und Glück". Es gilt doppelt: von dieser gegensätzlichen Arbeit; und, was damit zusammenhängt, der Arbeit, die sich noch nicht die Bedingungen, subjektive und objektive, geschaffen hat (oder auch gegen den Hirten- etc. -zustand, die sie verloren hat), damit die Arbeit *travail attractif*, Selbstverwirklichung des Individuums sei, was keineswegs meint, dass sie bloßer Spaß sei, bloßes *amusement*. (…)

Die Arbeit bloß als *Opfer* betrachtet und darum wertsetzend, als *Preis*, der für die Dinge bezahlt wird und ihnen daher Preis gibt, je nachdem sie mehr oder weniger Arbeit kosten, ist rein *negative* Bestimmung.

Ein bloß Negatives schafft nichts. (...) Die Negation der Ruhe, als bloße Negation, als asketisches Opfer schafft nichts. *Es kann einer den ganzen Tag, wie die Mönche usw., sich abkasteien, martern usw. und dies Quantum Opfer, was er bringt, lockt keinen Hund vom Ofen.* Der *natürliche* Preis der Dinge ist nicht das Opfer, das ihnen gebracht wird. Dies erinnert vielmehr an die nicht-industrielle Ansicht, die durch Opfer an die Götter Reichtum erwerben will. Außer dem Opfer muss noch etwas da sein. Was als Opfer der Ruhe, kann auch Opfer der Faulheit, der Unfreiheit, des Unglücks genannt werden, d. h. Negation eines negativen Zustandes. A. Smith betrachtet die Arbeit psychologisch, in Bezug auf den Spaß oder Unfreude, die sie dem Individuum macht. Aber außer dieser *gemütlichen* Beziehung zu seiner Tätigkeit ist sie doch noch etwas anderes – erstens für andere, da das bloße Opfer von A B nichts nützen würde; zweitens ein bestimmtes Verhalten seiner selbst zur Sache, die es bearbeitet, und zu seinen eigenen Arbeitsanlagen. Sie ist *positive, schaffende Tätigkeit.*

***Adam Smith:** englischer Nationalökonom und Philosoph (1723 – 1790)*

Papst Johannes Paul II. *

HOMO AD LABOREM VOCATUR

aus der Enzyklika 'Laborem exercens', Rom 1981, übers. von Bernd Weber

Am 14. 9. 1981 erließ Papst Johannes Paul II. die Enzyklika „Laborem exercens". Zum hundertsten Jahrestag der Enzyklika „Rerum novarum" von Papst Leo XIII., die als Epoche machende Stellungnahme der Kirche zur sozialen Frage gilt, beschäftigt sich auch dieses päpstliche Rundschreiben von 1981 mit dem Thema menschliche Arbeit: Sie wird als eine fundamentale Dimension menschlicher Existenz definiert, weshalb ihr unter anderem auch der Primat vor dem Kapital eingeräumt werden muss. Die menschliche Arbeit wird als Teilnahme am Schöpfungswerk und deren Fortführung interpretiert.

In Verrichtung seiner Arbeit muss sich der Mensch das tägliche Brot verschaffen und damit zugleich zur steten Weiterentwicklung von Technik und Wissenschaft beitragen, besonders aber zum ständigen sittlichen und kulturellen Fortschritt der Gesellschaft, in der er zusammen mit seinen Brüdern und Schwestern lebt.

Durch das Wort „Arbeit" wird jedes von ihm vollbrachte Werk bezeichnet, unabhängig von ihrer Art und den Umständen; d. h. jedwede menschliche Handlung wird mit dieser Bezeichnung benannt, die unter den vielfältigen Formen von Tätigkeiten, deren der Mensch fähig und auf die – eben durch sein Menschsein – seine Natur hin angelegt ist, für Arbeit gehalten werden kann und muss.

Als Gottes Abbild und Gleichnis in der Gesamtheit der sichtbaren Welt geschaffen und dorthin gestellt, auf dass er die Erde sich dienbar mache, ist der Mensch von Anfang an zur Arbeit gerufen. Diese Arbeit ist nämlich eines von den Merkmalen, durch die sich der Mensch von den übrigen Lebewesen unterscheidet, deren auf die Bewahrung ihrer Existenz zielendes Verhalten nicht als Arbeit bezeichnet werden kann.

Denn nur der Mensch ist zur Arbeit fähig, nur der Mensch geht ihr nach, indem er zugleich mit ihr sein irdisches Leben ausfüllt. Deshalb trägt die Arbeit ein besonderes Merkmal des Menschen und der Menschheit, das Merkmal der Person, die in einer Gemeinschaft von Personen tätig ist. Dieses Merkmal gibt Auskunft, wie sie selbst *[die Person]* im Innern ist und bestimmt in gewisser Hinsicht ihre Natur.

Arnold Gehlen ***

MÄNGELWESEN MENSCH

aus: Der Mensch, seine Natur und seine Stellung in der Welt

(Wiesbaden 1976, S. 33ff.)

Ausgehend von der biologischen Konstitution des Menschen, beschreibt Gehlen in seinem 1940 erschienenen Hauptwerk die einmaligen Chancen und Risiken dieser Gattung.

Morphologisch ist nämlich der Mensch im Gegensatz zu allen höheren Säugern hauptsächlich durch *Mängel* bestimmt, die jeweils im exakt biologischen Sinne als Unangepasstheiten, Unspezialisiertheiten, als Primitivismen, d. h. als Unentwickeltes zu bezeichnen sind: also wesentlich negativ. Es fehlt das Haarkleid und damit der natürliche Witterungsschutz; es fehlen natürliche Angriffsorgane, aber auch eine zur Flucht geeignete Körperbildung; der Mensch wird von den meisten Tieren an Schärfe der Sinne übertroffen, er hat einen geradezu lebensgefährlichen Mangel an echten Instinkten, und er unterliegt während der ganzen Säuglings- und Kinderzeit einer ganz unvergleichlich langfristigen Schutzbedürftigkeit. Mit anderen Worten: innerhalb *natürlicher*, urwüchsiger Bedingungen würde er als bodenlebend inmitten der gewandtesten Fluchttiere und der gefährlichsten Raubtiere schon längst ausgerottet sein. (…)

Er besteht aus einer Reihe von Unspezialisiertheiten, die unter entwicklungsbiologischem Gesichtspunkt als Primitivismen erscheinen: Sein Gebiss z. B. hat eine primitive Lückenlosigkeit und eine Unbestimmtheit der Struktur, die es weder zu einem Pflanzenfresser- noch zu einem Fleischfressergebiss, d. h. Raubtiergebiss machen. Gegenüber den Großaffen, die hoch spezialisierte Baumtiere mit überentwickelten Armen für Hangelkletterei sind, die Kletterfuß, Haarkleid und gewaltigen Eckzahn haben, ist der Mensch als Naturwesen gesehen hoffnungslos unangepasst. Er ist von einer einzigartigen, (…) biologischen Mittellosigkeit, und er vergütet diesen Mangel allein durch seine *Arbeitsfähigkeit* oder Handlungsgabe, d. h. durch Hände und Intelligenz; eben deshalb ist er aufgerichtet, „umsichtig“, mit freigelegten Händen. (…)

Die Resultate der neueren Biologie geben uns die Möglichkeit, die exponierte und riskierte Konstitution des Menschen in einen weiteren Zusammenhang zu stellen. Die „Umwelt“ der meisten Tiere, und gerade der höheren Säuger ist das nicht auswechselbare Milieu, an das der spezialisierte Organbau des Tieres angepasst ist, innerhalb dessen wieder die ebenso artspezifischen, angeborenen Instinktbewegungen arbeiten. Spezialisierter Organbau und Umwelt sind also Begriffe, die sich gegenseitig voraussetzen. Wenn nun der Mensch *Welt* hat, nämlich eine deutliche Nichteingegrenztheit des Wahrnehmbaren auf die Bedingungen des biologischen Sichhaltens, so bedeutet auch dies zunächst eine negative Tatsache. Der Mensch ist weltoffen heißt: er *entbehrt* der tierischen Einpassung in ein Ausschnitt-Milieu. Die ungemeine Reiz- oder Eindrucksoffenheit gegenüber Wahrnehmungen, die keine angeborene Signalfunktion haben, stellt zweifellos eine erhebliche Belastung dar, die in sehr besonderen Akten bewältigt werden muss. (…)

Wir haben jetzt dagegen den „Entwurf“ eines organisch mangelhaften, *deswegen* weltoffenen, d. h. in keinem *bestimmten* Ausschnitt-Milieu *natürlich* lebensfähigen Wesens, und verstehen jetzt auch, was es mit den Bestimmungen auf sich hat, der Mensch sei „nicht festgestellt“ oder „sich selbst noch Aufgabe“: Es muss die bloße Existenzfähigkeit eines solchen Wesens fraglich sein, und die bare Lebensfristung ein Problem, das zu lösen der Mensch allein auf sich selbst gestellt ist, und wozu er die Möglichkeit aus sich selbst herauszuholen hat. Das wäre also das handelnde Wesen. Da der Mensch lebensfähig ist, müssen die Bedingungen zur Lösung dieses Problems in ihm liegen, und wenn bei ihm schon die Existenz eine Aufgabe und schwierige Leistung ist, so muss diese Leistung durch die *gesamte* Struktur des Menschen hindurch nachweisbar sein. Alle seine besonderen menschlichen Fähigkeiten sind auf die Frage zu beziehen: Wie ist ein so monströses Wesen lebensfähig, und damit ist das Recht der biologischen Fragestellung gesichert. Eine biologische Betrachtung des Menschen besteht also nicht darin, seine Physis mit der des Schimpansen zu vergleichen, sondern besteht in der Beantwortung der Frage: Wie ist dieses mit jedem Tier wesentlich unvergleichbare Wesen lebensfähig?

Denn schon die Weltoffenheit ist, von daher gesehen, grundsätzlich eine *Belastung*. Der Mensch unterliegt einer durchaus untierischen *Reizüberflutung*, der „unzweckmäßigen" Fülle einströmender Eindrücke, die er irgendwie zu bewältigen hat. (...)

Infolge seiner organischen Primitivität und Mittellosigkeit ist der Mensch in jeder wirklich natürlichen und urwüchsigen Natursphäre lebensunfähig. Er hat also den Ausfall der ihm organisch versagten Mittel selbst einzuholen, und dies geschieht, indem er die Welt tätig ins Lebensdienliche umarbeitet. (...)

Der Mensch ist, um existenzfähig zu sein, auf Umschaffung und Bewältigung der Natur hin gebaut, und deswegen auch auf die Möglichkeit der *Erfahrung* der Welt hin: Er ist handelndes Wesen, weil er unspezialisiert ist, und also der natürlich angepassten Umwelt entbehrt. Der Inbegriff der von ihm ins Lebensdienliche umgearbeiteten Natur heißt *Kultur*, und die Kulturwelt ist die menschliche Welt. Es gibt für ihn keine Existenzmöglichkeit in der unveränderten, in der nicht „entgifteten" Natur, und es gibt keinen „Naturmenschen" im strengen Sinne: d. h. keine menschliche Gesellschaft ohne Waffen, ohne Feuer, ohne präparierte und künstliche Nahrung, ohne Obdach und ohne Formen der hergestellten Kooperation. Die Kultur ist also die „zweite Natur" – will sagen: die menschliche, die selbsttätig bearbeitete, innerhalb deren er allein leben kann – und die „unnatürliche" Kultur ist die *Auswirkung* eines einmaligen, selbst „unnatürlichen", d. h. im Gegensatz zum Tier konstruierten Wesens in der Welt. An *genau der Stelle*, wo beim Tier die „Umwelt" steht, steht daher beim Menschen die *Kulturwelt*, d. h. der Ausschnitt der von ihm bewältigten und zu Lebenshilfen umgeschaffenen Natur. Schon deswegen ist es grundfalsch, von einer Umwelt des Menschen – im biologisch definierten Sinne – zu reden. Beim Menschen entspricht der Unspezialisiertheit seines Baues die Weltoffenheit, und der Mittellosigkeit seiner Physis die von ihm selbst geschaffene „zweite Natur". Hierin liegt übrigens der Grund, warum der Mensch im Gegensatz zu fast allen Tierarten nicht geographisch natürliche und unüberschreitbare Daseinsbereiche hat. Fast jede Tierart ist eingepasst in ihr klimatisch, ökologisch usw. konstantes „Milieu", der Mensch allein überall auf der Erde lebensfähig, unter dem Pol und dem Äquator, auf dem Wasser und auf dem Lande, in Wald, Sumpf, Gebirge und Steppe. Er ist dann lebensfähig, wenn er dort Möglichkeiten erzeugen kann, sich eine zweite Natur zurechtzumachen, in der er dann statt in der „Natur" existiert.

morphologisch: *die Gestalt, die Entwicklung, den Formenwandel betreffend*

Martin Heidegger **

DIE ANGST

aus: Sein und Zeit

(Tübingen 1979, S. 186ff.)

Einen Gedanken des dänischen Existentialisten Sören Kierkegaard aufgreifend, unterscheidet Heidegger (1889 – 1976) zwischen Furcht und Angst. Im Phänomen der Angst sieht er ein für den Menschen spezifisches Grundgefühl, in dem sich ihm die Welt in ihrer Nichtigkeit offenbart.

Wie unterscheidet sich phänomenal das, wovor die Angst sich ängstet, von dem, wovor die Furcht sich fürchtet? Das Wovor der Angst ist kein innerweltliches Seiendes. Daher kann es damit wesenhaft keine Bewandtnis haben. Die Bedrohung hat nicht den Charakter einer bestimmten Abträglichkeit, die das Bedrohte in der bestimmten Hinsicht auf ein besonderes faktisches Seinkönnen trifft. Das Wovor der Angst ist völlig unbestimmt. Diese Unbestimmtheit lässt nicht nur faktisch unentschieden, welches innerweltliche Seiende droht, sondern besagt, dass überhaupt das innerweltliche Seiende nicht „relevant" ist. Nichts von dem, was innerhalb der Welt zuhanden und vorhanden ist, fungiert als das, wovor die Angst sich ängstet. (…) Die Welt hat den Charakter völliger Unbedeutsamkeit. In der Angst begegnet nicht dieses oder jenes, mit dem es als Bedrohlichem eine Bewandtnis haben könnte.

Daher „sieht" die Angst auch nicht ein bestimmtes „Hier" und „Dort", aus dem her sich das Bedrohliche nähert. Dass das Bedrohende *nirgends* ist, charakterisiert das Wovor der Angst. Diese „weiß nicht", was es ist, davor sie sich ängstet. (…) Das Drohende kann sich deshalb auch nicht aus einer bestimmten Richtung her innerhalb der Nähe nähern, es ist schon „da" – und doch nirgends, es ist so nah, dass es beengt und einem den Atem verschlägt – und doch nirgends.

Im Wovor der Angst wird das „Nichts ist es und nirgends" offenbar. Die Aufsässigkeit des innerweltlichen Nichts und Nirgends besagt phänomenal: *das Wovor der Angst ist die Welt als solche.* Die völlige Unbedeutsamkeit, die sich im Nichts und Nirgends bekundet, bedeutet nicht Weltabwesenheit, sondern besagt, dass das innerweltlich Seiende an ihm selbst so völlig belanglos ist, dass auf dem Grunde dieser *Unbedeutsamkeit* des Innerweltlichen die Welt in ihrer Weltlichkeit sich einzig noch aufdrängt.

Was beengt, ist nicht dieses oder jenes, aber auch nicht alles Vorhandene zusammen als Summe, sondern die *Möglichkeit* von Zuhandenem überhaupt, das heißt zu Welt selbst. Wenn die Angst sich gelegt hat, dann pflegt die alltägliche Rede zu sagen: „Es war eigentlich nichts". Diese Rede trifft in der Tat ontisch das, *was* es war. Die alltägliche Rede geht auf ein Besorgen und Bereden des Zuhandenen. Wovor die Angst sich ängstet, ist nicht von dem innerweltlichen Zuhandenen. Allein dieses Nichts von Zuhandenem, das die alltägliche umsichtige Rede einzig versteht, ist kein totales Nichts. Das Nichts von Zuhandenheit gründet im ursprünglichsten „Etwas", in der *Welt.* Dies jedoch gehört ontologisch wesenhaft zum Sein des Daseins als In-der-Welt-sein. Wenn sich demnach als das Wovor der Angst das Nichts, das heißt die Welt als solche herausstellt, dann besagt das: *wovor die Angst sich ängstet, ist das In-der-Welt-sein selbst.*

Das Sichängsten erschließt ursprünglich und direkt die Welt als Welt. Nicht wird etwa zunächst durch Überlegung von innerweltlich Seiendem abgesehen und nur noch die Welt gedacht, vor der dann die Angst entsteht, sondern die Angst erschließt als Modus der Befindlichkeit allererst die *Welt als Welt.* Das bedeutet jedoch nicht, dass in der Angst die Weltlichkeit der Welt begriffen wird.

Die Angst ist nicht nur Angst vor …, sondern als Befindlichkeit zugleich *Angst um* … Worum die Angst sich abängstet, ist nicht eine *bestimmte* Seinsart und Möglichkeit des Daseins. Die Bedrohung ist ja selbst unbestimmt und vermag daher nicht auf dieses oder jenes faktisch konkrete Seinkönnen bedrohend einzudringen. Worum sich die Angst ängstet, ist das In-der-Welt-sein selbst. In der Angst versinkt das umweltlich Zuhandene, überhaupt das innerweltlich Seiende. Die „Welt“ vermag nichts mehr zu bieten, ebenso wenig das Mitdasein Anderer. Die Angst bestimmt so dem Dasein die Möglichkeit, verfallend sich aus der „Welt“ und der öffentlichen Ausgelegtheit zu verstehen. Sie wirft das Dasein auf das zurück, worum es sich ängstet, sein eigentliches In-der-Welt-sein-können. Die Angst vereinzelt das Dasein auf sein eigenstes In-der-Welt-sein, das als verstehendes wesenhaft auf Möglichkeiten sich entwirft. Mit dem Worum des Sichängstens erschließt daher die Angst das Dasein als *Möglichsein* und zwar als das, das es einzig von ihm selbst her als vereinzeltes in der Vereinzelung sein kann.

Die Angst offenbart im Dasein das *Sein zum* eigensten Seinkönnen, dass heißt das *Freisein für* die Freiheit des Sich-selbst-wählens und -ergreifens. Die Angst bringt das Dasein vor sein *Freisein für* … (…) die Eigentlichkeit seines Seins als Möglichkeit, die es immer schon ist. Dieses Sein aber ist es zugleich, dem das Dasein als In-der-Welt-sein überantwortet ist. (…)

Dass die Angst als Grundbefindlichkeit in solcher Weise erschließt, dafür ist wieder die alltägliche Daseinsauslegung und Rede der unvoreingenommenste Beleg. Befindlichkeit, so wurde früher gesagt, macht offenbar, „wie einem ist“. In der Angst ist einem *„unheimlich“*. Darin kommt zunächst die eigentümliche Unbestimmtheit dessen, wobei sich das Dasein in der Angst befindet, zum Ausdruck: das Nichts und Nirgends. Unheimlichkeit meint aber dabei zugleich das Nicht-zuhause-sein. Bei der ersten phänomenalen Anzeige der Grundverfassung des Daseins und der Klärung des existenzialen Sinnes von In-Sein im Unterschied von der kategorialen Bedeutung der „Inwendigkeit“ wurde das In-Sein bestimmt als Wohnen bei …, Vertrautsein mit … Dieser Charakter des In-Seins wurde dann konkreter sichtbar gemacht durch die alltägliche Öffentlichkeit des Man, das die beruhigte Selbstsicherheit, das selbstverständliche „Zuhause-sein“ in die durchschnittliche Alltäglichkeit des Daseins bringt. Die Angst dagegen holt das Dasein aus seinem verfallenden Aufgehen in der „Welt“ zurück. Die alltägliche Vertrautheit bricht in sich zusammen. Das Dasein ist vereinzelt, das jedoch *als* In-der-Welt-Sein.

ontisch: *seiend, seinsgemäß; bei Heidegger im Unterschied zu ontologisch das Seiende in seiner Tatsächlichkeit, das noch nicht rational erschlossen ist.*

Helmuth Plessner **

DER AUSDRUCKSCHARAKTER VON LACHEN UND WEINEN

aus: Lachen und Weinen

(in: Philosophische Anthropologie, Frankfurt/Main 1970, S. 73 f.)

Plessner analysiert in dieser 1941 erschienenen berühmten Schrift das zweifache Verhältnis des Menschen zu seinem Körper: als Körper-Haben und Körper-Sein. Lachen und Weinen werden als spezifische Ausdrucksbewegungen beschrieben, in denen diese Doppelfunktion des menschlichen Körpers offenbar wird.

Die körperliche Existenz zwingt dem Menschen eine Doppelrolle auf. Er *ist zugleich* Körper und *im* bzw. *mit* einem Körper. Für das In- und Mitsein sagt man auch: einen Körper (Leib) haben. Sein und Haben gehen im Vollzug der Existenz ständig ineinander über, wie sie ineinander verschränkt sind. Bald steht die menschliche Person ihrem Körper als Instrument gegenüber, bald fällt sie mit ihm zusammen und ist Körper. Wo immer es auf Beherrschung der körperlichen Mechanismen ankommt, beim Handeln und Sprechen, in der Zeichengebung, in Gesten und Gebärden, erfährt der Mensch die Doppeldeutigkeit physischen Daseins. Das Verhältnis zwischen ihm (als Person, als Träger von Verantwortlichkeit, Subjekt des Willens und wie immer die Prädikate seiner geistig-seelischen Natur lauten) und dem Leib spielt – und muss spielen – zwischen Haben und Sein.

Zwischen den beiden Daseinsweisen „als Körperleib" – „im Körperleib" eine Entscheidung treffen zu wollen, als handelte es sich um eine Alternative, hieße die Notwendigkeit ihrer gegenseitigen Verschränkung missverstehen. Ohne Gewissheit der Binnenlage meiner selbst in meinem Körper keine Gewissheit unmittelbaren Ausgeliefertseins meiner selbst als Körper an Wirkung und Gegenwirkung der anderen körperlichen Dinge. Und umgekehrt: ohne Gewissheit des Draußenseins meiner selbst als Körper im Raum der körperlichen Dinge keine Gewissheit des Drinseins meiner selbst in meinem Leib, d. h. keine Beherrschung des eigenen Körpers, keine Abstimmung seiner Motorik auf die Umgebung, keine „richtige Auffassung" von der Umgebung.

Dass Lachen und Weinen kontrastierende Erscheinungen sind, ist jedem instinktiv deutlich, aber die populäre Deutung ihres Kontrastes hat sich von jeher zu sehr von der alltäglichen Ansicht des Lebens bestimmen lassen. Für gewöhnlich, sagt man, lachen die Menschen, weil sie sich amüsieren, und weinen, weil sie leiden. Aber Amüsement und Leid, Lust und Schmerz sind zu grobe Gegensätze für den Reichtum des Lebens. Die Gleichung Lachen-Lust mag noch einigermaßen aufgehen, die Gleichung Weinen-Schmerz ist sicher falsch.

Wenn so das Lustprinzip ihnen gegenüber versagt, was verbürgt dann die Gegensätzlichkeit von Lachen und Weinen? Darauf antwortet die Analyse: *Ihr Charakter als Reaktionen auf eine Krise menschlichen Verhaltens überhaupt.* Gegensatz ist nur möglich zwischen Dingen, die Gemeinsamkeiten haben. Gemeinsam ist Lachen und Weinen, dass sie Antworten auf eine *Grenzlage* sind. Ihr Gegensatz beruht auf den einander entgegengesetzten Richtungen, in denen der Mensch in diese Grenzlage gerät. Da sie sich nur auf zweifache Weise als Grenzlage zu erkennen gibt, in der dem Menschen jedes mögliche Verhalten unterbunden ist, treten auch nur zwei Krisenreaktionen von Antwortcharakter auf. Lachen beantwortet die Unterbindung des Verhaltens durch unausgleichbare Mehrsinnigkeit der Anknüpfungspunkte, Weinen die Unterbindung des Verhaltens durch Aufhebung der Verhältnismäßigkeit des Daseins.

Es ist kein Zufall, dass für die Deutungen der Ausdrucksgebärde, welche die Handlung in irgendeinem Sinne zum Gesichtspunkt nehmen, Lachen und Weinen eine sehr geringe Rolle spielen. Welchem fiktiven Objekt ließen sie sich ohne weit hergeholte Analogien zuordnen? Welcher wirklichen Handlung könnten sie in symbolischer Verkürzung „gleichen“?

Schon das Bild, das sie mimisch darbieten, stellt nur einen Ausschnitt aus dem ganzen Ausdruckskomplex dar, wie er sich im Gesamtprozess des Lachens und Weinens ergibt. Im Unterschied zu den emotional geführten Expressionen, in denen eine Stimmung, ein Affekt, eine Gemütsbewegung sich auslebt, in die sie ausstrahlt, fehlt bei ihnen dieser Übergang vom Inneren ins Äußere. Lachen und weinen – hierin zeigt sich ihre Zusammengehörigkeit, weil Zugehörigkeit zu einem besonderen Genus menschlicher Ausdrucksweise – kann der Mensch nur, wenn er sich ihnen überlässt. *Er verfällt ins Lachen, er lässt sich fallen – ins Weinen.* Während die Übergangslosigkeit im Lachen gern mit Ausdrücken des Platzens, Berstens, Explodierens angedeutet wird, versteckt sie sich beim Weinen unter der eigentümlich reflexiven Haltung des Weinenden, der sich loslassen muss, um die Lösung zu finden. Der Anlass des Lachens überfällt und zwingt uns. Wir müssen uns seiner oft mit Gewalt erwehren, um nicht loszuplatzen. Der Anlass des Weinens kann uns auch überfallen und eine Zumutung für unsere Selbstbeherrschung sein. Nur sind wir ihm nicht in gleicher Direktheit ausgeliefert. Er rührt uns, und erst wenn wir der Rührung nachgeben, kommen die Tränen.

Dieses Ins-Lachen- und Weinen-Geraten und -Verfallen zeigt, zumal im Hinblick auf den eigentümlich selbständigen Prozess, der dann einsetzt und sich häufig der Dämpfung und Steuerung bis zur völligen Erschöpfung entzieht, einen Verlust der Beherrschung, ein Zerbrechen der Ausgewogenheit zwischen Mensch und physischer Existenz. Eine starke und jähe Aufwallung des Gefühls kann uns zu unbedachten Gebärden hinreißen, wir sind dann auch nicht mehr Herr unser selbst, haben auch nicht mehr die Sinne beisammen. Aber die Beseeltheit des Leibes erreicht hier ihren Höhepunkt. Mag die Einheit der Person, die Kontrolle ihres geistig-sittlichen Zentrums gefährdet sein, die ausdruckshafte Transparenz ihres Körpers wird jedenfalls in solchen Zuständen sich nicht überbieten lassen: ein Minus für den Menschen als Person, ein Plus für ihn als leibseelisches Wesen.

Genau das Umgekehrte findet bei Lachen und Weinen statt. Die leib-seelische Transparenz des Körpers erreicht in ihnen ihren Tiefpunkt. Körperliche Vorgänge emanzipieren sich. Der Mensch wird von ihnen geschüttelt, gestoßen, außer Atem gebracht. Er hat das Verhältnis zu seiner physischen Existenz verloren, sie entzieht sich ihm und macht gewissermaßen mit ihm, was sie will. Gleichwohl empfindet man diesen Verlust als Ausdruck für eine und Antwort auf eine entsprechende Situation. Mit dem inneren Gleichgewicht ist es auch vorbei, aber das Minus geht dieses Mal zu Lasten der Leib-Seele-Einheit, nicht zu Lasten der Person.

Im Gegensatz zur mimischen Ausdrucksgebärde stellt sich das Genus von Lachen und Weinen als eine Äußerungsweise dar, bei welcher der *Verlust der Beherrschung im Ganzen* Ausdruckswert hat. Die Desorganisation des Verhältnisses zwischen dem Menschen und seiner physischen Existenz wird zwar nicht gewollt, aber – indem sie sich überwältigend einstellt – doch nicht bloß hingenommen und erlitten, sondern als Gebärde und sinnvolle Reaktion verstanden. In der Katastrophe noch, die sein sonst beherrschtes Verhältnis zum eigenen Leib erfährt, triumphiert der Mensch und bestätigt sich als Mensch. Durch das entgleitende Hineingeraten und Verfallen in einen körperlichen Vorgang, der zwangshaft abläuft und für sich selbst undurchsichtig ist, durch die Zerstörung der inneren Balance wird das Verhältnis des Menschen zum Körper in eins preisgegeben *und* wiederhergestellt. Die effektive Unmöglichkeit, einen entsprechenden Ausdruck und eine passende Antwort zu finden, *ist* zugleich der einzig entsprechende Ausdruck, die einzig passende Antwort.

Unbeantwortbare und zugleich *bedrohende* Lagen erregen *Schwindel*. Der Mensch kapituliert als Person, er verliert den Kopf. Symptome, die vom Drehschwindel her bekannt sind, wie Schweißausbruch, Übelkeit, Erbrechen und Ohnmacht, können, wie bekannt, in gleichen Existenzkrisen höherer Ordnung auftreten. Der Ausdruck: mir schwindelt, ist in solchen Lagen durchaus adäquat.

Unbeantwortbare und nicht *bedrohende* Lagen dagegen erregen *Lachen* oder *Weinen*. Der Mensch kapituliert als Leib-Seele-Einheit, d. h. als Lebewesen, er verliert das Verhältnis zu seiner physischen Existenz, aber er kapituliert nicht als Person. Er verliert nicht den Kopf. Auf die unbeantwortbare Lage findet er gleichwohl – kraft seiner exzentrischen Position, durch die er in keiner Lage aufgeht – die einzig noch mögliche Antwort: von ihr Abstand zu nehmen und sich zu lösen.

Der außer Verhältnis zu ihm geratene Körper übernimmt für ihn die Antwort, nicht mehr als Instrument von Handlung, Sprache, Geste, Gebärde, sondern als Körper. Im Verlust der Herrschaft über ihn, im Verzicht auf ein Verhältnis zu ihm bezeugt der Mensch noch sein souveränes Verständnis des Unverstehbaren, noch seine Macht in der Ohnmacht, noch seine Freiheit und Größe im Zwang. Er weiß auch da noch eine Antwort zu finden, wo es nichts mehr zu antworten gibt. Er hat, wenn auch nicht das letzte Wort, doch die letzte Karte im Spiel, dessen Verlust sein Gewinn ist.

Hannah Arendt **

VITA ACTIVA UND CONDITION HUMAINE

aus: Vita activa, oder: Vom tätigen Leben
(München 1981, S.14ff.)

Die Philosophin Hannah Arendt (1906 – 1975) charakterisiert in diesem Werk die Grundsituation des Menschen durch die soziologisch-anthropologischen Kategorien von Arbeit im Sinne von Bearbeiten, Herstellen im Sinne von kreativer Produktion und Handeln im Sinne von sozialpolitischer Kommunikation und Interaktion.

Mit dem Wort Vita activa sollen im Folgenden drei menschliche Grundtätigkeiten zusammengefasst werden: Arbeiten, Herstellen und Handeln. Sie sind Grundtätigkeiten, weil jede von ihnen einer der Grundbedingungen entspricht, unter denen dem Geschlecht der Menschen das Leben auf der Erde gegeben ist.

Die Tätigkeit der Arbeit entspricht dem biologischen Prozess des menschlichen Körpers, der in seinem spontanen Wachstum, Stoffwechsel und Verfall sich von Naturdingen nährt, welche die Arbeit erzeugt und zubereitet, um sie als die Lebensnotwendigkeiten dem lebendigen Organismus zuzuführen. Die Grundbedingung, unter der die Tätigkeit des Arbeitens steht, ist das Leben selbst.

Im Herstellen manifestiert sich das Widernatürliche eines von der Natur abhängigen Wesens, das sich der immer währenden Wiederkehr des Gattungslebens nicht fügen kann und für seine individuelle Vergänglichkeit keinen Ausgleich findet in der potentiellen Unvergänglichkeit des Geschlechts. Das Herstellen produziert eine künstliche Welt von Dingen, die sich den Naturdingen nicht einfach zugesellen, sondern sich von ihnen dadurch unterscheiden, dass sie der Natur bis zu einem gewissen Grade widerstehen und von den lebendigen Prozessen nicht einfach zerrieben werden. In dieser Dingwelt ist menschliches Leben zu Hause, das von Natur in der Natur heimatlos ist; und die Welt bietet Menschen eine Heimat in dem Maße, in dem sie menschliches Leben überdauert, ihm widersteht und als objektiv-gegenständlich gegenübertritt. Die Grundbedingung, unter der die Tätigkeit des Herstellens steht, ist Weltlichkeit, nämlich die Angewiesenheit menschlicher Existenz auf Gegenständlichkeit und Objektivität.

Das Handeln ist die einzige Tätigkeit der Vita activa, die sich ohne die Vermittlung von Materie, Material und Dingen direkt zwischen Menschen abspielt. Die Grundbedingung, die ihr entspricht, ist das Faktum der Pluralität, nämlich die Tatsache, dass nicht ein Mensch, sondern viele Menschen auf der Erde leben und die Welt bevölkern. Zwar ist menschliche Bedingtheit in allen ihren Aspekten auf das Politische bezogen, aber die Bedingtheit durch Pluralität steht zu dem, dass es so etwas wie Politik unter Menschen gibt, noch einmal in einem ausgezeichneten Verhältnis; sie ist nicht nur die conditio sine qua non, sondern die conditio per quam. Für Menschen heißt Leben – wie das Lateinische, also die Sprache des vielleicht zutiefst politischen unter den uns bekannten Völkern, sagt – so viel wie „unter Menschen weilen“ (inter homines esse) und Sterben so viel wie „aufhören unter Menschen zu weilen“ (desinere inter homines esse). Hiermit stimmt die Bibel in gewissem Sinne überein, sofern in einer der Versionen der Schöpfungsgeschichte Gott nicht *den* Menschen erschuf, sondern die Menschen: „und schuf *si*e einen Mann und ein Weib.“ Dieser im Plural erschaffene Mensch unterscheidet sich prinzipiell von jenem Adam, den Gott „aus einem Erdenkloß“ machte, um ihm dann nachträglich ein Weib zuzugesellen, das „aus der Rippe“ *de*s Menschen erschaffen, Bein von seinem Bein und Fleisch von seinem Fleisch war. Hier ist die Pluralität den Menschen nicht ursprünglich zu eigen, sondern ihre Vielheit ist erklärt aus Vervielfältigung. Jede wie immer geartete „Idee vom Menschen überhaupt“ begreift die menschliche Pluralität als Resultat einer unendlich variierbaren Reproduktion eines Urmodells und bestreitet damit von vornherein und implicite die Möglichkeit des Handelns. Das Handeln bedarf einer Pluralität, in der zwar alle dasselbe sind, nämlich Menschen, aber dies auf die merkwürdige Art und Weise, dass keiner dieser Menschen je einem anderen gleicht, der einmal gelebt hat oder lebt oder leben wird.

Alle drei Grundtätigkeiten und die ihnen entsprechenden Bedingungen sind nun nochmals in der allgemeinsten Bedingtheit menschlichen Lebens verankert, dass es nämlich durch Geburt zur Welt kommt und durch Tod aus ihr wieder verschwindet. Was die Mortalität anlangt, so sichert die Arbeit das Am-Leben-bleiben des Individuums und das Weiterleben der Gattung; das Herstellen errichtet eine künstliche Welt, die von der Sterblichkeit der sie Bewohnenden in gewissem Maße unabhängig ist und so ihrem flüchtigen Dasein so etwas wie Bestand und Dauer entgegenhält; das Handeln schließlich, soweit es der Gründung und Erhaltung politischer Gemeinwesen dient, schafft die Bedingungen für eine Kontinuität der Generationen, für Erinnerung und damit für Geschichte. Auch an der Natalität sind alle Tätigkeiten gleicherweise orientiert, da sie immer auch die Aufgabe haben, für die Zukunft zu sorgen, bzw. dafür, dass das Leben und die Welt dem ständigen Zufluss von Neuankömmlingen, die als Fremdlinge in sie hineingeboren werden, gewachsen und auf ihn vorbereitet bleibt. Dabei ist aber das Handeln an die Grundbedingung der Natalität enger gebunden als Arbeiten und Herstellen. Der Neubeginn, der mit jeder Geburt in die Welt kommt, kann sich in der Welt nur darum zur Geltung bringen, weil dem Neuankömmling die Fähigkeit zukommt, selbst einen neuen Anfang zu machen, d. h. zu handeln. Im Sinne von Initiative – ein initium setzen – steckt ein Element von Handeln in allen menschlichen Tätigkeiten, was nichts anderes besagt, als dass diese Tätigkeiten eben von Wesen geübt werden, die durch Geburt zur Welt gekommen sind und unter der Bedingung der Natalität stehen. Und da Handeln ferner die politische Tätigkeit par excellence ist, könnte es wohl sein, dass Natalität für politisches Denken ein so entscheidendes, Kategorien bildendes Faktum darstellt, wie Sterblichkeit seit eh und je und im Abendland zumindest seit Plato der Tatbestand war, an dem metaphysisch-philosophisches Denken sich entzündete.

Nun umfasst aber die Condition Humaine, die menschliche Bedingtheit im Ganzen, mehr als nur die Bedingungen, unter denen den Menschen das Leben auf der Erde gegeben ist. Menschen sind bedingte Wesen, weil ein jegliches, womit sie in Berührung kommen, sich unmittelbar in eine Bedingung ihrer Existenz verwandelt. Die Welt, in der die Vita activa sich bewegt, besteht im Wesentlichen aus Dingen, die Gebilde von Menschenhand sind; und diese Dinge, die ohne den Menschen nie entstanden wären, sind wiederum Bedingung menschlicher Existenz. Die Menschen leben also nicht nur unter den Bedingungen, die gleichsam die Mitgift ihrer irdischen Existenz überhaupt darstellen, sondern darüber hinaus unter selbst geschaffenen Bedingungen, die ungeachtet ihres menschlichen Ursprungs die gleiche bedingende Kraft besitzen wie die bedingenden Dinge der Natur. Was immer menschliches Leben berührt, was immer in es eingeht, verwandelt sich sofort in eine Bedingung menschlicher Existenz. Darum sind Menschen, was auch immer sie tun oder lassen, stets bedingte Wesen. Was in ihrer Welt erscheint, wird sofort ein Bestandteil der menschlichen Bedingtheit. Die Wirklichkeit der Welt macht sich innerhalb menschlicher Existenz als die diese Existenz bedingende Kraft geltend und wird von ihr als solche empfunden. Die Objektivität der Welt – ihr Objekt- und Ding-Charakter – und die menschliche Bedingtheit ergänzen einander und sind aufeinander eingespielt; weil menschliche Existenz bedingt ist, bedarf sie der Dinge, und die Dinge wären ein Haufen zusammenhangloser Gegenstände, eine Nicht-Welt, wenn nicht jedes Ding für sich und alle zusammen menschliche Existenz bedingen würden.

Thomas Macho ***

WAS IST DER TOD?

aus: Todesmetaphern

(Frankfurt/Main 1987, S.79)

Der österreichische Philosoph Thomas Macho (geb. 1951) untersucht in seinen „Todesmetaphern" die vielfältigen kulturellen und philosophischen Formen, in denen der Mensch der Tatsache des Todes Herr zu werden versucht. Seine These dabei ist, dass wir den Tod als solchen gar nie erfahren können – denn er ist das Ende jeder Erfahrungsmöglichkeit.

Worüber sprechen wir, wenn wir vom Tod sprechen? Vielleicht ist der Tod gar nicht „natürlich"; vielleicht ist er einer Handlung gleichzusetzen – einer Handlung, die an uns vollzogen wird, als göttliche oder dämonische Tat, als magische Praxis, als Schnitt durch den Lebensfaden, als Mord. Vielleicht ist jeder Tod eigentlich Mord.

Vielleicht ist der Tod aber auch eine Handlung, die wir selbst vollziehen, als freie Täter: ein Abschied, eine Trennung, eine Reise, ein Fortgang – ein Selbstmord. Vielleicht ist jeder Tod eigentlich Selbstmord: „Der Mensch stirbt nur dann, wenn er sterben will." Die andere Seite des „natürlichen Todes", seine radikale Umkehrung, ist die „mors voluntaria", der freiwillige Tod. Wenn aber der Tod als Handlung interpretiert werden darf, dann können wir einen indirekten Zugang zu einer passiven oder aktiven Todeserfahrung postulieren;

Todeserfahrung müsste nämlich – in analogischer Konstruktion – als Handlungserfahrung besonderer Art dechiffriert werden: als spezifische Erfahrung der Freiheit vielleicht, die den Menschen zum seltsamsten Tier der Naturhistorie geraten ließ.

Wollt ihr den natürlichen Tod? Die Konzeption des „natürlichen Todes" verdeckt – wie alle Berufung auf die „Natur" des Menschen – einen ideologischen Hintergrund. Soll man nicht fragen, warum die Rede vom „natürlichen Tod" gerade in einem Zeitalter reüssiert, das wie kein anderes den Tod produziert hat? Wie passt denn der „natürliche Tod" zu der erstmals installierten Möglichkeit, die gesamte Gattung auszurotten und diesen Planeten für immer unbewohnbar zu machen?

Was mag es bedeuten, von einem Toten zu sagen, er sei eines „natürlichen Todes" gestorben? Starb der greise Bloch „natürlicher" als der junge Paul Ludwig Landsberg, der im KZ Oranienburg ermordet wurde? Wie bestimmen wir den Wert eines Menschenlebens – an der Zahl der verbrauchten Jahre? War Mozarts Leben weniger „erfüllt" als das Leben Johann Sebastian Bachs? Woher nehmen wir solche Maßstäbe?

Hinter der Rede vom „natürlichen Tod" verbirgt sich womöglich jenes Arrangement, das Elias Canetti zum Thema eines beklemmenden Dramas gemacht hat. Wir sind „Die Befristeten", die Gesellschaft, in der jeder den Augenblick seines eigenen Todes zu kennen glaubt. Was diese Gesellschaft auszeichnet, ist die rigide Herrschaft, die sich gerade am Ideal der Unterwerfung des Todes ausgiebig berauscht; die Klassentrennung zwischen langlebigen Tyrannen und kurzlebigen Sklaven; die Gesprächslosigkeit zwischen den „Toten auf Urlaub" und den bürokratischen Verwaltern des verfügten Todes. Hinter dieser „Natur" der Befristung lässt sich die Fratze sozialdarwinistischer Moral deutlich erkennen.

Nein, der „natürliche Tod" ist keine Utopie, die wir gegen die schlimme Realität verteidigen müssten. Die Utopie besteht auf der Abschaffung des Todes, auf der Solidarität der Menschen gegen den Tod: nicht auf seiner Verklärung zur sanften Natur. Wir wollen nicht sterben, weder den „technischen" noch den „natürlichen" Tod (die sich zum Verwechseln ähnlich sehen); wir sind nicht einverstanden, mit dem Tod, mit dem eigenen Tod nicht und nicht mit dem Tod der anderen Menschen.

***dechiffriert:** entziffert, erklärt*
***Sozialdarwinismus:** Übertragung des darwinistischen Denkens auf die menschliche Gesellschaft: auch ihre Entwicklung ist nur von Selektion und Überleben des Stärkeren bestimmt.*

Luce Irigaray ***

DAS ANDERE GESCHLECHT
aus: Speculum. Spiegel des anderen Geschlechts
(Frankfurt/Main 1980, S. 282ff.)

Die französische Philosophin Luce Irigaray gilt als eine der wichtigsten Vertreterinnen einer feministischen Philosophie. In ihrem Hauptwerk „Speculum" (Spiegel) versucht sie, vor allem in kritischer Auseinandersetzung mit dem Werk Sigmund Freuds, eine Theorie des Weiblichen zu entwerfen, in der die Frau nicht der Gegenstand des Denkens, sondern dessen Subjekt ist. Die Frau wird als „die Form, die nicht abgeschlossen ist", definiert. Dabei verlässt Irigaray auch die von der (männlichen) Wissenschaft geübte logisch-deduktive Sprache und entwickelt einen eigenen (weiblichen) Stil, der eher assoziativ, kreisend, zwischen Poesie und Wissenschaft oszillierend erscheint und eine konzentrierte Lektüre erfordert.

So hat die Frau noch immer keinen Ort gefunden, sie ist noch immer nicht geworden. Ein „Noch-nicht“, das ohne Zweifel zu einer *hysterischen Phantasmatik* passt, das aber auch eine *historische Bedingung* ausdrückt. Die Frau ist noch immer der Ort, das Ganze des Ortes, an dem sie von sich selbst jedoch nicht Besitz ergreifen kann. Sie wird als allmächtig empfunden dort, wo „sie“ in ihrer Undifferenziertheit völlig ohnmächtig ist. Weil sie niemals darauf besteht, dass sie das „überall sonst“ ist, aus dem das „Subjekt“ weiterhin seine Reserven, seine Ressourcen zieht, ohne sie freilich erkennen zu können. Sie ist noch in der Materie, der Erde, der Mutter verwurzelt, und gleichzeitig ist sie bereits an x Orten verstreut, die sich in nichts zusammenfassen, worin sie sich selbst erkennen könnte, die aber die Stützen der (Re-)Produktion – besonders des Diskurses – in allen ihren Formen bleiben.

Die Frau bleibt das Nichts vom Ganzen, das Ganze dessen, was noch nichts ist, worin jeder Einzelne, jeder *Eine*, das sucht, womit er die Ähnlichkeit mit sich selbst (als Selbst) nähren kann. Sie bewegt sich also, wechselt den Platz, und doch ist es bis heute niemals sie gewesen, die sich bewegt hat. Sie kann die Funktion als Statthalter, die sie für das „Subjekt“ erfüllt, nicht selber durchbrechen, und auch dieser Funktion kann nicht ein für alle Mal ein Wert zugeschrieben werden, weil das „Subjekt“ sonst in der Unbeweglichkeit seiner Besetzungen erstarrte. Sie muss also darauf warten, dass das „Subjekt“ sie nach seinen Bedürfnissen und Wünschen bewegt: nach den Notwendigkeiten der geltenden Ökonomie. Geduldig in ihrer Reserve, in ihrer Zurückhaltung, ihrem Schweigen, selbst wenn der Augenblick kommt, da sie für die gewaltsame Konsumtion, das Zerrissen- und Ausgeschlachtetwerden bereit sein muss. Mit ihrem gespaltenen Geschlecht – aber ist es nicht das der Mutter? –, durch das er in das Innere ihres Körpers eindringen zu können glaubt, in der Hoffnung, dort endlich seine „Seele“ lassen zu können. Aber das ist ein „Sterben“, ein Vergehen, das noch zu sehr auf Kalkulation beruht und aus dem er kindlicher und also unterjochter denn je hervorzugehen riskiert, während sie sich vor dem Desaster des inneren Zerrissen- und Verzehrtwerdens bewahrt durch das Leuchten ihres Schmucks und ihrer schimmernden Haut. Sie ist also *Eine*, zumindest wenn sie im Blickfeld steht, die mit einer blendenden Maskierung durch Schminke oder mit ihrer mütterlichen Erscheinung verbirgt, dass sie in Stücke zerrissen ist, in Bruchstücke: von Frauen, von Diskursen, von Schweigen, von noch unberührten weißen Stellen … In entlegene Winkel abgeschoben, durch die das „Subjekt“ seiner Gefangenschaft zu entkommen sucht. Aber wie sehr er sich auch anstrengt, diese spiegelnde Matrix zu zerbrechen, die Diskursivität, die ihn umschließt, den Text-Körper, in dem er zum Gefangenen geworden ist, es ist doch immer noch sie, auf die er stößt: Natur, die ohne ihr Wissen sein Projekt, seinen Entwurf und deren Produktion genährt hat. Und die für ihn nun verschmilzt mit jenem eisig spiegelnden Schoß, der alle Reflexe wie ein Grab verschluckt, zu dem sie ihre Differenz nicht artikulieren kann, weil ihr das Imaginäre fehlt. Also lässt sie sich weiterhin für neue Spekulationen verzehren oder als ungeeignet zurückweisen. Ohne ein Wort zu sagen. Mühsam versucht sie, sich im Gebrauch zu halten oder ihren Austausch durch kleine Extras zu fördern: strahlende letzte Neuheiten, von den Männern in Umlauf gesetzt und durch ihre immer ein wenig barocke Frivolität leicht verzerrt.

Aber die Frau ist weder geschlossen noch offen, sondern unbestimmt, un-fertig, die Form, die nicht abgeschlossen ist. Sie ist nicht unbegrenzt, noch weniger ist sie eine Einheit: Buchstabe, Chiffre, Zahl einer Serie, Eigenname, das einzigartige Objekt einer sinnlichen Welt, aber auch eine sinnliche Welt als einzelnes Objekt, einfache Idealität eines intelligiblen Ganzen, grundlegende Wesenheit, etc. Die Unvollständigkeit ihrer Form, ihrer Morphologie ermöglicht es ihr, in jedem Augenblick etwas anderes zu werden, was nicht heißen soll, dass sie jemals auf eindeutige Weise etwas wäre. Sie geht in keiner Metapher auf. Sie ist niemals dieses und dann jenes, dieses und jenes, wiewohl stets im Begriff, Ausdehnung zu werden, die zu keinem Zeitpunkt als ein definierbares Universum besteht oder bestehen wird. Das ist es vielleicht, was man als ihr unreduzierbares (hysterisches) Unbefriedigtsein bezeichnet. Keine Form, kein Akt, kein Diskurs, kein Subjekt, männlich oder weiblich, können als einzelne die Entwicklung des Begehrens einer Frau zu einem befriedigenden Ende bringen. Und die Gefahr der Mutterschaft liegt für sie darin, dass sie sich und ihr Begehren auf die Welt eines Kindes fixiert. (…)

Denn der Mann braucht ein Instrument, um sich zu berühren: die Hand, die Frau oder irgendein Substitut. Dieser Apparat wird in der Sprache und durch die Sprache ersetzt. Der Mann produziert Sprache, um sich selbst zu berühren. Und in den verschiedenen Formen des Diskurses lassen sich verschiedene Arten der Selbst-Berührung des „Subjekts“ analysieren. Geradezu ideal scheint der philosophische Diskurs zu sein, der das „Sich-Repräsentieren“ bevorzugt. Das ist eine Art der Selbst-Berührung, die die Notwendigkeit des Instruments quasi auf nichts reduziert: auf das Denken der Seele, den Seelengedanken. Ein introjizierter, interiorisierter Spiegel, durch den sich das „Subjekt“ auf subtilste Weise und ganz heimlich der Unsterblichkeit seiner Auto-Erotik versichert. Wissenschaft und Technik brauchen ebenfalls Instrumente, um sich selbst zu affizieren. Zum Teil emanzipieren sie sich auf diese Weise von der Kontrolle des „Subjekts“ und könnten ihm sogar einen Bruchteil seines alleinigen Profits entwenden. Sie könnten mit dem „Subjekt“ rivalisieren, indem sie sich ihre Autonomie nehmen. Aber noch besteht das Denken fort. Wenigstens für einige Zeit, solange man (sich) die Frau denkt? Die letzte Ressource, die das „Subjekt“ als solches für seine Selbst-Berührung durch die Sprache und in der Sprache noch hat? Oder eine kleine Öffnung in seinem Circulus vitiosus: dem Logos selbst (des Selbst)? Da die Maschinen – auch die theoretischen – sich manchmal ganz von allein in Gang setzen können, kann das vielleicht auch die Frau tun? Krise einer Epoche, in der das „Subjekt“ nicht mehr weiß, wo es mit seinem Kopf hin soll, an wen oder was es sich halten soll, irritiert durch die Vermehrung jener Feuer der „Befreiung“, die sich keineswegs homogen zueinander verhalten, sondern vor allem heterogen zu seiner Konzeption. Und da er in dieser Konzeption seit langem das Instrument, das Mittel und allzu oft auch den Inbegriff seiner Lust gesucht hat, hat er durch die Objekte, die er beherrschen wollte, vielleicht die Lust aufs Spiel gesetzt oder gar verloren. *Er bemüht sich also nun, Wissenschaft, Maschine, Frau … zu sein, damit diese sich nicht seinem Gebrauch und dem Ausgetauschtwerden entziehen.* Doch er erreicht sein Ziel nicht vollständig, denn die Form ist in ihnen niemals wie bei ihm, im Innern seines Geistes, zur Vollendung gelangt. Sie ist schon immer eine explodierte, zersprungene Form. Dabei kann sie sich übrigens selbst genießen – in der Pracht ihrer Ränder – oder für den anderen diese Täuschung aufrechterhalten, während das „Subjekt“ immer wieder die Form, seine Form vor sich ausstellen muss, um sich an ihrem Besitz zu erfreuen. In seiner Lust ist der Herr zum Knecht seiner Macht geworden.

hysterische Phantasmatik: *männliche Vorstellungen über das Wesen des Weiblichen*
Matrix: *Projektionsbild des männlichen Phantasmas*
Diskursivität: *die logische männliche Rede*
Morphologie: *Wissenschaft von den Gestalten, Formen und Formveränderungen*
Circulus vitiosus: *Zirkelschluss, Fehler in einer Beweiskette*

Georg Wilhelm Friedrich Hegel ***

DIE PHILOSOPHIE ALS DER GEDANKE IHRER ZEIT

aus: Vorlesungen über die Geschichte der Philosophie I
(in: Werke in 20 Bänden, Frankfurt/M 1970, Bd. 18, S. 20ff. und S. 73ff.)

G.W.F. Hegel stellt in seinen „Vorlesungen über die Geschichte der Philosophie" (1830) nicht nur den Ablauf der wichtigsten philosophischen Theorien dar, sondern fragt auch nach dem Verhältnis der Philosophie zur ihrer Zeit, d.h. zur Kultur und Gesellschaft, in der sie entsteht.

Was die Geschichte der Philosophie uns darstellt, ist die Reihe der edlen Geister, die Galerie der Heroen der denkenden Vernunft, welche kraft dieser Vernunft in das Wesen der Dinge, der Natur und des Geistes, in das Wesen Gottes eingedrungen sind und uns den höchsten Schatz, den Schatz der Vernunfterkenntnis erarbeitet haben. Die Begebenheiten und Handlungen dieser Geschichte sind deswegen zugleich von der Art, dass in deren Inhalt und Gehalt nicht sowohl die Persönlichkeit und der individuelle Charakter eingeht – wie dagegen in der politischen Geschichte das Individuum nach der Besonderheit seines Naturells, Genies, seiner Leidenschaften, der Energie oder Schwäche seines Charakters, überhaupt nach dem, wodurch es dieses Individuum ist, das Subjekt der Taten und Begebenheiten ist –, als hier vielmehr die Hervorbringungen um so vortrefflicher sind, je weniger auf das besondere Individuum die Zurechnung und das Verdienst fällt, je mehr sie dagegen dem freien Denken, dem allgemeinen Charakter des Menschen als Menschen angehören, je mehr dies eigentümlichkeitslose Denken selbst das produzierende Subjekt ist.

Diese Taten des Denkens scheinen zunächst, als geschichtlich, eine Sache der Vergangenheit zu sein und jenseits unserer Wirklichkeit zu liegen. In der Tat aber, was wir sind, sind wir zugleich geschichtlich, oder genauer: wie in dem, was in dieser Region, der Geschichte des Denkens (sich findet,) das Vergangene nur die eine Seite ist, so ist in dem, was wir sind, das gemeinschaftliche Unvergängliche unzertrennt mit dem, dass wir geschichtlich sind, verknüpft. Der Besitz an selbstbewusster Vernünftigkeit, welcher uns, der jetzigen Welt angehört, ist nicht unmittelbar entstanden und nur aus dem Boden der Gegenwart gewachsen, sondern es ist dies wesentlich in ihm, eine Erbschaft und näher das Resultat der Arbeit, und zwar der Arbeit aller vorhergegangenen Generationen des Menschengeschlechts zu sein. So gut als die Künste des äußerlichen Lebens, die Masse von Mitteln und Geschicklichkeiten, die Einrichtungen und Gewohnheiten des geselligen und des politischen Zusammenseins ein Resultat von dem Nachdenken, der Erfindung, den Bedürfnissen, der Not und dem Unglück, dem Wollen und Vollbringen, der unserer Gegenwart vorhergegangenen Geschichte sind, so ist das, was wir in der Wissenschaft und näher in der Philosophie sind, gleichfalls der Tradition zu verdanken, die hindurch durch alles, was vergänglich ist und was daher vergangen ist, sich als, wie sie Herder genannt hat, eine heilige Kette schlingt und (das,) was die Vorwelt vor sich gebracht hat, uns erhalten und überliefert hat.

Diese Tradition ist aber nicht nur eine Haushälterin, die nur Empfangenes treu verwahrt und es so den Nachkommen unverändert überliefert. Sie ist nicht ein unbewegtes Steinbild, sondern lebendig und schwillt als ein mächtiger Strom, der sich vergrößert, je weiter er von seinem Ursprunge aus vorgedrungen ist.

Der Inhalt dieser Tradition ist das, was die geistige Welt hervorgebracht hat, und der allgemeine Geist bleibt nicht stille stehen. Mit dem allgemeinen Geiste aber ist es wesentlich, mit dem wir es hier zu tun haben. Bei einer einzelnen Nation mag es wohl der Fall sein, dass ihre Bildung, Kunst, Wissenschaft, ihr geistiges Vermögen überhaupt statarisch wird, wie dies etwa bei den Chinesen z. B. der Fall zu sein scheint, die vor zweitausend Jahren in allem so weit mögen gewesen sein als jetzt. Der Geist der Welt aber versinkt nicht in diese gleichgültige Ruhe. Es beruht dies auf seinem einfachen Begriff. Sein Leben ist Tat. Die Tat hat einen vorhandenen Stoff zu ihrer Voraussetzung, auf welchen sie gerichtet ist und sie nicht etwa bloß vermehrt, durch hinzugefügtes Material verbreitert, sondern wesentlich bearbeitet und umbildet. Dies Erben ist zugleich Empfangen und Antreten der Erbschaft; und zugleich wird sie zu einem Stoffe herabgesetzt, der vom Geiste metamorphisiert wird. Das Empfangene ist auf diese Weise verändert und bereichert worden und zugleich erhalten.

(…)

Aber es kommt die Zeit nicht nur überhaupt, dass überhaupt philosophiert wird, sondern in einem Volke ist es eine bestimmte Philosophie, die sich auftut, und diese Bestimmtheit des Standpunkts des Gedankens ist dieselbe Bestimmtheit, welche alle anderen geschichtlichen Seiten des Volksgeistes durchdringt, im innigsten Zusammenhange mit ihnen ist und ihre Grundlage ausmacht. Die bestimmte Gestalt einer Philosophie also ist gleichzeitig mit einer bestimmten Gestalt der Völker, unter welchen sie auftritt, mit ihrer Verfassung und Regierungsform, ihrer Sittlichkeit, geselligem Leben, Geschicklichkeiten, Gewohnheiten und Bequemlichkeiten desselben, mit ihren Versuchen und Arbeiten in Kunst und Wissenschaft, mit ihren Religionen, den Kriegsschicksalen und äußerlichen Verhältnissen überhaupt, mit dem Untergang der Staaten, in denen dies bestimmte Prinzip sich geltend gemacht hatte, und mit der Entstehung und dem Emporkommen neuer, worin ein höheres Prinzip seine Erzeugung und Entwicklung findet. Der Geist hat das Prinzip der bestimmten Stufe seines Selbstbewusstseins, die er erreicht hat, jedes Mal in den ganzen Reichtum seiner Vielseitigkeit ausgearbeitet und ausgebreitet. Dieser reiche Geist eines Volkes ist eine Organisation – ein Dom, der Gewölbe, Gänge, Säulenreihen, Hallen, vielfache Abteilungen hat, welches alles aus einem Ganzen, einem Zwecke hervorgegangen. Von diesen mannigfaltigen Seiten ist die Philosophie eine Form, und welche? Sie ist die höchste Blüte, – sie der Begriff der ganzen Gestalt des Geistes, das Bewusstsein und das geistige Wesen des ganzen Zustandes, der Geist der Zeit, als sich denkender Geist vorhanden. Das vielgestaltete Ganze spiegelt in ihr als dem einfachen Brennpunkte, dem sich wissenden Begriffe desselben, sich ab.

Die Philosophie, die innerhalb des Christentums notwendig ist, konnte nicht in Rom stattfinden, da alle Seiten des Ganzen nur Ausdruck einer und derselben Bestimmtheit sind. Das Verhältnis der politischen Geschichte, Staatsverfassungen, Kunst, Religion zur Philosophie ist deswegen nicht dieses, dass sie Ursachen der Philosophie wären oder umgekehrt diese der Grund von jenen; sondern sie haben vielmehr alle zusammen eine und dieselbe gemeinschaftliche Wurzel – den Geist der Zeit. Es ist ein bestimmtes Wesen, Charakter, welcher alle Seiten durchdringt und sich in dem Politischen und in dem anderen als in verschiedenen Elementen darstellt; es ist ein Zustand, der in allen seinen Teilen in sich zusammenhängt und dessen verschiedene Seiten, so mannigfaltig und zufällig sie aussehen mögen, sosehr sie sich auch zu widersprechen scheinen, nichts der Grundlage Heterogenes in sich enthalten. Diese bestimmte Stufe ist aus einer vorhergehenden hervorgegangen. Es aber aufzuzeigen, wie der Geist einer Zeit seine ganze Wirklichkeit und ihr Schicksal nach seinem Prinzipe ausprägt, – diesen ganzen Bau begreifend darzustellen, das bleibt uns auf der Seite liegen; es wäre der Gegenstand der philosophischen Weltgeschichte überhaupt. Aber uns gehen die Gestaltungen nur an, welche das Prinzip des Geistes in einem mit der Philosophie verwandten geistigen Elemente ausprägen.

Dies ist die Stellung der Philosophie unter den Gestaltungen. Eine Folge davon ist, dass die Philosophie ganz identisch ist mit ihrer Zeit. Sie steht daher nicht über ihrer Zeit, sie ist Wissen des Substantiellen ihrer Zeit. Ebenso wenig steht ein Individuum, als Sohn seiner Zeit, über seiner Zeit; das Substantielle derselben, welches sein eigenes Wesen, manifestiert er nur in seiner Form; niemand kann über seine Zeit wahrhaft hinaus, sowenig wie aus seiner Haut. Die Philosophie steht jedoch andererseits der Form nach über ihrer Zeit, indem sie als das Denken dessen, was der substantielle Geist derselben ist, ihn sich zum Gegenstande macht. Insofern sie im Geiste ihrer Zeit ist, ist er ihr bestimmter weltlicher Inhalt; zugleich ist sie aber als Wissen auch darüber hinaus, stellt ihn sich gegenüber; aber dies ist nur formell, denn sie hat wahrhaft keinen anderen Inhalt. Dies Wissen selbst ist allerdings die Wirklichkeit des Geistes, das Selbstwissen des Geistes; so ist der formelle Unterschied auch ein realer, wirklicher Unterschied. Dies Wissen ist es dann, was eine neue Form der Entwicklung hervorbringt; die neuen Formen sind nur Weisen des Wissens. Durch das Wissen setzt der Geist einen Unterschied zwischen das Wissen und das, was ist; dies enthält wieder einen neuen Unterschied, und so kommt eine neue Philosophie hervor. Die Philosophie ist also schon ein weiterer Charakter des Geistes; sie ist die innere Geburtsstätte des Geistes, der später zu wirklicher Gestaltung hervortreten wird. Das Konkrete hiervon werden wir weiter haben. Wir werden so sehen, dass das, was die griechische Philosophie gewesen ist, in der christlichen Welt in die Wirklichkeit getreten ist.

Herder, Johann Gottfried *(1744 – 1803), deutscher Dichter und Philosoph, seine „Ideen zur Philosophie der Geschichte der Menschheit“ (1784/91) deuten Geschichte schon als Entfaltung der Humanität*

Geist: *Bei Hegel sowohl das Selbstbewusstsein des Individuums, einer Gemeinschaft und der Menschheit als auch deren objektives Wesen.*

Das Substantielle der Zeit: *das Wesen einer Zeit, die prägenden Einflüsse, die entscheidenden Kräfte*

Theodor W. Adorno ***

Wandel der philosophischen Begriffe

aus: Philosophische Terminologie 1
(Frankfurt/M 1973, S. 15f.)

Adorno versuchte in mehreren Vorlesungen 1962/63 eine Einführung in die „philosophische Terminologie“ zu geben, wobei er besonders auf die Wandlungen, die zentrale Begriffe der Philosophie im Laufe ihrer Geschichte erleben, aufmerksam machte und betonte, dass die dadurch entstehende Bedeutungsvielfalt notwendig zur Philosophie dazugehört.

Schließlich ist zu sagen, dass die Begriffe in der Geschichte der Philosophie nicht identisch durchgehalten sind, sondern dass sie wechselnd gebraucht werden. Solcher Wechsel ist nun nicht etwa eine bloße Schlamperei der Philosophen, die sich nicht dazu disziplinieren können, dieselben Worte in denselben Bedeutungen zu verwenden; vielmehr lässt sich bis ins Einzelne zeigen, wie dieser Wechsel der Termini bedingt ist durch die wechselnden Konstruktionen der Philosophien, in denen sie auftreten. Darin liegt eine Art von geschichtlicher Gesetzmäßigkeit, die auch ihre soziale Seite hat. Selbst in unserer kurzen Geschichte der philosophischen Terminologie wird eine gewisse Tendenz der Philosophie deutlich werden, Termini auch dann festzuhalten, wenn ihr eigener Lehrgehalt sich wesentlich unterscheidet von dem, was sie in jener Philosophie bedeuten, aus der sie von einer folgenden übernommen werden. Auch das ist keine Laxheit oder Unschärfe, sondern es hat wiederum einen sehr einsichtigen Grund; wie wir vor allem seit Hegel wissen, ist die Geschichte der Philosophie nicht einfach eine Art von mehr oder minder zufällig aufeinander folgenden Systemen und Erklärungsversuchen. Sie stellt in sich selbst so etwas wie einen Begründungszusammenhang, wie einen durchgehenden Denkzusammenhang dar, so dass man doch von einer Kontinuität sprechen kann – freilich nur innerhalb gewisser Grenzen, die durch große Bruchstellen wie die nach dem Untergang der antiken Philosophie oder nach dem Untergang der Scholastik bezeichnet sind. Ein Problem wird von einer Philosophie an die andere weitergegeben, wodurch vielfach die Tradition des Problems in Gestalt der Termini bewahrt wird, während sich die Veränderung, das qualitativ Neue, was geschieht, niederschlägt in dem neuen Gebrauch, in den die Termini kommen. Die Termini treten aber nicht nur bei den verschiedenen Philosophien in verschiedenem Zusammenhang auf; sie ändern sich bereits in sich. Diese Tatsache geht bis auf die Antike zurück. Das ist zum Teil auch sprachgeschichtlich, nicht allein philosophiegeschichtlich begründet.

Bei dem Wandel der Termini handelt es sich nicht nur um die von der Sprachgeschichte her der Philosophie aufgezwungenen Veränderungen der philosophischen Terminologie; sondern diese Veränderungen sind der Philosophie selbst notwendig, weil die Begriffe dadurch, dass die Philosophie sich geschichtlich verändert, in ihr umgeprägt werden. Es muss also daraus die Folgerung gezogen werden, dass eine Einleitung in die Terminologie immer einer ergänzenden Beziehung auf das Ganze der Philosophien bedarf, in denen die Termini auftreten. Isolierte Worterklärungen können nicht gegeben werden; die Worterklärungen sind nur ein Zugang und werden erst durch die explizierte Beziehung auf den Zusammenhang, in dem die Worte stehen, ermöglicht. Man hat dem vielfach die Wendung gegeben, dass die Begriffe – und ich würde sagen mit Recht, obwohl die Formulierung reichlich abgeklappert ist – lebendig seien oder gar, dass das Leben der Begriffe, bei Hegel heißt es sehr emphatisch das Leben des Begriffs, eigentlich dasselbe sei wie die Philosophie.

expliziert: *ausgeführt*
emphatisch: *mit Nachdruck*

Peter Sloterdijk **
Die Weisheit des Diogenes
aus: Kritik der zynischen Vernunft I
(Frankfurt/M 1982, S. 303ff.)

Der deutsche Philosoph Peter Sloterdijk versucht im Rückgriff auf die antike Tradition des Diogenes ein kynisches, lustvoll-anarchisches Philosophieren gegen den herrschenden Zynismus ins Spiel zu bringen. Ein Beispiel, wie die Erinnerung an die Vergangenheit der Philosophie deren Gegenwart beleben kann.

Die Legende erzählt, dass der junge Alexander von Mazedonien eines Tages den Diogenes aufsuchte, dessen Ruhm ihn neugierig gemacht hatte. Er fand ihn beim Sonnenbad, faul auf dem Rücken liegend, vielleicht in der Nähe eines athenischen Sportplatzes, andere sagen auch beim Bücherleimen. Der junge Souverän, bemüht, seine Großzügigkeit zu beweisen, gab dem Philosophen einen Wunsch frei. Darauf soll dessen Antwort gelautet haben: Geh mir aus der Sonne! – Das ist vielleicht die bekannteste Philosophenanekdote aus der griechischen Antike, und nicht zu Unrecht. Sie demonstriert mit einem Schlag, was die Antike unter philosophischer Weisheit versteht – nicht so sehr ein theoretisches Wissen als vielmehr einen unverführbaren, souveränen Geist. Der Weise von einst kannte am besten die Gefahren des Wissens, die im Suchtcharakter der Theorie liegen. Allzu leicht ziehen sie den Intellektuellen auf die ehrgeizige Bahn, wo er geistigen Reflexen erliegt statt Autarkie zu üben. Die Faszination dieser Anekdote gründet darin, dass sie die Emanzipation des Philosophen vom Politiker zeigt. Hier ist der Weise nicht, wie der moderne Intellektuelle, ein Komplize des Mächtigen, sondern kehrt dem subjektiven Machtprinzip, Ehrgeiz und Geltungsdrang, den Rücken. Er ist der Erste, der dem Fürsten die Wahrheit zu sagen frei genug ist. Diogenes' Antwort negiert nicht nur den Machtwunsch, sondern die Wunschmacht überhaupt. Man kann sie als Abkürzung einer Theorie der gesellschaftlichen Bedürfnisse interpretieren. Der vergesellschaftete Mensch ist derjenige, der seine Freiheit verloren hat, seit es seinen Erziehern gelungen ist, Wünsche, Projekte und Ambitionen in ihn einzupflanzen. Diese spalten ihn ab von seiner inneren Zeit, die nur das Jetzt kennt, und ziehen ihn in Erwartungen und Erinnerungen.

Alexander, den der Machthunger bis an die Grenzen Indiens trieb, fand seinen Meister in einem äußerlich unscheinbaren, ja heruntergekommenen Philosophen. Das Leben ist in Wirklichkeit nicht bei den Aktivisten und nicht in der Vorsorgementalität. Hierin berührt sich die Alexander-Anekdote mit dem Jesus-Gleichnis von den Vögeln unter dem Himmel, die nicht säen und nicht ernten und doch als die freiesten Geschöpfe unter Gottes Himmel leben. Diogenes und Jesus sind sich einig in der Ironie gegen die gesellschaftliche Arbeit, die über das notwendige Maß hinausgeht und bloßer Machterweiterung dient. Was für Jesus die Vögel lehren, war bei Diogenes eine Maus; sie wurde sein Modell der Genügsamkeit, „ ... die weder eine Ruhestätte suchte noch die Dunkelheit mied, noch irgendwelches Verlangen zeigte nach sogenannten Leckerbissen. Das gab ihm einen Wink zur Abhilfe für seine dürftige Lage." (Diogenes Laertius, VI, 22.)

Glossar 1
Begriffe

ABSOLUT: zu lat. absolutus = losgelöst. Absolut heißt in der Philosophie das, was selbst nicht mehr begründungsbedürftig und begründungsfähig ist, unabhängig von allem anderen existieren kann. Gegs.: relativ = bezogen auf, also nicht unabhängig.

ABSTRAKTION: von lat. abstrahere = abziehen. Verfahren zur Gewinnung abstrakter Begriffe und das Ergebnis dieses Verfahrens. Im Prozess der Abstraktion wird bei einer Reihe von Gegenständen von Besonderheiten abgesehen (abstrahiert) und nur das ihnen allen zukommende Wesentliche, Allgemeine herausgearbeitet.

ABSURD: zu lat. absurdus = misstönend. Urspr. das Sinn- und Vernunftwidrige (etwas „ad absurdum führen"). Im Existentialismus wird das Dasein des Menschen selbst als absurd, d.h. sinnlos erfahren, aber in dieser Sinnlosigkeit bejaht.

ADÄQUATIONSTHEORIE: Wahrheitstheorie, nach der Wahrheit in der Angleichung (adaequatio) des Denkens an die Gegenstände besteht.

AGNOSTIZISMUS: zu griech. agnoein = nicht wissen. Philosophische Position, die die Erkennbarkeit von Transzendentem (z.B. Gott) für unmöglich hält.

ANALOGIE: zu griech. analogos = übereinstimmend. In der Logik eine Schlussform, in der aus der Ähnlichkeit zweier Systeme in einem Bereich auf weitere Gemeinsamkeiten geschlossen wird. In der Philosophie des Mittelalters verstand man unter der *analogia entis* die beschränkte Ähnlichkeit und Übereinstimmung des Seienden mit Gott.

ANALYSE: griech. „Auflösung". Zergliederung eines Ganzen in seine Bestandteile.

ANALYTISCHE PHILOSOPHIE: Richtung in der Philosophie des 20. Jahrhunderts, vor allem in den angelsächsischen Ländern, die die Auffassung vertritt, dass die philosophischen Probleme durch die Analyse ihrer sprachlichen Darstellung geklärt werden können. Stark beeinflusst ist die analytische Philosophie durch das Werk Ludwig Wittgensteins.

ANAMNESIS: griech. „Wiedererinnerung". Nach Platon hat die Seele des Menschen vorgeburtliche Erfahrungen gemacht, die Voraussetzung für die Erkenntnis sind.

ANSCHAUUNGSFORMEN: Nach Immanuel Kant bilden Raum und Zeit die Anschauungsformen, das heißt die Form, in der Erfahrung überhaupt erst möglich ist. Alle Erfahrung hat Raum und Zeit (ein Nebeneinander und ein Nacheinander) immer zur Voraussetzung – die Anschauungsformen sind deshalb a priori: vor der Erfahrung.

AN SICH: In der Ontologie bedeutet an-sich-Sein die Ordnung der Dinge unabhängig von einem erkennenden Subjekt.

ANTHROPOLOGIE: griech. „Lehre vom Menschen". Seit dem 16. Jahrhundert üblich gewordener Begriff für die Lehre vom Wesen oder von der Natur des Menschen, vor allem in Abgrenzung zu anderen Formen des Lebendigen.

ANTHROPOMORPHISMUS: zu griech. anthropómorphos = menschengestaltig. Eine Übertragung menschlicher Eigenschaften und Verhaltensweisen auf nichtmenschliche Wesen (Götter z.B., aber auch Tiere).

ANTINOMIE: griech. „Widerspruch des Gesetzes gegen sich selbst" – ein logischer Widerspruch zwischen zwei Aussagen, die gleichermaßen Gültigkeit beanspruchen.

APEIRON: griech. „das Unbegrenzte, Endlose". In der Kosmologie des Anaximander der Urstoff, aus dem das Seiende entsteht und zu dem es wieder vergeht.

APORIE: griech. „Weglosigkeit". Bezeichnung für eine Situation, in der es keinen logischen Ausweg mehr gibt.

A PRIORI / A POSTERIORI: lat. „vom Früheren her" bzw. „vom Späteren her". In der Erkenntnistheorie, vor allem bei Kant, heißt die Erkenntnis, die von aller Erfahrung unabhängig, also reine Vernunfterkenntnis ist, a priori (vor aller Erfahrung), die Erkenntnis jedoch, die Resultat von Erfahrung ist, a posteriori (nach der Erfahrung).

ARCHE: griech. „Anfang", „Herrschaft", „Ursprung", entspricht dem lat. principium. In der frühgriechischen Naturphilosophie das, woraus alles entsteht und wonach es sich richtet. Für Thales etwa das Wasser, für Anaxagoras die Weltvernunft (nous), für Heraklit der Gegensatz.

ÄSTHETIK: zu griech. aisthesis = sinnliche Wahrnehmung. Ursprünglich die Wissenschaft von den Formen der sinnlichen Erkenntnis, seit dem 18. Jahrhundert auch eine Theorie über die Bildung von Geschmacksurteilen, und eine Theorie der Schönheit und der schönen Künste. Der Begriff Ästhetik wird heute oft gleichbedeutend mit Philosophie der Kunst verwendet.

ATARAXIE: griech. „Unverwirrbarkeit", „Gelassenheit". Für Epikur und die Stoa Ziel einer philosophischen Lebensweise.

ATHEISMUS: zu griech. átheos = gottlos. Philosophische Position, die die Existenz eines Gottes oder von Göttern negiert.

AUFKLÄRUNG: Allgemein jedes Bemühen, das die auf Vernunft gegründete Selbständigkeit und Autonomie des Menschen anstrebt. Im 18. Jahrhundert philosophische und kulturelle Bewegung, die die Bevormundung des Menschen durch Kirche und Staat kritisiert und den mündigen Bürger fordert, für den die Vernunft die entscheidende Instanz sein sollte.

AUSSAGE: im logischen Sinn sind Aussagen Sätze, die man sinnvollerweise behaupten kann, d.h. deren Wahrheitsanspruch prinzipiell überprüfbar sein muss (im Gegensatz zu Fragesätzen, Befehlen u.Ä.).

AUTONOMIE / HETERONOMIE: zu griech. autonomía = Unabhängigkeit und griech. héteros nómos = (abhängig von einer) Fremdgesetzlichkeit.

AXIOM: griech. „was für wichtig erachtet wird, Forderung". In der Philosophie und Logik ein Grundsatz, der wegen seiner augenscheinlichen Richtigkeit (Evidenz) an die Spitze eines Begründungsverfahrens gestellt wird, selbst aber nicht weiter begründet werden kann.

BASIS / ÜBERBAU: Begriffspaar aus der Philosophie des Marxismus (historischen Materialismus), das die Wechselwirkung zwischen der materiellen (ökonomischen) Basis einer Gesellschaft und dem davon abhängigen geistigen (politischen, juristischen, religiösen und kulturellen) Überbau beschreibt.

BEGRIFF: In einem Begriff wird das abstrakt Allgemeine, das einer konkreten Sache zukommt oder einer Reihe von Gegenständen gemeinsam ist, erfasst (so fasst der Begriff „Tisch" zusammen, was allen nur denkbaren Tischen, ungeachtet ihrer besonderen Farbe und Gestalt, gemeinsam ist und sie zu Tischen macht).

BESTÄTIGUNG: In der Wissenschaftstheorie gelten Hypothesen, die durch vielfache Erfahrung immer wieder bestätigt wurden als wahrscheinlicher und besser abgesichert als unbestätigte.

BEWÄHRUNG: Von Popper in die Wissenschaftstheorie eingeführter Terminus: Eine Hypothese gilt als bewährt, wenn sie zahlreichen Widerlegungs- (Falsifikations-) Versuchen standgehalten hat.

BEWEIS: Begründung einer Behauptung, das heißt die Einlösung eines Wahrheitsanspruchs durch Argumente, die jeder Kritik standhalten. Was als Beweis für eine Behauptung gilt, hängt vom wissenschaftstheoretischen und kulturellen Umfeld ab.

BEWUSSTSEIN: Im 17. Jahrhundert eingeführte Übersetzung von lat. conscientia. Allgemein meint Bewusstsein die Fähigkeit des Menschen, sich etwas vorzustellen: Bewusstsein ist immer „Bewusstsein von etwas", es verfolgt also eine Intention, hat also eine intentionale Struktur. Macht das Bewusstsein sich selbst zum Gegenstand, spricht man von Selbstbewusstsein, in ihm erweist sich dann die reflexive Struktur des Bewusstseins.

DEDUKTION: Schluss von einer allgemeinen Aussage auf eine besondere mittels logischer Schlussregeln.

DEFINITION: lat. „Umgrenzung". Im weitesten Sinn jede Art von Festsetzung des Gebrauchs von Worten, Zeichen und Begriffen, die Beschreibung ihrer Bedeutung. Realdefinition: der Versuch, einen Gegenstand zu bestimmen. Nominaldefinition: die Bedeutung einer Bezeichnung (eines Wortes) eingrenzen. (So wäre „Umgrenzung" die Nominaldefinition für „Definition", alles weitere Realdefinition).

DEISMUS: Religionsauffasung vor allem der Aufklärung, nach der zwar ein Gott angenommen wird, diesem jedoch keinerlei aktive Einflussnahme auf die Geschichte und Geschicke der Menschen zugeschrieben wird. Auch als „natürliche Religion" bezeichnet, Ablehnung aller Offenbarungsreligionen.

DEONTOLOGIE: zu griech. tò déon = das Erforderliche, die Pflicht. Disziplin der Ethik, die die logischen Strukturen von normativen Aussagen (Aussagen, die eine Pflicht einfordern) untersucht.

DETERMINISMUS / INDETERMINISMUS: zu lat. determinare = abgrenzen, bestimmen. Gegensätzliche philosophische Positionen bezüglich der Frage, ob menschliches Handeln und Wollen den Naturgesetzen unterliegt (determiniert) oder völlig frei ist (nicht determiniert).

DEZISIONISMUS: zu lat. decisio = eine durch ein Abkommen herbeigeführte Entscheidung. – In der Rechtsphilosophie eine Position, nach der die Geltung von Normen nicht auf letzte ethische Grundsätze zurückgeführt werden kann, sondern von Übereinkünften oder Machtverhältnissen abgeleitet wird.

DIALEKTIK: zu griech. dialégesthai = Rede und Gegenrede führen. Die Logik des Widerspruchs als formales oder inhaltliches Prinzip des Philosophierens. Nach Hegel entsteht durch die Negation einer These eine Antithese, deren Negation wiederum eine Synthese von These und Antithese ergibt (dialektischer Dreischritt).

DIALEKTISCHER MATERIALISMUS: Philosophie des Marxismus, durch Marx, Engels und Lenin formuliert; sie beruht einerseits auf der Dialektik Hegels, wendet diese aber materialistisch: nicht der Geist, sondern die Materie – im Bereich der menschlichen Gesellschaft: die Ökonomie – ist das Prinzip, das allem zu Grunde liegt und das sich nach den Gesetzen der Dialektik entwickelt.

DIALOG: griech. „Gespräch" – Philosophische Methode und Haltung, in deren Zentrum die ICH-DU-Beziehung steht, und in der das Gespräch, das eine wechselseitige Anerkennung voraussetzt, als Form der Auseinandersetzung und Methode der Wahrheitsfindung betont wird.

DILEMMA: griech. „Doppelsatz". Ursprünglich eine Schlussfigur, heute allgemein eine (logische) Zwickmühle, die nur zwei unerwünschte Lösungen zulässt.

DING AN SICH: Begriff aus der Philosophie Kants: das „Ding an sich", die Wirklichkeit wie sie objektiv ist, bleibt dem Menschen verborgen. Er kann sie nur wahrnehmen, wie sie seinen Sinnen und dem Verstand erscheint.

DISKURS: lat., eigentlich das „Hin- und Herlaufen". In der kommunikationstheoretischen Philosophie Form des argumentativen Überprüfens von Geltungsansprüchen normativer Sätze. In der französischen neostrukturalistischen Philosophie versteht man unter Diskurs auch die gesamte Art und Weise, wie in einer Gesellschaft ein Problem theoretisch bewältigt wird (z. B. Diskurs der Macht).

DUALISMUS: zu lat. dualis = zweifach – Bezeichnung für philosophische Lehren, die davon ausgehen, dass Welt und Kosmos von zwei Prinzipien beherrscht und durchdrungen sind (Gut und Böse, Materie und Geist, Leib und Seele, Licht und Finsternis etc.).

EMPIRISMUS: zu griech. empeiría = Erfahrung. Erkenntnistheoretische Position, die die sinnliche Erfahrung als einzige Quelle der Erkenntnis zulässt.

ENTFREMDUNG: Allgemein Bezeichnung für einen Zustand, in dem eine organisch gedachte Beziehung zwischen Mensch und Mensch, Mensch und Natur, Mensch und Materie, auch Mensch und Gott verzerrt oder in ihr Gegenteil verkehrt worden ist.

ENTWURF: Begriff aus der Existenzphilosophie: Nach Sartre existiert der Mensch als Entwurf seiner selbst.

ERKENNTNISTHEORIE: Philosophische Disziplin, die sich mit den Fragen nach den Möglichkeiten und Grenzen, Zielen und Methoden menschlichen Erkennens beschäftigt.

ERKLÄRUNG: In der Erkenntnistheorie Rückführung einer Aussage auf Gesetzmäßigkeiten bzw. auf Theorien.

EROS: griech. „(sinnliche) Liebe" – für Platon ist die sinnliche Liebe die Voraussetzung, um zur höchsten Form der Liebe, der Liebe zur Idee des Schönen an sich, die mit der Wahrheit und dem Guten zusammenfällt, zu gelangen.

ESSENZ: zu lat. essentia = das Wesentliche. In der scholastischen Philosophie „das, wodurch etwas ist, was es ist" – sein Wesen, sein Prinzip.

ETHIK: Zu griech. ethos = Gewohnheit, Sitte. Meist gleichbedeutend mit Moralphilosophie gebraucht. Disziplin der Philosophie, die die Begründbarkeit, Argumentierbarkeit und die Rechtfertigungsmöglichkeiten moralischer Gebote, Verbote, Normen und Regeln untersucht.

EUDAIMONIA: griech. „Glückseligkeit". Nach Aristoteles Ziel menschlichen Handelns, das erreicht ist, wenn man seinen Tauglichkeiten gemäß handelt. Als vernunftbegabtes Wesen findet der Mensch allerdings im Leben, das sich der reinen Theorie widmet, die höchste Glückseligkeit.

EVIDENZ: zu lat. evidentia = Ersichtlichkeit – Evidente Wahrheiten sind solche, die unmittelbar einsichtig sind und nicht weiter begründet werden können oder müssen.

EVOLUTION: zu lat. evolvere = aufrollen, herauswickeln. Allgemein Bezeichnung für kontinuierliche Entwicklungsprozesse im Gegensatz zu sprunghaften Entwicklungssprüngen (Revolution). In der Biologie Theorie über die Entstehung der Arten durch Variation, Selektion und Mutation.

EXISTENZ: zu lat. exsistere = hervortreten. Dasein, Leben, Vorhandensein des Seienden, in der Existenzphilosophie die spezifische Seinsweise des Menschen. Für Sartre geht die Existenz, dass der Mensch ist, seiner Essenz, was er ist, voraus.

EXISTENTIALISMUS: Richtung in der Philosophie des 20. Jahrhunderts, die, ausgehend von existentiellen Grunderfahrungen des Menschen wie Leid, Angst, Krankheit, Tod, Erfahrung von der Sinnlosigkeit des Daseins, eine „Philosophie der Tat" zu entwerfen versucht: der Mensch muss sich diesen Erfahrungen stellen. Während in Deutschland diese Existenzphilosophie durch Heidegger und vor allem Jaspers formuliert wurde, waren es im französischen Existentialismus Camus und Sartre, die radikaler das Absurde bzw. den Ekel als existentielle Grunderfahrungen beschrieben.

FALLIBILISMUS: zu lat. fallere = sich irren, sich täuschen. In der Wissenschaftstheorie gelten Sätze und Hypothesen als „fallibel", als prinzipiell widerlegbar, wenn sie nicht endgültig verifiziert werden können. Letztlich trifft dies auf alle induktiv gewonnenen Sätze zu. Nach Popper müssen wissenschaftliche Aussagen sogar prinzipiell fallibel (falsifizierbar) sein.

FALSIFIKATION: zu lat. falsus = falsch. In der Wissenschaftstheorie gelten allgemeine Sätze oder Hypothesen als falsifiziert (ihrer Falschheit überführt), wenn sie durch stichhaltige Gegenbeispiele, die auch durch Zusatzhypothesen nicht erklärt werden können, widerlegt sind.

FINALITÄT: zu lat. finalis = das Ziel betreffend. In der Philosophie das Bestimmtsein eines Geschehens von seinem Ziel oder seinem Zweck her (Gegensatz: Kausalität: das Bestimmtsein von seiner Ursache her).

FREIHEIT: Begriff aus der praktischen Philosophie, der meistens in drei Weisen bestimmt wird: als Wahlfreiheit (Fähigkeit, zwischen Alternativen zu wählen), Handlungsfreiheit (Möglichkeit der Handlung ohne äußeren z. B. politischen Zwang) und Willensfreiheit (Fähigkeit zur Selbstbestimmung und damit zur Verantwortung).

GEIST: In der Philosophie der Materie entgegengesetztes allgemeines Prinzip, dann die Einheit des Vorstellens, Denkens und Wollens beim Individuum. Produkte menschlicher geistiger Anstrengung (Kunstwerke, Theorien etc.) werden auch als „objektivierter Geist“ bezeichnet.

GESCHICHTSPHILOSOPHIE: Der Begriff selbst geht auf Voltaire zurück und umreißt zwei Formen einer Auseinandersetzung mit Geschichte: die Deutung der Geschichte (Frage nach Ursachen, Kräften, Zielen) und die Theorie und Methodologie der Geschichtswissenschaften.

GESELLSCHAFTSVERTRAG: Sozialpolitische Theorie des 17. und 18. Jahrhunderts, die zur Erklärung und Legitimation von Herrschaftsformen einen ursprünglichen, fiktiven Vertragsabschluss annahm, durch den die einzelnen Individuen zum allgemeinen Wohl auf Teile ihrer Rechte zu Gunsten eines Souveräns verzichtet haben sollen.

GOTTESBEWEISE: Argumentation, die rein rational, d.h. für alle nachvollziehbar, die Existenz Gottes als logische Denknotwendigkeit zeigen will.

GRUND: In der Ontologie und Metaphysik das, von dem das Seiende abhängt, ohne das es nicht sein kann. Heute allgemein die Aussagen, die notwendig sind, um eine Hypothese oder Theorie zu stützen.

HEDONISMUS: zu griech. hēdonḗ = Lust. Ethische Position, nach der die Vermeidung von Unlust und/oder die Maximierung von Lust oberstes Kriterium des Handelns sein soll.

HERMENEUTIK: zu griech. hermeneúein = auslegen, erklären, übersetzen. Die Kunst und Theorie der Auslegung und Deutung von Texten, Kunstwerken, aber auch Handlungen. Um etwas deuten zu können, zu verstehen, muss aber immer schon ein Vorverständnis vorausgesetzt sein (= hermeneutischer Zirkel).

HEURISTIK: zu griech. heurískein = finden, entdecken. In der Wissenschaftstheorie Lehre von den Verfahren, mit denen man Probleme lösen kann.

HYPOTHESE: zu griech. hypóthesis = die Unterlage, Grundlage, Annahme. In der Wissenschaftstheorie bezeichnet man damit Sätze, deren Wahrheit noch nicht feststeht, die aber vorläufig als wahr betrachtet werden.

IDEALISMUS: Letztlich auf Platon zurückgehende philosophische Grundposition, die die sichtbare Welt als Abbild einer intelligiblen, „idealen“ Welt interpretiert und den Ideen im Sinne von geistigen Wesenheiten Priorität gegenüber der materiellen Welt einräumt.

IDEE: zu griech. idéa = Erscheinung, Äußeres, Vorstellung, Gestalt, Bild. Vieldeutiger Begriff, in der Philosophie meint „Idee“ meistens das Wesen, den Begriff, das Substantielle einer Sache.

IDENTITÄT: zu lat. idem = derselbe/dasselbe. Vollkommene Gleichheit oder Übereinstimmung in Bezug auf Dinge oder Personen. In der Logik ist ein Gegenstand mit sich selbst und nur mit sich selbst identisch (A=A).

IDEOLOGIE: griech., eigentlich: Lehre von den Ideen. In der Philosophie und Politikwissenschaft meist in der Bedeutung von verzerrtes Wissen, propagandistisch zurechtgerückte und damit die Wahrheit verfälschende Weltanschauung.

IMPERATIV: zu lat. imperare = befehlen. In der Ethik Handlungsanweisung, die entweder ohne jede Einschränkung („unbedingt“) oder mit Einschränkung („bedingt“) gelten soll.

INDUKTION: lat. „das Hineinführen“. In der Wissenschaftstheorie bezeichnet man damit den Schluss von einer endlichen Menge von Beobachtungen auf eine allgemeingültige Aussage.

INTUITION: lat. „Schau“. Unvermitteltes, unmittelbares und vollständiges Erfassen eines Gegenstandes oder eines Zusammenhanges, wobei die so gewonnene Erkenntnis keiner weiteren Begründung mehr bedarf. Sie ist dadurch für andere allerdings nicht nachvollziehbar, wohl aber überprüfbar.

IRRATIONALISMUS: (irrational = unvernünftig). Philosophische Position, die annimmt, dass es Bereiche gibt, die prinzipiell dem Verstand nicht zugänglich sind (Glaube, Gefühl, Intuition u.Ä.).

KALKÜL: zu lat. calculus = Rechenstein, Rechnung. Mechanische Berechnungs- und Schlussverfahren, die keine inhaltliche Komponente aufweisen und letztlich automatisierbar sind. So lassen sich z.B. die Arithmetik und die Aussagenlogik als Kalkül darstellen.

KASUISTIK: zu lat. casus = Fall, Vorkommnis. In der Rechtsphilosophie die Anwendung allgemeiner Normen auf Einzelfälle, um Handlungen einzuordnen und beurteilen zu können.

KATEGORIE: griech. „Aussage“. Grundbegriff der Erkenntnistheorie zur Bezeichnung der allgemeinsten und grundlegendsten Elemente der Erkenntnis – das, was letztlich von einer Sache, will sie erkannt werden, ausgesagt werden muss. Nach Kant gibt es vier Gruppen von Kategorien: die der Qualität, Quantität, Relation und Modalität.

KAUSALITÄT: lat. „Ursächlichkeit“. Bezeichnung für jedes allgemeine Verhältnis zwischen Ursache und Wirkung, dem die Auffassung zu Grunde liegt, dass „nichts ohne Grund geschieht“ (Satz vom zureichenden Grund). Heute spricht man weniger von einfachen Ursache-Wirkungs-Verhältnissen als vielmehr von vernetzten Kausalitäten (Wechselwirkungen).

KONSENSTHEORIE: Wahrheitstheorie, nach der der erzielte Konsens, die sachliche Übereinstimmung aller Argumentierenden Kriterium für die Geltung einer Aussage sein soll.

KONTINGENZ: lat. „Zufall“. In der Philosophie Bezeichnung für den Zufall im Gegensatz zur Notwendigkeit. In der Logik ist eine kontingente Aussage eine solche, die wahr sein kann, aber nicht notwendig wahr sein muss.

KORRESPONDENZTHEORIE: Wahrheitstheorie, die als Kriterium für die Wahrheit die Übereinstimmung (Korrespondenz) zwischen einer Aussage oder Theorie und dem behaupteten Sachverhalt ansieht. Ähnlich argumentiert die Adäquationstheorie.

KOSMOS: griech. „Schmuck, Ordnung“. In der griechischen Philosophie Bezeichnung für jede Form zweckgegliederter Ordnung, in der Naturphilosophie (Kosmologie) Lehre von der Harmonie und Ordnung des Weltalls. (Gegensatz: Chaos)

KRITIK: zu griech. kritiké (téchne) = (Kunst der) Beurteilung. In der Philosophie eine Methode, jeden Wahrheitsanspruch unter Einsatz der Vernunft auf seine Berechtigung hin zu überprüfen.

KRITISCHER RATIONALISMUS: Philosophische Richtung im 20. Jahrhundert, von Karl Popper begründet, die davon ausgeht, dass es kein sicheres Wissen gibt, sondern nur Vermutungswissen, das ständig, auch in den exakten Wissenschaften, kritisch überprüft werden muss.

KRITISCHE THEORIE: Philosophische Richtung im 20. Jahrhundert, ausgehend vom Frankfurter Institut für Sozialforschung (Horkheimer, Adorno, Marcuse = Frankfurter Schule), die die Hauptaufgabe der Philosophie in einer kritischen Analyse der bürgerlich-kapitalistischen Gesellschaft sieht, wobei besonderes Augenmerk auf die Vereinnahmung von Kunst und Kultur durch ökonomische Interessen gelegt wird (Kritik der Kulturindustrie).

LEBENSPHILOSOPHIE: Sammelbezeichnung für verschiedene Strömungen in der Philosophie des 19. und 20. Jahrhunderts, die gegen die selbstgewissen Ansprüche des Rationalismus das „Leben" (Gefühle, Triebe, Intuitionen, Wachstum) als eigentliche schöpferische Kraft setzen.

LEGALITÄT: In der Rechtsphilosophie Bezeichnung für politische Akte, die gegen keine gültigen Verfahren und Gesetze verstoßen.

LEGITIMITÄT: In der Rechtsphilosophie gilt eine politische Handlung oder Herrschaftsform als legitim, wenn sie auf ihre ethisch-moralische Rechtfertigung hin überprüft worden ist. Legale Handlungen können so dennoch illegitim sein.

LETZTBEGRÜNDUNG: Bezeichnung für eine besondere Form von Begründung, wie sie vor allem in der Ethik und Wissenschaftstheorie gefordert wird. Ein Aussage oder Aufforderung heißt letztbegründet, wenn sie so begründet werden konnte, dass die Forderung nach einer weiteren Begründung nicht mehr sinnvoll erscheinen kann.

LOGIK: zu griech. logiké téchne = Kunst des Denkens. Im umfassenden Sinn die Lehre vom korrekten Denken und Argumentieren, vor allem von folgerichtigen Schlussverfahren. Man spricht aber auch von der „Logik einer Sache", wenn man die Gesamtheit ihrer Gesetzmäßigkeiten damit meint (z.B. Logik der Forschung). Die formale oder mathematische Logik (oft auch Logistik genannt), beschäftigt sich mit der reinen Form von Aussagen – oder anderen symbolischen Systemen bzw. mit deren Formalisierbarkeit.

LOGOS: griech. „Wort, Berechnung, Lehre, Vernunft". Wichtiger Begriff der griechischen Philosophie, der sowohl die vernünftige Rede als auch ein allgemeines, ordnendes und schöpferisches, letztlich kosmisches Prinzip bedeuten kann.

MAIEUTIK: zu griech. maieutiké (téchne) = Hebammenkunst. Der Begriff geht auf Sokrates zurück und bezeichnet ein pädagogisches Verfahren, das davon ausgeht, dass das eigentliche Wissen im Menschen immer schon vorhanden ist, aber von einem Lehrer (dem Geburtshelfer) durch geschickte Fragen aktiviert werden muss.

MARXISMUS: Sammelbezeichnung für die Lehren von Marx, Engels und ihrer Nachfolger. Gemeinsam ist den verschiedenen Strömungen des Marxismus die Kritik der bürgerlichen Gesellschaft und eine materialistische Dialektik als philosophische Methode.

MATERIALISMUS: Mit diesem Begriff wird seit dem 18. Jahrhundert eine eigentlich seit der Antike bekannte philosophische Position bezeichnet, die in der Materie das Primäre, Bestimmende, letztlich Ewige sieht und im Geist etwas Sekundäres, Abgeleitetes, Temporäres.

MATERIE: zu lat. materia = Stoff, Ursache, eigentl. Nutzholz, Material. In der Naturphilosophie Bezeichnung für jenen unveränderlichen und unvergänglichen Urstoff, aus dem alles zusammengesetzt sein soll und aus dem die verschiedenen Erscheinungsweisen von Materie – des Seienden – geformt sein sollen.

MAXIME: oberster Grundsatz, oberste Regel, seit dem Mittelalter gebräuchlicher Begriff für Lebensregel.

METAETHIK: zu griech. meta = nach, über und ethos (s. „Ethik"). Gegenstand der Metaethik, einer Betrachtungsweise also, die eine Stufe nach oder über der Ethik steht, ist die kritische Analyse ethischer Sätze, Urteile und Begründungen.

METAPHYSIK: zu griech. metá = nach, über und physis = Natur. Nach einer gebräuchlichen Aristoteles-Ausgabe des Andronikos von Rhodos waren die Schriften allgemein philosophischen Inhalts nach denen naturwissenschaftlichen Inhalts geordnet. Im weiteren Sinn wird unter Metaphysik eine Grunddisziplin der Philosophie verstanden, die sich mit den Grundprinzipien des Seins und seinen ersten Gründen beschäftigt bzw. nach dem Sinn von Sein fragt.

METASPRACHE: Im Unterschied zu Objektsprache, der Sprache, mit der über Objekte gesprochen wird, bezeichnet die Meta-sprache die Sprache, mit der über die Objektsprache gesprochen, bzw. diese analysiert werden kann.

METHODE: griech. „Weg, um etwas zu erreichen". Im Allgemeinen ein planmäßiges Verfahren zur Lösung bestimmter Probleme, das nach einiger Übung auch als Technik beherrscht und vermittelt werden kann.

MONADE: zu griech. monás = Einheit, das Einfache, das Unteilbare. Nach Euklid ist die Monade dasjenige, wodurch jeder existierende Gegenstand als Einzelnes und Individuelles begrifflich fassbar wird, nach Leibniz sind die Monaden letzte individuelle Kraftzentren, aus denen alles aufgebaut ist.

MONISMUS: zu griech. mónos = einzig, allein. Jede philosophische Auffassung, die die Welt aus einem Stoff oder einem Prinzip aufgebaut denkt (Gegensatz: Dualismus bzw. Pluralismus).

MONOTHEISMUS: religiös-theologische Position, die davon ausgeht, dass es nur einen Gott gibt, der zwar als Person, aber von der Welt, seiner Schöpfung, getrennt gedacht wird.

MORALITÄT: zu lat. moralis = die Sitten betreffend. Allgemeine Bezeichnung für alle Motive und Handlungen, die auf die Realisierung moralischer Werte abzielen bzw. dadurch begründet sind.

MYSTIK: zu griech. myein = sich schließen (von Augen und Mund). Bezeichnung für Erfahrungen des Transzendenten, die weder rational strukturiert noch rational erklärbar sein sollen. Im Mittelpunkt der christlichen Mystik steht die unio mystica, die ekstatische und visionäre Vereinigung der Seele mit Gott.

MYTHOS: griech. „Rede, Erzählung". Mythen erzählen meist von anthropomorphen Göttern, personalisierten Naturerscheinungen, beispielhaft überhöhten historischen Ereignissen und liefern damit auf einer vorrationalen Ebene Erklärungen für Naturereignisse, die Entstehung der Welt u.Ä. als auch verbindliche und vorbildliche Handlungsanweisungen für sittliches und politischesVerhalten.

NATURPHILOSOPHIE: Zweig der Philosophie, der sich mit der Deutung der Natur und den Möglichkeiten ihrer Erkenntnis auseinander setzt. Zentrale Probleme der Naturphilosophie sind das Verhältnis von Mensch/Natur bzw. von Geist/Materie und die Fragen nach Raum und Zeit.

NATURRECHT: Bezeichnung für eine Reihe von rechtsphilosophischen Positionen, denen gemeinsam ist, dass sie das geltende Recht auf ein „natürliches" Recht zurückführen, das aus der unveränderlich gedachten Natur des Menschen abgeleitet werden soll.

NIHILISMUS: zu lat. nihil = nichts. Philosophischer Terminus, der eine Position bezeichnet, die „nichts", d.h. keine göttlichen oder menschlichen Autoritäten anerkennt, und so den Menschen völlig auf sich allein gestellt sieht.

NOMINALISMUS: zu lat. nomen = Name. Im Mittelalter eine philosophische Richtung im sogenannten Universalienstreit, die davon ausgeht, dass nur Individuen, aber nicht den Begriffen oder Ideen Existenz, also Wirklichkeit zukomme. (Gegenstandpunkt: Realismus).

NORM: lat. „Regel“, „Muster“, „Vorschrift“. In der Moralphilosophie ein genereller Imperativ, der die Menschen zu bestimmten moralisch erwünschten Handlungen auffordert.

NOUS: griech. „Geist“, „Vernunft“. In der antiken Philosophie der denkende und unsterbliche Teil der menschlichen Seele als auch die allgemein gültige Vernunft, gedacht als Prinzip des Kosmos.

OBJEKTIVITÄT: In der Wissenschaftstheorie die Forderung, dass wissenschaftliche Aussagen subjektunabhängig, d.h. intersubjektiv im Sinne von: durch jedermann überprüfbar sein sollen.

ONTOLOGIE: zu griech. ón = seiend. Die allgemeine Lehre vom Sein bzw. dem Seienden, sofern diesem Wirklichkeit zugesprochen werden kann und es dem menschlichen Geist zugänglich erscheint.

PANTHEISMUS: griech. „All-Gott-Lehre“. Theologisch-philosophische Position, nach der Gott in allen Dingen der Welt existiert, nicht von der Welt getrennt ist.

PARADIGMA: griech. „Beispiel“. In der neueren Wissenschaftstheorie bezeichnet man damit die grundlegenden Auffassungen und Vorstellungen, die eine wissenschaftliche Epoche prägen und ihr zu Grunde liegen (z.B. das „Paradigma“ des ptolemäischen bzw. des kopernikanischen Weltbildes).

PATRISTISCHE PHILOSOPHIE: auch: Patristik. Zu lat. patres = Väter. Bezeichnung für die Philosophie der Kirchenväter im frühen Mittelalter.

PERSON: zu lat. persona = Maske eines Schauspielers. In der neuzeitlichen Philosophie wird damit vor allem die Identität des Menschen, seine unverwechselbare Subjektivität verstanden.

PFLICHT: In der Moralphilosophie, vor allem Kants, gelten nicht Anordnungen von außen (Staat, Autorität) als verpflichtend, sondern nur solche Aufforderungen, deren Verbindlichkeitsanspruch von der Vernunft als objektiv notwendig eingesehen und begründet werden kann.

PHÄNOMENOLOGIE: zu griech. phainómenon = das Erscheinende. Bezeichnung für eine philosophische Richtung des 20. Jahrhunderts, die durch Edmund Husserl begründet wurde. Die Phänomenologie verzichtet darauf, Dinge „an sich“ zu erkennen, sondern analysiert, wie die verschiedenen Dinge dem menschlichen Bewusstsein erscheinen.

POLYTHEISMUS: zu griech. polys = viel und theós = Gott. Glaube an eine Vielzahl männlicher und weib-licher Gottheiten und Götter, die meist in einer genealogischen Ordnung („Pantheon“) zueinander stehen.

POSITIVISMUS: Wissenschaftstheoretische Position, die, im Gegensatz zum Rationalismus, davon ausgeht, dass das positiv Gegebene, die wahrnehmbaren Fakten, Grundlage der Erkenntnis sein muss. Der „Logische Positivismus“ des Wiener Kreises legte darüber hinaus großen Wert auf die korrekte logische Verknüpfung der Tatsachenaussagen und versuchte dafür eine logisch eindeutige Wissenschaftssprache zu konstruieren.

POSTULAT: lat. „Forderung“. In der Philosophie seit Kant Annahmen, die aus Vernunftgründen gemacht werden müssen, ohne dass sie im strengen Sinn beweisbar wären.

PRAGMATISMUS: zu griech. pragma = Handlung. Im späten 19. Jahrhundert in Amerika entstandene philosophische Richtung (Charles Pierce, William James, John Dewey), in der die Wahrheit oder Gültigkeit von Aussagen nach ihrem praktischen Erfolg für die Menschen bewertet und ermittelt werden: Wahr und gut ist, was Erfolg hat.

PRÄMISSE: zu lat. praemittere = vorausgehen lassen. In der logischen Argumentation akzeptierte Aussage, deren Wahrheit für die weiteren Schlussfolgerungen vorausgesetzt werden kann.

PRAXIS: zu griech. prássein = Handeln. Allgemeines Handeln im sozialen und politischen Bereich, im Gegensatz zu Denken (Theoría) und Herstellen bzw. Arbeit (Poíesis).

PRINZIP: zu lat. principium = „Anfang, Ursprung, Grundlage. Heute meist im Sinn von allgemeinen methodischen oder ethischen Grundsätzen verwendet.

PROBLEM: griech. „Aufgabe, Streitfrage“. In der Philosophie das, was mit dem zur Verfügung stehenden Wissen nicht gelöst werden kann: Ausgangspunkt des Fragens und Forschens.

RATIONALISMUS: zu lat. ratio = Vernunft, Verstand. Erkenntnistheoretische Position, die davon ausgeht, dass die Vernunft Voraussetzung und Bedingung aller Erkenntnis ist und nicht Resultat von Erfahrung. Im „metaphysischen Rationalismus“ wird auch die Vernunft (lógos) als Prinzip der Welt begriffen.

REALISMUS: zu lat. res = Ding, Sache. In der Philosophie allgemein der Standpunkt, der von einer objektiven, vom Subjekt unabhängigen, erfahrbaren Wirklichkeit (Realität) ausgeht. In der mittelalterlichen Philosophie verstand man unter Realismus die Annahme, dass den Allgemeinbegriffen (Universalien, Ideen) eine eigenständige Realität zukomme, sie nicht Ergebnis eines Abstraktionsprozesses seien (Gegenstandpunkt: Nominalismus).

RECHTSPHILOSOPHIE: Disziplin der praktischen Philosophie, die die ethischen und logischen Grundlagen des Rechts, der Rechtsordnungen und Rechtsvorschriften erforscht, bzw. deren vernünftige Argumentierbarkeit untersucht. Sie befasst sich also mit dem Wesen, der Herkunft, der Begründbarkeit, dem Sinn und Zweck von Recht.

REDUKTION: lat. „Zurückführung“. Rückführung eines komplexen Tatbestandes auf einfache Ursachen.
Dabei ist allerdings die Gefahr eines „reduktionistischen Fehlschlusses“, der unzulässig vereinfacht, zu beachten.

REFLEXION: lat. „Beugung“, „Umkehrung“. In der Philosophie das kritische Überprüfen eines Sachverhalts oder einer Behauptung, vor allem auch das Überprüfen der eigenen Denkvoraussetzungen.

RELIGIONSPHILOSOPHIE: Diziplin der Philosophie, die sich mit den Erscheinungsformen, den Wahrheitsansprüchen und sozialen, kulturellen, psychologischen und politischen Funktionen von Religionen beschäftigt.

RES COGITANS / RES EXTENSA: lat. „denkende Substanz / ausgedehnte Substanz. Begriffspaar, das von Descartes eingeführt wurde, und die Annahme bezeichnet, dass es zwei völlig getrennte Substanzen – Geist und Materie – gibt, die voneinander nicht ableitbar sind.

SÄKULARISATION: zu lat. saeculum = Jahrhundert. Begriff aus der Kirchensprache und Religionsphilosophie, der die „Verweltlichung“ religiöser oder theologischer Inhalte durch naturwissenschaftliche Aussagen bedeutet. (z.B. Ersetzung des Schöpfungsmythos durch die Evolutionstheorie).

SCHEIN: In der Philosophie Gegensatz zu „Sein“ im Sinne von Scheinbarkeit oder Täuschung. Im Bereich der Ästhetik wird Schein im Sinne von Scheinhaftigkeit (Fiktionalität) im Gegensatz zur Faktizität der erscheinenden Welt gebraucht.

SCHOLASTIK: mittellat. „Schulwissenschaft“.
Bezeichnung für die philosophisch-theologischen Lehren des Mittelalters. Die scholastische Philosophie, die sich als „Magd der Theologie“ (ancilla theologiae) verstand, ist einerseits orientiert an den religiösen und philosophischen Autoritäten (Bibel, Kirchenväter, Aristoteles), andererseits gekennzeichnet durch eine differenzierte Arbeit an der Logik als dem System des

Denkens. Zentrales Problem der Scholastik war dann auch die Frage nach dem Verhältnis von Glaubens- und Vernunftwahrheit.

SEIN: Zentraler Begriff der Philosophie. Die Frage nach dem Sein ist für viele Philosophen gleichbedeutend mit der Frage nach dem Wesen des Seienden, mit der Grundfrage, warum überhaupt etwas ist, und nicht vielmehr nichts. Die philosophische Disziplin, die diesen Fragen nach dem Sein nachgeht, ist die Ontologie.

SEMANTIK: zu griech. semantikós = bezeichnend, bedeutend. Teilgebiet der Sprachwissenschaft bzw. Sprachphilosophie, das untersucht, wie die Bedeutung von Wörtern, Sätzen, Begriffen und Texten zustandekommt.

SEMIOTIK: zu griech. semiotikós = zum Bezeichnen gehörend. Theorie der Zeichen, die die Entstehung, den Aufbau, die Verwendung und Wirkung von sprachlichen und nichtssprachlichen Zeichen und Zeichensystemen untersucht.

SINN: In der Philosophie die erkennbare Bedeutung eines Zeichens oder einer Handlung, die oft erkennbar wird, wenn man nach dem Zweck, nach der Funktion, die ein Zeichen oder eine Handlung in einem größeren Zusammenhang einnimmt, fragt. Die Frage nach dem Zweck oder der Zweckmäßigkeit von Seiendem stellt sich auch die Teleologie.

SINNKRITERIUM: Für die Wissenschaftstheorie gelten nur solche Aussagen als sinnvoll, die prinzipiell verifiziert bzw. falsifiziert werden können, also an der empirischen Realität überprüfbar sind.

SITTLICHKEIT: In der Philosophie die Gesamtheit der moralischen Verpflichtungen, die ein Mensch gegenüber sich selbst, anderen Mensch und – nach neuerer Überlegung – auch der Natur gegenüber hat. Kennzeichen der Sittlichkeit ist, zumindest nach Kant, der gute Wille, das Handeln aus moralischen Beweggründen, also das Bestreben, prinzipiell, nicht aus Angst vor dem Gesetz z.B., das Gute zu wollen und Böses zu vermeiden, wobei noch offen bleibt, wie Gut und Böse inhaltlich genauer definiert sind.

SKEPTIZISMUS: zu griech. skepsis = Betrachtung, Überlegung. Philosophische Position, die Wahrheitsansprüchen aller Art mit Zurückhaltung, Zweifel und prinzipieller Vorsicht gegenübersteht.

SOLIPSISMUS: zu lat. solus = allein und ipse = selbst. Radikale erkenntnistheoretische Position, die nur das eigene Bewusstsein gelten lässt, und alles Übrige, die gesamte Außenwelt zu Vorstellungen des Bewusstseins erklärt. Im Bereich der Ethik lässt der Solipsismus nur das eigene Selbst als Wert gelten und die Selbststeigerung als einziges Handlungsziel, ähnlich dem etwas abgeschwächten „Egoismus".

SOPHISTIK: zu griech. sophós = weise. Strömung in der griechischen Philosophie (5./4.Jhdt. v. Chr.). Die Sophisten waren professionelle Wanderlehrer, die vor allem Grundkenntnisse der Rhetorik und Ethik gegen Bezahlung vermittelten. Oft vertraten sie relativistische oder skeptizistische Positionen.

SPEKULATION: zu lat. speculari = umherspähen, beobachten. In der Philosophie, besonders bei Hegel, ein methodisches Denken, das sich in den Begriffen selbst fortbewegen will.

SPRACHPHILOSOPHIE: Disziplin der Philosophie, die sich mit dem Ursprung und dem Wesen, der sozialen, geistigen und kulturellen Bedeutung und dem Aufbau, der Struktur, der Leistungsfähigkeit und den Grenzen von Sprachen beschäftigt. Ein zentrales Problem dabei ist das Verhältnis von Sprache, Denken und Erkenntnismöglichkeit.

SPRACHSPIEL: Von Wittgenstein eingeführter Terminus, der darauf verweist, dass Sprachen nach „Spielregeln" funktionieren, die beherrscht werden müssen, und dass das „Spielen" verschiedener „Sprachen" (Alltagssprachen, Wissenschaftssprachen etc.) verschiedene Lebensformen zur Folge hat.

SPRECHAKT: Von Austin eingeführter Terminus, der darauf verweist, dass jede sprachliche Äußerung immer auch schon eine soziale Handlung, einen Akt darstellt.

STAATSPHILOSOPHIE: Disziplin der politischen Philosophie, der es um die Frage nach dem Wesen, dem Aufbau und der Struktur, dem Wert, der Begründbarkeit und der Rechtfertigung des Staates als spezifische Organisationsform menschlichen Zusammenlebens geht.

STOA: Um 300 v. Chr. durch Zenon gegründete Philosophenschule, in deren Zentrum die Forderung nach einem Leben in Einheit mit sich und der Natur steht, wobei die Befreiung von den Affekten und Leidenschaften zu der erwünschten unerschütterlichen Ruhe und Gelassenheit (Ataraxie) führen soll.

STRUKTURALISMUS: zu lat. structura = Ordnung, Bau, Satzbau. Bezeichnung für eine wissenschaftliche Methode, der es um die Beschreibung und Analyse von Strukturen geht, wobei Struktur allgemein definiert ist als eine Menge von Elementen, zwischen denen bestimmte Beziehungen herrschen. In der Philosophie eine vor allem in Frankreich erfolgreiche Denkrichtung, die bei der Analyse von Sprache, Kultur oder Gesellschaft den Hauptakzent auf die allgemeine Struktur im Gegensatz etwa zu Einzelheiten oder einfachen Kausalbeziehungen legt.

SUBJEKTIVITÄT: zu lat. subjectum = das Zugrundegelegte. In der Philosophie vor allem erkenntnistheoretischer Begriff, der die Wurzeln des Erkennens in den Bereich des Subjekts legt: das Subjekt, sein Wahrnehmen, Empfinden, Denken konstituiert erst die Welt.

SUBSTANZ: zu lat. substare = (darunter, darin, dabei) vorhanden sein. In der Philosophie das Wesentliche, Beharrende, Unveränderliche, Entscheidende einer Sache im Gegensatz zum Akzidentellen, das der Substanz hinzugefügt werden kann, ohne Wesentliches zu ändern.

SYLLOGISTIK: zu griech. syllogistikè téchne = Kunst des Schlussfolgerns. In der Logik die Lehre vom richtigen Schließen, wobei aus zwei Prämissen auf eine Conclusio geschlossen wird.

SYMBOL: griech. „Kennzeichen". Zeichen oder Sinnbild, das stellvertretend für etwas Gedachtes oder Gefordertes steht.

SYSTEM: griech. „Aus mehreren Teilen Zusammengesetztes". In der Philosophie vor allem des 19. Jahrhunderts der Versuch, das gesamte Wissen als logisch zusammenhängende Einheit darzustellen.

SZIENTISMUS: Zu lat. scientia = Einsicht, Wissen. Wissenschaftstheoretische Anschauung, die die Mathematik und die exakten Naturwissenschaften zum Vorbild für alle Wissenschaften erklären will.

TAUTOLOGIE: griech. „Wiederholung des Gesagten". Aussagen, die nur wiederholen oder erläutern, was in einem ihrer Begriffe bereits enthalten ist, also alle analytischen Aussagen und deduktiven Ableitungen.

TELEOLOGIE: Zu griech. telos = Ziel, Zweck. Philosophische Lehre, die von der Annahme ausgeht, dass alles Geschehen zweckgerichtet sei.

THEISMUS: Zu griech. theós = Gott. Auffassung in der philosophischen Theologie, nach der – im Gegensatz zum Deismus – ein als Person gedachter Gott die Welt nicht nur erschaffen hat, sondern auch weiter in ihr wirkt.

THEODIZEE: Zu griech. theós = Gott und díke = Gerechtigkeit. Von Leibniz eingeführter Begriff, der den Versuch einer Rechtfertigung Gottes angesichts des Leides und des Übels in einer von Gott geschaffenen Welt meint.

THEORIE: Zu griech. theoría = das An-, Zuschauen, verwandt auch mit theós = Gott. Ursprünglich das reine, unbeteiligte Anschauen, Betrachten, Bedenken von Welt und Kosmos (so wie Gott auf alles schaut). Heute versteht man unter Theorie ein System von Aussagen oder

Hypothesen, das sich durch einen Anspruch auf Allgemeingültigkeit und logisch-empirische Überprüfbarkeit auszeichnet.

THOMISMUS: Bezeichnung für die philosophisch-theologischen Lehren, die auf die Philosophie des Thomas von Aquin zurückgehen.

TRANSZENDENZ: zu lat. transcendere = überschreiten. Im Gegensatz zu Immanenz bedeutet Transzendenz in der Philosophie das, was jenseits der Erfahrungs- und Denkmöglichkeiten des Menschen liegt, liegen könnte oder müsste.

TRANSZENDENTALPHILOSOPHIE: Nach Kant diejenige Philosophie, die aller konkreten Erkenntnis vorausgeht, weil sie das untersucht, was über diese Erkenntnis hinaus- bzw. ihr vorausgeht, nämlich die Bedingungen der Möglichkeit von Erkenntnis überhaupt. Allgemein kann dann überall von Transzendentalphilosophie gesprochen werden, wo grundlegende Bedingungen des Denkens oder Handelns untersucht werden.

UNIVERSALIENSTREIT: Im Mittelalter philosophische Auseinandersetzung um die Frage, ob den Allgemeinbegriffen (Universalien) ein eigenständiges Sein zugesprochen werden muss (Begriffsrealismus), oder ob sie nur Namen für Abstraktionsergebnisse seien (Nominalismus).

UTILITARISMUS: zu lat. utilis = nützlich. Moralphilosophische Position, die davon ausgeht, dass dasjenige Handeln gut und erstrebenswert ist, das für eine möglichst große Zahl von Menschen den möglichst großen Nutzen bringt.

UTOPIE: zu griech. ou = nicht und tópos = Platz, Ort. In der Philosophie bezeichnet Utopie den Entwurf einer idealen, vernunftgegründeten, humanen Gesellschaft, in der die Prinzipien der Freiheit und Gerechtigkeit verwirklicht erscheinen.

VERNUNFT: In der Philosophie wird mit Vernunft die Fähigkeit bezeichnet, Prinzipien des Denkens und Handelns nach den Gesichtspunkten ihrer Logizität, Erfahrbarkeit, Überprüfbarkeit, Argumentierbarkeit und Mitteilbarkeit zu reflektieren.

VERSTAND: In der Philosophie die Fähigkeit, begrifflich abstrakt, zielorientiert zu denken und Probleme unter Bedachtnahme auf eine rationelle Zweck/Mittel-Relation zu lösen.

VORSOKRATIKER: Sammelbezeichnung für die griechischen Philosophen vor Sokrates, besonders die ionischen Naturphilosophen und die Sophisten.

WAHRHEIT: Wahrheit gilt als eine Eigenschaft von Aussagen oder Gedanken bezüglich ihrer behaupteten Inhalte. Fakten (Ereignisse) als solche können nicht wahr oder falsch sein, nur Aussagen über sie oder Deutungen von ihnen. Wann eine Aussage als wahr gelten kann, wird von den unterschiedlichen Wahrheitstheorien verschieden beantwortet.

WAHRHEITSKRITERIUM: Bedingung, mit deren Hilfe man feststellen kann, ob eine Aussage wahr oder falsch ist. Die unterschiedlichen Ansätze zu den Wahrheitskriterien ergeben sich meist aus den Wahrheitstheorien.

WEISHEIT: Im Unterschied zu einer zweckorientierten Klugheit eine allgemeine Grundhaltung, die sich aus Lebenserfahrung, einem umfassenden Verstehen komplexer Lebenszusammenhänge, Wissen und einer daraus resultierenden Ruhe und Gelassenheit zusammensetzt.

WELTGEIST: Begriff aus der hegelschen Geschichtsphilosophie. Der Weltgeist, das Absolute ist für Hegel das eigentliche Subjekt der Weltgeschichte.

WESEN: Das „So und nicht anders Sein“. Zentralbegriff der Philosophie, der, im Gegensatz zur Erscheinung, das Eigentliche, Unveränderliche, Typische, das An-Sich-Sein eines Gegenstandes, Menschen oder Gedanken meint.

WISSENSCHAFT: Bestimmte Form menschlichen Forschens, die davon ausgeht, dass Erkenntnisse systematisch begründet werden müssen, logisch-empirisch überprüfbar sind und prinzipiell von jedermann eingesehen und nachvollzogen werden können.

WISSENSCHAFTSTHEORIE: Disziplin der Philosophie, die die Voraussetzungen, Methoden, Kriterien und Folgen von Wissenschaften untersucht.

ZYNISMUS: zu griech. kynikós = hündisch, schamlos. Schon in der griech. Antike entstandene philosophische Position, die Wahrheiten, Normen und Werte radikal in Frage stellt und oft mit beißendem, destruktivem Spott überzieht.

Glossar 2
Philosophen

ABAELARD, Peter (1079 – 1142): Scholastischer Theologe und Philosoph. Berühmt geworden durch den Briefwechsel mit seiner unglücklichen Geliebten Heloise. Hauptwerk: *Sic et non.*

ADORNO, Theodor W. (Wiesengrund) (1903 – 1969): Philosoph, Musiktheoretiker und Soziologe, er gehörte der neomarxistischen *Frankfurter Schule* an, Verfechter einer „Kritischen Theorie der Gesellschaft". Hauptwerke: *Dialektik der Aufklärung* (1947, gem. mit M. Horkheimer); *Philosophie der Neuen Musik* (1949); *Negative Dialektik* (1965); *Ästhetische Theorie* (1970).

ALBERT, Hans (geb. 1921): Erkenntnistheoretiker, Anhänger des *Kritischen Rationalismus.* Hauptwerk: *Traktat über Kritische Vernunft* (1968).

ANAXAGORAS (um 500 – 428 v. Chr.): Griechischer Philosoph, Mathematiker und Astronom, lehrte die Vernunft (*nous*) als Weltprinzip.

ANAXIMANDER (um 611 – 545 v. Chr.): Naturphilosoph aus Milet, der als Urstoff das *apeiron* (Unerfahrbare) lehrte.

ANDERS, Günther (geb. 1902 – 1992): Kultur- und gesellschaftskritischer Philosoph, der vor allem die *atomare Bedrohung* und die damit möglich gewordene Vernichtung der Menschheit reflektierte und bekämpfte. Hauptwerke: *Die Antiquiertheit des Menschen* (1.Bd. 1956, 2.Bd. 1980); *Mensch ohne Welt* (1984).

ANSELM VON CANTERBURY (1033 – 1109): Scholastischer Philosoph und Theologe, der durch den Versuch, Gott rein *logisch* zu beweisen („ontologischer Gottesbeweis") bekannt geworden war. Hauptwerke: *Proslogion* ; *Cur deus homo?*

APEL, Karl Otto (geb. 1922): Ethiker und Wissenschaftstheoretiker, Vertreter einer transzendentalpragmatischen Diskurstheorie. Hauptwerk: *Transformation der Philosophie* (1973).

ARENDT, Hannah (1906 – 1975): Vertreterin einer phänomenologisch orientierten politischen Philosophie, die sich vor allem mit den Kategorien *Handeln, Herstellen* und *Arbeit* beschäftigte. Hauptwerke: *Elemente und Ursprünge totaler Herrschaft* (1938); *Vita activa, oder: Vom tätigen Leben* (1960).

ARISTOTELES (383 – 321 v. Chr.): Griechischer Philosoph aus Stagira, Schüler des Platon, Begründer der wissenschaftlichen Philosophie, des philosophischen Disziplinensystems, der Logik und der Metaphysik. Hauptwerke: *Metaphysik; Nikomachische Ethik; Poetik.*

AUGUSTINUS, Aurelius (354 – 430): Bedeutender Kirchenlehrer und Philosoph, der das geschichtliche Denken in die christliche Philosophie einführt. Hauptwerke: *Confessiones; De civitate dei.*

AUSTIN, John Langshaw (1911 – 1960): Englischer Philosoph, der vor allem in der Sprachphilosophie und Erkenntnistheorie arbeitete und die *Sprechakttheorie* entwickelte. Hauptwerke: *How to do Things with Words* (1962, dt. „Zur Theorie der Sprechakte", 1972); *Philosophical Papers* (1969).

BACON, Francis (1561 – 1626): Englischer Staatsmann und Philosoph. Begründete den englischen Empirismus und das naturwissenschaftliche Denken. Hauptwerke: *Novum Organon scientiarium* (1620); *Nova Atlantis* (1627).

BAKUNIN, Michail Alexandrowitsch (1814 – 1876): russischer Revolutionär und politischer Denker, einer der Begründer des Anarchismus.

BARTHES, Roland (1915 – 1980): Französischer Philosoph und Literaturkritiker, Vertreter des *Strukturalismus.* Hauptwerke: *Mythologies* (1957, dt. „Mythen des Alltags", 1964); *Sade-Fourier-Loyola* (1971, dt. 1981); *Fragments d'un discours amoureux* (1977, dt. „Fragmente einer Sprache der Liebe", 1984).

BAUMGARTEN, Alexander Gottlieb (1714 – 1762): Philosoph und Schriftsteller, Begründer der *Ästhetik* als eigenständiger philosophischer Wissenschaft. Hauptwerk: *Aesthetica* (1750/58).

BENJAMIN, Walter (1892 – 1940): Deutscher Philosoph, Literaturtheoretiker, Essayist und Kulturkritiker, der neomarxistischen *Frankfurter Schule* nahestehend. Hauptwerke: *Das Kunstwerk im Zeitalter seiner technischen Reproduzierbarkeit* (1935); *Ursprung des deutschen Trauerspiels* (1955); *Das Passagenwerk* (1982).

BENTHAM, Jeremias (1748 – 1832): Englischer Philosoph, Vertreter eines ethischen *Utilitarismus.* Hauptwerk: *Introduction to the Principles of Moral and Legislation* (1780, dt. „Prinzipien der Gesetzgebung", 1883) .

BERKELEY, George (1685 – 1753): Englischer Philosoph, Bischof der anglikanischen Kirche, lehrte einen radikalen erkenntnistheoretischen religiösen Subjektivismus. Hauptwerk: *Treatise Concerning the Principles of Human Knowledge* (1710, dt. „Die Prinzipien der menschlichen Erkenntnis, 1869).

BERGSON, Henri (1859 – 1941): Französischer Philosoph und Schriftsteller (1928 Nobelpreis für Literatur). Wichtiger Vertreter der *Lebensphilosophie*, die den „élan vital" zum Grundprinzip erklärt. Hauptwerke: *Essai sur les données immédiates de la conscience* (1889, dt. „Zeit und Freiheit", 1920); *L'évolution créatrice* (1907, dt. „Schöpferische Entwicklung", 1912).

BLOCH, Ernst (1885 – 1977): Marxistischer, auch vom Judentum beeinflusster Philosoph, der sich zentral mit der Frage nach dem Sinn und der Notwendigkeit von *Utopien* beschäftigte. Hauptwerke: *Geist der Utopie* (1918); *Das Prinzip Hoffnung* (1954 – 57).

BLUMENBERG, Hans (1920 – 1996): Deutscher Philosoph und Kulturhistoriker. Hauptwerke: *Die Legitimität der Neuzeit* (1966,1976); *Arbeit am Mythos* (1979); *Höhlenausgänge* (1989).

BUBER, Martin (1878 – 1965): Jüdischer Religionsphilosoph, Vertreter einer „dialogischen Philosophie". Hauptwerke: *Ich und Du* (1922); *Schriften über das dialogische Prinzip* (1954).

CAMPANELLA, Tommaso (1568 – 1639): Christlicher Philosoph und Dominikanermönch, der die Idee einer päpstlich-katholischen Universalmonarchie vertrat und die Utopie eines christlich-kommunistischen Gemeinwesens entwarf. Hauptwerk: *Città del sole* (1602, dt. „Der Sonnenstaat", 1900).

CAMUS, Albert (1913 – 1960): Französischer Schauspieler, Dichter und Philosoph, ein Hauptvertreter des Existentialismus, der das Dasein des Menschen als *absurd* beschrieb. Hauptwerke: *Le mythe de Sisyphe, essai sur l'absurde* (1942, dt. „Der Mythos von Sisyphos, 1950); *L'homme révolté* (1951, dt. „Der Mensch in der Revolte", 1953).

CARNAP, Rudolf (1891 – 1970): Mitglied des „Wiener Kreises", Vertreter eines konsequenten logischen Positivismus. Hauptwerke: *Der logische Aufbau der Welt* (1928); *Meaning and Necessity* (1947, dt. „Bedeutung und Notwendigkeit", 1972).

CHOMSKY, Noam (geb. 1928): Amerikanischer Logiker und Sprachtheoretiker, der die These vertritt, dass „linguistische Universalien" dem Menschen angeboren seien. Hauptwerk: *Language and mind* (1968, dt. „Sprache und Geist", 1970).

COMTE, Auguste (1798 – 1857): Französischer Soziologe und Philosoph, Hauptvertreter des klassischen Positivismus und Begründer der Soziologie als Wissenschaft. Hauptwerk: *Cours de philosophie positive* (6 Bände, 1830 – 42; dt. „Die positive Philosophie", 1883/84).

DARWIN, Charles (1809 – 1882): Englischer Naturforscher, Begründer der Evolutionstheorie.
Hauptwerke: *On the Origin of Species by Means of Natural Selection* (1859, dt. „Die Entstehung der Arten durch natürliche Zuchtwahl", 1860); *The Descent of Man and Selection in Relation to Sex"* (1871, dt. „Die Abstammung des Menschen", 1871).

DEMOKRITOS (460 – 371 v. Chr.): Griechischer Naturphilosoph aus Abdera, der lehrte, dass alles aus kleinsten Teilen (Atomen) zusammengesetzt sei.

DERRIDA, Jacques (geb. 1930): Französischer Philosoph, der dem Neostrukturalismus zugerechnet wird und sich mit der Analyse von Sprache und Schrift beschäftigt.
Hauptwerke: *L'écriture et la différence* (1967, dt. „Die Schrift und die Differenz", 1972); *De la grammatologie* (1967, dt. „Grammatologie", 1974).

DESCARTES, René (1596 – 1650): Französischer Philosoph und Mathematiker, einer der Begründer des neuzeitlichen Rationalismus und des wissenschaftlichen Denkens. Hauptwerke: *Discours de la méthode ...* (1637, dt. „Abhandlung über die Methode des richtigen Vernunftgebrauchs); *Meditationes de prima philosophia* (1641, dt. „Meditationen über die erste Philosophie").

DIDEROT, Denis (1713 – 1784): Französischer Philosoph und Schriftsteller, Begründer und Mitherausgeber der *Enzyklopädie*, Hauptvertreter einer radikalen Aufklärung.
Hauptwerke: *Pensées philosophiques* (1746, dt. „Philosophische Gedanken"); *Pensées sur l'interprétation de la nature* (1754, dt. „Gedanken zur Interpretation der Natur").

DILTHEY, Wilhelm (1833 – 1911): Deutscher Philosoph, versuchte die Geisteswissenschaften als „verstehende" (hermeneutische) Wissenschaften zu begründen.
Hauptwerk: *Der Aufbau der geschichtlichen Welt* (1910).

ENGELS, Friedrich (1820 – 1895): Deutscher Philosoph, Mitarbeiter und Freund von Karl Marx, Mitbegründer des *dialektischen Materialismus*, Herausgeber des 2. und 3. Bandes von Marx' *Kapital*. Hauptwerke: *Ludwig Feuerbach und der Ausgang der klassischen deutschen Philosophie* (1886); *Der Ursprung der Familie, des Privateigentums und des Staates* (1884).

EPIKUR (342 – 270 v. Chr.): Griechischer Philosoph, der eine von Affekten gereinigte beständige Lust zum Wesen der Glückseligkeit erklärte.

FEUERBACH, Ludwig (1804 – 1872): Deutscher Philosoph und Religionskritiker, der Religion als Projektion des Menschen bestimmte.
Hauptwerk: *Das Wesen des Christentums* (1841).

FEYERABEND, Paul (1924 – 1994): Österreichisch-amerikanischer Philosoph und Wissenschaftskritiker, der vor allem den Dominanzanspruch der modernen Wissenschaften einer scharfen Kritik unterzog. Hauptwerke: *Against method* (1970, dt. „Wider den Methodenzwang", 1976); *Erkenntnis für freie Menschen* (1979).

FICHTE, Johann Gottlieb (1762 – 1814): Deutscher Philosoph, Hauptvertreter eines subjektiven Idealismus, für den sich alle Erkenntnis aus der Analyse des *ICH* ableitet. Hauptwerke: *Wissenschaftslehre* (mehrere Fassungen seit 1794); *Die Bestimmung des Menschen* (1800); *Der geschlossene Handelsstaat* (1800).

FOUCAULT, Michel (1926 – 1984): Französischer Philosoph und Kulturhistoriker, der dem Neostrukturalismus zugerechnet wird, und dem es, vor allem in seinen letzten Werken, um die Verflechtungen von Macht, Wahrheit und Sexualität ging. Hauptwerke: *Histoire de la folie à l'âge classique* (1961, dt. „Wahnsinn und Gesellschaft", 1969); *Les mots et les choses* (1966, dt. „Die Ordnung der Dinge", 1971); *Histoire de la sexualité* (3 Bde, 1976/1984; dt. „Sexualität und Wahrheit", 1977/1986).

FREGE, Friedrich Ludwig Gottlob (1848 – 1925): Deutscher Sprachphilosoph, Mathematiker und Logiker, Begründer der formalem Logik.
Hauptwerke: *Über Sinn und Bedeutung* (1892); *Logische Untersuchungen* (1918 – 1923).

GADAMER, Hans Georg (geb. 1900): Deutscher Philosoph, Vertreter einer philosophischen Hermeneutik.
Hauptwerk: *Wahrheit und Methode* (1960).

GEHLEN, Arnold (1904 – 1976): Deutscher Philosoph, Psychologe uud Soziologe, der in seinen Arbeiten zur *Anthropologie* den Menschen als „Mängelwesen" definierte. Hauptwerke: *Der Mensch, seine Natur und seine Stellung in der Welt* (1940); *Urmensch und Spätkultur* (1956).

GÖDEL, Kurt (1906 – 1978): Österreichischer Mathematiker und Logiker. Wichtigste Schrift: *Über formal unterscheidbare Sätze der Principia Mathematica und verwandter Systeme* (1931).

HABERMAS, Jürgen (geb. 1929): Deutscher Philosoph und Soziologe, entwickelte die *Kritische Theorie* eigenständig in Hinblick auf eine Handlungstheorie weiter.
Hauptwerke: *Strukturwandel der Öffentlichkeit* (1962); *Erkenntnis und Interesse* (1968); *Theorie des kommunikativen Handelns* (1981).

HARTMANN, Nicolai (1882 – 1950): Deutscher Philosoph, Vertreter einer modernen *Ontologie*. Hauptwerke: *Ethik* (1926); *Zur Grundlegung der Ontologie* (1935); *Der Aufbau der realen Welt* (1940); *Ästhetik* (1953).

HEGEL, Georg Wilhelm Friedrich (1770 – 1831): Bedeutender Philosoph des deutschen Idealismus, sein geschichtsphilosophisches und dialektisches Denken übte nachhaltigen Einfluss aus.
Hauptwerke: *Phänomenologie des Geistes* (1807); *Wissenschaft der Logik* (1812 – 16); *Enzyklopädie der philosophischen Wissenschaften* (1817/27/30); *Grundlinien der Philosophie des Rechts* (1821).

HEIDEGGER, Martin (1889 – 1976): Deutscher Philosoph, Begründer der *Fundamentalontologie*: einer Analyse des menschlichen Daseins, der *Existenz*.
Hauptwerke: *Sein und Zeit* (1927); *Was ist Metaphysik* (1929); *Holzwege* (1950).

HERAKLIT (544 – 483 v. Chr.): Griechischer Philosoph aus Ephesos, auch der *Dunkle* oder der *weinende Philosoph* genannt. Er gilt als Begründer des dialektischen Denkens.

HOBBES, Thomas (1588 – 1679): Englischer Philosoph und Staatsmann, der eine empiristische Erkenntnistheorie und eine Rechtfertigung des Staates aus der Natur des Menschen lehrte.
Hauptwerk: *Leviathan or the Matter, Form and Authority of Government* (1651, dt. „Leviathan", 1794/95).

HORKHEIMER, Max (1895 – 1973): Deutscher Soziologe und Philosoph, Mitbegründer der *Kritischen Theorie* der neomarxistischen *Frankfurter Schule*. Hauptwerke: *Dialektik der Aufklärung* (1947, gemeinsam mit T.W. Adorno); *Zur Kritik der instrumentellen Vernunft* (1967).

HUMBOLDT, Wilhelm von (1767 – 1835): Deutscher Sprachphilosoph und Staatsmann, Verfechter einer humanistischen Bildungsidee.
Hauptwerk: *Über die Verschiedenheit des menschlichen Sprachbaues und ihren Einfluss auf die geistige Entwicklung des Menschengeschlechts* (1835).

HUME, David (1711 – 1776): Englischer Philosoph, Vertreter eines strengen Empirismus. Hauptwerke: *A Treatise on Human Nature* (1739/40); *Enquiry concerning Human Understanding* (1748).

HUSSERL, Edmund (1859 – 1938): Deutscher Philosoph und Erkenntnistheoretiker, Begründer der *Phänomenologie*. Hauptwerke: *Logische Untersuchungen* (1900/01); *Ideen zu einer reinen Phänomenologie und phänomenologischen Philosophie* (1913, vollständige Ausgabe 1950/52); *Méditations cartésiennes* (1932).

JAMES, William (1842 – 1910): Amerikanischer Philosoph, Begründer des *Pragmatismus*. Hauptwerk: *Pragmatism* (1907, dt. „Pragmatismus“, 1908).

JASPERS, Karl (1883 – 1969): Deutscher Philosoph und Psychiater, Vertreter der *Existenzphilosophie*. Hauptwerke: *Die geistige Situation der Zeit* (1931); *Existenzphilosophie* (1938); *Die Atombombe und die Zukunft des Menschen* (1958).

JONAS, Hans (1903 – 1993): Deutscher Philosoph, der sich vor allem mit Fragen der Ethik im technologischen Zeitalter beschäftigt. Hauptwerke: *Das Prinzip Verantwortung* (1979); *Technik, Medizin und Ethik* (1985).

KANT, Immanuel (1724 – 1804): Bedeutender deutscher Philosoph, Begründer der *Transzendentalphilosophie*, versuchte die Möglichkeiten und Grenzen der Vernunft im Bereich von Erkenntnis, Moral und Ästhetik neu zu bestimmen. Hauptwerke: *Kritik der reinen Vernunft* (1781); *Kritik der praktischen Vernunft* (1788); *Kritik der Urteilskraft* (1790).

KIERKEGAARD, Sören (1813 – 1855): Dänischer Theologe und Philosoph, radikaler Kritiker der Philosophie und des Christentums seiner Zeit, Vorläufer der *Existenzphilosophie*. Hauptwerke: *Entweder – Oder* (1843); *Der Begriff Angst* (1844); *Die Krankheit zum Tode* (1849).

KRAFT, Viktor (1880–1975): Österreichischer Philosoph, Vertreter einer neopositivistischen Erkenntnislehre und Moralphilosophie. Hauptwerke: *Weltbegriff und Erkenntnisbegriff* (1912); *Der Wiener Kreis* (1950); *Die Grundlagen der Erkenntnis und der Moral* (1968).

KUHN, Thomas S. (geb. 1922): Amerikanischer Wissenschaftshistoriker, führte den Begriff des *Paradigma* in die Wissenschaftstheorie ein. Hauptwerk: *The Structure of Scientific Revolutions* (1962, dt. „Die Struktur wissenschaftlicher Revolutionen“, 1967).

LEIBNIZ, Gottfried Wilhelm (1646 – 1716): Bedeutender deutscher Gelehrter; Mathematiker, Jurist, Diplomat und Philosoph, Vertreter einer rationalistischen Metaphysik, formulierte die *Monadenlehre*. Hauptwerke: *Essais de Théodicée sur la bonté de dieu, la liberté de l'homme et l'origine du mal* (1770, dt. „Theodizee“); *La Monadologie* (1714, dt. „Monadologie“).

LÉVI-STRAUSS, Claude (geb. 1908): Französischer Ethnologe, übte starken Einfluss auf den philosophischen *Strukturalismus* aus. Hauptwerke: *Triste tropiques* (1955, dt. „Traurige Tropen“, 1960); *Anthropologie structurale* (1958, dt. „Strukturale Anthropologie“, 1967); *La pensée sauvage* (1962, dt. „Das wilde Denken“, 1968); *Mythologica I–IV. (1971 – 1975).*

LOCKE, John (1632 – 1704): Englischer Philosoph und Staatstheoretiker, Begründer des *Empirismus*. Hauptwerke: *An Essay concerning Human Understanding* (1690); *Two Treatises on Civil Government* (1690).

LUKÁCS, Georg (1885 – 1971): Bedeutender ungarischer marxistischer Philosoph, Ästhetiker und Literaturtheoretiker. Hauptwerke: *Theorie des Romans* (1916); *Geschichte und Klassenbewusstsein* (1923); *Die Eigenart des Ästhetischen* (1965).

LYOTARD, Jean-François (geb. 1924): Französischer Philosoph, Vertreter eines *postmodernen* Denkens. Hauptwerke: *La condition postmoderne* (1979, dt. „Das postmoderne Wissen“, 1982); *Le différent* (1983, dt. „Der Widerstreit“, 1987).

MACH, Ernst (1838 – 1916): Österreichischer Physiker und Naturphilosoph. Hauptwerke: *Die Analyse der Empfindungen und das Verhältnis des Physischen zum Psychischen* (1886); *Erkenntnis und Irrtum* (1905).

MACHIAVELLI, Niccolò (1469 – 1527): Italienischer Staatstheoretiker und Politiker, bedeutender Denker der Renaissance. Hauptwerk: *Il Principe* (1532, dt. „Der Fürst“).

MARCEL, Gabriel (1889 – 1973): Französischer Schriftsteller und Philosoph, Vertreter eines christlichen Existentialismus. Hauptwerk: *Le mystère de l'être* (1951, dt. 1952); *L'homme problematique* (1955, dt. 1956).

MARCUSE, Herbert (1898 – 1979): Deutsch-amerikanischer neomarxistischer Philosoph, bedeutender Vertreter der *Neuen Linken* in den USA. Hauptwerke: *Eros and Civilisation* (1955, dt. „Triebstruktur und Gesellschaft“, 1965); *One dimensional Man* (1964, dt. „Der eindimensionale Mensch“, 1967).

MARX, Karl (1818 – 1883): Bedeutender deutscher Ökonom, Philosoph und Revolutionär, Begründer des *dialektischen Materialismus*, Kritiker und Analytiker der bürgerlichen Gesellschaft. Hauptwerke: *Die deutsche Ideologie* (1845); *Das Kapital* (Bd.1 1867, Bd. 2 u. 3 hrsg. v. F. Engels 1885/1894).

MERLEAU-PONTY, Maurice (1908 – 1961): Französischer Philosoph, Vertreter einer *existentialistischen Phänomenologie*, versuchte die Grundlegung einer existentialistischen Anthropologie. Hauptwerk: *Humanisme et terreur* (1951, dt. „Humanismus und Terror“, 1976).

MILL, John Stuart (1806 – 1973): Englischer Philosoph und Nationalökonom, Vertreter eines strengen *Empirismus* und *Utilitarismus*. Hauptwerke: *Essay on Liberty* (1859, dt. „Über die Freiheit“, 1948), *Utilitarianism* (1861, dt. „Der Utilitarismus“).

MONTESQUIEU, Charles-Louis de (1689 – 1755): Französischer Rechts- und Geschichtsphilosoph der Aufklärung, forderte die „Trennung der Gewalten“. Hauptwerk: *De l'esprit des lois* (1748, dt. „Vom Geist der Gesetze“, 1753).

NEURATH, Otto (1882 – 1945): Österreichischer Philosoph und Soziologe, Neopositivist, Mitarbeiter des *Wiener Kreises*, versuchte die moderne Wissenschaftslehre mit Fragen der Soziologie und Problemen der Arbeiterbewegung zu verknüpfen. Hauptwerke: *Wesen und Weg der Sozialisierung* (1919), *Lebensgestaltung und Klassenkampf* (1928).

NIETZSCHE, Friedrich (1844 – 1900): Deutscher Schriftsteller, Philosoph und Kulturkritiker. Hauptwerke: *Die Geburt der Tragödie aus dem Geist der Musik* (1872); *Also sprach Zarathustra* (1883/85); *Zur Genealogie der Moral* (1887).

PARMENIDES (ca. 540 – 480 v. Chr.): Haupt der Philosophenschule von Elea (*Eleatische Schule)*, lehrte die Unveränderlichkeit und die Einheit von Denken und Sein.

PASCAL, Blaise (1623 – 1662): Französischer Mathematiker und Philosoph, dessen scharfes Denken sich zwischen rationaler Wissenschaft und radikaler Religiosität bewegt. Hauptwerk: *Pensées sur la religion* (1669, aus dem Nachlass; dt. „Gedanken“, 1881).

PEIRCE, Charles Sanders (1839 – 1914): Amerikanischer Philosoph, bedeutender Vertreter des *Pragmatismus*. Hauptwerke: *Studies in Logic* (1883, dt. „Über die Klarheit unserer Gedanken“, 1968); *Collected Papers* (1931).

PLATON (428 – 348 v. Chr.): Griechischer Philosoph, Schüler des Sokrates, Begründer der *Akademie* in Athen. Platon entwickelte die *Ideenlehre*, die eine strikte Trennung zwischen Wesen und Erscheinung durchführt und maßgeblich wurde für die Philosophien des *Idealismus*. Hauptwerke: *Apologie* (Verteidigung des Sokrates); *Symposion* (Über die Liebe); *Phaidon* (Über die Unsterblichkeit); *Politeia* (Über den Staat).

PLESSNER, Helmuth (1892 – 1985): Deutscher Anthropologe und Kulturphilosoph. Hauptwerke: *Die Einheit der Sinne* (1923); *Stufen des Organischen* (1928); *Lachen und Weinen* (1941).

POPPER, Karl Raimund (geb.1902 – 1994): Österreichischer Philosoph, Begründer des *Kritischen Rationalismus*. Hauptwerke: *Logik der Forschung* (1935); *The Open*

Society and its Enemies (1945, dt. „Die offene Gesellschaft und ihre Feinde", 1957).

PROTAGORAS (ca. 481 – 411 v. Chr.): Griechischer Philosoph, Sophist, lehrte einen radikalen Subjektivismus und Relativismus.

PROUDHON, Pierre-Joseph (1809 – 1865): Französischer Sozialphilosoph, Theoretiker des Anarchismus. Hauptwerk: *Qu'est-ce que la propriété* (1840, dt. „Was ist das Eigentum", 1905); *Système des contradictions économiques ou la philosophie de la misère* (1846, dt. „System der ökonomischen Widersprüche oder Philosophie des Elends", 1847).

PYTHAGORAS (ca. 570 – 490 v.Chr.): Bedeutender frühgriechischer Philosoph und Mathematiker, Begründer des Geheimbundes der *Pythagoräer.*

ROUSSEAU, Jean-Jacques (1712 – 1778): Französischer Philosoph, Schriftsteller und Musiker, der vor allem am eindimensionalen Rationalismus der frühen Aufklärung Kritik übte.
Hauptwerke: *Discours sur les arts et les sciences* (1750, „Abhandlung über die Wissenschaften und Künste"); *Emile* (1762,); *Contrat social* (1762, „Der Gesellschaftsvertrag"); *Confessions* (1782, „Bekenntnisse").

RUSSELL, Bertrand (1872 – 1970): Wichtiger englischer Philosoph und Mathematiker, Nobelpreisträger für Literatur, engagierter Kriegsgegner. Grundlegende Forschungen zur *Erkenntnistheorie* und *Philosophie der Mathematik.*
Hauptwerke: *Principia mathematica* (1910 – 1913, gemeinsam mit A. N. Whitehead); *The problems of Philosophy* (1912, dt. „Probleme der Philosophie", 1926); *A History of Western Philosophy* (1946, dt. „Geschichte der Philosophie des Abendlandes", 1950).

SARTRE, Jean-Paul (1905 – 1980): Französischer Schriftsteller und Philosoph, bedeutendster Vertreter des *Existentialismus.*
Hauptwerke: *L'être et le néant* (1943, dt. „Das Sein und das Nichts", 1952); *L'existentialisme est un humanisme* (1946, dt. „Ist der Existentialismus ein Humanismus", 1947); *Critique de la raison dialectique* (1960, dt. „Kritik der dialektischen Vernunft", 1967); *L'Idiot de la familie* (1971, dt. „Der Idiot der Familie", 1977).

SCHELER, Max (1874 – 1928): Deutscher Philosoph und Anthropologe. Hauptwerk: *Die Stellung des Menschen im Kosmos* (1929).

SCHELLING, Friedrich Wilhelm Joseph (1775 – 1854): Bedeutender deutscher Philosoph der Romantik, Vertreter einer idealistischen *Identitätsphilosophie*, die die Einheit von Natur und Geist behauptet.
Hauptwerke: *System des transzendentalen Idealismus* (1800); *Über das Wesen der menschlichen Freiheit* (1809); *Philosophie der Mythologie und Offenbarung* (1841/42).

SCHLEIERMACHER, Friedrich Daniel (1768 – 1834): Deutscher protestantischer Theologe und Philosoph, versuchte eine Versöhnung von Vernunft und Glaube, Begründer der philosophischen *Hermeneutik.*
Hauptwerke: *Reden über die Religion an die Gebildeten unter ihren Verächtern* (1799); *Grundlinien einer Kritik der bisherigen Sittenlehre* (1803).

SCHLICK, Moritz (1882 – 1936): Deutsch-österreichischer Philosoph und Naturwissenschaftler, Mitbegründer des *Wiener Kreises*, legte die Grundlagen für den *logischen Positivismus.*
Hauptwerke: *Allgemeine Erkenntnislehre* (1918); *Vom Sinn des Lebens* (1927); *Fragen der Ethik* (1930).

SCHOPENHAUER, Arthur (1788 – 1860): Deutscher Philosoph, Vertreter eines radikalen *Pessimismus* und einer *Mitleidsethik.* Hauptwerke: *Die Welt als Wille und Vorstellung* (1819); *Parerga und Paralipomena* (1851).

SOKRATES (ca. 470 – 399 v. Chr.): Griechischer Philosoph und Ethiker, der mit seiner Methode des *Dialogs* die Lehrbarkeit der Tugend und ein *Wissen des Nichtwissens* demonstrieren wollte.

SPINOZA, Baruch (1632 – 1677): Holländischer Philosoph, Vertreter eines philosophischen *Pantheismus* und einer *rationalistischen Ethik.* Hauptwerke: *Tractatus theologico-politicus* (1670, „Theologisch-politischer Traktat"); *Ethica ordine geometrico demonstrata* (1677, „Ethik").

TARSKI, Alfred (geb. 1901): Polnischer Mathematiker und Logiker. Hauptwerke: *Einführung in die mathematische Logik* (1937); *Logic, Semantics, Metamathematics* (1953).

THALES VON MILET (ca. 624 – 546 v.Chr.): Frühgriechischer Mathematiker und Philosoph, gilt als Begründer der *Jonischen Naturphilosophie.*

THOMAS VON AQUIN (1225 – 1274): Bedeutendster Philosoph des Mittelalters, weitete die *Scholastik* zu einem umfassenden System aus, das den christlichen Glauben mit der antiken Philosophie, vor allem des Aristoteles, vereinen sollte.
Hauptwerke: *De ente et essentia* (1250 – 1256, „Über das Sein und das Wesen"); *Summa contra gentiles* (1261 – 1264, „Gegen die Heiden"); *Summa theologiae* (1266 – 1273, „Summe der Theologie").

VICO, Giovanni Battista (1668 – 1744): Italienischer Kultur- und Geschichtsphilosoph. Hauptwerk: *Principi di una scienza nuova d'intorno alla commune natura delle nazioni* (1725, dt. „Die neue Wissenschaft über die gemeinschaftliche Natur der Völker", 1822).

VOLTAIRE (eigentlich Francois-Marie Arouet, 1694 – 1778): Bedeutender französischer Schriftsteller und Philosoph der Aufklärung, Mitarbeiter an der *Enzyklopädie.*
Hauptwerke: *Essai sur les moeurs et l'esprit des nations* (1756, dt. „Essay über die allgemeine Geschichte und die Sitten und den Geist der Völker", 1867); *Candide ou l'optmisme* (1759); *Le philosophe ignorant* (1767, „Der unwissende Philosoph").

WEBER, Max (1864 – 1920): Deutscher Ökonom und Soziologe. Hauptwerk: *Die protestantische Ethik und der Geist des Kapitalismus* (1920); *Wirtschaft und Gesellschaft* (1921) .

WHITEHEAD, Alfred North (1861 – 1947): Englischer Mathematiker und Philosoph. Hauptwerk: *Principia mathematica* (1910 – 1913, gemeinsam mit B. Russell).

WILHELM VON OCKHAM (1285 – 1350): Bedeutender englischer Philosoph der Spätscholastik, vertrat einen streng *nominalistischen* Standpunkt. Hauptwerke: *Summa totius logicae* (1488); *Philosophia naturalis* (1494).

WITTGENSTEIN, Ludwig (1889 – 1951): Bedeutender österreichisch–englischer Philosoph, Mitbegründer des *logischen Positivismus* und der *sprachanalytischen Philosophie.*
Hauptwerke: *Tractatus logico-philosophicus* (1922); *Philosophische Untersuchungen* (1953).

WOLFF, Christian (1679 – 1754): Deutscher Philosoph der Aufklärung, der die Ideen von Leibniz systematisierte und zu einem System ausbaute.
Hauptwerk: *Vernünftige Gedanken von Gott, der Welt und der Seele des Menschen, auch von allen Dingen überhaupt* (1719).

ZENON (ca. 490 – 430 v. Chr.): Griechischer Philosoph aus Elea, Schüler des Parmenides, berühmt für die Konstruktion seiner *Aporien*, etwa vom fliegenden Pfeil, der ruht, oder von Archilles, der eine Schildkröte nicht einholen kann.

Glossar 3

Geschichte

		Ideengeschichte	*Politische Geschichte*
1. ANTIKE *(Ontologisches Paradigma)*			
Vorsokratiker			
Thales	ca. 625 – 545	Anfang der Philosophie	Griechische
Pythagoras	ca. 580 – 500	Zahl als universelles Ordnungsprinzip	Kolonisation
Parmenides	ca. 540 – 480	Sein = Denken	
Heraklit	ca. 536 – 470	„Alles fließt"; Logos-Begriff als Weltgesetz	Perserkriege
Protagoras	480 – 410	„Mensch als Maß aller Dinge"; Sophistik	Zeitalter des Perikles
Demokrit	ca. 460 – 360	Atomistisches Weltmodell; Materialismus	
Griechische Klassik			
Sokrates	469 – 399	Mensch als sittliches Wesen; „sokratische Methode" (Maieutik)	Vormacht Spartas
Platon	427 – 347	Ideenlehre	
Aristoteles	384 – 322	Philosophie als Wissenschaft; Logik; Ethik; Höhepunkt des systematischen Denkens	Alexander der Große
Spätantike			
Skeptiker (z.B. Pyrrhon)	365 – 275	Relativismus in Moral und Erkenntnis	Hellenismus
Epikur	341 – 270	Maßvoller Genuss als höchstes Gut	
Stoa (z.B. Chrysippos)	280 – 209	Sittengesetz als Vernuftgesetz; Begierdefreier Seelenzustand (Ataraxía)	
Neuplatoniker (z.B. Plotin)	204 – 269	Religiöse Metaphysik; Emanationslehren	Christi Geburt Römisches Imperium
2. MITTELALTER			
Patristik			
Augustinus	354 – 430	Christlicher Platonismus und christliche Selbsterfahrung	Niedergang des römischen Reiches
Scholastik			
Anselm	1033 – 1109	Vermittlung von Wissen und Glauben; Ontologischer Gottesbeweis; Universalienstreit	Normannen in England
Thomas von Aquin	1225 – 1274	Christlicher Aristotelismus; Doctor ecclesiae	Hochmittelalter, Kreuzzüge
Mystik			
Meister Eckhart	1260 – 1327	Religiöse Unmittelbarkeit durch mystisches Erleben	
3. PHILOSOPHIE DER NEUZEIT *(Mentalistisches Paradigma)*			
Rationalismus			
Descartes R.	1596 – 1650	Vater der neuzeitlichen Philosophie Rationalismus; „Cogito ergo sum"; Grundlegung der modernen Naturwissenschaften	Reformation 30-jähriger Krieg
Hobbes T.	1588 – 1679	Naturalismus; Lehre vom Staatsvertrag	
Spinoza B.	1632 – 1677	Pantheismus; Ethik more geometrico	
Leibniz G.W.	1646 – 1716	Monadenlehre, Grundlegung der Aufklärung; Mathesis universalis	
Englischer Empirismus			
Bacon F.	1561 – 1626	Begründer des Empirismus; Methode der Induktion	Aufstieg Englands
Locke J.	1632 – 1704	Begründer der Erkenntnistheorie; Sensualismus	
Hume D.	1711 – 1776	Kritischer Positivismus und Skeptizismus; Untersuchung zur Induktion und Kausalität	
Französische Aufklärung			
Voltaire F. M.	1694 – 1778	Vernunftprinzip und Fortschrittsidee	Französische Revolution
Rousseau J. J.	1712 – 1778	Kulturpessimismus: „Zurück zur Natur!"	

		Ideengeschichte	Politische Geschichte
Deutscher Idealismus			
Kant I.	1724 – 1804	Transzendentalphilosophie; Kritik der reinen und der praktischen Vernunft; Kritik der Urteilskraft	
Fichte I. G.	1762 – 1814	Wissenschaftslehre als System der Freiheit	Herrschaft Napoleons
Hegel G. W. F.	1770 – 1831	Spekulative Geschichtsphilosophie; Dialektik; Höhepunkt der Philosophie als System	
Schelling F. W. J.	1775 – 1854	Identitätsmetaphysik, Romantik	Restauration
Idealismuskritik			
Schopenhauer A.	1788 – 1860	Welt als Wille und Vorstellung; Pessimistische Metaphysik des Irrationalen	Industrialisierung
Kierkegaard S.	1813 – 1855	Vorläufer der (christlichen) Existenzphilosophie	Bürgerliche Revolutionen
Feuerbach L.	1804 – 1872	Atheistische Anthropologie	1848
Marx K.	1818 – 1883	Historischer Materialismus; Kommunistisches Manifest; Philosophie als Weltveränderung; Anthropologie der Arbeit	Arbeiterbewegung
4. NEUERE PHILOSOPHIE			
Vorläufer			
Dilthey W.	1833 – 1911	Grundlegung der Geisteswissenschaften; Philosophie der Geschichtlichkeit	Gründung des Deutschen Reiches
Nietzsche F.	1844 – 1900	Metaphysik der Endlichkeit; Allgemeine Kulturkritik; Lehre vom Übermenschen, vom Willen zur Macht und der Heraufkunft des Nihilismus	
Phänomenologie			
Husserl E.	1859 – 1938	Philosophie als strenge Wissenschaft der Wesensstrukturen und Bewusstseinsleistungen; Phänomenologie der Lebenswelt	1. Weltkrieg Russische Revolution
Scheler M.	1874 – 1928	Phänomenologie der Emotionen und der sittlichen Praxis (materiale Wertethik); Grundlegung der philosophischen Anthropologie	
Existenzphilosophie			
Marcel G.	1889 – 1973	Christlicher Existenzialismus	Faschismus
Jaspers K.	1883 – 1969	Existenzielles Erleben der Wahrheit im Angesicht der Transzendenz	2. Weltkrieg
Heidegger M.	1889 – 1973	Fundamentalontologie (Existenzanalyse) und Philosophie des Seins	Koreakrieg
Sartre J. P.	1905 – 1980	Existenzialismus als Humanismus: Der Mensch als absolute Freiheit	
Analytische Philosophie (Linguistisches Paradigma)			
Russell B.	1872 – 1970	Moderne Aufklärung durch logische Strenge	Kubakrise
Wittgenstein L.	1889 – 1951	„Sprachliche Wende“: Philosophie als Sprachkritik; Grundlegung der sprachanalytischen Philosophie	
Carnap R.	1891 – 1970	Logischer Neopositivismus; Theorien zur Induktion und Wahrscheinlichkeit	Vietnamkrieg
Popper K. R.	1902 – 1994	Kritischer Rationalismus; Falsifikationismus und Probabilismus; Die offene Gesellschaft	
Kritische Theorie			
Adorno T. W.	1903 – 1969	Dialektik der Aufklärung und Negative Dialektik	
Horkheimer M.	1895 – 1973	Einheit von Theorie und Praxis	
Anders G.	1902 – 1992	Kritik der Technik	Afghanistankrieg
Habermas J.	1929	Sozialphilosophische Untersuchungen; Erkenntnis und Interesse; Theorie des kommunikativen Handelns	
Hermeneutik			
Gadamer H.-G.	1900	Philosophie als sprachvermittelter Interpretationsprozess	
Apel K. O.	1922	„Pragmatische Wende“ Prinzipien der Interpretationsgemeinschaft	Ölkrise
Neostrukturalismus			
Foucault M.	1926 – 1984	Analyse der Macht, des Wahnsinns und der Sexualität	
Derrida J.	1930	Analyse von Sprache und Schrift	
Postmoderne Philosophie			
Lyotard J. F.	1924	Das postmoderne Wissen	Umwälzungen in Osteuropa

Literaturverzeichnis

Philosophische Wörterbücher und Lexika

M. Apel, Philosophisches Wörterbuch, bearb. v. P. Ludz, Berlin: de Gruyter 6. Aufl. 1976
W. Brugger (Hg.), Philosophisches Wörterbuch. Freiburg: Herder 14. Aufl. 1996
A. Diemer u. I. Frenzel (Hg.), Das Fischer-Lexikon Philosophie, Frankfurt a. M.: Fischer 2. Aufl. 1967
R. Ferber, Philosophische Grundbegriffe. Eine Einführung, München: Beck 3. Aufl. 1995
A. Halder u. M. Müller, Philosophisches Wörterbuch, Freiburg: Herder 2. Aufl. 1996
O. Höffe, Lexikon der Ethik, München: Beck 4. Aufl. 1992
J. Hoffmeister, Wörterbuch der philosophischen Begriffe, Hamburg: Meiner 2. Aufl. 1955
A. Hügli u. P. Lübcke (Hg.), Philosophielexikon. Personen und Begriffe, Reinbek: Rowohlt 1991
G. Klaus u. M. Buhr (Hg.), Philosophisches Wörterbuch, 2 Bände, Leipzig: VEB Verlag Enzyklopädie 11. Aufl. 1974
H. Krings u. a. (Hg.), Handbuch philosophischer Grundbegriffe, 6 Bände (Studienausgabe), München: Kösel, 1973/74
P. Kunzmann u. a., dtv-Atlas zur Philosophie. Tafeln und Texte, München: dtv 2. Aufl. 1992
B. Lutz (Hg.), Metzler Philosophen Lexikon, Stuttgart: Metzler 2. Aufl. 1995
J. Ritter (Hg.), Historisches Wörterbuch der Philosophie. Völlig neu bearb. Ausg. des „Wörterbuchs der philosophischen Begriffe“ von R. Eisler, 12 Bände, Basel: Schwabe 1971 ff.
G. Schischkoff, Philosophisches Wörterbuch, Stuttgart: Kröner 22. Aufl. 1991
H. Seiffert u. G. Radnitzky (Hg.), Handlexikon der Wissenschaftstheorie, München: dtv 2. Aufl. 1994
J. Speck (Hg.), Handbuch der wissenschafttheoretischen Begriffe 3 Bände, Göttingen: Vandenhoeck & Ruprecht 1980
Schülerduden Philosophie, Mannheim: Bibliographisches Institut 1985
F. Volpi u. J. Nida-Rumelin, Lexikon der philosophischen Werke, Stuttgart: Kröner 1988

Geschichte der Philosophie (Darstellungen)

R. v. Aster, Geschichte der Philosophie, Stuttgart: Kröner 17. Aufl. 1980
J. M. Bochenski, Europäische Philosophie der Gegenwart, Tübingen: Francke 3. Aufl. 1994
Ch. Helferich, Geschichte der Philosophie. Von den Anfängen bis zur Gegenwart und Östliches Denken, Stuttgart: Metzler 2. Aufl. 1992
J. Hersch, Das philosophische Staunen. Einblicke in die Geschichte des Denkens, München: Piper 4. Aufl. 1995
F. Fellmann (Hg.), Geschichte der Philosophie im 19. Jahrhundert, Reinbek: Rowohlt 1996
A. Hügli u. P. Lübcke (Hg.) Philosophie im 20. Jahrhundert, 2 Bände, Reinbek: Rowohlt 1992/93
A. Kenny (Hg.), Illustrierte Geschichte der westlichen Philosophie, Frankfurt a. M.: Campus: 1995
M. P. Plümacher, Philosophie nach 1945 in der Bundesrepublik Deutschland, Reinbek: Rowohlt 1996
W. Röd (Hg.), Geschichte der Philosophie, 12 Bände, München: Beck 1976 ff.
W. Röd, Der Weg der Philosophie, 2 Bände, München: Beck 1994 u. 1996
B. Russell, Philosophie des Abendlandes, Wien: Europa 6. Aufl. 1992
E. R. Sandvoss, Geschichte der Philosophie, 2 Bände, München: dtv 1985
V. Spierling, Kleine Geschichte der Philosophie, München: Piper 1990
W. Stegmüller, Hauptströmungen der Gegenwartsphilosophie. Eine kritische Einführung, Stuttgart: Kröner 8. Aufl. 1987
W. Stegmüller, Hauptströmungen der Gegenwartsphilosophie, 4 Bände, Stuttgart: Kröner 1975 ff.
H. J. Störig, Kleine Weltgeschichte der Philosophie, Frankfurt a. M.: Fischer erw. Neuausg. 1992
W. Totok, Handbuch der Geschichte der Philosophie, 6 Bände, Frankfurt a. M.: Klostermann 1964 ff.
K. Vorländer, Geschichte der Philosophie, 3 Bände, Reinbek: Rowohlt 1963 ff.
W. Weischedel, Die philosophische Hintertreppe, München: dtv 26. Aufl. 1996
K. Wuchterl, Bausteine zu einer Geschichte der Philosophie des 20. Jahrhunderts, Bern: Haupt 1995

Allgemeine Einführungen in die Philosophie

T. W. Adorno, Philosophische Terminologie, 2 Bände, hrsg. v. R. zur Lippe, Frankfurt a. M.: Suhrkamp 1992
E. Bloch, Tübinger Einleitung in die Philosophie, Frankfurt a. M.: Suhrkamp 1977
J. M. Bochenski, Wege zum philosophischen Denken, Einführung in die Grundbegriffe. Freiburg: Herder 3. Aufl. 1995
G. Böhme, Weltweisheit, Lebensform, Wissenschaft. Eine Einführung in die Philosophie, Frankfurt a. M.: Suhrkamp 1994
Otto A. Böhmer, Sternstunden der Philosophie. Schlüsselerlebnisse großer Denker von Augustinus bis Popper, München: Beck 3. Aufl. 1995
Otto A. Böhmer, Neue Sternstunden der Philosophie. Schlüsselerlebnisse großer Denker von Platon bis Adorno, München: Beck 1995

M. Heidegger, Was ist das - die Philosophie?, Pfullingen: Neske 10. Aufl. 1992
H. Hofmeister, Philosophisch denken. Eine Einführung, Göttingen: Vandenhoeck & Ruprecht 1991
D. Huismann, Philosophie für Einsteiger, Reinbek: Rowohlt 1983
P. Koslowski (Hg.), Orientierung durch Philosophie. Ein Lehrbuch nach Teilgebieten, Tübingen: Mohr 1991
H. Lenk, Von Deutungen und Wertungen. Eine Einführung in aktuelles Philosophieren, Frankfurt a. M.: Suhrkamp 1994
K. P. Liessmann, Philosophie der modernen Kunst. Eine Einführung, Wien: WUV – Wiener Universitätsverlag 1994
E. Martens u. H. Schnädelbach, Philosophie. Ein Grundkurs, Reinbek: Rowohlt 1985
E. K. Minnich, Von der halben zur ganzen Wahrheit. Einführung in feministisches Denken, Frankfurt a. M.: Campus 1994
Th. Nagel, Was bedeutete das alles? Eine ganz kurze Einführung in die Philosophie, Stuttgart: Reclam 1990
H. Noack, Allgemeine Einführung in die Philosophie, Darmstadt: Wissenschaftliche Buchgesellschaft 4. Aufl. 1991
W. D. Rehfus, Einführung in das Studium der Philosophie, Wiesbaden: Quelle & Meyer 2. Aufl. 1992
B. Russell, Probleme der Philosophie, Frankfurt a. M.: Suhrkamp 1984
K. Salamun (Hg.), Was ist Philosophie? Neuere Texte zu ihrem Selbstverständnis, Tübingen: Mohr 3. Aufl. 1992
W. Strombach, Einführung in die systematische Philosophie, Paderborn: Schöningh 1992
M. Wittschier, Abenteuer Philosophie. Ein Schnellkurs für Einsteiger, München: Piper 1996
K. Wuchterl, Lehrbuch der Philosophie. Probleme – Grundbegriffe – Einsichten, Bern: Haupt 4. Aufl. 1992
K. Wuchterl, Methoden der Gegenwartsphilosophie, Bern: Haupt 2. Aufl. 1987

Besondere Einführungen in die Philosophie

J. Gaarder, Sofies Welt. Roman über die Geschichte der Philosophie, München: Hanser 1993
K. Nora u. V. Hösle, Das Café der toten Philosophen. Ein philosophischer Briefwechsel für Kinder und Erwachsene, München: Beck 1996
R. Simon-Schaefer, Kleine Philosophie für Berenike, Stuttgart: Reclam 1996

Spezielle Einführung in Teilgebiete der Philosophie

E. Angehrn, Geschichtsphilosophie, Stuttgart: Kohlhammer 1991
K. Graf Ballestrem u. H. Ottmann (Hg.), Politische Philosophie des 20. Jahrhunderts, München: Odenbourg 1990
A. Bartels, Grundprobleme der modernen Naturphilosophie, Paderborn: Schönringh 1996
A. Baruzzi, Einführung in die politische Philosophie der Neuzeit, Darmstadt: Wissenschaftliche Buchgesellschaft 3. Aufl. 1993
E. Brock, Religionsphilosophie, Bern: Francke 1990
U. Charpa, Grundprobleme der Wissenschaftsphilosophie, Paderborn: Schöningh 1996
M. Drieschner, Einführung in die Naturphilosophie, Darmstadt: Wissenschaftliche Buchgesellschaft 2. Aufl. 1991
G. Gabriel, Grundprobleme der Erkenntnistheorie. Von Descartes zu Wittgenstein, Paderbon: Schöningh 1993
H. G. Gadamer u. P. Vogler (Hg.), Philosophische Anthropologie, München: dtv 1973
A. Gethmann-Siefert, Einführung in die Ästhetik, München: Fink 1995
J. Grondin, Einführung in die philosophische Hermeneutik, Darmstadt: Wissenschaftliche Buchgesellschaft 1991
I. Hacking, Einführung in die Philosophie der Naturwissenschaften, Stuttgart: Reclam 1996
G. Haeffner, Philosophische Anthropologie, Stuttgart: Kohlhammer 2. Aufl. 1989
M. Hartig, Einführung in die Sprachphilosophie. Das Verhältnis von Sprache und Denken, Stuttgart: Kohlhammer 1978
E. Heintel, Einführung in die Sprachphilosophie, Darmstadt: Wissenschaftliche Buchgesellschaft 4. Aufl. 1991
O. Höffe, Einführung in die utilitaristische Ethik. Klassische und zeitgenössische Texte, Tübingen: Francke 2. Aufl. 1992
H. Holz, Einführung in die Transzendentalphilosophie, Darmstadt: Wissenschaftliche Buchgesellschaft 3. Aufl. 1991
P. Janich, Grenzen der Naturwissenschaft. Erkennen als Handeln, München: Beck 1992
F. Kaulbach, Einführung in die Metaphysik, Darmstadt: Wissenschaftliche Buchgesellschaft 5. Aufl. 1991
A. Keller, Allgemeine Erkenntnistheorie, Stuttgart: Kohlhammer 2. Aufl. 1990
F. v. Kutschera, Sprachphilosophie, München: Fink 1993
F. v. Kutschera, Einführung in die moderne Logik, München: Alber 6. Aufl. 1992
K. Lorenz, Einführung in die philosophische Anthropologie, Darmstadt: Wissenschaftliche Buchgesellschaft 2. Aufl. 1992
K.-H. Lüdeking, Einführung in die analytische Kunstphilosophie, München: Fink 2. Aufl. 1996
U. Mann, Einführung in die Religionsphilosophie, Darmstadt: Wissenschaftliche Buchgesellschaft 3. Aufl. 1990

G. Martin, Einleitung in die allgemeine Metaphysik, Stuttgart: Reclam 1974
A. Menne, Einführung in die formale Logik, Darmstadt: Wissenschaftliche Buchgesellschaft 2. Aufl. 1991
A. Menne, Einführung in die Logik, Tübingen: Francke 5. Aufl. 1993
W. Oelmüller u. R. Dolle-Oelmüller, Grundkurs philosophische Anthropologie, München: Fink 1996
G. Prauss, Einführung in die Erkenntnistheorie, Darmstadt: Wissenschaftliche Buchgesellschaft 3. Aufl. 1993
F. Ricken, Allgemeine Ethik, Stuttgart: Kohlhammer 2. Aufl. 1989
E. Runggaldier, Analytische Sprachphilosophie, Stuttgart: Kohlhammer 1990
R. Schaeffler, Einführung in die Geschichtsphilosophie, Darmstadt: Wissenschaftliche Buchgesellschaft 4. Aufl. 1991
H.-H. Schrey, Einführung in die Ethik, Darmstadt: Wissenschaftliche Buchgesellschaft 4. Aufl. 1991
H. Seiffert, Einführung in die Hermeneutik, Tübingen: Francke 1992
H. Seiffert, Einführung in die Wissenschaftstheorie, 3 Bände, München: Beck 11. Aufl. 1991 (Band 1), 9. Aufl. (Band 2) u. 2. Aufl. (Band 3)
E. Stöker, Einführung in die Wissenschaftstheorie, Darmstadt: Wissenschaftliche Buchgesellschaft 4. Aufl. 1992
E. Tugendhat u. U. Wolf, Logisch-semantische Propädeutik, Stuttgart: Reclam 1993
W. Welsch, Ästhetisches Denken, Stuttgart: Reclam 4. Aufl. 1995
F. Zimmermann, Einführung in die Existenzphilosophie, Darmstadt: Wissenschaftliche Buchgesellschaft 3. Aufl. 1992

Textsammlungen

K. Bayertz (Hg.), Politik und Ethik, Stuttgart: Reclam 1996
D. Birnbacher (Hg.), Ökologie und Ethik, Stuttgart: Reclam 1991
D. Birnbacher u. N. Hoerster (Hg.), Texte zur Ethik, München: dtv 9. Aufl. 1993
G. Böhme (Hg.), Klassiker der Naturphilosophie, München: Beck 1985
T. Borsche (Hg.), Klassiker der Sprachphilosophie, München: Beck 1996
E. Braun u. a., Politische Philosophie. Ein Lesebuch, Reinbek: Rowohlt 1994
R. Bubner, Geschichte der Philosophie in Text und Darstellung, 8 Bände, Stuttgart: Reclam 1978 ff.
H. G. Gadamer (Hg.), Philosophisches Lesebuch, 3 Bände, Frankfurt a. M.: Fischer 1989
O. Höffe (Hg.), Klassiker der Philosophie, 2 Bände, München: Beck 3. Aufl. 1994
N. Hoerster (Hg.), Klassiker des philosophischen Denkens, 2 Bände, München: dtv 4. Aufl. 1988
N. Hoerster (Hg.), Klassische Texte der Staatsphilosophie, München: dtv 6. Aufl. 1989
K. Jaspers, Was ist Philosophie? Ein Lesebuch, hrsg. von H. Saner, München: Piper 1996
H. Lenk u. a. (Hg.) Technik und Ethik, Stuttgart: Reclam 2. Aufl. 1993
H. Maier u. a. (Hg.), Klassiker des politischen Denkens, 2 Bände, München: Beck 6. bzw. 5. Aufl. 1986/87
W. Marschall (Hg.), Klassiker der Kulturanthropologie. Von Montaigne bis Margaret Mead, München: Beck 1996
F. Niewöhner (Hg.), Klassiker der Religionsphilosophie. Von Platon bis Kierkegaard, München: Beck 1995
V. Spierling (Hg.), Lust an der Erkenntnis: Die Philosophie des 20. Jahrhunderts, München. Piper 4. Aufl. 1991
W. Zimmerli u. M. Sandbothe (Hg.), Klassiker der modernen Zeitphilosophie, Darmstadt: Wissenschaftliche Buchgesellschaft 1993

Interpretationen

Hauptwerke der Philosophie. 20. Jahrhundert, Stuttgart: Reclam 1992
A. Graeser, Hauptwerke der Philosophie. Antike, Stuttgart: Reclam 1992
L. Kreimendahl, Hauptwerke der Philosophie. Rationalismus und Empirismus, Stuttgart: Reclam 1994
J. Speck (Hg.), Grundprobleme der großen Philosophen – Philosophie des Altertums und des Mittelalters, Göttingen: Vandenhoeck & Ruprecht 4. Aufl. 1990
J. Speck (Hg.), Grundprobleme der großen Philosophen – Philosophie der Neuzeit, 6 Bände, Göttingen: Vandenhoeck & Ruprecht 1983 ff.
J. Speck (Hg.), Grundprobleme der großen Philosophen – Philosophie der Gegenwart, 6 Bände, Göttingen: Vandenhoeck & Ruprecht 1985 ff.